Grandes nomes da História Intelectual

Marcos Antônio Lopes (org.)

Grandes nomes da História Intelectual

Editora Contexto

Preparação: Edna Adorno
Diagramação: Denis Fracalossi
Revisão: Maitê Carvalho Casacchi
Capa: Carla Castilho

Dados Internacionais de Catalogação na Publicação (CIP)
(Câmara Brasileira do Livro, SP, Brasil)

Grandes nomes da história intelectual / Marcos Antônio Lopes, (org.).
– São Paulo : Contexto , 2003.

Vários autores.
ISBN 85-7244-235-9

1. Intelectuais – Brasil 2. Intelectuais – História I. Lopes, Marcos Antônio

03-3118 CDD-305.55209

Índices para catálogo sistemático:
1. História intelectual : Sociologia 305.55209
2. Intelectuais : História : Sociologia 305.55209

Editora Contexto
Diretor editorial: Jaime Pinsky
Rua Acopiara, 199 – Alto da Lapa
05083-110 – São Paulo – SP
PABX: (11) 3832 5838
contexto@editoracontexto.com.br
www.editoracontexto.com.br

2003

Sumário

Apresentação

Marcos Antônio Lopes

É bem provável que este livro provoque alguma estranheza. Nos dias que correm, fala-se com enorme timidez em História Intelectual, e na maior parte das vezes para referir-se a um setor específico deste vasto campo. Como veremos, nos diversos ensaios aqui reunidos, o conceito pode ser muito mais amplo do que uma definição esquemática, seja de Robert Darnton, seja de qualquer outro autor influente. De início, digamos apenas que a expressão História Intelectual vem ganhando espaço, numa acepção tão genérica quanto aquela que lhe faz concorrência e tende, muito provavelmente, a substituí-la.

A História Intelectual, por muitos identificada sob o rótulo mais antigo de História das Idéias – campo de estudos extremamente vasto e de longa data dominado pela historiografia anglo-saxã –, conheceu diversas tendências e trilhou caminhos bastante diferenciados ao longo do século XX. É desconcertante o número de orientações teóricas surgidas no interior deste domínio. As concepções que delineiam o desenvolvimento da História Intelectual são quase tantas quantos são os historiadores. Diante de diferentes (e de divergentes) maneiras de conceber um objeto comum, esta rica coletânea permite-nos perceber a complexidade conceitual deste campo, além de demonstrar-nos a sua exuberância temática, expressa pela abordagem de um sem-número de autores e assuntos.

A História Intelectual possui interesses muito diversificados e não há uma forma – ou fórmula – para defini-la com aquela convicção peculiar aos adeptos de um estatuto mais estrito de cientificidade da História. Nesta época de tantas incertezas cabe a regra de Montaigne: "Seguros e convictos há apenas os loucos". Ora, houve uma História Intelectual à maneira de Arthur Lovejoy, de Pierre Mesnard, de Lucien Febvre, de Sheldon Wolin, de Isaiah Berlin, da mesma forma que há uma História Intelectual à francesa – com destaque atual para os trabalhos de Jean-François Sirinelli, Michel Winock e Roger Chartier –, assim como há também uma História Intelectual ao sabor anglo-saxão, da qual são expressões culminantes, atualmente, nomes dos dois lados do Atlântico, como os norte-americanos Robert Darnton, Martin Jay, Dominique LaCapra e os ingleses Quentin Skinner, John Dunn e John Pocock. E mesmo entre estes e aqueles a concepção que se tem e que se teve de um objeto comum foi e tende a continuar sendo uma verdadeira Babel de contrastes. Pensando assim, parece não ser muito pertinente definir neste texto de apresentação a História Intelectual, até porque há extensos ensaios reunidos neste volume que "ensaiaram" esta tentativa. E os resultados, instigantes, desconcertantes, surpreendentes, levam a inúmeras direções. Apesar das muitas definições, a sensação que impera é a de uma paradoxal indefinição. E é este o aspecto que faz da História Intelectual uma seara estimulante e desafiadora.

O conjunto de textos que apresentamos ao leitor não tem como alvo traçar um estado da arte da História Intelectual. Nosso propósito é o de realçar as suas especificidades atuais, especialmente quando analisada comparativamente a modalidades mais tradicionais da pesquisa histórica no Brasil. O que estes artigos demonstram com admirável clareza é a impressionante riqueza nas formas de abordagem das obras de pensamento, matéria-prima da História Intelectual. Certamente, os problemas e os desafios característicos da História Intelectual serão descortinados pelo leitor.

Do ponto de vista de suas inserções profissionais nota-se logo a extrema diversidade institucional dos pesquisadores aqui reunidos. Essa dispersão do grupo assegura a esta obra coletiva um diferencial positivo quando pensamos em iniciativas desta natureza. Ora, coletâneas costumam ser a obra de "líderes tribais", de "superiores de ordens". A referida dispersão intelectual e geográfica dos pesquisadores deste livro liberta-nos desses ranços paroquianos ao demonstrar que, paralelamente a uma intensa atividade intelectual, não se trata de reafirmar as redes hierárquicas de um grupo fechado. Abstraindo estas questões, que fazem parte da cultura acadêmica em qualquer lugar do mundo, para muitos dos autores aqui reunidos foi decisiva a oportunidade de divulgar pesquisas numa área ainda vista com pouco interesse e até com desconfiança.

"História Intelectual, História dos Intelectuais? Isto é obra para filósofos ou professores de literatura!" – parece ser bem o reflexo de nossa cultura historiográfica, em seu estágio atual. E é bom que se diga que louvamos os filósofos, e os professores de literatura, e que eles também se identificam e dialogam com o nosso gênero de História, razão pela qual se fazem presentes neste livro. Assim, ao desdém muitas vezes premeditado e ao desinteresse talvez calculado, procuramos contrapor uma gama considerável de trabalho e de reflexão.

Desnecessário ressaltar que nosso mercado editorial ainda se encontra carente de obras desta natureza, e muito mais ainda quando se trata dos temas em foco, abordados por pesquisadores no Brasil. De fato, estudos de "temas estrangeiros" são raros no país, cuja cultura acadêmica direciona os pesquisadores a se dedicar quase exclusivamente a temas nacionais. Como enfatizou Luiz Costa Lima, "... os raros estudos que desenvolvem temas ou autores não brasileiros, mesmo que sejam de qualidade, não são aproveitados, não recebem a divulgação adequada, se não são hostilizados" (Caderno *Mais!*, 4.6.2000, p. 12). De mais a mais, autores estrangeiros desfrutam inegavelmente de maior valorização em nosso mercado editorial. Isto porque, entre outros fatores, há uma idéia muito difundida de que boa parte das pesquisas universitárias em ciências sociais no Brasil se afigura antes como obra de diletantes que de especialistas dedicados, estudos marcados pela intuição, pelo improviso e pela falta de rigor.

Contra esta corrente, pretendemos afirmar que há algo mais para se ver em História. Entretanto, assumir ares imperialistas em defesa de um campo teórico e temático seria algo como servir do próprio veneno aos que torcem o nariz para a História Intelectual. Este espírito não é o que nos anima. A eloqüência natural dos textos deste livro deve demonstrar que a História Intelectual conquistará o espaço a que tem direito pelo trabalho que já realizou. Se a estranheza provocada pelo volume servir também de estimulante ao público leitor para a conquista de novas adesões ao gênero, a parte mais promissora de sua vocação estará cumprida. Entretanto, não podemos deixar que um texto de apresentação assuma as características de uma obra de circunstância, ainda que haja provas eloqüentes desse tipo de tratamento dispensado a projetos editoriais e de pesquisa que raramente atingem níveis de prioridade que ensejem divulgação e apoio efetivos.

O conjunto dos textos é multifacetado, polifônico, cadenciado, e o livro assemelha-se a um dicionário de nomes próprios, com a vantagem natural do maior volume de seus verbetes, com microbiografias intelectuais dos personagens retratados, seguidas pelo aprofundamento de um ou mais aspectos de suas obras ou mesmo do conjunto delas. Organizada em blocos temáticos, a configuração da obra revela, de imediato, a variedade de interesses, bem como a diversidade de abordagens. Teorias da História, história da historiografia, história e literatura, história do imaginário, história das idéias políticas, história cultural, história das ciências são algumas das perspectivas aqui reunidas. Os temas são para lá de diversificados e é preciso evitar, numa coletânea de meia centena de textos, as muitas vezes estéreis apresentações individuais. De Heródoto e Tucídides a Michelet e a Marx, de Cícero e Plutarco a Dilthey e a Bloch, de Sêneca e Tácito a Ricoeur e a Foucault, de Gregório de Tours a Chrétien de Troyes e aos "reis intelectuais" portugueses do fim da Idade Média, de Rocha Pombo e Manoel Bomfim a Gilberto Freyre e a Francisco Iglésias, as análises em torno às obras dos ditos luminares da tradição intelectual do Ocidente e dos "reconhecidamente" autores menores e esquecidos da cultura luso-brasileira garantem a necessária originalidade e a devida relevância ao livro. Antecedem este amplo conjunto temático artigos que abordam o campo teórico-metodológico-historiográfico da História Intelectual.

Os textos refletem pesquisas em avançados estágios de desenvolvimento. Reunimos num volume a atividade intelectual de pesquisadores em diferentes níveis de formação acadêmica e de experiência profissional. Desde o pesquisador que acaba de dar os últimos alinhavos em sua promissora dissertação a destacados professores já no topo da carreira acadêmica, os textos têm como virtude comum o fato de sugerir um campo fértil de possibilidades para a História Intelectual, propondo novas perspectivas para a pesquisa, apontando lacunas e, sobretudo, demonstrando a grande disposição ao diálogo com campos teóricos limítrofes.

Com toda certeza, um projeto como este seria inimaginável se não pudéssemos contar com o apoio integral de um expressivo número de pesquisadores. Movidos por incomum espírito de cooperação e generosidade, eles não apenas cederam seus textos, mas acolheram a idéia com entusiasmo, apontando caminhos, sugerindo idéias, insuflando o ânimo necessário para que a obra tomasse corpo. Registre-se, portanto, este apoio que propiciou o ambiente necessário para que o projeto pudesse tomar a dimensão de um livro. Em especial, agradeço a Carlos Antonio Aguirre Rojas, Elias Thomé Saliba, Helenice Rodrigues da Silva, José Carlos Reis, Jurandir Malerba e Tereza Cristina Kirschner, estimuladores da primeira hora, cujos trabalhos foram o ponto de partida para a configuração da obra. A Sonia Lacerda e Fábio Joly devo a direta e valorosa colaboração, pelas traduções de textos, pelas idéias e sugestões e por tudo mais. Vânia Leite Fróes e os pesquisadores do Scriptorium – Laboratório de Estudos Medievais e Ibéricos da Universidade Federal Fluminense – acolheram com simpatia o convite para participar do livro com um relevante dossiê sobre os intelectuais da Idade Média. A eles fica o meu reconhecimento pela intervenção, por assim dizer, providencial.

Por último, mas não menos importante, é preciso dizer que este livro não foi concebido como artefato neutro e inofensivo. Move-nos um ativismo intelectual da mais elevada extração, que nos leva à tentativa de encorajar o debate sobre temas da História Intelectual em nosso cenário historiográfico. Trata-se, com toda convicção, de habilitar e dar legitimidade a um gênero de História com fraca tradição e mínima ressonância no Brasil, como bem reconheceu um de nossos historiadores de maior expressão, Francisco Falcon. E temos nesta defesa da História Intelectual o principal elo unificador deste livro.

Na firme confiança de que nossos intelectuais poderão contar com o interesse e a simpatia dos historiadores e de amplo público, esperamos que projetos desta natureza sejam iniciativas mais freqüentes entre nós, e que a História Intelectual conquiste, também, as suas cartas de nobreza.

História intelectual: horizontes teóricos

A História Intelectual em questão

Helenice Rodrigues da Silva

Domínio novo e mal definido, a História Intelectual transformou-se, nas últimas duas décadas, em estimulante objeto de investigação. No entanto, em razão da inexistência de sistematização teórica, indispensável a toda prática de análise, ela se apresenta como campo de estudo ainda indeterminado. Confundida com a história das idéias, a história cultural e a história dos intelectuais, essa nova área, indistintamente designada, hesita entre ser, de um lado, procedimento de análise, e de outro, disciplina em formação. Indiferentemente associada à *Intellectual History*, praticada nos Estados Unidos, e à *Histoire Intellectuelle* na versão francesa, a chamada História Intelectual, caso não seja bem explicitada, pode dar margens a uma série de mal-entendidos. Impossível de ser traduzida para outra língua (para o francês, por exemplo) e para outro contexto intelectual, a *Intellectual History* difere fundamentalmente da *Histoire Intellectuelle* por se tratar de abordagem exclusivamente literária (e até mesmo lingüística) de uma obra. Por sua vez, a versão francesa, que melhor designa a acepção de uma História Intelectual, procura inscrever historicamente o discurso dos intelectuais, tentando ultrapassar a alternativa entre explicações internas e externas.

O necessário questionamento crítico

Como definir, então, a História Intelectual? Trata-se de uma história das formas de pensamento e de suas práticas? Trata-se de nova concepção da história das idéias ou, simplesmente, de uma história dos intelectuais? Embora acreditemos que toda definição seja imprecisa e normativa, duas delas nos parecem pertinentes.

A primeira, de caráter amplo, foi elaborada por Carl Schorske em seu livro *Viena, fin de siècle*:

> O historiador procura localizar e interpretar temporalmente o artefato num campo em que se intersectam duas linhas. Uma linha é vertical, ou diacrônica, pela qual ele estabelece a relação de um texto ou de um sistema de pensamento com as manifestações anteriores no mesmo ramo de atividade cultural (pintura, política etc.). A outra é horizontal, ou sincrônica; através dela, determina a relação do conteúdo do objeto intelectual com o que vai surgindo ao mesmo tempo noutros ramos ou aspectos de uma cultura.[1]

A segunda, mais geral, foi formulada por Robert Darnton no texto "Intellectual and Cultural History" (1980):

A história das idéias é o estudo dos pensamentos sistemáticos, geralmente nos tratados filosóficos; a História Intelectual propriamente dita [vem a ser] o estudo dos pensamentos informais, (das correntes de opinião e das tendências literárias); a história social das idéias e a história cultural são o estudo da cultura no sentido antropológico, incluindo as visões de mundo e as mentalidades coletivas.[2]

Qual é, portanto, o objeto da História Intelectual? Uma resposta coerente a esta questão supõe, *a priori*, uma melhor definição do seu próprio estatuto. A História Intelectual constitui forma de abordagem, método de análise ou área de conhecimento? Hesitando entre a "velha história das idéias" (na perspectiva francesa) e a nova história cultural (no sentido definido por Roger Chartier de restituição das práticas culturais), a História Intelectual oscila, por um lado, entre uma Sociologia, uma História e até mesmo uma biografia dos intelectuais, e por outro, entre uma análise das obras e das idéias como, por exemplo, uma possível versão da história da filosofia.[3]

O contexto francês, que aliás nos serve de referência, privilegia diferentes formas de elucidação. Uma primeira, sociológica, tende a enfatizar tanto uma cartografia dos intelectuais (as redes de sociabilidade, os modos de filiações, as gerações intelectuais) como o "campo" intelectual (a lógica dos lugares, dos interesses e das situações). Uma segunda, histórica, aborda, notadamente, a história política dos intelectuais, enfatizando o ritual de petições, manifestos, manifestações. Finalmente, outra vertente tende a elaborar uma hermenêutica das obras, ou melhor, uma análise do discurso intelectual. Em suma, a história intelectual francesa pretende valorizar duas versões: a discursiva (a obra em si, desincorporada de contextos) e a contextual (as configurações, os campos, as genealogias, as práticas etc.).

Feitas essas observações, consideramos que a História Intelectual, domínio pluridisciplinar por excelência, possibilita diferentes enfoques, como o dos contextos de produção de idéias, o dos agentes socioprofissionais e o das correntes de pensamento. Situada, portanto, na interseção de diferentes disciplinas (História, Sociologia, Filosofia etc.), ela parece visar dois pólos de análise: de um lado, o conjunto de funcionamento de uma sociedade intelectual (o "campo", na versão de Pierre Bourdieu), isto é, suas práticas, seu modo de ser, suas regras de legitimação, suas estratégias, seus *habitus*; e de outro lado, as características de um momento histórico e conjuntural que impõe formas de percepção e de apreciação, ou seja, modalidades específicas de pensar e de agir de uma comunidade intelectual. Em outras palavras, a História Intelectual, tal como nós a percebemos, teria por principal pressuposto restituir, do ponto de vista sociológico, filosófico e histórico, o contexto de produção de uma obra. No entanto, ela difere da tradicional história das idéias (na acepção francesa), que se restringe quase sempre a uma crônica das idéias e a uma justaposição cronológica de resumos de textos políticos e/ou filosóficos.

História Intelectual *versus* História dos Intelectuais?

Dois estudos franceses, publicados por historiadores, parecem suscetíveis de ilustrar essas duas modalidades, aparentemente indissociáveis. O primeiro deles diz respeito ao livro de Christophe Charle – *O nascimento do intelectual* – 1880/1900; o segundo, ao livro de Jean-François Sirinelli – *Intelectuais e paixões francesas, manifestos e petições no século 20*.[4]

Baseando-se nos métodos das ciências sociais, em geral, e nos trabalhos de Bourdieu sobre o "campo", em particular, Christophe Charle busca reconstituir o contexto cultural em que emerge, no momento do caso Dreyfus, a figura do "intelectual" francês.[5] Para melhor entender as inflexões na conjuntura intelectual daquela época, ele elabora uma cartografia apontando as mudanças ocorridas no campo intelectual e no contexto histórico: aumento do número de estudantes nas universidades, surgimento de uma espécie de "proletariado literário" (as vanguardas artísticas e literárias) que aspiram outros valores, a ascensão do anti-semitismo etc. Essas mutações culturais e políticas explicam a mobilização dos chamados "intelectuais" na defesa do capitão Dreyfus (de origem judia), injustamente acusado de espionagem. Em nome dos valores republicanos e universalistas, uma fração de "pensadores" composta por escritores, professores e artistas exige a revisão do processo.

A fim de melhor explicar o cenário cultural dessa "batalha dos intelectuais", Charle dirige seu microscópio em direção às listas dos assinantes *dreyfusard* e dos *anti-dreyfusard*, confrontando-as por oposição, com base na origem e filiação de seus respectivos membros: localização geográfica (Paris/interior), faixa etária (jovens/mais idosos), escola literária (vanguarda/academismo) etc. Assim, os assinantes favoráveis a Dreyfus revelam, por exemplo, ser mais jovens que seus adversários. Em geral, pertencem à École de Chartres, ao Collège de France, à École Pratique des Hautes Études e cursam certas disciplinas na Sorbonne (História, Filosofia e Ciências Sociais). Se, politicamente falando, esse grupo se situa à esquerda, em contrapartida, os opositores de Dreyfus, em grande maioria formados em disciplinas ligadas à Antigüidade clássica, posicionam-se à direita no jogo político. Este último grupo formado, em geral, por católicos, se distingue do grupo oposto quanto à origem religiosa; muitos *dreyfusard* pertencem às minoritárias (judaísmo e protestantismo). Portanto, por meio de levantamento rigoroso, Charle é capaz de desvendar determinados enigmas. Por exemplo, o fato de o escritor Barrès posicionar-se, para surpresa de seus contemporâneos, como líder da direita intelectual, ocupando lugar que dificilmente teria no campo oposto. Todas essas demonstrações, para fins de comparação biográfica, acompanhadas por cifras, citações, quadros, permitem melhor compreensão do processo do nascimento destas duas figuras históricas: o intelectual da esquerda (*dreyfusard*) e o de direita (*anti-dreyfusard*).

Sob a luz de petições e manifestos assinados pelos intelectuais a partir do caso Dreyfus, Sirinelli realiza um trabalho inédito sobre os 100 anos de "paixões francesas". Centrando sua pesquisa na história política, ou melhor, focalizando a história das políticas dentro dos grupos culturais e intelectuais, esse historiador, autor de um estudo sobre as gerações, nos anos 1930 e 1940, dos alunos das classes preparatórias para a École Normale Supérieure e os "normalianos", amplia seu campo de pesquisa, propondo a leitura dos manifestos que mobilizaram os intelectuais. Data, portanto, do final do século XIX o engajamento de escritores, artistas e professores, por meio de uma petição em favor de Dreyfus, para exigir justiça e verdade. Dessa batalha de idéias e de listas, plenas de ataques e de respostas, opondo sensibilidades políticas, surge o jogo antagônico de petições. Sirinelli apresenta diversos textos e manifestos que, em diferentes momentos históricos, mobilizaram a classe intelectual. Por exemplo: textos que apelam ao pacifismo entre as duas guerras, manifestos em favor do "Comitê de Vigilância Antifascista" nos anos 1930, dossiês sobre os colaboracionistas e os acertos de contas após a Liberação. Os acontecimentos sucessivos (que abalaram os intelectuais simpatizantes do Partido Comunista Francês) – a insurreição de Budapeste e o envio de tropas soviéticas (1956), provocando uma série de textos e manifestos –, são outro alvo de sua análise. Outras datas míticas são abordadas: 1960 e o "Manifesto dos 121", ou seja, o manifesto dos intelectuais da esquerda a favor da deserção durante a guerra da Argélia; 1968 e as respectivas proclamações políticas; 1971 e o manifesto para "o direito ao aborto", entre outros.

Para cada data e seqüência histórica, o autor descreve a lista de celebridades que se destacaram no espaço público: Zola e Anatole France, Barrès e Renoir, Alain e Gide, Sartre e Aron, por exemplo. Esse estudo, bem documentado, fornece detalhes minuciosos, revelando fatos e anedotas. Para cada texto, Sirinelli apresenta sua gênese, fornece a lista dos assinantes, propõe algumas palavras-chaves. Dessa leitura, apreendem-se as paixões intelectuais e, sobretudo, as divisões políticas (esquerda/direita) que acompanharam a história política e cultural francesa: a mobilização de um campo provocando imediatamente a adesão do campo oposto. No entanto, os limites do trabalho fazem-se sentir no momento em que o autor faz referência às redes de sociabilidade que perpassam o meio intelectual. Esses limites são inerentes a uma História concebida em termos unicamente políticos. Torna-se difícil entender a complexidade que subentende as evoluções de posições dos agentes e o sutil jogo das configurações culturais, institucionais e sociais que forjam as solidariedades, que o autor não desvenda, restringindo-se a descrevê-las. A simples listagem de nomes dos assinantes de diferentes petições constitui procedimento insuficiente. Se tomarmos, por exemplo, o caso Dreyfus, como entender a posição tomada pelos respectivos intelectuais, seja a favor da revisão do processo, seja em defesa de uma Liga da Pátria Francesa? Sem dúvida, o historiador que ambiciona compreender as redes de sociabilidade necessita pedir emprestado à Sociologia e à Antropologia esquemas de interpretação.

Em síntese, a História dos Intelectuais tende a privilegiar a conjuntura servindo-se de uma abordagem, notadamente, sociopolítica. Por sua vez, a sociologia dos intelectuais, praticada por sociólogos, interessa-se, essencialmente, pelo nível das estruturas. Além das redes de sociabilidade e dos modos de filiação, ela busca apreender as condições de produção e de recepção de uma obra. Romper com esse "sectarismo epistemológico" (J. C. Passeron), que tende a opor a História à Sociologia, torna-se condição necessária para a prática de uma História Intelectual. O estudo de Christophe Charle, que a nosso ver ultrapassa uma sociologia dos intelectuais, situando-se na perspectiva de uma História Intelectual, permanece, no entanto, tributário de uma análise essencialmente conjuntural.

A superação da alternativa "análise interna" e "análise externa"

Segundo François Dosse, "uma tensão existe entre a velha história das idéias e a recente história cultural e entre as duas emerge essa história intelectual que se exprime através de uma tensão entre explicações internas e explicações contextualistas, externas. Entre esses dois obstáculos, essa História Intelectual deve inscrever-se numa perspectiva não reducionista".[6]

Visando apreender as formas de pensar e de agir dos intelectuais, com base em um contexto histórico e cultural específico, a História Intelectual precisa observar essas duas escalas de análise. No entanto, mais do que uma articulação puramente mecânica entre contexto e conteúdo, em outras palavras, para além de uma abordagem que privilegie a relação entre a análise externa dos acontecimentos (históricos, sociais, políticos) e a análise interna da obra (a hermenêutica ou a análise do discurso), a História Intelectual deve levar em consideração, simultaneamente, a dimensão diacrônica (história) e sincrônica ("os aspectos diferentes de um mesmo conjunto em um mesmo momento de evolução"). Isto pressupõe a necessidade de integrar no campo das investigações, para além das noções de "configurações" (Elias) e de "campo" (Bourdieu), os paradigmas intelectuais, os *epistémé*, as correntes filosóficas que interferem, direta ou indiretamente, nas representações, nas visões de mundo, condicionando sistemas de percepção, de apreciação e de classificação.

A título ilustrativo, tomemos os paradigmas intelectuais, ou seja, os modelos dominantes que governam o pensamento científico de uma época. A apreensão desses modelos de referências teóricas nos parece fundamental em uma pesquisa que pretenda integrar a obra intelectual a seu contexto de produção.

Em países cuja cultura é fortemente centralizada, como é o caso da França, os modelos de referência teórica em vigor, assim como as suas mutações, tendem a ser muito mais perceptíveis. No entanto, a dificuldade de explicar esse modelo de referência surge quando se tenta apreender certos fenômenos ligados à passagem, à oscilação e à mudança radical de um paradigma a outro, por exemplo, mutações e guinadas intelectuais, falência de modelos de referência, efeitos sobre diferentes culturas nacionais etc. Ora, os paradigmas intelectuais implicam forte coesão transdisciplinar dos conhecimentos e coerência no interior de cada época histórica. Isto posto, como apreender as transformações de paradigmas em ciências humanas? Trata-se de verdadeira mudança de formas de pensar resultante de efetiva evolução no domínio epistemológico ou de simples efeito de moda, de caráter passageiro? Como interpretar a noção de paradigma intelectual, visto que esta idéia remete, de um lado, a fechamentos e a reducionismos da pesquisa dentro de um quadro ou programa de referências conceituais, e de outro, à unidade, à interação e à aceitação de modelos do conhecimento? Todos esses questionamentos nos parecem pertinentes na pesquisa desse domínio ainda fluido que é a História Intelectual.

A BIOGRAFIA INTELECTUAL

Visto como gênero histórico insignificante, ao longo dos cinqüenta anos da hegemonia dos *Annales*, a biografia retorna, a partir dos anos 1980, na produção intelectual, em razão mesmo dos novos paradigmas dominantes.

Com a crise do "determinismo econômico e social" (o final dos grandes sistemas totalizantes), a estrutura, o coletivo e o inconsciente cedem lugar à volta do indivíduo, da ação e dos fenômenos intencionais. Essa valorização da "parte explícita e consciente da ação" pressupõe a apreensão de novos objetos e de novas formas de análise nas pesquisas em Ciências Sociais. Após as décadas de cientificismo, impostas pelo marxismo, estruturalismo e funcionalismo, as "ciências humanas se re-humanizam", no seu retorno em direção à busca de seu próprio objeto.[7] Essa revalorização do indivíduo (não mais na sua transparência, como acreditavam os existencialistas, mas investido de verdadeira complexidade), dos atores e da ação tem por fundamento epistemológico e metodológico um novo paradigma intelectual: o pragmático e o interpretativo.[8]

É com base nesse novo modelo e contexto intelectuais que a biografia faz a sua reaparição na historiografia francesa dos anos 1980-90. Ao lado das biografias históricas que colocam em cena o destino de figuras políticas, de heróis nacionais, mas também de personagens desconhecidos pela História oficial, a História Intelectual reabilita esse gênero de maneira um pouco distinta. Não se trata mais, seguindo as regras tradicionais da biografia, de narrar de maneira linear e cronológica a vida de um personagem intelectual, mas de buscar nessas trajetórias individuais, imbricadas à própria história intelectual, "os sentidos de uma vida".[9]

Autor de duas biografias intelectuais, a de Paul Ricoeur e, recentemente, a de Michel de Certeau[10], François Dosse vem praticando esse gênero (historiográfico e literário) que consiste, grosso modo, em colocar em cena três instâncias comumente definidas pela crítica literária, a saber: o autor, o narrador e o personagem. Servindo-se de entrevistas realizadas com pessoas que cruzaram a vida de Ricoeur e de um estudo aprofundado de sua obra, Dosse retraça a coerência do percurso de seu pensamento, pensamento este que conheceu momentos de rejeição (na era estruturalista) e de reconhecimento (nos anos 1930, 1950 e a partir dos 1980).

Explicitando a sucessão dos "lugares da memória" que marcaram a sua trajetória intelectual, por exemplo, as cidades onde lecionou (Estrasburgo, Paris, Chicago), as universidades onde ensinou (Sorbonne, Nanterre, Chicago) e os grupos intelectuais por onde transitou (*Esprit*, Laboratório de Fenomenologia), Dosse apresenta uma pluralidade de percursos intelectuais e as múltiplas apropriações por eles suscitados (o contato com a filosofia analítica, por exemplo, nos Estados Unidos).

Desde os anos 1930, Ricoeur concebe sua reflexão como forma de engajamento no espaço público. Sua obra testemunha a atualidade de seu pensamento, marcado pela constância de uma ética existencial, filosófica e política. A busca do sentido, pela modalidade da biografia, como a de Paul Ricoeur, corresponde ao retorno atual da Filosofia ao cenário intelectual francês. Do mesmo modo, o interesse por Michel de Certeau, este pensador livre e sem fronteiras, insere-se nas modalidades atuais de conceber a escrita da História descritas por esse autor. Desse modo, a escolha de personagens, tais como Certeau e Ricoeur, parece obedecer às novas diretrizes impostas pelas epistemologias das ciências humanas. Na biografia sobre Michel de Certeau, François Dosse procura destacar, para além de sua obra inter e pluridisciplinar, os caminhos que conduziram esse historiador, psicanalista, lingüista e jesuíta a ultrapassar as fronteiras, a buscar o outro e a rejeitar todo reducionismo próprio a uma atribuição identitária.

As biografias intelectuais, tais como as concebidas por François Dosse, parecem seguir um mesmo roteiro, ou melhor, um mesmo método. Elas implicam, inicialmente, por parte do narrador, um conhecimento aprofundado da obra de seus autores. Esse pensamento narrado na sua temporalidade parece servir de estrutura à *mise en intrigue* do próprio texto. A escolha de entrevistas com familiares, colegas e amigos do autor biografado visa maior compreensão da vida e da obra desses personagens. Assim, as imbricações dos percursos intelectuais se desvendam por meio de um mapeamento das instituições acadêmicas, das filiações intelectuais, das redes de sociabilidade. Ao lado da interpretação da obra, a existência desses autores, que atravessaram as tragédias do século XX, desponta em filigranas ao longo do texto, de maneira a permitir maior inteligibilidade desses pensamentos.

As gerações intelectuais: um conceito operatório?

O retorno à noção de historicidade pela historiografia francesa nos anos 1980-90, graças, em grande parte, à descoberta de *Tempo e narrativa*, de Paul Ricoeur[11], contribuiu para a apreensão de outras categorias de análise, como a memória e a sua transmissão pelas gerações. O conceito de geração revelou-se instrumento eficaz no estudo dos itinerários e dos movimentos intelectuais. Embora, à primeira vista, ele pareça mais adequado à elucidação da História dos Intelectuais, esse conceito, a nosso ver, merece ser levado em conta no questionamento de uma História Intelectual.[12]

Sem dúvida, o efeito de geração como complementar de uma idéia de temporalidade é intrínseco à concepção mesma de historicidade. Em geral, quando uma faixa etária intelectual se depara com determinados acontecimentos marcantes (golpes de Estado, revoltas, guerras), esses últimos imprimem, na maioria das vezes, uma marca comum, inevitável, nas sensibilidades, provocando uma mesma percepção e aspiração em relação a esses acontecimentos. Assim, para melhor compreender o sentido do vivido e a partilha de uma mesma experiência espaço-temporal comuns, convém fazer apelo a uma noção de temporalidade.

Para Wilheim Dilthey, por exemplo, o fenômeno de geração é intermediário, uma vez que deriva da interação do tempo "exterior" da História e do tempo "interior" da vida psíquica, quer dizer, da "experiência vivida". Conseqüentemente, Dilthey diferencia as duas utilizações do conceito de geração: o pertencimento a uma "mesma geração" e a "seqüência das gerações".[13] Como ele mesmo afirmou: "Pertencem a uma 'mesma geração' contemporâneos que foram expostos às mesmas influências, marcados pelos mesmos acontecimentos e pelas mesmas transformações. "[14]

Mas viver em um mesmo espaço de tempo não significa, no entanto, a necessidade de partilhar as mesmas experiências de vida e a mesma forma de pensar. Ao lado dos critérios biológicos de pertencimento a uma "mesma geração", Karl Manheim, por sua vez, acrescenta um critério sociológico "disposicional" que é caracterizado pelo que ele designa o "laço de geração". Este laço depende de um conjunto de afinidades, de sensibilidades comuns, herdadas e vivenciadas, capazes de condicionar o sentimento de partilha de um mesmo destino.

Esse "laço" é marcado "pela participação real a intenções diretrizes e às reconhecidas tendências formadoras".[15] Segundo Mannheim, pertencem, então, a uma "mesma geração" todos aqueles que tendo vivido, simultaneamente, as mesmas experiências coletivas, tendo sofrido o efeito direto dos acontecimentos, tendo tido o sentimento de serem contemporâneos a esses mesmos acontecimentos, adquiriram uma mesma "visão de mundo". A experiência comum serve a essa mesma geração de denominador comum. Percebe-se, então, que a noção de "mesma geração", cuja acepção vai além dos fatores biológicos (de faixas etárias), se confunde com a noção de contemporaneidade. A idéia de "seqüência de gerações", por sua vez, implica a relação de "domínio dos contemporâneos, dos predecessores e dos sucessores".[16] Isto pressupõe, ao mesmo tempo, a idéia de "aquisição" e de "transmissão".

Por meio dessas breves considerações, podemos salientar uma primeira constatação: *polysémique*, o conceito de geração se predispõe a uma multiplicidade de aplicações, tendo, em suma, valor relativo. Uma segunda constatação: a noção de contemporaneidade parece ser operante e operatória para o estudo da História dos Intelectuais e a História Intelectual. Convém lembrar que o termo geração cobre um campo semântico extenso e impreciso, podendo ser empregado tanto em sentido puramente biossociológico (de faixas etárias), como em sentido político-ideológico (por exemplo, de engajamento político e de militância), como também em acepção cultural (a fim de revelar *l'air du temps*, por exemplo: a *nouvelle-vague*).

Esse conceito, já bastante utilizado pelas Ciências Sociais, pode provocar mal-entendidos se sua acepção não for bem definida no interior de um quadro de análise. No domínio da História, em geral, a noção de geração é empregada como sinônimo de "uma mesma faixa etária" (na maior parte dos casos ele atesta o aparecimento de "novas gerações"), mas é utilizada também em sentido mais extenso: o do ritmo de vida biológica (cerca de trinta anos), ou igualmente utilizado como equivalente, como vimos, da idéia de contemporaneidade, no sentido de uma vivência coletiva comum.

Na sua dimensão histórica, o conceito de geração ainda privilegia e reforça a idéia de mudança e de ruptura. Neste caso, seu emprego sempre tem função comparativa, ou seja, ele é o elemento que introduz o contraste temporal. Desse modo, quando se fala em "geração de maio de 68", por exemplo, é sempre para reforçar a especificidade da última em relação a outra, anterior ou posterior a esse acontecimento. Nesse sentido, o emprego do termo "geração" corre o risco de se confundir com uma "época" ou com uma "escola de pensamento". Como afirma Félix Torres, "numerosos fenômenos de mudança ou de defasagem se explicariam assim pela existência dessa verdadeira 'bolha' mental, que reúne, a partir de um certo momento da história, diversos indivíduos que partilham, a partir desse momento, uma memória comum".[17]

Na verdade, a noção de geração pode se revelar um instrumento conceitual importante para desvendar a história das representações coletivas, ou seja, a paisagem intelectual e moral de uma época, os sistemas de valores e as sensibilidades coletivas, à condição, no entanto, que seu campo de aplicação, como já mencionamos, seja bem definido. Assim, o movimento de maio de 1968 mobilizou em todas as partes do mundo onde ocorreu uma mesma geração composta por estudantes, ou seja, pela mesma faixa etária específica da população.

Com efeito, o fenômeno de adesão e de identificação a um sistema de valor, a um quadro de referências mentais e ideológicas se configura na França, seja no momento da guerra da Argélia, seja dez anos mais tarde, em maio de 1968. Como salienta Annie Kriegel, "uma geração só se encontra constituída quando, retrospectivamente, se estabelece um sistema de referências aceitas como sistema de identificação coletiva".[18]

Os conceitos de geração e de contemporaneidade possibilitam melhor apreensão da temporalidade dos fenômenos culturais e intelectuais. Em suma, a História Intelectual, na perspectiva de uma abordagem da produção intelectual (em relação à sua gênese, à sua produção e à sua circulação), em outras palavras, a obra vista em referência a contextos culturais e intelectuais, abre espaços para uma multiplicidade de escolhas possíveis: de análise, de procedimento e de objeto.

Notas

1 Citação feita por R. Chartier, in: *A história cultural – entre práticas e representações*. Lisboa: Difel, 1990, p. 29.

2 Citação de François Dosse, in: "De l'histoire des idées à l'histoire intellectuelle" (Conferência proferida, em 16.4.2001, na Universidade Federal do Paraná).

3 Ver C. Delacampagne. *Histoire de la philosophie au XX siècle*. Paris: Seuil, 1995 (traduzido em português).

4 C. Charle. *La naissances de l'intellectuel* – 1880 – 1900. Paris: Minuit, 1989. Sirinelli, J-F. *Intellectuels et passions françaises*. Paris: Fayard, 1990.

5 O substantivo "intelectual" é introduzido na língua francesa, nesse momento, tendo conotação pejorativa.

6 Conferência proferida na UFPR em 16.4.2001.

7 Cf. F. Dosse. *L'empire du sens – l'humanisation des sciences humaines*. Paris: La Découverte, 1995.

8 *Ibid.* "A dupla guinada hermenêutica e pragmática nos estudos históricos e nas ciências sociais na França" – conferência proferida por François Dosse, na UFPR, em 17.4.2001.

9 F. Dosse. *Paul Ricoeur – les sens d'une vie*. Paris: La Découverte. 1997.
10 F. Dosse. *Michel de Certeau – le marcheur blessé*. Paris: La Découverte, 2002.
11 Paul Ricoeur. *Tempo e narrativa* (trad.). Campinas: Papirus, 1994. 3 vols.
12 Cf. H.Rodrigues Silva. "Le discours d'*Esprit* e des *Temps Modermes* contre la guerre d'Algérie –réfléxions sur le phénomène de l'engagement" (tese de doutorado), 2 v. Nanterre, Paris X, 1991.
13 Citado por Paul Ricoeur, in: *Le Temps et le Récit III – Le Temps Raconté*. Paris: Ed. Seuil, 1985, p.163.
14 *Ibid*., p. 163.
15 *Ibid*., p. 163.
16 Idéia desenvolvida por Alfred Schutz; In: *The Phenomenology of the Social World* (trad.), Northwestern University Press, 1967 (citado por Paul Ricoeur, op. cit., p. 165, 166).
17 Félix Torres. *Encyclopédie Universalis*, Symposium, 1985, p. 539.
18 Annie Kriegel. "Le concept politique de génération"; In: *Commentaire*, vol. 2, n. 7, 1979, p. 390.

TRADIÇÃO INTELECTUAL E ESPAÇO HISTORIOGRÁFICO OU POR QUE DAR ATENÇÃO AOS TEXTOS CLÁSSICOS

Sonia Lacerda
Tereza Cristina Kirschner

Há mais de uma década uma atmosfera de crise paira nos domínios da História Intelectual anglo-americana. Proclamam-na os interessados e a atesta o caudaloso fluxo de publicações que nos últimos 15 anos vêm dedicando-se a oferecer respostas a desafios externos e internos ressentidos neste campo de estudo. No centro do fenômeno encontram-se o questionamento da validade dos objetos e as perspectivas de análise tradicionalmente associadas a essa vertente da historiografia. Os trabalhos produzidos nessas circunstâncias empenham-se, antes de mais nada, em definir com maior nitidez os contornos da especialidade, discutir as abordagens que lhe são próprias e demarcar fronteiras intra e interdisciplinares[1].

Essa produção tem obtido escassa ressonância nos meios historiográficos brasileiros, o que é compreensível. De um lado, a sensação de crise afeta principalmente os círculos acadêmicos norte-americanos; prende-se às condições do exercício profissional nos Estados Unidos e à trajetória da subdisciplina nesse país. Parece significativo, a propósito, que manifestações semelhantes não se verifiquem em países europeus como Itália e França, possuidores de longa e rica tradição no que na Europa se denomina preferencialmente história das idéias. Por outro lado, entre nós a historiografia como um todo há muito pouco tempo adquiriu estrutura de atividade profissional sistemática, de modo que o setor em causa nem sequer existe como especialidade reconhecida e organizada. Esta última constatação, aliás, dá o tom do balanço da situação da história das idéias que integra recente coletânea consagrada a traçar um panorama das principais tendências da historiografia brasileira no presente[2]. Apesar disso – ou até por isso mesmo – julgamos oportuno iniciar aqui a discussão de algumas das questões que alimentam o debate supracitado. Tais questões dizem respeito, de um lado, às relações da História Intelectual com outras áreas da historiografia e, de outro, a questionamentos internos à própria área.

A mais abrangente questão diz respeito à nomenclatura e divisão de áreas. O vasto território historiográfico que outrora se designou unitariamente, quer como história das idéias, quer como História Intelectual, comporta hoje numerosas correntes, mais ou menos diferenciadas por interesses temáticos, opções teóricas e estratégias metodológicas particulares. Diversos esquemas de classificação têm sido propostos na tentativa de retratar sua nova configuração. O mais conhecido no Brasil é possivelmente o de Robert Darnton, que distingue quatro áreas, escalonando-as ao longo de um eixo vertical imaginário, em que as posições correspondem aos planos ou níveis de cultura onde se localizam os objetos de investigação; de "cima para baixo", nas palavras do autor, assim se caracterizariam as principais categorias de História Intelectual: a história das idéias (o estudo do pensamento sistemático, geralmente em tratados filosóficos), a História Intelectual propriamente dita (o estudo do pensamento informal, os climas de opinião e os movimentos literários), a história social das idéias (o estudo das ideologias e da difusão das idéias) e a história cultural (o estudo da cultura no sentido antropológico, incluindo concepções de mundo e *mentalités* coletivas)[3].

A classificação de Darnton, como aliás a maioria das que se tentaram, está cheia de ambigüidades, em decorrência da obscuridade de seus critérios taxionômicos e da falta de precisão conceitual. Que significam "pensamento sistemático" e "pensamento informal"? Por que o estudo do primeiro compete à história das idéias e o do segundo à História Intelectual? Serão os tratados filosóficos mais sistemáticos que os tratados teológicos, as narrativas históricas ou as teorias literárias? E assim por diante. Não admira que nem esta nem outras tipologias similares tenham contribuído para atenuar a desnorteante fluidez terminológica que reina nas controvérsias sobre as designações, as áreas temáticas, os níveis de análise e os procedimentos investigativos cabíveis às várias especialidades que compartem o estudo das maneiras passadas de pensar.

Disputas por "reconhecimento e denominação", é como Dominick La Capra descreve as querelas entre os praticantes de abordagens concorrentes, acrescentando que tais disputas, longe de bizantinas, envolvem interesses muito concretos, não apenas cognitivos (que tipos de investigação merecem ser reconhecidos como históricos?), mas também práticos: é a hierarquia entre as linhas historiográficas que decide a distribuição de verbas e o preenchimento das vagas universitárias[4]. É indispensável ter isto em mente para entender o motivo pelo qual são tantas e tão difíceis de esclarecer as confusões nesse terreno.

Vejamos algumas dessas confusões, começando pela que diz respeito aos objetos de estudo próprios a uma História qualificada pelo apelativo de intelectual. Aparentemente não haveria lugar para equívocos, já que uma modalidade historiográfica assim nomeada se ocupa por definição de práticas, agentes, processos e produtos classificáveis como intelectuais. Entretanto, esse termo não tem significado intrínseco, que permita distinguir sem discussão as realidades que lhe correspondem. Na acepção hoje corriqueira, de espécie ou categoria de pessoas especialmente voltadas às atividades do intelecto, seu emprego é muito recente, remontando a fins do século XIX. Refere-se, pois, às condições culturais de nosso tempo e só por analogia se aplica aos primeiros séculos da época moderna, para designar aqueles que na Europa seiscentista e setecentista se chamavam de "homens de letras". Além do mais (e isto é o principal), o que faz de determinado tema, ou determinada figura ou obra objeto de interesse de uma História que se pretende intelectual não são suas propriedades inerentes, e sim a maneira como se venha a problematizá-los.

Em princípio, os produtos e as práticas culturais compreendidos no campo de exploração de nossa subdisciplina seriam aqueles orientados por paradigmas e códigos (lógicos, lingüísticos, estéticos etc.) da chamada "alta cultura", vale dizer, textos e discursos individualizados, de construção complexa e matéria erudita (no sentido lato). Mas essa caracterização não é inequívoca e indiscutível. Como situar, por exemplo, a literatura – não só poética e ficcional, mas também filosófica, científica, religiosa – dita "menor"? Como enquadrar construções anômalas pelos parâmetros da tradição intelectual, porém tão complexas na estrutura e na matéria (pense-se na cosmologia do moleiro Menocchio, estudada por Carlo Guinzburg em *O queijo e os vermes*) quanto obras de homens de letras? Em que medida a investigação das correntes e movimentos literários, filosóficos e artísticos cabe à História Intelectual ou a outra especialidade?

Tais indagações não comportam respostas absolutas, de vez que, conforme se observou acima, é a perspectiva de análise que determina a inscrição de certos objetos em uma ou outra área. Contudo, o tratamento corrente do assunto no âmbito da polêmica evidencia que a confusão teórica deriva tanto das indecisões de fronteiras quanto da prevenção contra pesquisas dirigidas aos níveis eruditos da cultura e contra os métodos de trabalho que em geral aquelas adotam. Nesse sentido, a declaração seguinte é exemplar:

A história do Iluminismo sempre foi um caso de grandes alturas – tendência que não há de ser lamentada por quem tiver escalado seus picos com Cassirer, se inspirado em deliciosos haustos de razão pura, examinado a topografia do pensamento setecentista estendido cuidadosamente a seus pés. Mas chegou a hora de ver o Iluminismo com um olhar mais ligado à terra, porque, enquanto os historiadores das idéias mapeavam a vista de cima, os historiadores sociais estavam escavando em profundidade os substratos das sociedades do século XVIII. E à medida que aumenta a distância entre as duas disciplinas multiplicam-se e adensam-se os climas de opinião, e de vez em quando o Iluminismo some em nuvens de vaporosas generalizações[5].

O desdém pela historiografia das idéias não poderia ser mais ostensivo. Subjacente a ele, porém, há algo mais, a intenção de promover a diluição da História Intelectual no interior de outra(s) disciplina(s) moldada(s) por problemáticas pertinentes à história dos estratos culturais médios e populares[6]. Que outro sentido teria, aliás, o emprego dessas metáforas estratigráficas?

Com esse objetivo em vista, executa-se uma estratégia de deslegitimação que combina dois tipos de ataque. O primeiro consiste em insinuar que o conhecimento do panorama cultural de qualquer época é mais relevante do que o de suas produções excepcionais. O segundo situa-se no plano das abordagens e cifra-se em procurar desmerecer os trabalhos históricos que privilegiam o exame das articulações do pensamento, de preferência às discussões sociológicas da cultura. A essa espécie de trabalho confere-se então o rótulo pejorativo de "história das idéias desencarnada"[7].

Para desfazer mal-entendidos, cumpre deixar claro que se a historiografia de idéias na maioria dos casos fixou-se em textos e obras chamados clássicos – de modo geral, os textos canônicos da tradição filosófica e literária do Ocidente –, isso nada tem a ver com hierarquia cultural ou juízos de valor. Não significa menosprezo pelas práticas culturais iletradas ou mais ou menos iletradas – pelo modo de pensar das pessoas comuns –, nem descaso por "climas de opinião" ou pela difusão de idéias em amplos segmentos da sociedade. Trata-se simplesmente de uma questão de especialidade, que atende a preocupações teóricas particulares e impõe metodologias específicas. Se a ninguém ocorre duvidar de que "tirar um Voltaire da prateleira não é entrar em contato com uma fatia representativa do século XVIII"[8], seria insensato negar a significação específica do discurso dos *philosophes*.

Outra fonte de confusão tem sido o emprego variável das denominações história das idéias e História Intelectual. Esta variação terminológica funda-se particularmente nas diferenças de tradição acadêmica: ao passo que nos países europeus história das idéias é a forma canônica, nos meios norte-americanos consagrou-se o emprego de História Intelectual. Considerando o resultado duvidoso das tentativas de associar cada uma dessas designações a domínios de pesquisa diferenciados, parece inevitável que perdure seu uso mais ou menos aleatório. Não obstante, a utilização indefinida dos apelativos contribui para obscurecer as divergências de concepção historiográfica implicadas nas querelas de nomenclatura e territorialidade a que se refere La Capra. Seria desejável, em vista disso, fazer opção por uma ou outra, ainda que de maneira convencional. De nossa parte, preferimos o uso de História Intelectual para designar todas as espécies de estudos históricos concernentes a obras, doutrinas, formas de pensar, tradições de saber, movimentos etc. na esfera erudita da cultura, diferenciando-os assim das pesquisas de mentalidade, do imaginário, dos processos culturais simbólicos e das dimensões sociais da cultura, que constituem outras tantas especializações. A razão da preferência é simplesmente o fato de que "idéias" é um termo demasiado genérico, aplicável a todo e qualquer conteúdo mental, portanto inadequado ao uso classificatório. Acresce que a denominação história das idéias se associou especialmente ao tipo de investigação praticado e teorizado por Arthur Lovejoy, a saber, o exame trans-histórico de idéias-conceitos, hoje repudiado como protótipo de concepção essencialista.

No plano das abordagens, o equívoco mais difundido, do nosso ponto de vista, consiste em dividir as opções de pesquisa em História Intelectual segundo o critério da incorporação ou não de fatores "externos" – o que quase sempre quer dizer determinações sociais – ao exame das "idéias", dos textos e discursos. Com freqüência essa divisão traduz-se pela antítese entre "contextualistas" e "textualistas", os primeiros definidos como aqueles que buscam o significado das obras em um quadro de referência "histórico", os segundos como os que circunscrevem a interpretação ao âmbito do texto, descartando a consideração de quaisquer referências extratextuais[9]. Dessa oposição estabelecem-se tipologias confusas, como a de Leonard Krieger. Misturando história sociocultural, antropologia histórica e História Intelectual propriamente dita, esta tipologia distribui as abordagens praticadas na historiografia das idéias em três categorias: a dos historiadores "sócio-intelectuais" (representada sobretudo pelo modelo dos *Annales*), a dos "historiadores que acoplam ou justapõem idéias a algum tipo de contextualização" e a dos "internalistas", constituída pelos que isolam o texto do "contexto"[10].

Conduzido nesses termos, o debate desencaminha-se, pois o que está em causa não é um confronto entre análises que contemplam ou abstraem o contexto, e sim distintas maneiras de entender o contexto. É difícil, com efeito, descobrir uma história de "idéias" que pretenda ou consiga ignorar o "contexto", se a noção de contexto for tomada na acepção ampla de circunstâncias culturais ou quadro temporal que esclarecem o conteúdo semântico de qualquer vocabulário, poético, religioso, filosófico ou coloquial. Nenhum historiador de peso ignora ingenuamente que os significados dependem do tempo e da linguagem que formam seu "contexto" (no sentido lato), a ponto de incorrer nos anacronismos primários em que se apóia a argumentação de Quentin Skinner em *Meaning and understanding in the history of ideas*[11]. Nem mesmo Lovejoy e nem todos os que ele inspirou operaram com "significados intrínsecos" por falta de contextualização; percorra-se despreconcebidamente a refinada discussão de Robert Lenoble[12] das distintas significações da categoria natureza no mecanicismo racionalista do século XVII e no mecanicismo empirista dos *philosophes* e o que se encontrará não é uma abstração do "contexto", mas uma forma específica de contextualizar a análise: situando o conceito de natureza nas diferentes configurações da rede de relações significativas formada pelas questões, pelos conceitos, pressupostos, temas da tradição naturalista na Europa moderna.

Em suma, contexto é sempre uma construção, que em cada caso demarca o escopo e o nível da análise, de acordo com os objetivos da investigação. A história social das idéias dá ênfase às condições de difusão e recepção da literatura, de doutrinas e opiniões nos segmentos menos letrados do espectro social; em conseqüência, seus contextos definem-se no plano sociocultural. Já a história cultural de orientação antropológica trabalha com processos simbólicos e representações coletivas em contextos recortados especialmente nos meios populares. Quanto à História Intelectual, da maneira como a vimos caracterizando, continua a conceder atenção particular às produções culturais – obras filosóficas, historiográficas, poéticas, científicas – distinguidas pela complexidade de estrutura; a delimitação de seus contextos varia em função das questões formuladas pelo intérprete, cuja natureza é necessariamente diversa daquelas visadas pelos historiadores dessas duas áreas de especialização.

Ocorre que na maioria das vezes a censura às perspectivas textualistas é apenas o meio indireto de reclamar da História Intelectual a adoção de problemáticas que não lhe são pertinentes. Mesmo quando não se origina de um sociologismo grosseiro – do tipo explicação das "idéias" pelas condições sociais de produção, como expressão de interesses de classes ou como eco de conjunturas econômicas e políticas –, essa postura denuncia a relutância em reconhecer a especificidade dos procedimentos da subdisciplina, correlativos à de suas problemáticas e objetos de investigação. Se as correntes mais novas da especialidade concebem seu campo de análise como textos e relações intertextuais (de preferência a "contextos"), é justamente porque essa abordagem se mostrou uma via possível para a superação das insuficiências ressentidas tanto na perspectiva "internalista" e na "contextualista", quanto no modo convencional de reuni-las, isto é, a exposição segundo a fórmula "o homem e as idéias"[13].

Textos e discursos, com efeito, possuem estruturas típicas, códigos e regras de construção que medeiam a expressão do real empírico. O respeito a essa característica exige estratégias de pesquisa especiais, irredutíveis aos modelos sociais de análise[14]. Para que as conexões entre os significados textualmente produzidos e a experiência de vida ou as "condições históricas" – noções habitualmente subentendidas na de contexto – não se reduzam a um esquema de relações mecânicas, sejam estas de ordem causal, expressiva ou representativa, é necessário captá-las no texto. É no horizonte textual, nas articulações particulares de conceitos, imagens, argumentos, por meio das quais cada texto reconfigura seus referenciais, que se deixam apreender os sentidos das experiências relevantes para a interpretação.

Tais são, em síntese, as premissas do que Martin Jay qualifica de *desintegral textualism*, a fim de contrastá-lo com as abordagens ditas internalistas, características da historiografia de idéias mais tradicional[15]. Ao passo que estas pressupõem a concepção do texto como unidade de significado homogênea e isolável, o textualismo advogado pela New Intellectual History considera o texto como campo de forças, ou seja, como entrecruzamento de tendências nem sempre coerentes e níveis diversos de significado. Daí que não se possam isolar nele "idéias" ou significados globais e unívocos, explicáveis pelas circunstâncias de sua produção. Longe de negar (ou ignorar) os vínculos dos conteúdos textuais com o "contexto", esse tipo de análise abole a separação entre texto e contexto, para deter-se nos processos de ressignificação que inscrevem o contexto no texto. Na verdade, melhor será neste caso falar em contextos, visto que se trata de diversas definições possíveis dos referentes textuais, e não de uma entidade fixa, independente dos interesses específicos da pesquisa[16].

Evidentemente essas idéias não são unanimemente partilhadas pelos pesquisadores representativos da especialidade. Ao contrário, o clima de tensão que motiva nossos comentários apenas em parte deriva das pretensões hegemônicas da história da cultura socialmente orientada. Outro tanto advém de discrepâncias no âmbito interno da subdisciplina, cujos especialistas, por menos que divirjam quanto à irredutibilidade de seu empreendimento aos interesses e estratégias cognitivos de outras modalidades historiográficas, permanecem divididos quando se trata de definir os objetivos e métodos em que se fundaria a identidade de seu campo de investigação. Foram, aliás, os próprios desafios lançados à História Intelectual pela Lingüística pós-estruturalista e suas contrapartidas filosóficas e crítico-literárias que fomentaram dissensões num domínio antes relativamente homogêneo e estável no exercício de estudos mais convencionais.

Em um lúcido ensaio sobre o surto lingüístico-literário que desde finais da década de 1960 acometeu a História – após um século de incansáveis esforços para dotá-la de alicerces científicos –, David Harlan expõe as razões por que, na História Intelectual, o "retorno da literatura" abriu fendas tão profundas e difíceis de reparar[17]. A profundidade do abalo vem do questionamento conseqüente à constatação de que a linguagem, em lugar de "um conjunto de significados estáveis e referências externas", não passa de "um sistema autônomo, (...) um jogo de autotransformações involuntárias e autonotificações irrestritas", uma trama de relações antes intertextuais que intersubjetivas. Do que resultaram dois golpes decisivos: primeiro, a "morte do autor", do "desejante, pensante e intencionado sujeito desta disciplina"; segundo, a dissolução do texto, melhor dizendo, da individualidade e da autonomia textuais, uma vez que "para o pós-estruturalista o texto continua significativo precisamente porque eclipsa e transcende as intenções de seu autor"[18].

No panorama variado que agora prevalece, destacam-se duas grandes vertentes metodológicas, configuradas pela acolhida, em graus e de modos diversos, de conceitos e técnicas desenvolvidos no campo da filosofia da linguagem e no da crítica literária. Não se trata de grupamentos homogêneos, mas de orientações gerais que comportam soluções diferenciadas. A primeira distingue-se pelo apego a uma noção historicista de contexto, a entender-se no sentido da redução do significado dos textos a seu valor documental, de expressão ou resposta a uma situação histórica particular.

Reconhece-se este traço nas variantes de contextualismo lingüístico promovidas pelos historiadores do pensamento político moderno conhecidos como grupo de Cambridge, em especial por Quentin Skinner e J. G. A. Pocock. Ambos recorrem ao conceito de "atos de fala", tomado a Searle e Austin[19], para dar suporte a metodologias destinadas a reconstruir os universos comunicativos em que se originaram os escritos com que lida a historiografia das idéias políticas, presumindo que compreendê-los equivale a recuperar seus significados originais. Embora cientes do caráter impessoal das linguagens empregadas pelos formuladores de teorias políticas, ambos insistem na especificidade de seus usos individuais, encarando-os como apropriações criativas dos esquemas pré-estabelecidos. Supõem, assim, que, da mesma forma que os enunciados verbais, os textos são performances investidas da ordem e do sentido impressos, em última análise, pelos desígnios conscientes do autor.

Por isso mesmo, ambos preocupam-se em diferençar suas práticas historiográficas de uma terceira modalidade de contextualismo lingüístico, que favorece o decidido deslocamento do foco da pesquisa histórica para os processos discursivos impessoais e a obliteração completa da intencionalidade e individualidade autorais. Ao passo que a última perspectiva se identifica com o projeto de uma história dos discursos, Skinner permanece fiel ao uso do tradicional apelativo de história das idéias para qualificar sua produção. Quanto a Pocock, adota explicitamente a denominação de história do pensamento político, a fim de indicar que seu trabalho, em contraste com as histórias do discurso político, se refere a "homens e mulheres pensantes" [20].

A segunda vertente metodológica, chamada às vezes de New Intellectual History, engloba duas amplas tendências: a hermenêutica, tributária sobretudo de Hans-Georg Gadamer, e a desconstrucionista, que tem como referência principal Jacques Derrida[21]. O que separa essas duas orientações é essencialmente a maneira de abordar o texto, ou seja, o fato de que a hermenêutica privilegia a unidade e a coerência semânticas, ao passo que a estratégia desconstrucionista se baseia na exploração da polissemia e potencial contrariedade dos processos textuais[22]. Correlativamente, a História Intelectual de inspiração hermenêutica dá ênfase aos horizontes de recepção das obras, onde se presume realizar-se seu significado, e cuja série compõe uma tradição interpretativa impossível de isolar no ato de compreensão. Embora para as correntes desconstrucionistas a tradição não se coloque como questão de menor relevância, muito ao contrário, sua perspectiva induz o historiador a problematizá-la, mediante uma leitura que procura ressaltar, nos movimentos contraditórios do texto, os elementos dissonantes, ignorados pelas interpretações tradicionais.[23]

Em que pesem as divergências, todas as linhas de trabalho mencionadas – afora a história dos discursos – manifestam hesitações defensivas diante de exigências teóricas que põem em xeque a História Intelectual como área de estudos especializada. Pocock, o contextualista inglês mais próximo das posições da história do discurso norte-americana, procura conciliar o princípio da intencionalidade com o da impersonalidade dos sistemas lingüísticos, considerando o autor como agente capaz de manipular a pluralidade de linguagens especializadas disponíveis, em benefício da expressão singular. Recurso que não satisfaz a Skinner, cuja advertência contra "a adoção demasiado entusiástica de uma abordagem completamente sociológica, em que o objeto de análise se torna nada mais que a gama total de 'linguagens' em que a nação articula sua experiência ao longo do tempo", endereçou-se diretamente a seu colega de Cambridge[24]. Excetuando a foulcaultiana história dos discursos, para todas essas correntes as obras clássicas – aquelas que pela densidade do conteúdo, ousadia formal, complexidade teórica ou quaisquer outros atributos que se impuseram aos críticos e leitores ao longo dos séculos e gerações – continuam ponto de referência comum, o centro de gravidade da subdisciplina.

Daí o papel crucial do conceito de tradição nesse domínio historiográfico. Nem todas as tendências, decerto, o reconhecem. Para os adeptos do contextualismo historicista, na medida em que estimam acessível o significado "autêntico" dos textos, a ser buscado num vácuo interpretativo, o conceito é obviamente desprovido de sentido. Parece difícil, no entanto, negar a importância dos processos de transmissão de obras intelectualmente relevantes, quando se entende que a especificidade da História Intelectual reside em grande parte em sua condição de "disciplina responsável por manter nossa memória cultural ativa e nossas tradições intelectuais pertinentes"[25].

Tradição não se confunde com pura conservação ou continuidade de valores imutáveis; deve antes se conceber como movimento de reatualização constante, como sucessão de atos de ressignificação que garantem a atualidade dos bens culturais recebidos do passado. Significa dizer que a História Intelectual, ainda que extraia sua própria identidade do trato de uma categoria especial de obras, tidas como clássicas ou canônicas, não se ancora a um repertório fixo, previamente e para sempre consagrado pelo apreço de gerações de intérpretes autorizados. O que confere a determinados textos o *status* de clássicos é precisamente a dinâmica da tradição, as repetidas renovações de seu significado, por revisão das precedentes interpretações. O que pressupõe duas coisas. Primeiro, que a relação com um objeto histórico – no caso, a obra intelectualmente valiosa – é sempre uma relação ativa, na qual a bagagem do historiador (seu senso particular das questões relevantes, dado até mesmo pelo acúmulo de interpretações anteriores) interage com o objeto, de modo a explorar significados não percebidos ou não perceptíveis aos estudiosos que o abordaram com outros instrumentos críticos e referências culturais diferentes. Segundo, que um texto é clássico porque sua composição complexa, multiforme e não convencional resiste a leituras unívocas e oferece inesgotáveis possibilidades de interpretação.

Deve-se a Dominick La Capra a formulação mais elaborada dessas posições. Inspirado na filosofia heidgeriana da linguagem e na teoria da textualidade de Derrida, La Capra tem se empenhado em constituir um corpo consistente de conceitos e princípios metodológicos que proporcione à História Intelectual instrumentos adequados a seus problemas e interesses cognitivos específicos. Essencial em sua contribuição é a proposta de abordagem dialógica, que dá apoio a uma concepção de historiografia radicalmente crítica de todo reducionismo, em especial da redução historicista do trabalho historiográfico à ilusória reprodução objetiva do passado.

Sua perspectiva parte da consideração de que todo texto – melhor dizendo, todo vestígio textual do passado, o que abrange virtualmente todas as fontes, dado o sentido amplo da noção de texto[26] – possui dois aspectos complementares: um, dito documental, refere-se ao mundo empírico e transmite informações sobre este; outro, que o autor denomina "operante"[27], excede e transfigura quaisquer referentes empíricos, ao recriá-los mediante usos não convencionais da linguagem. Inerente às estruturas textuais, o elemento criador acha-se presente mesmo em textos predominantemente informativos, correntemente designados "documentos". Em contrapartida, o que se costuma chamar de "obras", isto é, textos de caráter mais criativo (sejam ou não literários, no sentido estrito), também possuem componentes documentais. Essa estrutura exige do historiador atenção às sutilezas do emprego dos recursos lingüísticos e às combinações possíveis de referencialidade e invenção no interior dos textos que aborda. Pois assim como uma leitura formalista, que se fixa apenas nos jogos literários, descarta as referências empíricas pertinentes à interpretação da "obra", o exame meramente realista do "documento" deixa escapar seus significados latentes e alusivos, tão importantes como o conteúdo literal[28].

A abordagem sugerida por La Capra prolonga a interação dinâmica entre os dois aspectos do objeto histórico. Não se restringe ao informativo, na pretensão inútil de reconstruir o passado, mas também não autoriza a omissão do aspecto documental; ao contrário, obriga a reconhecê-lo e respeitá-lo como limite imposto à interpretação. O que diferencia esta proposta da tradicional crítica dos "testemunhos", tão cara ao positivismo historicista, é a admissão da historicidade do intérprete, que torna inevitável o investimento de seus pontos de vista particulares tanto na definição das questões relevantes quanto no ato de interpretação propriamente dito. Rejeita o pressuposto da existência de um sentido histórico "correto", supostamente original, recuperável em qualquer tempo; segundo La Capra, aí se encerra um paradoxo do historicismo[29]. Em contraposição a isto, postula a historicidade das significações, situando-a não menos nos processos de recepção que nos de composição.

Por outro lado, na óptica do desconstrucionismo, um texto nunca se reduz a uma estrutura perfeitamente coerente, portadora de sentido unívoco. É antes uma trama irregular, um campo onde se cruzam tendências contraditórias, às vezes apenas implícitas ou "reprimidas". Uniformizar semelhante estrutura importa em procedimentos de dominação lingüística (sejam estes praticados pelo autor ou pelo intérprete), que submetem a indeterminação e a polissemia a uma ordem ou unidade semântica artificiais. Daí se segue que a interpretação histórica tem de ser criativa, tão atuante como o próprio texto em sua função *worklike*, de modo a valorizar as ambivalências e contradições potenciais, em oposição ao domínio das convenções. Nisto se funda a relação dialógica: o historiador estabelece com o texto um intercâmbio que não se detém no nível da referencialidade e dos significados expressos; solicita-o mediante interrogações derivadas de seus próprios interesses e de seu aparato crítico, mas também faz do texto um interlocutor, repensando suas hipóteses interpretativas em função das "resistências" textuais.

Embora, como já se ressaltou, essa concepção não goze do consenso dos profissionais comprometidos com o projeto de uma História Intelectual especializada, parece-nos a mais compatível com tal projeto. Antes de mais nada, porque aplica uma noção de textualidade que possibilita a preservação do senso de grandeza dos clássicos, sem incorrer em enganos como os da autonomia da consciência autoral e do controle que esta exerceria sobre os processos discursivos. Além disso, porque se bem leve em conta a tradição filosófico-literária, oferece os meios para uma revisão crítica permanente dessa mesma tradição. Com efeito, os métodos de interpretação baseados na análise unitária foram responsáveis pela canonização de certas obras e pela exclusão de outras que, em sua época ou ao longo do tempo, contrariaram convenções dominantes. Em contrapartida, o "diálogo" crítico com o texto explora suas tensões e dissonâncias, a fim de expor tendências inadvertidas ou mesmo recalcadas na composição; e essa exposição, ao mesmo tempo que renova a significação dos clássicos, desvenda os dispositivos normalizadores implícitos nos processos de canonização.

Não se poderia encerrar este resumo do estado das questões no campo da História Intelectual sem voltar ao problema, mencionado no começo apenas de passagem, da extrema penúria da historiografia brasileira no que diz respeito à especialidade em causa. Evitemos toda possibilidade de mal-entendido. Empregando um termo forte como penúria, não se perdem de vista os trabalhos individuais isolados, alguns de elevado mérito, produzidos em grande parte por historiadores não profissionais, conforme observa Falcon ao listar títulos e autores representativos dessa escassa produção[30]. Tampouco se subestimam os esforços institucionais que, desenvolvidos no passado recente ou ainda em curso, poderão a seu tempo preencher a lacuna; iniciativas dessa ordem registram-se não só no âmbito de programas de pós-graduação em História, mas também em instituições de pesquisa não integrantes do sistema universitário, entre as quais vale lembrar, a título de exemplo, o CPDOC da Fundação Getúlio Vargas/RJ[31]. O que se pretende salientar, e que segundo nos parece está a merecer atenção, é – para recorrer de novo ao testemunho abalizado de Falcon[32] – "o fato de não existir entre nós uma verdadeira tradição historiográfica na História das Idéias e de sermos ainda um tanto pobres no campo da História Intelectual".

É irrelevante neste caso a distinção entre História Intelectual e história das idéias, delineada na citação. Também secundária se torna aqui nossa discordância de posições que manifestam a fidelidade do autor à aliança preferencial da historiografia com as ciências sociais; referimo-nos notadamente à sua reserva com as correntes da História Intelectual mais abertas às contribuições da teoria do discurso e da crítica textual.[33] Para além das diferenças de opção teórica, importa o diagnóstico da deficiência estrutural de todo o domínio historiográfico abarcado pelos estudos de idéias e processos intelectuais no Brasil: falta de tradição, o que implica prática assistemática e privação de experiência cumulativa. Mais ainda. Do inventário da escassa e dispersa produção passível de classificar nessa rubrica (a custo identificada, por carência de levantamentos e inépcia das indexações utilizadas em periódicos, catálogos de teses etc.) depreende-se que os profissionais de letras são de longe os mais destacados cultivadores de uma modalidade de pesquisa limítrofe entre história da literatura e a história/crítica da cultura brasileira, ao passo que os historiadores de formação se mostram no geral alheios ou refratários à reflexão sobre nosso perfil intelectual[34].

Pois bem. Se atribuímos à História Intelectual a prerrogativa de exercício da crítica em um terreno que consideramos historicamente significativo, o da tradição literária na acepção mais ampla da expressão, só podemos deplorar tal estado de coisas. A nosso ver, as tendências intelectuais constituem um traço de identidade tão marcante como as mentalidades, o imaginário coletivo, as práticas cotidianas e outras dimensões da cultura a que a historiografia brasileira consagrou atenção especial nas três últimas décadas. Ao que parece, essa concentração de interesse tem por contrapartida a depreciação dos assuntos que concernem à *intelligentsia*. Nem por isso o conhecimento crítico das linhas de força, tensões e fraturas que atravessam as obras clássicas de nossa tradição deixam de ser requisito e índice de uma maturidade intelectual que decerto muito nos falta para atingir.

NOTAS

1 Para um contato geral com as discussões em curso no âmbito anglo-americano, consultem-se especialmente Dominick La Capra e Esteven L. Kaplan (eds.), *Modern European intellectual history: reappraisals and new perspectives* (4ª impr., Ithaca/Londres: Cornell University Press, 1995), e James Tully (ed.), *Meaning and context: Quentin Skinner and his critics* (Princeton: Princeton University Press, 1988). Para uma visão mais ampla, abrangendo as novas correntes da história cultural, veja-se Lynn Hunt (ed.), *A nova história cultural* (trad. port., São Paulo: Martins Fontes, 1992). Numerosas referências bibliográficas, que em conjunto fornecem um panorama desse debate, serão encontradas nos ensaios de John Toews, "Intellectual history after the linguistic turn: the autonomy of meaning and the irredutibility of the experience", in *The American historical review* , 92 (1987), p. 879-907; Russell Jacoby, "A new intellectual history?", in *The American historical review*, 97 (1992), p. 405-424; e Martin Jay, "The textual approach to intellectual history", in idem, *Force fields: between intellectual history and cultural critique* (Nova York/Londres: Routledge, 1993), p. 158-166.

2 Ver em Francisco Falcon, "História das idéias", em Ciro Flamarion Cardoso e Ronaldo Vainfas (orgs.), *Domínios da história: ensaios de teoria e metodologia* (Rio de janeiro: Campus, 1997), p. 91-125, uma apreciação da situação presente da historiografia das idéias no Brasil.

3 Robert Darnton, *O beijo de Lamourette: mídia, cultura e revolução* (trad. port.). São Paulo: Companhia das Letras, 1990, p.188.

4 Dominick La Capra, "Rethinking intellectual history and reading texts", em Dominick La Capra e Steven L. Kaplan (eds.), op. cit. na nota 1, p. 47-85.

5 Robert Darnton, op. cit., p. 223.

6 Acalentam este desígnio, por exemplo, o próprio Darnton e Roger Chartier, conforme nota Falcon, op. cit. na nota 2, p. 93. Além desses, mencione-se Toews, que, endossando a proposta de William J. Bowsma, sugere a redefinição de todos os gêneros de estudos históricos, e especialmente da História Intelectual, como "investigação da produção e transmissão de sentido contextualmente situada". Cf. Toews, op. cit. na nota 1, p. 879-880 e 882-883.

7 Essa expressão, hoje de uso corrente, tem origem na crítica que Lucien Febvre dirigiu aos historiadores da filosofia: "os conceitos saídos de inteligências desencarnadas (vivendo sua própria vida fora do tempo e do espaço) unem estranhos elos de anéis a um só tempo irreais e fechados" : Lucien Febvre, "Leur histoire et la nôtre", em *Combats pour l'histoire* (Paris: Armand Colin, 1992, p. 278.)

8 Robert Darnton, op. cit., loc. cit.

9 Parafraseamos aqui as definições de Quentin Skinner em "Meaning and understanding in the history of ideas", p.29, em James Tully (ed.), op. cit. na nota 1, pp. 29-67.

10 Apud Francisco Falcon, op. cit. na nota 2, p. 117-119.

11 Segundo Keneth Minogue, "Method in intellectual history", em James Tully (ed.), op. cit. na nota 1, p. 29-67, cf. p. 17, "em seu longo ensaio crítico, Skinner encontra vários exemplos de comentários que deveriam na verdade ser reconhecidos como má história; ele os atribui a falsas suposições metodológicas".

12 Robert Lenoble, *História da idéia de natureza* (trad. port., Lisboa: Edições 70, 1990), especialmente capítulos 1, 4 e 5 da segunda parte.

13 Cf. Dominick La Capra, op. cit. na nota 4, p. 48.

14 La Capra, loc. cit.; John Towes, op. cit. na nota 1, p. 883; Martin Jay, op. cit. na nota 1, p. 163.

15 Martin Jay, op. cit., p.159-160.

16 "Hipostatização do contexto" é como La Capra, op. cit. na nota 4, p. 57, classifica a admissão da existência de uma realidade empírica predeterminada, que esclarece "o" sentido de um texto. Seu estudo discute seis tramas de relações passíveis de formar contextos: 1) intenções do autor e texto; 2) vida do autor e texto; 3) sociedade e texto; 4) cultura e texto; 5) corpus de um escritor; 6) texto e modos (ou gêneros ou ainda práticas) de discursos.

17 David Harlan, "Intellectual history and the return of literature", em *American historical review*, 94 (1989), p. 581-609.

18 Harlan, op. cit.., p. 585.

19 J. L. Austin, *How to do things with words* (Oxford: Oxford University Press, 1962), e John Searle, *Speech acts: an essay in philosophy of language* (Londres: Cambridge University Press, 1974). Dado que esses o vincularam à linguagem oral, sua aplicação à escrita tem sido questionada: cf. David Harlan, op. cit. na nota 17, pp. 586-587.

20 J. G. A. Pocock, *Virtue, commerce and history: essays on political thought, chiefly in the eighteenth-century* (Nova York/Cambridge: Cambridge University Press, 1985), p. 1-2. As idéias desse historiador encontram-se também expostas em *Politics, language and time: essays on political thought and history* (Chicago: The University of Chicago Press, 1988), p. 3-42. Para um bom resumo, ver John E. Toews, op. cit. na nota 1, p. 891-893.

21 Um tanto à margem, ou pelo menos difícil de aproximar a uma ou outra dessas tendências, situa-se Hayden White, cuja influência sobre a inflexão lingüístico-literária da história intelectual norte-americana tem sido, não obstante, fundamental: cf. Jacoby, op. cit. na nota 1, p. 407 ss.

22 Cf. Martin Jay, op. cit. na nota 1, p. 158-166, especialmente 162-163.

23 Ver excelente explicação dos procedimentos desconstrucionistas em E. M. Henning, "Archaeology, desconstruction and intellectual history", em Dominick La Capra e Steven L. Kaplan (eds.), op. cit. na nota 1, p. 153-197.

24 Quentin Skinner, "Some problems in the analysis of political thought action", em James Tully (ed.), op. cit. na nota 1, p. 97-118; cf. p. 100 e n. 11, p. 310.
25 David Harlan, op. cit. na nota 17, p. 583.
26 Do latim texere, "tecer", conforme lembra Henning, op. cit. na nota 23, p. 162, para assinalar que toda rede de relações é textual, incluindo o "texto" da tradição. Paul de Man, por sua vez, observa que "as bases do conhecimento histórico não são fatos empíricos, mas textos escritos, mesmo se esses textos se disfarçam com vestes de guerras ou revoluções": apud Martin Jay, op. cit. na nota 1, p. 221, n. 15.
27 O termo "operante" é utilizado como equivalente aproximativo do intraduzível *worklike*. Segundo esclarece o autor, op. cit. na nota 1, p. 52, n. 4, sua distinção entre *documentary* e *worklike* pode ser comparada à que Austin estabelece entre o enunciado *constative*, isto é, simplesmente descritivo e factual, e o *performative*, que implica ação e produção por meio da palavra.
28 Cf. La Capra, op. cit., p. 52-55.
29 Lutar pela representação inalterável de objetos definidos como pela particularidade histórica absoluta vem a ser o mesmo que apresentar a verdade histórica de maneira essencialmente não histórica: cf. op. cit. na nota 1, p. 79.
30 Falcon, op. cit. na nota 2, p. 124.
31 Publicações coletivas como a de Lúcia Lippi Oliveira, Mônica Pimenta Velloso e Ângela Maria de Castro Gomes, *Estado Novo: ideologia e poder* (Rio de Janeiro: Zahar, 1982), ilustram o interesse do CPDOC pelo trabalho nessa área.
32 Falcon, op. cit., p. 122. Abalizado sobretudo porque o autor, que a isto faz ligeira referência no fim do capítulo citado, conta-se entre os poucos historiadores influentes em nosso meio acadêmico empenhados na consolidação da pesquisa em História Intelectual e afins na universidade brasileira.
33 Cf. em particular p. 117 e 119.
34 *Ibidem*, p. 123.

PENA E ESPADA: SOBRE O NASCIMENTO DOS INTELECTUAIS[1]

Marcos Antônio Lopes

É hoje concepção bastante difundida a idéia de que a figura do intelectual emerge das turbulências da história francesa de fins do século XIX. Mas, dataria mesmo esse "batismo" do intelectual de fins do século XIX, com a mobilização nacional francesa em torno do caso Dreyfus? O problema que se formula é o seguinte: no século XVIII não se poderia encontrar os principais fundamentos que caracterizam o intelectual contemporâneo? Enfim, Voltaire foi um intelectual digno desse nome já em sua acepção presente, ou não passou muito mais de um escritor solitário, excêntrico e egoísta, apenas preocupado com a sua ânsia de glória, com a busca da consagração a qualquer custo?

É possível, e bem provável, que toda a ênfase na gênese do intelectual datando de fins do século XIX se relacione a um desses estereótipos que, mesmo desbaratados por judiciosos estudos, sempre sobrevivem ou são ressuscitados, para atender a certos modismos do universo acadêmico. De fato, até hoje o século XVIII é concebido como época intelectualista, ensimesmada em discussões filosóficas abstratas, sem conexões com a realidade social. Ora, nas décadas de 1930-40, Ernst Cassirer já se ocupava em desmistificar tal juízo. Para ele, os filósofos da Ilustração se moviam na esfera daquilo que Kant conceituaria anos mais tarde como o primado da razão prática.

Não se envolver e deixar de responder às coerções impostas pelo seu mundo é um enfoque enganoso para retratar o século XVIII, do ponto de vista da ação de seus intelectuais. De acordo com Cassirer, os chamados *philosophes* jamais desvincularam o pensamento formal (razão teorética) da ação pragmática (razão prática). No Século das Luzes, a especulação filosófica e a vida prática eram categorias reflexivas, indissociáveis. Para o filósofo teuto-americano, o pensamento europeu, na época do Iluminismo, conseguiu estabelecer uma significativa harmonia entre a teoria e a prática, uma notável sintonia entre o pensamento e a vida. Essa considerável conquista da cultura ocidental – que entre outros inúmeros desdobramentos históricos deu origem ao que conhecemos por cidadania – deve ser legitimamente creditada aos homens cultivados do século XVIII (Cf. Cassirer, 1961: 222).

Se intervir na realidade política e social de seu tempo é suficiente para caracterizar o intelectual, em seu significado mais recente, Monsieur Arouet incorpora muito bem as palavras de Sartre, quando afirmou que cada um de seus atos colocava em jogo o sentido do mundo e o lugar do homem no universo. Intelectual interventor, no sentido de participar ativamente em variados processos que mobilizaram uma incipiente opinião pública, cujo exemplo emblemático foi o caso Calas, Voltaire tencionou exercer um império intelectual, à moda do Século das Luzes, por seu espírito de conquista e o anseio de dominação cultural. "Mais engajado que Montesquieu e Rousseau, ele intervém freqüentemente nos eventos. Emissário oficioso, ele negocia em Berlim. (...) Ele exorta Catarina a agir firme em Constantinopla. (...) Ele toma partido na guerra civil de Genebra" (Pomeau, 1994b: 11).

O paradigma intelectual voltairiano se fundamenta sobre a seguinte questão: conduzir os segmentos dirigentes do poder político pela via esclarecida da razão iluminista, mesmo que esta intenção última traduzisse um enorme e insaciável apetite pelo próprio poder, ainda que na condição de coadjuvante, ou seja, filósofo ou pedagogo de cabeças que cingem coroas. No século XIX o grande Michelet enfocava outras dimensões nas atitudes do Voltaire interventor, quando afirmou que ele havia tomado para si as dores do mundo:

> Tudo o que o fanatismo e a tirania sempre fizeram de pernicioso ao mundo, foi a Voltaire que eles fizeram, é a ele que se decapita em São Bartolomeu, é a ele que se enterra nas minas do novo mundo, é a ele que o parlamento de Toulouse suplicia com Calas... Ele chora, ele ri nos tormentos, riso terrível, ao qual se desmoronam as bastilhas dos tiranos, os templos dos fariseus[2]. (Michelet, citado em Bizière & Solé, 1993: 258)

É certo que no século XVIII não existia o nome – a palavra "intelectual", em seu sentido recente –, e nem sequer havia o número – um grupo de eruditos compacta e organicamente engajados em causas variadas (o combate contra as perseguições sofridas pela *Encyclopédie* mobilizou umas poucas cabeças) –, mas os valores, estes já eram bastante claros e não cremos que Voltaire os considerasse como idéias malucas e extemporâneas, paradoxos maniqueístas entre bem e mal, justo e injusto.

De acordo com Carlo Marletti, a palavra *intellectuel* apareceu na língua francesa na segunda metade do século XIX. O que havia de mais próximo a ela, anteriormente, era o conceito *inteligencija*, neologismo de um romancista russo que Turgeneev acabou divulgando. De todo modo, assevera Marletti: "Esta palavra [*intellectuel*] provavelmente já estava em uso antes, em alguns círculos literários e políticos, mas seu registro de nascimento, i.e., sua oficialização, remonta ao célebre *Manifeste des intellectuels*, publicado no diário *Aurore* de 14 de janeiro de 1898. (...) Recebido com desconfiança nos dicionários e considerado freqüentemente como gíria ou expressão depreciativa, o termo Intelectuais conserva ainda o sentido político que recebeu, como se fosse um nome de guerra, no conflito entre conservadores e progressistas em torno do caso Dreyfus" (Marletti em Bobbio et alii, 1997: 637; acerca do caso Dreyfus q. v. Bobbio, 1997: 123 ss.). Para Norberto Bobbio, "o nome é relativamente recente, mas o tema é antigo. (...) Que esses sujeitos históricos sejam chamados 'intelectuais' há cerca de um século não deve obscurecer o fato de que sempre existiram os temas que são postos em discussão quando se discute o problema dos intelectuais, quer esses sujeitos tenham sido chamados, segundo os tempos e as sociedades, de sábios, sapientes, doutos, *philosophes*, *clercs*, *hommes de lettres*, literatos etc." (Bobbio, 1997: 109-110; acerca desse conceito q. v. também Sirinelli, 1996).

Mas, então, o que caracteriza o intelectual, segundo os pressupostos da História Intelectual? Ter adquirido notoriedade colocando sua verve, ou melhor, seus dotes de retórica e seu prestígio pessoal a serviço do bem-estar de seus compatriotas é um dos princípios integrantes de seu perfil. E, além disso, o fato de se bater na defesa de valores universais como a verdade e a justiça.

Ora, Voltaire realizou algumas notáveis intervenções públicas, conseguindo revisões de alguns processos e as devidas reabilitações de seus indiciados. O historiador francês Jean Goldzink traduz com muita clareza a índole combativa do senhor de Ferney, ao perceber nesta figura enferma e encovada – sempre à beira da crise que colocará termo a seus dias – o valente advogado do gênero humano, que não se rendia à força truculenta de um sistema judiciário absurdamente cruel, e que ele não poderia esquivar-se de enfrentar e combater. Como se referiu Goldzink, "por sobre as fronteiras, por fim senhor de si mesmo, ele vai, de cólicas em vapores, se ocupar infatigavelmente de tudo aquilo que não percebe um homem de letras tradicional" (Goldzink, 1994: 98). Desse modo, e salvaguardando as especificidades impostas pelos diferentes tempos históricos, é possível que Voltaire tenha realizado obra comparável àquela de Emile Zola, e talvez até bem mais do que Zola, haja vista estar no século XVIII, em plena idade do arbítrio dos reis, da intolerância clerical e das mais variadas formas institucionalizadas de violência. Nesse sentido, o neologismo "intelectual" se aplica inteiramente ao Príncipe das Luzes, designando uma espécie de vanguarda intelectual solitária e iconoclasta. Mas há algo mais. Voltaire foi também um generalista, um iluminista, no sentido pleno da palavra. Em verdade, encarna o ideal do homem renascentista, conforme define a filósofa e historiadora húngara Agnes Heller, ou seja, o sábio que transita com desenvoltura pelos mais diversos campos do conhecimento, indo da crítica literária à Física e à Matemática, sem deixar de passar pela dramaturgia, o Jornalismo, a Filosofia, a Política e a História[3] (Cf. Heller, 1985).

Certamente, todas as ações voltairianas constituíram atos pessoais por excelência. Atuou contra grupos relativamente organizados, grupos estes engajados num combate sem tréguas contra ele. Mas, muitas vezes acuado, Voltaire jamais constituiu o seu próprio grupo. Foi um combatente solitário, que não dispensava aliados propriamente, mas que era incapaz de mantê-los ao redor de si. O que tornou sua voz suficientemente amplificada em suas intervenções públicas não foi certamente sua filiação a este ou àquele grupo, mas sua celebridade, justificada por seu talento literário colossal, e o poder cinicamente destrutivo de seus textos. Seu valor intelectual foi reconhecido mesmo entre os círculos mais conservadores, não apenas em seu tempo, mas em meio aos ventos mais conservadores da cultura européia do Dezenove. De fato, Voltaire esteve só; não pertenceu a nada que se assemelhe ao partido dos intelectuais em nossa sociedade contemporânea[4]. Mas ele representou, mesmo sozinho, um partido inteiro, pela força devastadora de seu discurso. O fato de Voltaire ter o peso de uma corporação, por seus talentos superlativos, fora apontado por Frederico II, no *Elogio de Voltaire*: "Pode-se dizer, se me é permitido exprimir-me assim, que o senhor de Voltaire sozinho valia por toda uma academia" (Citado em Rónai, 1986: 1010). Nesse sentido, uma passagem famosa, que citamos de memória, por não recordarmos exatamente sua autoria – mas cremos que é de Michelet –, também nos dá bem a medida da substância explosiva do conjunto de sua obra, no que tange à força criadora do intelectual para a constituição de um novo mundo. Dizia Michelet que a Itália teve o Renascimento e a Alemanha a Reforma. A França não teve Renascimento nem Reforma, mas teve Voltaire, que representou para ela o Renascimento, a Reforma, e metade da Revolução[5].

Isso pode muito bem significar determinado emprego da arte de escrever, aquele da pena como a espada afiada; aliás, a pena cortante nunca será instrumento rebelde em suas mãos. Com efeito, a atitude voltairiana é bem a antecipação da divisa de Balzac: "Ce qu'il a commencé par le épée, je l'achèverai par la plume"[6]. O autor de *Cândido* manejava-a com a mestria de um esgrimista perfeito. O fato é que, com Monsieur de Voltaire, a literatura foi arregimentada pela primeira vez em peça de artilharia pesada, num século XVIII marcado pela voga do anticlericalismo, pela crítica impiedosa dos desvarios da Igreja, dos excessos do absolutismo monárquico e dos privilégios da sociedade aristocrática. Na época de Voltaire, o espírito dos tempos se define pela filosofia secularizada, e pelo pensamento despido das fórmulas e convenções teológico-religiosas, até onde isso era possível no século XVIII. O século de Voltaire cria novo padrão de homem de letras, apóstolo da razão, à maneira dos escritores heterodoxos – os chamados *libertins* – da Idade Clássica, a exemplo de Pierre Gassendi e Pierre Bayle, este último o infatigável descobridor de erros, o homem que ensinou aos homens a necessidade das idéias próprias, "... dando-nos um dicionário de reflexões – a primeira obra do gênero em que se poderia aprender a pensar", como ele anotou acerca da novidade intelectual representada pelo autor do *Dicionário histórico e crítico* naquele texto que é considerado o seu maior livro de história, *O século de Luís XIV* (Voltaire, 1957: 1008).

Desses e de outros iconoclastas da Idade Clássica, Voltaire será como uma espécie de reencarnação tempestuosa, sobretudo porque exercerá maior influência em seu próprio tempo. Sua enorme admiração por Pierre Bayle pode ser mais bem compreendida na descrição que dele fez Georges Lefebvre. Afirma-nos o grande historiador da Revolução Francesa que Bayle foi um espírito crítico cujo pensamento admiravelmente moderno exerceu poderoso efeito de corrosão dos valores da cultura tradicional do *Grand Siècle*, fenômeno histórico que o coloca em posição destacada como um dos artífices da chamada "crise da consciência européia", tão admiravelmente estudada em obra homônima de Paul Hazard. Em seus textos críticos da ortodoxia de seu tempo, Bayle não se intimidava diante de nenhuma força, não sentia respeito por nenhuma autoridade e, muito menos ainda, pelo que considerava como a desgastada História Sagrada, expressa por historiógrafos a soldo real ou por aqueles palradores eclesiásticos que, do alto do púlpito brandiam, na forma de metáforas bíblicas, os feitos prodigiosos de personagens fantásticos, os das Sagradas Escrituras e os dos grandes homens de sua própria época. Para Lefebvre, Bayle abriu uma trilha iconoclasta para Voltaire, a quem ele reputa ter sido o seu melhor discípulo (Cf. Lefebvre, 1974: 113). Em sentido análogo, Guy Chaussinand-Nogaret observa que a reflexão deste predecessor de Voltaire operou autêntica "sabotagem crítica" da cultura do Antigo Regime, como obra lapidar de ceticismo sofisticado e elegante, trabalho de uma força crítica avassaladora, "... que esconde suas temeridades sob uma divertida brincadeira já bastante voltairiana (...). Em síntese, [Bayle foi] o arquétipo de Voltaire, menos no sarcasmo e na militância" (Chaussinand-Nogaret, 1994: 13). De fato, Bayle foi um renome imenso, uma reputação não arrastada pelo vento, e que retumbou com estrépito por toda a primeira metade do século XVIII, e até mais além (Cf. Hazard, 1989: 41). Seguindo algumas de suas coordenadas temáticas, a crítica social de Voltaire pretendeu representar a lei de Deus ou do Estado, em nome da razão universal, Voltaire deve denunciar os despotismos, as injustiças e as mentiras. Ataca preferencialmente o clero, por reconhecer, neste meio, a principal fonte do mal, que não hesita em convocar a violência como *Prima ratio*, quando caberia um honesto combate de idéias.

Intelectual do Iluminismo, imagem bastante perfeita do individualismo renascentista, que se traduz pela visão personalista e egocêntrica da vida, Voltaire se deixou guiar, em inúmeros casos, por ideais bem ao gosto de nosso tempo: a defesa de direitos humanos fundamentais, como o direito de voz e de defesa, numa época em que eles nem sequer eram cogitados. Nesse sentido, Voltaire já participa do espírito do intelectual, conforme o entendemos contemporaneamente. Além do mais, vai se vestir de guia intelectual para esclarecer o mundo, por meio da tomada de consciência do ridículo e do absurdo da existência de práticas como as rodas de tortura, as *lettres de cachet*, a desproporção entre delito e pena, e uma série de mazelas peculiares ao Antigo Regime. Como apontou Eric Hobsbawm, ele irá denunciar veementemente a tortura de negros escravos no Suriname (Cf. Hobsbawm, 1998: 215). A crítica a que se refere o historiador inglês encontra-se no *Cândido* – e em outros diversos textos de Voltaire, como o *Ensaio sobre os costumes* e o *Dicionário filosófico* – quando constata que certas comodidades e certos regalos europeus implicavam um custo humano exageradamente elevado. Ouçamos Voltaire em seu *turbilhão* intitulado *Cândido*:

> Quando se aproximavam da cidade, encontraram um negro caído no chão, não tendo mais que metade do vestuário, isto é, umas calças de pano azul; faltavam àquele pobre homem a perna esquerda e a mão direita. – Meu Deus! – disse-lhe Cândido em holandês. – Que fazes aí, meu amigo, no horrível estado em que te vejo? – Espero meu patrão,

> o famoso negociante Sr. Vanderdendur. – E foi o Sr. Vanderdendur quem te deixou nesse estado? – Sim. É o costume – disse o negro. – Por todo vestuário, dão-nos umas calças duas vezes por ano. Quando trabalhamos nas usinas de açúcar e o rebolo nos apanha o dedo, cortam-nos a mão; quando tentamos fugir, cortam-nos a perna: incorri em ambos os casos. É por esse preço que os senhores comem açúcar na Europa[7]. (Voltaire, 1994: 261-262)

Sem dúvida, em Voltaire, a literatura é mais que nunca um espelho do tempo. Hanna Arendt, ao analisar a violência, nos conta que Mao Tsé-tung acreditava que o "poder brota do cano de uma arma" (Cf. Arendt, 1985). Esta imagem é muito sugestiva e talvez bastante apropriada para a análise da idéia que Voltaire fazia acerca das relações intelectual-poder. Em Voltaire, o poder parece que estava na ponta de uma pena, empunhada sem propósitos violentos, mas que sempre causava brechas consideráveis. Com seus escritos, ele *entortou* o Antigo Regime, fazendo-o cambalear diante da força de sua consciência crítica.

Como lembra Louis Réau, na Espanha do século XVIII, os livros de Voltaire foram interditados em bloco no ano de 1762, e só podiam infiltrar-se sob a máscara de falsos títulos, ou sob o manto do anonimato (Cf. Réau, 1951). Robert Darnton conta-nos as perigosas peripécias vividas pelos transportadores de livros quando flagrados com obras de Voltaire e outros "sortimentos de impiedades" (Cf. Darnton, 1992). E a este título Paul Hazard lembra-nos que, tendo contra si o público cultivado, o poder nunca poderá impedir que os livros sejam impressos, e que sejam difundidos (Cf. Hazard, 1989). A censura parece que fez de Voltaire um campeão dos *best-sellers* na segunda metade do século XVIII. Como nos lembra Darnton, alguns autores

> (...) como Voltaire e Mercier dominam o mercado, inundando-o com um fluxo contínuo de textos; (...) o fenômeno Voltaire é excepcional. A infernal fábrica em Ferney só diminui sua produção com a morte do patriarca em 1778, desencadeando no decorrer da década de 1780 uma guerra pela edição de suas obras completas (Darnton, 1992: 153).

O próprio Voltaire se manifestou sobre a liberdade de expressão, sobre a liberdade de pena. No *Dicionário filosófico* ele observou que os efeitos de uma leitura não estão no próprio texto, mas na disposição ou indisposição do leitor. Conheço muitos livros enfadonhos, dizia Voltaire, mas não sei de nenhum que tenha causado prejuízo real. Toda censura e repressão não impediram que ele fosse um dos autores mais lidos durante o século XVIII, e que continuasse tendo seus livros muito procurados ao longo do século XIX. Quando da morte violenta de Luís XVI, fato que chocou toda a Europa monárquica, Catarina manda interditar a *Enciclopédia* na Rússia, obra que visava aniquilar o cristianismo e as monarquias, ordenando confiscar todas as traduções de Voltaire, cujas idéias tinham transformado os franceses em "canibais embrutecidos" (Cf. Réau, 1951). O fato que melhor revela a grande repercussão do autor, no âmbito da posteridade, é que seus livros são queimados na França ainda no século XIX, pelos *ultra*, defensores de Luís XVIII contra o ataque dos liberais (Cf. Lévêque, 1950).

Se Voltaire foi um escritor ocupado consigo mesmo e com sua ansiedade megalômana por glória literária, como demonstrou Pierre Lepape, personificou também o mais moderno espírito do *philosophe engagé*, aplicado que estava em produzir uma literatura de choque. Mas será que podemos confiar nessa repulsa voltairiana à violência da escravidão, especialmente quando se sabe que o "empresário" Voltaire possuía investimentos consideráveis nos territórios franceses ultramarinos? Ora, seu pensamento político, se assim podemos aludir às suas idéias políticas, jamais será uma linha reta. Na verdade, é bem sinuoso e apresenta ambigüidades que não se deve desconsiderar, pois o mesmo Voltaire que, num conto filosófico de 1759, se coloca contra a escravidão, se pronunciará favoravelmente a ela ao afirmar que a humanidade, tal como está constituída, não pode subsistir se não houver um número infinito de pessoas úteis, que não dispõem de nenhuma propriedade[8]. Esta passagem nos faz recordar uma interrogação levantada por René Pomeau acerca dessas sinuosidades voltairianas, e das ambigüidades que espalhou pela história das idéias: um pouco reticente entre seu apego pela liberdade e sua veneração pelo despotismo esclarecido, Voltaire não teria contribuído para preparar as hesitações da burguesia francesa do século XIX, "... oscilando entre o cesarismo napoleônico e o liberalismo de M. Thiers?" (Pomeau, "Préface" em Voltaire, 1957: 23).

Bibliografia

ARENDT, H. *Da violência.* Brasília: E.U.B., 1985.

BERLIN, I. *Against current: essays in the History of Ideas.* Londres: Hogarth Press, 1979a.

——. "Voltaire". In: *The Age of Enlightenment.* The Eighteenth-Century Philosophers. Oxford: Oxford University Press, 1979b.

BIZIÈRE, J. M. & SOLÉ, J. "Voltaire". In: *Dictionnaire des biographies. La France Moderne.* Paris: Armand Colin, 1993.

BOBBIO, N. *Os intelectuais e o poder: dúvidas e opções dos homens de cultura na sociedade contemporânea.* São Paulo: Editora da Unesp, 1997.

CASSIRER, E. *O mito do Estado.* Lisboa: PEA, 1961.

CHAUSSINAND-NOGARET, G. *Voltaire et le Siècle des Lumières.* Paris, Editions Complèxe, 1994.

CURTIUS, E. R.*Literatura européia e Idade Média latina.* São Paulo: Hucitec/Edusp, 1996.

DARNTON, R. *Edição e sedição: o universo da literatura clandestina no século XVIII.* São Paulo: Companhia das Letras, 1992.

DELUMEAU, J. *A civilização do Renascimento.* Lisboa: Estampa, 1984. Vol. 01.

DUCHET, M. "L'anthropologie de Voltaire". In: *Anthropologie et histoire au Siècle des Lumières.* Paris: Albin Michel, 1995.

GAY, P. *The Enlightenenment, an interpretation. The science of freedom.* Nova York: W. Norton, 1977.
GOLDZINK, J. *Voltaire, la légende de Saint Arouet.* Paris: Gallimard, 1994.
HAZARD, P. *O pensamento europeu no século XVIII.* Lisboa: Presença, 1989.
HELLER, A. *O homem do Renascimento.* Lisboa: Presença, 1985.
HOBSBAWM, E. J. *Sobre História.* São Paulo: Companhia das Letras, 1998.
LANSON, G. *Voltaire.* Paris: Hachette, 1960.
LEFEBVRE, G. *El nascimiento de la historiografia moderna.* Barcelona: Martinez Roca, 1974.
LÉVÊQUE, A. *Histoire de la civilisation française.* Nova York: Henry Holt and Company, 1940.
MARLETTI, C."Intelectuais". In: BOBBIO, N. *Dicionário de política.* Brasília: Editora da Universidade de Brasília, 1997. Vol. 01.
ORIEUX, J. *Voltaire ou la royauté de l'esprit.* Paris: Flammarion, 1994.
POMEAU, R. "Préface". In: VOLTAIRE. *Oeuvres historiques.* Paris: Gallimard, 1957.
——. "Introduction". In: VOLTAIRE. *Essai sur les moeurs.* Paris: Bordas, 1990. Vol. 01.
——. *Voltaire.* Paris: Seuil, 1994a.
——. "Présentation". In: *Politique de Voltaire.* Paris: Armand Colin, 1994b.
——. "Préface". In: VERSAILLE, A. (org.). *Dictionnaire de la pensée de Voltaire par lui-même.* Paris: Éditions Complèxe, 1994c.
RÉAU, L. *L'Europe française au Siècle des Lumières.* Paris: Albin: Michel, 1952.
RÓNAI, P. "Voltaire". In: *Dicionário universal de citações.* Rio de Janeiro: Nova Fronteira, 1986.
SIRINELLI, J.-F. "Os intelectuais". In: RÉMOND, René. (org.) *Por uma história política.* Rio de Janeiro: Editora UFRJ, 1996.
VENTURI, F. *L'Europe des Lumières: recherches sur le XVIIIe siècle.* Paris: EHESS, 1971.
VERSAILLE, A. "Voltaire, le besoin de comprendre". In: *Dictionnaire de la pensée de Voltaire par lui-même.* Paris: Éditions Complèxe, 1994.
VOLTAIRE. "Le siècle de Louis XIV". In: *Oeuvres historiques.* Paris: Gallimard, 1957. (Collection Bibliothèque de La Pléiade, texte établi, annoté et présenté par René Pomeau).
VOLTAIRE. "Candide ou l'Optimisme". *Romans et contes.* Paris: Librairie Générale Française, 1994. (Préface d'Édouard Guitton).

NOTAS

1 Este artigo é trecho de um dos capítulos de meu livro *Voltaire historiador*, 2001. Agradeço à Editora Papirus o consentimento para reproduzir aqui uma versão ligeiramente modificada do original.

2 Algo claramente inspirado nisso encontramos na biografia de Jean Orieux: "Quando se esquarteja Calas em Toulouse, escutamos se elevar, de Genebra, o grito de dor e de indignação de Voltaire, que se sente torturado. Não é somente Calas o atingido, é a humanidade que é ferida; é Voltaire, vocês e eu" (Orieux 1994: 11). É bom lembrar que Jean Goldzink considera essa premiada obra de Orieux como uma espécie de *decalque* do livro de Desnoireterres, texto em relação ao qual o próprio Orieux reconhece o débito, na sua "Introdução". Diz-nos Godzink: "Elegante floreio, ornado de fantasias, sobre o plano de Desnoireterres — o Antigo Testamento que guiou o povo voltairiano por cento e vinte anos" (Goldzink 1994: 184-185). Mas Orieux é citado numa atualizada bibliografia sobre o "estado presente dos estudos voltairianos", por aquele que é talvez o maior especialista em Voltaire, o que parece evidenciar o valor do trabalho (Cf. Pomeau 1994: 198).

3 Voltaire era uma dessas mentes enciclopédicas: "*Poet, dramatist, essayist, historian, novelist, philosopher, scientist amateur, his claim to immortality rests on his polemical genius and his*

power of ridicule in which, to this day, he knows no equal" (Berlin 1979b: 113). Acerca desse caráter enciclopédico de sua cultura ele se exprimiu em sua "Lettre à M. Pitot": "*Je suis comme les petits ruisseaux: ils sont transparents parce qu'ils sont peu profonds.*" Citado em (Lanson 1960: 72). E André Versaille acrescenta: "Voltaire pensa como Pascal que 'é bem mais belo saber alguma coisa de tudo, que saber tudo de uma coisa'" (Versailles 1994: 35). Por essas múltiplas virtudes René Pomeau denominou-o "*Voltaire, le multiforme*" (Pomeau 1994c: 15).

4 Para Franco Venturi, os intelectuais das Luzes não formaram "um partido, uma corrente única": "O *partido* dos filósofos não estava suficientemente unido, nem suficientemente decidido, para se colocar à cabeça da opinião pública" (Venturi 1971: 24-29).

5 Teria sido Voltaire o homem que abalou o trono e o altar? Sobre esse assunto existem nuanças que é preciso destacar, quando se avalia o conteúdo político da obra histórica, filosófica e literária do Príncipe das Luzes. No que se refere à monarquia, nenhuma visada, entre os grandes pensadores franceses do século XVIII, é mais conservadora que a sua. Como nos ensina Pomeau: "O espírito voltairiano é mais profundamente 'revolucionário', no sentido em que ele espera operar uma 'revolução do espírito humano'" (Pomeau em Voltaire 1990: 31).

6 Citado em Curtius (1996: 237).

7 E no capítulo 12 do *Ensaio sobre os costumes*: "Se eles querem fugir, cortamo-lhes a perna, e se tenciona fazê-los voltar ao engenho, damo-lhes logo uma perna de pau. Isto feito, ousamos falar de direitos dos povos" (1990: 416).

8 De acordo com Michèle Duchet, "este interesse pela condição legal do escravo situa Voltaire entre os discípulos de Montesquieu: como ele, formulou o problema em termos jurídicos, e não põe em causa o princípio mesmo da escravidão, mas apenas suas modalidades" (Duchet 1995: 320). Acerca da escravidão em sua obra, cf. também Gay (1977: 407 ss.).

História Intelectual: a problemática da interpretação de textos

Renato Moscateli

No romance *A nova Heloísa*, de Jean-Jacques Rousseau, numa das cartas escritas pelo personagem Saint-Preux à sua amada Júlia, o jovem preceptor faz diversas indicações à sua aluna a respeito de como proceder para aproveitar bem suas leituras. Segundo Saint-Preux, o melhor seria ler pouco, mas digerir muito bem aquilo que se leu, para que o hábito de refletir se desenvolvesse inteiramente. Ele propõe tal método a Júlia porque ela lhe parecia especialmente apta para usá-lo: "recomendo-vos (...), a vós que colocais em vossas leituras mais do que nelas encontrais e cujo espírito ativo faz sobre o livro um outro livro, às vezes melhor que o primeiro" (Rousseau, 1994, p. 66). Essas considerações do personagem rousseauniano nos levam a pensar acerca do ato de ler e seu enorme potencial criativo, assim como sobre a melhor maneira de realizar uma leitura quando se está fazendo uma pesquisa na área da História Intelectual. Em vista disto, o presente texto é uma análise do próprio processo da leitura em geral e também como metodologia para a História, e visa contribuir com algumas reflexões sobre o assunto.

Onde está a "verdade" do texto?

Num texto em que contrapõe a História à memória, Edgar Salvadori de Decca diz que "a característica mesma da História é a de ser um conhecimento em permanente construção e sujeito a contestações, ao passo que a memória depende da valorização monumental dos vestígios do passado para a sua permanência" (Decca, 2001, p. 31). A memória, individual ou coletiva, está sempre sujeita ao esquecimento e a História perpetua o conhecimento do passado na medida em que prima por revisitar constantemente seus objetos de estudo por meio do questionamento das fontes, as quais podem ser ampliadas ou analisadas sob novos pontos de vista. De Decca acredita que não se pode deixar de lado o fato fundamental de que a História, como saber, constitui desde o início uma narração sob o primado de uma investigação, esta baseada sempre em documentos. Para a História, escreve ele, "é a exigência documental que funda o acontecimento e não o contrário, isto é, a sua narrativa" (Decca, 2001, p. 30). Em outras palavras, origem da História está no estudo das fontes, e não na narração dos eventos. Ora, essas afirmações do autor remetem à questão da escrita da História como indissoluvelmente ligada à leitura das fontes, uma atividade que sempre implica o exercício da interpretação e, de uma forma ou de outra, uma reflexão a respeito de como o pesquisador pode conhecer um contexto histórico mediante a abordagem crítica dos textos nele produzidos. Em se tratando de um questionamento da prática da leitura no interior da disciplina histórica, como isto tudo pode ser devidamente equacionado?

As reflexões de Roland Barthes (1987) sobre o ato de ler chamam a atenção para o caráter interativo que ele comporta. Na visão de Barthes, não existe mera decifração de signos lingüísticos, uma leitura ingênua que se resumiria a meramente reafirmar o conteúdo vigente no texto. Sempre que lê, o indivíduo coloca-se por inteiro nessa prática, construindo uma rede de correspondências entre o que está sendo lido e suas próprias experiências anteriores. À medida que vai se reconhecendo nas letras e frases que decodifica, isto é, encontrando no texto elementos já vistos anteriormente uma "reminiscência", o leitor desconstrói o discurso alheio para depois, compreendendo o que lê, construir novo texto, o dele, "que toma em consideração o livro e o faz existir" (Barthes, 1987, p. 192). Assim sendo, não haveria sentido pré-estabelecido no texto, uma mensagem pronta que caberia ao leitor apreender. O texto só adquiriria sentido no próprio ato da leitura, pois sua "verdade" seria a da leitura[1]. É uma concepção relacional esta da verdade que Barthes defende, pois implica que não basta ao autor imprimir no papel – ou em qualquer outro suporte – o seu texto para que aquilo que ele *quis dizer* possa ser alcançado por mais alguém. Se o texto é sempre uma mensagem, o destinatário também participa da produção do sentido. A leitura, diz Barthes, "põe em jogo dois textos, sendo o sentido aquilo que está em jogo em ambos; a leitura é essencialmente uma avaliação, uma interpretação de um texto em relação a outro: uma transação" (1987, p. 192). Desses dois textos, um é aquele objeto material, o livro, o manuscrito, o documento etc.; o que se tem diante de si. O outro é aquele produzido pelo sujeito, isto é, o leitor, no próprio momento da leitura, em confronto com o texto original. Por isto, o resultado da interpretação textual não seria somente a elucidação das intenções do autor, nem apenas os sentidos atribuídos pelo leitor ao texto, mas sim aquilo que o leitor compreendeu do que o autor quis dizer. Isto pode parecer óbvio, e no entanto é crucial: admiti-lo significaria afirmar que o saber histórico é mais do que um discurso sobre outros discursos; seria propor que ele é um discurso em confronto com outros discursos, um novo texto que é *dialeticamente* estabelecido durante a prática da leitura das fontes. A "verdade" dos documentos seria sempre nascida dessa dinâmica, fato este que determinaria toda a atividade da pesquisa histórica.

Ler é monólogo ou diálogo?

Em sua conhecida carta a Francesco Vettori, Maquiavel descreve em termos deveras interessantes certas práticas de seu cotidiano. Dentre elas, aquela que talvez possa parecer mais intrigante é que se dava ao fim do dia, no interior da casa do escritor florentino. Vejamos como ele mesmo a relata:

> Chegando a noite, de volta a casa, entro no meu escritório: e na porta dispo as minhas roupas cotidianas, sujas de barro e de lama, e visto as roupas de corte ou de cerimônia, e, vestido decentemente, penetro na antiga convivência dos grandes homens do passado: por eles acolhido com bondade, nutro-me daquele alimento que é o único que me é apropriado e para o qual nasci. Não me envergonho de *falar* com eles, e lhes *pergunto* da razão das suas ações, e eles humanamente me *respondem*... (Maquiavel, 1996, p. 141) [grifos meus]

Fechado em seu escritório, Maquiavel via-se cercado pelos homens do passado em meio aos quais buscava um conhecimento vivo a ser aplicado no presente em favor da resolução dos problemas políticos que afligiam sua própria época. Havia, para ele, um diálogo que se estabelecia entre o pensador de hoje e os sujeitos políticos de ontem, uma relação verdadeiramente dialética de onde nasce o saber. Trata-se, enfim, de uma bela imagem para referir-se ao ato da leitura: ler não é apenas ouvir a fala alheia, mas também propor ao texto uma fala pessoal e interrogativa, como se não se estivesse em frente a um objeto, o escrito, e sim diante de outro ser humano com o qual temos a oportunidade de conversar.

Também René Descartes lidou com a prática da leitura em termos semelhantes. Para o filósofo francês, "a leitura de todos os bons livros é uma conversa com as pessoas mais honestas dos séculos passados, que foram os seus autores" (Descartes, citado por Barthes, 1987, p. 198). Ler, para Descartes, seria buscar compreender a intenção do escritor contida no texto, e a boa leitura deveria acima de tudo alcançar aquilo que o autor *quis dizer*, quais foram suas pretensões pessoais, qual o sentido original de suas palavras. Mais uma vez, surge a imagem da leitura como diálogo, e deve-se perguntar se ela consiste somente numa figura de retórica, numa expressão literária para dar ao texto certo brilho poético, ou se, para além da figura de linguagem, há um verdadeiro paradigma dialético da leitura.

Acreditar que tal paradigma existe e está sendo aplicado, ainda que inconscientemente, todas as vezes que lemos qualquer texto pode não parecer nada de radicalmente novo, pois é quase lugar-comum, há vários séculos, equiparar o ato da leitura ao do diálogo com o autor. Entretanto, admiti-lo seria o mesmo que abandonar o modelo de cognoscibilidade constitutivo do pensamento filosófico e científico predominante na modernidade: aquele que se baseia na oposição entre sujeito e objeto. Dentro desse modelo, a leitura constitui mero monólogo, seja aquele protagonizado pelo autor, seja aquele pronunciado pelo leitor. Aplicando-se os conceitos da epistemologia (Abbagnano, 1998; Lara, 1988), podemos visualizar a questão por meio da oposição entre empirismo e racionalismo. No primeiro caso, temos diante de nós a vertente empirista do modelo, posto que nela é o objeto que "fala" e que impõe sua "verdade" imanente ao decifrador do código lingüístico. Como bom ouvinte, o leitor concentrar-se-ia na "voz do passado" consubstanciada no texto para reportá-la objetivamente aos homens do presente. No segundo caso, o do racionalismo, o objeto não "fala" nada por si, sua verdade não se encontra nele mesmo: é o sujeito da leitura que compõe, em sua própria consciência individual, o sentido do texto, e sua fala demiúrgica é a única a ser ouvida. Em ambos os casos, a presença de um dos termos da relação sujeito/objeto é unicamente pretexto para que o outro possa falar, nunca um elemento integralmente participante do processo de conhecimento.

Um primeiro passo para superar essa concepção monológica da leitura é dado quando se postula o caráter eminentemente dialético da relação sujeito/objeto. O materialismo histórico operou tal transposição ao considerar que, na *práxis* cotidiana, sujeito e objeto defrontam-se e determinam-se mutuamente, e o resultado de seu embate é uma síntese pela qual os dois são igualmente responsáveis (Basbaum, 1978). Mas, mesmo que haja avanço nessa forma de conceber o ato cognitivo, continua prevalecendo a dicotomia fundamental das teorias epistemológicas não-dialéticas. O *objeto* não se converte em algo diferente do que era antes, pois essa mudança exigiria que se desse mais um passo adiante. Ler é ainda estar diante de um objeto textual.

No entanto, se a leitura passa a ser vista como relação dialética em seu sentido mais forte, temos nova situação em jogo. Se ler é dialogar com *outro*, este não pode ser encarado como objeto a ser conceituado, mas sim como sujeito com o qual se realiza um confronto discursivo, uma prática argumentativa. Esse paradigma da intersubjetividade aplicado à leitura deve pressupor, antes de tudo, que o autor do texto persiste, no próprio texto, existindo com "espessura ontológica" mínima que lhe permite travar uma conversa com seu leitor. Afinal, os mortos não falam, e o leitor não é um médium capaz de ouvir as vozes do "além".

Como é possível, portanto, dar sustentação a essa dialética da leitura? Em que medida um paradigma da intersubjetividade pode ser aplicado sem recair nas malhas da hermenêutica tradicional? Que tipo de "verdade" pode ser produzido nessa prática da leitura em que não há mais um objeto a ser posto como fiel da balança?

Quais são os sujeitos da leitura?

A partir de agora, formulados os problemas teóricos mais relevantes, chegou o momento de buscar respondê-los em referência não a qualquer leitura em geral, mas àquela operacionalizada dentro do campo da disciplina histórica. É preciso ressaltar que com este recorte não se pretende afirmar uma especificidade absoluta da leitura realizada pelo historiador. Trata-se somente de considerar quais são as características de possíveis metodologias aplicáveis aos estudos históricos que sirvam de instrumentos de uma análise textual diferente daquela fundada na dicotomia sujeito/objeto já criticada. Para tanto, vamos observar primeiro em que consiste o paradigma de leitura das fontes históricas mais próximo do que está aqui em discussão: a *lógica histórica* defendida por E. P. Thompson.

Em sua célebre crítica ao pensamento de Althusser, *A miséria da teoria* (Thompson, 1981), Thompson expôs formalmente os princípios de um modelo de construção de conhecimento adequado à História. Essa lógica investigativa é definida pelo historiador inglês como "diálogo entre conceito e evidência, um diálogo conduzido por hipóteses sucessivas, de um lado, e a pesquisa empírica, do outro. O interrogador é a lógica histórica; o conteúdo da interrogação é uma hipótese (...); o interrogado é a evidência, com suas propriedades determinadas" (1981, p. 49). No processo cognoscitivo que se estabelece nesses termos, um conhecimento qualquer só pode ser considerado "verdadeiro" dentro dos protocolos de validação da lógica histórica, uma vez que ele é limitado e definido pelas perguntas feitas à evidência. Quanto às perguntas, Thompson afirma que qualquer uma pode ser feita às evidências, mas nem todas são adequadas, isto é, encontrarão suas respectivas respostas. É isto mesmo que determina a variabilidade do conhecimento histórico, na medida em que cada pesquisador propõe às fontes suas próprias questões. O fato de o saber produzido pela disciplina histórica estar constantemente sendo revisado não significa que ele seja epistemologicamente inconsistente, mas sim que as evidências são interrogadas sob pontos de vista diversos e, desse modo, surgem sempre novas respostas passíveis de ser incorporadas ao saber histórico, incluindo respostas que provocam a desconfirmação de determinadas idéias anteriormente inferidas do diálogo com as fontes.

Como já foi dito, perceber o processo de conhecimento em termos dialéticos é já avanço rumo ao paradigma da intersubjetividade. Entretanto, é necessário considerar melhor a constituição da própria evidência para avançar mais. É possível dialogar com um objeto, isto é, com uma coisa? Talvez os cientistas que estudam os fenômenos da natureza sintam-se à vontade discutindo com seus objetos de pesquisa, mas em História há o imperativo de reconhecer e respeitar a subjetividade presente nas fontes quando se dialoga com elas. Para isto não basta admitir e lamentar que o produtor do texto imprimiu indelevelmente sua marca pessoal no documento, como se isto fosse mácula que o aparato crítico do historiador deve superar em direção à objetividade. Antes, é melhor reconhecer essa subjetividade latente no texto e convidá-la para mostrar-se por inteiro: se a História é o estudo do homem no tempo, é ao homem que se deve interrogar quando se pesquisa.

Talvez a atribuição de um caráter intersubjetivo ao processo de interpretação textual possa parecer defesa implícita dos princípios metodológicos da hermenêutica fixados já no século XIX. Bem ao contrário, não se está propondo aqui um retorno a essa metodologia formulada por Dilthey e seguida com mais ou menos liberdade por historiadores como Benedetto Croce ou R. G. Collingwood. Não se trata de reviver a consciência do *outro*, sua vida mental, no nosso próprio pensamento (Dilthey, 1995), como se isso fosse realmente possível[2]. Essa empatia com os sujeitos do passado defendida por Dilthey é inefável demais para servir de paradigma de conhecimento, quase uma experiência mística que buscaria ligar dois "espíritos" separados pelo tempo. Segundo Paul Ricoeur,

> Em Dilthey, a questão da compreensão estava ligada ao problema de outrem; a possibilidade de aceder, por transferência, a um psiquismo estranho, dominava todas as ciências do espírito, da psicologia à história. (...) Foi a partir de um argumento kantiano que [Dilthey] colocou a problemática das ciências do espírito: o conhecimento das coisas, dizia, culmina em algo desconhecido, na própria coisa. Em compensação, no caso do psiquismo, não há coisa em si; o que o outro é, também somos (Ricoeur, 1988, p. 31-32).

Desse modo, unidos pelo fato de compartilharem um substrato comum de humanidade, os indivíduos poderiam se comunicar através da História por meio do conhecimento das "manifestações de vida" objetivadas na linguagem e em outras formas de expressão. Sobre a relação cognitiva implicada nessa busca por meio da qual o homem seria capaz de, "determinado a partir de dentro, vivenciar em imaginação muitas outras existências" (Dilthey, 1995, p. 270), José Carlos Reis escreve:

> O sujeito que toma o passado como objeto é a si mesmo que objetiva. Ele não se separa de seu objeto, se encontra separado dele pelo esquecimento. O objetivo da pesquisa histórica é abolir o esquecimento que levou à separação entre o sujeito e ele mesmo, e reintegrar o passado no presente como "consciência intensa" de si: "compreensão" (1996, p. 32).

O método compreensivo assim definido pressupõe união entre a consciência do pesquisador e a de seu objeto de pesquisa, recaindo em uma forma de idealismo epistemológico que dilui o *outro* no *eu* e impede a relação dialética de intersubjetividade, uma vez que não há diálogo possível quando os indivíduos não são essencialmente diferentes.

É preciso ter em mente que admitir o sujeito do texto é encontrá-lo no próprio texto, e não em nosso pensamento. Nas malhas de sua fala, o autor impõe sua presença e não precisa ser "ressuscitado" pelo pesquisador. Nas estruturas de significação que demarcam o discurso[3], o *outro* faz valer a sua intenção, coloca limites às inferências do leitor. Tal relação de confronto em busca da formação de sentidos é marcada por grande complexidade, dada a própria multiplicidade de fatores envolvidos. O caso da literatura é exemplar quanto a esta questão, visto que ela coloca em jogo mais do que dois agentes "concretos" diante de um texto. Em se tratando do ato da leitura de uma obra de ficção, Paul Ricoeur nos mostra que há um verdadeiro confronto entre os vários sujeitos envolvidos, ou seja, entre o autor e o leitor reais e seus correlatos "implicados" (ficcionalizados) no texto. Dessa forma, diz Ricoeur,

> O autor implicado é um disfarce do autor real, que desaparece transformando-se em narrador imanente à obra, voz narrativa. Em contrapartida, o leitor real é uma

concretização do leitor implicado, visado pela estratégia de persuasão do narrador; relativamente a ele, o leitor implicado permanece virtual enquanto não é atualizado. Assim, ao passo que o autor real se apaga no autor implicado, o leitor implicado ganha corpo no leitor real (Ricoeur, 1997, p. 292).

Mesmo no caso de um texto não-ficcional, esses vários sujeitos podem estar presentes, cabendo ao pesquisador, como "leitor real", identificar os demais agentes envolvidos para apreender as estratégias discursivas do autor e também os destinatários presumidos por este no momento da escrita do texto.

Visualizando melhor esse jogo entre pessoas e personagens mobilizados pela leitura, e respeitando a subjetividade dos autores, o historiador habilita-se a evitar alguns riscos no ato da interpretação de um documento. Como disse Thompson, qualquer teoria pode ser proposta à História, mas são válidas apenas aquelas que passam pelo confronto com a evidência. Não se pode colocar palavras na boca de outra pessoa sem correr o risco de ser chamado de embusteiro. "Uma interpretação", afirma Edmond Ortigues, "não repousa em nenhum fundamento se não se apoiar em testemunhos ou índices empiricamente assinaláveis" (1987, p. 223). O que o autor *quis dizer* pode ser entendido de formas diversas, mas não simplesmente inventado pelo leitor sem referência alguma ao próprio texto.

A última proposição merece maior atenção. Afirmar que há indivíduos responsáveis pelos textos, ou seja, que existem autores e que as intenções de tais sujeitos devem ser levadas em consideração quando se analisa o que eles escreveram, é tão trivial quanto problemático atualmente. Isto porque, segundo Cardoso (1999), a figura do autor foi fortemente questionada pelo estruturalismo da lingüística e da semiótica textuais, os quais, não se contentando em transferir a autoridade do autor para o texto, teriam radicalizado essa tendência ao negar a autoridade do próprio texto, afirmando que este só adquire existência nas leituras que se fazem dele. Como conseqüência, as análises textuais inspiradas por tal tendência já não buscariam mais focalizar seu interesse nas estruturas internas de sentido dos textos, e sim nas várias leituras que são feitas deles e que constituem diferentes "comunidades de interpretação". Certamente, há um pouco de exagero nas afirmações de Cardoso, pois nem todos os autores que se inspiraram nas técnicas da semiótica ou nas propostas do estruturalismo chegaram ao extremo de "esquecer" o texto ou a figura do autor em suas análises, e os estudos de Roger Chartier (1988 e 1994) são bons exemplos disto. Porém, as palavras do historiador são valiosas na medida em que chamam a atenção para o fato de que os desafios lançados pelas variadas vertentes estruturalistas e pelos semiotistas à prática da interpretação abalaram "antigas crenças" sobre a importância do autor como referência maior na leitura dos textos.

De qualquer forma, é bom reafirmar que, se a leitura é um momento essencial na construção do sentido do texto – e não uma fase secundária, como já foi salientado – isto não significa que, em um estudo, o próprio texto deva ser abandonado em favor apenas das múltiplas leituras que hajam sido feitas dele, como se a abordagem direta do texto não fosse viável ou instrutiva. Por outro lado, também não parece interessante permanecer unicamente nas malhas da rede interna de significação do texto – embora uma análise deste tipo seja perfeitamente possível, como a semiótica tem mostrado –, uma vez que isto leva à anulação da figura do autor, o sujeito de carne e osso que, em dada situação histórica, produziu um texto motivado por determinadas razões, quaisquer que tenham sido elas. Obviamente, como deve ter ficado claro até aqui, não são somente as intenções pessoais do autor que determinam a leitura de um texto, mas elas podem fornecer pistas valiosas para uma interpretação textual inspirada pelo objetivo de compreender a produção do discurso como prática social em sentido amplo, isto é, como parte de um processo em que a linguagem é, ao mesmo tempo, construto social e condição *sine qua non* de existência da sociedade. Dessa forma, a "autoridade" do autor deve ser desafiada pelo leitor sem que este se esqueça do fato de que foi um ser humano como ele, dotado de sensibilidade e racionalidade, que deu origem ao texto, e não um mecanismo lingüístico impessoal e abstrato[4]. E só há uma maneira de dialogar com esse *outro* responsável pela autoria do discurso: ouvindo sua voz, a qual precisa ser buscada na labiríntica teia que se forma do cruzamento de sua produção textual com sua biografia[5].

Entretanto, se o sujeito está lá nas linhas de seu escrito, pode-se tratá-lo como sujeito isolado do mundo, fechado e inteiramente definido por suas próprias palavras? E, ao executar o ato da leitura, o pesquisador também age como se fosse independente de qualquer coerção externa, como se seu processo cognitivo fosse totalmente pessoal e individual? Essas perguntas remetem ao questionamento da idéia de *Homo clausus*, ou seja, do tipo de sujeito do conhecimento que a filosofia em geral propõe como ponto de partida, aquele abstraído de todo contexto social e tido como autônomo ante os objetos que o rodeiam. Quanto a esse pressuposto filosófico, Norbert Elias (1998) identifica-o nas reflexões dos grandes pensadores da era moderna, que de Descartes aos existencialistas do século XX têm mantido uma imagem do homem como ser a-social, sob aparências ora naturalistas, ora metafísicas. Elias pensa que é preciso abandonar tal imagem, artificial e empiricamente errônea, em prol de uma teoria sociológica baseada no princípio de que é a humanidade, e não os indivíduos em separado, que constitui o sujeito do conhecimento, uma vez que, para o sociólogo, "o saber resulta de longo processo de aprendizagem, que não teve começo na história da humanidade. Todo indivíduo, por maior que seja sua contribuição criadora, constrói com base em um patrimônio de saber já adquirido, o qual ele contribui para aumentar" (Elias, 1998, p. 10).

Visualizando a função cognitiva dos sujeitos desse ponto de vista, é necessário compreendê-los em sua inserção social, ou seja, no contexto da "tradição epistemológica" que eles herdaram e segundo a qual devem agir.

Prosseguindo nesse caminho de contestação do *Homo clausus*, a contribuição representada nas reflexões de dois outros autores é de grande valia: as investigações foucaultianas sobre a formação dos sujeitos e dos objetos, e as idéias de Roger Chartier sobre a história da leitura. Colocar esses dois autores lado a lado, contudo, não significa que se esteja admitindo uma possível similaridade em suas orientações teóricas gerais. As diferenças entre elas são profundas e não devem ser desconsideradas. Porém, recorrer simultaneamente a eles justifica-se porque, mesmo trabalhando com objetivos diversos e de perspectivas bastante distintas, tanto Foucault quanto Chartier apresentam em seus estudos elementos que apontam para a historicidade do processo de conhecimento, e assim acabam realizando – embora paralelamente – tarefa semelhante.

Já é bem conhecida a crítica de Foucault à idéia de um sujeito autônomo, dotado de uma razão universal, que se coloca diante do objeto para conhecê-lo. Para Foucault (1986), tanto os sujeitos quanto os objetos são constituídos pelo discurso, os primeiros pela interiorização das estruturas discursivas e os segundos por sua colocação como elementos de uma prática de poder e saber. Mesmo que não se concorde totalmente com isto, é impossível negar que há estruturas determinantes na conduta cognitiva dos indivíduos que estão presentes todo o tempo ao longo da História. Como Foucault salienta, os homens nem sempre conheceram o mundo da mesma maneira, não apenas porque o conteúdo de seu conhecimento mudou, mas porque a *forma* de seu aparato epistemológico também se transformou. Assim, qualquer leitura deve pressupor interação entre dois sujeitos que estão ligados a certas redes estruturais de determinações dentro das quais produziram suas falas.

> As obras não têm sentido estável, universal, congelado. Elas são revestidas de significações plurais e móveis, construídas na negociação entre uma proposição e uma recepção, no encontro entre as formas e motivos que lhes dão sua estrutura e as competências ou expectativas dos públicos que dela se apoderam[6]. (Chartier, 1994, p. 107)

Seja o leitor pesquisador ou não, o modo como sua apreensão do texto será efetivada dependerá, então, dessa inter-relação posta, de um lado, pelas estruturas internas do texto constituídas pelo uso particular feito pelo autor de um aparato lingüístico coletivo cujas regras ele não pode infringir completamente e, de outro, pelo instrumental cognitivo do leitor, também ele socialmente adquirido ao longo de uma aprendizagem iniciada já na infância e continuada durante toda a vida[7]. No caso particular do historiador, a bagagem intelectual acumulada de saber formal e acadêmico recebido por meio de seus estudos[8] – com todas as suas idiossincrasias e (pré)conceitos – é determinante no processo de formação de sentido que ocorre na exploração analítica das fontes escritas, sendo este um dos motivos da variabilidade das interpretações surgidas na investigação das mesmas fontes.

Por tudo isso, a aceitação do caráter intersubjetivo da leitura parece inegável. Como pesquisadores na área de História, temos constantemente de lembrar, sem lamentar, que somos sujeitos históricos de determinado tempo e que nossas fontes também foram produzidas por outros sujeitos suscetíveis à influência do contexto em que viveram, de modo que a leitura dos documentos deve ser, mais do que tudo, um produtivo diálogo com os homens de outras épocas e lugares.

BIBLIOGRAFIA

ABBAGNANO, N. *Dicionário de filosofia.* São Paulo: Martins Fontes, 1998.

ALBERTI, V. A existência na História: revelações e riscos da hermenêutica. *Estudos históricos.* Rio de Janeiro, v. 9, n. 17, 1996.

BASBAUM, L. *Sociologia do materialismo: introdução à história da filosofia.* São Paulo: Símbolo, 1978.

BARTHES, R. Leitura. In: *Enciclopédia Einaudi.* Lisboa: Imprensa Nacional, 1987.

CARDOSO, C. F. Epistemologia pós-moderna, texto e conhecimento: a visão de um historiador. *Diálogos.* Maringá, v. 3, n. 3, 1999.

CHARTIER, R. *A história cultural entre práticas e representações.* Lisboa: Difel, 1988.

_________. A história hoje: dúvidas, desafios, propostas. *Estudos Históricos.* Rio de Janeiro, v. 7, n. 13, 1994.

DECCA, E. S. de. O Holocausto: os tênues laços da história e da memória. *Temas & Matizes.* Cascavel, n. 1, julho de 2001.

DILTHEY, W. A compreensão dos outros e das suas manifestações de vida. In: GARDINER, P. *Teorias da História.* Lisboa: Fundação Caloustre Gulbenkian, 1995.

ELIAS, N. *Sobre o tempo.* Rio de Janeiro: Jorge Zahar, 1998.

FOUCAULT, M. *A arqueologia do saber.* Rio de Janeiro: Forense-Universitária, 1986.

GIANNATTASIO, G. *Sade, um anjo negro da modernidade.* São Paulo: Imaginário, 2000.

GOULEMOT, J-M. Da leitura como produção de sentidos. In: CHARTIER, R. (org.). *Práticas da leitura.* São Paulo: Estação Liberdade, 2001.

LARA, T A. *Caminhos da razão no ocidente: a filosofia ocidental, do Renascimento aos nossos dias.* Petrópolis: Vozes, 1988.

MAQUIAVEL, N. *O príncipe.* São Paulo: Nova Cultural, 1996. (Os pensadores)

ORTIGUES, E. Interpretação. In: *Enciclopédia Einaudi.* Lisboa: Imprensa Nacional, 1987. v. 11.

PAGÈS, P. *Introducción a la historia: epistemología, teoría y problemas de método en los estudios históricos.* Barcelona: Barcanova, 1983.

REIS, J. C. *A História entre a Filosofia e a ciência*. São Paulo: Ática, 1996.

RICOEUR, P. *Interpretação e ideologias*. Rio de Janeiro: Francisco Alves, 1988.

_________. *Tempo e narrativa*. Campinas: Papirus, 1997. Tomo III.

ROUSSEAU, J-J. *Júlia ou A nova Heloísa*. São Paulo: Hucitec, Campinas: Editora da Unicamp, 1994.

THOMPSON, E P. *A miséria da teoria ou um planetário de erros: uma crítica ao pensamento de Althusser*. Rio de Janeiro: Zahar, 1981.

Notas

1 As reflexões de Paul Ricoeur expostas no terceiro tomo de *Tempo e Narrativa* apontam para a mesma direção. Segundo Ricoeur, o leitor não pode ser visto como mero complemento a ser acrescentado ao texto, complemento que, em determinados casos, poderia nem existir. Muito ao contrário, o filósofo afirma que "sem leitor que o acompanhe, não há ato configurante em ação no texto; e sem leitor que se aproprie dele, não há mundo desdobrado diante do texto" (Ricoeur, 1997, p. 283).

2 Segundo Verena Alberti, em Dilthey "o processo de compreensão aparece como um 'colocar-se na posição de', como um 'tornar a vivenciar'" (1996, p. 43). E essa atitude implica que o sujeito cognoscente deve aprofundar o conhecimento de si próprio para ser capaz de atingir o conhecimento de seus semelhantes, pois "compreender a vida de outrem não é possível sem que antes tenhamos nos entendido a nós mesmos como vida. 'Compreender é o reencontrar do eu no tu', diz Dilthey em seu *Esboço à crítica da razão histórica*" (Alberti, 1996, p. 43).

3 Para os fins da presente discussão, o termo *texto* está sendo entendido como o "objeto" resultante do exercício da escrita de um autor, isto é, como o conjunto de suas palavras configurado em um dado suporte, ao passo que o termo *discurso* refere-se à "mensagem", isto é, ao conjunto de enunciados emitidos pelo autor e transmitidos por meio de seu(s) texto(s).

4 Sobre as proposições do chamado *linguistic turn* a respeito da autonomia interna da produção de sentido no discurso, ver Chartier (1994).

5 Para fazer justiça ao autor dessa bela expressão, é preciso reconhecer que ela é uma paráfrase do que Gabriel Giannattasio escreveu a respeito do Marquês de Sade e sua obra: "Creio que a voz do narrador não deve ser buscada nas notas de rodapé, mas na labiríntica teia que se forma do cruzamento de sua produção literária com sua biografia" (2000, p. 91).

6 Sobre essa questão, ver também Goulemot (2001).

7 Fazendo referência às reflexões do filósofo alemão H. G. Gadamer, Paul Ricoeur (1997) afirma que cada leitura individual de determinada obra está ligada ao conjunto das leituras que a precederam, como um elo de uma cadeia de construção coletiva de sentido que confere dimensão histórica à recepção dada à obra em questão. "O ato da leitura inclui-se, assim, numa comunidade leitora que, em certas condições favoráveis, desenvolve aquela espécie de normatividade e de canonicidade que reconhecemos nas grandes obras, aquelas que nunca cessarão de se descontextualizar e de se recontextualizar nas mais variadas circunstâncias culturais" (1997, p. 303).

8 Para uma discussão sobre este assunto, ver Pagès (1983).

HISTÓRIA INTELECTUAL E TEORIA POLÍTICA: CONFLUÊNCIAS

Maria Izabel de Moraes Oliveira

Por muito tempo as fontes literárias foram desprezadas pelos historiadores que buscavam a objetividade e a racionalidade nos estudos históricos. Porém, isto caiu por terra diante dos "avanços em crítica literária e em filosofia da linguagem"[1]. Assim, segundo David Harlan,

> (...) após uma ausência de cem anos, a literatura volta à história, montando seu circo de metáfora e alegoria, interpretação e aporia, traço e signo, exigindo que os historiadores aceitem sua presença zombeteira bem no coração daquilo que, insistiam eles, consistia sua disciplina própria, autônoma e verdadeiramente científica[2].

Com o retorno da literatura, os estudos históricos entraram em profunda crise epistemológica, pois se passa a questionar a "nossa crença num passado fixo e determinável, comprometendo a possibilidade de representação histórica e abalando nossa habilidade de nos localizarmos no tempo. O resultado disso tudo (...) tem sido uma redução do conhecimento histórico a um tecido de tramas e retalhos, constituindo uma ausência essencial"[3]. Diante disto houve esforços para reconstruir a história intelectual, e foi a tentativa de Quentin Skinner e John Pocock a que obteve maior influência no que diz respeito aos temas da política[4].

Ao contrário da concepção que foi prática dominante nesse campo de trabalho até a década de 1960 – que pretendia compreender o texto por ele mesmo, debruçando-se somente sobre as obras dos autores clássicos, em busca de "elementos intemporais", perenes, que se prestavam a responder aos problemas que se formulavam em todos os tempos –, acreditamos que para melhor compreensão do texto de um autor é de fundamental importância tentar enfocá-lo levando em consideração o contexto social em que foi produzido[5]. Conforme nos chama a atenção Quentin Skinner:

> O que exatamente o procedimento aqui proposto nos permite identificar nos textos clássicos que não se possa encontrar à sua mera leitura? (...) é que ele nos permite definir o que seus autores estavam fazendo quando os escreveram. Não podemos esperar atingir esse nível de compreensão estudando tão-somente os próprios textos. A fim de percebê-los como respostas a questões específicas, precisamos saber algo da sociedade na qual foram escritos[6].

Como Skinner, achamos que o pensamento político de um autor adquire inteligibilidade na medida em que procurarmos relacioná-lo à sua própria história, tentando perceber como alguns aspectos dos eventos da história que vivenciou aparecem em seus discursos. Para que o historiador consiga recuperar o conteúdo histórico do texto, é preciso levar em consideração que isto "depende muito da *forma* do texto: o vocabulário, os enunciados, os tempos verbais etc."[7].

O historiador intelectual deve reconhecer que além do texto há História efetiva. O conteúdo histórico do texto só é encontrado quando se relaciona o texto ao contexto, tentando perceber "os nexos entre as idéias contidas nos discursos, as formas pelas quais elas se exprimem e o conjunto de determinações extratextuais que presidem a produção, a circulação e o consumo dos discursos. Em uma palavra, o historiador deve sempre, sem negligenciar a forma do discurso, relacioná-lo ao social"[8].

Devido à evidência de o escritor político tentar responder a questões que surgem como problemas concretos que afetam a sociedade em que vive, o historiador intelectual deve atentar para a relação entre a teoria do escritor político e o contexto histórico no qual ela está inserida[9]. Assim, a dúvida instalada é: será que algum teórico político, em qualquer tempo, contaria com a atenção de seus contemporâneos se tratasse de questões irrelevantes para eles? De acordo com Sheldon Wolin,

> Toda filosofia política – por mais refinadas e variadas que sejam suas categorias – representa uma perspectiva necessariamente limitada da qual contempla os fenômenos de índole política. Os enunciados e as formulações que produzem são – como disse Cassirer – "abreviaturas da realidade" que não esgotam a ampla gama da experiência política. (...) Para um filósofo como Thomas Hobbes, que viveu a agitada vida política da Inglaterra do século XVII, a tarefa urgente do filósofo político consistia em definir as condições necessárias para uma ordem política estável. No pensamento de um filósofo influem, em grande medida, os problemas que agitam a sua sociedade. Se querem ganhar a atenção de seus contemporâneos, devem encarar seus problemas e aceitar, para o debate, os termos que essas preocupações impõem[10].

No trabalho de interpretação dos textos políticos, também é de fundamental importância prestarmos muita atenção aos "atos lingüísticos", tentando perceber quais as intenções subjacentes no texto do autor[11]. É necessário estarmos cientes de que o significado de um texto não existe antes dele. O sentido passa a existir com base nas operações mentais inerentes ao processo de sua produção. A linguagem utilizada pelo autor, além de ter significado, tem o efeito de ações positivas: o texto traz consigo a intenção do autor em intervir, em advertir sobre algo que está acontecendo ou que, em seu entender, está prestes a acontecer.

Segundo Skinner, é importante "... descobrirmos o que o autor pretendeu fazer com o que disse. (...) O que quero dizer é que um discurso, além de ter um significado, é também uma ação. (...) A questão que se deve, pois, propor a todo ato lingüístico é o que se está fazendo com o que é dito" [12].

Levando em consideração que nos textos dos intelectuais políticos um termo pode exprimir conceitos diferentes em diversos contextos, é dever do historiador das idéias políticas atentar para o vocabulário normativo da época do autor[13], para não cometer o equívoco de achar que o autor estudado pretendeu dizer o que ele nem sonhava dizer. Com respeito à importância do estudo da Lingüística, Pierre Rosanvallon demonstra que, para fazer uma história conceitual do político, "é preciso igualmente fazer a história das palavras e estudar a evolução da língua. [Por exemplo, não entendemos a mesma coisa em 1789 ou em 1793 quando falamos em democracia.]" [14].

No trabalho de interpretação dos textos políticos, outra coordenada teórica que consideramos de fundamental importância é levar em conta a intertextualidade, ou seja, tentar entender um texto relacionando-o com outros textos[15]. Dessa forma, é possível perceber em quais dimensões de seu trabalho os teóricos políticos foram originais ou convencionais, e como se torna possível, ainda, captar as particularidades de seu pensamento. Assim, atentar para as práticas lingüísticas da sociedade em que o autor do passado estava inserido é uma referência que não se pode perder de vista. De acordo com Richard Tuck, John Pocock fez

> (...) um apelo no interior da profissão da história das idéias políticas, para se levar a sério, como o material a ser compreendido e explicado, todo o conjunto de escritos ou outros produtos sobre política disponíveis de uma sociedade particular (...). Sua obra *The Ancient Constitution and the Feudal Law* (1957) tem sido uma ilustração brilhante do que ele queria dizer – que os principais filósofos políticos só poderiam ser lidos em contraposição a uma estrutura minuciosamente especificada e historicamente particular de práticas lingüísticas (...), e que somente dessa maneira poderiam ser compreendidas sua originalidade ou convencionalidade[16].

As visadas teóricas do contextualismo lingüístico de Cambridge são essenciais ao trabalho de interpretação das obras de pensamento político. É preciso abordar as obras do autor em relação ao contexto intelectual e político de sua época, levando em consideração que a sua intenção era a de intervir no debate político de seu tempo[17]. De acordo com Renato Janine Ribeiro, "é costume, na bibliografia especializada, estudar o pensamento político de um filósofo mais como parte de sua filosofia do que uma intervenção política. (...) O pensamento político exprime, em grau mais alto, um traço que talvez seja comum a todo pensamento: uma tensão de intervenção" [18].

A título de exemplo, situando Bossuet na segunda metade do século XVII francês, é possível constatar que, quando o autor adverte, na *Oraison funèbre de Henriette-Marie*, redigida em 1669, que o maior dever dos monarcas é defender a religião católica, combatendo o protestantismo, está implícito em suas palavras o desejo de que o Edito de Nantes (1598), que estabeleceu a tolerância religiosa aos calvinistas, seja revogado pelo monarca cristão, já que, para Bossuet, a doutrina protestante contém os elementos que desestabilizam a soberania indivisível do príncipe.

Como o texto de Bossuet não apenas reflete a realidade de seu tempo, mas pretende intervir nela, cremos que ele escolhe seus leitores, e sempre se dirigirá a eles. Conforme salienta Ribeiro:

> Mesmo o pensador que opta pelo *otium* escolhe, muitas vezes, um leitor ideal, parceiro que dará vida às suas páginas (...). O texto político, pelo menos ele, exige levar em conta tais relações. (...) é preciso saber a quem o autor se dirige. (...) em vez de pensar o que o texto retrata, ou como ele retrata uma realidade ou problema, pensar o que ele concebe. Qual é a sua visada. (...) O texto persegue uma estratégia e, por isso, é fundamental conhecer quem ele define como leitor. Em outras palavras, um texto não é reflexo, porém arma. Um pensador político não procura *refletir* o seu tempo e sociedade; quer *produzir* efeitos. E estes ele visa através de sua arma específica, o texto. A designação do leitor é, portanto, a de quem deverá ser afetado pelo texto. Os leitores constituem o campo de eficácia própria do discurso. A leitura é o processo pelo qual se dá tal eficácia. Escrever e ler, portanto, não são meros efeitos: são produzires[19].

No caso de Bossuet, por exemplo, certamente o seu leitor ideal era Luís XIV, haja vista que era este quem segurava as rédeas do poder na França, que detinha em sua pessoa poderes suficientes para interferir nos cursos dos acontecimentos. Segundo constata Ribeiro, "(...) haveria um discurso do filósofo a seus pares, quase um diálogo, porque é uma interlocução, e outro, do pensador aos não-pensadores, como que uma doutrinação, espécie de prédica, ou melhor, de exposição do dogma. Se partirmos desse recorte, teremos excelente instrumental para entender o filósofo político."[20] Na *Politique...* e na *Oraison funèbre de Henriette-Marie,* como também na *Oraison funèbre de Louis de Bourbon, Prince de Condé* é fácil perceber que Bossuet se dirige aos reis. O autor pretende ensinar-lhes qual é o melhor meio de manter o poder forte e unificado.

Mas reconhecer os interlocutores do autor não é algo tão fácil, pois eles não estão explícitos no texto. Além de atentarmos para os argumentos utilizados pelos escritores políticos em seus textos, temos que ler suas notas, as suas dedicatórias, os seus prefácios etc., tentando distinguir quais são os seus interlocutores eletivos. Neste caso específico, sabemos que Bossuet tinha Maquiavel por interlocutor, pois, segundo Jacques Le Brun, o nome de Maquiavel foi encontrado em seu fichário de notas[21]. A crítica de Bossuet aos usurpadores do trono de Carlos I é uma refutação às idéias de Maquiavel que, mais de um século e meio antes, mostrava total desprezo por reis hereditários, empenhando-se em defender aqueles que têm origem humilde e conquistam um reino por seus próprios méritos. Essas idéias persistiram no século XVII, e Bossuet tencionou refutá-las[22].

O texto político deve ser pensado em sua dinâmica específica, levando em consideração que o autor não busca um leitor eternamente válido, mas que possui o seu público-alvo, definido, o qual pretende atingir. É com pertinência que Renato Janine Ribeiro interroga, ao mesmo tempo que já aponta uma resposta para o problema da "audiência" do texto:

> (...) em que consiste a escolha, já no/pelo texto, do seu leitor? (...) É pensar o escrito como uma dinâmica, como convite à participação do leitor. (...) É também (...) recusar a idéia de um leitor universal (...) Não será mais rico pensar que um texto só é pertinente para aqueles a quem pertence, que só interessa àqueles que o apropriam? (...) Nenhum texto é essencial para todos; cada texto tem o seu público[23].

É preciso levar em consideração que na história dos intelectuais políticos as obras produzidas por um mesmo autor apresentam diferenças entre si, por ter sido produzidas em épocas distintas de sua vida[24]. Um bom exemplo disso aparece em obras de um mesmo gênero de Bossuet: as *Oraisons funèbres*. É possível notar que, enquanto na oração fúnebre da rainha Henriette-Marie a questão protestante absorve quase todas as suas páginas, na oração fúnebre do Príncipe de Condé este o assunto não toma mais do que dois parágrafos. Compreendemos melhor o porquê dessa mudança de enfoque prestando atenção ao contexto histórico. A oração da rainha foi escrita em 1669, período em que a grande preocupação de Bossuet era com a questão protestante. Isto se deu na primeira década do reinado pessoal de Luís XIV, momento em que vigorava a tolerância religiosa na França, estabelecida pelo Edito de Nantes.

Esse foi um período em que o absolutismo francês se encontrava no auge. Contudo, Bossuet estava atento à Inglaterra. Percebia que foram as idéias defendidas pelos puritanos que resultaram na queda da monarquia absolutista. Já na época em que Bossuet redigiu a oração do príncipe, em 1687, dois anos após Luís XIV ter revogado o Edito de Nantes e expulsado os protestantes da França, a questão protestante deixou de incomodá-lo. Porém, nesse momento, a França se via diante de dois problemas: de um lado, os calvinistas expulsos, que eram grandes investidores, levaram consigo seus capitais, por outro, deparava-se com a Guerra da Holanda, em 1772, provocada por Luís XIV. Foram dois atos que custaram caro à política do monarca francês. Percebe-se, então, que, em 1687, quando escreveu a oração do príncipe, o que mais o incomodava eram as agudas crises que se deram em conseqüência dessa desastrosa política do monarca. Sendo assim, o que restava, nesse momento, na concepção de Bossuet, era a pacificação.

Então, é possível conjecturar que o sentido dos textos dos intelectuais políticos somente será encontrado na medida em que o intérprete levar em conta toda a gama de eventos históricos de variada natureza ocorridos em seu contexto[25]. Sendo assim, se pretendemos analisar de que forma os aspectos da doutrina do direito divino dos reis aparecem nos textos de Bossuet, devemos tentar compreender os movimentos intelectuais do século XVII. Desse modo, compreenderemos o porquê de Bossuet ter criticado algumas idéias com tanta veemência. Por exemplo, na *Oraison funèbre de Henriette-Marie* sua crítica à liberdade é uma negação às idéias defendidas pelos libertinos, idéias estas que estavam alcançando enorme repercussão na França do século XVII[26].

Para entender as especificidades do pensamento político dos intelectuais do passado, e Bossuet em específico, é preciso estabelecermos comparação com outros autores, tanto com os que viveram em seu tempo, como com os que lhe são anteriores ou posteriores, como Maquiavel e Voltaire, respectivamente. No entanto, é preciso tomar a precaução de não cometer um mero "comparativismo textual"[27], o que, segundo Rosanvallon, "consiste somente em pensar uma obra em relação àquelas que a sucedem ou a precedem, e só fazê-la existir relativamente ao que lhe é exterior"[28]. É útil que se leve em conta que, apesar desses autores pensarem sobre as mesmas temáticas, suas obras foram produzidas em contextos diferentes, portanto, seus autores tentaram dar respostas a questões diferentes também[29].

Bossuet, Maquiavel e Voltaire refletiram sobre a guerra. Maquiavel a defendia, Bossuet e Voltaire tinham horror a ela. Situando cada um em seu respectivo contexto veremos que, para Maquiavel, no século XVI, a república florentina estava sendo constantemente ameaçada por reis tiranos. Não somente Maquiavel, mas nos parece que muitos entre os humanistas italianos eram a favor da guerra como o único meio de assegurar a liberdade da república[30]. Bossuet, no século XVII, escreve o capítulo nono da *Politique*, por volta de 1671-1672, no qual ele aborda o tema da guerra, período em que Luís XIV empreendia uma desastrosa política exterior que estava levando a França à ruína. Bossuet percebe que as guerras desestruturavam a França e luta para trazer a paz e a estabilidade perdidas. Voltaire, no século XVIII, a exemplo de Bossuet, também tem horror à guerra. Mas por interesses diferentes. Voltaire, um iluminista preocupado com a prosperidade do gênero humano, sabe o quanto as guerras são prejudiciais para alcançar esses objetivos.

Essas ilações parecem tornar pertinente afirmar que os filósofos políticos estão engajados nos problemas de seu tempo, como também buscam participar do diálogo mantido no interior da dita "tradição" do pensamento político ocidental. Por exemplo, no capítulo nono da *Politique* Bossuet constrói a imagem de um príncipe moderado, pacífico, que somente deve empreender a guerra em caso de extrema necessidade, como para defender as suas santas leis, o seu povo da opressão do inimigo e a unificação da religião católica, enfim, para defender a unificação, a centralização do poder em sua pessoa. Bossuet dirige uma severa crítica aos reis que empreendem a guerra por desejo de glória e de conquista. Lendo *O príncipe* de Maquiavel, que foi concluído em 1513, percebe-se que o autor florentino defende a imagem de um príncipe que busca a conquista e a glória[31]. Dessa forma, ao mesmo tempo que Bossuet busca participar do diálogo entre gerações pretendendo "consertar" os "erros" de Maquiavel, está procurando responder às questões de seu tempo, ou seja, está preocupado com a grande crise que assola a França, por conseqüência da política de guerras de Luís XIV. Como nos lembra Wolin,

> (...) cada filosofia importante leva em si algo de exclusivo, assim como algo de tradicional. (...) Pode-se resumir isto de outro modo, dizendo que a maior parte da reflexão política formal tem operado simultaneamente em dois níveis diferentes. Em um deles, cada filósofo político tem se ocupado do que considera um problema vital de seu tempo. (...) Nenhum pensador político se interessa exclusivamente pelo passado, assim como tampouco se propõe falar somente ao futuro distante; em um ou outro caso, o preço seria a ininteligibilidade. Com isto queremos dizer unicamente que todo filósofo político está engajado em alguma medida, e que toda obra de filosofia política é, em alguma medida, um manifesto dirigido à sua época. Em outro nível, sem dúvida, muitos escritos políticos têm sido projetados como algo mais que *livres de circonstance*: têm sido destinados a contribuir para o diálogo contínuo da filosofia política ocidental. Isto explica por que é tão freqüente um pensador político aparecer atacando a outro morto muito antes[32].

É importante ter clareza de que os teóricos políticos buscam participar do diálogo não como camisa de força, buscando apenas responder aos problemas deixados pelos predecessores, mas sim na medida em que os temas retratados pelos autores anteriores são temas também recorrentes em sua época. E cada teórico responde a essas questões de forma diferente também. Para uma melhor compreensão do pensamento político de Bossuet, considerado por Voltaire como o último dos clássicos[33], não devemos compará-lo apenas com pesos pesados como Maquiavel, mas também confrontar seus textos com obras dos ditos autores de menor expressão, Saint François de Sales, Fénelon, Massillon, Fléchier e

Bourdaloue[34], por exemplo, para ver como questões semelhantes eram percebidas por eles. Devemos também levar em consideração o clima de opinião, o que se comentou sobre o autor[35].

Na França, desde a afirmação da história intelectual como disciplina autônoma, em 1943, com Jean-Jacques Chevallier[36], até os anos 1950/60 com o grupo norte-americano liderado por Hannah Arendt, a idéia predominante era a de que o historiador intelectual deveria debruçar-se sobre as obras clássicas, pois somente elas continham os elementos intemporais, idéias universais que serviriam de respostas aos problemas de todas as épocas e, notadamente, para explicar a história do tempo presente. No entanto, no final da década de 1960, e no decorrer da década de 1970, a história intelectual renovou-se, pois alguns historiadores de Cambridge, com evidência para Quentin Skinner e John Pocock, chamaram a atenção para a importância de estudar os autores menores. É bom lembrar que essa preocupação já existia anteriormente. Michel Winock chama a atenção para o fato de que, nas suas teses de doutorado, René Remond, em 1959, e Jean Touchard, em 1968,

> (...) empenharam-se em descobrir as marcas das idéias em todos os setores da sociedade. Com essa finalidade, descendo do Olimpo das "grandes obras", ambos saíram ao encalço de todos os elementos de seu tema nos diferentes meios de expressão e particularmente naqueles que atingiam grandes camadas da população (...) os almanaques, as canções, os autores de vaudeville e a imprensa que aos poucos se libertava da censura do Estado[37].

Se até meados do século XX a história intelectual estava "presa aos pináculos", abordando somente as grandes obras dos autores de renome, as fontes antes inusitadas passam a receber a sua merecida atenção, e assim há uma renovação do *corpus* documental[38]. Com isto a história intelectual evoluiu e se enriqueceu. Segundo Winock:

> O movimento geral observado é bastante claro: descemos dos picos rochosos para o fundo dos vales; das obras mais ou menos imortais para o saco de gatos da produção literária, jornalística, política; do comentário das "grandes idéias" ao inventário das "mentalidades correntes". Nessa descida essa disciplina se diversificou enormemente (...)[39].

É importante esclarecer que o fato de na historiografia das idéias políticas um número considerável de estudiosos do pensamento político ter chegado à conclusão de que seus estudos não podiam se dar somente abordando os autores clássicos, sendo necessário estudar os autores menores também, isto não significa desprezo pelos clássicos, pois, afinal, eles foram indivíduos dotados de grande perspicácia, e que se dedicaram a estudar problemas que afetavam as sociedades políticas. É importante ler os clássicos porque sempre teremos muito que aprender com eles. Mesmo situados no passado, eles nos ajudam a compreender o nosso presente e a refletir sobre o nosso futuro.

Bibliografia

BOSSUET. J.-B. Oraison funèbre de Henriete-Marie de France. In: *Oraisons funèbres.* Paris: Librairie de Firmin Didot Frères, 1874.

________. Oraison funèbre de Louis de Bourbon, Prince de Condé. In: *Oraisons funèbres.* Paris: Librairie de Firmin Didot Frères, 1874.

________. *Politique tirée des propres paroles de l'Ecriture Sainte.* Genève: Librairie Droz, 1967.

CARDOSO, C. F & VAINFAS, R. História e análise de textos. In: *Domínios da História* – ensaios de teoria e metodologia. Rio de Janeiro: Campus, 1997.

GUNNEL, J. *Teoria Política.* Brasília: EUB, 1981.

HARLAN, D. A História Intelectual e o retorno da literatura. In: RAGO, M.; GIMENES, R. (orgs.). *Narrar o passado, repensar a história.* Campinas: IFCH, 2000.

HILL, C. *As origens intelectuais da Revolução Inglesa.* São Paulo: Martins Fontes, 1992.

________. *O eleito de Deus: Oliver Cromwell e a Revolução Inglesa.* São Paulo: Companhia das Letras, 1990.

LACERDA, S.; KIRSCHNER, T. C. Tradição intelectual e espaços historiográficos, ou por que dar atenção aos textos clássicos. In: *Textos de História.* Brasília: EUB, 1997.

LASKI, H. J. Sobre o estudo da política. In: KING, P. *O estudo da política.* Brasília: EUB, 1980.

LE BRUN, J. Introduction. In: BOSSUET, J-B. *Politique tirée des propres paroles de l'Ecriture Sainte.* Genève: Librairie Droz, 1967.

LOPES, M. A. *Para ler os clássicos do pensamento político: um guia historiográfico.* Rio de Janeiro: Editora FGV, 2002.

________. Antimaquiavelianismo e História Sagrada: tensões e divergências no pensamento político da Idade Clássica. In: *O político na modernidade.* São Paulo: Loyola, 1997.

LUÍS XIV. *A arte de governar.* Lisboa: Iniciativas Editoriais, 1976.

MAQUIAVEL, N. *A arte da guerra. A vida de Castruccio Castracani. Belfagor, o arquidiabo. O príncipe.* Brasília: EUB, 1982.

MOUSNIER, R. Problemas de metodo en el estudio de las estruturas sociales de los siglos XVI, XVII y XVIII. In: *Estudios Politicos.* Madrid, n.198.

RIBEIRO, R. J. A filosofia política na história. In: *Ao leitor sem medo: Hobbes escrevendo contra seu tempo.* Belo Horizonte: Editora UFMG, 2000.

ROSANVALLON, P. Por uma história conceitual do político. In: *Revista Brasileira de História.* São Paulo, n. 30, 1995.

SAINTE-BEUVE, C (org.). *Les Grands Écrivains Français.* Paris: Librairie Garnier Frères, 1928.

SÉE, H. *Idées Politiques en France ao XVII Siècle.* Paris: Marcel Giard, Libraire Éditeur, 1923.

SKINNER, Q. *As fundações do pensamento político moderno.* São Paulo: Companhia das Letras, 1996.

________. In: *Pallares-Burke*, Maria Lucia G. *As muitas faces da História.* São Paulo: Editora Unesp, 2000.

THOMSON, D. *Las ideas políticas.* Barcelona: Labor, 1973.

TUCK, R. História do pensamento político. In: BURKE, P. *A escrita da História: novas perspectivas.* São Paulo: Editora Unesp, 1992.

VOLTAIRE. Jugements sur Bossuet. In: BOSSUET. J-B. *Oraisons funèbres et sermons.* (Organizado por J.- Roger Carbonel). Paris: Librairie Larousse, 1942.

VOUGA, C. A leitura dos clássicos. In: *Clássicos do pensamento político.* São Paulo: Edusp, 1998.

WOLIN, S. *Politica y perspectiva.* Madrid: Alianza Editorial, s.d.

Notas

1 Cf. D. Harlan. A História Intelectual e o retorno da literatura. In: Rago, M. & Gimenes, R. (orgs.). *Narrar o passado, repensar a História.* Campinas: IFCH, 2000, p. 15.

2 *Idem*, p. 15.

3 *Idem*, p. 16.

4 Cf. *Idem*, p. 19.

5 De acordo com Skinner, "(...) há muitas coisas importantes sobre os textos que precisam ser estudadas, além dos próprios textos, se se quiser efetivamente compreendê-los; caso contrário, não seria possível compreender quais haviam sido suas motivações, a que eles se referiam e se estavam, por exemplo, satirizando, repudiando, ridicularizando ou aceitando outras idéias e argumentações". Skinner, Q. In: Pallares-Burke, M. L. *As muitas faces da História.* São Paulo: Editora Unesp, 2000, p. 315.

6 Q. Skinner. *As fundações do pensamento político moderno.* São Paulo: Companhia das Letras, 1996, p. 13. De acordo com David Thomson, "o pensamento político, igual a qualquer outro, só se entende plenamente quando se o relaciona com seu tempo, com o ambiente, o lugar em que se produziu e a personalidade que o concebeu e desenvolveu". D. Thomson. *Las ideas políticas.* Barcelona: Labor, 1973, p. 16.

7 C. F. Cardoso; R. Vainfas. História e análise de textos. In: *Domínios da História* – ensaios de teoria e metodologia. Rio de Janeiro, Campus, 1997, p. 377.

8 *Idem*, p. 378. Para Cardoso e Vainfas, "negar a redutibilidade da História ao texto não significa, por outro lado, admitir que haja uma história independente do texto. A História é sempre texto, ou mais amplamente, *discurso*, seja ele escrito, iconográfico, gestual etc., de sorte que somente através da decifração dos discursos que exprimem ou contêm a História poderá o historiador realizar o seu trabalho" (p. 378). Advertem ainda que, "(...) nem a História se reduz à estrutura do texto, nem tampouco esta deve ser desprezada para uma análise do conteúdo histórico social dos discursos ..." (p. 379).

9 Segundo Skinner, "evidentemente, também tenho interesse por outro contexto, o político, já que acredito que ninguém escreve teoria política num vácuo. Há sempre uma história a ser contada sobre a política de uma sociedade, em resposta à qual, por exemplo, o *Leviatã* foi escrito." Skinner. In: Pallares-Burke, op. cit., p. 330.

10 S. Wolin. *Politica y perspectiva.* Madrid: Alianza Editorial, s.d. pp. 30-1. Ver Skinner. In: Pallares-Burke, op. cit., p. 323.

11 "... tanto Skinner quanto Dunn enfatizaram que a maneira adequada de se ler um texto histórico é como um produto histórico, em que as verdadeiras intenções do autor (...) devem ser nosso principal guia como o porquê de o texto ter assumido a forma particular que assumiu (...) ." R. Tuck. A história do pensamento político. In: Burke, P. *A escrita da História.* São Paulo: Editora Unesp, 1991. p. 275.

12 Skinner. In: Pallares-Burke, op. cit., p. 332-3.

13 "Uma característica importante de um conjunto de conhecimentos reside em que é transmitido mediante uma linguagem bastante especializada. Com isto queremos dizer que as palavras são utilizadas em certos sentidos especiais, e que certos conceitos e categorias são considerados fundamentais para uma compreensão do tema. Este aspecto de um conjunto

de conhecimentos é sua linguagem e vocabulário. (...) Por sua parte, a linguagem do teórico político tem suas próprias peculiaridades." Wolin, op.cit., p. 20-1.

14 P. Rosanvallon. Por uma história conceitual do político. In: *Revista Brasileira de História.* São Paulo, n. 30, 1995, p. 17.

15 Compreendemos a noção de intertexto à maneira de Skinner: "Todo meu trabalho é intertextual, isto é, trata de saber como e até que ponto o entendimento de um texto pressupõe o entendimento de sua relação com outros textos." Skinner. In: Pallares-Burke, op. cit., p. 330.

16 Tuck, op. cit., p. 275-6.

17 Cf. Skinner. In: Pallares-Burke, op. cit., p. 308.

18 R. J. Ribeiro. A filosofia política na História. In: *Ao leitor sem medo: Hobbes escrevendo contra o seu tempo.* Belo Horizonte: Editora UFMG, 1999. p. 340-352.

19 R. J. Ribeiro. Op. cit. p. 340-352.

20 Idem, p. 122.

21 Cf. J. Le Brun. Introduction. In: Bossuet, J.-B. *La politique tirée des propres paroles de l'Ecriture Sainte.* Genebra: Droz, 1967, op. cit., p. XXIII.

22 A respeito do antimaquiavelianismo de Bossuet ver Lopes. Antimaquiavelianismo e História Sagrada: tensões e divergências no pensamento político da Idade Clássica. In: *O político na modernidade.* São Paulo: Loyola, 1997, pp. 105-122.

23 Ribeiro, op. cit., p. 124.

24 Cf. Tuck, op. cit., p. 288-9.

25 Cf. Rosanvallon, op. cit., p. 12-13.

26 A respeito do movimento dos libertinos ver Sée, *Idées Politiques en France ao XVII Siècle.* Paris: Marcel Giard, 1923.

27 Ao criticar o comparativismo textual, observa Rosanvallon que o que há "na maioria dos casos é cegueira quanto às diferenças de contexto nas quais as obras tomam sentido. Compara-se Adam Smith e Benjamim Constant como se suas obras procurassem responder à mesma questão. A obra é implicitamente apreendida como texto autônomo, ela não é concebida jamais como trabalho do qual se trataria de compreender seus determinantes". Rosanvallon, op. cit., p. 14-15.

28 *Idem*, p. 14.

29 *Cf. Idem*, p. 14-15.

30 Cf. Skinner. A era dos príncipes. In: *As fundações do pensamento político moderno.* São Paulo: Companhia das Letras, 1996. p. 138. Conforme o autor, para Maquiavel, "o príncipe 'não deve ter outra preocupação ou empenho, nem se capacitar em nada, a não ser na guerra e em sua organização e disciplina'." (p. 151).

31 Cf. N. Maquiavel. *A arte da guerra. A vida de Castruccio Castracani. Belfagor, o arquidiabo. O príncipe.* Brasília: EUB, 1982, p. 48-56. Segundo Skinner: "Como Maquiavel afirma repetidas vezes, o objetivo do governante deveria ser 'manter seu estado', 'realizar grandes feitos' e perseguir as elevadas metas da honra, glória e fama." Skinner. A era dos príncipes . In: op. cit., 1996, p. 155.

32 Wolin, op.cit., pp. 34-5.

33 Voltaire. In: Jugements sur Bossuet. In: Bossuet. J-B. *Oraisons funèbres et sermons.* (organizado por J. R. Carbonel). Paris: Librairie Larousse, 1942, p. 95.

34 Sobre as obras desses autores ver Sainte-Beuve (org.). *Les grands écrivains français.* Paris: Librairie Garnier Frères, 1928.

35 De acordo com Lopes: "... se esta história pudesse ir um pouco mais longe tentando estabelecer relações entre o pensamento formal dos grandes pensadores com o universo informal

de seus contemporâneos não-filósofos, tanto melhor. (...) Dessa maneira, ter-se-ia uma história social das idéias políticas, o que permitiria uma compreensão mais alargada dos grandes textos bem como da *filosofia política* dos homens comuns de seu tempo, se assim se pode dizer. E esta história das idéias por contraste parece muito fecunda, uma vez que a obra de um grande pensador político, por mais lúcida que seja, jamais será a fidedigna expressão do conjunto de seu próprio pensamento e, muito menos ainda, a expressão acabada e irretocável de sua época." M. A. Lopes. Dos textos canônicos à filosofia dos não-filósofos. In: *Para ler os clássicos do pensamento político: um guia historiográfico.* Rio de Janeiro, Editora FGV, 2002. p. 34-5.

36 Cf. Winock, op. cit., p. 274.

37 Idem, p. 279. Bem antes disso, em 1926, Harold Laski advertia para a importância de estudar os autores menores. Cf. Laski, op. cit., p. 18.

38 Cf. Winock, op. cit., p. 278-289.

39 Winock, op. cit., p. 289. Conforme Winock: "... as idéias políticas não são apenas as dos filósofos e dos teóricos, mas também as do homem comum. Pela extensão de seu campo de curiosidade, a história das idéias políticas faz necessariamente fronteira com a história da opinião pública e a história da propaganda; distingue-se delas, mas seus entendimentos com uma e outra se encontram numa relação de reciprocidade, numa sociedade de expressão pública desenvolvida. Daí resulta uma primeira renovação da história das idéias pela extensão da curiosidade a fontes antes inusitadas." p. 278-9.

Os intelectuais e a memória do Holocausto

Edgar Salvadori de Decca

A experiência de que somos portadores, nós, sobreviventes dos campos de concentração nazistas, é estranha às novas gerações do Ocidente, e cada vez mais se faz estranha à medida que passam os anos.
Primo Levi

Este artigo parte da suposição de que seus eventuais leitores já tenham lido alguma coisa sobre a controvérsia do Holocausto, criada por uma historiografia revisionista, que nega a existência desse acontecimento. O termo Holocausto aparece em dicionários como uma palavra de origem grega que significa sacrifício no qual as vítimas eram queimadas por inteiro e com a acepção atual de execução, em massa, de judeus perseguidos pelo regime nazista. Além disso, gostaríamos de acrescentar outra dimensão constitutiva desse acontecimento quando referido aos tempos mais atuais: o Holocausto como acontecimento histórico e único. Seus defensores reivindicam a sua total singularidade histórica. Refere-se à História e apela-se para a História para reforçar a originalidade. Portanto, o Holocausto é, ao mesmo tempo, um acontecimento documental e monumental, mas também carrega um comprometimento ético, na medida em que sua denúncia estaria redimindo um mal que a História produziu e que não estava originalmente inscrito na comunidade humana. Assim, essa controvérsia deixa dissimuladas as várias percepções históricas do Holocausto e este texto gostaria de discutir o quanto estas percepções são muitas vezes contraditórias e digladiam-se entre si.

O Holocausto deve ser compreendido como trabalho da História e da memória; para a História, um acontecimento documental; para a memória, um aspecto monumental, sujeito sempre ao esquecimento. A originalidade do Holocausto está no fato de ele ter sido absorvido completamente pela História e, por isto mesmo, toda a sua responsabilidade será atribuída pela História, como acontecimento único da humanidade. Este é o principal argumento do filósofo Jurgen Habermas, e que deverá ser comentado nas páginas seguintes. Entretanto, em seu posicionamento, fica mais evidente o pronunciamento ético e moral da História do que a compreensão da dimensão documental desse acontecimento.

Por ele ter se tornado um acontecimento histórico, sujeito à controvérsia civil, o Holocausto se protege contra o esquecimento. Na esfera cívica ele será sempre revisitado e reinterpretado. Daí, então, o debate sobre o revisionismo do Holocausto, que não lhe retira força, mas ao contrário, dá-lhe prestígio, porque este revisionismo também depende da exigência documental para a reinterpretação histórica.

A História, entretanto, tem sido vista com desconfiança, posto que é uma narração sob o primado de uma investigação. Não falamos evidentemente de uma História de tipo filosófica, que parece animar os argumentos de J. Habermas. Esta questão é insidiosa, porque esconde o fato de que a História inaugura a necessidade de uma narração sob a exigência documental. É a exigência documental que funda o acontecimento e não o contrário, isto é, a sua narrativa. O Holocausto, como acontecimento histórico, antes de ser narrado, teve de se tornar acontecimento documental. Não pode ser apenas memória porque, como tal, corre o risco de ser esquecido. Isto é reconhecido por Hannah Arendt e Primo Levi, e até mesmo pelos nazistas, quando afirmam que ninguém daria credibilidade ao mero testemunho e às memórias dos sobreviventes. O Holocausto teve de se tornar acontecimento documentado e, assim, pode ser historicizado e sempre relembrado.

Antes do Holocausto somente o Estado-nação havia se imbuído de tamanho empenho documental para assegurar uma identidade coletiva e poder ser permanentemente lembrado. Esta prerrogativa documental do conhecimento histórico pôde criar até mesmo uma imensa sedução positivista, que animou os revisionistas, mas será sob a perspectiva desta questão documental que pretendemos discutir o Holocausto como acontecimento.

A História como crítica da memória

Dentre os assuntos mais desafiadores para debater a questão da História e da memória, talvez o Holocausto ocupe o lugar principal. Nunca um assunto foi tão difícil de ser abordado e provocou reações tão extremadas. Não sabemos como entrar em uma questão tão delicada mas, como historiadores, sentimos a responsabilidade de entrar nesse debate, ainda que de maneira muito cuidadosa.

Antes, gostaria de definir a minha posição no debate, para daí explorar os pontos mais delicados da questão da História e da memória do massacre dos judeus durante a Segunda Guerra Mundial. Em um ensaio publicado em 1989, o filósofo J. Habermas afirmou que o Holocausto foi um evento-limite, porque representou a forma mais radical de genocídio encontrado na História, organizado industrialmente, com o intuito de exterminar completamente um grupo humano. Nas palavras do filósofo, "Auschwitz mudou a base para a continuidade da vida na História". Esta frase dramática define a posição do filósofo em colocar o Holocausto como tragédia histórica. A afirmação é absolutamente categórica e tem implicações muito graves. Trata-se de um juízo histórico sobre um evento de extrema radicalidade. De acordo com o filósofo, nunca presenciamos na História um evento de tamanha monstruosidade. Aceitando a contundência da afirmação, podemos considerar, portanto, que a História conhecida pela humanidade inteira, até o Holocausto, não estava preparada para compreender um acontecimento tão radical. O desafio histórico formulado pelo filósofo possui, sem dúvida, muitas implicações.

Em primeiro lugar, ao considerar o evento como inédito na História, o filósofo deverá ter condições de provar que, de fato, nunca tenha ocorrido acontecimento de tamanha gravidade. Nesse sentido, aceita a premissa da singularidade do acontecimento e o coloca sob a possibilidade de investigação. Neste caso, não há como não se lembrar das importantes considerações do historiador Moses Finley sobre a origem da História na cultura grega. Segundo Finley, "a novidade introduzida por Heródoto é tanto a investigação sistemática que ele segue ao buscar respostas, que resultou numa narrativa histórica, quanto até que ponto as explicações são humanas, e seculares e, em particular, políticas" (*Uso e abuso da História*. São Paulo: Martins Fontes, 1989, p. 24). Aceitar essas premissas e até mesmo reconhecer o sentido cronológico da História, bem como o elo que ata o presente ao passado, são problemas que irão existir a partir do momento em que entrar em cena uma idéia de progresso. Entretanto, a frase de Habermas está perfeitamente sintonizada com esta tradição do conhecimento histórico, isto é, conhecimento baseado em investigação do passado, na ânsia de compreendê-lo em suas dimensões seculares, humanas e, principalmente, políticas.

Assim, a História torna-se procedimento de investigação e esta se realiza sob forma documental. Há uma enorme diferença entre o mito e a História entre os gregos, justamente por se tratar a História de uma narrativa construída com base em investigação documental. Ainda segundo Finley, "a menos que uma geração seja documentada e a estrutura de sua história estabelecida, ou contemporaneamente ou logo depois, o historiador do futuro estará bloqueado para sempre. Ele pode reinterpretar, dar novas ênfases, acrescentar ou subtrair dados, mas não pode criar a estrutura *ex nihilo*" (op. cit.: 15).

Cabe, portanto, maior observação sobre a questão documental. Em nossa tradição cultural ocidental, como observa Finley, a História é conhecimento e investigação do passado, sob a premissa documental e a moderna concepção de História originária da filosofia do progresso do século XVIII, que ajudou a consolidar as bases do Estado nacional, deu ainda maior ênfase aos aspectos documentais da História. Nesse sentido, a frase de Habermas adquire significado ainda mais problemático, porque nenhuma instituição anterior ao Estado moderno criou uma política deliberada e consciente de organização documental para a consolidação de um passado coletivo e de uma história nacional. A partir do século XIX, a investigação histórica esteve a cargo ou sob a observância do Estado nacional e o documento passou a ser procurado, guardado, resguardado. Toda a História foi se tornando, aos poucos, história nacional, por atributo documental. Assim, o documento tornou-se refém das nacionalidades, uma vez que ele poderia servir à História e ao Estado em seu afã de construir um passado com o qual pudesse haver identificação coletiva.

Nesse movimento crescente de documentalização do passado, ocorrido a partir do século XIX, podemos observar, de um lado, as querelas historiográficas em torno da verdade e as intermináveis revisões e reinterpretações do passado e, de outro, a monumentalização dos documentos propiciada pela preservação desses sinais e registros do passado, investidos de enorme força afetiva e emocional (nesse processo presenciamos a proliferação dos museus e dos arquivos nacionais). A memória coletiva iria se alimentar fartamente desses documentos e para a construção das identidades nacionais o Estado moderno soube usar muito bem as suas atribuições de poder legitimador desse imenso processo de monumentalização do passado. Antecipando-se a qualquer outro acontecimento na História, o Estado moderno foi o primeiro evento completamente documentário, com o intuito de se ver inscrito na História. O Estado moderno é, portanto, fundador da idéia de historicidade, é ele quem cria a necessidade documentária para que a História seja possível. Até a consolidação do Estado moderno, não tinha havido nenhuma atitude deliberada de documentação do passado que tivesse por objetivo a construção de uma historicidade. O *acontecimento*, com base nessa posição do Estado, transforma-se em *acontecimento-documentário* e somente assim ele poderá ser capturado pela História. O culto ao documento torna-se, portanto, culto à História e também procedimento de monumentalização do passado. Num mesmo movimento, o século XIX iria presenciar o embate entre a memória e a História e os embates entre a rememoração e o esquecimento.

Assim, de um lado, a História, apesar de se prestar à identificação coletiva de um passado nacional, teve caráter destrutivo e dessacralizador em relação ao documento e à monumentalização da memória, uma vez que a sua elaboração esteve sempre condicionada às reinterpretações e revisões do passado. A característica mesma da História é a de ser um conhecimento em permanente construção e sujeito a contestações, ao passo que a memória depende da valorização monumental dos vestígios do passado para a sua permanência. Haverá sempre tensão entre a História e a memória e a questão sobre o Holocausto é reveladora desses impasses. Não há dúvida alguma sobre os aspectos monumentais do Holocausto e de que modo ele também está sujeito ao problema de legitimação do Estado nacional (neste caso, o Estado de Israel). Por outro lado, há a questão de reconhecê-lo em suas dimensões históricas e, neste sentido, também ser ele um acontecimento aberto a interpretações e revisões, ainda que de modo dramático, especialmente para o povo que foi vítima desse acontecimento. As revisões e interpretações talvez sejam garantia maior para que ele não seja esquecido, muito mais do que a monumentalização documental responsável pela criação da memória coletiva. As reinterpretações e reavaliações críticas da História vão, progressivamente, dando estrutura ao acontecimento e reelaborando o seu escopo documental. Outros documentos serão, aos poucos, acrescentados para a consolidação de uma armadura e de uma estrutura acontecimental, permitindo que a História não seja mera invenção do passado.

O que torna mais dramático o aspecto documental de um acontecimento como o Holocausto é a tentativa de repor uma ausência premeditada e programada pelo próprio regime nazista. Em ensaio recente sobre os limites da representação histórica do passado, Carlo Ginsburg refere-se ao problema da destruição sistemática dos registros do passado como alguma coisa corriqueira na História e por esta razão não acredita que a sistemática destruição documental realizada pelo nazismo para apagar as marcas do Holocausto seja suficiente para suprimir o acontecimento da História. Referindo-se ao problema do apagamento dos rastros e dos sinais do passado, o autor cita Lyotard e faz um comentário que indica, de modo trágico, a questão de como criar os documentos para a História:

Sobre Auschwitz, Jean-François Lyotard escreveu:

> Suponhamos que um terremoto destrua não somente vidas fabricadas e objetos, mas também os instrumentos para medir, direta ou indiretamente, os terremotos. A impossibilidade de se valer de medidas quantitativas não impede mas, ao contrário, sugere à mente dos sobreviventes a idéia de uma imensa força sísmica. (...) Com Auschwitz, aconteceu alguma coisa de novo na História (aquilo que pode ser apenas um sinal e não um fato), isto é, que os fatos, os testemunhos que conservam os traços do aqui e do agora, os documentos que indicavam o sentido e os sentidos dos fatos e os nomes e enfim a possibilidade de vários tipos de frases em relação aos quais se constrói a realidade, tudo isto foi, naquilo que é possível, destruído. Quem sabe não caiba ao historiador levar em consideração, além dos danos, as distorções cometidas? Além da realidade, a meta-realidade, ou seja, a destruição da realidade? (...) O seu nome (de Auschwitz) assinala os confins em que o conhecimento histórico vê colocado em discussão sua própria competência.

Não estou tão certo que a última observação seja verdadeira. A memória e a destruição da memória são elementos recorrentes na História. "A necessidade de contar aos 'outros', de fazer os 'outros' participantes", escreveu Primo Levi, "havia assumido entre nós, antes da liberação e depois, o caráter de impulso imediato e violento, a ponto de rivalizar com as outras necessidades elementares". Como mostrou Benveniste, uma das palavras latinas que significam "testemunha" é *superstes*, o sobrevivente" (Just one witness, In: Saul Friedlander. *Probing the limits of representation: Nazism and the final solution*. Harvard University Press, 1996: 96).

Por isso mesmo, devemos ter uma atitude mais cuidadosa em relação aos revisionistas do Holocausto. Isto não significa fazer *tabula rasa* das implicações políticas deste revisionismo mas, tampouco, devemos dar-lhe dimensão maior do que ele tem. Afinal, será dentro dessa revisão, sob o signo da História, que o Holocausto, como acontecimento, não será esquecido. O seu esquecimento estará muito mais iminente sob o signo da monumentalização da memória. Ainda que a História reinterprete e destrua as dimensões afetivas e os tênues fios que tecem a memória coletiva, ela é um conhecimento que evita o esquecimento do passado, porque a sua insistente reinterpretação consolida a própria estrutura do passado e o torna absolutamente ligado ao presente. Por esta razão o historiador, mais do que o memorialista, tem enorme responsabilidade ética em relação ao passado, e reinterpretá-lo permanentemente significa recuperá-lo para a História, impedindo o seu esquecimento. Entretanto, a propósito da discussão com essa historiografia revisionista, seria oportuno também lembrar os comentários do historiador francês H.-I. Marrou, sobre o conhecimento histórico e sua crítica ao caráter positivista que assumiu a dimensão documental do passado:

Perante a realidade do passado que se trata de apreender, é menos a questão da existência que a questão da essência que preocupa o historiador: estabelecer a realidade do elemento (insistimos que tanto pode ser um sentimento, uma idéia como uma ação, tanto um fenômeno de conjunto como um gesto individual) importa realmente, mas não seria bastante: sobre o esqueleto factual, tem de se poder voltar a colocar os nervos e a carne e a pele – a epiderme delicada e fremente da vida. É a complexidade do real, do homem, que é objeto da história. É preciso entendermos efetivamente sobre aquilo a que se chama a verdade da história. Se o seu objeto é o passado *humano*, será verdadeira na medida em que conseguir reencontrar, em toda a sua riqueza, essa realidade do homem.(...) Quando nos encontramos em presença de um documento, de uma testemunha, a nossa preocupação já não será perguntarmos a nós próprios se é possível confrontá-lo com outros (...), se o testemunho nos quis enganar, mas antes de tudo saber aquilo de que nos fala, até que ponto o compreendeu ou exprimiu, até que grau de precisão, isto é, de riqueza, de complexidade, de profundidade, pôde refletir, registrar e assim nos transmitir a sutil realidade humana que procuramos apreender (H.-I. Marrou, *Do conhecimento histórico*. Lisboa: Martins Fontes, 1975: 117-18).

A questão sobre a realidade do passado e a relação entre documento e memória é também de crucial importância e W. Benjamim, uma vítima do nazismo, foi quem deu muita ênfase à dimensão crítica da História ante a monumentalização da memória. A política deliberada de apagamento do passado, levada a efeito pelo nazismo, não produziu o esquecimento, muito pelo contrário. É, justamente, a monumentalização da memória que produz o esquecimento e paralisa o caráter crítico e renovador da História. Há uma passagem muito dramática em um livro de Primo Levi que nos dá uma medida dessas tensões entre a História e a memória. Ele se reporta às palavras de um oficial nazista aos judeus nos campos de concentração:

Seja qual for o fim desta guerra, a guerra contra vocês nós ganhamos; ninguém restará para dar testemunho, mas, mesmo que alguém escape, o mundo não lhe dará crédito. Talvez haja suspeitas, discussões, investigações de historiadores, mas não haverá certezas, porque destruiremos as provas junto com vocês. E ainda que fiquem algumas provas e sobreviva alguém, as pessoas dirão que os fatos narrados são tão monstruosos que não merecem confiança: dirão que são exageros da propaganda aliada e acreditarão em nós, que negaremos tudo, e não em vocês. Nós é que ditaremos a história dos *Lager*. (Primo Levi, *Os afogados e os sobreviventes*. Rio de Janeiro: Paz e Terra, 1990: 02)

Apesar dos prognósticos muito sombrios, não se confirmaram as convicções do oficial nazista, muito provavelmente porque o acontecimento brutal do Holocausto foi capturado pela História. Primo Levi, como também H. Arendt, abordou a fragilidade da memória para fazer frente à monstruosidade do

Holocausto e chegou a denunciar os perigos da monumentalização da memória, esta sim responsável pelo esquecimento, muito mais do que as críticas dos atuais revisionistas, que nos obrigam ao aprofundamento das investigações e reflexões, impedindo o esquecimento. Numa passagem comovente, Primo Levi afirma a importância da História para a compreensão do passado e como trabalho contra o esquecimento: "A verdade sobre os *Lagers* (campos de concentração) veio à luz por um caminho longo e uma porta estreita (...). Houve, em primeiro lugar, a decantação, processo desejável e normal, graças ao qual os fatos históricos só adquirem as suas linhas e sua perspectiva alguns decênios após a sua conclusão." Diante da percepção tão aguda da história, só podemos admirar a grandeza desse escritor, que também faz um alerta a monumentalização da memória:

> Por outra estilização somos responsáveis nós mesmos, nós sobreviventes, ou mais precisamente, aqueles entre nós que aceitaram viver sua condição de sobreviventes do modo mais simples e menos crítico. Não é certo que as cerimônias e celebrações, os monumentos e as bandeiras sejam sempre e por toda a parte deploráveis. Talvez seja indispensável certa dose de retórica para que dure a memória. Era verdade no tempo de Foscolo e é verdade ainda hoje que os sepulcros, *as urnas dos fortes*, predispõem os espíritos a coisas sublimes ou, pelo menos, conservam a memória dos feitos passados; mas é preciso ter cautela com as simplificações excessivas (op. cit.: 06).

Desses perigos devem os historiadores estar alertas. Contra as simplificações e a estetização do acontecimento produzido por uma memória celebrativa devem os historiadores se prevenir. Primo Levi nos dá a dimensão da necessidade documental que cerca o Holocausto. Para ele, antes de tudo, o Holocausto se historiciza por sua crescente documentação e pela possibilidade de um olhar crítico sobre ela. Nada mais importante para a recusa do esquecimento do que o modo como o acontecimento vai se tornando documental. Isto pode parecer frívolo demais, mas não é. Como bem observou Primo Levi:

> Toda vítima deve ser lamentada e todo sobrevivente deve ser ajudado e visto com compaixão, mas nem todos os seus comportamentos devem ser propostos como exemplo. O interior dos *Lagers* era um microcosmo intrincado e estratificado, a "zona cinzenta" (...) aquela dos prisioneiros que em alguma medida, talvez por boa intenção, colaboraram com a autoridade, não era tênue, constituindo antes, um fenômeno de fundamental importância para o historiador, o psicólogo e o sociólogo. Não há prisioneiro que não o recorde, e que não recorde seu espanto de então: as primeiras ameaças, os primeiros insultos, os primeiros golpes não vinham dos SS, mas de outros prisioneiros, de "colegas", daqueles misteriosos personagens que também vestiam o mesmo uniforme de listras recém-vestidos pelos novatos (op.cit.: 07).

Portanto, devemos levar em consideração o fato de que o nazismo e seus crimes puderam ser condenados e abominados moralmente porque, por um motivo ainda a ser descoberto, exigiu-se que ele se transformasse em acontecimento documental. Uma expectativa de historicidade pairou sobre os crimes do nazismo e a acumulação das provas documentais e testemunhais tornou-se urgente. Somente o Estado moderno pôde, antes do Holocausto, e de modo tão deliberado, procurar instituir a sua própria historicidade sob base documental. Talvez ainda tenhamos de estudar a fundo as relações desse acontecimento documental com a efetiva consolidação do Estado de Israel, cuja legitimidade também está fundada numa historicidade documentada do Holocausto.

Assim como agiu o Estado moderno, as vítimas do Holocausto e seus aliados procuram instituí-lo como lugar de memória sob imensa base documental, e apenas este procedimento pode assegurar que ele não será esquecido, não só como acontecimento marcante da modernidade, mas como evento sem precedentes na história da humanidade. O procedimento de produzir o Holocausto como evento inusitado na História é o que também confere enorme força moral nas relações entre o presente e o passado. Somente a Revolução Francesa, antes do Holocausto, conseguiu criar este enorme constrangimento moral da responsabilidade do presente em relação ao passado, ao evocar a comunidade originária de Rousseau, do bem contra o mal, da pureza do passado sendo restituída por um acontecimento no presente. O Holocausto partilha com a Revolução Francesa essa idéia moral de História e representa enorme esforço contra o esquecimento e a barbárie, uma luta do bem contra o mal. Mas, para que isto seja possível, o Holocausto tem de se transformar em acontecimento documental e, ao mesmo tempo, correr o risco de se tornar objeto de celebração e mitificação, como uma memória do ressentimento, e não como um ideal de história da liberdade.

Dever-se-á avaliar o problema do testemunho e de suas implicações morais e éticas, bem como epistemológicas. O acontecimento histórico, depois do Holocausto, tornou-se matéria de apropriação documental e lugar de produção da memória. A estrutura do passado parece ter sido constituída por procedimentos involuntários até a consolidação do Estado nacional, com o seu interesse em uma historicidade documentada. A partir do momento em que o Estado transformou a História não em ideal moral ou ético, mas em fundamento científico de sua legitimidade, o acontecimento histórico passou a ser reconhecido segundo critério documental e toda vez que reivindicamos qualquer coisa em História, não basta apenas a indignação moral, mas precisamos da capacidade de reconstrução do passado mediante provas. As verdades históricas, anteriormente tributárias da moral e da ética, passaram a ficar dependentes das provas testemunhais e documentais, criando-se um novo tipo de acontecimento, passível de confirmação documental. Em torno deste impasse, criou-se uma enorme literatura sobre o Holocausto, que ora tende para uma idéia ética e moral de História (nesta idéia se baseia o argumento de J. Habermas) e ao mesmo tempo uma batalha testemunhal e documental para dar credibilidade ao acontecimento. Apesar de esta batalha parecer frívola diante das dezenas de milhares de vítimas do nazismo, ela assegura a presença do acontecimento no campo da História, tornando impossível o seu esquecimento.

A CRISE DAS GRANDES NARRATIVAS

Há uma questão delicada subjacente à emblemática frase de J. Habermas. O seu enunciado pressupõe a crença nas grandes narrativas muito ligadas às filosofias da História. Pressupõe a existência de uma estrutura unitária e cronológica do tempo e por esta razão o enunciado remete o Holocausto a uma questão ética e moral, que abarca toda a história da humanidade. Entretanto, sabemos que desde o final do século XIX tem havido um progressivo distanciamento do conhecimento histórico em relação às filosofias da História e a frase de Habermas resume muito mais uma posição filosófica quanto à natureza da história humana do que uma afirmação baseada em conhecimentos historiográficos adquiridos. Por esta razão, o seu enunciado é marcado por forte conteúdo ético e moral e seu componente narrativo assemelha-se às grandes narrativas da história filosófica dos séculos XVIII e XIX, incluídas aí a filosofia iluminista, o marxismo, o historicismo e outras filosofias da História. O que todas essas grandes narrativas têm em comum é, ao mesmo tempo, uma dimensão unitária e progressiva do tempo histórico e uma visão universal da humanidade. Este modo de representação da História prevaleceu sobre todas as grandes narrativas históricas do século XIX e mesmo a historiografia que não se pretendia filosófica acabou refém dessas concepções filosóficas da História.

Com boa dose de perspicácia, o crítico norte-americano Hayden White apanhou essas características da representação histórica do século XIX. Em seu livro *Meta-História* (São Paulo: Edusp, 1984), White procurou classificar essas grandes narrativas segundo os modelos de composição literária e criou um verdadeiro *quid pro quo* entre os historiadores, que o acusaram de reduzir a questão da verdade histórica aos *tropos* da composição literária. Apesar da enorme polêmica criada por White, os próprios historiadores já estavam cientes da crise das grandes narrativas da história filosófica do século XIX, pelo menos desde o surgimento da Escola dos *Annales*. Procurando distanciar-se das narrativas da história filosófica, responsáveis pela concepção unitária e cronológica do tempo histórico, bem como da visão universalista de uma história da humanidade, essa escola de historiadores retirou os grandes acontecimentos dos horizontes historiográficos. Produziu nova representação do tempo histórico, marcado pela descontinuidade, desqualificou uma visão universalista da humanidade, retirou de cena o grande acontecimento que permitia a eloqüência das grandes narrativas e, particularmente, transformou a História em investigação documental do passado. Não tendo mais lugar na História, o grande acontecimento vai se retirando progressivamente do cenário de representações dos historiadores e as histórias, como as do Holocausto, perdem a sua força de significação, assim como as histórias das revoluções, das grandes guerras etc.

Essa guinada epistemológica tem muitas implicações para os problemas da representação histórica e deixa-nos com a impressão de que os historiadores tornaram-se frívolos e co-responsáveis pela crise das grandes narrativas. Guardadas as devidas proporções, o problema dos historiadores em relação ao Holocausto é o mesmo que eles tiveram de enfrentar quando da publicação da obra *O Mediterrâneo*, de Fernand Braudel, que em vez de narrar os grandes acontecimentos que tiveram o Mediterrâneo como cenário, preocupou-se com o seu clima, com a sua geografia, com os seus tempos variados de produção da vida material etc. Por se tratar de uma história documental e não acontecimental, a nova historiografia oferece outro relevo narrativo, e ainda que tenha a aparência de certa frivolidade narrativa pela falta de grandiloqüência dos grandes acontecimentos, ainda assim é um esforço para evitar o esquecimento. Essas guinadas no campo da narratividade deram outros subsídios aos testemunhos do Holocausto e é bem provável que narrativas do tipo das de Habermas, cujos modelos se aproximam muito das filosofias humanistas da História do século XIX, estejam também dando lugar para outras formas de representação histórica do passado.

Essa História está cedendo o lugar para uma história documentária, fragmentária, descontínua e dispersiva, da qual, talvez, a literatura de testemunho de Primo Levi em *E isto é um homem* seja sinal eloqüente da referida crise das grandes narrativas para o tratamento de questões como do Holocausto. Entretanto, apesar da aparente falta de foco moral, a nova História, ao reapresentar o passado sob novos olhares, protege-o do esquecimento e talvez nos abra os olhos para pensar o que é o homem, não quando ele é movido por grandes causas, mas em sua vida cotidiana. Gostaria de uma vez mais fazer uma analogia: a historiografia não perdeu a sua força crítica porque *O Mediterrâneo* de Fernand Braudel deixou de lado os grandes acontecimentos. A propósito dessa historiografia, vale a pena lembrar o historiador Michel de Certeau, quando diz: "Em história, tudo começa com o gesto de separar, de transformar em documentos certos objetos distribuídos de outra maneira. Esta nova distribuição cultural é o primeiro trabalho." (Michel de Certeau, *A escrita da História*. Rio de Janeiro: Forense Universitária, 1972: 81)

O Holocausto não será esquecido em virtude do atual revisionismo. Ao contrário, pelo fato de o revisionismo instigar a retomada de uma visão crítica do conhecimento histórico, ele torna evidente que os maiores perigos nos espreitam quando o discurso histórico se alia aos discursos dos poderosos e dos vencedores.

Os intelectuais e a história, a história dos intelectuais

O EXÍLIO DE HERÓDOTO: DO JUÍZO DE TUCÍDIDES À SUA APROPRIAÇÃO MODERNA

Fábio Adriano Hering

A tradição de estudos clássicos convencionou identificar nos autores gregos Heródoto e Tucídides os pólos opostos de um percurso que, primeiro, inauguraria o discurso investigativo a respeito do passado e, em um segundo estágio (presumidamente mais amadurecido), apontaria na direção de uma suposta ciência histórica. Essa divisão teórica (tributária de um "veredicto" estabelecido já na Antigüidade) comporta, em si, um juízo de valor que contribuiu sobremaneira para estabelecer Tucídides em lugar privilegiado, ao mesmo tempo que relegou Heródoto a lugar de menor importância no panteão dos ditos "grandes historiadores da cultura ocidental". Entendendo que tal contraposição foi uma das formas que a tradição crítica assumiu na histórica celebração apologética da *polis* clássica, em detrimento do multicultural mosaico herodotiano, propõe-se, neste texto, iniciar uma análise crítica desse modelo de interpretação (ainda profundamente arraigado no pensamento contemporâneo), buscando também esboçar algumas de suas matrizes ideológicas.

ALGUNS TRAÇOS GENEALÓGICOS ACERCA DA POLÊMICA SOBRE HERÓDOTO

Voltaire, em seu *Dicionário filosófico*, de 1764, expôs nos seguintes termos o crédito que, segundo ele, deveria ser depositado na obra de Heródoto: "Ao narrar o que lhe disseram os bárbaros em cujos países viajou, Heródoto (...) não nos diz mais que tolices (...). Quando, porém, fala do que viu, dos costumes dos povos que estudou, das antigüidades que submeteu a exame, aí sim se dirige a gente grande" [1].

Esse juízo, que o francês do século XVIII, mesmo não inaugurando, contribuiu para fixar, repousa, expõe Hartog, sobre uma "partilha", uma *linha divisória* recorrente na história das interpretações das *Histórias*: existiriam "dois nomes de Heródoto", o do "contador de *coisas fabulosas*", pouco dignas de confiança; e o do *investigador*, que a tradição costumou reconhecer (com certa reserva) como fonte[2]. A genealogia dessa linha interpretativa é, de acordo com Momigliano, tão longa como a própria idéia de História, e repousa sobre o veredicto, estabelecido na Antigüidade e legado à posteridade, pronunciado por Tucídides (I.22.4) menos de meio século depois de *publicada* a narrativa de Heródoto[3]. Para o cronista da guerra do Peloponeso, a História deveria ser um fruto útil (*ôfélima*)[4], uma *possessão para sempre* (*ktéma es aieí*), fundada, de preferência, na observação (*autopsía*) dos fatos narrados, circunscritos à esfera das ações especificamente humanas (*katá tó anthrôpinon*) [5]. O caráter eminentemente político e utilitário inscrito nessa delimitação teórica, que tinha como escopo, segundo Momigliano, "estabelecer critérios mais confiáveis" na investigação do passado, mesmo que a custo da submissão aos acontecimentos contemporâneos[6], promoveu um corte radical na tradição mítica e impôs um juízo marcadamente depreciativo a respeito do "audaz intento de Heródoto de abrir à investigação histórica as portas do passado e dos países estrangeiros" [7].

O saber de Heródoto

Heródoto, no proêmio de sua obra, declara serem suas *Histórias* uma *apresentação pública* (*apodexis*) das suas *investigações* (*historíes*). Como assinalou Snell, seríamos injustos, "e cercearíamos em nós a possibilidade" de compreender a narrativa herodotiana, se apreciássemos seu esforço com base em critérios essencialmente modernos[8]. A palavra *historíe*, como bem expôs Gagnebin, "tem (...) significação muito mais ampla" do que o "conceito" moderno, relacionado este a um "gênero científico bem determinado" [9]. Alçada, no século XIX, ao *status* de ciência (*Wissenschaft*), associou-se à História, como expôs Funari, a confiança na possibilidade de uma descrição positiva do passado, calcada na análise filológica dos documentos (textos escritos) [10]: quando, então, a *praxis* hegemônica nos domínios da História seria a recorrência aos arquivos, menosprezadas "a observação pessoal e as fontes orais" [11].

Historía (do jônico *historíe*), como lembra Nagy[12], uma derivação de termos associados à prática jurídica das *póleis* gregas, é uma variação do verbo *ver*[13], estando seu significado implicado na íntima conexão entre este sentido e o conhecimento[14]. O substantivo *hístôr*[15], do qual deriva *historíe*, tem o sentido circunscrito de maneira reveladora pelo uso que dele faz Homero, na *Ilíada* (XXIII, 486). Entre as competições realizadas por ocasião dos funerais de Pátroclo, sucedeu uma corrida de carros; Ájax e Idomeneu apostam quem é capaz de discernir, na distância, qual o condutor que se aproxima. Diante do impasse, propõe Idomeneu: faça-se de Agamemnon o *hístôr* da questão. O príncipe dos aqueus, neste contexto: sabe por ter visto; é capaz de julgar, uma vez que foi testemunha ocular do fato em questão[16]. Outra passagem da *Ilíada* (XVIII, 497-501) ajuda a perfazer a circunscrição, para os objetivos desta exposição, do significado de *hístor*: a descrição de um litígio (*neîkos*), gravado por Hefesto (que forja as armas com que o filho de Tétis enfrentará e baterá o maior dos argivos) no escudo de Aquiles. Dois homens que discutiam a respeito da *compensação* a ser paga (*poinê*) por um homicídio buscam a mediação de um *hístor*. Um grupo de anciãos, cada um por sua parte, emitirá sua sentença, cabendo ao que proferir a mais justa um prêmio em ouro. O *hístôr*, neste contexto, é aquele que, mesmo não tendo visto, é capaz de, por seu juízo, fazer ver, colocando um fim à contenda[17]. O sentido de *historíe* fica, dessa maneira, circunscrito pela prática do *hístôr*: o julgamento, a avaliação, a investigação, tendo como critério, tanto em sentido estrito quanto figurado, o olhar.

A obra de Heródoto (e, com ela, o estatuto do *hístôr*) pode, então, em medida significativa, ser relacionada à "crescente prática judiciária, na Grécia do século V a.C., de audição de testemunhas" [18], como fosse o "historiador" um juiz em um tribunal da *polis*, empregando ele, de acordo com Vernant, "toda uma técnica de demonstração, de reconstrução do plausível e do provável", buscando "elaborar a noção de uma verdade objetiva"[19]. Tal noção de *verdade*, do grego *alêthé*, poderia ser satisfatoriamente determinada de acordo com o compromisso inscrito no mais discutido fragmento do célebre antecessor milésio de Heródoto, Hecateu (Jacoby, F Gr Hist 1F1): como o critério segundo o qual os *muito e risíveis* (*pollôi te kai gellôioi*) *contos dos gregos* (*Hellénõn lôgoi*) deveriam ser avaliados. Rotina que, como bem expressou Darbo-Peschanski, representando uma tentativa "sem maiores precauções (...) de depurar as tradições gregas", continuaria freqüentando o movediço território da opinião (*hós moi* ***dokêi*** *alêthea einai*)[20].

Deve-se ter em conta que *alêtheia* é substantivo originado de uma das formas paralelas do verbo *lanthánô*: *passar* despercebido, *ser ignorado, não ser lembrado*; do qual o sentido impregna, por exemplo, o nome de *Lete* (*Lêthe*), a Deusa do esquecimento[21], que legou seus atributos ao rio homônimo que corria no Hades, vindo do Tártaro[22]. Dessa maneira, *a-lêtheia*, inscrita, aqui, no universo ideológico de um mundo grego pré-clássico, pela justaposição do *a* (*alpha*) privativo ao sentido mitológico, seria, isto sim, a negação do esquecimento, a celebração do que não foi e não deve ser apagado pelo tempo. Tal noção de *verdade*, que sela a prática do logógrafo milésio, é, em certo sentido, oriunda de uma Grécia "agrícola e pastoril anterior à constituição da *pólis* e à adoção do alfabeto", onde "o máximo poder da tecnologia de comunicação" era representado pela figura do *aedo* (poeta-cantor) [23].

Dessa maneira, mesmo assumindo o que apontou Momigliano, de que o esforço de Hecateu tem como objetivo programático transformar "os mitos em acontecimentos triviais, não com o intuito de torná-los verossímeis, (...) mas de minar seu substrato religioso" [24], pode-se, também, estar de acordo com o testemunho de Snell, de que "é bastante natural que os gregos tenham visto na poesia épica (...) o alvorecer de sua historiografia" [25]. Como demonstra Murari Pires, foi cantando, acompanhado da lira, "as 'famas dos homens'" (*kléa andron*) que Aquiles, na *Ilíada* (IX. 182-192), foi encontrado pela embaixada dos aqueus que lhe solicitaram o retorno ao combate.[26] "A fama imorredoura, o *kléos áphthiton*", como o "bem supremo para o guerreiro", é, segundo Snell, antiqüíssima "herança indo-européia", preservada pelo poeta, que teria a tarefa de "conservar desperta a lembrança da grande empresa ou do herói" [27]. A idéia de que o relato/exposição das investigações (*historiês apódexis*) teria como escopo, entre outras, que *as realizações humanas* (*ta genômena ex anthrôpon*) *não se desvaneçam com o tempo* (*mête tôi khrónôi exítela génêtai*) e *não fiquem sem fama* (*mête akleâ génêtai*) abre a obra de Heródoto. Como lembra Gagnebin, tal retomada da "tarefa do poeta arcaico", que buscava religar "o presente ao passado", fundando a identidade grega (em nível tanto grupal quanto individual), levada a termo pelo aedo "numa sociedade sem escrita como o era a Grécia arcaica", é, por outra parte, transformada pelas mãos do *hístôr* [28]. A narrativa dos historiadores gregos do século V a.C., como bem argumentou Funari, é marcada por nova perspectiva, inscrita na idéia de investigação das causas (*aitiai*) que teriam levado certos acontecimentos a ser dignos de celebração[29].

No épico, invocavam-se as Musas, moradoras do Olimpo, que tudo sabiam e a tudo assistiam, a dizer, a proferir, pela boca do poeta, o que teria acontecido, pois: nós [homens], *nada* mais *sabendo* (*oudé ídmen*), só *a fama ouvimos* (*kléos akoúomen*) [30]. Como Vieira *et alli* bem notaram, inscreve-se, nessas palavras que abrem o célebre catálogo das naus, a oposição, da qual está ciente o poeta, entre um "saber onisciente das Musas e o conhecimento casuístico do homem" [31]. A distância entre um saber completo e o restrito, próprio este dos homens, pode, segundo Snell, ser atribuído "à fantasia, à concentração interior", à capacidade mnemônica e à experiência do próprio poeta e de seu grupo social[32]. Seja qual for a maneira como se equacione, hoje, essa função, o saber representado pelos poemas épicos, entretanto, já havia sido questionado por Xenófanes. Para ele, o conhecimento total, perfeito, inscrito na esfera do saber divino, ninguém conhece, ou jamais conhecerá (Frag. 34 Diels); contrapõe o filósofo de Cólofon ao saber laborado pelos poetas, que teria apenas uma "aparência de conhecimento", aquele que os mortais *procurando/investigando* (*zêtountes*) *descobriram o melhor* (*epheurískousin ámeinon*) (Frag. 18 Diels) [33]. Para Heródoto, assim como para Xenófanes, o saber é, de acordo com Snell, "resultado da procura" (não *zêteô*, mas, por outro lado, *historeô*), o fruto da "teoria" (do grego *theôréô*, oriundo de *theáomai*, *observar*, *inspecionar*) e da "experiência" (do grego *empeiría*) [34]: ferramentas na investigação (*historíê*) das causas (*aitíai*) da guerra.

Como o próprio Heródoto expõe (II. 99), a respeito do Egito, "contei, até aqui, o resultado do que vi (*ôpsis*), do meu próprio julgamento (*gnóme*) e de minha investigação (*historíe*); de agora em diante, discorrerei sobre a história (*lôgous*) do Egito, de acordo com o que ouvi (*ékouon*), somando a isso o que eu mesmo vi (*ôpsios*)". A maneira como Heródoto, nesta passagem, representa a forma de aquisição de seu conhecimento, respeita, de fato, uma linha hierárquica na qual à visão, à experiência direta do olhar, da observação *in loco*, é conferida uma preferência, uma maior confiabilidade, em comparação à informação obtida de um informante, de algo que se *ouviu falar*. Percurso de inteligibilidade que tem sua origem genealógica (acima descrita) no estatuto de *hístôr*: aquele que viu, aquele que pode fazer ver (de preferência por meio de seu testemunho ocular). Hartog enfatizou, apropriadamente, que o primado do olhar não explicaria, por si só, essa prática, como levada a termo por Heródoto.

Seu saber seria fundado não apenas na visão e no testemunho, mas no juízo, no julgamento (*gnóme*), na investigação (*historíê*) [35]. Tal é o que ocorre em I. 24 do livro de Heródoto, onde Periandro, incrédulo a respeito dos sucessos sofridos por Ariano, ao estar diante dos marinheiros que, segundo a narrativa, forçaram o cantor a lançar-se ao mar, *interroga se podiam dizer algo a respeito de Ariano* (*historêesthai ei ti legoien perí Arianos*). Periandro tem, nessa ocasião, apenas o relato do cantor, que considera inverossímil, e nada mais sabe nem viu. Os marinheiros respondem que o tinham deixado, em boa saúde, em Tarento. Ariano surge, então, diante de seus executores, em um artifício quase teatral, pelo que eles, de pronto, confessam o crime, confirmando, assim, o que Periandro havia considerado inverossímil: que, atirado ao mar, o cantor tivesse de fato sido salvo por um golfinho. O personagem de Heródoto, por gosto de seu criador, representa a prática do *hístôr* com suas fontes: a confrontação como meio de se certificar se acaso elas representam a realidade; a produção da *verdade* como função não estrita do olhar, mas de outros sentidos, depurados pelo *hístôr* de acordo com seu *julgamento*.

O juízo de Tucídides

Heródoto, lembra Momigliano, atreveu-se a escrever um gênero de História que a tradição posterior, fundada pelo julgamento de Tucídides, desaprovaria, considerando-a pouco digna de confiança[36]. Por estender o "plano" de sua obra a um duplo compromisso, narrar, de um lado, a guerra entre gregos e medo-persas e, por outro, empreender uma descrição dos povos (suas terras e sua história) que tiveram, direta ou indiretamente, contato com os invasores; ou seja, buscando tanto descobrir as *razões* (*aitíai*) da guerra quanto dar registro aos *grandes e maravilhosos feitos/monumentos* (*êrga megála te kai thomastá*), realizados/levados a termo por gregos e bárbaros, Heródoto inscreveu sua narrativa na interseção de uma nascente especulação racional (que, na forma de relato histórico, seria nutrida sob os auspícios de Tucídides) com a já bem-fundada celebração épica do passado. Sua técnica de "audição de testemunhas", a confiança depositada nos relatos de informantes, que davam conta de fatos acontecidos até três ou mais gerações passadas[37], teriam conferido à sua obra, de acordo com Tucídides (I. 22), o caráter de *algo para ser ouvido, em concurso público, no momento da declamação* (*agónisma es tô parakhréma akoúein*), não representando, portanto, uma *possessão para sempre* (*ktéma es aieí*).

Tucídides narra os vinte e um primeiros anos da guerra do Peloponeso, tendo silenciado, misteriosa e inexplicavelmente, a respeito da derrubada dos grandes muros, da derrota final e da rendição ateniense; a data de sua morte é incerta; a publicação de sua obra, póstuma; sua vida inscreve-se no teatro dos fatos narrados. O cronista, de sua parte, compromete-se, nas palavras de abertura de sua obra, como expõe Almeida Prado, a "acompanhar de perto e expor com fidelidade" os acontecimentos; nessa perspectiva, qualquer alargamento temporal não seria, então, uma "digressão" mas uma contribuição para "o aprofundamento da reflexão e para a revelação das causas e da dinâmica da guerra"; todas as testemunha orais interrogadas, atores contemporâneos dos fatos narrados, estariam, pelo menos elas, inscritas nos domínios da *autopsí-a* (*ópsis*)[38]. Heródoto, por sua vez, trata de uma guerra da qual não participou, mas de que ouviu falar; de povos com os quais não conviveu, mas que visitou; que falavam línguas que ele não falava[39]. Para Tucídides, que via apenas como possível a História presente, para quem o *saber bem/claramente* (*saphôs eidénai*) da prática historiográfica, mesmo não se restringindo a esse sentido, tomava a visão como parâmetro de fiabilidade, não era possível depositar confiança nos relatos de Heródoto (que, como o poeta, mergulhava seu olhar sobre um passado do qual, pelo afastamento, não se poderia dizer nada de seguro)[40].

Para Tucídides (I. 22.4), o que há no relato de Heródoto que o torna inverossímil, que faz, segundo ele, que o verdadeiro ceda lugar ao prazer da enunciação, é a preponderância do caráter *fabuloso* (*mythôdes*) da narrativa, em detrimento da preocupação de *examinar* (*skopein*) o que há de *claro* (*saphés*) nos acontecimentos. Tal oposição, entre, por um lado, o *mythos*, o prazer, o ouvido (*akoé*), e, por outro, o escrito (*xynégrapse*)[41] e a utilidade de uma *possessão perpétua* (*ktéma es aieí*), vai, segundo Hartog, se reafirmar na tradição por meio da anexação do epíteto de "mentiroso" ao nome de Heródoto[42]. O caso de Plutarco (*Moralia*, 11, 857, 12-13), por exemplo, é bastante elucidativo do tipo de apreciação feita da narrativa de Heródoto, na esteira do juízo de Tucídides[43]: por ter o historiador de Halicarnasso "invertido" as origens das divindades e dos heróis gregos, associando-os ao Egito, seria ele "mentiroso" e "filobárbaro"[44]. Funari bem lembrou que tal juízo, que buscava consubstanciar uma idéia de "superioridade moral grega" (à qual as descrições de Heródoto eram ameaça), foi adotada pela historiografia moderna, a partir do século XIX, assumindo esta, por sua vez, pontos de vista semelhantes – principalmente no que tange à negação de ligações entre as culturas gregas e orientais e à pressuposição de uma natural superioridade da cultura helênica[45]. Idealizado, no século XIX, como exemplo de historiador perfeito[46], aquele "para quem só a história contemporânea" seria "factível", Tucídides tornar-se-ia, paradoxalmente, o modelo dos historiadores que se dirigiram aos arquivos para desenrolar, "unicamente no passado, longas cadeias de acontecimentos"[47]. A *autopsía* positivista, por outro lado, define-se, segundo Hartog, como outra, construída, na qual o "campo de visibilidade" é aquele fabricado, simulado pelos governos dos grandes estados, que mais do que *ver* querem *fazer ver*[48].

Conclusão

Muito se escreveu na tentativa "de explicar, de rejeitar ou de conjurar", ressalta Hartog, a "parte das *Histórias* que se recorta como (...) o lugar da fábula e a toca do mentiroso"[49]. A maneira como se resolveu e as motivações que promoveram, no espectro da tradição, a divisão entre esta e outra *História* de Heródoto, esta última digna de confiança e resguardada pela tradição, trilhará um caminho que, propõe-se, legitima Tucídides como modelo a ser seguido[50] e define Heródoto como percurso "entre a idade do *épos*[51] e a primeira historiografia"[52].

A tradição crítica moderna, por sua vez, apropria-se e desenvolve tal contraposição estabelecendo o seguinte juízo de valor: Heródoto é o contador de histórias *fabulosas*, que pretende sempre agradar a audiência; Tucídides é o compilador de um relato concreto dos acontecimentos, a ser usado pelas gerações futuras[53]. Momigliano relativiza essa apreciação considerando que Heródoto teria chegado a ser verdadeiramente o pai da História[54] apenas nos tempos modernos, quando os desenvolvimentos dos estudos da história da Grécia em confrontação com a do oriente, nos últimos três séculos[55], sob os auspícios da Filologia e da Arqueologia, teriam guiado a uma melhor apreciação daquele Heródoto que Voltaire tão desabridamente condenara[56].

Pode-se dizer que as ditas qualidades modernas de Tucídides, que tornaram sua obra o fetiche da historiografia do século XIX, com sua "concentração na guerra e na política, até a virtual exclusão de tudo o mais"[57], acabou se traduzindo, na tradição dos estudos clássicos, em afirmação apologética da sociedade ateniense, epítome do classicismo, em detrimento do rico e multicultural mosaico herodotiano. De Sanctis bem expôs que "aquele sentimento de imensa superioridade da civilização grega sobre a bárbara, que é evidente em Tucídides ou em Xenofonte, não é próprio de Heródoto, que não cessa, por sua parte, de celebrar a ciência bárbara, sua antigüidade, sustentando, até, que os gregos deviam a eles seus ideais religiosos"[58].

Não é de estranhar, portanto, que alguém como Jaeger, por exemplo, que pretendia que a Grécia ("o *início* de 'nossa cultura'") representasse "perante os grandes povos do Oriente um 'progresso' fundamental, um novo 'estágio' na história da evolução humana", considerasse as *Histórias* um mero passo na direção de um fim maior: a obra de Tucídides[59]. Tal concepção, que projetou na Grécia, segundo Bernal, a origem das *virtudes ocidentais*, nada teve de casual: foi uma equação, surgida a partir do século XIX, do conservadorismo, do racismo, do imperialismo e da presumida superioridade ocidentais[60]. Tais variáveis, que informaram, em medida significativa, os desdobramentos modernos do "veredicto de Tucídides", devem ser consideradas como "chaves de leitura" da moderna tradição crítica acerca de Heródoto, que tendeu a refutar, em uma atitude xenofóbica e racista, as longas crônicas acerca do mundo bárbaro contidas nas *Histórias*.

BIBLIOGRAFIA

ALMEIDA PRADO, A. L. A. de. Vida e obra de Tucídides e estrutura e função do livro I. In: TUCÍDIDES. *História da Guerra do Peloponeso*: Livro I. São Paulo: Martins Fontes, 1999.

BOWDER, D. *Quem foi quem na Grécia Antiga*. São Paulo: Art Editora, 1988.

CANFORA, L. Introduzione. In: TUCIDIDE. *La Guerra del Peloponeso – Libro primo; a cura di Luciano Canfora*. – Milão: Aranoldo Mondadori Editore, 9-39, 1987.

DARBO-PESCHANSKY, C. *O discurso do particular – Ensaio sobre a representação do outro*. Brasília: Editora da Universidade de Brasília, 1998.

DE SANCTIS, G. La Composizione della Storia d'Erodoto. In: *RFIC* – Volume LIV, 1-14, 1036, 1951.

FINLEY, M. I. *Aspectos da Antigüidade*. São Paulo: Martins Fontes, 1991.

FUNARI, P. P. A. As formas do discurso: retórica e argumentação, do mundo clássico ao nosso quotidiano. São Paulo: inédito, 2001.

FUNARI, P. P. A. *Antigüidade Clássica – A História e a cultura a partir dos documentos*. Campinas: Editora da Unicamp, 1995.

GAGNEBIN, J. M. *Sete aulas sobre linguagem, memória e História*. Rio de Janeiro: Imago, 1997.

GRIMAL, P. *Dicionário de mitologia grega e romana*. Rio de Janeiro: Bertrand, 1994.

HARTOG, F. Herodotus and the Historiographical Operation. In: *Diacritics*, Summer, p. 83-93, 1992.

HARTOG, F. *O espelho de Heródoto*. Belo Horizonte: Editora UFMG, 1999.

HERÓDOTO. *Books I and II*; translated by A. D. Godley; bilingual edition; LCL 117. London: Harvard University Press, 1990.

HESÍODO. *Teogonia – A origem dos deuses* (edição bilíngüe); estudo e tradução de J. A. A. Torrano. São Paulo: Iluminuras, 1991.

HOMERO. *Iliade* – Tome II (chants VII-XII); texte établi et traduit par Paul Mazon. Paris: Les Belles Lettres, 1972.

________. *Iliade* – Tome III (chants XIII-XVIII); texte établi et traduit par Paul Mazon. Paris: Les Belles Lettres, 1974.

_________. *Os nomes e os navios – Ilíada, Canto II* (edição bilíngüe); traduções de Haroldo de Campos e Manuel Odorico Mendes; organização, introdução e notas de Trajano Vieira. Rio de Janeiro: Sete Letras, 1999.

JAEGER, W. *Paideia – Los ideales de la cultura griega.* México: Fondo de Cultura Economica, 1992.

KIRK, G. S.; RAVEN, J. E.; SCHOFIELD, M. *Os filósofos pré-socráticos.* Lisboa: Fundação Calouste Gulbenkian, 1994.

LESKY, A. *Historia de la Literatura Griega.* Madrid: Gredos, 1985.

LOZANO, J. *El discurso histórico.* Madri: Alianza Editorial, 1987.

MOMIGLIANO, A. Ecateo. In: *Enciclopedia Italiana* – Istituto della Enciclopedia Italiana. Vol XIII. Roma, 386, 1951.

MOMIGLIANO, A. *La historiografía griega.* Barcelona: Editorial Crítica, 1984.

MURARI PIRES, F. *Mithistória.* São Paulo: Humanitas, 1999.

NAGY, G. *Pindar's Homer – The Lyric Possession of an Epic Past.* Baltimore/London: Johns Hopkins University Press, 1992.

PLACIDO, D. De Heródoto a Tucídides. In: *Gerion.* Revista do Departamento de Historia Antigua/ Universidad Complutense; n.4, 17-46, 1986.

ROMILLY, J. de. *História e Razão em Tucídides.* Brasília: EdUNB, 1998.

SNELL, B. *A cultura grega e as origens do pensamento europeu.* São Paulo: Perspectiva, 2001.

TORRANO, de J. A. A. O mundo como função das musas. In: HESÍODO. *Teogonia – A origem dos deuses* (edição bilíngüe); estudo e tradução de J. A. A. Torrano. – São Paulo: Iluminuras, 11-102, 1991.

TUCÍDIDES. *História da Guerra do Peloponeso*: Livro I (texto bilingüe estabelecido por Jacqueline de Romilly): São Paulo: Martins Fontes, IX-LV, 1999.

VERNANT, J. *As origens do pensamento grego.* Rio de Janeiro: Bertrand Brasil, 1992.

VIEIRA, T. *et alli.* Notas & contranotas, In: HOMERO. *Os nomes e os navios* – Ilíada, Canto II (edição bilingüe). Rio de Janeiro: Sete Letras, 1999.

VOLTAIRE. *Dicionário filosófico.* Tradução de Líbero Rangel de Tarso. São Paulo: Atena Editora, 1959.

NOTAS

1 Voltaire, 1959: 101.

2 Hartog, 1999: 35.

3 Momigliano, 1984: 135-137.

4 Canfora, 1987: 16.

5 Plácido, 1986: 18.

6 Note-se que na *Arqueologia* (I.2-19) Tucídides, como apresenta Romilly (1998: 155-156), leva a termo uma "exposição histórica relativa a fatos mais antigos e mais difíceis de estabelecer", a respeito "das origens da Grécia até a época contemporânea". Em seu esforço para demonstrar que a Guerra do Peloponeso "foi mais importante que tudo que a precedeu", Tucídides teria, possivelmente, recorrido à epopéia e às narrativas dos logógrafos. Diferentemente daqueles, "nomes de heróis, façanhas memoráveis" (impossíveis de ser verificados pela *autopsía*) não lhe interessavam, mas sim "o estado da civilização: o comércio, o modo de vida, o ambiente, a arte da navegação". Como lembra Almeida Prado (1999: XXI), a *Arqueologia* representa não uma *investigação* do passado glorioso, digno de fama, como proposto por Heródoto, mas uma tentativa, por meio de uma "revisão do passado", de "restabelecer a verdade (...) sobre os acontecimentos anteriores".

7 Gagnebin, 1997: 17 e 26; Momigliano, 1984: 137.
8 Snell, 2001: 161-162.
9 Gagnebin, 1997: 16.
10 Funari, 2001: 4-5.
11 Momigliano, 1984: 143-144.
12 Nagy, 1990: 250.
13 *Idein* (*ver*), infinitivo da forma aorista *eidon*, cuja forma presente, **eidô*, é preterida em favor do verbo *horáô*.
14 Note que *oida* (tenho visto)/*eidénai* (*ter visto*), passado perfeito de **eidô*, tem o sentido presente usual *sei*/*saber*.
15 A origem de tal substantivo pode ser identificada em um paralelo com as formas anômalas do imperativo de *oida*: *isthi*, *isto*,... O espírito áspero encontrado no substantivo *histôr* se explica como "permanência" (como se a aspiração buscasse registrar o *som perdido*) do *dígama*, consoante arcaica (com o som muito próximo do *w* das línguas anglo-saxãs). A existência do *dígama* é o que explicaria, por exemplo, o parentesco entre as formas **uid* (grega) e *video* (latina), como parte do mesmo tronco lingüístico.
16 Lozano, 1987: 17.
17 Nagy, 1990: 251-252.
18 Gagnebin, 1997: 16.
19 Vernant, 1992: 57.
20 Darbo-Peschanski, 1998: 211-212.
21 Segundo Hesíodo. *Teogonia*, 227.
22 Grimal, 1994: 274-275. Uma referência mais recente é a do *Purgatório* (XXX. 142e s.; XXXI. 94 e s.) de Dante, no qual o poeta se banha no Letes para esquecer seus pecados e, purificado, encontrar Beatriz no Paraíso.
23 Torrano, 1991: 16.
24 Momigliano, 1951: 386.
25 Snell, 2001: 151.
26 Murari Pires, 1999: 153.
27 Snell, 2001: 154.
28 Gagnebin, 1997: 17 e 18.
29 Funari, 2001: 02.
30 *Ilíada*, II. 484-486. Segue-se, aqui, a tradução proposta por Haroldo de Campos (1999: 45).
31 Vieira *et alli*, 1999: 104.
32 Snell, 2001: 136.
33 Kirk *et alli*, 1994: 184-185.
34 Snell, 2001: 143.
35 Hartog, 1992: 88-89.
36 Momigliano, 1984: 143.
37 A narrativa que segue o proêmio é bastante representativa da prática de produção de relatos conforme testemunhos orais. Nessa, Heródoto declara reproduzir o que lhe disseram *os mestres persas* (*Perseôn lógioi*).
38 Almeida Prado, 1999: XI, XIII, XVI e XVII. Como lembra Hartog (1999: 295), para Tucídides, "a *ópsis* vale mais que a *akoé*". Mas o primado da *ópsis* não é a recusa da *akoé*, "pelo contrário, pois ou eu próprio vi, ou interrogo alguém que tenha visto e critico seu testemunho".
39 De Sanctis, 1951: 258 e 260.

40 Hartog, 1999: 277.
41 Tucídides, I.1. Em contraposição ao *apódexis* de Heródoto I.1.
42 Hartog, 1999: 310.
43 Momigliano (1984: 141) considera que esse texto de Plutarco pode dar uma idéia "das acusações [inauguradas por Tucídides] que eram dirigidas contra o pai da História".
44 Citado em (Funari, 1995: 44-45.
45 Funari, 1995: 47.
46 Momigliano, 1984: 22.
47 Hartog, 1999: 278.
48 Hartog,,1999: 448.
49 Hartog, 1999: 316.
50 Lesky, 1985: 485.
51 Em Homero, *épos* (de *épo, falar, dizer, mencionar, chamar*, cuja forma aorista *eîpon* é a mais usada) é *palavra, conto, estória, provérbio.* Snell usa esta expressão para designar a herança épica, tradição que resguardou uma série de figuras lendárias, com suas crenças religiosas, cosmogonias, preceitos morais e éticos.
52 Snell, 2001: 159.
53 Bowder, 1988: 282. Esse *Dicionário biográfico*, de circulação popular, é citado com o intuito de mostrar como tal concepção tornou-se, em alguma medida, um "lugar-comum" também fora do estrito círculo dos especialistas.
54 Referência a Cícero, *De Legibus*, I.5.
55 Momigliano proferiu essas palavras em audiência à Conferência Anglo-americana de Historiadores, em julho de 1957.
56 Momigliano, 1984: 136 e 150. Um exemplo dessa confrontação entre texto e contexto, confirmando, em alguma medida, os relatos de Heródoto acerca do mundo bárbaro, foi levado a termo por Rostovtzeff no seu estudo das civilizações ao norte do Mar Negro.
57 Finley, 1991: 67.
58 De Sanctis, 1951: 261.
59 Jaeger, 1992: 4 e 347.
60 Bernal, 1987: 437-443.

HERÓDOTO E DIONÍSIO DE HALICARNASSO:

HISTORIOGRAFIA, FORMA LITERÁRIA E IDENTIDADE CULTURAL

Rodrigo Falcão

A historiografia antiga percorreu um diversificado e complexo roteiro em sua longa existência[1]. Considerando Hecateu de Mileto e Heródoto como marcos iniciais da atividade que François Hartog denomina "primeira operação historiográfica[2]", é possível demarcar o final do século VI e o início do V a.C. como o momento primevo da elaboração historiográfica. Na outra extremidade, aproximadamente 900 anos depois, encontramos na figura do historiador romano Amiano Marcelino (c. 380 d.C.) a pálida imagem da imitação dos modelos historiográficos antigos. No entanto, Marcelino, observa Erich Auerbach, ainda estava preocupado com modelos como os de Tácito e Salústio[3]. A longevidade da historiografia antiga permite observar sua multiplicidade temática e de perspectivas teóricas, pois nunca foi monolítica, como a historiografia, via de regra, não é.

A historiografia antiga sempre manteve relações próximas e complexas com diversas práticas literárias. A forma tradicional de conhecimento e transmissão do passado na cultura helênica era a poesia épica, especialmente consubstanciada nas narrativas homéricas. As primeiras operações historiográficas foram propostas alternativas ao modelo tradicional. Os dois principais representantes da historiografia grega clássica, Heródoto e Tucídides, buscaram formular e apresentar o conhecimento do passado por meio de uma clara diferenciação de suas narrativas da dos poetas. Tal diferenciação era operada em várias perspectivas, como o próprio abandono da relação poética com a inspiração divina, oriunda das Musas, ou pelo novo tratamento do passado mítico. No entanto, mantinha aspectos da tradição poética, como o tema épico por excelência: a guerra. O tema central de Heródoto é a guerra médica, e o de Tucídides, a guerra do Peloponeso.

Proponho uma reflexão acerca das relações entre poesia e História, na obra de Heródoto, estendendo a discussão a um período da Antigüidade em que os nexos da historiografia com outros gêneros literários assumiram feições diversas. Assim, interessa focalizar a relação entre retórica e História, explorada com base na obra de Dionísio de Halicarnasso, autor grego que escreveu no século I a.C., ou seja, o período contemporâneo à plena expansão romana sobre o mundo helenístico. Em ambos os autores, trata-se de indagar se e de que modo a História, valendo-se de recursos poéticos e retóricos, constituiu modalidades específicas de edificação da identidade cultural helênica.

Heródoto

No interior dessa relação entre História e poesia encontra-se o primeiro foco de interesse desta proposta. Se a tradição mitopoética, de matriz homérica, poderia ser o principal alvo das preocupações de Heródoto, na apresentação de sua nova fórmula para o conhecimento do passado, não haveria caráter exclusivista. Heródoto estava atento a todas as outras formas existentes, poéticas ou não. O estudo de Claude Calame[4] sobre a fundação de Cirene demonstra bem as relações de Heródoto com outras narrativas de fundação, como a originada na poesia de Píndaro. Já Rosalind Thomas[5] chama atenção para as influências da escola hipocrática, com suas teorias sobre os ares e os humores, como importante conexão com uma forma de conhecimento diverso do mitopoético que Heródoto utilizou.

A principal marca de continuidade que Heródoto manteve foi o tema geral da tradição épica: a preservação da memória de eventos ligados a uma grande ação belicosa, que envolvia todo o mundo humano. A guerra de Tróia envolvera a totalidade da Hélade. As guerras médicas envolveram a *oikouméne*, representação do espaço humano ampliado. François Hartog observa que Heródoto não escreveu para o prazer real, como na tradição das listas reais orientais, pois os reis não eram nem heróis nem leitores do seu *lógos*[6].

Heródoto recorreu à *historié*, fundada na *ópsis* e na *akoé*, para configurar a narrativa que teria seus resultados apresentados aos seus leitores-ouvintes. Delimitou as possibilidades do conhecimento humano. Como alcançar tal conhecimento, de natureza tão distinta daquele concedido pelas Musas ao aedo homérico? Mas qual humanidade surgia desse conhecimento? Certamente o conhecimento do *nómos* (tradição, costume) era o caminho mais provável para o passado humano, pois estabelecia a identidade de um povo, de que depende o conhecimento de seu passado.

Para Heródoto, o conhecimento dos *nómoi* serviam para determinar a identidade de cada povo. No passado distante, imemorial, o *nómos* era comum a vários povos, era o tempo em que as sociedades humanas intercambiavam suas culturas, seus costumes. Os egípcios, bárbaros civilizados por excelência, ensinaram seus costumes ao etíopes, fenícios e sírios[7] , bem como aos gregos[8]. Os *nómoi*, uma vez determinados, serviriam como referência da identidade, devendo cada povo limitar-se àquilo no que se transformou e pelo qual é reconhecido, não apenas no presente, mas também no passado[9]. Presente e passado estavam integrados pelo reconhecimento do *nómos* que identificava cada povo.

O *nómos* poderia, ainda, ter dupla função. Era um caminho seguro para o conhecimento do passado ignorado, o passado que ainda não fora investigado, como a guerra entre gregos e bárbaros. Mas era também uma forma de averiguar o passado amplamente conhecido, como o episódio da ida de Hércules ao Egito, para os gregos, fato bem estabelecido. O *nómos* permitia que o passado humano fosse compreendido pela interação com o espaço definido e ordenado da *oikouméne*. A relação entre o espaço geográfico e o *nómos* esclarece como os homens, e seu passado, estavam integrados na ordem natural do mundo. Ao ordenar a *oikouméne*, Heródoto coloca o homem como parte do mundo, sendo necessário, para compreender o universo humano, questionar como o mundo o afeta.

O *nómos* seria também um meio para a preservação do *kléos* (glória, honra) herodotiano. O *kléos* em Heródoto tomou novo significado. Se o limite da investigação era a sociedade humana, as fontes investigadas não eram apenas gregas, mas bárbaras também. A poesia homérica buscava preservar o *kléos* dos heróis e dos deuses. Mas todos os heróis homéricos são gregos, pois nem mesmos os troianos são ditos de língua não-grega, ou bárbaros. No proêmio, Heródoto declara que seu objetivo foi permitir que "a memória dos acontecimentos não se apagasse entre os homens com o passar do tempo, e para que os feitos maravilhosos e admiráveis dos helenos e dos bárbaros não deixassem de ser lembrados [*akléa*], incluindo as razões pelas quais eles se guerrearam"[10]. O *kléos* dos gregos e dos bárbaros não se resume à participação dos últimos na história da guerra que Heródoto narra. A importância da manutenção do *kléos* dos bárbaros marca-se pela dimensão da obra, na qual Heródoto investiga, ou pretende ter investigado, todo o mundo conhecido (*oikuméne*). Ordenar a *oikuméne* é a operação que François Hartog descreve como de "traduzir, nomear e classificar" [11].

Se Homero e Hesíodo desvelaram o mundo divino, Heródoto, inventariando os povos e lugares, descortinou a *oikuméne*, ordenando o mundo dos homens. O *kléos* herodotiano alcançava tanto gregos quanto bárbaros, habitantes da *oikuméne*, mesmo que mantido com clareza o fato de constituírem grupos distintos no mundo dos homens.

O novo conceito de identidade grega, adotado por Heródoto, não se limitava à questão da língua, como em Homero. Apesar de não haver referência expressa ao termo *barbarós* em Homero, é possível encontrar *barbarophónon*[12], *allothróous anthrópous*[13] e *agriophónous*[14], todos termos relacionados com a acepção original da palavra: o que balbucia, o que fala como os passarinhos ou de forma estranha, incompreensível. Heródoto identifica a unidade dos gregos "pelo sangue e pela língua, e os templos dos deuses e os sacrifícios em comum, e a semelhança de nossa maneira de viver"[15]. É o *nómos*, e não a língua, que determina a identidade de um povo, conceito produzido pela inteligência humana. Como há uma visível diversidade de costumes, Heródoto pôde estabelecer uma amplitude para a diversidade das formas de pensar da humanidade. Pelo princípio da identidade dos opostos (unidade e diversidade) os bárbaros mereciam que sua memória fosse preservada, pois só assim os gregos poderiam manter sua nova identidade.

Dionísio de Halicarnasso

Cerca de 400 anos após a obra de Heródoto, Dionísio de Halicarnasso (segunda metade do século I a.C.) estava ambientado em diferente contexto intelectual. A História e a historiografia não figuravam mais como nova alternativa de conhecimento do passado ante a poesia épica. Havia muito que filósofos, retores, polígrafos e historiadores tentavam estabelecer as fronteiras da historiografia. Da célebre definição de Aristóteles de "que a poesia é algo mais filosófico e mais sério do que a História, pois se refere aquela especialmente ao universal, e esta ao particular"[16], a Políbio (causalidade como motor da História) e Cícero (*historia magistra vitae*), a historiografia havia se firmado. Possibilidades conceituais diversas surgiam, no entanto, da assimilação de novas modalidades literárias, que haviam ganhado importância maior.

Dionísio de Halicarnasso encontrava-se num ambiente intelectual que havia transformado a História em espécie do gênero retórico. A. J. Woodman observa que Cícero[17] (cerca de 50 anos antes de Dionísio) classificava a historiografia no interior da retórica[18]. Nesta perspectiva, o historiador valioso somente poderia ser o melhor dos oradores. Eram preocupações bastante distintas daquelas de Heródoto e Aristóteles, mais interessados nas relações entre a História e a poesia. Certamente a retórica já havia sido amplamente empregada pelos historiadores, como o exemplo clássico dos discursos em Tucídides, mas a novidade era fazer da historiografia parte integrante da retórica[19].

Grego de Halicarnasso, na Ásia Menor, Dionísio era professor de retórica e praticava seu ofício na "mais verdadeira e humana das cidades"[20], Roma. Sua obra consiste notadamente em tratados retóricos, como *Sobre a imitação* ou *Como organizar as palavras*. Algumas destas peças continham estudos não apenas sobre os grandes oradores do passado, Lísias, Isócrates e Demóstenes, mas também sobre o estilo retórico de Tucídides, considerado por Dionísio o "melhor dos historiadores"[21]. W. K. Pritchett acredita que foi ao tratar desses oradores e historiadores que Dionísio desenvolveu seu interesse pela relação entre a retórica e a historiografia[22]. Estava aberto o caminho que o conduzia à associação dos interesses retóricos aos historiográficos.

Elaborou, então, sua obra-prima: *Antigüidades romanas*[23]. Trata da história primitiva de Roma, baseando-se em genealogias e etimologias, bem como em testemunhos da tradição sobre as mais antigas práticas culturais, como festas, rituais e sacrifícios. Pretendia oferecer ao mundo grego-helenístico as informações necessárias para o conhecimento da poderosa Roma, pois "nos dias atuais, quase todos os gregos são ignorantes da história arcaica de Roma"[24].

A questão da "bondade natural" ocupa lugar central nas preocupações historiográficas de Dionísio, cujo trabalho estava direcionado ao que definia como "objeto bom, nobre e útil a todos (...) que não são ignorantes da história universal"[25]. A história primitiva de Roma vinha mostrar que sua grandeza fundava-se na *philantropía* com que tratava os demais povos, como aqueles que precisavam de asilo político[26]. O exemplo de bondade moral romana seria mais significativo para Dionísio que a mera história da fundação e dos princípios da cidade.

Para Dionísio, historiadores que consagram suas obras aos "fatos obscuros, moralmente condenáveis ou indignos de interesse são aqueles que não têm aspiração à notoriedade (...) e que deixam a impressão, para seus leitores, de que suas vidas foram semelhantes aos escritos que publicaram". Matthew Fox indica a estreita relação desse pensamento, repleto de princípios retóricos, comparando a regra mimética do tratado *Sobre a imitação* e a distinção entre o bom e o mau historiador[27]. Nos dois fragmentos[28] da obra, Dionísio afirma que "*mímesis* é a ação de tomar a impressão de um modelo de acordo com princípios" e "admiração é a ação da alma dirigida àquilo que parece bom"[29]. Para Fox, a passagem evidencia a interação entre "a admiração por eventos históricos particulares e o emprego de modelos literários para composição", pela qual "deve ser evitado o modelo literário de composição sem qualidade, tanto quanto deve ser evitado o objeto histórico sem qualidade"[30]. O historiador estará, sempre, associado tanto ao objeto quanto ao estilo de sua obra, de modo a conjugar utilidade e prazer.

A nova capital do mundo vivia o equilíbrio do principado de Augusto, após anos de guerras civis. O *Princeps Senatus* empenhava-se na restauração dos valores tradicionais romanos, mesmo impondo novo regime sob a fachada do antigo modelo republicano. Desse sutil jogo político provinha o grande interesse de Augusto pela história romana, mais precisamente pela exaltação dos valores e dos feitos latinos desde a própria fundação da cidade. O grupo de intelectuais que o rodeava trabalhou intensamente nesse sentido. Virgílio, Horácio, Tito Lívio produziram obra poética e historiográfica sobre o passado de Roma, as origens de sua cultura e de seu poder. Dessa aplicação da retórica à História parece emergir a noção de humanidade subjacente às *Antigüidades romanas*. Grego, vivendo entre os conquistadores romanos, uma preocupação importante era a relação entre o mundo helênico e o novo centro do poder, Roma. Dionísio sustentava a tese que indicava a origem helênica dos romanos, recusando a origem autóctone, como os etruscos, ou a de serem troianos, como pretendido por Virgílio e Tito Lívio.

A ascensão de Roma marcou profundamente a historiografia grega desde o século II a.C.. Políbio claramente defendera os romanos, e sua expansão, ante o mundo helenístico. Em contrapartida, vários historiadores da época haviam empenhado-se em atacar o caráter romano, negando qualquer justificativa à expansão de seu poder. Timagenes de Alexandria chegara a sustentar a tese de que os romanos não passavam de vagabundos errantes, que a Fortuna, e não qualquer espécie de vida ou estado virtuosos, havia os conduzido à supremacia. Virtude não era algo que um bárbaro pudesse alcançar[31]. Dionísio pensava diferentemente. As virtudes romanas seriam originárias das tradições gregas, visto que pretendia "provar que os romanos eram gregos e provinham de nações nem menores nem menos consideráveis"[32].

Poderiam os helenos e romanos, não menos gregos, reviver as glórias passadas? Sustenta Emilio Gabba que Dionísio via em Roma a revitalização político-cultural do classicismo que Atenas representava[33]. Para tanto, a denominada retórica aticista poderia ser um meio veículo da aproximação dos romanos ao passado grego. O aticismo era um estilo retórico configurado pela brevidade, elegância, clareza e que, acima de tudo, representava a pureza do grego ático dos oradores e autores clássicos, como Lísias, Demóstenes e Tucídides. Simbolizava, especialmente, a própria essência da Atenas clássica: a busca do equilíbrio e da sobriedade das formas, das palavras, do modo de vida. A oposição ao estilo aticista era representada pelo estilo retórico asianista. O asianismo era marcado pela abundância, pelo floreio e pela influência oriental sobre a língua grega incasta, falada nas cidades helenizadas da Ásia.

A oposição entre asianismo e aticismo não era, de modo algum, absoluta. O influente Cícero recebeu críticas de estar sob a influência do estilo asianista em sua obra *De oratore*. Prontamente rejeitou tal crítica sob o argumento de que buscava um estilo superior (*genus vehemens*), que poderia conter elementos do asianismo, mas no interior de um estilo aticista (*gravis et ornatus*), num esforço de síntese que Marc Fumaroli conceitua como a elaboração de "um aticismo sem excesso, de um asianismo sem excesso"[34]. No entanto, a própria preocupação de Cícero, com a "acusação" de asianismo, representa notavelmente a noção corrente da oposição entre os estilos, mesmo que retocada pelo refinamento intelectual do grande orador latino. Dionísio era importante figura da esfera aticista, a tal ponto que H. M. Hubbel considera que Cícero e Dionísio representavam o "aticismo na sua forma mais acabada"[35].

Nessa perspectiva, a preferência dos oradores latinos pelo estilo retórico aticista, estabelecida uma geração antes de Dionísio, associava Roma com a revitalização classicista corrente no mundo helênico, que tomava como ideal a Atenas modelar de Péricles, rejeitando a "degeneração" das influências orientalizantes, consubstancializadas, após as conquistas de Alexandre, no estilo retórico asianista. Por outra via, retórica e História estavam definitivamente associadas.

A questão da identidade helênica

Após a emergência do Estado nacional, a questão da identidade passou por graves transformações. A constituição das sociedades nacionais do século XIX pode ser ressaltada pelo papel da questão lingüística, direcionada para a posição que as línguas nacionais ocuparam no surgimento das nações contemporâneas. Certamente, o conceito de identidade que decorre da idéia de nação não é adequado para o estudo do mundo clássico. Outras alternativas podem ser propostas, considerando que os gregos reconheciam alguma espécie de identidade comum representada pelo termo Hélade. Há possibilidades, como o conceito de *kulturnation*, adotada por M. Finley[36], que podem servir de meio para a compreensão da construção da idéia de Hélade, mas o estudo da questão da identidade helênica deve considerar, sobretudo, as diferenças que nos separam e aproximam do mundo grego.

As estreitas relações constituídas entre a historiografia e distintas formas literárias estabelecia um vigoroso caminho para a continuada reelaboração da tradição helênica de pensar e narrar o passado. Desde Homero o tratamento do passado havia sido uma via essencial para a construção daquilo que os gregos definiam como Hélade. Um conceito que contém tamanha complexidade que impede uma simples definição contemporânea. Pensar e narrar o passado foi, desde sempre, uma forma grega de constituição da própria identidade. A longevidade da história grega helênica[37] não permite as generalizações do tipo "os gregos eram assim, viviam desta forma, acreditavam nisto". O problema da construção da identidade grega deve ser considerado segundo o emprego que cada período da história helênica fez da relação entre o pensar e o narrar o passado grego[38]. No interior destas preocupações e delimitações é que se encontra a avaliação do tema da identidade grega nos dois monumentos historiográficos – *História*, de Heródoto, e as *Antigüidades romanas*, de Dionísio de Halicarnasso – que tiveram origem em conjunturas intelectuais distintas e configuram marcos na conformação das tradições da historiografia antiga.

A História era um gênero responsável pela composição da imagem do passado, portanto fonte da fixação da identidade helênica. Mas a História não era um gênero isolado. Foram as intersecções entre a História e outros tipos de discurso que deram forma à construção da identidade grega. Ou seja, a questão central é a assimilação considerável, por parte da historiografia antiga, dos objetos, princípios e procedimentos dos "gêneros literários" mais proeminentes de cada época tratada.

No caso de Heródoto, como se procurou mostrar, foi a poesia que desempenhou o papel de matriz, referência. Para a obra de Dionísio de Halicarnasso, a retórica ocupou lugar semelhante. Desdobram-se indagações específicas nos dois casos em questão. No período clássico, com Heródoto, é possível observar como foi elaborado um conceito de identidade helênica diferente daquele existente no período arcaico, mais precisamente, anterior às guerras médicas.

Como Heródoto, no interior do contexto intelectual que integrava, elaborou sua nova concepção da humanidade? Como os gregos foram inseridos nessa humanidade?

Com base na relação particular entre a poesia e a História, Heródoto estabeleceu novas possibilidades narrativas para o conhecimento e transmissão do passado. Como os elementos de sua narrativa configuravam a elaboração da identidade grega? Um elemento essencial é a integração entre reconhecimento, compreensão e aproveitamento das informações que a diversidade de costumes e as tradições humanas podem fornecer. O conhecimento do *nómos* é um requisito *sine qua non* para que se tenha acesso ao passado humano, pois estabelece a identidade de um povo, de que depende o conhecimento de seu passado. Donald Lateiner acredita que "a etnografia de Heródoto compreensivelmente ocupa lugar de destaque em seus julgamentos históricos"[39]. Não posso deixar de concordar com ele, exceto no tocante à adoção do termo contemporâneo etnografia como sinônimo do *nómos* herodotiano. A psicologia histórica de J. P. Vernant estabeleceu as preocupações e os limites para pensar sobre os gregos em termos que não são seus, evitando colocar questões que não fossem admissíveis no universo mental grego. A etnografia encerra, para nós, um amplo campo de pesquisa, com definições e delimitações próprias. A noção de *nómos* que Heródoto adotou em sua narrativa integrava o universo mental helênico. É preciso observar que aquilo que Lateiner denomina etnografia é, para Heródoto, a investigação do *nómos*. Considero sensata, portanto, a concepção de que o conhecimento dos costumes e das tradições dos diversos povos ocupa posição de destaque em Heródoto, mas tal posição era ocupada pelo *nómos* e não pelo que designamos etnografia.

A identificação entre o conhecimento do *nómos* e o conhecimento do passado de um povo é explorada como recurso para a crítica aos métodos dos antecessores. Ao falar sobre o episódio do sacrifício de Héracles no Egito, Heródoto indica que a dúvida sobre o que se passou é resultado da ignorância que alguns gregos, especialmente Hecateu de Mileto, demonstraram "acerca do caráter e dos costumes (*tôn nómon*) dos egípcios"[40]. Ninguém que conhecesse os *nómoi* egípcios acreditaria no *mýthos* que os jônios contam sobre Héracles, pois Heródoto diz saber que se os egípcios vedam o sacrifício até do gado, como seria admissível tal história sobre sacrifício humano? Assim, o *nómos* pode ter dupla função. É um caminho seguro para o conhecimento do passado ignorado, do passado que ainda não foi investigado, como aquele da guerra entre gregos e bárbaros. Mas é também uma forma de averiguar o passado amplamente conhecido, como o caso de Héracles, no Egito, corrigindo e criticando as possíveis versões existentes e conhecidas por todos.

Outro caso interessante é o da invenção dos jogos pelos lídios[41]. Heródoto, partindo da informação de que os costumes dos lídios e dos gregos são assemelhados, conta que alguns dos costumes que compartilham são os jogos de dados, jogos de bolas e todas outras formas de passatempo. Segundo os lídios, todos foram por eles inventados. Com base na narrativa sobre um costume comum, Heródoto conta como os lídios passaram por uma grave escassez de alimentos, durante a qual Tirreno inventou os jogos e passatempos, que os conduziu a uma onda de colonização e permitiu que fossem conquistados pelos persas. Heródoto utiliza uma seqüência associativa de idéias pela qual o argumento "costume comum" possibilita a associação com um tema de conhecimento geral (os jogos), que conduz ao contexto de sua invenção, contexto este que permite contar a razão (a escassez de alimentos) da conquista persa da Lídia. Uma típica operação herodotiana de tradução dos costumes e das tradições de um povo bárbaro, do qual narra o passado usando como mediação um tema conhecido por todos os gregos e permite que a audiência acompanhe e tome sua própria posição diante do episódio, mesmo ao tratar de um povo exótico para os gregos como eram os lídios.

O *nómos* também permite que o passado humano seja alcançado mediante a interação com o espaço definido e ordenado da *oikouméne*. A relação entre o aspecto espacial e o *nómos* esclarece como os homens, e seu passado, estão integrados na ordem natural do mundo. Ao ordenar a *oikouméne*, Heródoto coloca o homem como parte do mundo, sendo necessário, para compreender o universo humano, questionar como o mundo o afeta. No denominado "proêmio interno", encontra-se um significativo exemplo da relação entre o homem e o espaço que ocupa no mundo ordenado: "Da mesma forma que o Egito tem um clima peculiar e seu rio é diferente por sua natureza de todos os outros rios, todos os seus costumes e instituições são geralmente diferentes dos costumes e instituições dos outros homens"[42]. A constituição do *nómos* é claramente afetada pela integração entre os homens e o espaço. Assim, H. R. Immerwahr observa que Heródoto: associa as melhores estações fornecidas pelo clima da Jônia ao caráter dos jônios, diferentes dos outros gregos (especialmente mais fracos); identifica que é o Nilo que faz os egípcios terem costumes inversos aos dos outros povos; e define que os citas são protegidos pelas planícies em razão do estilo de vida que é exigido pela topografia[43].

Séculos depois, após a expansão helenística, Dionísio de Halicarnasso deparava-se, novamente, com a identidade grega. Quem eram esses novos senhores do mundo? Questão muito debatida no mundo grego dos dois últimos séculos antes de nossa era. Eram romanos bárbaros? Configurariam um povo limítrofe, se não gregos, muito menos bárbaros? Troianos, talvez, inimigos dos helenos? Dionísio apresentava sua tese: os romanos eram de origem grega. Então, qual o lugar dos gregos no novo mundo dominado por esses helenos arcaicos? Estava Dionísio apenas legitimando o poder imperial romano? Ou elaborava nova identidade cultural para os gregos?

No caso de Dionísio, seus procedimentos literários, mediante os quais reconstituiu as lendas, os costumes e as crenças das origens da história romana, foram empregados na formação da identidade grega. Os gregos eram agora os antepassados mais distantes, e portanto originais, dos romanos, devendo obter seu lugar de isonomia com a condição de romanos mais antigos que os próprios latinos, não pertencentes a nenhum dos outros grupos humanos bárbaros que Roma conquistara. É essa posição de antigüidade que coloca os gregos em relação privilegiada com os romanos, pois o passado comum sempre fora a melhor forma para o reconhecimento da identidade helênica.

Articulando a construção literária desse discurso historiográfico e os pressupostos interpretativos que deram à obra seu caráter, Dionísio conduz a associação entre a retórica e a História, para produzir a legitimação dos romanos como verdadeiros portadores das tradições gregas, redefinindo o próprio sentido de ser helênico. Não é por acaso que a retórica é o melhor caminho para aproximar a cultura helênica, pelo viés do classicismo aticista, de seu novo e antigo ramo: o romano. Elevando Roma à condição de nova Atenas, Dionísio estabelece uma relação entre passado ático com o presente romano como se Roma fosse uma força capaz, talvez a única, de reavivar o sonho grego da hegemonia sobre a *oikoúmene*, perdido com a fragmentação helenística.

Da mesma forma, na denominada segunda sofística, um dos temas retomados foi a discussão da associação entre retórica e História. Mas, a partir do final do século II d.C., a proposta de muitos intelectuais gregos é rejeitar o poder de Roma, não pelos meios políticos, mas pela renovação cultural das tradições helênicas. Luciano de Samósata é um ilustre exemplo de como a identidade grega mais uma vez foi composta de forma diversa das anteriores. Luciano acredita ser impossível elaborar uma história justa de seu tempo por uma simples razão: o poder invencível de Roma. Os maus historiadores, especialmente os que empregam a retórica epidítica, estavam associados ao "fenômeno que os gerou: o poder universal do Império Romano"[44]. Era a rejeição completa de toda a posição defendida por Dionísio. Os gregos de Luciano devem manter sua identidade distinta de seus senhores romanos, rejeitando, senão toda a retórica na historiografia, ao menos a delimitação da História como uma gênero retórico.

Heródoto e Dionísio de Halicarnasso tiveram de se confrontar com o problema da identidade grega sob circunstâncias complexas, mas de alguma forma semelhante. Se Heródoto buscava definir a helenidade após a vitória grega sobre o mais poderoso império da época, o persa, Dionísio tentava inserir a identidade grega no interior do novo império que se formara, o romano. Certamente os romanos sempre foram muito inclinados ao conhecimento da cultura grega, o que não era o caso persa, mas a participação de intelectuais gregos como Dionísio e Políbio foi de fundamental importância para a criação de uma matriz cultural do que chamamos cultura clássica.

Notas

1 Para as fontes utilizei as seguintes edições: Aristóteles. *Poética.* Tradução portuguesa de Eudoro de Sousa, Lisboa: Imprensa Nacional/Casa da Moeda, 1992. Dionísio de Halicarnasso. *Roman antiquities.* Edição em grego e tradução inglesa de Earnest Cary, Londres/Cambridge, Mass: Harvard University Press, 1937, 4 vols; *Les origines de Rome – livres I et II.* Tradução francesa de Valerie Fromentin e Jacques Schnäbele, Paris: Belles Letres, 1990; *On Thucydides.* Tradução inglesa e comentários de W. Kendrick Pritchett, Berkeley, Los Angeles, Londres: California University Press, 1975. Heródoto. *História.* Tradução portuguesa de Mário da Gama Kury, 2ª ed., Brasília: Editora da Universidade de Brasília, 1988; *Histórias – livro 1º.* Tradução portuguesa de José Ribeiro Ferreira e Maria de Fátima Silva, Lisboa: Edições 70, 1994; *Herodotus.* Edição em grego e tradução inglesa de A. D. Godley, Londres/Cambridge, Mass: William Hinemann/Harvard University Press, 1920, 3 vols.

2 Cf. em idem *O espelho de Heródoto: ensaio sobre a representação do outro.* Belo Horizonte: Editora da UFMG, 1999.

3 Ver "A prisão de Petrus Valvomeres", em *Mimesis.* São Paulo: Perspectiva, 1976, p. 43-66.

4 Cf. em idem, *Mythe et histoire dans l'Antiquité grecque. La création symbolique d'une colonie.* Lausanne: Payot-Lausanne, 1996.

5 Cf. em idem *Herodotus in context: ethnography, science and the art of persuasion.* Cambridge: Cambridge University Press, 2000.

6 Myth into *logos*: The case of Croesus, or the historian at work, p. 187. In: Buxton, R. (org). *From myth to reason? Studies in the development of greek thought.* Oxford: Oxford University Press, 1999, p. 183-195.

7 *História*, II, 30 e 104.

8 *História*, II, 167.

9 Cf. Catherine Darbo-Peschanki, Os bárbaros em confronto com o tempo. In: Cassin, B. *et alli. Gregos, bárbaros, estrangeiros: a cidade e seus outros.* Rio de Janeiro: Editora 34, 1993, p. 56-75.

10 *Histórias,* I, 1

11 Em *O espelho de Heródoto: ensaio sobre a representação do outro.*

12 *Ilíada*, II, 867.

13 *Odisséia*, III, 302.

14 *Odisséia*, VIII, 294.

15 *Histórias,* VIII, 144.

16 *Poética*, IX, 50.

17 *De oratore*, 35-36.

18 Em idem *Rhetoric in classical historiography.* Portland: Areopagitica, 1988, p. 75.

19 Ver Nicole Loreaux, *A invenção de Atenas.* Rio de Janeiro: Editora 34, 1994, especialmente no tocante ao *epitáphios.*

20 *Antigüidades romanas*, I-89.

21 *On Thucydides*, II, 327.

22 Ver Introduction. In: *Dionysius of Halicarnassus: On Thucydides*, p. XXII.

23 Valerie Fromentin e Jacques Schnäbele chamam atenção para o título da obra de Dionísio. O título grego *Romaikè archaiologia*, cuja tradução seria *Das origens de Roma*, foi transmitida na forma latina *Antiquitates Romanae*, *Antigüidades romanas*. Cf. Introduction. In: *Denys d'Halicarnasse – Les origines de Rome*, p. 3 ".

24 *Antiguidades romanas*, I, 4.

25 *Antiguidades romanas*, I, 2.

26 *Antiguidades romanas*, I, 9.

27 History and rethoric in Dionysius. In: *Journal of roman studies*, nº 83, 1993, pp. 31-47.

28 Restaram apenas fragmentos do *Sobre a imitação*.

29 *Da imitação*, Fr. 3, U-R, apud Matthew Fox, op. cit., p. 38.

30 History and rethoric in Dionysius of Halicarnassus *op. cit.*, p. 38.

31 *Ibidem*, p. 34 e nota 17.

32 *Antiguidades romanas*, I, 5.

33 Em idem *Dionysius and The history of archaic Rome*. Berkeley/Los Angeles/Londres: California University Press, 1991, pp. 24 e ss.

34 Em idem *L'âge de l'éloquence*. Paris: Albin Michel, 1994, p. 55. A rejeição de Cícero foi apresentada na obra que leva o nome de um importante orador aticista latino, *Brutus*.

35 *The influence of Isocrates on Cicero, Dionysius and Aristides*, p. 42, apud K. Pritchett, Comentary on chapter 2, 7. In: *Dionysius of Halicarnassus: On Thucydides*, p. 48.

36 Ver em idem *Uso e abuso da História*. São Paulo: Martins Fontes, 1989, p.130 e ss.

37 Delimitando o início com a chegada de gregos na Grécia pelos fins do período micênico, que apesar de origem grega estavam ainda associados ao estilo palaciano creto-oriental.

38 Um texto interessante para observar o caminho, no período clássico, traçado pela compreensão da diversidade de conceitos da identidade grega é Yvon Thebert. "Reflexão sobre a utilização do conceito de estrangeiro" em *Diógenes*, n.º 9, Editora da Universidade de Brasília, 1985, p. 17-34.

39 Em idem, *The historical method of Herodotus*. Toronto: University of Toronto Press, 1989, p. 145.

40 *História*, II, 45.

41 *História*, I, 94.

42 *História*, II, 35.

43 Em idem *Form and thought in Herodotus*. Cleveland: American Philological Association, 1966, p. 319.

44 Ver André Leme Lopes, Como se deve escrever a história verdadeira: verdade, história e ficção segundo Luciano de Samósata. Dissertação de mestrado, História – UnB, 2002.

PLATÃO: PREMISSAS DA RELIGIÃO RACIONALISTA

Nelson Levy

O projeto socrático-platônico justifica-se como alternativa a uma situação histórica que os autores julgam estigmatizada pela crise geral dos costumes e pelo irremediável abastardamento das instituições políticas. Platão, sobretudo, acompanha em sua longa existência os momentos cruciais do declínio da *pólis* e, especificamente, da democracia ateniense no século IV. Uma crise em que já não se vê mais a *sophrosyne* (temperança) na cidade, ao passo que a *hybris* (excesso) festeja o seu regresso pela disseminação de um individualismo grosseiro, que só cultiva as glórias fúteis e os ganhos fáceis. Na trilha dessa decadência, a política desvia-se do culto da cidade e dos velhos ideais de amizade e de bem comum, cedendo à pressão dos interesses particulares. Até o *mysthos*, a instituição ateniense que manda pagar uma ajuda de custo apenas aos titulares de magistraturas, estende-se aos simples participantes das sessões da Assembléia do Povo (*Eklêsia*). Também no quadro dessa degradação, as magistraturas financeiras tornam-se as mais requisitadas, sobretudo pela camada de despossuídos que aos poucos ocupa as principais funções administrativas. Em contrapartida, vemos florescer entre a aristocracia mais conservadora uma acentuada preferência pelo velho regime monárquico: o único que ela acredita capaz de devolver a ordem ao Estado. Sócrates e Platão não deixam de compartilhar desse sonho de restauração monárquica, mas, para muito além de uma reforma circunstancial no plano jurídico-político, lançam-se ao encontro de uma solução ético-cultural capaz de resolver, definitivamente, todos os problemas humanos.

A esperança de poder abandonar o mundo relativo e múltiplo da história – fonte das crises e dos conflitos – refundando o existir humano pelo modelo de perfeição retratado nas velhas imagens da Idade de Ouro (Paraíso), eis o sentido mais geral da construção socrático-platônica. Mas esse sentido não se esgota na sua dimensão estritamente terrena. Ele incorpora também o desejo de escapar da pequenez deste mundo concreto para integrar-se intelectiva e moralmente a um movimento de re-ligação da espécie aos princípios fundamentais da ordem, que tem ainda o mérito de prometer um paraíso no Além. Dessa combinação de expectativas mundanas e divinas nascem o imaginário originalíssimo da "dupla salvação" e o seu respectivo culto teológico-político.

Antecedentes ético-culturais

Historicamente, a construção socrático-platônica encontra-se no topo de uma longa trajetória intelectual iniciada desde o VI século com a emergência simultânea da religião órfica e do pensamento filosófico (física). Por meio do orfismo, difunde-se uma nova crença na imortalidade humana, em que esta aparece como ponto final de uma teleologia da salvação. Na visão pré-homérica, a vida após a morte concebia-se tal qual uma idéia abstrata – uma vaga certeza da eterna repetição do ser – que pode confortar ou preocupar o indivíduo, mas que jamais repercute positivamente na sua conduta. Para os órficos, ao contrário, a expectativa de uma vida inesgotável transforma-se em objetivo virtual que se julga alcançável pela ação do indivíduo ao longo de sua vida, e que lhe concede o direito a uma eternidade diferenciada e feliz. Desse modo, o imaginário órfico descerra, pela primeira vez na velha Grécia, as portas do paraíso celestial aos simples mortais e o estabelece como lugar privilegiado da felicidade humana.

Conta a antropogênese veiculada pelos "poemas sagrados" de Orfeu que os humanos foram constituídos como espécie dual, composta por uma natureza divina – intrinsecamente boa e justa – e por uma natureza bestial (titânica). Pela mesma razão, apresenta-se a todo indivíduo uma dupla possibilidade de afirmação ontológica: realizar-se espontânea e mediocremente pela face titânica ou assimilar os padrões da sua ascendência divina para atingir-se como Santo (puro e justo). Para cada uma dessas escolhas, o orfismo reserva ainda destinos diferenciados, como nos mostra Píndaro por meio de uma ode dedicada a Téron, tirano de Agrigento (472):

> Os que agem de boa fé compartilham uma existência sem lágrimas com os que são honrados pelos deuses, sem mais outros suportam uma carga que ninguém pode desejar. Aqueles que tiveram valor para conservar uma alma longe de toda injustiça (...) percorrem o caminho de Zeus, até a Torre de Cronos, onde as brisas do oceano abraçam, com seus sopros, as Ilhas dos Bem-Aventurados[1].

A conquista da bem-aventurança, no contexto do orfismo, encontra-se estabelecida como direito individual garantido por justiça divina, embora só efetivamente adquirido ao cabo de toda uma vida dedicada ao cumprimento das normas sagradas. De modo que "a salvação consiste em submeter-se ao julgamento dos deuses, esperando com isso ganhar a imortalidade e a felicidade"[2]. Essa exigência de submissão aos padrões divinos como condição da felicidade suprema leva os órficos a estabelecer as bases de uma moral ascética, em completa oposição à cultura clássica. Aquele que pretende exorcizar o sofrimento da vida mundana e ascender, para sempre, à condição potencial da divindade deve seguir cegamente o ideal de justiça, levando em conta que o justo só se alcança pelo abandono de si num exercício ritualístico de purificação (ascese), pelo qual se inicia a longa trajetória da desincorporação da "natureza titânica".

Decididamente, na Grécia antiga, o orfismo antecipa as utopias racionalistas da Perfeição, seja pelo seu projeto salvacionista e pelo seu culto da *areté* moral, seja por suas figuras doutrinárias, como a "teoria da metempsicose" (transmigração das almas) e o dualismo ontológico do humano, absorvidas pioneiramente por Pitágoras, e fortemente presentes na construção tardia do racionalismo socrático-platônico. Mas a mística órfica da salvação, ela própria, permanece para sempre confinada às experiências individuais de união com o divino, sem jamais se projetar para a dimensão política ("sociedade perfeita"). Mesmo assim é possível convir que o orfismo põe a tradição em crise, oferecendo ao indivíduo a possibilidade de se emancipar dos limites da família e de experimentar-se como sujeito responsável pelo seu destino – "quem se inicia e se purifica age assim unicamente para si mesmo e não para os seus antepassados e para os seus descendentes"[3].

Mais intensa ainda é a ruptura com os fundamentos tradicionais promovida pelo emergente pensamento filosófico. Essa cisão de imenso porte cultural devemos, de fato, ao elenco de físicos jônios do século VI, encabeçado por figuras como Tales de Mileto, Pitágoras, Anaximandro e Anaxímenes. Por meio das suas contribuições é que, em grave oposição ao fatalismo tradicional, passamos a conceber a natureza como sistema governado por leis imanentes, portanto, como campo imediatamente separado do divino; mediatamente permeável ao conhecimento racional; e moralmente liberado à manipulação humana. Essa formidável constatação intelectiva sobre a autonomia relativa da *physis* em relação às supostas interferências da vontade divina produz, por si só, uma dupla reviravolta cultural. Por meio dela, conquista-se um espaço institucional para a emergência das ciências naturais, e, simultaneamente, torna-se possível desvendar – ao arrepio da velha confusão tradicional de cultura e natureza – a existência de uma antinomia radical entre os sistemas simplesmente coisificados (*physis*) e aqueles outros constituídos pelos humanos por pura convenção (*nomos*). Eis por que, quando Arquelaus, discípulo de Anaxágoras, pondera que "o nobre e o vil são frutos da convenção e não da natureza", ele fala por todos os autênticos filósofos. Sem dúvida, essa consciência fulgurante da heterogeneidade do mundo natural, submetido à necessidade, e do mundo cultural, posto por convenção (liberdade), transmitirá aos filósofos de todos os tempos a certeza inabalável da possibilidade de transcendência no campo dos valores.

Porém, o simples reconhecimento da autonomia relativa dos fenômenos físicos e culturais diante da vontade divina não é ainda suficiente para desqualificar a crença no ordenamento original do mundo por uma entidade suprema. Sobre o patamar das realidades sensíveis, a imaginação humana pode sempre vislumbrar uma instância transcendente como princípio de causalidade universal. A rigor, sofistas à parte, é essa a tendência predominante desde os primeiros filósofos, que já se mostram comprometidos com o enquadramento da física positiva em grandiloqüente especulação cosmológica em busca da razão. A investigação de uma substância básica – que Aristóteles definiu, mais tarde, como *arché* – torna-se, assim, uma das aspirações fundadoras do racionalismo nascente.

Portanto, mesmo sem abandonar a particularidade extremamente significativa dos primeiros filósofos em relação à concepção mítico-tradicional do mundo, é também fundamental incorporar a linha de pesquisa que Cornford inaugura sobre a origem do pensamento filosófico grego[4], em que se ressalta o espelhamento das novas cosmologias racionalistas nos mitos de fundação das cosmogêneses tradicionais. De fato, todo "conhecimento" cosmológico reinscreve-se no campo metafísico do absoluto tradicional desde o momento em que se pretende uma ciência da origem (*arché*). Esta identidade genética no campo das motivações é que obriga as fundações racionalistas de todos os tempos a construírem-se dualisticamente, com um pé na tradição (natureza, Deus) e outro na convenção (filosofia, liberdade).

Por outro lado, a maioria dos físicos jamais dissocia interesses intelectuais, religiosos e políticos. A crer em Aristóteles, Tales já propõe aos seus contemporâneos a formação de uma federação, cuja capital chamar-se-ia *Théos*. A Parmênides atribui-se a elaboração de leis para Elea. Empédocles pretende-se defensor da liberdade e toma partido contra as confabulações dos Mil em Agrigento. Não é exagero, portanto, admitir-se que a motivação primordial "dos primeiros construtores de sistemas do mundo, mais do que curiosidade gratuita, é a intenção de deduzir do conhecimento do cosmo os julgamentos sobre a conduta dos indivíduos e as normas do governo"[5]. Daí pode-se concluir que na contribuição dos jônios já se esboça cristalinamente a matriz das fundações racionalistas de todos os tempos, que transformam em fetiche uma ciência qualquer (seja a Cosmologia, a Antropologia, a Psicologia ou a História), atribuindo-lhe o poder de gerar um conhecimento absoluto, para depois deduzir desse pretenso saber os fundamentos universais da humanidade.

No entanto, em nenhum outro físico antigo encontramos contribuições tão marcantes para os futuros desdobramentos do racionalismo socrático-platônico quanto aquelas veiculadas pelo pensamento de Pitágoras. A originalidade do legado pitagórico compõe-se mediante um sincretismo em que a cosmologia racionalista se entrelaça aos aportes órficos da "teoria da metempsicose" e da moral ascética para configurar uma versão intelectual do imaginário isoteísta-salvacionista[6]. Assim, ao passo que a maioria dos cosmólogos constitui – à maneira do futuro Iluminismo – uma versão simplesmente teísta do universo, Pitágoras compromete o campo da razão com uma teleologia da divinização humana. Ele próprio se apresenta como divindade encarnada, e, nas suas confrarias, as cerimônias de iniciação prometem aos novos eleitos a mesma condição do mestre: "De mortal te tornaste um Deus"[7]. Com certeza, deve-se também a ele a criação do nome e da figura do *philosophos* como um tipo em que se funde a santidade dos órficos à sapiência dos cosmólogos. A "filosofia posterior fará eco às fórmulas da mística, chegam até Platão e Aristóteles, e mais tarde ainda. Aplicadas ao filósofo, expressões como aquela de *theios anér* (homem divino) conservam ainda no platonismo algo do sentido que tinham na origem"[8]. Assim, Pitágoras reconstrói os antigos parâmetros hierárquicos das construções indo-européias – sacerdotes, guerreiros e trabalhadores – colocando o *philosophos*, este sacerdote da razão, no topo da linhagem humana. Vem daí, portanto, a sua hierarquia das "almas" – saber, glória e lucro – plenamente incorporada pela escola socrático-platônica.

Predomina ainda no movimento pitagórico, contudo, o mesmo espírito de seita e o mesmo individualismo do órficos, que revelam uma vocação recôndita à "fuga contemplativa do mundo" (Weber), como sugere a sua existência dedicada aos exercícios de purificação do corpo (ascese) e aos estudos esotéricos. De modo que, se Pitágoras põe o *philosophos* no topo da doutrina isoteísta-salvacionista, falta ainda atribuir-lhe missão social, colocando-o no centro da cidade como supremo arquiteto da "sociedade perfeita". Essa é a lacuna que a construção socrático-platônica pretende preencher de modo tão exaustivo quanto conclusivo, e que Platão enuncia de modo inequívoco:

> A menos que os filósofos reinem nas cidades ou que os reis e os príncipes deste mundo pratiquem a filosofia; que filosofia e poder político venham a ser uma coisa só, e que sejam afastadas pela força as naturezas mais comuns que exercem qualquer deles com exclusão do outro, não haverá, amigo Glauco, trégua para os males da cidade, nem tampouco, creio eu, para os do gênero humano (*Rep.*, 473, c.d.).

Premissas da nova religião racionalista

A edificação do imaginário socrático-platônico começa pelo abandono da suposição pitagórica do número (matemática) como forma suprema de expressão da *arché*; e pela adesão definitiva ao pressuposto de uma razão moral atuando soberanamente no mundo, que Anaximandro prenuncia, definindo o universo como cosmo, quer dizer, como uma comunidade de coisas sujeitas à ordem e à justiça. Já no *Górgias*, vemos Sócrates promulgá-la como verdade inquestionável: "Segundo os sábios, Cálicles, o céu, a terra, os deuses e os homens estão unidos pela comunhão, amizade, ordem, cordura e justiça; por isso, meu amigo, chamam o universo cosmo, isto é, a boa ordem e não a desordem e o excesso" (*Gorg.*, 508, a). A visão do cosmo de Anaximandro, acrescentada seguramente do *nous* (inteligência) de Anaxágoras, sugerem a essa nova religião racionalista a imagem do Divino como arquiteto supremo projetando a ordem segundo o princípio absoluto da justiça. E dessas imagens surge nova representação de Deus – de nítidas implicações monoteístas e antropocêntricas – demarcada da física sensualista, que identifica paradoxalmente a *arché* a uma força cega da natureza. Não obstante, uma figura que se constrói ainda nos marcos da dissidência dos cosmólogos em geral com a teologia antropomórfica – portanto, nem força cega (um deus inteiramente desumanizado), nem entidades formalmente assemelhadas aos humanos, porém qualitativamente distintas deles. Ao contrário, a dialética da afirmação isoteísta-salvacionista, sob a óptica socrática, impõe, antes de tudo, uma consubstancialidade de criatura e Criador. Ou seja, toda tentativa de alcançar a absoluta perfeição do Divino é, aqui, coerentemente condicionada à representação deste último como síntese superlativa de duas faculdades humanas fundamentais: a razão e a moral. E Sócrates resolve para sempre essa exigência passando a designar o Divino por um princípio universal – o bem – que ele relaciona à atuação de uma causa inteligente (*nous*) ajustada para ser "tão boa quanto possível" (*Timeu*, 30, a.b).

A visão de Deus como uma razão que arquiteta e ordena exclusivamente em vista do bem de cada criatura revela-se também em imediata oposição às antigas fabulações: "Aquelas que nos contavam Homero e Hesíodo, e com eles os demais poetas. São esses os forjadores dos falsos mitos que se têm contado e se contam por aí" (*Rep*., 377.d). Falsos sobretudo por representarem as divindades como capazes de ordenar tanto o bem quanto o mal. Eis por que, nessa nova religião, "a lei fundamental relativa aos deuses (...) que deve servir de padrão obrigatório às palavras de quem fala, aos poemas de quem é poeta (...) [encontra-se nessa máxima suprema] não é de todas as coisas que a Divindade é a causa, mas daquelas que são boas" (*Rep*., 380.c). Estendendo-se um pouco mais nessas correlações valorativas, Platão esclarece ainda que, se admitirmos o bom como necessariamente útil, podemos deduzir, finalmente, que Deus é a suprema "causa da felicidade" (*Rep*., 379.b).

Na progressiva configuração do imaginário socrático-platônico vai então se formando uma constelação de valores que sugerem a perfeição racional-moral como fundamento absoluto da felicidade (bem). E se Deus é, como se disse, a expressão máxima dessa perfeição, deve-se também supor todas as suas criaturas como seres acabados e perfeitos – mesmo que essa premissa contraste frontalmente com o atual estado de imperfeição da espécie humana. Mas, longe de ignorar tal problema, essa doutrina se estrutura precisamente para tentar resolvê-lo no plano teórico e prático, e vai assim girar em torno de duas questões centrais: por que podemos considerar plausível a possibilidade de transitar de um estado de imperfeição relativa para outro de absoluta completude, e quais as premissas práticas desta transformação?

O orfismo já tinha se deparado com as questões acima referidas, e tenta esclarecê-las seja pela imagem da origem dual dos humanos veiculada por sua antropogênese, seja pelo recurso ao ascetismo moral no plano prático. No entanto, para o devoto órfico, o que conta é a sua relação direta e exclusiva com o Divino, tendo em vista a conquista da felicidade pessoal; e isso o mantém alijado de qualquer projeto de salvação genérica. Justamente aí reside o ponto de partida de toda a diferenciação axiológica e doutrinária inaugurada por Sócrates, que não consegue mais ficar alheio à imperfeição individual e social dos humanos nesse mundo, e considera exeqüível emancipá-los dessa condição. Assim, se os socráticos, por força da justificação da meta salvacionista, têm de incorporar o dualismo ontológico dos órficos – vislumbrando-o, também, pela premissa racionalista da oposição e da superioridade da "alma sapiente" em relação ao corpo (animal) –, vão também, por exigência do seu programa político, encará-lo sob perspectiva muito mais universal e otimista, que aposta na viabilidade de se atingir a absoluta perfeição da espécie, mesmo nos limites dessa dualidade mundana, mediante uma educação (*paideia*) racional-moral que promova a mais ampla espiritualização e socialização do ser. De fato, o compromisso político da religião socrática revela-se tão rígido a ponto de não conceder promessa alguma de salvação àquele que não consegue harmonizar o seu desejo legítimo de felicidade com o bem da sociedade humana. A plena integração de cada indivíduo com a ordem sociopolítica vai então se estabelecer como o primeiro passo da união com Deus, de modo que não só os rebeldes, os iníquos, ou os devassos, mas também os indiferentes à comunhão com os seus em totalidade harmônica encontram-se em flagrante oposição aos princípios universais da ordem eterna e, desse modo, jamais se tornarão dignos da felicidade final.

Se Deus é, de fato, uma razão infalível e justa, é de supor também que todas as suas criaturas nasçam perfeitas. Então a causa da atual imperfeição humano-social deve ser encontrada numa provável degradação do "tempo primordial", quando a espécie experimentaria ainda um estado de absoluta perfeição, semelhante àquele representado pelas imagens paradisíacas da Idade de Ouro. Assim, não faria nenhum sentido atribuir a perda desse modelo existencial à vontade do seu Criador ou à vontade de criaturas tão perfeitas quanto seriam aquelas da gênese. De modo que só nos restaria operar com a hipótese da ocorrência ocasional de uma catástrofe natural – um acidente diluviano, como sugere Platão –, que tivesse conseguido desestruturar a ordem inicial, e levado as novas gerações a perder a memória daquele tempo, obrigando-as, desse modo, a improvisar, por sua conta, novas (e sempre imperfeitas) formas de existência. Donde, se a imperfeição e o mal se instalaram entre os humanos, não foi por desejo de alguém, mas pelo advento de uma onda histórica de ignorância universal (esquecimento, *Lethé*) sobre aquilo que é essencialmente benéfico para a espécie. Vem daí o apelo dramático de Sócrates em prol da construção de uma Ciência do Bem (Absoluto). O próprio deslumbramento (*thaumas*), que leva Sócrates a se comprometer com o pensamento filosófico[9], parece ter eclodido juntamente com o despertar de uma consciência que atribui ao conhecimento racional papel fundamental na salvação humana, e ao mesmo tempo se depara com a sua atual ignorância ("só sei que nada sei"). Com efeito, tudo começa e termina na contribuição do velho Sócrates, nessa constatação de aparência prosaica, mas que invoca, com fina sutileza, a participação fundamental da razão no equacionamento das questões ético-culturais.

Os fundamentos míticos da ciência do bem

A cosmologia impõe-se à legitimação da divina razão moral pelo mesmo motivo que a cosmogênese se impunha à fundação das religiões tradicionais: o pressentimento de que o princípio de inteligibilidade de todas as coisas e valores encontra-se na origem do mundo. Platão introduz a sua exposição do *Timeu* (ou *Da natureza*) estabelecendo a cosmologia como ciência propedêutica, cujos fundamentos devem nortear os demais saberes. Na narrativa do sábio Timeu – na obra homônima – logo se observa a retomada da velha crença na existência de uma ordem nascida da correção divina do estado caótico preexistente na matéria em movimento: "Tudo que havia de visível (matéria), Ele tomou em mãos; e o que existia previamente não se encontrava em repouso, mas se movia desconcertadamente; e nessa desordem introduziu a ordem, tendo estimado que esta vale mais do que aquela" (*Ti.*,30.a). E essa ordem – prossegue ainda Timeu – teria sido certamente projetada pelo modelo das coisas eternas, que se conservam idênticas e uniformes para sempre: "Se é belo este mundo, e o seu 'operário' bom, foi para o modelo do eterno (geométrico) que ele olhou (...) e, por isso, este mundo é, sem dúvida, a mais bela das coisas e o seu autor a mais beneficente das causas" (*Ti.*,28.c/29.a).

As marcas específicas da cosmologia platônica revelam-se pela concepção do Divino como um arquiteto que toma a matéria para a criação dos "corpos visíveis", seguindo sempre, nesta sua obra universal, um princípio de justa proporção – dando a cada criatura o que ela pode ter de melhor por sua própria natureza – para que, assim, "todas as coisas viessem a se assemelhar a Ele" por sua perfeição intrínseca. Tudo o que existe na "comunidade cósmica" presume-se então derivado da atuação de uma razão técnica ("geômetra", "arquiteto", "operário") que, orientando-se por princípios "ético-geométricos" (justa proporção), produz uma totalidade tão bela e harmônica a ponto de tornar-se eterna e única.

A mesma visão de mundo que concebe o universo como síntese de intelecto e matéria (necessidade) fornece, na construção platônica, o paradigma de um dualismo ontológico original em que a vida começa com a encarnação das almas (inteligentes); e esta suposta fusão de elementos heterogêneos só consegue manter-se em estado de permanente equilíbrio quando a "alma, constituída por Deus para comandar e controlar o corpo" (*Ti.*, 34.c), cumpre esta sua finalidade fundamental. No entanto, após a tragédia que vitimara os humanos, eles se esquecem da essência divina da sua natureza, e ficam à mercê da "alma mortal" (situada no coração) e programada para obedecer apenas aos desejos relativos do corpo. Essa *desmemória* – supostamente equivalente a uma ignorância relativa do supremo destino humano – acabaria então se convertendo na fonte imediata de todas as dificuldades da espécie, sejam elas de caráter individual, ético-político, ou estritamente cognitivo. De modo que toda tentativa de superação desses obstáculos deve começar pela disposição dos indivíduos de se emancipar da cultura relativista do corpo e "consentir em seguir a justiça, imitando os deuses". E a prova de que essa demarcação é possível, vamos encontrá-la no fato de que, mesmo quando a espécie obedece prioritariamente aos impulsos animais, permanece sempre viva nela uma vontade moral que segue as ordens transcendentais da sua alma divina. Por mais que se permaneça ainda inconsciente da relação ontológica que une a experiência transcendental da moral à essência divina da alma, é possível observar manifestações da vontade individual orientadas por princípios puramente ideais, como os da temperança, da justiça, e da eqüidade. Aliás, é possível encontrar manifestações desse tipo na própria "história do esquecimento", em que se observa um nítido aprimoramento das formas sociais pela incorporação de preceitos – não importa se ainda relativos – de moralidade cívica.

A vontade moral, sendo tudo o que teria restado da criatura divina depois da queda, é também o único veículo que a espécie ainda dispõe para iniciar um caminho de retorno ao reino da ordem e da perfeição original do ser. Portanto, o esforço de afastar essa vontade das medidas relativas, educando moralmente os indivíduos segundo as normas ascéticas do máximo alheamento das realidades sensíveis e dos prazeres do corpo, deve constituir o ponto de partida fundamental da realização da teleologia da "dupla salvação", tanto em nível prático quanto na esfera teórica. Prático, porque essa educação ensina os indivíduos a conduzir-se pelo princípio da justiça – a regra fundamental da ordem. Também teórico, porque a educação ascética revela a divindade em cada um, e o prepara para a "lembrança" (conhecimento) dos tempos primordiais e para uma integração intelectiva com o cosmo:

O meio de estarmos mais próximos do conhecimento é manter-nos distanciados o mais possível do corpo, associando-nos a ele apenas por força de radical necessidade; sob nenhuma hipótese devemos nos deixar contaminar por sua natureza, mas ao contrário purificarmo-nos até o dia em que a Divindade em pessoa venha nos desligar (*Fédon*, 67, a.b).

Por outro lado, a certeza da "lembrança" dos tempos primordiais, no contexto do objetivismo platônico, é um escopo fundamental porque o próprio termo sugere a recuperação das imagens de um espelhamento real da sociedade humana original no modelo divino da Idade de Ouro. Assim, as Ilhas da Bem-Aventurança e os tempos felizes de Cronos – situados pela poética tradicional nos intangíveis confins do mundo, rigorosamente inacessíveis aos humanos, como em Homero e em Hesíodo – vão ser representados pelo imaginário platônico não só como a morada dos justos no Além (órficos), mas também como a morada primeva da própria espécie de seres mortais. E uma vez reconhecido esse mito como verdade inquestionável, pode-se agora fixar o modelo da Idade de Ouro como o paradigma absoluto de toda sociedade humana autêntica: "devemos fazer tudo como no tempo de Cronos", pontifica Platão (*Leis*, 719.a). Vemos isso claramente no *Crítias*, em que o filósofo ateniense argumenta a favor da existência de Idade de Ouro histórica e descreve a sua estrutura social, para, em seguida, identificá-la com a da *República* – que aparece, assim, como a mais perfeita reprodução dos tempos primordiais, projetada pelo mais divino dos arquitetos humanos. Vale a pena destacar esta passagem:

De fato, o estudo das lendas, as investigações relativas à Antigüidade, eis duas coisas que, com o tempo livre, entraram simultaneamente nas cidades. [Contam esses estudos que] as ocupações militares eram nessa época comuns aos homens e às mulheres (...) [além disso,] vivia nesse tempo e nesse país de que falo uma classe de cidadãos especificamente ocupada com os ofícios e com o trabalho da terra, produtor de subsistência. Quanto à classe combatente, resultado de uma seleção operada desde o começo, pelos homens divinos, ela vivia à parte, de posse de tudo que convinha ao seu entretenimento e para a sua instrução; nenhum dos seus membros possuía propriedade alguma, mas tudo tratavam como se fosse seu sem exceção, não pedindo nada mais aos seus concidadãos para além da sua subsistência, e ocupados com todas as funções que se atribuiu aos guardiães, *postas também na base do nosso Estado*, leia-se *República* (*Crítias* 110, a., b., c., d, grifo meu).

Assim como as imagens da cosmologia e da antropogênese no *Timeu* pretendem-se demarcadas das fundações mítico-religiosas – "não são uma fábula inventada, mas uma história verdadeira" (26.e) –, a narrativa que presta conta da existência de um "paraíso" terrestre original classifica-se agora pelo estatuto de "conhecimento histórico", supostamente obtido mediante "investigações relativas à Antigüidade". Mesmo que Platão desqualifique as antigas fabulações, ele reconhece nelas a presença de certa "dose de verdade"; ou seja, de um conjunto de supostas memórias fragmentárias dos tempos originais, que servem, para ele, de *a priori* universal da investigação e da reconstrução histórica. No entanto, a argumentação lógico-racional que permeia o texto platônico em nenhum momento nos oferece provas positivas da realidade da origem – nem poderia, se levarmos em conta o caráter metafísico do seu objeto. As "provas" desse objeto oculto, desse elo perdido, só se encontram nas luzes da imaginação; em relação à verdade e à objetividade fica-se ainda na dependência das fundações míticas. Podemos até admitir o uso legítimo do mito (discurso metafórico) como instrumento de esclarecimento das especulações metafísicas da razão, mas é preciso convir que a sua sustentação se encontra, para sempre, limitada ao domínio da pura crença.

A interação epistemológica entre *mythos* e *logos* torna-se, nesse caso, inevitável, na própria esfera dos fundamentos – tanto o mito pode amparar-se em argumentos racionais (Homero), quanto o discurso argumentativo pode apoiar-se em determinado mito, tomando-o por axioma. Como acabamos de ver no *Crítias*, este é o caso da fundação da *República*, quando se diz espelhada no tempo original e paradisíaco da Idade de Ouro antediluviana. Sem dúvida, é Platão quem assume pioneiramente a forma sintética desse intercâmbio epistemológico entre a razão cosmológica e metafísica e a velha construção mítica das crenças tradicionais. Embora, como enfatiza Detiènne:

> (...) na excursão genealógica em que a condição da mitologia põe em jogo os problemas da tradição, da memória e da escritura, Platão ocupa posição estratégica. Em primeiro lugar, por razões de ordem semântica, pois é o primeiro a utilizar o termo mitologia. Em seguida, porque a obra platônica marca o momento em que o saber filosófico, denunciando os relatos dos antigos como ficções escandalosas, empreende a narração dos seus próprios *mythos* em discurso sobre a alma, sobre o nascimento do mundo e sobre a vida no além. Mitos inéditos cuja ficção sábia se põe a serviço da exigência de uma demonstração no âmbito do saber filosófico; mitos tão cuidadosamente integrados ao aparato do diálogo filosófico (...) que já não tem nada a ver com os velhos mitos contra os quais se afirma o *logos* filosófico[10].

De qualquer maneira, mitos ainda, como tantos outros que o racionalismo produzirá ao longo de sua extensa carreira. Mitos antropológicos, como os modernos, sejam eles do *Homo Sapiens et Faber*; da Evolução; do Progresso; do Édipo e da Libido. Ou ainda como os mitos novecentistas da História, sejam o do "Espírito Absoluto"; da "era final da Ciência"; do "desenvolvimento das forças produtivas" e assim por diante. Mais grave ainda, mitos que pretendem impor a ordem racional e a justiça por força da natureza ou de imperativo divino, porque o racionalismo, ele próprio, acredita que só a consciência da necessidade e da justiça pode nos tornar objetivamente justos – equânimes não por desejo, mas por simples dever de submissão a uma lei universal. Justos como o homem platônico: resignado com os limites ontológicos que a criação lhe teria destinado, e "atendendo a uma coisa só, isto é, àquilo para o qual a sua natureza está mais bem dotada. Pois a justiça é esse princípio ou pelo menos um aspecto dele" (*Rep.*, 433,a).

Vem daí também a incorrigível incompatibilidade entre a cultura racionalista e a cultura histórica. Se, de fato, os princípios universais das fundações humanas devem ser extraídos da natureza ou de Deus – lugar do absoluto e do único – então a História – lugar do relativo e do múltiplo – não deve existir. E quando ainda existe, revela sempre, ora um ser degradado (Platão), ora um ser inferior na escala da evolução (modernos). De modo que jamais escapamos a essa inevitável disjunção: ou racionalismo ou História.

NOTAS

1 M. P. Nilsson. *História de la religión grega.* Buenos Aires: Eudeba, 1961. p. 271.
2 J.-J. Wunenburguer. *Questions d'éthique.* Paris: PUF, 1993. p. 284.
3 M. P. Nilsson. op.cit ,1961. p. 275.
4 F. M. Cornford. *Principium sapientiae. The origins of greek philosophical thought.* Cambridge: 1952.
5 E. Dupréel. *Les sophistes.* Neuchatel: Editions du Griffon, 1987. p.27
6 A salvação pela imitação de Deus.
7 L. Gernet. *Anthropologie de la Grèce antique.* Paris: Maspero, 1968. p. 421.
8 *Idem*, p. 421
9 Ver Platão, *Teeteto*, 155.d.
10 M. Detiènne. *La invención de la mitologia.* Barcelona: Ediciones Península, 1985. p. 40

O HUMANISMO DE CÍCERO: A CONSTITUIÇÃO DE NOVA TRADIÇÃO

Rodrigo Falcão

Como já indicado no título, pretendo abordar a problemática do retorno aos chamados estudos clássicos[1] . No interior desta proposta, estão dispostos dois termos essenciais ao nosso debate: a perspectiva da retomada e a noção de estudos clássicos. A questão da retomada está diretamente associada à posição a que os estudos clássicos foram relegados, até passado recente. Isto se liga à postura adotada por intelectuais críticos, a partir do final do século XIX, quando os estudos clássicos, o humanismo, foi intimamente associado ao discurso da burguesia *parvenue*. Tal relação encontrou terreno fértil em nosso país. Como bem observa Sérgio P. Rouanet: "Esse Brasil formalista, cartorial, forense, antimoderno, de algum modo estava associado ao conceito de 'humanidades'(...). Precisávamos de químicos industriais e engenheiros eletrônicos e não de latinistas – essa era a síntese de nossa oposição às humanidades." [2]

Logo, o retorno aos estudos clássicos apresenta posição inversa ao tecnicismo e ao reducionismo cultural. Sua retomada hoje tem relação direta com a diversidade e a colaboração entre diversos ramos do saber que se propõem a estudar o homem, aquilo que é humano, relembrando o célebre verso do poeta romano Terêncio: "Sou homem; nada do que é humano tenho por estranho."[3]

Mas, ao lado das posições já evocadas, o sentido dos estudos clássicos, na atualidade, estaria relacionado à possível continuidade da tradição cultural de origem greco-latina na civilização ocidental? Existe, ainda hoje, continuidade cultural que nos reporte à Antigüidade clássica? Ou o Ocidente rompeu, definitivamente, com a antiga fonte, local de nascimento de todas as suas musas? Temos aqueles que, como Paul Veyne[4], defendem a descontinuidade, insistindo que na história nova não é possível considerar a existência de uma permanência dos valores que a tradição européia denomina clássicos. Por outro lado, temos a idéia de tradição clássica, humanista, com raízes na Antigüidade greco-latina, sustentando seus valores, eternos e permanentes, pois relativos à natureza humana, constituindo a própria civilização ocidental. É esse o pensamento daqueles que acreditam num processo de contínua recepção da herança cultural clássica na história européia. Uma terceira perspectiva, pela qual sinto grande afeição, é a que não descarta a existência de um legado clássico, mas sublinha a recriação desse legado de acordo com cada momento de reencontro. Roger-Pol Droit ilustra bem tal situação, lembrando que "gregos e romanos freqüentaram a cultura européia em todos os momentos essenciais de sua história (...). De renascença em renascença, a Europa inventou todas as sortes de Antigüidades"[5].

Esclarecidas, ou antes, expostas as indagações preliminares, tecerei algumas considerações sobre a escolha de Cícero. Descarto, inicialmente, qualquer espécie de estudo de ordem biográfica, observando o limite do conhecimento ordinário sobre o tema. Marco Túlio Cícero nasceu em Arpino, no ano de 106 a.C. Apesar de não ser de origem patrícia, exerceu vários cargos públicos, num longo *cursus honorum*, que inclui o cargo de questor na Sicília (onde escreveu as famosas *Verrinas*), o de cônsul e o de governador da Cilícia, quando manteve contato com grandes personalidades do círculo intelectual de Atenas e de Rodes. Morreu em 43 a.C., degolado por ordem de Otávio.

Não trataremos, portanto, da conhecida crítica feita a Cícero sobre a discrepância entre sua atitude pragmática, diante da crise republicana, e os ensinamentos expostos em sua obra. Se Petrarca, ao tomar conhecimento de tal descompasso, quando da descoberta das *Cartas a Ático* (1345), condenou Cícero ao Hades, tal sanção não retirou da obra ciceroniana a grande influência que exerceu no pensamento ocidental, cativando-o desde os renascentistas. Mas, o que aparentava contradição, não o era necessariamente. O ambiente de Cícero era a Roma do século I a.C., extremamente conturbada. Cícero, como cidadão de certa preeminência, grande advogado e homem público, não poderia simplesmente aguardar o desfecho dos acontecimentos sem lutar por aquilo em que acreditava. E demonstrava ter fé na sobrevivência da república romana, nos moldes do período da expansão (século III e II a.C.). Parcela considerável de sua obra está voltada para a demonstração de que o futuro do Estado romano estava na preservação das características do que construiu a glória de Roma: as virtudes de seus heróis. Dentre estas virtudes antigas, o comportamento pragmático era uma marca do caráter romano.

Acreditava Cícero que o homem deveria ter conhecimento suficiente para discernir a melhor forma de agir em cada momento. Se no momento da grave crise da república romana sua proposta de reformulação institucional, mediante um modelo de formação dos cidadãos, não foi vitoriosa, a cultural ocidental não deixou de perceber na obra de Cícero uma profunda perspectiva humana, recusando-se-lhe aplicar a pena imposta por Petrarca.

Assim, importa abordar a posição do homem ciceroniano no interior do questionamento sobre a ruptura e continuidade da tradição humanística. A relevância da questão surge quando percebemos o paradigma em que se transformou a tradição ciceroniana na cultura ocidental, em especial durante o Renascimento. Mais ainda, com Cícero conforma-se um dos momentos marcantes da constituição da tradição clássica. Durante a própria Antigüidade, Cícero encontrou-se diante de duas tradições, com as quais buscou trabalhar, quais sejam, as tradições helênica e romana. A dificuldade da tarefa foi a forja da "força seminal da síntese ciceroniana", nas palavras de Marc Fumaroli[6].

O AMBIENTE CICERONIANO

O momento histórico vivido por Cícero foi o da culminância da maior transformação que a cidade de Roma viveu, até sua derrocada final no século V d.C.. A fórmula republicana, que os romanos afirmavam ter adotado com a abolição da monarquia no século VI a.C., padecia de males gravíssimos desde o início do século I a.C.. As grandes conquistas dos séculos II e III a.C., ao lado das guerras civis deflagradas com as propostas reformistas dos Gracos, abalaram as estruturas da República.

Nesse ambiente, alguns nomes se sucediam: Mário, Sila, Catilina e César. A crise republicana entrou em seu clímax com a formação do primeiro triunvirato (c. 60 a.C.). Os triúnviros eram representantes da aristocracia romana, mas cada um estava associado a uma corrente política. Júlio César representava o grupo que pregava a liderança de um homem forte à frente da *res publica*; Pompeu era representante da corrente tradicionalista, que optava pela continuidade republicana nos moldes aristocráticos; ao passo que Crasso, que era senhor de uma das maiores fortunas da época, acabou tragado pela disputa protagonizado pelos dois colegas de triunvirato[7]. Não era apenas uma crise política, mas atingia todos os níveis formadores da sociedade romana. O próprio Cícero seria um exemplo disso, visto que mesmo não sendo membro de uma família senatorial, alcançara o consulado em 63 a.C.. Nesse aspecto, concordo com a consideração de que a Roma do século I a.C. vivia o paradoxo da inadequação constitucional à sua realidade político-social[8]. Portanto, somente com a vitória de Otávio em Ácio a crise da república romana alcançou seu termo, que se deu com a extinção da própria forma republicana.

Antes de avançar sobre as questões mais significativas, é preciso relembrar a exata noção de homem na civilização clássica. Em poucas palavras, é possível dizer que tanto na *urbs* quanto na *pólis*, o conceito de homem era indissociável do de cidadão. Quando me reportar a homem, sua noção clássica, seu emprego na obra de Cícero, tenho em mente a perfeita identificação com cidadão, aquele que faz parte da *civitas*, na cultura romana.

A TRADIÇÃO ROMANA

Cícero foi personagem atuante no teatro da crise republicana. Como cidadão de preeminência, grande advogado e homem público, acreditava na república romana, fundada sob a observância do conjunto das virtudes tradicionais, o *mos maiorum*. Ênio ensinava que "nos costumes e varões antigos se apóia o Estado Romano"[9]. Cícero faz referência a essa imagem para apresentar suas preocupações com o esvaziamento das antigas virtudes na Roma de seu tempo:

> Assim, antes de nossa época, vemos a força dos costumes elevar os varões insignes, que de sua parte procuravam perpetuar as tradições dos seus antepassados. Nossa idade, pelo contrário, depois de ter recebido a República como pintura insigne, em que o tempo começara a apagar as cores, não só não cuidou de restaurá-la, dando novo brilho às antigas cores, como nem mesmo se ocupou de conservar pelo menos o desenho e os últimos contornos. Que resta daqueles costumes antigos, dos quais o poeta disse terem sido a glória romana? O pó do esquecimento que os cobre impede, não já que sejam seguidos, mas conhecidos.[10]

As antigas virtudes romanas, muitas delas exemplificadas nos atos dos heróis da cidade, constituíam elementos essenciais da história e tradição romanas. É assim que no início do *Da república*[11], Cícero destaca alguns dos ilustres homens que salvaram a cidade, mediante suas virtudes, como Atílio Régulo, Fábio Cuntactor e Catão, o antigo ou censor.

Atílio Régulo, conhecido por seu sacrifício durante as guerras púnicas, era estimado exemplo de *fides*. Sobre a Antigüidade desse conceito em Roma, a tradição relatava que já Numa Pompílio havia erguido o templo da divindade *Fides*. O próprio Cícero refere-se a sua edificação por Atílio Calatino, durante a primeira guerra Púnica. De uma forma ou de outra, importa que a *fides* era uma das principais virtudes antigas, condição sempre ressaltada pelos próprios romanos. O exemplo de Régulo, que retornou a Cartago para ser sacrificado, somente ocorreu por observância severa à gravidade do juramento que fizera, mantendo o valor do pacto celebrado. Este era o real sentido de *fides*, aquele que encontramos no seguinte verso de Ênio: "Recebe e dá a *fides* e forja uma aliança bem firme."[12]

O título oficial de *Fides Populi Romani* (Boa-Fé do Povo Romano), conferido à divindade, exemplifica parte da importância que o conceito de *fides* exerceu na expansão romana. Para Pierre Grimal é clara a relação:

> A *fides* tinha ainda outro domínio; era ela que assegurava ao vencido a salvação da vida quando reconhecia sua derrota e apelava, suplicando, para a *fides* do seu vencedor. Substituía a lei da força pela da clemência, reconhecia o direito à vida de todos os homens 'de boa-fé', mesmo quando a sorte das armas lhes era adversa.

Ao lado de *fides*, a *virtus* era outra das antigas qualidades grandemente reverenciadas pelos romanos. Presente na Lei das Doze Tábuas , onde aparece com o significado de "coragem", "valentia", corresponderia à *areté* homérica[13]. Além de Régulo, Cícero apresenta Duílio e Cipião Africano Maior como exemplos de cidadãos que exerceram a *virtus* em sua plenitude. A existência deles foi marcada pela dedicação, em primeiro plano, à *res publica* e, conseqüentemente, à família.

Mas, apenas a *virtus*, que os grandes cidadãos citados por Cícero deveriam possuir, não seria bastante sem um complemento chave: a *auctoritas*. Outra das principais virtudes antigas, a *auctoritas* derivava da gravidade de quem a detinha. Como observa Rocha Pereira, a *auctoritas* era

> (...) valor intrínseco, que não se exerce pela persuasão e convicção, mas apenas e somente pelo peso da pessoa ou corporação que toma ou sanciona uma decisão. É um conceito da esfera política e moral ao mesmo tempo, que se encontra largamente documentado em muitos autores, e que já figurava na Lei das Doze Tábuas.[14]

Os cidadãos que Cícero aponta como grandes defensores da república alcançaram tal condição por agirem em cumprimento às ordens de quem detinha a *auctoritas* por excelência: o Senado. Todos os cargos da hierarquia romana (o *cursus honorum*) deviam seu poder ao fato de se colocarem sob a *auctoritas* do Senado. A relevância da *auctoritas* senatorial foi confirmada por Cícero: "Nessas condições, pois, manteve o Senado a República, naqueles tempos que, num povo tão livre, pouco pelo povo e muito pelos costumes e pela autoridade do Senado ela se regia."[15]

Outra das virtudes antigas celebradas por Cícero era o *otium*. O *otium* romano constituía condição inerente à posição aristocrática e de riqueza do cidadão. Na *urbs* romana, o *otium* era peça essencial da vida cotidiana. Mas não eram os próprios indivíduos que decidiam se a riqueza faria deles pessoas respeitáveis e, notadamente, que bem utilizavam o *otium*. Para ser respeitado por meio do *otium* era necessário que o cidadão possuísse riqueza bastante que não exigisse a realização de trabalho braçal, no qual gastaria todo o tempo disponível sustentando sua própria vida. Também era preciso que essa riqueza fosse aceita pela sociedade como boa. A riqueza romana era particularmente fundiária, ligada à sucessão hereditária no interior de um grupo aristocrata. As profissões liberais eram honrosas, pois também não havia um senhor para dar ordens nem salário, vivendo-se às expensas de um *amitio*. O cidadão notável não trabalhava, vivia da renda de suas propriedades, era homem do *otium*, e consagrava-o às atividades liberais, *v.g.*, ao estudo da filosofia, da eloqüência, do direito, da poesia. Como Cícero, o cidadão respeitável era proprietário de terras produtivas, mas sua ocupação, lembra M. I. Finley[16], não era a produção agrícola, mas a atividade pública, a política, a advocacia.

Entretanto, é salutar relembrar que todo esse desprezo pelo trabalho braçal e pelo trabalhador que sustenta a própria vida não esconde que muitos empregavam o *otium* não apenas para as atividades liberais, mas para aumentar sua fortuna com o comércio e outras atividades desonrosas para o homem comum. Cícero não qualifica esse comportamento como má utilização do *otium* (que tinha como inverso o *negotium*), pois, como explica Finley, apenas por emprestar grandes quantias, homens como Bruto, Crasso e César não passariam a ser prestamistas; continuavam a ser vistos como homens que se ocupavam das coisas públicas, como a guerra e a política. É Veyne quem nos traz a lembrança de que "os senadores não estavam no ramo dos negócios; resguardadas as aparências, os senadores faziam negócios"[17].

O grande representante do *otium cum dignitate*, expressão cunhada por Cícero para qualificar a reta utilização do *otium*, é Catão, o antigo. No *Da república*, Cícero descreve o *otium* de Catão: "Certamente Catão, homem cuja família era desconhecida e de quem, não obstante, todos os que estudam as mesmas verdades invejam a glória que alcançou com sua virtude e trabalho, podia licitamente deleitar-se ociosamente no saudável o próximo sítio de Túsculo."

O *otium cum dignitate* (*otiosa dignitas*) era a paz honrosa a ser atingida pelos cidadãos que bem exerceram suas atividades cívicas. Mais ainda, para Cícero era mediante o *otium* que o cidadão poderia aprimorar sua cultura, preparando-se para melhor exercer as atividades públicas, cívicas. Logo, o *otium cum dignitate* estava calcado em dois elementos caríssimos a Cícero: o estudo filosófico, retórico, jurídico; e o fato de ser uma condição daqueles que podiam aspirar ao poder na república romana, não somente por sua riqueza, mas por serem membros das grandes famílias. O bom emprego do *otium*, como meio de formação, faria um cidadão apto para o trato da coisa pública em prol da coletividade.

Além das virtudes antigas, outro segmento da tradição romana tinha imenso valor para Cícero, qual seja, a tradição oratória do *forum*. A tradição da eloqüência, política e judiciária, do *forum* romano moldara a formação de Cícero, advogado atuante. Mais importante, era no *forum* que as disputas políticas se definiam de fato, com os líderes de cada grupo político se apresentando e sendo seguido pela imensa turba de seus clientes. Para o convencimento, fosse dos jurados, na esfera judicial, fosse dos cidadãos, na esfera política, os romanos desenvolveram, com muita eficácia e de longa data, uma forte cultura oratória. Decerto que esta cultura estava impregnada das várias correntes da retórica grega, porém moldada pelo caráter do Lácio.

A tradição helênica

Ao lado da tradição romana, Cícero buscou outra tradição que coexistia com a sua e que estava profundamente enraizada na bacia mediterrânica: a helênica. Por dois segmentos da tradição helênica Cícero demonstrava particular interesse. De um lado, a filosofia, a fonte do saber grego. De outro, a retórica, o estudo das técnicas dos maiores retores e oradores helênicos.

A relação de Cícero com a filosofia foi tão relevante quanto sua educação forense. Freqüentou as palestras de vários expoentes da filosofia de seu tempo, tanto no início de sua formação, quando conheceu o epicurista Fedro e o acadêmico Fílon de Larissa, passando pelo período em que viajou pela Hélade, ao término de seu governo na província da Cilícia. Em Atenas, estudou com Antíoco de Ascalão, líder da Academia, e com Zenão de Sídon; em Rodes, com Posidônio; e durante cerca de vinte e cinco anos, com o estóico Diodoto, que viveu em sua casa. Apesar de tamanha diversidade, Cícero é tido como cético, mais precisamente um neo-academicista que seguiu uma linha de tradição que remonta a

Sócrates e chegou a Roma por meio de Arcésilas e Carnéades, causando renovado interesse no século I a.C..[18] A corrente cética tinha uma característica que a diferenciava das outras linhas da tradição filosófica. O próprio Cícero a apresenta quando defende a teoria segundo a qual a verdade, embora exista, não traz uma marca, um sinal (*nota, signum*) que nos permita discerni-la do que é falso. O falso, o erro, não demonstra nem um pequeno indício de sua presença. Ambos, o verdadeiro e o falso, são indistintos.

Como alguém que se formara na vida do *forum* pelo aprendizado político e jurídico com Múcio Cévola Áugure e Múcio Cévola Pontífice, o interesse pela retórica era evidente em Cícero. Ele estudou, além da eloqüência latina, diversas escolas da retórica grega[19]. Mas, apesar das diversas correntes retóricas, como a aticista e a asianista, se fazerem presentes na eloqüência forense, ainda em 92 a.C., os censores mandaram fechar a escola do retor Lucius Poltius Gallus, por este ter ousado ensinar a disciplina publicamente. O fato é significativo, pois, no mesmo século de Cícero, o ensino público da retórica ainda era visto como impróprio pela tradição romana. Mesmo assim, a retórica, o ensino das técnicas necessárias à boa oratória, infiltrou-se em Roma, como já mencionamos, e tornou-se um dos elementos cruciais na proposta ciceroniana.

Homo loquens

Partindo da apreciação dos elementos greco-romanos, Cícero elaborou sua proposta de formação do cidadão ideal. Como empregou as diversas tradições envolvidas? Sissa[20] acredita que Cícero não recorreu a um ensinamento apenas, reconduzindo-o ou atualizando-o. Usou as teorias em conformidade com sua conjuntura cultural, como se fosse recém-descoberta, adaptando-a por intermédio da observação de seus contemporâneos. A simples cumulação de conhecimento no interior de uma linha de tradição não significava nada. Por meio de Lucullus, personagem central de sua obra *Da academia*, Cícero apresenta sua visão do uso "tradicional" de uma forma cognitiva. Lucullus é um platônico que se diz herdeiro da "antiga Academia". Representa aqueles que continuam, sem discordar, sem criticar, o pensamento definido, homogêneo que encontraram. Para Cícero isto é não fazer nada, é não ser nada. Portanto, Lucullus não tem autoridade pelo conhecimento simplesmente acumulado.

O conhecimento, o saber eram essenciais, mas a transmissão deste saber era o que lhe conferia relevância. O mito de Orfeu já propalava a idéia de que a sociedade, a civilização humana, tivera início com a comunicação, com a transmissão do saber. A eloqüência tinha fundamental importância como transmissora do saber. Logo, exigia-se que o orador possuísse vasta e diversificada cultura – filosófica, oratória, política e histórica. É assim que começa a surgir o homem ciceroniano, o homem da comunicação. O *modus oratiorius* é o próprio estilo de vida comunicativo dos homens que fazem uso da palavra, modelo no qual Cícero aparece como figura central. Segundo Marc Fumaroli[21], numa civilização da comunicação, da linguagem, como a do século XVI, Cícero, *orator noster*, ocuparia lugar de excelência. A palavra, elemento-chave na cultura da linguagem, foi profundamente estudada por Cícero, sendo a essência de toda sua proposta.

Somente o *homo loquens*, o cidadão que consegue se comunicar intensamente com a cidade, é capaz de solucionar os problemas internos e externos que ameaçam sua existência. Para tanto, a proposta ciceroniana funda-se em três aspectos: *eloquentia*, *sapientia*, que resultam na *eloquentia cum sapientia*, e a diversidade cultural.

ELOQUENTIA

A *eloquentia* ciceroniana não está restrita à tradição forense romana. Menos ainda está limitada à retórica grega, *i.e.*, à disciplina pela qual os retores ensinavam as técnicas, as regras da arte da oratória. No *Do orador*, Cícero coloca em debate, por meio de Crasso e Antonio, a questão da arte da oratória. Os dois debatedores concordam que essa arte não é mero tecnicismo, que não dispensa o gênio individual (*daimon*), como ensinavam os retores. Evitando os excessos dos filósofos, que não a consideram arte, a oratória se apóia na experiência codificada das gerações anteriores e no exercício dos bons modelos, mas, sendo arte, as qualidades de cada um que a exerce é que decidirão o sucesso ou o fracasso. No entanto, quanto ao papel de orador, Antonio acredita que este deve se limitar ao exercício de sua profissão, a advocacia, o que não é a idéia compartilhada por Crasso. Este acredita que o orador, mediante sua grande eloqüência, deve aspirar às mais altas magistraturas por amor à cidade.

Se as técnicas dos retores eram extremamente importantes, visto que Cícero lhes dedica extensa parte de *O orador*[22], seu tecnicismo arraigado era seu erro. Aqui, a tradição do *forum* ganhava importância, visto que não comungava com o tecnicismo extremado dos retores. Na atividade forense exigia-se mais do que a simples técnica retórica para o convencimento dos cidadãos; era requisito da antiga tradição forense o estilo que prezava a simplicidade.

Portanto, em *O orador*, Cícero propõe uma estética oratória que seria uma síntese reconciliadora entre as diversas tendências que se contrapõem no *forum* e a que os retores ensinavam. Na nova estética o que importa é saber usar a diversidade de estilos para cada ocasião, circunstância, público e de acordo com a pessoa do próprio orador. O grande orador (*genus vehemens*) saberia empregar os estilos na melhor forma possível, buscando a pureza do aticismo sem excesso, usando a ornamentação do asianismo sem levar-se pela desmesura, pois era um artista universal. Essa nova estética também tinha o valor de retomar a antiga simplicidade do estilo forense, prestes a ser rompida pela influência das variadas escolas.

Além disso, a nova estética oratória tinha um compromisso fundamental com o saber. Para não se tornar apenas mais uma espécie de *modus oratorius*, devia estar intimamente associada à filosofia helênica, visto que, "segundo os homens de saber [filósofos], a *eloquentia* que atende ao povo e aos bons oradores é a de refinada cultura [filosofia]" [23].

Sapientia

A *sapientia* ciceroniana tinha como base fundamental a filosofia grega. Os ensinamentos da escola socrático-platônica, filtrados pelo ceticismo, faziam parte de sua proposta de formação do cidadão, do orador. A *sapientia* era o elemento do aprendizado do orador, que traria suas idéias para a melhor e mais simples solução dos problemas a enfrentar na atividade cívica. Faria do orador ciceroniano (por influência do ceticismo) um homem preocupado não com a perfeição ou a verdade em si, mas com o realizável e o provável dentro de suas circunstâncias históricas.

O ceticismo também respondia por algumas das questões do cidadão ciceroniano. Após tantos séculos buscando a verdade por intermédio dos estudos, como explicar que ainda nada encontramos? Para Sissa, é sobre essa questão que se concentra a reflexão ciceroniana, sobre a dissensão entre as escolas filosóficas[24]. Sobre a grande decepção causada pelos eminentes sábios que foram impotentes na busca da verdade, nem ao menos concordando entre si.

Dentre as variadas correntes filosóficas estudadas por Cícero, o ceticismo ocupa lugar de destaque quando pensa sobre a *sapientia* em seu projeto. A herança que o passado legou é a falta de respostas, diante da abundância de questões ainda insolúveis. Cícero acredita que podemos apenas sobrepor idéias de alguns filósofos, medir sua força e seus limites. A experiência é a prova *iuris et de iure* de Cícero.

Diversidade

O terceiro elemento da proposta ciceroniana é a diversidade. A consideração dos dois primeiros explicita o terceiro. A diversidade encontra-se, de modo geral, no emprego de segmentos das tradições helênicas e romanas. Ao lado das antigas virtudes romanas (*mos maiorum*), temos a filosofia grega; tal como na *eloquentia* ciceroniana temos a fusão da tradição oratória forense com a retórica grega. Além da possibilidade do recurso a vários matizes filosóficos e retóricos. Desse modo, foi possível a Cícero valer-se de diversas correntes filosóficas e dos mais variados estilos retóricos, que não se comunicavam, buscando sempre uma síntese que abarcasse grande multiplicidade de interpretações dessas diversas tradições.

A proposta ciceroniana não se limitava a esse já vasto leque cultural. Para a formação do orador, do cidadão, propunha o mais vasto conhecimento possível. Era preciso que o cidadão, que iria administrar o bem público, bem de todos, bem do povo, possuísse cultura diversificada, relacionada com as várias tradições mencionadas, mas também com outras formas culturais. É o que Fumaroli chama "completo programa de cultura intelectual, que inclui as constantes referências de Cícero à poesia, à música, à pintura, à arquitetura, à escultura, à arte da comédia" [25]. Assim como apresentado no *Do orador*, o cidadão, uma vez senhor de tão vasta cultura, saberá como agir, nas situações mais diversas, para salvaguardar a cidade, a coisa pública.

Eloquentia cum sapientia

O resultado desta proposta pedagógica deveria ser um cidadão, um orador que pudesse entender e se fazer compreender pelos mais diversos grupos constitutivos da sociedade, sábios ou ignorantes, membros da plebe e da *nobilitas*, trazendo a harmonia cósmica de volta à cidade. A *eloquentia* não solucionaria, isoladamente, os imbróglios da *res publica*. Nem mesmo a *sapientia* poderia fazê-lo. Uma dependia da outra, somente dando bons resultados se praticadas conjuntamente.

É essa a problemática que Cícero analisa no livro III, *Do orador*. É aqui onde Crasso, interlocutor de Cícero, discorre sobre a importância da cultura filosófica do orador. Cícero alega a existência de uma unidade original entre *sapientia* e *eloquentia*[26]. Foi com base nessa unidade que os grandes legisladores do passado tinham solucionado os problemas das cidades. Na Hélade, Licurgo e Sólon, Temístocles e Péricles. Em Roma, Fabrício e os Catões. Essa cadeia de legisladores e estadistas gregos e romanos seguia o padrão unitário original e somente foi rompida pela perspectiva socrático-platônica, que rotulou a retórica de imoral, pois não teria compromisso algum com a verdade, cingindo o falar do pensar, a retórica da filosofia. Os retores poderiam ensinar, tecnicamente, os estilos, os ornamentos, os gestos para concentrar a atenção e convencer o auditório, mas não poderiam ensinar a *sapientia* necessária ao discurso. Para Cícero, sem a *sapientia* não haveria convencimento. Este segundo elemento ficaria a cargo do estudo da filosofia. Mas a filosofia, o conhecimento, havia se afastado da arte do bem falar, desde a ruptura socrática. Cícero, apesar de reverenciar essa tradição filosófica, divergiu, ao defender a união entre a *eloquentia* e a *sapientia*. Encarava sua proposta como a retomada de uma tradição pré-socrática, ligada aos grandes estadistas e legisladores mais antigos. A *eloquentia* e a *sapientia* deveriam voltar a andar juntas, sem que uma desprezasse a outra.

CIPIÃO EMILIANO

Para exemplificar seu ideal de cidadão, Cícero escolheu um dos maiores nomes da tradição romana, Cipião Emiliano (P. Cornelius Scipio Aemilianus Africanus)[27], como seu interlocutor no *Da república*. Sua idéia de homem era inspirada em Cipião, exemplo *ad excelentia* das virtudes romanas. Cidadão de família aristocrática, que observou e praticou as virtudes da tradição romana, Cipião era extremamente ligado à cultura helênica, estudada no célebre "círculo dos Cipiões", que contava com a participação do historiador grego Políbio. Emiliano representava, então, a perfeita e harmônica união entre as antigas virtudes romanas e a tradição do saber helênico. É na boca de Cipião que Cícero coloca a idéia de que "o sábio tem obrigação de estudar essas soluções periódicas e de moderar com previsão e destreza o curso dos acontecimentos; é essa a missão do grande cidadão inspirado pelos deuses"[28].

O Cipião de Cícero realça a dedicação de sua família com Roma, exemplificando como o bom cidadão deve agir: "A pátria não nos gerou nem educou sem esperança de recompensa de nossa parte."[29] Diz também que sua família não teria prestado tais serviços a Roma se não fosse bem versada nas coisas da política, do governo que é do povo da cidade, conhecimento que adveio do aprendizado das virtudes romanas e da cultura helênica. Cícero ressaltou a reação de Cipião com a tradição romana indicando a reverência deste a Catão, o antigo:

> Começarei por um pensamento do velho Catão, a quem muito amei e admiro singularmente, e ao qual, quer pela opinião de meus parentes, quer por minha própria espontaneidade, me consagrei desde minha adolescência, sem que seus discursos tenham chegado a enfastiar-me, tanta era a experiência dos negócios públicos que encontrava nele, negócios que dirigiu por longo tempo, maravilhosamente, tanto na paz como na guerra; tanta sua modéstia e comedimento de linguagem, digna ao mesmo tempo que agradável; tanto o desejo que tinha de se instruir e de tornar aos outros partícipes de sua ciência; tal, enfim, sua existência, toda conforme com as máximas e os discursos que saíam de seus lábios.

Ao lado da figura exemplar de Cipião, aparece nitidamente a influência helênica, demonstrada por intermédio das formas de constituição do Estado que estuda: monarquia, aristocracia e democracia. É possível observar como se dava a relação de Cícero com a tradição grega. A própria forma escolhida para a obra, o diálogo, permite uma remissão à tradição da Academia. No entanto, Cícero acreditava que em Roma se realizou aquilo que os gregos nunca conseguiram, com a constituição de uma república onde os poderes e os segmentos sociais viviam em harmonia, com seus melhores cidadãos (*optimates*) administrando a coisa pública. Isso é confirmado por Lélio, quando afirma para Cipião: "(...) confio que tuas idéias, neste ponto, excederão a tudo que os gregos nos deixaram."[30] Portanto, Cipião personifica a figura do legislador-magistrado, orador-moderador da cidade, que dá continuidade à tradição pré-socrática dos grandes legisladores que possuíam a *eloquentia cum sapientia*. Eis a retomada visada por Cícero.

Tradição ciceroniana do humanismo

O ideal de cidadão, projetado na formação do orador, fez surgir o homem ciceroniano. O elemento basilar era a possibilidade de utilizar a palavra como instrumento da prática dos deveres cívicos. O homem ciceroniano é o homem da comunicação, *homo loquens*. Dentro da concepção ciceroniana, mediante a palavra não se alcança a verdade, visto que a verdade não é acessível aos homens, apesar de não negar-lhe a existência. Mas é pela palavra que o homem pode conduzir seus concidadãos a uma vida pacífica e harmônica. A palavra em si não tem poder de convencimento, sendo necessária empregá-la corretamente, com firmeza e precisão, para alcançar tais objetivos.

Para a formulação de sua proposta, Cícero recorreu às duas tradições que conformavam o que denominamos cultura clássica. Preocupado em oferecer uma solução para a grave crise que a república romana atravessava, tentou demonstrar a relação existente entre o poderio de Roma e a história do povo romano, representada pela tradição latina. Afinal, Cícero tinha um conceito sobre a História: "Ignorar o que se passou antes de uma pessoa ter nascido é ser sempre criança."[31]

A tradição romana, por meio das antigas virtudes e da oratória forense, constituía a parcela latina da proposta ciceroniana. A parcela helênica era representada pela retórica e pela filosofia. Dessa forma, dando continuidade às duas tradições, Cícero constituiu uma nova possibilidade cultural, que reunia a herança da *paidéia* helênica com o conjunto das tradições romanas. Se deu continuidade, também rompeu.

Certamente, Catão, tão reverenciado por Cícero, jamais aceitaria a união entre os elementos culturais gregos e romanos. Menos ainda os filósofos gregos poderiam encarar com naturalidade as concepções ciceronianas como continuação de suas idéias. Tais são as razões que levam a ver na proposta da *eloquentia cum sapientia* o surgimento de uma tradição especificamente ciceroniana de formação do homem, vistas como um só saber, formando a dinâmica do *homo loquens, uomo universale*, homem da comunicação ativa, tão importante nos séculos XV e XVI.

Cícero sacrificou aquilo que considerava os extremos das duas tradições em prol de uma justa medida, do equilíbrio harmônico. Num período de desagregação, Cícero era homem de sínteses. Como conceitua Fumaroli, "síntese filosófica, em nome do ceticismo acadêmico; síntese política, em nome do *consensus bonorum*; síntese estética, em nome da variedade" [32].

Foi assim que Cícero preferiu a retomada da tradição pré-socrática dos antigos legisladores, em detrimento da proposta do rei-filósofo platônico. Cipião Emiliano representa a primeira vertente, na qual o cidadão estadista forma com o filósofo uma só pessoa, assim como a *eloquentia* é inseparável da *sapientia*. Esta união entre o filósofo, contemplativo, e o estadista, homem de ação, é a essência do *homo* ciceroniano. O orador-legislador, o moderador da cidade, revelado no último livro *Da república*, é o legislador-magistrado, que substitui o rei-filósofo de Platão. O homem ciceroniano é senhor de vasto saber, mas é também homem de ação, consubstanciada na comunicação.

A crença de Cícero na união do saber e da ação, observada por um orador-magistrado na condução da *res publica*, não logrou sucesso como solução para a crise republicana em Roma, mas, mesmo com o fim da eloqüência civil durante o Império, o estudo dos estilos dos grandes apoiava-se na visão ciceroniana. No Renascimento, humanistas como Cola di Rienzo e Pomponius Laetus animaram-se ao vislumbrar, na eloqüência de Cícero, a Roma de Tito Lívio ressurgida na Roma dos Papas. Os renascentistas recusavam o modelo contemplativo medieval, adotando o modelo ciceroniano e fazendo de Cícero uma de suas mais freqüentes referências.

Resta a avaliação do elemento que parece ser particularmente interessante na proposta ciceroniana. A questão da diversidade é fundamental. Mesmo sendo a *sapientia moderatrix artium*, as outras artes não foram relegadas ao esquecimento. Contemporaneamente, a diversidade, a multiplicidade é real. Como observa Sissa, na pós-modernidade, no mundo da comunicação, a racionalidade central da História é a multiplicidade das racionalidades locais das minorias étnicas, sexuais, religiosas, culturais e estilísticas. Vivemos a aldeia global. Quanto maior a diversidade, a multiplicidade das racionalidades e das culturas globais, mais difícil se torna, para a filosofia moderna, a consecução de um pensamento universal. As diferentes versões do pensamento contemporâneo são apresentadas, por seus defensores, como incompatíveis e inconciliáveis. De forma análoga, a proposta ciceroniana buscou unir aquilo que parecia inconciliável, o diverso. O conceito de "moderno", por exemplo, tem história própria, com grande alternância em seu significado, como mostra Jauss[33]. A multiplicidade de tradições existentes em uma cultura torna possível a construção de várias interpretações, várias perspectivas sobre uma mesma idéia. Cícero, como cético, não via nas discordâncias a demonstração das falhas, dos erros daqueles que formularam as teorias criticadas, e sim a natureza inalcançável da verdade. Ele próprio foi objeto de várias abordagens. Durante o período imperial, era referência para os estudos de estilos da oratória. Na Idade Média, o pensamento ciceroniano foi entendido como espiritual, contemplativo, como confirmação profética do cristianismo. No Renascimento, encontramos outro Cícero, autor que propõe um modelo de formação do homem cívico.

Cícero apropriou-se da tradição representada por várias escolas filosóficas gregas incomunicáveis entre si, segundo seus seguidores, reunindo-as, ecleticamente, entre si e com outras tradições culturais, como as antigas virtudes romanas. A proposta ciceroniana de formação do homem constitui uma grande referência clássica para o humanismo, seja ele renascentista ou de qualquer outro período. O caminho percorrido por Cícero para elaborar sua proposta teve como ponto de partida as tradições gregas e romanas, mas resultou na fundação de nova tradição, a tradição do humanismo ciceroniano, num movimento de ruptura e continuidade com as correntes que trabalhou. O elemento fulcral do caminho que percorreu foi a diversidade cultural, caríssima em nossos tempos.

NOTAS

1 Cícero. *Da república.* Trad. portuguesa de Amador Cisneros, Rio de Janeiro: Athena Editora, s.d.; *Orator.* Edição em latim e tradução francesa de Albert Yon, Paris: Les Belles Lettres, 1964; *De oratore - III.* Edição em latim e tradução francesa de Albert Yon, Paris: Les Belles Lettres, 1958.

2 Em idem, *As razões do Iluminismo.* São Paulo: Companhia das Letras, 1987, p. 305.

3 *Homo sum; humani nil a me alienum puto*, em *Heauton timorúmenos*, 77.

4 Le Renouveau de l'histoire ancienne pré-pare-t-il un noveau siécle des lumiéres? R.-P. Droit (org.) *Les grecs, les romains et nous – L'Antiquité est-elle moderne?* Deuxième Forum Le Monde Le Mans, Paris: Le Monde, 1991, p. 434–542.

5 Préambule, oú l'on entrevoit Socrate faisant son marché, em idem (org.) *Les grecs, les romains et nous – L'Antiquité est-elle moderne?* Deuxième Forum Le Monde Le Mans, Paris: Le Monde, 1991, p. 5-14.

6 Em idem, *L'Âge de l'eloquence: réthorique et res literaria de la Renaissance au seuil de l'époque classique.* Paris: Albin Michel, 1994, p. 56.

7 Sabemos que César recebeu substancial suporte financeiro de Crasso para sua campanha na Hispânia. Crasso escolheu a província da Síria para governar e, ao defendê-la, foi derrotado e assassinado pelos partos, num dos maiores desastres militares da história romana (53 a.C.).

8 Cf. J. B. Morral. O pensamento político de Cícero. In: *Revista Humanidades*, n° 01, Brasília: Editora da UnB, 1980, p. 89–94.

9 *Moribus antiquis res stat romana virisque*, apud Maria Helena da Rocha Pereira. *Estudos de história de cultura clássica – cultura romana.* Lisboa: Calouste Gulbenkian, 1984, vol. II, p.346.

10 *Da república*, v. I, 2.

11 I, I, 1-4.

12 *Accipe daque fidem foedusque feri bene firmum*, apud M. H. da Rocha Pereira, *op. cit.*, p. 321.

13 M. H. da Rocha Pereira, *op. cit.*, p. 398.

14 *Idem*, p. 354.

15 *Da república*, II, 33, 57.

16 Em idem, *A economia antiga.* Porto: Afrontamento, 1980, p. 55.
17 Em O Império Romano — trabalho e ócio. In: idem (org.) *História da vida privada – Do Império romano ao ano mil.* São Paulo: Companhia das Letras, 1990, p. 126–139, vol. I., p. 133.
18 Ver Giulia Sissa, Les anciens sont-ils post-modernes?. In: R.-P. Droit (org.) *Les grecs, les romains et nous – L'Antiquité est-elle moderne?* Deuxième Forum Le Monde Le Mans, Paris: Le Monde, 1991, p. 307–318, p. 311.
19 Em Rodes foi discípulo do retor Mólon.
20 Les anciens sont-ils post-modernes?, *op. cit.*, p.313-314.
21 *L'âge de l'éloquence*, p. 41.
22 14,44 a 19,61.
23 *O orador*, 3, 13.
24 Les anciens sont-ils post-modernes, *op. cit.*, pp. 315-316.
25 *L'âge de l'eloquence*, p. 51.
26 *Do orador*, III, 19,69.
27 Filho de Paulo Emílio e que destruiu Cartago em 146 a.C.
28 *Da república*, I, 24, 2.
29 *Da república*, I, 4, 5.
30 *Da república*, I, 23, 1.
31 *O orador*, 34, 120.
32 *L'âge de l'éloquence*, p. 55.
33 A *modernidade* na tradição literária e na consciência de hoje. In: idem. *Pour une esthétique de la réception.* Trad. portuguesa de Léa Porto, Paris: Gallimard, 1978, p. 156–269, p. 1-2.

HISTÓRIA EM BIOGRAFIAS NAS *VIDAS* DE PLUTARCO

Maria Aparecida de Oliveira Silva

Apenas no século XX, com a introdução de novas abordagens na História, houve a utilização das biografias plutarquianas como fonte histórica[1]. Isso ocorreu em virtude de o tipo de informação contida nelas não interessar à história universal produzida no século XIX[2]. Reduzido foi o número de pesquisadores que consideraram as biografias plutarquianas convenientes para a narrativa histórica, apresentando em comum a interpretação de que Plutarco tinha como fim a perpetuação de algum aspecto da cultura grega. Todavia, no interior desse pequeno grupo existem discordâncias quanto ao gênero historiográfico.

Para Hani, a extremada religiosidade de Plutarco, atestada pelos vinte anos de sacerdócio em Delfos, determinou o gênero de sua escrita. Os preceitos religiosos professados por ele apareceriam em suas biografias numa tentativa desesperada de salvar a religião grega do esquecimento[3]. O autor propôs, ainda, que Plutarco teria criado um excelente método para a história das religiões. Os seus fundamentos estariam em duas regras: na comparação entre as religiões e em jamais separar o mito do rito[4]. Em artigo publicado anteriormente ao livro supra-referenciado,

Hani destacou as qualidades de Plutarco como historiador das religiões, afirmando que ele mantinha a esperança de reconciliar a religião e a filosofia gregas[5].

De outra perspectiva, Delvaux apontou que Plutarco descreveria o indivíduo dentro de um espaço, geralmente limitado ao seu local de nascimento, comportando-se em muitas ocasiões como historiador regional. O autor argumenta que, por ter nascido em Queronéia, pequena cidade da Beócia, Plutarco teria interesse em fatos locais[6]. Já para Brenk, a familiaridade de Plutarco com os assuntos metafísicos favoreceu a criação de um estilo próprio denominado biografia histórico-escatológica. Conforme o autor, Plutarco acreditaria que o embate entre *areté* e *tyché* decidiria o curso dos acontecimentos vivenciados por seu biografado[7].

Também Barbu percebeu nos escritos plutarquianos a preocupação de um historiador, apontando que Plutarco, ao escrever as biografias, observou: a) a riqueza de informações[8]; b) a comparação de várias versões dos fatos[9]; c) a combinação dos relatos[10] e d) a prudência e o equilíbrio de seu julgamento[11]. Tais conclusões coincidem com a percepção que tivemos dos escritos plutarquianos. Contudo, discordamos da visão do autor de que o objetivo de Plutarco era o de salientar as qualidades psicológicas de um personagem diante dos acontecimentos político-militares[12], propondo em Plutarco a existência de uma psicohistória de gregos e romanos.

Aalders, por sua vez, sustentou que Plutarco se centrou na investigação dos assuntos internos e externos à política citadina, arrematando, por fim, que Plutarco pensava a política como a principal atividade humana, motivo pelo qual incluiu as questões políticas em toda sua narrativa[13]. Como notou o autor, Plutarco relatou a vida de governantes e generais, sendo as biografias de Demóstenes e de Cícero as únicas exceções; entretanto, a abordagem dada a esses oradores centrou-se em suas manifestações políticas e não literárias[14].

A tarefa de Plutarco em narrar a história de um indivíduo de uma perspectiva política, ou seja, tendo como pano de fundo a história de uma cidade-estado, exigiu-lhe o conhecimento de fatos obtidos por intermédio da pesquisa, da seleção e da crítica das informações. Esses procedimentos de cunho historiográfico foram relatados na vida de Demóstenes:

> Na verdade, estando disposto à escrita de um texto histórico, com diferentes fontes e não tendo as informações à mão, mas distribuídas em diversos locais, realmente é preciso ir para o estrangeiro. Deve ser para uma grande cidade, que seja de muito boa fama, amante do belo e bastante populosa. Lá, haverá acesso a livros de todas as espécies. Também, estando disponível para ouvir, é possível captar e buscar, por meio de perguntas, os registros que escaparam aos escritores, que também são de confiança, pois foram mantidos pela memória dos homens. Assim, a obra executada não necessitará de mais atributos[15] (*Demóstenes*, II, 1-2).

Nessa passagem sobressai o zelo de Plutarco com a escrita de um texto histórico baseado em fontes orais e literárias. Ao recomendar ao historiador a ida para uma cidade amante da beleza, certamente pensava nos monumentos nela edificados. A produção imagética de gregos e romanos, em certos momentos, é utilizada como testemunho de um fato. O uso e o confronto de fontes distintas denotam a relevância dos vestígios históricos na interpretação plutarquiana dos acontecimentos.

Embora Plutarco tenha afirmado na vida de Alexandre que, "na verdade, nem história escrevemos, mas vidas (...) deixando para os outros a grandiosidade dos fatos e as guerras" (*Alexandre*, I, 2-3), no prefácio da vida de Timoleão ele registrou: "Nós que com a história nos ocupamos seriamente e também a escrevemos habitualmente, provemos a eles, os melhores e os notáveis, memórias" (*Timoleão*, I, 5).

A definição plutarquiana do gênero literário de suas biografias, no prefácio da vida de Alexandre, demonstra a força da tradição grega em seu conceito de gênero historiográfico. Notamos que na biografia de Alexandre, Plutarco explicou a diferença entre biografia e História. Para o nosso autor, os acontecimentos dignos de memória, ou seja, as inúmeras guerras de que Alexandre participou, seriam, por se tratar de fatos inúmeros e grandiosos, a temática interessante ao gênero historiográfico. Plutarco justificou para o seu público, conhecedor da história do rei, a ausência de registros sobre as grandes batalhas que foram consagradas pela tradição e que envolveram a coletividade, afirmando que escrevia biografias, isto é, fatos sobre a vida de um indivíduo.

Ainda que Plutarco tenha conferido forma biográfica a um conteúdo que poderíamos denominar histórico, este não correspondia à temática escolhida pelos grandes historiadores gregos: a guerra. Identificamos que em Plutarco a definição de História estava em concordância com o pensamento dos antigos historiadores gregos, herdado da tradição iniciada no final do século VI a. C.[16]

Como demonstrou Murari Pires, "para a história herodotiana, dois atributos circunscrevem, no amplo horizonte das realizações humanas, a qualidade do que é 'memorável': a 'grandiosidade' e o 'maravilhoso' (*megála te kaì thomastá*). Então, feitos humanos em geral, que bem comportem grandeza e maravilhamento, são 'historiáveis'"[17], assim como "Tucídides expõe também a razão fundamentadora de tal distinção narrativa declarando o critério justificador de sua seletividade: ela fosse 'grande' e 'mais digna de relato' do que as precedentes (*'mégan' te kaì 'axiologótaton'*). Então, pelo atributo da *grandeza* por ela efetivada, essa guerra constitui 'dignidade discursiva' em grau superlativo"[18].

Contudo, se houve a necessidade de registrar a diferença entre biografia e História foi porque Plutarco viu a tênue linha que as separava. Dessa forma, em consonância com o pensamento histórico dos antigos gregos, para Plutarco, a história era a guardiã dos grandes acontecimentos, relegando à biografia a narrativa dos fatos menos importantes na vida política de pessoas ilustres. Entendemos, com a leitura de sua obra, que Plutarco não registrou somente a história do indivíduo em suas biografias: havia em seu entorno uma sociedade, que não foi ignorada por ele.

Somente com a leitura de todas as biografias é possível identificar a metodologia utilizada por Plutarco em suas narrativas e notar que, embora a estrutura geral corresponda à do gênero biográfico, em seu conteúdo encontramos o trabalho de investigação e de reflexão que são próprias do historiador. Logo, como vemos, este não escreveu apenas biografias, mas um tipo de História[19], uma história subjacente, a história que é a das cidades-estados de seus biografados.

O principal aspecto do gênero histórico observado por Plutarco foi a importância dada à veracidade dos fatos narrados. Na biografia de Péricles, por exemplo, ele se refere aos obstáculos que a parcialidade de suas fontes cria para os historiadores:

> Para quem nasce depois dos fatos, o tempo ido oculta os acontecimentos e com isso, parece ser inteiramente difícil e sofrida de executar a tarefa de um historiador em estabelecer a verdade dos fatos. É também dificultada pelos relatos daqueles que, por inveja e hostilidade, favoreceram e adularam seus coetâneos. Estes ofenderam e transformaram em diferentes formas a verdade (*Péricles*, XIII, 12).

Nesse trecho, Plutarco critica Estesímbroto de Tasos, biógrafo do século V a.C., pelas descabidas críticas feitas a Péricles em razão do soldo pago a um panegírico. A crítica de Plutarco denota sua atenção com as manipulações históricas daqueles que dedicavam sua obra ao elogio desmedido ou à difamação de um indivíduo. Com isso, Plutarco evitava registrar inadvertidamente os relatos de suas fontes, questionando-as, construindo sua narrativa com base na comparação e na crítica do material recolhido.

Estabelecido o interesse pela investigação da verdade, era preciso recolher informações das mais variadas formas. Sobre o trabalho com as fontes, Plutarco pensava que a escrita de um texto sobre o passado requeria daquele que o elaborava amplo conhecimento das informações legadas por seus antecessores. Como vimos, na vida de Demóstenes, ele aconselhou aos interessados em compor uma obra histórica rica em detalhes que, durante a pesquisa, residissem em uma cidade grande. O motivo estaria nas facilidades de contato com registros textuais e materiais variados, assim como com os relatos orais[20]. Neste trecho, ressaltamos a preocupação de Plutarco em arrolar as fontes que poderiam ser utilizadas pelos historiadores na escrita de sua obra.

Entretanto, Plutarco reconhecia a limitação do uso dos relatos orais na narrativa histórica. Na biografia de Teseu, verificou que as informações recolhidas da história oral de seus personagens traziam em seu conteúdo lendas trágicas contadas por poetas e mitógrafos que produziram alterações ao narrar os fatos, mas que podiam ser atenuadas com o esforço da razão, que depuraria parte das inverdades contidas nos relatos míticos:

> Escrevendo as *Vidas paralelas*, percorri muitas épocas e encontrei, na narrativa, fatos verossímeis baseados na história (...) quando publicamos a narrativa sobre o legislador Licurgo e o rei Numa. Assim sendo, conhecida a história de Rômulo, acreditamos não ser irracional ir próximo de seu tempo em nosso relato (...). Esperamos purificar com a razão o mito para que tome aspecto de história (*Teseu*, I, 1-3).

Plutarco, dessa maneira, não aceita o mito como tal, não reconhece seu estatuto de verdade, a não ser dando-lhe forma de História. A compreensão plutarquiana do mito passa necessariamente pela utilização do *logos* ou da razão para que o personagem mítico pertença a determinada sociedade, ocupando lugar no tempo e no espaço.

Outro aspecto examinado por Plutarco, e que interessa ao historiador, foi a organização cronológica dos fatos registrados em sua obra. Em várias passagens das biografias, podemos notar seu conhecimento da datação dos acontecimentos. Na vida de Temístocles ele enfatizou o domínio tucididiano da ordenação dos fatos e criticou a confusão predominante na cronologia de sua época[21]:

> Tucídides e Caron de Lampsaco investigaram sobre a morte de Xerxes; foi neste momento que Temístocles encontrou-se com o filho do rei. Porém, Éforo, Dinon, Clitarco e Heráclides, e ainda outros, dizem que Xerxes foi quem o recebeu. Mas, parece-me que Tucídides está mais próximo da cronologia, se bem que nenhuma dessas cronologias é precisamente ordenada (*Temístocles*, XXVII, 1-2).

Apesar da competência cronológica de Tucídides, Plutarco confere independência à sua própria narrativa ao questionar, na vida de Nícias, a seqüência dos acontecimentos em Citera, Trácia e Corinto[22]. A troca de nomes e a ambigüidade dos fatos teriam levado Plutarco a consultar a cronologia e, com isso, a discordar da seqüência dos acontecimentos registrados pelo historiador ateniense. De qualquer modo, é preciso frisar a importância que a fixação das datas apresentava para nosso autor.

Do ponto de vista de Plutarco, o historiador deveria, de posse das informações, ordená-las, mas desconfiar da cronologia, pois esta estaria repleta de contradições, como pode ser visto neste trecho extraído da vida de Sólon:

Então, alguns apoiados na cronologia desaprovaram o encontro dele com Croisos, dizendo que foi invenção. Penso que com uma narrativa ilustre, com o testemunho de muitos e que, além disso, combinando com o hábito decente de Sólon e com sua grandeza de alma e sua sabedoria, não me parece este fato preceder a cronologia que afirmo. Numerosos são os que atualmente têm se esforçado para corrigi-las, sem que ninguém de comum acordo resolvesse as contradições (*Sólon*, XXVII, 1- 2).

Sua desconfiança dos registros cronológicos deve-se às vagas datações dos fatos nas suas próprias fontes. Como as pesquisas de Cavaignac indicam, a cronologia dos antigos era incerta em virtude da multiplicidade de sistemas na medição do tempo decorrido[23] e Plutarco tinha ciência do problema. A importância da organização cronológica dos fatos em Plutarco aponta sua preocupação com a veracidade dos acontecimentos relatados em suas biografias. Além disso, indica o cuidado que Plutarco teve ao selecionar as informações reproduzidas nas vidas de seus personagens, elementos que revelam os critérios adotados por Plutarco no momento da escrita de sua obra.

Ainda nessa passagem, Plutarco indica o caminho para a resolução do impasse surgido no momento da datação dos fatos. Segundo ele, o historiador deveria apoiar-se em autor reconhecido pela sociedade por seu trabalho, considerar a quantidade de relatos sobre o acontecimento, bem como ponderar sobre os costumes de seu personagem e a situação descrita pelas fontes. Com tal procedimento, Plutarco expõe seu critério de seleção das informações, a qual se pautava na estatística dos registros, na conformidade do autor e na forma cultural do agente histórico.

Pensamos ser infrutífera a busca da verdade dos fatos, confrontando as informações contidas em Plutarco com as de outras fontes antigas. Com esse procedimento os autores identificaram apenas aspectos pontuais de sua narrativa, sem notar seu conteúdo e sua metodologia. Os estudiosos, em geral, centraramse na análise de uma biografia em particular, ou em fragmentos dela, desconsiderando o conjunto da obra. Afinal, como aponta Momigliano, Plutarco tinha um conhecimento respeitável de cronologia histórica e trabalhava conforme as evidências[24]. Como Plutarco discernia as normas de ordenação dos fatos históricos, certamente conhecia a história geral das principais cidades relatadas nas fontes antigas: Esparta, Atenas e Roma.

É curioso notar que, embora Pelling tenha, em artigo anterior, descartado o cuidado de Plutarco com a História, em seu estudo realizado sobre as biografias de *Mário* e *César*[25], reconheceu nelas uma visão mais propriamente histórica. Na opinião do pesquisador, Plutarco centrou-se no registro da interação entre o indivíduo e a sociedade. Caberia ao indivíduo relatar fatos históricos comprovados pela tradição literária. No entanto, a opção pelo uso da História encontraria justificativa apenas na sua intenção de ser inteligível para o leitor[26], sem que constituísse, por conseguinte, o objetivo central do próprio Plutarco.

Assim, consideramos que a veracidade das informações independe da forma literária empregada pelo autor. Ainda que o historiador utilize a poesia para narrar o acontecido, é o conteúdo que determina o seu caráter histórico, pois, como afirmou Aristóteles:

> Com efeito, não diferem o historiador e o poeta por escreverem verso ou prosa (pois bem poderiam ser postas em verso as obras de Heródoto, e nem por isso deixariam de ser história, se fossem em verso o que era em prosa) – diferem, sim, em que diz um as coisas que sucederam, e outro as que poderiam suceder[27] (*Poética*, 1451b).

Portanto, não é a forma biográfica de Plutarco que justifica a sua desqualificação como obra histórica, pois suas biografias contextualizam seus personagens, que, sem agir isoladamente, interagem com os demais conforme o contexto e os acontecimentos sociais. O contexto social dos biografados é peça importante na narrativa plutarquiana, e essa característica de suas biografias confere historicidade aos seus escritos, transformando-os em História[28].

Insistimos no fato de que Plutarco, apesar de suas contradições, relatou acontecimentos conforme as evidências encontradas nos registros dos antigos. Ressaltamos seu comprometimento com o registro da verdade, o que pode ser aferido pelo registro de versões distintas de um mesmo fato, deixando a interpretação a critério do leitor. De tal procedimento depreende-se que, quando a lógica dos fatos apontava para duas direções, Plutarco não se omitia em apresentá-las, demonstrando não as manipular. A dificuldade em visualizar na sua obra a preocupação de um historiador está em olhar os antigos como simples contadores de histórias, ou como meros retóricos. Como já observou Aristóteles:

> A retórica é a outra face da dialética; pois ambas se ocupam de questões mais ou menos ligadas ao conhecimento comum e não correspondem a nenhuma ciência em particular. De fato, todas as pessoas de alguma maneira participam de uma e de outra, pois todas elas em certa medida questionam e sustentam um argumento[29] (*Retórica*, 1354a).

Plutarco emprega a forma biográfica e alguns elementos do estilo retórico, mas a pesquisa e a seleção das informações para a escrita de suas biografias remetem ao procedimento do historiador. Ressaltamos que a natureza histórica dos escritos de Plutarco é determinada pelo conteúdo histórico e pelas reflexões acerca da escrita da História.

Compreender os acontecimentos históricos partindo de uma lógica que nos permita a sua aproximação com a verdade tem sido a tarefa do historiador. Para nós, bem como para os antigos, a observação dos acontecimentos era trabalho de investigação, comparado à autópsia realizada pelo médico[30]. A retórica incorporou-se tardiamente à escrita[31] como instrumento para a exposição dos pensamentos, sem implicar, necessariamente, distorção dos fatos. Conforme afirmou Lacroix, a retórica se diferencia da História[32], pois a inquietação maior desta é o registro da verdade dos fatos[33].

A aparente contradição do próprio Plutarco ao afirmar que escrevera biografias no prefácio da vida de Alexandre e histórias no prefácio da vida de Timoleão manifesta sua dificuldade em dissociá-las. O impasse plutarquiano explica-se pela sua concepção de História, que era pautada na visão tradicional dos gregos, como a guardiã dos grandes acontecimentos. Então, para Plutarco, havia a dificuldade de relacionar a história de um indivíduo com o conceito de História desenvolvido pelos gregos. Apesar de reconhecer a estrutura biográfica de sua obra, o autor tinha a noção de que seu trabalho fora o resultado de investigação dos fatos.

Dessa maneira, de acordo com a sua noção de História, Plutarco não escreveu a história, mas a biografia de seus personagens. Reconhecia a metodologia e o conteúdo histórico de sua narrativa, embora estes não se encaixassem em sua definição de História. Por isso, a aparente contradição: no prefácio da vida de *Timoleão* revela familiaridade com os procedimentos do historiador, como se escrevesse História. Na biografia de Alexandre, Plutarco explica a diferença entre biografia e História, e afirma escrever biografias.

Contudo, as incertezas de Plutarco são próprias do pensamento de uma época em que o conceito de História estava relacionado ao registro dos grandes fatos políticos, como a guerra. Em nosso tempo a discussão sobre o conceito de História permanece. No entanto, reconhecemos que a história de vida de um indivíduo é de interesse do historiador.

Bibliografia

AALDERS, G. J. D. *Plutarch's Political Thought.* Amsterdam, Oxford, New York: North-Holland, 1982.

BARBU, N. I. Les procédés de la peinture des caractères et la verité historique dans le biographies de Plutarque (thèse pour le doctorat en Lettres présentée à la Faculté des Lettres de l'Université de Strasbourg), Paris: Nizet et Bastard, 1933.

BRENK, F. E. An Imperial Heritage: the Religious Spirit of Plutarch of Chaeroneia. *Hermes*, 36, 1987, p. 249-349.

CAVAIGNAC, E. *Chronologie de l'histoire mondiale.* Paris: Payot, 1934.

COLE, T. *The Origins of rhetoric in Ancient Greece.* Baltimore, London: The John Hopkins University Press, 1991.

DELVAUX, G. Plutarque: chronologie relative des *Vies parallèles. LEC*, 63, 1995.

HANI, J. *La religion égyptienne dans la pensée de Plutarque.* Paris: Belles Lettres, 1976.

———. Plutarque en face du dualisme iranien. *REG*, LXXXVII, 2, 1964, p. 523-5.
LACROIX, B. *L' Histoire dans l' antiquité.* Montreal, Paris: Institut d' études médiévales & J.Vrin, 1951.
MOMIGLIANO. A. History Between Medicine and Rhetoric. In: *Ottavo contributo alla storia degli studi classici e del mondo antico.* Roma: Edizioni di Storia e Letteratura, 1987.
———. *La storiografia griega.* Barcelona: Crítica, 1984.
———. The Place of Ancient Historiography in Modern Historiography. In: *Entretiens sur l'antiquité classique.* XXVI, Vandoeuvres, Genève, 1979.
MURARI PIRES, F. *Mithistória.* São Paulo: Humanitas, 1999.
PELLING, C. B. R. Plutarch and Roman Politics. In: MOXON, I. S. SMART, J. D. & WOODMAN, A. J. *Past Perspectives: Studies in Greek and Roman Historical Writings.* Cambridge: University Press, 1986, p. 159-187.
SHOTWELL, J. *Historia de la Historia en el mundo antigo.* México: Fondo de Cultura Económica, 1940.

Notas

1 A. Momigliano. The Place of Ancient Historiography in Modern Historiography. In: *Entretiens sur l'antiquité classique.* XXVI, Vandoeuvres, Genève, 1979, p. 146.
2 ———.1993, p. 2.
3 J. HANI. *La religion égyptienne dans la pensée de Plutarque.* Paris: Belles Lettres, 1976, p. 476.
4 Ibid., p. 468.
5———. Plutarque en face du dualisme iranien. *REG*, LXXXVII, 2, 1964, p. 523-5.
6 G. Delvaux. *Plutarque: chronologie relative des Vies parallèles. LEC*, 63, 1995, p. 106.
7 Brenk, op. cit., p. 315.
8 N. I. Barbu. *Les procédés de la peinture des caractères et la verité historique dans les biographies de Plutarque.* Paris: Nizet et Bastard, 1933, p. 57, 59, 71, 98,123.
9 Ibid., páginas 90 e 136.
10 Ibid., p. 127.
11 Ibid., páginas 57, 71 e 98.
12 Ibid., p. 6-10.
13 G. J. D. Aalders. *Plutarch's Political Thought.* Amsterdam, Oxford, New York: North-Holland, 1982, p. 5.
14 Ibid, p. 8.
15 As traduções das biografias plutarquianas apresentadas neste artigo são de responsabilidade da autora.
16 A. Momigliano. *La storiografia griega.* Barcelona: Crítica, 1984, p. 11.
17 F. Murari Pires. *Mithistória.* São Paulo: Humanitas, 1999, p. 152.
18 Ibid., p. 151.
19 Momigliano, 1993, p. 6.
20 Em *Demóstenes* (II,1), Plutarco argumenta que o emprego das fontes orais se faz necessário em virtude da insuficiência das fontes escritas quanto ao relato pormenorizado dos acontecimentos históricos.
21 *Temístocles*, XXVII, 1, 2.
22 Comparando o capítulo VI da biografia de Nícias com os livros III e IV da *História da Guerra do Peloponeso,* notamos que a cronologia desses relatos está distintamente organizada.
23 E. Cavaignac. *Chronologie de l'histoire mondiale.* Paris: Payot, 1934, p. 34.
24 Momigliano, 1993, p. 180.

25 Pelling., 1986, p. 161.
26 Ibid., p.159.
27 Aristóteles. *Poética*. Trad. Eudoro de Souza. São Paulo: Ars Poética, 1993.
28 J. Shotwell. *Historia de la Historia en el mundo antigo*. México: Fondo de Cultura Económica, 1940, p. 20. O autor considera que a biografia se converte em História quando o escritor insere o indivíduo em sua sociedade.
29 Aristóteles. *Retórica*. Trad. Manoel Alexandre Júnior, Paulo Farmhouse Alberto & Abel do Nascimento Pena. Lisboa: Imprensa Nacional & Casa da Moeda, 1998.
30 ———.History Between Medicine and Rhetoric. In: *Ottavo contributo alla storia degli studi classici e del mondo antico*. Roma: Edizioni di Storia e Letteratura, 1987, p.14.
31 Cole, T. *The Origins of rhetoric in Ancient Greece*. Baltimore, London: The Johns Hopkins University Press, 1991, p. 116.
32 Lacroix, B. *L' Histoire dans l' antiquité*. Montreal, Paris: Institut d' études médiévales & J.Vrin, 1951, p. 215.
33 Ibid., p. 223.

A ESTRUTURA DO *DE CLEMENTIA*, DE SÊNECA

Marilena Vizentin

Depois da tentativa de François Préchac[1] em estabelecer a verdadeira seqüência do tratado *De Clementia*, de Sêneca, outros estudiosos passaram a concentrar seus trabalhos na análise de sua estrutura, buscando solucionar o problema da composição. Assim, durante os quarenta anos que se seguiram, Paul Faider, Eugène Albertini e Francesco Giancotti[2] procuraram, sem resultados significativos, analisar as idéias contidas no tratado a fim de reagrupá-las. Suas conclusões, pouco consistentes, de um lado apontavam a ausência de um fio condutor que ordenasse os elementos presentes na obra e, de outro, propunham a existência de aspectos ligados à retórica, em que prevalecia um jogo de relações entre Sêneca, Nero e a opinião pública.

Segundo Bernard Mortureaux, é apenas depois da década de 1960 que os estudos relativos à estrutura de *De Clementia* se aprofundam, apresentando inovações. Entre eles encontram-se os de Pierre Grimal, M. Führmann, Karl Büchner, López Kindler, além de seu próprio trabalho[3]. Suas conclusões permitiram a definição de quatro pontos principais: primeiro, que o estudo do vocabulário era fundamental para a definição de cada termo dentro da obra; segundo, que a composição do *De Clementia* era dominada pela retórica e pelo ensino da filosofia estóica em particular; terceiro, que o modo de exposição utilizado por Sêneca revela uma técnica específica de apresentação da *clementia*, em que as repetições do texto desempenham papel fundamental, pois reportam o leitor sempre ao tema central da obra, isto é, à clemência; e, finalmente, que a intenção de Sêneca, ao propor regras de comportamento ao príncipe, ultrapassava as circunstâncias da produção de sua obra na medida em que sugeria um ideal de principado.

Esses estudos permitiram, além de melhor e mais profunda compreensão da obra, uma visão mais ampla dos objetivos e do pensamento de Sêneca. Os trabalhos[4] que se seguiram a partir de então voltaram-se sobretudo para o conceito da *clementia*, bem como de sua inserção histórica no contexto em que foi elaborado. É o que acontece, por exemplo, com a dissertação de Ingeborg Braren, na qual se pode encontrar uma análise das várias acepções que a *clementia* vai adquirindo, segundo ela, ao longo da obra.

O trabalho que resultou em minha dissertação de mestrado[5], da qual foi extraído este artigo, aproxima-se mais do segundo grupo de estudos acima referido, pois procura analisar a teoria de poder elaborada por Sêneca em seu tratado, bem como a relação existente entre a produção dessa obra e o contexto histórico em que foi elaborada.

Essas questões, entretanto, não podem ser realmente definidas sem um estudo bastante acurado da estrutura do tratado, já que têm implicações importantes no que concerne aos seus objetivos. Assim, a análise que segue, ao esclarecer o plano lógico-argumentativo do *De Clementia*, permite melhor visualização da seqüência de exemplos utilizados por Sêneca; por ela, é possível observar o jogo de oposições em que aqueles exemplos figuram e, finalmente, reconhecer novo arranjo, qual seja, o das contradições, omissões, dos pressupostos e eventuais lapsos presentes na obra.

Esse breve exame, baseado no texto tradicional[6], conforme aparece na edição de C. Hosius[7] e utilizado também na edição inglesa[8], pretende, portanto, além de confrontar os dados já disponíveis na bibliografia consultada, observar o encadeamento dos elementos que compõem a obra, bem como a sucessão de idéias no interior de determinada exposição e a sucessão dessas exposições ao longo do texto. Assim, acompanha-se o raciocínio de Sêneca, obtendo um contorno mais definido dos argumentos por ele apresentados, de forma a evidenciar quaisquer incoerências e antagonismos, bem como as principais conjecturas do tratado.

Em princípio, uma primeira leitura do *De Clementia* apresenta uma série de idéias que, aparentemente, estão colocadas no mesmo plano, sem um respeito maior pela sua hierarquia. Mortureaux[9] chamou a isso "análise linear", e propôs um estudo muito mais aprofundado, em que levou em consideração não só os argumentos do tratado e sua disposição ao longo da obra, mas também o significado e o valor adquiridos pelo vocabulário utilizado por Sêneca em sua composição. Trata-se, portanto, de um trabalho bastante rigoroso de lexicografia, ao qual se recorreu por explicitar, de modo extremamente inovador, toda a arquitetura da argumentação senequiana e toda a complexidade da nova teoria política que dela se depreende.

De acordo com Mortureaux, o livro I[10] pode ser dividido em cinco grandes conjuntos: três grupos formados por dois pares de textos que se correspondem, e dois grupos a que ele chamou "intermediários"[11]. As correspondências dar-se-iam, então, neste sentido:

1– I, 1	3– I, 12-13
4– I, 2-8, 5	2– I, 14-16, 1
2– I, 8, 6-10	5– I, 16, 2-24
3– I, 11	1– I, 25-26

em que o grupo 1 (I, 1 e I, 25-26) corresponderia, respectivamente, ao elogio de Nero clemente e às imprecações contra a crueldade; o grupo 2 (I, 8, 6-10 e I, 14-16, 1) ao processo de Cina e ao processo do filho de Tário; o grupo 3 (I, 11 e I, 12-13) ao paralelo entre a crueldade de Augusto e a clemência de Nero e o paralelo entre o tirano e o bom rei; e, finalmente, os grupos intermediários 4 e 5 (I, 2-8, 5 e I, 16, 2-24), em que se faz uma exposição da condição principesca da qual resulta a necessidade de ser clemente, e em que se evoca a autoridade de um homem sobre outro e de um homem sobre um animal.

A análise que segue procurará conciliar esses dois planos, de modo que se possa avançar no estudo da estrutura do *De Clementia* por meio de dois enfoques distintos, porém, complementares.

Em *De Clem.* I, 1 Sêneca elabora sua dedicatória a Nero atribuindo-lhe, em seguida, um monólogo em que este demonstra ter consciência de seus deveres como soberano. Apresenta, portanto, o sujeito (a clemência), o destinatário (Nero) e a intenção da obra (mostrar Nero como a maior de todas as satisfações). Elogiando Nero e sua clemência, esse preâmbulo apresenta-se como espécie de *adulatio* ou de uma *laus*. Em *De Clem.* I, 2 a I, 4, no entanto, verifica-se o rigor de um pensamento que segue um curso preciso, pois o vocabulário utilizado remete a três grupos distintos de palavras: um vocabulário jurídico e religioso, um que se refere às atividades militares e outro concernente aos aspectos morais[12]. O vocabulário jurídico-religioso exprime os fundamentos do *arbitrium* do príncipe, que tem de prestar contas apenas aos deuses; traduz, em resumo, as relações entre Nero e o todo que lhe é submisso. Esses dois grupos de palavras exprimem, portanto, os fundamentos mesmos de uma monarquia absoluta, ou seja, uma forma de governo com bases religiosas em que as leis devem ser respeitadas, tal como já o havia estabelecido Augusto. Finalmente, o vocabulário de cunho moral traduz o modo pelo qual Nero deve exercer seu poder, ou seja, por meio da clemência inspirada pelos deuses.

Na seqüência (*De Clem.* I, 1, 5-6), são apresentadas as vantagens pessoais que Nero retira do uso da clemência (glória, reconhecimento e afeição). Sua grande responsabilidade com todos, afirma Sêneca, não seria apenas aprovada pelos "insignificantes", mas também pelos "poderosos", que, constantemente em evidência, deveriam ser alvo da clemência principesca com mais freqüência, revelando, assim, também as vantagens que o mundo retira de sua clemência (*De Clem.* I, 1, 7-9), como espécie de retorno à Idade de Ouro[13]. Essa primeira exposição dá lugar, pois, ao que Mortureaux reconhece como o primeiro grupo intermediário da obra (*De Clem.* I, 2-I, 8-5). Nela, Sêneca refuta a opinião dos que são contrários à clemência por ela se manifestar apenas no interesse dos pecadores. Depois, fala da necessidade dessa virtude e adverte para que seja utilizada com equilíbrio. Em *De Clem.* I, 3, 1 propõe a divisão do conteúdo da obra (*diuisio*) e, a seguir (*De Clem.* I, 3, 2), retoma a argumentação anterior. Para Sêneca, a clemência convém a todos, mas especialmente aos reis e príncipes, já que é por meio dela que têm a garantia da devoção de seus súditos. Estes, por sua vez, não podem subsistir sem o príncipe, pois dele dependem sua existência e proteção. O príncipe pode ser então, por isso, considerado digno de grandeza. A conclusão a que chega Sêneca (*De Clem.* I, 6), finalmente, remete à introdução dessa primeira parte (*De Clem.* I, 1, 1): a clemência é necessária porque não existe quem não seja culpado de alguma coisa; portanto, não se pode dizer que ela se manifesta apenas no interesse dos pecadores, porque todos o são. Sendo assim, o príncipe deve agir como os deuses, não se deixando dominar pela cólera. Isso o torna diferente e menos livre, portanto, que os homens em geral.

O conjunto dos capítulos que forma esse primeiro grupo intermediário revela, pois, uma exposição da condição principesca, da qual resulta a necessidade de ser clemente[14]. Ela comporta, por sua vez, dois planos: um que define a função do príncipe e outro que precisa a sua responsabilidade, de modo a evidenciar a associação indissolúvel do governante e dos governados. Para tanto, são empregadas metáforas jurídicas (*De Clem.* I, 4, 3 e I, 6, 1) e morais (*De Clem.* I, 3, 5; I, 4, 1 e I, 5, 1, por exemplo); perífrases sobre a origem do poder do príncipe (*De Clem.* I, 5, 3; I, 5, 5 e I, 5, 7), sobre a grandeza desse poder (*De Clem.* I, 5, 3-4) e ainda sobre o alcance desse poder (*De Clem.* I, 5, 4 e I, 5, 6); além de comparações da posição do príncipe por meio de imagens (*De Clem.* I, 3, 3; I, 3, 5; I, 5, 7 e I, 7, 1-4). Essa análise da condição principesca é feita, enfim, não por ela mesma, mas para "convidar o príncipe à clemência"[15].

O desenvolvimento que se segue (o processo de Cina – *De Clem.* I, 8, 6-10) procura mostrar a utilidade da clemência. Ela é necessária também porque garante a segurança do príncipe. Augusto perdoa aquele que o tentou matar, oferecendo-lhe o consulado e transformando-o em seu principal herdeiro. Em sua fala, Sêneca enumera ainda inúmeros outros personagens que haviam conspirado contra Augusto, os quais, uma vez descobertos, foram eliminados. O fato de terem sido suprimidos, no entanto, de nada valeu, pois novos conspiradores tornaram a aparecer. Depois de sua atitude com Cina, sublinha, Augusto nunca mais teria sido alvo de atentados[16]. Passagem semelhante aparece também, mais adiante, em *De Clem.* I, 23, 1, quando Sêneca faz alusão à severidade de Cláudio em relação aos crimes de parricídio: quanto mais ele os perseguia, mais crimes eram cometidos. A conclusão a que chega Sêneca é a de que somente a clemência pode colocar um fim na ocorrência de delitos graves (esse argumento vai ser retomado ainda entre *De Clem.* I, 16, 2 e I, 19, 4 e em *De Clem.* I, 22-24).

Com base no exemplo de Cina, Sêneca compara, então (em *De Clem.* I, 11), a clemência de Augusto, tardia, com a de Nero, que já despontava em seus primeiros anos de governo. A principal diferença nessa passagem, mais uma vez, está no vocabulário[17]: concreto quando se trata de enumerar a crueldade de Augusto, e abstrato e de caráter moral quando define a atitude de Nero. Embora a maior parte seja dedicada à clemência de Augusto, pois Nero havia pouco iniciara sua vida pública, Sêneca censura Augusto por sua clemência tardia exaltando Nero, não deixando, portanto, que este ficasse à sombra daquele. Disso (de *De Clem.* I, 12 em diante), infere ser justamente a clemência a diferença entre um tirano (constantemente ameaçado, como Augusto) e um rei (que é amado pelos seus súditos, como Nero). Além disso, Nero deveria saber diferenciar entre seus adversários os que poderiam se tornar inimigos em potencial (como os que traíram Augusto), e aqueles que um dia poderiam vir em seu auxílio, mesmo tendo estado em campo adversário (como Quinto Délio, Cneu Domício Ahenobarbo e Marco Valério Messala Corvino, que abraçaram a causa de Octaviano durante a Batalha de Ácio).

No que se refere ainda à questão das diferenças entre o rei e o tirano, o importante para Sêneca não era a nomenclatura, mas as atitudes do governante. Para demonstrar sua afirmação, recorreu a inúmeros exemplos: no primeiro deles comparou Dionísio, o Velho, que, mesmo tendo transformado Siracusa em poderosa cidade do Mediterrâneo, foi chamado tirano pelos historiadores, seus contemporâneos[18]; e Sula, que apesar de seu valor militar, havia trucidado milhares de inimigos (*De Clem.* I, 12, 1). Nero, portanto, não deveria fazer como aqueles que (referências implícitas a Tibério e Calígula) preferiam ser até mesmo odiados, desde que fossem respeitados. Ao contrário, deveria igualar-se ao médico, ao professor e ao militar, pois eles tratam os que estão sob seus cuidados moderadamente e visam apenas o arrependimento das faltas cometidas.

Na próxima seqüência (*De Clem.* I, 14-16, 1), Sêneca menciona os exemplos de Tário e Triconte, dois cavaleiros romanos da época de Augusto vítimas das conspirações de seus filhos. Tário contentou-se em exilar seu filho, mas Triconte matou o seu por meio de açoites em praça pública (*De Clem.* I, 15, 1-7). Essa narrativa, assim como a de Cina, pretende acumular testemunhas do respeito às formas judiciárias por parte de Augusto[19]. Ela complementa, por sua vez, a de Cina: nela Augusto desempenha o papel de advogado (que não exerce no episódio anterior), respeita todas as formas judiciárias, e a sentença está de acordo com os dados do processo, ou seja, existe uma punição, embora atenuada. O que Sêneca quer demonstrar com isso é que o príncipe deve se submeter à lei para respeitar os direitos do outro e evitar qualquer tipo de arbitrariedade na punição. Ele possui, no entanto, liberdade diante dela, pois pode exercer a clemência no domínio que melhor lhe parecer, seja no âmbito público, seja no privado[20].

O segundo grupo intermediário (*De Clem.* I, 16, 2 a I, 24) é dividido, a seu turno, em dois grandes conjuntos: um (*De Clem.* I, 16-2 a I, 19) é vivo e permeado de imagens; já o outro (*De Clem.* I, 20 a I, 24) é estritamente demonstrativo[21]. No primeiro conjunto vê-se uma série de exemplos que enumeram as diversas formas de autoridade, quais sejam, a do pai em relação aos filhos, a do professor em relação aos alunos e a do centurião em relação aos seus soldados, evocando, assim, a autoridade de um homem sobre outro. No segundo conjunto, ao contrário, Sêneca evoca a autoridade do homem sobre o animal: a do mestre domador, a do caçador e a do condutor de mulas. Seguem-se outros três exemplos, mais desenvolvidos: a autoridade do príncipe em relação à do médico (*De Clem.* I, 17), à do senhor de escravos (*De Clem.* I, 18) e à do "rei" das abelhas (*De Clem.* I, 19, 2-4).

No primeiro caso, o argumento de Sêneca vai no sentido de que o príncipe, tal como o médico, é capaz de exercer autoridade sobre seus subordinados sem impor sua vontade. Já em relação ao senhor de escravos, remete-se a Védio Polião, um dos conselheiros de Augusto que agia com grande crueldade com seus escravos. Nesse exemplo, Sêneca aconselha Nero a preservar sua imagem, para não ser lembrado como aquele que "nasceu para o flagelo público". Conclui então que o príncipe, pela sua própria posição, não deve fazer mal a absolutamente ninguém, pois sendo mais poderoso do que todos pode destruir tudo à sua volta com uma simples alteração de voz. Finalmente, no *exemplum* retirado de Virgílio[22], que descreve a convivência das abelhas, Sêneca admite que o "rei", por ser mais poderoso, é também maior, e protege-se no centro da colméia. Esse é o mote para concluir que apenas o amor dos súditos pode salvaguardar o príncipe de quaisquer perigos.

Em seguida (*De Clem.* I, 20-24), Sêneca substitui a acumulação de exemplos por um exame metódico dos motivos que devem levar o príncipe à indulgência. Fala então das punições que o príncipe deve empreender. Segundo ele, existem duas instâncias em que algum tipo de punição deve ser efetivado: aquela que se refere a uma injúria feita ao príncipe (*De Clem.* I, 20, 21) e aquela que diz respeito ao interesse geral (*De Clem.* I, 22-24). No primeiro caso, a clemência do príncipe salvaguarda sua honra e grandeza; já no segundo, garante a segurança de cidadãos honestos. Os exemplos voltam a aparecer apenas nos últimos capítulos, quando Sêneca desaprova a severidade de Cláudio em relação aos delitos (particularmente os de parricídio, em *De Clem.* I, 23, 1), retomando a argumentação utilizada em *De Clem.* I, 16, 2 e I, 19, 4 acerca dos crimes que são combatidos com mais crimes, e quando menciona um decreto do Senado em relação aos escravos (em I, 24, 1). Sêneca procura provar, com isso, que a clemência atinge muito melhor os objetivos do príncipe do que a severidade ou mesmo a crueldade, sobre a qual vai discorrer nas próximas duas passagens (*De Clem.* I, 25-26).

A continuidade de sua exposição dá-se por meio de novo exemplo, que o príncipe não deve seguir, qual seja, o da crueldade de Alexandre, que lançara Lisímaco, um de seus generais, entre as feras (*De Clem.* I, 25, 1). Por meio dessa passagem, em que se observam alguns elementos da imagem tradicional do tirano (exemplificada no texto ainda pelas referências a Dionísio, Fálaris e Calígula), Sêneca conclui ser a crueldade odiosa, pois obriga os que dela fazem uso a persistir nela. Finalmente, acrescenta que a prática da crueldade não proporciona segurança, pois suscita revolta pública e permite que conspirações sejam tramadas em segredo.

O vocabulário empregado nessa seqüência, segundo Mortureaux[23], opõe-se de maneira bastante evidente àquele empregado no primeiro grupo da obra (*De Clem.* I, 1 – jurídico, religioso e moral), pois a intenção aqui é propiciar um retrato da decadência do homem e da destruição do universo. Em *De Clem.* I, 26, 5, no entanto, há uma evocação da felicidade prometida desde I, 1, sublinha-se o reconhecimento dos cidadãos (*De Clem.* I, 5) e precisa-se, finalmente, o verdadeiro conteúdo da clemência, como que respondendo a *De Clem.* I, 4 e I, 5.

Após expressar sua admiração por uma atitude de Nero, na qual este demonstrou hesitação ao assinar uma condenação capital[24], o segundo livro do *De Clementia* dá continuidade ao primeiro, na medida em que inicia sua argumentação pela distinção entre severidade e crueldade. Isso é necessário, segundo Sêneca, para que se possa tomar conhecimento do verdadeiro oposto da clemência. O autor distingue dois tipos de crueldade: a daqueles que não têm motivo para punir (como as de Busires e Procrustes, em *De Clem.* II, 4, 1-2); e a daqueles que, mesmo tendo motivos para punir, não tomam nenhuma medida (como a de Fálaris, em *De Clem.* II, 4, 3). A fim de que o príncipe não incida na crueldade, Sêneca passa a definir os vários estados da alma, explicando a origem de uma paixão para que ela não seja confundida com uma virtude (*De Clem.* II, 3-7 e II, 7, 1). Assim, pois, primeiramente distingue a clemência da compaixão, já que muitos tomam a última como virtude e não como fraqueza, o mesmo fazendo com o perdão. O que se percebe então é uma clara contraposição de idéias: a distinção entre duas virtudes (severidade e clemência), e entre uma virtude (clemência) e outras paixões (compaixão e perdão).

No primeiro caso, conclui-se que, por suas características, a severidade não é o contrário da clemência, pois visa interesses justos e não pérfidos como a crueldade, esta sim o verdadeiro contrário da clemência. No segundo, Sêneca afirma que a compaixão, bem como o perdão, não podem ser tomados como virtudes, mas como fraquezas, pois implicam sofrimento e, como decorrência, tristeza. E nada disso pode ocorrer sem que haja perturbação da razão e da serenidade do príncipe, sem que sua lucidez seja comprometida. Portanto, não convém ao verdadeiro sábio, a quem o príncipe deve imitar. O sábio deve ser útil, assim como o príncipe, e ambos não devem se abalar perante as misérias do mundo, pois quando isso acontece, correm o risco de não poder proceder a julgamentos com a devida clareza e probidade.

O segundo livro revela ainda, apesar de incompleto, uma seqüência de temas que retoma a estrutura do primeiro. Ele se apresenta, no entanto, "bastante debilitado"[25]: o novo elogio a Nero clemente (*De Clem.* II, 1-2) é pesadamente acentuado e as sentenças que sugerem os poderes e os deveres do príncipe, as relações entre o príncipe e os deuses e entre o príncipe e os homens são apresentadas mediante frases curtas, pouco desenvolvidas, ao passo que o capítulo *De Clem.* II, 3-7 muda bruscamente de tom, evidenciando a forma rigorosa de exposição adotada pela escola estóica. Além disso, o livro II retoma dois temas já existentes no livro I, quais sejam, a frase de Ácio e a metáfora do *caput/corpus* (embora nos dois casos seus usos sejam diferentes).

A estrutura do *De Clementia* permite, dessa maneira, algumas conclusões bastante significativas. Em primeiro lugar, que o primeiro capítulo do livro I não passa de um longo preâmbulo em que Nero e sua clemência são elogiados a todo momento. No conjunto, reflexões, exemplos e fórmulas vão se repetindo de maneira brilhantemente arquitetada, embora revelem verdadeira fixação em dois temas, que são reconduzidos ininterruptamente durante todo o livro I, quais sejam, o das virtudes de Nero e o da segurança que a clemência (uma de suas virtudes) proporciona aos que dela fazem uso (no caso, os reis)[26]. Embora a temática seja recorrente, as divisões e subdivisões lógicas estão presentes e percorrem toda a obra. Assim, apesar da profusão de paradoxos, antíteses, metáforas e paralelos, que formam uma série de "choques discretos"[27], o tratado possui uma lógica argumentativa latente, com articulações, divisões e subdivisões bastante claras e desenvolvidas, cada uma delas constituindo uma análise de situações concretas e de apreciações de grande agudeza sobre a natureza e o comportamento humanos.

Na primeira parte, por exemplo, é possível encontrar, em algumas passagens, elementos que evidenciam as regras utilizadas para a composição de um discurso, tal como na fala de Augusto quando do episódio de Cina. Nele pode-se verificar a existência, respectivamente, do *exordio*, da *narratio*, da *argumentatio*, da *peroratio*, e mesmo de uma concessão oratória (*De Clem.* I, 9, 1)[28]. Já do que se possui da segunda parte, verifica-se que as frases iniciadas em II, 3, 1 (sobre a natureza e os limites da clemência), II, 4, 1 (distinção entre clemência e severidade) e II, 4, 4 (distinção entre clemência e compaixão e, mais adiante, entre clemência e perdão) indicam que as diferentes noções serão examinadas uma após a outra, em ordem visivelmente premeditada.

A argumentação senequiana, portanto, não é muito fácil de ser observada, pois vários aspectos de uma mesma idéia são desenvolvidos num único tópico, de forma que a primeira impressão que se tem é a de um texto bastante desordenado e com muitas repetições. De acordo com Kenney, esse aspecto da prosa senequiana leva muitos estudiosos a afirmar que seus escritos possuem "deficiência no senso de proporção e inabilidade para concluir determinados tópicos"[29], causando o efeito de uma pessoa que fala sem parar, demonstrando inúmeros pontos de sua argumentação como melhor lhe parece, sem um plano preconcebido, enfim. Não é, entretanto, o que afirma Albertini[30] – segundo o qual o *De Clementia*, à maneira de outras obras já escritas por Sêneca, segue um plano formado e anunciado anteriormente, e desenvolvido em seguida ponto por ponto –, e Mortureaux[31], para quem o desenvolvimento do pensamento de Sêneca segue um plano "muito simples e muito claro", em conformidade com os usos retóricos próprios da filosofia. Engenhosa e surpreendentemente, Sêneca, do centro do livro I em diante, retoma os procedimentos de expressão adotados na primeira metade em ordem exatamente inversa, não, entretanto, para recolocar as mesmas idéias, mas para lhes enriquecer com um desenvolvimento que se desenrola em sentido contrário. À parte o desenvolvimento aqui observado em sua estrutura, outras ordenações podem ser verificadas sem prejuízo das demais, mas isto já é assunto para outro artigo.

Notas

1 F. Préchac. Sénèque – *De la clémence*. Introduction. Le traité *De Clementia*, sa composition et sa destination. Paris: Les Belles Lettres, 1921, e La date et la composition du *De Clementia*. *REL*, t. X, 1932, p. 91-114.

2 E. Albertini. *La composition dans les ouvrages philosophiques de Sénèque*. Paris: Boccard, 1923; P. Faider. Sénèque. *De la clémence*. I: Introduction et texte. Paris, 1928; e F. Giancotti. "Il

Posto della Biografia nella Problematica Senechiana. IV.5 Strutura del '*De Clementia*'". *RAL*, n° 10, 1955, pp. 36-61.

3 P. Grimal. La composition dans les *Dialogues* de Sénèque. Le *De Constantia Sapientis*, *REA*, n° 51, 1949, pp. 246-261; ____. La composition dans les *Dialogues* de Sénèque. Le *De Prouidentia*, *REA*, n° 52,1950, p. 238-257; M. Führmann. Die Alleinherrschaft und das Problem der Gerechtigkeit (Seneca: *De Clementia*). *Gym.*, vol. 70, n° 6, 1963, pp. 481-514; K. Büchner. Aufbau und Sinn von Seneca Schrift über die *Clementia*. *Hermes*, Wiesbaden, vol. 98, n° 2, 1970, p. 203-223; L. Kindler. Problemas de composition y estructura en el *De Clementia* de Seneca. *Emerita*, t. XXXIV, fasc. 1, 1966, pp. 39-60; B. Mortureaux. *Recherches sur le De Clementia de Sénèque. Vocabulaire et composition.* Bruxelas: Latomus, 1973, e Les idéaux stoïciens et les premières responsabilités politiques: le *De Clementia*. *ANRW*, II.36.3, 1989, p. 1639-1685.

4 Cf. I. Braren. O *De Clementia* de Sêneca. Dissert.de Mestrado. São Paulo, FFLCH-USP, 1985 e J. Dingel. *Misericordia Neronis* zur einheit von Senecas *De Clementia*, *RhM*, n° 132, fasc. 2, 1989, p. 166-174.

5 M.Vizentin. Imagens do Poder em Sêneca. Dissert. de Mestrado. São Paulo, FFLCH-USP, 2001.

6 Convém ressaltar que, como o texto tradicional está incompleto, não há possibilidade de se empreender uma análise de sua estrutura como um todo.

7 C. Hosius. *De Beneficiis et De Clementia*. Leipzig: Teubner, 1900.

8 J.W. Basore. Seneca. *Moral Essays*. Cambridge: Harvard University Press, t. I, p. XIV, 1985 (The Loeb Classical Library). A tradução francesa (F. Préchac. *op. cit.*, 1921, p.VI) e a portuguesa (I. Braren. Sêneca. *Tratado sobre a Clemência*. Petrópolis: Vozes, 1990, p. 15, que se inspirou na tradução francesa), por sua vez, apresentam uma divisão tripartite da obra, de acordo com o texto estabelecido por F. Préchac.

9 B. Mortureaux. *op. cit.*, 1973, p. 12-13.

10 Ver B. Mortureaux. *op. cit.*, 1973, p. 11.

11 *Idem*, 1973, p. 15 e 39.

12 *Idem*, p. 16-19.

13 É assim que o início do governo de Nero é visto em muitas obras do período, como no *Apocolocintose*, de Sêneca (4, 1), nas *Bucólicas*, de Calpúrnio Sículo (éclogas I, v. 2 e IV, v. 30, entre outras) e no proêmio da *Pharsalia*, de Lucano.

14 B. Mortureaux. *op. cit.*, 1973, p. 41.

15 *Idem*, p. 45.

16 Parece, assim, que a primeira metade do livro I se destina claramente a mostrar que a clemência é a virtude por excelência do príncipe, porque ela responde às duas condições enunciadas pelos estóicos, que são a de ser honorável e útil. Ver, por exemplo, Cícero, *De Officiis*, III, 11 e III, 27 e *De Finibus Bonorum et Malorum*, III, 27 e IV, 56.

17 B. Mortureaux. *op. cit.*, 1973, p. 32-33.

18 Interessante notar que em *Ad Marciam de Consolatione* 17, 5 Dionísio é tomado como exemplo de atrocidade e injustiça, tendo se portado bem apenas quando seus próprios interesses estavam em jogo: "(...) lá estará o tirano Dionísio, destruição da liberdade, da justiça, ávido do despotismo (...)" (Tradução de C. F. von Raij. Sêneca. *Cartas Consolatórias*. Campinas: Pontes Editores, 1992).

19 B. Mortureaux. *op. cit.*, 1973, p. 30.

20 *Idem*, p. 30-31.

21 *Idem*, p. 49.

22 Virgílio. *Geórgicas*, IV, 212.

23 B. Mortureaux. *op. cit.*, 1973, p. 22.

24 Também Suetônio (*Les vies des douze Césars*. Paris, Les Belles Lettres, 1931) dá notícia dessa atitude de Nero em *Vida de Nero X*: "Certo dia em que o convidaram a assinar uma condenação capital, disse: 'Queria não saber escrever!'."
25 B. Mortureaux. *op. cit.*, 1973, p. 76-77.
26 E. Albertini. *op. cit.*, p. 73.
27 E. J. Kenney. (ed.). *The Cambridge History of Classical Literature*. Latin Literature (II). Cambridge: Cambridge University Press, 1982, p. 515.
28 M. Renard. "Sénèque, historien de la conjuration de Cinna", *Latomus*, jan.-mar. 1937, p. 245.
29 E. J. Kenney. *op. cit.*, p. 516.
30 E. Albertini. *op. cit.*, p. 262.
31 B. Mortureaux. *op. cit.*, 1973, p. 65.

A IDÉIA DE NATUREZA E A ATUALIDADE DE SÊNECA

Fábio Faversani

Em nossa pesquisa temos analisado os mecanismos de ordenação sócio-política vigentes à época do principado de Nero. Para tanto, utilizamos como fonte as obras de Sêneca. A obra desse escritor mostrou-se valiosa para o estudo que empreendemos. Ao longo de sua vida, ele residiu em diversas porções do Império Romano e, durante sua carreira, tanto ocupou posição de destaque na condução do Estado romano quanto foi exilado, perseguido e, ao final, morto por motivos políticos. Sêneca foi um homem que viu de tudo em diferentes lugares. E, para nossa felicidade, escreveu muito. Parte importante de sua produção foi preservada, chegando ate nós. Para analisar toda essa vasta produção, precisamos refletir sobre quais os fundamentos de sua elaboração intelectual. Uma peça-chave do pensamento senequiano é a concepção de natureza.

A natureza é uma idéia fundamental à realização do pensamento antigo em geral. Toda a reflexão filosófica durante a Antigüidade Clássica teve um ponto fundamental na concepção do que seria natural. Em razão de que a natureza assume essa importância? O motivo principal advém do consenso de que a ordenação natural seria perfeita. O natural é perfeito porque estabelece uma razão ideal entre todas as coisas do universo, equilibrando-as. Na natureza se revela a obra dos deuses, o produto de sua razão. A natureza é o resultado da razão divina e, assim sendo, não se transforma, a não ser pelo empenho dos próprios deuses ou dos homens. Todas as escolas filosóficas da Antigüidade concordavam quanto à idéia de que a natureza era uma ordenação racional perfeita – criada pelos deuses – e que se aproximar dessa razão natural seria encontrar a verdade da razão. Isso era fundamental para se ter a verdade sobre o que o homem deveria fazer para viver conforme a natureza, a razão divina. Pois o homem, por ser dotado de razão, é o único elemento capaz de agir contra a natureza. Esse paradoxo sempre intrigou os pensadores, que chegaram sempre a uma mesma conclusão: a natureza é o produto da razão divina, a razão do homem vulgar não segue a natureza e, assim, causa prejuízo à humanidade. Cabe ao filósofo descobrir a verdadeira natureza das coisas e o bem natural ao homem.

Sêneca era um pensador e, como tal, elegeu uma escola filosófica que servisse como ponto de partida de suas reflexões. Sendo estóico, impôs a essa escola uma perspectiva particular. Assim, importa tratar um pouco desse estoicismo senequiano. O estoicismo, à época de Sêneca, contrapunha-se ao epicurismo. Sêneca sintetiza as diferenças entre essas escolas do modo que segue:

> Não estou te falando daquela filosofia que expulsa o cidadão de sua comunidade, coloca os deuses à margem e põe a virtude na dependência do prazer; falo-te, sim, daquela que aceita como único bem o bem moral, que resiste soberanamente aos favores dos homens ou da fortuna, e cujo maior preço consiste em estar acima de qualquer preço (*Ep. Mor.* XC, 35).

Muito bem. Mas o que é um bem? Segundo Sêneca, "um bem é tudo aquilo que é conforme a natureza. Repara bem no que estou dizendo. Atenção: tudo quanto é bom é conforme a natureza; mas isto não implica que tudo que é conforme a natureza é um bem. Há alguma coisa conforme a natureza, mas tão insignificante que nem chega a merecer o nome de bem" (*Ep. Mor.* CXVIII, 12).

Daqui, então, pergunta-se: o que é a natureza? Reflitamos sobre as cartas, onde Sêneca escreveu que "é mais fácil intuir do que explicar o que é a natureza" (*Ep. Mor.* CXXI, 11). Com isso perdemo-nos no subjetivismo, no opinativo? Não! Para Sêneca, "há na natureza quatro tipos de ser: a árvore, o animal, o homem, o deus. Estes dois últimos, por serem racionais, possuem natureza idêntica, apenas diferindo entre si por ser um imortal e outro mortal" (*Ep. Mor.* CXXIV, 14). A esse axioma, une outro, segundo o qual, "a perfeição absoluta é aquela que é perfeita em relação à ordem universal da natureza, e esta é racional; os diversos seres só podem ser perfeitos em relação à sua espécie" (*Ep. Mor. loc. cit.*). De ambos Sêneca conclui: "És um animal racional. Qual é então o teu bem próprio? A perfeita razão" (*Ep. Mor.* CXXIV, 23).

E qual o significado disso tudo ante a compreensão da sociedade romana? Em primeiro lugar, cumpre destacar que a doutrina estóica se opõe frontalmente à noção aristotélica de escravidão natural. Para Aristóteles, as pessoas foram aquinhoadas com capacidades diversas pela natureza. Se alguns são, naturalmente, forjados para dirigir, para comandar, outros o são para obedecer. No livro I da *Política*, Aristóteles argumentará que tal princípio é que leva a mulher a dever obediência ao homem; o filho, ao pai; o escravo, ao senhor. Fazendo-o, mulher, filho e escravo não se colocam em posição que lhes faz perder, mas naquela que lhes destina suas particulares naturezas. Deixar-se controlar é o que melhor podem fazer. Não sabendo se dirigir, devem ser dirigidos. Caso tentem escapar a isso, contrariarão a natureza e, aí sim, prejudicar-se-ão.

Sêneca mostra outra perspectiva de entendimento. Ele nos diz, em um diálogo em que imagina a interlocução de Lucílio: "'São escravos'. Não, são homens. 'São escravos'. Não, são camaradas. 'São escravos'. Não, são amigos mais humildes. 'São escravos'. Não, são companheiros de servidão, se pensares que todos estamos sujeitos aos mesmos golpes da fortuna" (*Ep. Mor.* XLVII, 1. A mesma idéia aparece também em *De Clementia* I, 1, 3.). O escravo é um homem sem sorte; um homem! Essa equalização suporta-se não só na idéia de similaridade natural, mas também na indiferença em relação ao fato de se nascer com "sangue livre" ou "sangue escravo". Todos os reis descendem de escravos; todos os cativos possuem ancestrais livres, até mesmo nobres, quiçá reis. Basta recuar na genealogia o quanto chegue para encontrar o fato. Essa idéia, aliás, já se encontrava em Platão (*Teeteto*, 174d, ss.) e Sêneca a incorpora como argumento (Cf. *Ep. Mor.* XLIV, 4; XLVII, 8).

Obviamente o fato de os escravos serem em natureza iguais aos seus senhores, por serem ambos racionais e mortais, não os iguala socialmente. No campo social as diferenças são muitas. Os escravos têm qualidades que os livres não possuem. A principal é seu desprendimento em afrontar a morte (Cf. *Ep. Mor.* XXIV, 14). Isso vale em especial para os gladiadores (Cf. *Ep. Mor.* XIII, 1-2 XXX, 8). Mas seus defeitos são muitos. Por que isso? Porque o escravo não dispõe de seu próprio tempo. Ele não controla algo que é fundamental. Sem isso não se pode cultivar a razão. O escravo não pode atender à recomendação de Sêneca, segundo a qual deve-se "negar qualquer importância ao trabalho, ou seja, considerá-lo como incluído no número daquelas coisas que não são em si nem boas nem más. (...) O trabalho não é um bem. O que é então um bem? O desprezo pelo trabalho em si mesmo" (*Ep. Mor.* XXXI, 4). Outro elemento importante no quadro da inferiorização do escravo refere-se ao fato de ele viver coagido, sob o império do medo. Como Sêneca diz, em oposição a Aristóteles: "Não há bem moral numa ação praticada contra a vontade ou sob coação; todo bem moral tem de ser voluntário. (...) Não pode haver bem moral onde não há liberdade; medo é sinônimo de escravatura" (*Ep. Mor.* LXVI, 16).

Assim, o escravo é colocado em condição social *quasi contra naturam*. O homem que é posto longe do alcance da razão, sua característica primordial, escapa ao que lhe é natural, torna-se um sério problema social! O escravo, colocado por princípio em posição desumanizadora, é fonte de crise. Um homem desumanizado está em desacordo com a natureza; é, pois, um erro. Contudo, a possibilidade de prescindir dos escravos não é perscrutada. Destarte, é necessário tratar os escravos de forma adequada, de sorte que se lhes permita gozar do máximo de humanidade que a condição de escravo possa permitir, minorando assim a gravidade da crise produzida por essa distorção social. Cabia aos senhores, que não podiam viver sem seus escravos, escravizá-los o menos possível, reduzindo assim a distância dos homens desumanizados em relação ao que lhes seria natural.

A verdade é que a maioria da população à época de Sêneca vivia às custas de seu próprio trabalho e, assim, estava em situação de possível rebeldia. O controle dessa possibilidade natural era necessário, pois suprimi-la seria indesejável. E aqui a concepção de Sêneca é interessante. Pois, se de um lado o filósofo questiona – "O que são na realidade um 'cavaleiro romano', um 'liberto', um 'escravo'? Apenas nomes, derivados da ambição e da injustiça humanas" (*Ep. Mor.* XXXI, 11) –, ele não desconhece que esses nomes eram bem mais do que só nomeações, sabe que refletiam realidades que faziam uns homens mais "homens" do que outros. Para que essa desigualdade artificial fosse estável era necessário que algo a mantivesse assim. Daí que,

> (...) em minha opinião, laboram em erro aqueles que pensam serem os fiéis praticantes da filosofia homens insolentes e obstinados, que apenas sentem desprezo em relação aos magistrados, aos reis, a todos enfim a quem cabe o encargo da administração pública. É precisamente o contrário que se passa: nenhuma classe de pessoas lhes tem maior gratidão com toda a justiça, pois a ninguém seus préstimos são mais notórios que aos filósofos, aos quais proporcionam as benesses de uma vida de ócio e tranqüilidade (*Ep. Mor.* LXXIII, 1).

Sêneca não se iludia, assim, que a sociedade fosse natureza virgem, via a *res publica* como artifício humano, onde muitos são desumanizados. Sêneca, dirigindo-se a Nero, dirá que ele deve poupar de castigos os mais humildes. Diz ele ao *princeps*: "Que poupes alguns, prazerosamente; que sintas repugnância em vingar-te de outros e, não diferentemente do que ocorre com insetos, que suja quem os esmaga, tua mão também deve afastar-se deles" (*De Clementia*. I, 21, 4). Contudo, na visão de Sêneca não era o controle centralizado e repressivo do Estado que por si próprio conteria toda a energia potencialmente insurgente gerada por cada uma das desigualdades sociais, pela multidão de "homens-insetos". Sêneca sabia que "é mais perigosa a violência de uma multidão, mesmo de anões, do que a de um só gigante" (*Ep. Mor.* LXXXV, 6).

Portanto, a estratégia era fragmentar as injustiças sociais, para poder manter seu controle e sua repressão. Para tanto, cada beneficiário da criação humana que é a sociedade deveria se devotar a criar mecanismos de interação social que particularizassem o universo social, isolando os anões, e evitando que esses se revoltassem, para ter em cada *familia* uma *res publica*, livre da interferência do Estado, mas com proteção deste. Em cada uma dessas *familiae* ter-se-ia um pequeno número de homens servido por um grande número de aspirantes à humanidade. Eis o sonho de Sêneca: a fragmentação dos conflitos como solução. A lógica que rege todos os conflitos é a mesma: a natureza humana é violentada pela ambição. A desigualdade gera posições que não são naturais em dois sentidos. De um lado, gera aqueles que não têm tempo para nada, pois têm de trabalhar (*Ad Polybium de Consolatione*, IV, 2). De outro, faz existirem também aqueles que nada perdem do seu tempo com o que não desejem fazer. Sêneca afirmará que esses lugares não são fixos. Como os homens são naturalmente iguais, qualquer homem pode ocupar esta ou aquela posição. Para demonstrar isso que lhe parecia fato indiscutível, ele recorda que todo escravo tem por ancestrais reis, como já destacamos anteriormente. A supressão da desigualdade não ocorrerá. Só resta lutar por ser "rei" em cada uma das *familiae*, esquecer que essa ordenação que impõe a miséria a tantos é contra a natureza e, portanto, contra a razão divina.

Mas como fazer isso? Como escapar a esse dilema de ser homem e ser escravo ou de ser homem e viver na miséria, tendo de trabalhar? Aristóteles diria que não há dilema, que o escravo é muito menos homem que seu senhor, por isso mesmo é escravo. A natureza é sábia e produziu muito desses sub-homens, para que poucos vivessem como super-homens. E Sêneca, como responde ao paradoxo? O remédio do filósofo para que os escravos escapassem à necessidade de viver em função de seus senhores são de duas espécies. A primeira se aplica também aos pobres. Sêneca argumenta que ninguém é tão escravo para que não se dê a ele a liberdade de se matar, ninguém é tão pobre que não tenha as mãos para dar cabo à vida (*Ep. Mor.* XII, 10; LXX, 15 e XCI, 21 e *De Vita Beata*, XXV, 1). Sêneca apresenta exemplos concretos de indivíduos que encontraram a liberdade no suicídio (*Ep. Mor.* LXX, 19-21 e 24-25). De fato, nunca se ouviu falar de alguém morto sendo escravizado ou de um defunto com fome. Mas se alguém achar que o suicídio não é a melhor saída, não há problema. Sêneca dá alternativa para o escravo se reumanizar: "É o que te digo: quem cumpre de boa vontade uma ordem evita o mais amargo aspecto da servidão, que é fazer uma coisa contra a vontade. Ninguém é infeliz quando faz algo porque o mandam, mas sim quando o faz de má vontade" (*Ep. Mor.* LXI, 3. A mesma idéia aparece em LXVI, 16). O conselho filosófico de Sêneca não se restringe aos escravos. Também aos pobres ele ilumina. Sêneca ensina que "a pobreza só é um mal para quem se revolta contra ela" (*Ep. Mor.* CXXIII, 16).

Com suas idéias, Sêneca iluminou diversas gerações de pensadores. Foram essas gerações que o fizeram reputado como grande humanista. É com Sêneca e outros autores da Antigüidade Clássica que se lançam as bases de muitos dos discursos construídos nos últimos séculos. É do mundo antigo que vêm as matrizes que produzem os discursos legitimadores da desigualdade social que testemunhamos. Não será um pouco de estupidez deixar de estudar isso? Não será um equívoco incrível não divulgar a todos o que foi esse mundo antigo e o que os homens à época pensavam? Não será uma enorme injustiça deixar isso como monopólio de poucos? Em algumas redes públicas de ensino, a Antigüidade e o Medievo não são mais estudados nem no Ensino Fundamental nem no Médio. Pretenderam acabar com o eurocentrismo por decreto curricular. A História da África, que já estava fora, continua no mesmo lugar, longe dos bancos escolares. Observando todos esses fatos, sinto-me como Clarice Lispector, que esclareceu: "os fatos são sonoros, mas entre os fatos há um sussurro. É o sussurro o que me impressiona".

História e retórica em Tácito

Fábio Duarte Joly

Desde o Renascimento, a recepção da obra dos historiadores gregos e latinos foi influenciada por diferentes concepções de História e retórica, as quais foram tomadas como referenciais para o julgamento do valor histórico e literário de suas obras, o que nos leva a indagar sobre as características peculiares da historiografia antiga e os modos pelos quais a crítica moderna tendeu a abordá-la. Fazer um breve balanço do debate em torno dessa questão e apontar algumas de suas limitações é o objetivo deste artigo, que terá como referência a obra de Tácito.

Sobre a vida de Públio Cornélio Tácito possuímos poucas informações. Restam-nos algumas menções em sua própria obra, nas cartas de seu amigo Plínio, bem como em uma inscrição da cidade de Mylasa no sudoeste da Ásia, descoberta em 1890, atestando que Tácito aí exerceu o proconsulado entre 112 e 113 d.C.. Seu nascimento situa-se entre os anos de 55 e 57, mas acerca de seu local de origem nada consta de certo[1]. Quanto à sua família, Plínio, o Velho, menciona um cavaleiro romano de nome Cornélio Tácito, procurador da Gália Bélgica[2], provavelmente pai ou tio do historiador. O *status* eqüestre desse familiar teria contribuído para o início da carreira pública de Tácito, mas esta, sem dúvida, foi facilitada por seu casamento em 77 com a filha de Júlio Agrícola, então cônsul. Também nesse período, como assinala no prefácio das *Histórias*

(1, 1), adentrou na ordem senatorial, exercendo provavelmente o tribunado militar. Em 81 ou 82 obteve a questura e, em 88, a pretura, sendo ainda membro do colégio sacerdotal dos *quindecemuiri sacris faciundis* (*Ann.*, 11, 2). Após a pretura, Tácito assumiu um cargo em alguma província, ficando quatro anos afastado de Roma, de 89 a 93, talvez como legado dos procônsules da Ásia e Acaia[3]. O último cargo de Tácito conhecido é o proconsulado da Ásia de 112 e 113, atestado pela inscrição de Mylasa. Supõe-se que tenha falecido nos primeiros anos do governo de Adriano.

Tácito compôs suas obras nos marcos do principado de Trajano, sendo uma das principais fontes sobre os períodos júlio-cláudio e flaviano, sobre os quais escreveu. Sua primeira obra, publicada em 98, foi uma biografia de seu sogro Júlio Agrícola, que se insere no gênero das *laudationes funebres*, de tom encomiástico. No mesmo ano de 98, veio à luz um escrito sobre a Germânia (*De origine et situm Germanorum*), que retoma a tradição dos tratados etnográficos. O *Diálogo dos oradores* data, segundo estimativas mais recentes, de 102 ou pouco mais tarde. O tema da obra é um *topos*, presente em outros escritores do período imperial, o declínio da oratória, e se passa entre 74 ou 75, ou seja, sob o reinado de Vespasiano. Tácito, a pedido do amigo Fábio Justo, propõe-se a relatar um diálogo que ouviu quando jovem acerca do declínio da eloqüência.

Suas obras maiores, as *Histórias* e os *Anais*, datam aproximadamente de 108 ou 109 e 115 a 120, respectivamente. Com elas, Tácito pretendia escrever uma história do principado, de Augusto a Trajano, mas não a completou. Nos proêmios da *Vida de agrícola* e das *Histórias*, Tácito afirma que tinha por objetivo narrar os governos de Nerva e Trajano (*Agric.*, 3, 3; *Hist.*, 1, 1) e, nos *Anais* (3, 24), manifesta o desejo de abordar mais detidamente o principado de Augusto, apenas tratado de forma sumária na sua última obra. No entanto, nas *Histórias*, legou uma narrativa dos eventos que transcorreram da morte de Nero em 68 até, provavelmente, o fim do reinado de Domiciano em 96. Conservaram-se apenas os cinco primeiros livros (o quinto está incompleto), de um total de 12. Os *Anais* cobrem o período de Augusto a Nero, mas também não foram conservados em sua totalidade. Restaram os eventos compreendidos entre a morte de Augusto (14 d.C.) e a de Tibério (37 d.C.) (seis primeiros livros), os anos 47 a 54 do principado de Cláudio, ou seja, até sua morte, e o governo de Nero até 66.

Com a redescoberta de seus manuscritos a partir do fim do século XV, multiplicaram-se as edições, totais ou parciais, dos escritos de Tácito, colocando o historiador na agenda do pensamento político europeu. Desde o primeiro comentário político de sua obra, em 1580, até o século XVIII, Tácito foi considerado um guia para a vida na corte e para o exercício do poder monárquico, de modo que foi lido muito mais como pensador político do que propriamente como historiador.

No século XVIII, Tácito ainda seria retomado como crítico do sistema monárquico por pensadores como Montesquieu e Rousseau[4]. Porém, nesse mesmo período, a leitura política de Tácito conheceu um declínio, motivado por mudanças no cenário político europeu e pela crítica à visão então dominante da História como fonte de exemplos (a *historia magistra uitae*, na formulação ciceroniana)[5].

Desde então, a obra de Tácito passou a ser alvo de controvérsias quanto ao seu potencial como fonte histórica, sendo acusada de não se ater à veracidade dos fatos[6]. Em outras palavras, passou a ser considerada como "literatura", e a própria institucionalização da História como disciplina acadêmica no século XIX, com sua preocupação com a crítica documental, acabou por reforçar essa posição. Isso é bem ilustrado pelo tratamento que Tácito recebeu da escola histórica alemã do fim do século XIX e princípio do XX. Tácito seria literato ou historiador? Em que medida sua retórica constitui obstáculo ao estabelecimento da "verdade dos fatos"?

Essa oposição entre retórica e História ainda permeia a atual bibliografia sobre o historiador latino, de forma que, como observou Friedrich Klingner, conhece-se muito mais o Tácito poeta, trágico e dramático, do que o Tácito historiador[7]. Mas, para evidenciar esse último aspecto, é preciso uma reflexão sobre as concepções de retórica e História em sua obra e, dessa perspectiva, lidar com a questão de seu estilo e suas intenções.

Sabe-se que, na Antigüidade Clássica, a História era um gênero de discurso e, como tal, era tratada no âmbito da retórica. É como gênero de discurso que Aristóteles contrapõe a História à poesia na *Poética* e, desde pelo menos os alexandrinos, o gênero histórico é explicitamente regulado por determinadas regras retóricas, formalizado por alguns modelos e relacionado com os gêneros epidíticos e até com os discursos judiciários e deliberativos[8]. A crítica moderna, no entanto, tende a não aprofundar essas relações possíveis entre retórica e História, aplicando à análise da obra de Tácito uma concepção essencialmente estilística de retórica[9].

Essa perspectiva, particularmente preponderante hoje em dia por estar amparada em uma teoria do conhecimento histórico caracterizada pelo rebaixamento científico da História e pela apologia da noção de narrativa[10], encontra sua melhor expressão nos mais recentes estudos sobre Tácito, de A. J. Woodman. Na opinião desse autor, a função da História para Tácito seria muito mais proporcionar prazer ao leitor do que prover informações históricas, sendo este o motivo pelo qual trechos de sua obra apresentariam estrutura poética e dramática[11]. A metodologia de análise que Woodman adota foi bem definida por Stephen Hinds como "fundamentalismo filológico"[12]. Trata-se de isolar e identificar alusões que Tácito faz a palavras ou frases de autores anteriores, como Virgílio ou Salústio, e concluir que sua narrativa histórica é construída de paráfrases e não da leitura crítica da documentação disponível, como faria um historiador moderno.

A limitação dessa perspectiva metodológica é, no mínimo, dupla. De um lado, fica claro que a análise da obra tacitiana pouco avançará caso se limite a entender como deficiências os pontos em que se afasta do que hoje se entende por "história científica", mesmo porque não há regras absolutas, de validade universal, para a escrita da História. Ademais, está provado que Tácito consultou fontes escritas e orais para a composição de suas obras que, sem dúvida, lhes determinaram o conteúdo.

Quando se quer enfatizar o aspecto da intertextualidade, deixa-se em segundo plano – ou mesmo negligencia-se – o problema do contexto social de produção e de recepção da obra. Admitir que o público leitor de Tácito estivesse imbuído de cultura retórica não implica que julgasse seus escritos por meio de um viés exclusivamente formal ou procurasse neles mera fruição estética. Esse é apenas um aspecto a ser analisado, que deve ser complementado com uma discussão sobre as relações entre a posição social do escritor, a configuração de sua obra e seu respectivo público[13]. É nesse contexto mais amplo que deve ser compreendida a retórica de sua obra.

Sendo difícil precisar o público de Tácito e, conseqüentemente, sua relação com a obra do historiador, há que se atentar, ao menos, para a posição sócio-política de Tácito como um dos fatores determinantes de sua concepção de História. Foi Ronald Syme, autor do principal estudo sobre o historiador latino, quem, de forma mais incisiva, sustentou que a obra de Tácito refletiria sua condição de *nouus homo* e senador, e que, portanto, deveria ser compreendida como forma de intervenção política no principado[14].

O próprio Tácito, nos poucos momentos em que comenta o ofício de historiador, deixa claro que a escrita da História é indissociável de uma análise política do principado, pois essa forma de governo determina tanto o protocolo de verdade da narrativa histórica quanto a própria concepção de História que lhe é subjacente. Assim, no proêmio das *Histórias*, lemos:

> [Da História de Roma], desde a fundação da cidade, oitocentos e vinte anos decorridos, muitos autores já trataram, quando os feitos do povo romano eram lembrados com igual eloqüência e liberdade. Depois que a batalha de Ácio conferiu todo poder a um só, no interesse da paz, cessaram aqueles grandes talentos. A verdade foi de muitos modos violada, seja pelo desconhecimento de uma forma de governo então estranha seja pelo desejo de lisonjear, ou pelo ódio aos dominadores, ficando portanto o cuidado pela posteridade entre a hostilidade e a sujeição. Mas é fácil ter aversão à ambição de um escritor quando a difamação e a inveja são aceitas por ouvidos propensos. A adulação é desonroso crime de escravidão; a maldade é falsa espécie de liberdade (*Hist.*, 1, 1).

A questão do comprometimento político do historiador também transparece no proêmio dos *Anais*:

Mas os antigos feitos do povo romano foram já narrados por ilustres escritores, assim como para o governo de Augusto não faltaram, até que a adulação crescente fosse corrompendo os mais formosos talentos. De Tibério, Caio, Cláudio e Nero enquanto vivos, o medo não deixou falar com verdade; depois de mortos, o ódio recente falseou as narrativas. Eis por que empreendi narrar, de Augusto pouco e seu fim, e depois o principado de Tibério e os seguintes, sem ira nem afeição, pois dessas causas mantenho distância (*Ann.*, 1, 1).

Assim como nas *Histórias*, Tácito menciona o componente de adesão política presente nas narrativas históricas, explicando-o como resultado do medo e da adulação. Nesse sentido, a ênfase de Tácito no tema da imparcialidade da História é, no fundo, estratégia retórica, que acaba por reforçar a tese do engajamento político da historiografia, reflexo dos mecanismos de promoção social no principado, que dependiam de vinculação ao imperador. Em outra passagem, no livro IV dos *Anais*, mantendo o contraste entre república e principado, Tácito justifica a adesão ao regime imperial e a prática historiográfica que lhe é condizente:

Todas as nações e cidades são regidas ou pelo povo, ou pelos principais cidadãos, ou por um só. Uma forma de governo escolhida e composta destas é mais fácil de ser louvada do que produzida, ou, caso venha a ser, não pode ser duradoura. Pois então que a plebe era forte, que os senadores tinham poder, devia ser conhecida a natureza do vulgo e por quais modos, com moderação, fosse tratado; os que sabiam com perfeição o caráter dos senadores e nobres eram considerados experientes e conhecedores dos tempos. Como na situação inversa Roma não é outra coisa que se um imperasse, essa busca e transmissão terá sido de interesse, pois poucos por prudência as coisas honestas das más, as úteis das prejudiciais discernem, a maioria é ensinada pelo que acontece aos outros. Logo, essas coisas devem ser de proveito, ainda que tragam o mínimo de deleite (*Ann.*, 4, 32-33, 3).

Essa orientação moralista da narrativa é, não raras vezes, considerada negativa por alguns estudiosos, que vêem nela a razão pela qual Tácito se distancia da historiografia moderna[15]. No entanto, se o aspecto moral é marcante em seus escritos, isso é devido à concepção pragmática de História, em que a representação de determinados episódios históricos visa estabelecer uma identidade cultural com seus leitores e propor regras de conduta no contexto do principado. Como ressaltou Patrick Sinclair, as convenções retóricas de Tácito estão relacionadas a determinadas práticas sociais e não podem ser consideradas unicamente do ponto de vista estilístico. Em suas palavras, "no caso de Tácito, é essencial perceber que mesmo como historiador ele nunca deixa de ser um político romano e, ao escrever história, sempre se pauta pelos códigos e padrões de conduta da vida política romana"[16].

Vejamos a aplicabilidade dessa forma de entender a sua retórica tomando como exemplo o tema da metáfora da escravidão, um dos mais recorrentes na obra de Tácito. Assim, nos *Anais*, quando menciona o comportamento de Tibério nos comícios consulares, observa:

> Ora, sem dar os nomes dos candidatos, indicava apenas a origem, fatos da vida e anos de serviço de cada um, para que se entendessem quais fossem; ora nem essas indicações dava, exortando os candidatos a não tumultuar os comícios com briga, oferecendo para isso seu empenho. Muitas vezes declarava que só eram candidatos os que a ele haviam se apresentado, cujos nomes seriam revelados pelos cônsules, mas que também outros poderiam se apresentar, se confiassem nos seus méritos e crédito. Palavras de bela aparência, mas de fato vazias e falsas; quanto mais eram recobertas por uma imagem de liberdade, mais precipitavam uma cruel escravidão (*Ann.*, 1, 81).

Nessa passagem, Tácito organiza a documentação que obteve sobre o episódio, de modo a intercalar momentos em que o imperador é o agente que controla a situação política com momentos em que é conferido aos magistrados um espaço de deliberação: caso queiram, podem pleitear os cargos espontaneamente. No entanto, o próprio Tácito trata de minimizar tal espaço, declarando-o "escravidão", "imagem de liberdade", fazendo assim recair sobre o imperador críticas negativas e indicando veladamente que a própria aristocracia preferia uma alternativa de poder centralizada. Assim, a metáfora da escravidão, aparentemente instrumento de crítica ao poder imperial, acaba por indicar uma prática política de parte da aristocracia, que não era estranha ao próprio Tácito, como se nota no proêmio da *Vida de agrícola*, em que, referindo-se a si mesmo sob o governo de Domiciano, confessa: "Demos sem dúvida grande demonstração de paciência, e, se os tempos antigos viram o que havia de extremo em liberdade, nós o tivemos quanto à escravidão, porque até o uso do falar e do ouvir, por espionarem, nos tiraram" (*Agric.*, 2).

A "escravidão" é caracterizada como a suspensão pelo imperador da liberdade de expressão do Senado. Contudo, ainda no proêmio, Tácito afirma que essa passividade do Senado em Roma era voluntária, revelando, assim, clara adesão ao governo de Domiciano. Isso se evidencia quando afirma que, mesmo sob seus sucessores, Nerva e Trajano, a inércia persistia como comportamento dominante:

O certo é que, pela natural debilidade humana, mais tardos são os remédios do que os males; assim, pois, como nossos corpos crescem com lentidão e rápidos se extinguem, assim também mais facilmente se oprimem do que restabelecem o talento e o estudo; efetivamente, da própria inércia vem agrado, e à inação, odiada primeiro, depois se deseja (*Agric.*, 3).

Portanto, quando empreendida nos quadros de uma sociologia da retórica, a análise da metáfora da escravidão ilumina a função dessa figura de linguagem como reveladora de uma prática social, e não como ornamento do discurso de Tácito. A retórica de Tácito situa-se nos quadros de determinada concepção de História, cujo objeto é o poder imperial e as respostas possíveis a ele.

Notas

1 Estima-se como mais prováveis a Gália Narbonense e a Itália Transpadana. Cf. R. MARTIN. *Tacitus.* Londres: Bristol Classical Press, 1994, p. 26.

2 *Nat. Hist.*, 7, 76: *Cornelius Tacitus, eques romanus, Belgicae Galliae rationes procurans.*

3 Cf. G.W. Bowersock. Tacitus and the province of Asia. In: T. J. Luce & Woodman (eds.). *Tacitus and the tacitean tradition.* Nova Jersey: Princeton University Press, 1993, p. 3-10.

4 R. Mellor. *Tacitus.* Londres: Routledge, 1994, p. 156.

5 Sobre essas mudanças ver o estudo de R. Koselleck, *Historia magistra vitae* (Koselleck, R. *Futuro pasado: para una semántica de los tiempos históricos.* Barcelona: Paidos, 1993, p. 41-66).

6 R. Mellor, *op. cit.*, p. 155.

7 Tacitus und die Geschichtsschreiber des ersten Jahrhunderts nach Christus. In: F. Klingner. *Römische Geistswelt: Essays zur lateinischen Literatur.* Stuttgart: Reclam, 1984, p. 505.

8 A. Chiappetta. Não diferem o historiador e o poeta...: O texto histórico como instrumento e objeto de trabalho. *Língua e Literatura*, 22, 1996, p. 17.

9 Abordagens que buscam evidenciar as relações entre o discurso histórico e o discurso judiciário têm se mostrado uma alternativa para a discussão da retórica na historiografia antiga (ver, por exemplo, P. Butti de Lima. *L'inchiesta e la prova: immagine storiografica, pratica giuridica e retorica nella Grecia classica.* Turim: Einaudi, 1996).

10 Sigo aqui as críticas de P. Ricoeur. *Tempo e narrativa.* vol. 1. São Paulo: Papirus, 1995, p. 205, 242.

11 Ver A. J. Woodman. *Rhetoric in classical historiography.* Portland: Areopagitica Press, 1988.

12 S. Hinds. *Allusion and intertext: dynamics of appropriation in Roman poetry.* Cambridge: Cambridge University Press, 1998.

13 É o que Antonio Candido denomina "sistema literário". Cf. Literatura e Vida Social. In: *Literatura e Sociedade.* São Paulo: T. A. Queiroz/Publifolha, 2000, p. 17-35.

14 R. Syme. *Tacitus.* 2 vols. Oxford, Oxford University Press, 1967. Esta obra, que se centra nas aristocracias provinciais, filia-se a sua obra capital, *The Roman Revolution*, de 1939, que aborda a formação do Principado de Augusto. Em ambas, a prosopografia é o principal método de análise, embora se note também a influência (nunca declarada) do debate sociológico em curso nos anos 30 sobre as elites (cf. L. Canfora. *Ideologías de los estudios clásicos.* Madri: Akal, 1991, p. 198).

15 Ver E. Auerbach. *Mimesis: a representação da realidade na literatura ocidental.* São Paulo: Perspectiva, 1976, p. 32-34; R. G. Collingwood. *The idea of history.* Oxford: Clarendon Press, 1951, p. 38-39.

16 P. Sinclair. *Tacitus the sententious historian: a sociology of rhetoric in Annales 1-6.* Pensilvânia: Pennsylvania State University Press, 1995, p. 38.

Os limites temporais da narrativa de Herodiano

Ana Teresa Marques Gonçalves

Como enfatiza Georges Duby em seu livro *A História continua*, uma História renovada não pode apenas se ater aos fatos relatados pelas fontes, mas observar o modo como os fatos são relatados (Duby, 1993: 99). E a maneira como eles aparecem retratados está vinculada à posição sócio-política do autor da narrativa.

No caso de Herodiano, sua obra intitulada *História do Império Romano após Marco Aurélio* inicia-se com a narração dos últimos atos do imperador Marco Aurélio, antes de sua morte em 180 d.C., e encerra-se com a ascensão do imperador Gordiano III em 238 d.C.. Portanto, estende-se do governo de um *Optimus Princeps* ao governo de um *Princeps Puer.* Mas, por que Herodiano teria escolhido os governos destes dois imperadores como marcos de início e de finalização de seu relato?

Herodiano era muito jovem quando os fatos que ele narra no primeiro capítulo ocorreram, já que aceitamos 180 d.C. como a data provável de seu nascimento. Isto nos leva a supor que o primeiro capítulo funcionaria como preâmbulo para a obra[1], isto é, serviria de espaço narrativo no qual o autor discriminaria os princípios que fundamentaram a construção do texto e relataria fatos importantes para a compreensão do que viria a ser exposto a seguir, utilizando-se para tanto de testemunhos secundários.

Marco Aurélio é apresentado na obra como o *Optimus Princeps*, cujo comportamento teria servido de modelo e de critério de comparação para os imperadores posteriores. Em várias passagens, Herodiano enfatiza a imitação que alguns dos imperadores seguintes diziam fazer de sua figura idealizada:

> Dava prazer aos mais velhos recordar o Império de Marco, cuja imitação (Pertinax) procurava (Herod. II,4,2).
> (Septímio Severo) tudo faria para imitar o Império de Marco (Herod. II,14,3).
> Desde o governo de Marco nenhum imperador tinha observado a clemência (Herod. VI,1,7).
> Com estas posturas, (Macrino) tratava de imitar, seguramente, os hábitos de Marco, mas nos restantes aspectos de sua vida não o imitava, mas, ao contrário, se abandonava continuamente a uma vida de moleza (...), descuidando da administração do Estado (Herod. V,2,4).

Em discurso proferido por Septímio Severo aos soldados, incitando-os a combater as tropas de Pescênio Nigro, encontra-se a melhor demonstração de que, para Herodiano, após o governo de Marco Aurélio o Império Romano havia mergulhado num período bastante conturbado:

> Este Império foi governado com dignidade até a época de Marco, e era admirado com respeito. Quando caiu nas mãos de Cômodo começaram os erros, imputáveis à sua juventude, mas em todo caso foram ocultados pela sua nobre origem e pela memória de seu pai. Seus erros inspiravam mais compaixão que ódio, pois eram atribuídos não a si, mas aos seus aduladores e conselheiros e cúmplices de suas infâmias (Herod. II,10,3).

Há nos historiadores antigos a preocupação em detectar a origem do tema ou do problema que irão abordar. Para Herodiano, a origem dos problemas que ele identifica no Império, no século III d.C., se iniciam após a morte de Marco Aurélio e com o governo de seu filho Cômodo. Por isso, é a descrição desse reinado que marca o início de sua narrativa.

Como contraponto imediato ao bom imperador, Herodiano constrói o perfil de seu filho e sucessor Cômodo, cujos vícios ressaltados permitem chamá-lo tirano. Desse modo, o autor, já no primeiro livro de sua obra, enfatiza a dicotomia comum nas fontes de cunho aristocrático, que irá permear toda a narrativa: a existência de bons e de maus imperadores, assim taxados de acordo com o seu relacionamento com os membros da ordem senatorial. Mesmo não podendo contar com o que viu ou ouviu, Herodiano precisa desse relato inicial para explicar a origem de comparações que serão feitas ao longo de toda a narrativa: os que se aproximam e os que se afastam da forma de exercício de poder estabelecida por Marco Aurélio e idealizada por Herodiano, segundo a óptica senatorial. Compartilhamos com Torres Esbarranch a opinião de que "todos os comentários de Herodiano sobre o governante ideal e sobre a figura de Marco Aurélio não eram simples exercício retórico, mas serviam a uma importante causa política de sua época, a da aristocracia senatorial antonina" (Torres Esbarranch, 1985:55). Falemos um pouco mais sobre a vinculação de Herodiano ao ideário senatorial e à causa política da aristocracia. A condição social de Herodiano é incerta, mas em sua obra ele afirma que exerceu várias funções imperiais ou públicas, durante as quais foi testemunha de vários fatos que constituíram o objeto de sua narrativa: "Escrevi uma história sobre os fatos posteriores à morte de Marco Aurélio, que vi e escutei durante toda a minha vida. E participei diretamente de alguns deles em meus postos de serviço imperial e público" (Herod.I,2,5).

No livro *O fim do Mundo Antigo*, Santo Mazzarino afirma:

> Mas o conceito da decadência do Império não chegou a ser abandonado; as antigas classes dirigentes, pagãs e admiradoras de Marco Aurélio diziam que uma idade de ferro tivera início com o advento de Cômodo. (...) Herodiano, outro historiador (talvez um liberto imperial) que viveu em Roma nesse período, também achava que a morte de Marco Aurélio marcava o início de uma época de decadência (Mazzarino,1991:41).

Desse modo, para Mazzarino, Herodiano apresentaria em sua obra idéias de acordo com o ponto de vista narrativo dos servidores ou libertos da corte, ao passo que seu contemporâneo Dion Cássio expressaria o ponto de vista senatorial: "Herodiano considera a visão de seu tempo de um posto de observação mais modesto que aquele no qual se achava Dion Cássio. (...) Herodiano dá aqui a versão 'plebéia' dos eventos, contrária àquela senatorial ou 'eupátrida'" (Mazzarino,1974:206).

Contudo, temos uma visão bastante diversa da apresentada por Mazzarino, visto que acreditamos que Herodiano escreveu uma obra ouvida e/ou lida pela aristocracia, na qual se sobressaíam formas de pensamento e posições políticas comuns aos membros da elite. Dessa forma, aproximamo-nos mais da opinião articulada por Cassola, ao considerar que

> A opinião do Senado, como aquela dos ricos, vem arbitrariamente identificada com a opinião pública. (...) Portanto, não creio que se possa contrapor Herodiano ao seu contemporâneo Dion Cássio, definindo o primeiro como expoente da ordem eqüestre e o segundo, do Senado. Sem dúvida, Herodiano, diversamente de Dion, não foi senador, mas devia pertencer a um dos vários grupos de onde se recrutavam os senadores. (...) No século III, os cavaleiros não são mais empreendedores e comerciantes, como na República Tardia, mas sobretudo funcionários e oficiais de carreira, (...) e ter sido por algum tempo funcionário imperial não basta para transformar a opinião política de um homem[2] (Cassola,1967:16).

Pode-se inferir a vinculação de Herodiano com os senadores pelo formato de seu discurso e pelo seu conteúdo, ou seja, pela forma como é feita a narrativa, que segue o estilo de Tucídides, e pelas informações que nela estão dispostas. O estilo do historiador grego, seguido por Herodiano, já foi por nós analisado no artigo intitulado "A Busca do Relato Verdadeiro: A Narrativa Histórica de Herodiano". Neste artigo, verificamos sua articulação com os grupos senatoriais pela análise de algumas passagens da sua obra.

Em diversos trechos, Herodiano defende a organização de governos aristocráticos, capazes de evitar os perigos de um poder pessoal ilimitado e absoluto, que poderia gerar a formação de uma Tirania, capaz de prejudicar os interesses dos aristocratas. Segundo Herodiano, no discurso que Pertinax fez no Senado, este imperador teria enfatizado:

> "Vós, conscientes de tudo isto, presteis a mim o vosso apoio, considerando tarefa comum a administração do Império, e igualmente é necessário que com vossa aceitação da aristocracia e rechaço da Tirania, estejais esperançosos e que transmitais vossas esperanças a todos os súditos do Império." Essas palavras de Pertinax agradaram extraordinariamente o Senado (Herod. II,3,10).

Em outra passagem do livro II, Herodiano não apenas coloca Septímio Severo defendendo a aristocracia perante o Senado, como explica quais seriam as características dessa forma de governo:

No dia seguinte, Severo foi ao Senado e pronunciou ante a assembléia um discurso moderado e esperançoso. Saudou a todos tanto em comum como em particular, dizendo-lhes que havia acudido como vingador do assassinato de Pertinax e que seu Império significaria o começo de uma aristocracia. Ninguém seria morto sem julgamento nem teria sua propriedade confiscada, e não toleraria nenhum sicofanta (Herod. II,14,3).

Tal discurso teria sido um bálsamo para os ouvidos aristocráticos, pois eles eram os que temiam as acusações muitas vezes mentirosas dos sicofantas, isto é, os delatores, e eram os que mais perderiam com os confiscos de bens e com as penas capitais sem julgamento. A perda de suas propriedades e de seus privilégios sociais e políticos era um perigo sempre presente nos governos absolutos. Em outra passagem, é Macrino, membro da ordem eqüestre, quem defende, em carta enviada ao Senado, a elaboração de uma aristocracia: "Macrino enviou uma carta ao Senado e ao povo romano nos seguintes termos: (...) 'Enquanto eu tiver o poder, todo o mundo viverá sem medo e não haverá derramamentos de sangue; mais que um governo pessoal, será o de uma aristocracia'" (Herod. V,1,4). Não é apenas a origem social do governante que interessa aos senadores e que garante um bom governo. Mais importante é que, apesar de ser advindo de estrato inferior ao senatorial, Macrino, segundo Herodiano, se propõe a respeitar as prerrogativas senatoriais:

Em que os beneficiou a nobre origem de Cômodo e o fato de que Antonino (Caracala) tivesse sucedido seu pai? Homens como esses tomam posse do Império como se ele fosse herança, e o tratam como propriedade privada herdada de sua família. Ao contrário, quem recebe o Império de vós (os senadores) está sempre em dívida de um favor e tenta corresponder ao benefício recebido. Além disso, a nobreza de origem dos imperadores patrícios degenera em orgulho e desprezo por seus súditos, aos quais consideram muito inferiores; mas quem chegou ao Império partindo de uma condição modesta, trata-o com cuidado como algo adquirido com esforço, e respeitam e honram, como era seu costume, aos que antes eram mais poderosos. Minha intenção é não fazer nada sem o vosso consentimento e contar convosco como colaboradores e conselheiros na administração do Estado. Vivereis em situação de segurança e liberdade (...). Melhor é, sem dúvida, ser para a descendência o ilustre fundador de uma família que receber como herança a glória dos antepassados e desonrá-la com conduta indigna (Herod. V,1,6-8).

Essas palavras de Macrino, recolhidas por Herodiano, ou, como preferimos, essas palavras de Herodiano postas na boca de Macrino refletem o que os senadores queriam como forma de governo e como tipo de governante ideal. Eles desejam escolher o governante, empossá-lo e fazê-lo eterno devedor da confiança senatorial. Em troca do poder supremo garantido pela amizade senatorial, o governante seria responsável por dar aos senadores cargos na administração dos negócios públicos (colaboradores) ou funções de conselheiro, além de garantir uma situação de segurança e liberdade, capaz de manter inalterados os privilégios da aristocracia. Essas concepções senatoriais aparecem ainda em outro momento da obra de Herodiano, como no relato das primeiras medidas tomadas após a ascensão de Severo Alexandre:

Como primeira medida elegeram dezesseis senadores, que inspiravam grande respeito por sua idade e que viviam com grande moderação, para que fossem assessores e conselheiros do imperador. Não se dizia nem se fazia nada que não fosse antes examinado e aprovado por eles. Essa forma de principado, em que se passava de uma insolente tirania para um modo de governo aristocrático, foi de agrado do povo e do exército, mas principalmente do Senado (Herod. VI,1,2).

É exatamente essa defesa da forma de governo aristocrática e da possibilidade de os senadores escolherem o governante que melhor lhes aprouver ou de ao menos servirem de colaboradores próximos que nos leva a crer que o conteúdo do discurso de Herodiano está firmemente vinculado à sua posição sócio-política. Por isso, a nosso ver, o discurso de Herodiano é tão senatorial quanto o de Dion Cássio, visto que repete argumentos típicos do ideário da elite romana.

Seguindo uma cronologia baseada na sucessão dos imperadores, Herodiano preocupa-se mais em fornecer elementos para a reflexão política sobre o período narrado e sobre as questões relacionadas à conquista e à manutenção do poder pelos imperadores e os grupos que os apóiam ou se opõem a eles do que em especificar indubitavelmente o momento no qual os fatos ocorreram. Os fatos só se tornam compreensíveis se dispostos de forma encadeada cronologicamente, como o próprio Herodiano enfatiza: "Minha intenção é relatar o que ocorreu em cada caso, ordenando os fatos cronologicamente e por reinados" (Herod. I,1,6).

Isso porque é o encadeamento cronológico dos fatos relatados que garante à obra coerência lógica e ordem de entendimento, elementos fundamentais para que a mensagem da narrativa seja bem compreendida pelo público. A sucessão dos fatos fundamenta a sua inteligibilidade, isto é, o que ocorreu antes explica o que houve depois, do mesmo modo que o futuro confirma as previsões e os atos do passado e do presente. A organização da narrativa por reinados, por sua vez, facilita a percepção de que a idade está firmemente vinculada à autoridade garantida pelo imperador. Como vimos, seguindo o ideário senatorial, mais importante que a condição social do governante era a idade deste e a amizade que ele demonstrava ter pelos senadores:

> Os imperadores de idade mais avançada, por sua experiência nos assuntos públicos, com suma diligência mantiveram o controle sobre si mesmos e sobre seus súditos, mas os que eram muito jovens, levando uma vida mais despreocupada, introduziram todo o tipo de novidades; por isso, como é natural, a diferença de idade e de autoridade se traduziu em atuações diferentes (Herod. I,1.6).

Então, não é de estranhar que Herodiano tenha terminado o seu relato em 238 d.C., quando chega ao poder Gordiano III, um menino de apenas treze anos (Herod. VIII,8,8), que não tinha idade nem autoridade para estar comandando os negócios imperiais, segundo o pensamento da elite. Após Marco Aurélio, Herodiano assiste à agonia de um sistema de governo em mutação, e ele pára o seu relato exatamente quando essa agonia chega, segundo ele, ao seu ápice, pois se afastava cada vez mais do ideário senatorial. A idade, fonte de sabedoria para a elite, deixava de ser critério de legitimidade no poder, e uma criança tomava em suas mãos o comando imperial[3]. Era o afastamento mais visível do ideal aristocrático de governo[4].

Dessa forma, a obra de Herodiano é uma reflexão política, cuja utilidade está na sua leitura e/ou audição por aqueles que ainda tinham acesso aos círculos de poder. Por isso, ele resgata valores aristocráticos ao vincular idade com sabedoria e preparação para lidar com os assuntos públicos com autoridade/legitimidade para governar.

Portanto, seguindo uma cronologia causal e separando os assuntos por reinados, para que as diferenças de atuação dos imperadores sejam ressaltadas, Herodiano preocupa-se em fornecer elementos para reflexão, que se interliguem. Desse modo, mais do que batalhas, ele narra costumes, perfis de agentes históricos, conjurações de corte, e tudo o mais que possa dar inteligibilidade ao relato e nos quais a natureza humana seja transformada em exemplo para as gerações vindouras.

Bibliografia

CASSIO DIONE. *Storia romana.* Traduzione di Alessandro Stroppa. Milão: BUR, 1998.

Dio's Roman History. English translation by Ernest Cary. London: William Heinemann, 1961. v. 9 (The Loeb Classival Library).

CASSOLA, F. *Introduzione alla Storia dell'Impero Romano dopo Marco Aurelio.* Florença: Sansoni, 1967. p. 7-19.

DUBY, G. *A História continua.* Rio de Janeiro: Jorge Zahar, 1993.
ERODIANO. *Storia dell'Impero Romano dopo Marco Aurelio.* Texto e Versione di Filippo Càssola. Florença: Sansoni, 1967.
GARNSEY, P.; SALLER, R. P. *The Roman Empire.* Londres: Duckworth, 1987.
GONÇALVES, A. T. M. A busca do relato verdadeiro: a narrativa histórica de Herodiano. *Revista de História.* Ouro Preto, 5: 33-41, 1995.
HORSFALL, N. *La cultura della plebs romana.* Barcelona: PPU, 1996.
MAZZARINO, S. *O fim do Mundo Antigo.* São Paulo: Martins Fontes, 1991.
____________. *Il pensiero storico classico.* Roma: Laterza, 1974. v. 2, n. 2.
MESLIN, M. L. *L'homme romain.* Paris: Complexe, 1985.
PEREIRA, M. H. R. *Estudos de História da cultura clássica.* Lisboa: Fundação Calouste Gulbenkian, 1984. v. 2.
ROQUES, D. Introduction. In: *Histoire des empereurs romains.* Paris: Les Belles Lettres, 1990. p. 1-15.
STARR, R. J. The circulation of literary texts in the Roman world. *Classical Quarterly.* Oxford, 37 (1): 213-223, 1987.
TALBERT, R. J. A. *The Senate of Imperial Rome.* Princeton: University Press, 1984.
TORRES ESBARRANCH, J. J. Introducción. In: *Historia del Imperio Romano después de Marco Aurelio.* Madri: Gredos, 1985. p. 7-84.
YAVETZ, Z. *La plèbe et le prince.* Paris: Découverte, 1984.

Notas

1 Opinião compartilhada com Roques, 1990: 2.

2 Para Torres Esbarranch, Herodiano seguia uma linha de pensamento comum aos grupos sociais emergentes, que buscavam se aproximar do ideário senatorial: "É bem conhecido, sem dúvida, que a historiografia romana tem uma larga tradição de escritores que, ainda que eles mesmos não fossem senadores, contaram com o patronato de famílias senatoriais. No século III houve uma grande mobilidade social na classe senatorial com a ascensão dos eqüestres, e nem todos os senadores coincidiam em suas opiniões; não havia uma postura única representativa da classe senatorial, pelo que podemos pensar que Herodiano e Dion Cássio eram representantes de tendências diferentes. Dion refletiria a forma de pensar da antiga elite senatorial, ao passo que Herodiano estaria mais perto dos setores novos do Senado e da classe eqüestre." (Torres Esbarranch, 1985:29)

3 Sobre a idéia de *auctoritas* interligada à concepção de *sapientia* e à sua vinculação com os *patres*, vide: Pereira, 1984: 351-358 e 407-415, notadamente quando a autora afirma que *sapientia* para os romanos era ao mesmo tempo formação cultural e clarividência política, e um jovem não poderia ter as duas qualidades (Pereira, 1984:411).

4 Juventude era sinal de mudanças, de novidades, e a elite era o bastião da permanência, da continuidade. Como demonstra Michel Meslin, em seu livro *L'homme romain,* a idéia de *auctoritas,* autoridade, desde os primórdios de Roma, estava vinculada à figura paterna, ou seja, àquele detentor de mais vivência, de mais idade, e portanto de mais sabedoria (Meslin, 1985:113-118).

Gregório de Tours e o reino cristão

Edmar Checon de Freitas

O culto das belas letras está em decadência e mesmo morrendo nas cidades da Gália.[1]

As palavras acima, escritas pelo bispo Georgius Florentius Gregorius (538-594), que ocupou a cátedra episcopal de Tours, na Gália, de 573 até sua morte, fixaram-se na memória coletiva como o retrato de uma época. A civilização ocidental estaria então definitivamente adentrando um período tenebroso, onde as trevas medievais cobririam os belos anos em que cintilavam as jóias das letras gregas e latinas.

Esse juízo negativo acabou estendendo-se à avaliação que a posteridade fez da contribuição dos homens da Alta Idade Média ocidental no campo da história das idéias. Nesse particular, Gregório de Tours acabou sendo uma das principais vítimas de sua própria constatação.[2] Seu estilo "rústico" tornou-se o símbolo da ruína de uma civilização romana letrada e a gradativa conformação do mundo latino à cultura bárbara. As vozes de Gregório Magno e Isidoro de Sevilha soariam assim como ecos de um passado distante, quebrando um silêncio que se impunha desde Agostinho.

Nas últimas décadas do século XX o interesse pelo estudo da obra de Gregório de Tours foi renovado. Sob o impulso das perspectivas abertas no campo da história cultural, uma boa quantidade de historiadores passou a se dedicar ao estudo do farto material narrativo produzido entre os séculos VI e VIII. Textos hagiográficos, tratados ascéticos, regras monásticas, crônicas e outros documentos foram revisitados, o que permitiu o conhecimento mais detalhado da cultura e da sociedade dos primeiros tempos medievais. As descobertas arqueológicas ampliaram por sua vez a abrangência dessas mesmas pesquisas, sobretudo a escavação em solo francês de cemitérios datados da época merovíngia. Nesse contexto a produção do bispo de Tours foi revisitada, revelando-se copiosa fonte para o conhecimento da Gália do século VI.

O alcance da obra de Gregório não se limita contudo à função de repositório de informações acerca de seu tempo. Nosso propósito aqui é avaliar sua contribuição no terreno das idéias, mais especificamente sua concepção de História e o papel nela reservado à Igreja e aos detentores do poder régio. O Gregório que procuraremos retratar aqui é aquele que de certa forma lança as bases do que mais tarde seria conhecido como a Cristandade Medieval. Antes, contudo, conheçamos melhor a vida e a carreira de Gregório de Tours.

Nascido por volta de 538[3] em Clermont (Auvergne)[4], Georgius Florentius Gregorius vinha de uma das famílias senatoriais da Gália, título do qual ele muito se orgulhava. Sua parentela, sobretudo do lado materno, comportava vários bispos. As sés episcopais de Langres, Lyon e Tours foram governadas por parentes de sua mãe, o mais famoso deles tendo sido seu tataravô, o bispo Gregório de Langres (†539), já então venerado como santo. Em sua homenagem é que Georgius Florentius adotou o nome pelo qual seria conhecido[5]. Tendo perdido o pai por volta dos oito anos de idade, Gregório esteve em sua infância bastante ligado a seus tios Galo (†551) e Niceto (†573), respectivamente bispos de Clermont e Lyon[6].

Essa forte tradição familiar eclesiástica conduziu Gregório rapidamente ao seio do clero, auxiliando seu tio Niceto em Lyon. Por volta de 563 ele já era diácono dessa igreja. O mesmo caminho fora seguido por seu irmão mais velho, Pedro, diácono em Langres junto ao bispo Tetricus, seu tio-avô[7]. A partir de 572 iniciou-se um dos mais movimentados períodos para a família de Gregório, no tocante a suas pretensões episcopais. Nesse ano morreu Tetricus, bispo de Langres, e no ano seguinte foi a vez de Niceto de Lyon e Eufrônio de Tours, este último primo da mãe de Gregório. A tradição familiar poderia ser mantida pelo acesso dos irmãos Pedro e Gregório às funções episcopais.

A sucessão em Langres não foi favorável a Pedro, que acabou assassinado dois anos depois por conta das rivalidades surgidas então[8]. Em Lyon a oposição a Niceto inviabilizou qualquer pretensão de Gregório em vir a sucedê-lo. Mas a morte de Eufrônio em Tours no mesmo ano criou nova oportunidade para Gregório. Contando com o favor do rei Sigiberto[9] e de sua esposa Brunilda, bem como apoiado por Radegunda — asceta famosa que fundara em Poitiers um mosteiro dedicado à Santa Cruz —, Gregório tornou-se bispo de Tours em 573.

À frente da igreja de Tours ele tomou parte de vários eventos políticos que marcaram o século VI. Na sua época a Gália era disputada pelos netos de Clóvis, filhos de Clotário[10]. Em 575 o rei Sigisberto — que dominava a Touraine — foi assassinado, passando a região para o controle de Chilperico. Gregório, antigo aliado do falecido rei, teve de enfrentar a animosidade do novo senhor, tendo mesmo sido acusado de conspirar contra ele e por isso levado a julgamento[11]. Em 584 Chilperico foi assassinado e a posição de Gregório tornou-se mais estável. Ele ganhou a confiança do rei Gontrão e atuou mesmo diplomaticamente nas negociações entre este e Childeberto II[12].

Além de sua atuação política e pastoral, Gregório de Tours dedicou-se à difusão do culto dos santos e suas relíquias[13] e à restauração e edificação de igrejas em Tours. Foi também ativo escritor, como ele mesmo atesta em uma de suas obras: "Eu escrevi dez livros de histórias, sete de milagres, um sobre a vida dos padres, eu comentei o Saltério em um livro; também escrevi um livro sobre os ofícios eclesiásticos."[14]

As principais obras de Gregório que nos chegaram completas são:[15] *Historiae* (a partir do século VIII conhecida como *Historia Francorum*); *Liber in Gloria Martyrum* (GM); *Liber in Gloria Confessorum* (GC); *Liber de Passione et Virtutibus Sancti Iuliani Martyris* (VSJ); *Libri de Virtutibus Sancti Martini Episcopi* (VSM – 4 livros); *Liber Vitae Patrum* (VP); *De cursu stelarum ratio*. Para nossos propósitos aqui interessa-nos sobretudo a primeira dessas obras, da qual agora trataremos em particular.

Como vimos na passagem reproduzida acima, Gregório identifica sua narrativa simplesmente como suas "histórias". Esse seria o título mais adequado que poderíamos lhe atribuir: *Historie* ou *Libri Historiarum*. A denominação tardia *Historia Francorum*, contudo, tornou-se de uso corrente.[16] Não se trata aqui apenas de uma questão de identificação. Tomando o relato de Gregório como uma *História dos francos*, estamos atribuindo ao autor uma intenção que ele não demonstrou ter.[17] Pois a narrativa gregoriana não constitui uma história do povo franco, sua origem e ascensão na Gália, como tal título faria supor. Na verdade trata-se de um texto com ambições muito mais amplas. Inicia-se com a criação do mundo e chega até a acontecimentos dos tempos do próprio autor. Mas à medida que o relato avança no tempo ele focaliza cada vez mais a Gália e conseqüentemente o povo que a dominou a partir do século VI. Daí sua identificação como *Historia Francorum*.

Gregório de Tours compôs suas *Historiae* – assim como a maior parte de seus escritos – entre 580 e 590. Trata-se de uma narrativa extensa, que ele dividiu em dez livros: I: da criação do mundo à morte de São Martinho (397); II: do episcopado de Brício (sucessor de Martinho como bispo em Tours) à morte de Clóvis (511); III: da sucessão de Clóvis à morte do rei Teudeberto, seu neto (548); IV: o reinado de Clotário I e o assassinato do rei Sigiberto (575); V: reinados de Childeberto II e de Chilperico; VI: os últimos anos de Chilperico (assassinado em 584); VII-X: reinados de Childeberto II e Gontrão (morto em 593).

Salta aos olhos a grande diferença que existe entre os quatro primeiros livros e os seis restantes, quanto à duração do período abordado. No livro I vários milênios são condensados em algumas páginas. O livro II ocupa-se de cerca de uma centena de anos, ao passo que nos demais esse período vai decrescendo. A lógica da redução consiste na apresentação mais minuciosa dos eventos presenciados pelo próprio autor, ou que sobre ele tiveram grande reflexo. Desde sua elevação ao episcopado Gregório tornara-se uma testemunha privilegiada dos eventos que ele se propôs narrar[18].

Essa mudança de ritmo é acompanhada de uma modificação na forma de composição do relato. Os livros de I a IV estão calcados no modelo das crônicas universais, remontando a Eusébio de Cesaréia, Jerônimo, Paulo Orósio e Sulpício

Severo. Esse modelo consistia numa tentativa de alinhar a história dos povos em geral com a história sagrada, começando pela criação do mundo, percorrendo a trajetória de Israel até o advento de Cristo e da Igreja. Isso permitia a conexão entre a realidade histórica presente que se pretendia retratar e um passado idealizado do qual era importante se fazer descendente. A crônica universal cristã reinterpretava o mundo e o tempo, fornecia novas coordenadas temporais para a orientação do fiel diante da história. Qualquer história particular somente teria sentido se entendida como parte de uma cadeia bem mais ampla, a história da salvação[19].

O livro V e os seguintes apresentam-se sob outro formato. Neles Gregório aparece como o cronista que acompanha, ano após ano, os eventos que marcam seu tempo. O pano de fundo é sempre a luta pelo poder real e as relações deste com a Igreja, mais especificamente o caráter ortodoxo ou não da fé dos soberanos, de acordo com a doutrina católica professada por Gregório[20]. Mas não se trata de uma narrativa monótona, pois Gregório não apenas registra fatos, mas sim conta uma história. Ao lado das guerras e dos tratados diplomáticos, ele relata intrigas palacianas, revela segredos de alcova, nos dá notícias sobre epidemias, incêndios, fome, cometas que cruzam os céus, divulga histórias de milagres, narra a vida de homens por ele tidos por santos, registra diversas sucessões episcopais e nos põe em contato com a vida na cidade de Tours.

Os livros I a IV podem ser na verdade uma obra completa, destinada a circular ainda durante a vida de Gregório. É o que sugere Martin Heinzelmann[21], que leva em conta a significativa diferença entre o intervalo de tempo coberto por esses livros e os demais, além de indícios da existência de um fecho da narrativa ao final do livro IV[22].

Há ainda outro problema quanto à composição da obra: os manuscritos mais antigos que a reproduzem trazem somente os livros de I a VI[23]. Os manuscritos que contêm os livros de VII a X, entretanto, não coincidem com os que contêm apenas os livros de I a VI. Há sessenta e seis capítulos interpolados nos quatro primeiros livros, nessa segunda série de manuscritos. Robert Latouche e Lewis Thorpe atribuem tais interpolações ao próprio Gregório. Isto porque há indícios de que ele teria dado por encerrada sua obra ao fim do livro VI. Ao complementá-la posteriormente com os livros de VII a X, ele teria acrescentado também capítulos aos livros já concluídos[24].

Posição diversa é defendida por Martin Heizelmann e Walter Goffart. Para ambos não teria havido interpolação de capítulos, mas sim supressão deles. A narrativa gregoriana teria desse modo sido objeto de uma edição posterior à morte do autor. Removeram-se então capítulos dedicados a santos e bispos, conservando-se por outro lado os que se encaixavam melhor no feitio de uma *Historia Francorum*[25].

A narrativa de Gregório caracteriza-se ainda pela significativa concentração de material contemporâneo do autor, ou correspondente ao passado recente[26]. Trata-se de mudança na perspectiva da qual era encarada a História em relação aos próprios modelos que Gregório tomara por referência. Vejamos, por exemplo, a *Chronica* de Sulpício Severo (c.363-430), escrita por volta de 400. Composta de dois livros, ela se inicia pela criação do mundo e vai até os acontecimentos da época do autor. O primeiro livro é concluído com a narrativa da queda do reino de Judá e o conseqüente cativeiro da Babilônia, totalizando 54 capítulos. O segundo livro, com 51 capítulos, vai do cativeiro de Babilônia até a repressão ao priscilianismo em fins do século IV d.C.. Mas somente do capítulo 33 do livro II em diante o autor trata de eventos relativamente próximos a sua época. Uma temática contemporânea – Martinho de Tours e o priscilianismo – aparece apenas no capítulo 46. Embora os capítulos sejam de extensão diversa, é nítida a concentração do relato de Severo no passado distante, sobretudo nos tempos bíblicos.

O mesmo se aplica à *Historia adversus paganos* de Paulo Orósio, contemporâneo e amigo de Agostinho de Hipona. Orósio compôs sua narrativa a pedido do próprio Agostinho, visando demonstrar que os males que afligiam seu tempo não eram exclusividade deste, não sendo resultado, portanto, da conversão do mundo romano ao cristianismo[27]. Dos sete livros em que se divide a *Historia* de Orósio somente no último livro eventos do século IV são narrados. Os livros I a VI ocupam-se do que ocorreu antes da época de Cristo, cuja encarnação marca a transição para o último livro[28].

A narrativa de Gregório segue por caminhos diversos. Somente o livro I trata do passado bíblico e da perseguição à Igreja. O advento de Martinho de Tours marca o começo de nova era para a Gália, região em que o relato progressivamente se concentra. Há desse modo duplo afunilamento da narrativa, temporal e espacial. À medida que o tempo corre na direção de Gregório, seu olhar se detém cada vez mais na Gália. Assim as *Historiae* vão do universal ao local enquanto avançam do passado para o presente do autor.

Mesmo dentro dos quatro primeiros livros das *Historiae* a quantidade de material pertencente ao passado recente de Gregório é considerável. Os livros II, III e IV tratam todos eles de eventos situados no século VI, portanto menos de cem anos da época em que viveu o autor. Os seis livros seguintes, concentrados em pouco mais de uma década, dão o tom do gênero historiográfico. Trata-se de uma História voltada para seu próprio tempo, retratando a sociedade em que vivia Gregório, seus desafios, sucessos e fracassos. Era sobretudo um tempo cristão que ele procurava mostrar, uma era que se iniciara com Martinho, a nova luz que se derramara sobre a Gália: "Então [nos tempos de Constâncio II] também a nossa luz começou a brilhar novamente e de novo raios luminosos clarearam a Gália; esse foi o tempo em que o muito bem aventurado Martinho começou a pregar na Gália."[29]

Gregório, portanto, escreveu uma narrativa histórica que se afastou da tradicional história eclesiástica, mas manteve o mesmo fio condutor desta, isto é, a história da salvação, centrada na encarnação de Cristo. Por intermédio da figura de Martinho de Tours esse centro desloca-se do plano universal para o local. Mas a regionalização do relato não o torna a história de um povo específico, como a *Gettica* de Jordanes (século V) ou a *Historia Langorbadorum* de Paulo Diácono (século VIII). Isso porque as *Historiae* de Gregório de Tours contém essencialmente um projeto de sociedade cristã, todavia encarnado no complexo mundo romano-germânico em que ele viveu. Santidade e pecado eram os referenciais apresentados como orientação para o fiel cristão, amplamente exemplificados pelo relato das *Historiae*, que se propunham narrar "tanto as virtudes dos santos quanto desastres dos povos"[30]. À testa desse mundo de santos e pecadores estariam os reis francos, para quem agora dirigimos nossa atenção.

No livro II de sua *Historiae*, Gregório de Tours dedica boa parte de seu relato aos francos. Uma questão o intrigava sobretudo: nenhuma de suas fontes mencionava quem tinha sido seu primeiro rei, nem mesmo nomeava reis antigos dentre esse povo[31]. Sem meios de resolver a questão, ele contenta-se em informar que se dizia que os francos teriam vindo da Panônia e, após atravessar o Reno, teriam organizado vários reinos: "E ali, em cada região e em cada cidade escolheram para si reis de cabelos longos, que pertenciam à primeira e, como se diz, à mais nobre de suas famílias. Isso foi em seguida provado pelas vitórias de Clóvis, como em seguida exporemos."[32]

Por que estaria Gregório interessado em estabelecer uma origem para a monarquia franca? Note-se, em primeiro lugar, que sua preocupação surge de um estudo comparativo entre os francos e os demais povos. Todos os povos antigos tinham seus reis nomeados pelas crônicas. No livro I das *Historiae* ele mesmo narrara, seguindo o texto bíblico, como os israelitas pediram e obtiveram um rei[33]. Mostrara em seguida como o reino construído por Davi e Salomão dividiu-se e caiu em ruínas após a morte do último[34]. Em seguida, avançando para além dos limites da História Sagrada, ele enumerou os reis de outras nações, iniciando na seqüência a apresentação dos imperadores romanos[35].

Mais do que capricho pessoal ou perfeccionismo de historiador, essa obstinação de Gregório quanto à realeza franca tinha razões bastante concretas, que nos colocam diante da mensagem política de sua narrativa. O bispo de Tours escrevia olhando para a realidade que o cercava. Reis francos, descendentes de Clóvis, governavam a Gália e exerciam seu poder mesmo sobre o clero. Era urgente refletir sobre seu papel e a legitimidade de seu poder.

Essa era, aliás, uma situação relativamente nova. Nem sempre nos damos conta de que o século de Gregório de Tours é o primeiro no Ocidente Latino em que há reinos estáveis, governados por príncipes cristãos, autônomos em relação à autoridade imperial. É claro que os galo-romanos estavam havia gerações acostumados ao domínio bárbaro, mas até fins do século V a imagem do Império Romano, ainda que ficção, mantinha-se como referência para o conceber o poder. Vejamos um exemplo. Em 481 o bispo Remígio de Reims enviou uma carta a Clóvis quando este se tornou rei. Nela ele saúda o chefe franco por ter obtido o governo de uma província romana (*Belgica Secunda*). Para Remígio, o poder de fato era dos bárbaros, mas o mundo ainda era romano, imperial[36].

Aquilo a que se assiste na passagem do século V para o século VI é a transição de um modelo de reino que existia dentro dos quadros imperiais, com um rei que atuava como representante do imperador, para outro em que o rei governa seu povo – e o povo romano do território conquistado – de maneira autônoma. O pensamento ocidental, progressivamente clerical no período aqui abordado, procurava refletir sobre tal questão e construir modelos de governantes que se ajustassem aos novos tempos[37].

Nos tempos de Gregório de Tours muito do Império Romano Cristão subsistia: sua língua, religião, suas práticas fiscais, administrativas e jurídicas. Mas o exercício do poder concentrava-se firmemente na família de Clóvis. Era sobre seus membros – e para eles – que Gregório escrevia quando tratava dos princípios da realeza franca.

Olhemos com mais atenção a passagem reproduzida acima. Três elementos nela nos parecem fundamentais: a dispersão inicial dos reinos, a origem nobre da família e o papel de Clóvis. Não havia, segundo o relato gregoriano, *um* reino franco, mas vários. Todos teriam sido confiados a uma família específica, cuja nobreza superior a credenciava para tal. Como sinal distintivo de seu poder figura a longa cabeleira. Tal superioridade, contudo, somente teria efeito após a comprovação prática pelas vitórias de Clóvis. Se a legitimidade do poder merovíngio é associada à nobreza de seu sangue ela é também condicionada à prova prática da capacidade do rei, mediante o exemplo de Clóvis. É portanto no que Gregório diz do último que devemos buscar os traços do que seria o rei ideal para a Gália.

Clóvis nos é mostrado inicialmente como guerreiro vitorioso, porém pagão. Ao tratar de seu nascimento (461) Gregório já o intitula um grande e valoroso guerreiro.[38] Como rei, sucedendo em 481 a seu pai Childerico na liderança do grupo franco conhecido como sálio, ele aparece derrotando o romano Siágrio em Soissons. Ainda "prisioneiro dos erros do fanatismo", pilhava as igrejas com seu exército, mas demonstrava respeito pelos bispos[39].

Vitorioso em suas primeiras campanhas, ele busca casar-se com uma princesa burgúndia, Clotilde, cristã católica. Gregório passa a desenvolver então o tema da conversão do rei. A influência de Clotilde – que fez batizar os filhos do casal – abre o caminho para a adoção da nova fé. Clóvis teria se convertido, segundo Gregório, no campo de batalha, tendo invocado Cristo na iminência de uma derrota ante os alamanos. O bispo Remígio de Reims é chamado para a catequese do rei e o convence a se deixar batizar, malgrado seu temor de perder o apoio de seus guerreiros[40]. Por volta de 496 Clóvis é batizado por Remígio de Reims.

A conversão de Clóvis em meio a uma batalha lembra a do imperador Constantino, que tendo lutado e vencido sob o signo cristão tornou-se adepto da religião de Cristo. A semelhança é reforçada na narrativa do batismo: "Como um novo Constantino ele se aproxima da pia batismal, para se curar da doença de uma velha lepra e para se purificar com água fresca das manchas sórdidas dos feitos passados."[41]

Batizado, Clóvis passa a ser retratado como campeão da fé católica. É sob o argumento de livrar a Gália do domínio ariano que ele empreende a campanha contra os visigodos de Alarico II, que culminou com a vitória em Vouillé (507)[42]. Retornando da batalha ele recebe em Tours as insígnias consulares enviadas pelo imperador de Constantinopla, Anastácio. Em trajes imperiais ele desfila a cavalo pelas ruas da cidade e distribui ouro e prata à população, sendo a partir de então tratado por todos, segundo Gregório, como cônsul e augusto[43]. A narrativa gregoriana passa então a mostrar como Clóvis unifica o reino franco, eliminando seus adversários e parentes. Fiel cumpridor da vontade de Deus, era por isso recompensado com vitórias: "Dia a dia Deus colocava seus inimigos sob sua mão e aumentava o seu reino, porque ele caminhava diante dele com um coração reto e fazia o que era agradável a seus olhos."[44]

As vitórias de Clóvis são apresentadas assim como dependentes não apenas de seu valor pessoal como guerreiro, mas especialmente de sua fidelidade à causa católica. Antes da conversão ele aparece como chefe valente, mas sujeito às derrotas. Após seu batismo ele é essencialmente vencedor e unificador. A trajetória dos francos na Gália era desse modo apresentada indo da dispersão à unidade, num processo em que se associavam a vitalidade guerreira do povo, encarnada por seu rei, e a fidelidade de ambos a Cristo e sua Igreja.

A força do império cristão renascia assim na figura do rei franco, embora sem uma proposta de reconstrução política desse império. Se Gregório de Tours considerava Clóvis um "novo Constantino", o bispo Avito de Viena, contemporâneo do rei, saudava-o por ocasião do batismo usando também a imagem imperial. Para ele não somente a Grécia (isto é, o Império Romano do Oriente) tinha a felicidade de possuir um príncipe cristão e não ariano no trono, pois no Ocidente a mesma luz brilhara na figura de um rei[45]. Décadas mais tarde um neto de Clóvis, Teudeberto I, cunhava moedas de ouro com a efígie e os títulos do avô, à maneira imperial[46].

Conquistado e unificado, o reino tinha de ser conservado. Para Gregório de Tours isso dependia em primeiro lugar da conduta do rei em relação a sua fé. Clóvis, mais uma vez, é a figura exemplar: "O rei Clóvis, que a confessou [a fé na Trindade], derrotou os heréticos com o socorro divino e estendeu seu reino por toda a Gália; Alarico, que a rejeitou, foi privado de seu reino, de seu povo e, do que é maior, a vida eterna."[47]

Na abertura do livro V de suas *Historiae*, o bispo de Tours expõe outra de suas grandes preocupações: a guerra civil. A luta fratricida – e lembremos que essa era uma realidade que ele conhecia bem – seria um caminho para a desgraça do reino. Clóvis é mais uma vez recordado, sendo apresentado como a "cabeça de vossas vitórias", de quem os reis de seu tempo haviam recebido o reino íntegro[48]. Esse prólogo precede justamente a narrativa dos desdobramentos do assassinato de Sigisberto e os turbulentos anos de Chilperico. A guerra, dentro de um reino cristão, seria sua ruína; o afastamento do caminho cristão levaria à perda do poder real.

Teudeberto I é apresentado também como rei exemplar. Gregório destaca sua bondade (*bonitas*), justiça (*justitia*), respeito aos bispos e o fato de ter sido generoso com as igrejas e os pobres[49]. Por outro lado, Chilperico é tratado como "o Nero e o Herodes de nosso tempo", sendo acusado de ter devastado regiões, praticado injustiça, perseguido os bispos, descuidado dos pobres e confiscado bens eclesiásticos. Além disso era cruel e dado à glutonaria[50]. Descuidando da atenção com a Igreja, esse rei teria caído vítima de seus inimigos. O mesmo destino coubera a seu irmão Sigisberto, que não ouvira o alerta de São Germano e atacara Chilperico em Paris, pouco tempo depois sendo assassinado[51].

Havia, portanto, um caminho a ser seguido pelos reis. A guiá-los estariam os bispos, guardiães da doutrina cristã. Ainda no livro I Gregório mostra os israelitas pedindo um rei a Deus por intermédio de Samuel e Salomão sendo conduzido ao trono pelo profeta Natan. A dureza de Roboão leva à divisão do reino e a idolatria conduz os israelitas ao cativeiro de Babilônia[52]. Os exemplos bíblicos repercutiam nos tempos da Gália franca. Clóvis e Teudeberto foram reis vitoriosos respeitando os bispos. Sigisberto e Chilperico, não atendendo aos apelos do clero, encontraram a morte. Chilperico atacara o próprio Gregório, submetendo-o a julgamento. O mesmo fizera com Pretextato de Ruão[53]. Mais ainda, pretendera compor um tratado teológico, cuja fidelidade à ortodoxia nicena Gregório contestava[54].

Os bispos deveriam assim agir como profetas de Deus[55]. O rei Gontrão, cuja reverência com os bispos e em especial com o próprio Gregório as *Historiae* destacam ao longo dos livros VII-IX, recebe tratamento bastante favorável. Seu zelo com as vítimas de uma epidemia leva o autor a compará-lo a um bispo. Mesmo poderes miraculosos são a ele atribuídos, sendo relatadas curas que teriam sido obtidas pelo contato com suas vestes ou pela simples invocação de seu nome[56].

Tomado em seu conjunto, esses exemplos apontam para a construção de um modelo de rei cristão na Gália franca e merovíngia. Essa é uma das principais contribuições de Gregório no campo das idéias. Ele não formula uma definição do que é um rei, nem procura precisar suas funções. Seu método alinha exemplos, do passado e do seu presente, que conduziam a uma imagem do rei ideal, amante da justiça, protetor das igrejas, atento aos conselhos dos bispos. Não são questionados nem a origem de seu poder nem mesmo os meios empregados para obtê-lo. O que importava era como ele se conduzia perante seu povo, atraindo bênçãos ou desgraças sobre ele.

Também o reino e seu povo não eram termos que Gregório procurasse definir. Em suas *Historiae* o *regnum Francorum* compreende francos e galo-romanos, as fronteiras entre tais grupos sendo dissolvidas numa identificação universal cristã. Aqui retorna a imagem do império. O rei que Gregório descreve é capaz de unir povos diferentes sob seu domínio, amparado no universalismo cristão, sob o olhar atento dos bispos. Esse arranjo, ainda que imediatamente seja difícil de discernir, teria reflexos por toda a história medieval. Cristandade e Império, embora concretamente distantes, germinam silenciosamente nas palavras do bispo Gregório de Tours.

Notas

1 "Decedente, atque immo potius pereunte ab urbibus Gallicanis liberalium cultura litterarum." Gregório de Tours. Historia Francorum, praefatio. In: J.-P. Migne *S. Georgii Florentini Gregorii Turonensis opera omnia necnom Frdegarii Scholastici epitome et chronicum cum suis continuatoribus et aliis antiquis monumentis.* Paris, 1867. Patrologia Latina, v. 71, col.159-572. Daqui por diante indicaremos como *Hist.* Para as traduções, baseamo-nos na versão francesa de R. Latouche (Paris: Belles-Lettres, 1999) e na inglesa de Lewis Thorpe (Londres: Penguin Books, 1974).

2 Para citar um exemplo, Jacques Le Goff não inclui Gregório de Tours entre os principais "faróis que por muito tempo iluminaram a noite medieval", identificando como tais Boécio (c. 480-524), Cassiodoro (c. 480-573), Isidoro de Sevilha (c. 560-636) e Beda, o Venerável (c. 673-735). Cf. J. Le Goff. *A civilização do Ocidente medieval.* Lisboa: Estampa, 1995, v. 1, p.164.

3 Utilizamos aqui informações acerca da vida de Gregório fundamentalmente de: R. Van Dam. *Saints and their miracles in Late Antique Gaul.* Princeton: Princeton University Press, 1993; M. Heinzelmann. *Gregory of Tours: history and society in the sixth century.* Cambridge: University of Cambridge Press, 2001.

4 Atualmente Clermont-Ferrand, mas então simplesmente a *civitas Arvernorum.*

5 Georgius era o nome de seu avô paterno e Florentius o de seu próprio pai.

6 Galo era irmão de seu pai e Niceto de sua mãe, Armentária.

7 Tetricus era filho do outro Gregório, que fora bispo de Langres entre 506 e 539.

8 *Hist.* v. 5. Pedro conseguira fazer sucessor de Tetricus um parente de ambos, Silvestre, que morreu pouco tempo depois de assumir a cátedra episcopal. O filho de Silvestre responsabilizou Pedro pela morte de seu pai e por isso o matou.

9 Radegunda fora casada com o rei Clotário, filho de Clóvis e pai de Sigiberto. Ela conseguira permissão do marido para deixar a vida conjugal e abraçar a carreira monástica em Poitiers.

10 Clotário conseguira em 558 unificar o reino franco que herdara com seus irmãos (Teuderico, Clodomir e Childeberto) de Clóvis em 511. À morte de Clotário (561) o reino novamente se dividiu entre seus filhos Sigisberto, Gontrão, Cariberto e Chilperico. Morrendo Cariberto em 567 iniciou-se um conflito entre os demais.

11 *Hist.* V, 49. Na ocasião ele quase veio a perder sua diocese, usurpada por um presbítero que era seu inimigo, o qual dizia estar libertando Tours da gente de Auvergne.

12 Childeberto II era filho de Sigisberto e disputou o poder com Gontrão mais tarde com Clotário II, filho de Chilperico. Ao lado da disputa entre os reis ficou famosa a guerra entre as rainhas Fredegonda (viúva de Chilperico e mãe de Clotário II) e Brunilda (mãe de Childeberto II). Após anos de conflito, Clotário II reunificou o reino franco em 613.

13 Especialmente São Martinho, patrono de Tours e São Juliano de Brioude, venerado em Clermont.

14 "Decem libros historiarum, septem miraculorum, unum de Vitis Patrum scripsi, in Psalterii tractatum librum unum commentatus sum; de Cursibus etiam ecclesiasticis unum librum condidi". *Hist.* X, 31.

15 Indicamos entre parênteses as abreviaturas pelas quais as indicaremos. Note-se que GM, GC, VSJ e VSM constituem os sete livros de milagres mencionados por Gregório.

16 Para uma discussão acerca do título e da história textual das *Historiae* veja-se: W. Goffart. From Historiae to Historia Francorum and back again: aspects of the textual history of Gregory of Tours. In: T. F. X. Noble; John J. Contreni. *Religion, culture and society in the Early Middle Ages : Studies in honor of Richard Sullivan. Michigan*: Western Michigan University, 1987, p.55-76.

17 A "history of the Franks" had not been Gregory's goal, but that is what his seventh-century public wished to read. Ibid., p. 65.

18 Latouche, Introduction. In: Grégoire de Tours. *Histoire des Francs.* Paris: Belles-Letres, 1999, t. II, p.5.

19 Sobre a emergência da historiografia cristã e a visão histórica a ela subjacente ver A. Momigliano. Historiografia pagana y cristiana en el siglo IV. In: *El conflicto entre el paganismo y el cristianismo en el siglo IV.* Madri: Alianza, 1989, p. 95-115.

20 Empregamos aqui o adjetivo *católico* no sentido que lhe atribui o próprio Gregório, que assim se define para explicitar sua fidelidade ao credo niceno. Cf. *Hist.* I, *Prologus.*

21 Heinzelmann, M. *op. cit.*, p.108-115.

22 Por exemplo, a existência ao final do livro IV de uma recapitulação do cômputo dos anos desde a criação do mundo, o que não ocorre nos demais livros; a existência de dois prólogos antes do início da narrativa: um geral e outro específico para o livro I. Este último serviu na verdade de introdução para a narrativa em quatro livros. Cf. M. Heinzelmann. *op. cit.*, p.109

23 Para um estudo detalhado da tradição manuscrita das *Historiae* veja-se: P. Bourgain.; M. Heinzelmann. L'oeuvre de Grégoire de Tours: la diffusion des manuscripts. In: N. Gauthier; H. Galinié. (orgs.). *Grégoire de Tours et l'espace Gaulois.* Actes du congrès international, Tours, 3-5 novembre 1994. Tours: Association Grégoire 94, 1997, p. 273-317.

24 O final do livro VI apresenta uma fórmula solene de conclusão, com um agradecimento a Deus (*Deo gratias*), diferindo dos livros anteriores. O material supostamente interpolado refere-se sobretudo a episódios locais. Grande destaque também é dado aos temas eclesiásticos, aos mártires e santos em geral. Cf. R. Latouche. *op. cit.*, t.I, p.11-13; Thorpe, L. Introduction. In: *Gregory of Tours. History of the Franks.* Londres: Penguin Books, 1974, p. 25-27.
25 M. Heinzelmann. *Gregory of Tours*, p.198-201; W. Goffart. *op. cit.*, p.658-66.
26 Tomamos "passado recente" aqui por um período de tempo recuado em cerca de cem anos com relação ao narrador, o qual poderia portanto ter acesso a ele por meio de testemunhos diretos.
27 Este era um dos pontos que Agostinho pretendia refutar em *De civitate Dei.*
28 Heinzelmann, *Gregory of Tours*, p.108.
29 "Tunc jam et lumen nostrum exoritur, novisque lampadum radiis Gallia perlustratur: hoc est, eo tempore beatissimus Martinus in Galliis praedicare exorsus est." (*Hist.* I, 39).
30 "... tam virtutes sanctorum quam strages gentium memoramus." (*Hist.* II, prologus).
31 *Hist.* II,9. Gregório as crônicas, hoje perdidas, de Sulpício Alexandre e Renato Frigérido, além de recorrer *Historia* de Paulo Orósio.
32 "Ibique juxta pagus vel civitates, reges crinitos super se creavisse, de prima, et ut ita dicam, nobiliori suorum familia. Quod postea probatum Chlodovechi victoriae tradidere, idque in sequenti digerimus." (*Hist.* II,9)
33 *Hist.* I,12.
34 *Hist.* I,14-15.
35 *Hist.* 17-18.
36 "Rumor ad nos magnum pervenit, administrationem vos Secundum Belgice suscxepisse". *Epistolae Austrasicae*, 2. In: M. Rouche. *Clovis.* Paris: Fayard, 1996, p. 387.
37 Sobre a relação entre os reinos bárbaros e o império, ver J. H. Burns. *Histoire de la penseé politique médievale.* Paris: Presses Universitaires de France, cap.7.
38 "Hic fuit magnus, et pugnator egregius." (*Hist.* II,12).
39 'Eo tempore multae ecclesiae a Clodovechi exercitu depraedae sunt, quia erat ille adhuc fanaticis erroribus involutus." Segue-se o famoso episódio do vaso de Soissons, quando Clóvis, atendendo a um pedido de um bispo, tenta devolver a sua igreja um vaso litúrgico que fazia parte do butim. Impedido por um soldado, que quebra o vaso, ele se vinga mais tarde, matando-o (*Hist.* II, 27).
40 Gregório relata uma consulta do rei aos francos, garantindo o apoio desses a sua decisão.
41 "Procedit novus Constantinus, ad lavacrum, deleturos leprae veteris morbum, sordentesque maculas gestas antiquitas recenti latice deleturus." (*Hist.* II, 31).
42 *Hist.* II,37.
43 *Hist.* II,38.
44 "Prosternebat enim quotidie Deus hostes ejus sub manu ipsius, et augebat regnum ejus, eo quod ambularet recto corde coram eo, et faceret quae placita erant in occulis ejus." (*Hist.* II, 40).
45 "Illustrat tuum quoque orbem claritas sua, et occiduis partibus in rege non novi iubaris lumen effulgurat." *Avitus episcopus Clodovecho regi.* In: M. Rouche, *op. cit.*, p.398.
46 J. H. Burns, *op. cit.*, p.129.
47 "Hanc Clodovechus rex confessus, ipsos haereticos adjutorio ejus oppressit, regnumque suum per totas Gallias dilatavit: Allaricus hanc denegans, a regno et populo, atque ab ipsa, quod majus est, vita mulctatur aeterna." (*Hist.* III, prologus).
48 "Reccordamini quid caput victoriarum vestrarum Chlodovechus fecerit (...) quarum regnum vobis integrum illaesumque reliquit." (*Hist.* V, prologus).

49 *Hist.* III,25.
50 *Hist.* VI, 46.
51 *Hist.* IV,51.
52 *Hist.* I,12.14.
53 *Hist.* V,18.49.
54 *Hist.* V, 44.
55 Essa é a imagem que M. Heinzelmann utiliza para caracterizar a relação entre Gregório de Chilperico. Cf. M. Heinzelmann. *Gregory of Tours*, p. 41-48.
56 *Hist.* IX, 21.

CHRÉTIEN DE TROYES E A INTELIGÊNCIA DO AMOR

Sinval Carlos Mello Gonçalves

No interior da grande efervescência cultural característica do século XII europeu, o clérigo[1] Chrétien de Troyes ocupa lugar especial. Autor de cinco composições literárias ainda hoje lidas com prazer, e de outras tantas que não chegaram até nossos dias, Chrétien, no entanto, não foi um intelectual no sentido dado ao termo pelo historiador Jacques Le Goff em livro que se tornou modelar sobre o tema[2]. Nele o autor restringiu o termo àqueles homens que, formados nas escolas urbanas, dedicaram a vida à pesquisa, ao ensino e à reflexão no interior das mesmas escolas. Homem do mundo, Chrétien de Troyes parece ter tido muito mais intimidade com as cortes da nobreza afluente da época – público preferencial de sua obra, ao que tudo indica – do que com o claustro e a catedral, em que pese sua evidente formação escolar. Mas seria impossível compreender o alcance de sua obra, talvez a possibilidade mesmo de sua existência, sem mencionar esses mundos paralelos. E seria igualmente impossível ignorar nela os ecos ruidosos das feiras, vilas e aldeias que não pararam de crescer nos seus anos de vida. Percorrendo esse universo plural e de difícil acesso na distância de séculos em que nos encontramos, uma vasta rede de contos e contadores de histórias das mais diversas proveniências nutria a memória coletiva.

Pouco ou quase nada se sabe acerca de Chrétien de Troyes, afora alguns nomes de personagens históricos mencionados em seus escritos, suficientes, no entanto, para situar o período de composição de seus cinco romances entre os anos 60 e 90 do século XII. *Erec e Enida, Cliges, Evain, Lancelote* e *Percival:* tomados em conjunto, os cinco textos apresentam uma espécie de suma da cultura cortesã de seu tempo. Saber se Chrétien foi de fato seu nome de batismo, ao qual teria ligado o da corte em que produziu parte de seu trabalho, sob a proteção da condessa Marie de Champagne, ou se ele foi um pseudônimo destinado a sublinhar sua formação cristã e clássica, talvez seja menos importante do que tentar unir os fios que para ela confluíram. Sua contemporânea e tributária das mesmas correntes culturais, a poeta Marie de France, no prólogo aos seus *Lais*, escreveu alguns versos esclarecedores a respeito dessa confluência[3]:

(...) començai a penser v. 28
De aukune bone estoire faire
E de latin en romaunz traire;
Mais ne me fust guaires de pris:
Itant s'en sunt altre entremis.
Des lais pensai k'oï aveie.
(...)
Plusurs en ai oï conter,
Ne[s] voil laisser në oblier;
Rimez en ai e fait ditié,
Soventes fiez en ai veillié.[4]

Esses versos de Marie de France dizem muito. De início, a própria origem do termo a que mais tarde o nome de Chrétien de Troyes ficaria ligado como um de seus fundadores: o romance. Em seu tempo, colocar em romance, *mettre en romanz*, significava o ato de traduzir e adaptar nas línguas românicas textos escritos originalmente em latim. Esse gesto só foi possível em função de um movimento ao qual Chrétien de Troyes igualmente aparece como um de seus grandes expoentes: ter formação intelectual em algumas das escolas urbanas disponíveis, fundadas na cultura latina filtrada pelo cristianismo, e em seguida migrar para as cortes principescas laicas, ansiosas por uma cultura com a qual pudessem identificar-se.

Mas Chrétien de Troyes, assim como Marie de France, não seria o primeiro a fazer isso; como ela diz, muitos já o haviam feito antes. É praticamente certo que ela esteja referindo-se a alguns textos escritos a partir da década de 50 de seu século, tais como o *roman de Thèbes*, o *roman d'Énéas* e o *roman de Troie*, todos eles adaptações de livros latinos para os costumes e a língua de seu tempo. Por isso ela decidiu adaptar os *lais* que ouviu contar, deslocando nesse gesto para a órbita de uma cultura inevitavelmente marcada pela latinidade cristã, uma herança bretã transmitida pela tradição oral. Por fim, e para que se tenha em mente os limites frágeis entre o que chamaríamos hoje de cultura popular e cultura erudita, Marie fala em rimar e ditar, confundindo assim oralidade e escritura no momento mesmo da composição de suas histórias. O círculo se fecha quando sabemos que essas histórias logo retornariam à palavra falada por meio da leitura pública.

Foi esse o contexto cultural que enquadrou a composição da obra de Chrétien de Troyes. Erigida entre os escombros da cultura celta e a renovação intelectual da latinidade cristã, seria o caso de perguntarmo-nos acerca do lugar de sua obra no interior do conjunto cultural a que chamamos hoje ocidental[5]. Nos versos de abertura de seu segundo romance, *Cliges*, há uma indicação muito clara acerca da consciência de Chrétien sobre a inserção histórica de sua obra e a tradição cultural da qual ela se pretendia herdeira. Nestes versos ele diz

Que Grece ot de chevalerie v. 31
Le premier los et de clergie,
Puis vint chevalerie a Rome
Et de la clergie la somme,
Qui or est en France venue.[6]

Grécia, Roma e França. Se pensarmos na França de Chrétien como a herdeira da França imperial carolíngia, ou como comunidade de língua e cultura que desde o século anterior, por intermédio dos normandos havia conquistado a Inglaterra, e pretendia liderar a cristandade em oposição ao império dividido entre Alemanha e Itália, temos uma visão histórica não muito diferente daquela que uma pessoa identificada com a cultura ocidental poderia ter de si mesma, como herdeira de uma tradição cultural greco-romana, cujas fronteiras espaciais confundem-se com a da cristandade latina.

Mas quando continuamos a ler o prólogo de Chrétien somos surpreendidos por alguns ruídos perturbadores dessa continuidade plana. Antes de tudo, a Grécia de seu romance não é a clássica, anterior à grandeza romana, mas aquela que resultou da expansão de Alexandre e foi mais tarde cristalizada por Constantino em torno de Bizâncio-Constantinopla. Ela correspondia, de certa forma, à cultura grega que os medievais receberam indiretamente, mediante adaptações e traduções latinas do Baixo Império. Surpreendentemente, esses cavaleiros gregos de Constantinopla pertenciam à linhagem de Arthur! Com eles, a vasta rede de tradição oral pré-cristã terminou por integrar-se e assimilar-se à tradição cristã e latina, numa espécie de irrupção do maravilhoso, reprimido por séculos de aculturação cristã[7]. Mais importante do que a determinação de qual dessas diversas heranças teria sido determinante na obra de Chrétien, deve ser, eu creio, a admissão do caráter mutável e dinâmico das culturas humanas e a ambigüidade que parece estar presente nas atitudes de qualquer comunidade assediada pela diversidade, pelo temor de nela perder-se e pelo fascínio de ser outro.

Se determinar o peso preciso das múltiplas tradições que vieram convergir nos romances de Chrétien de Troyes não é sequer talvez possível, sobretudo por elas constituírem uma totalidade da qual seria impossível desmembrar as partes sem com isso esvaziar seu sentido, podemos, no entanto, examinar os atos intelectuais que tornaram possível sua existência.

No prólogo de seu primeiro romance, *Erec e Enida*, ele diz que sua história veio de um *conte d'aventure* do qual ele fez *Une molt bele conjuture* (v. 14). A palavra-chave aqui é *conjunture* ou *conjointure*, como aparece em alguns manuscritos, que significa unir, juntar, ou seja, ordenar em torno de um enredo unificado fatos e personagens originalmente dispersos. Esse foi o ato essencial do romancista, e nele podemos reconhecer sem dúvida as marcas de seu treinamento nas artes do *trivium* ensinadas nas escolas urbanas: aprender corretamente a expressar o raciocínio. Mas o ordenamento operado pelo romancista deveria conduzir a um sentido, um ensinamento, manifesto na intervenção autoral inseparável de sua constituição. Nas palavras de Paul Zumthor, ordenar é glosar, intervir comentando as ações dos personagens do conto, descrevendo seus pensamentos interiores, descobrindo o sentido, enfim, do que é narrado.

A operação intelectual contida no ato de ordenar e glosar fundamenta a função de seu autor – na feliz percepção do estudioso norte-americano Karl Uitti – menos um mero colecionador de feitos do passado, e mais um guardador da memória dos gestos que fazem do homem um homem e não um bárbaro, um selvagem. Procedimento que, novamente, nos remete para a função civilizacional que a Igreja pretendia tomar para si, herdeira presumida de Roma e seu império: *translatio imperii, translatio studii.*

Duas noções mencionadas no prólogo do Cliges, *chevalerie* e *clergie*, são a síntese deste projeto civilizacional inscrito no interior das obras de Chrétien de Troyes. Proezas das armas e dos corpos, proeza das palavras e do espírito: elas são a expressão das virtudes encarnadas nas duas ordens que pretendiam dirigir a sociedade feudal, a ordem militar e a ordem clerical, e de sua perfeita harmonia dependia o ordenamento correto do mundo. A perfeita *chevalerie* dependia, no entanto, da *clergie*, a virtude de sabedoria que deveria conter e canalizar os impulsos potencialmente destrutivos de um grupo social erigido sobre o poder da guerra, como foi a cavalaria. A unir esses dois elementos, uma virtude fundamental, a *sagesse*, espécie de sabedoria da temperança, quase sempre colocada em oposição nos textos de época a uma palavra que continha em si os riscos que espreitavam a ordem do mundo: a *follie*, loucura. Loucuras de guerra, e sobretudo, veremos, loucuras de amor.

Nas histórias narradas por Chrétien o limite entre a humanidade e a selvageria, encarnada ou confundida com a loucura, é muitas vezes perigosamente transposto. A loucura espreita o herói da mesma forma que a floresta tenebrosa e assustadora acossa os limites frágeis das vilas, dos castelos e aldeias em que o homem conseguiu domar a natureza e ordenar o espaço[8]. *Evain*, o herói de seu terceiro romance, logo em seguida ao seu casamento com Laudine, ansioso pelas folias de guerra a que seu grande amigo Galvão lhe incitava, obtém dela licença de um ano para percorrer os torneios do reino. Esquecendo a promessa feita, *Evain* não retorna no prazo combinado e Laudine manda devolver-lhe o anel de casamento, símbolo de seu rompimento e de sua recusa em tornar a vê-lo. Desesperado, ele não consegue ficar mais junto aos cavaleiros da corte – "tudo que vê lhe faz mal"[9] – e termina por abandoná-los, arrancando suas roupas, e partindo em direção aos bosques, completamente enlouquecido[10]. De todas as loucuras que espreitavam os cavaleiros de Chrétien, a loucura do amor talvez fosse a mais presente e sedutora. O amor está naturalmente no centro de suas narrativas.

Falar de amor implica inserir as noções de *chevalerie* e *clergie* no interior de uma corrente de sensibilidade que parece ter percorrido todos os lugares do século XII: das meditações místicas de São Bernardo às aventuras de Abelardo, dos trovadores mediterrâneos aos poetas latinos que cantaram as doçuras da Virgem, todo mundo falou de amor nesse século. Nos livros de Chrétien de Troyes, as proezas de guerra de seus cavaleiros só adquirem sentido pleno se colocadas a serviço do amor[11]. A *clergie* da qual eles são herdeiros pretende ensinar os guerreiros de seu tempo a amar como amavam aqueles cavaleiros da Távola Redonda que estavam na origem dos tempos.

Mas saber amar era também conhecer os riscos do amor e não se deixar levar por eles. Era preciso, de novo, controlar a si mesmo. Erec, o herói de seu primeiro romance, excessivamente apaixonado por sua mulher, terminou por abandonar os torneios e as funções de guerra, e precisou por isso partir com ela em busca das aventuras que fariam dele um homem *sage*, equilibrado entre a guerra e o amor. É significativo saber que durante a parte inicial de suas aventuras ele aparece abismado e perdido em seus pensamentos. É a própria Enida, que já lhe havia involuntariamente incitado a partir, ao repetir o que todos diziam na corte — "Erec deixara-se enfraquecer pelo amor excessivo a sua mulher" — que irá observar este fato: "*Je voi bien que mês sire pense/Tant que soi meïsmes oblie.*"[12] (v. 3758) Da mesma forma, Lancelote, o herói apaixonado por Guinevere, a esposa de Arthur, a sua simples visão esquece de si e deixa-se abandonar completamente, ele que já havia por seu amor concordado em ser levado numa charrete conduzida por um anão, marca suprema de infâmia:

A tant s'an va chascuns par lui, v. 711
Et cil de la charrete panse
Con cil qui force ne desfanse
N'a vers Amors qui le justise,
Et ses pansers est de tel guise
Que lui meismes en oblie,

Ne set s'il est ou s'il n'est mie,
Ne ne li manbre de son nom
Ne set s'il est armez ou non,
Ne set ou va, ne set don vient,
De rien nule ne li sovient
Fors d'une seule, et por celi
A mis les autres en obli,
A cele seule panse tant
Qu'il n'ot ne voit ne rien'antant[13].

Os riscos do amor, personificados na loucura de *Evain* ou no abandono de si de que vimos Erec e Lancelote serem presas, refletiam uma sombra que pairava no interior do projeto civilizacional de Chrétien de Troyes, a sombra de Tristão e Isolda, os paradigmas do amor impossível, louco, abandonado.

Chrétien não deixou de ter em nenhum momento essa narrativa em sua mente. Em vários de seus romances, ele aludiu explicitamente a ela. Ao descrever Enida, por exemplo, ele diz que nem Isolda, a loura, tinha os cabelos tão claros e luminosos quanto ela[14]. Dentre suas obras perdidas, ao lado das adaptações de Ovídio, constava uma história do *roi Marc et 'Yseut la blonde*[15]. Numa de suas canções encontramos dois versos que exprimem o ponto em que ele parece ter se afastado e negado radicalmente o paradigma de Tristão: "Onques du breuvage ne bui/Dont Tristan fu empoisonnez."[16] O que ele recusa, portanto, mais do que apenas o amor adúltero e proibido dos dois amantes da Cornualha, são as bases mesmo nas quais esse amor se assentava, o abandono da própria vontade, simbolizado precisamente no filtro do amor, que os fazia amar a despeito de si mesmos. Ouçamos o que diz Isolda para o eremita que os dois encontraram na floresta do *Morois,* onde se haviam refugiado depois de escapar aos rigores da lei de Marcos:

Il ne m'aime pas, ne je lui, v. 1413
Fors par un herbé dont je bui
Et il en but: ce fu pechiez.[17]

Chrétien de Troyes não deixou em nenhum momento de ver no caráter involuntário do amor uma de suas características principais. De todas, talvez a mais inquietante. Há uma longa passagem no Cliges, dedicada à narração dos estados interiores de Alexandre e Soredamor, os pais do herói, desde o instante em que os dois se descobrem apaixonados. Os apaixonados acusam a princípio seus olhos, em seguida admitem-no submetidos a seu coração, e no fim se resignam ao poder de uma força exterior superior à sua vontade. Mas os apaixonados acabam por identificar-se e ver no amor a essência mesmo de suas identidades, e toda sua vontade passa a estar ligada a sua realização, apenas possível, no entanto, se eles não se deixam abandonar ao amor, como vimos em Erec e em Evain. O que ele recusava, portanto, era o amor embriagador, "venenoso", como ele diz em sua canção, que tira de si os homens e as mulheres e os faz vagar como loucos nas margens do mundo. O seu amor é o que a partir do século XIX seria chamado "amor cortês".

Mas uma leitura negativa do amor de Tristão e Isolda não era e não parece ter sido a única possível em seu tempo. Os poetas que narraram sua história não deixaram de perdoar seu adultério ao justificá-lo pela intervenção de uma força superior. Os homens da corte inimigos do casal são justamente os barões que se opõem ao reino e, por isso mesmo, são tratados como falsos e covardes. Na ocasião em que o reino da Cornualha estava ameaçado pelo gigante Morholt da Irlanda, Tristão precisou intervir para derrotá-lo e garantir sua continuidade. Num registro distinto, da ordem das alusões, dos símbolos e das metáforas, o poeta alemão Gottfried de Strassburg, que adaptou o Tristão de Thomas no início do século XIII, colocou os amantes numa gruta de cristal fincada no meio de um jardim evocativo do paraíso terrestre, situando o amor para além das margens do mundo e evocando as viagens ao além das tradições celta e cristã. Essa paixão situada às margens da margem trazia em si, portanto, uma condenação implícita ao mundo, incapaz de compreender e abrigar um amor que não cedia a nada e a ninguém a não ser a si mesmo. É dentro desse contexto que devemos compreender o combate de Chrétien de Troyes e seu diálogo conflituoso com os poemas do ciclo tristaniano.

Chrétien não aceitou, portanto, a paixão desmedida de Tristão e Isolda, e colocou todo seu esforço para trazer o amor de volta ao mundo. Mais do que isso, para fazê-lo uma espécie de força restauradora da ordem e regeneradora da sociedade corrompida. Podemos seguir seu esforço através do enredo de um romance, em que sua divergência em relação ao amor exaltado no ciclo tristaniano é claramente explicitada. Trata-se da história de Cliges, que pode ser considerada como um anti-Tristão. O motivo dramático é o mesmo de Tristão: Cliges, sobrinho do imperador grego Alis, apaixona-se por sua esposa, Fenice, e é por ela correspondido. Mas ao contrário de Isolda, Fenice recusará o adultério e recusará, ao mesmo tempo, partilhar seu corpo entre seu amante e seu marido. Em outra alusão explícita ao romance de Tristão e Isolda, ela diz preferir ter seu corpo desmembrado a ser lembrada como aqueles dois amantes, dos quais já foram contadas tantas loucuras[18].

Na iminência de casar-se com o imperador e ter de a ele entregar-se, sua ama Thessala encontrará uma saída: uma poção mágica criará no imperador a ilusão de possuir e ter prazer com Fenice todas as noites. Mas isso não resolve de todo a situação, pois Fenice e Cliges continuam separados. Uma vez mais a intervenção de Thessala será decisiva, desta vez fazendo uma bebida para Fenice, que a deixará aparentemente morta. Quando todos acreditarem em sua falsa morte e a depuserem num mausoléu projetado anteriormente por Jean, um servidor de Cliges, ele de lá irá conduzi-la para uma torre secreta, onde finalmente poderão consumar seu amor. Um ano depois, os dois são descobertos e fogem para o reino de Artur. Aqui, recebem a notícia do enlouquecimento e morte de Alis, voltam para a Grécia onde Cliges é sagrado imperador. Ao contrário de Tristão e Isolda, eles viverão o resto de seus dias casados e felizes.

Ao retornarem para a Grécia, Cliges e Fenice corrigirão uma injustiça que está no cerne da narrativa e constitui a chave das relações entre amor e ordem, conforme a concepção de Chrétien de Troyes. Há muitos anos, quando Alexandre, o pai de Cliges, junto com Soredamor a quem lá havia conhecido, voltou do reino de Artur para ser sagrado imperador, seu irmão Alis antecipou-se a ele e usurpou o trono. Com o objetivo de evitar uma guerra fratricida, Alexandre concordou em deixar Alis como o imperador nominal, com a condição de que ele jamais viesse a casar e ter herdeiros, a fim de que sua morte restabelecesse a sucessão correta no império com a sagração de Cliges. Por essa razão, ao aproximar Cliges e Fenice o amor termina por corrigir uma injustiça e restaurar a ordem do mundo.

Mas seria injusto concluir esse diálogo conflituoso por um simples dualismo que oporia de um lado a paixão exaltada e libertária de Tristão e Isolda e do outro o amor conformista defendido por um rigorista partidário das cortes feudais. Ao contrário, remetendo para um passado mítico as virtudes que ele acreditava em declínio[19], Chrétien apresentava-se como crítico de seu mundo, sempre disposto a recordar-lhe os ideais perdidos. Para nuançar definitivamente aquela impressão, é suficiente ouvir e ler os versos nos quais Chrétien de Troyes descreve os amores de Cliges e Fenice em sua torre secreta:

Certes, de rien ne s'avila v. 6254
Amors quant il les mist ensemble,
Car a l'un et a l'autre semble,
Quant li uns l'autre acole e baise,
Que de lor joie et de lor aise
Soit toz li monde amendez[20],

É quase impossível não ceder à tentação de ler neste *amendez*, que tem o sentido de reparar uma falta e uma injustiça, aquela graça no sentido pleno de que o mundo todo se enchia quando ela passava. Possíveis anacronismos à parte, essa passagem revela antes de tudo uma concepção de ordem muito mais flexível do que a princípio se poderia supor. Mais do que uma reiteração do mundo tal qual ele é ou está, ela se apresenta como utopia e sonho de um mundo justo e belo, redimido pelo amor. Por aceitar o amor, com todos os riscos que fazem parte de sua natureza ambígua, como o móvel desta utopia, Chrétien de Troyes opôs a um ordenamento pesado, monolítico, em que não há espaço para a transgressão e a fluidez, uma ordem cuja força reside em sua aparente fragilidade, traduzida no paradoxo vivido por seus personagens, que se encontram ao conseguir ir para além de si mesmos.

Bibliografia

Fontes Primárias

FRANCE, M. de. *Lais.* (ed. Philippe Walter). Paris: Gallimard, 2000.

STRASSBURG, G. von. *Tristán y Isolda.* (ed.Bernd Dietz). Madri: Siruela, 1987.

Tristan et Iseut – Les poèmes français. (ed. Daniel Lacroix e Philippe Walter). Paris: Librairie Générale Française.

TROYES, C. *Erec et Enide.* (ed. Jean-Marie Fritz) Paris: Librairie Génerale Francaise, 1992.

___________. *Cligès.* (ed. Charles Méla e Olivier Collet). Paris: Librairie Générale Française, 1994.

___________. *Le Chevalier au Lion.* (ed. David F. Hult). Paris: Librairie Générale Francaise, 1994.

___________. *Le Chevalier de la Charrette.* (ed.Charles Méla). Paris: Librairie Générale Française, 1992.

Estudos

BRUCKNER, M. T. The shape of romance in medieval France In: KRUEGER, R. L. (ed.) *The Cambridge companion to medieval romance.* Cambridge: Cambridge University Press, 2000.

CURTIUS, E. R. *Literatura européia e Idade Média latina.* São Paulo: Edusp, 1996.

FRÓES, V. Era no tempo do rei. In: LAGE. L.; CIRIBELLI, M. e outros (ed.). *História e religião.* Atas do VIII Encontro Regional de História da Anpuh. Rio de Janeiro: Mauad, 2002.

KAY, S. Courts, Clerks, and Courtly Love. In: KRUEGER, Ibidem.

LE GOFF, J. *Os Intelectuais na Idade Média.* Lisboa: Gradiva, 1984.

___________. O maravilhoso no Ocidente Medieval. In: *O maravilhoso e o quotidiano no Ocidente Medieval.* Lisboa: Edições 70, 1983.

UITTI, K. *Chrétien de Troyes Revisited.* Nova York: Twaine Publishers, 1995.

WALTER, P. *Chrétien de Troyes.* Paris: Presses Universitaires de France, 1997.

ZUMTHOR, P. *A letra e a voz.* São Paulo: Companhia das Letras, 1993.

___________. De Perceval à Don Quichotte – L'espace du chevalier errante. *Poétique.* Paris, Vol. 87, 1991.

Notas

1 O termo clérigo é mais preciso do que o termo escritor, por enfatizar a formação escolar de Chrétien de Troyes, e seu pertencimento ao grupo social que dispunha do monopólio da cultura letrada. Vale lembrar que a formação nas escolas ligadas às catedrais não implicava o ministério dos ofícios religiosos.

2 J. Le Goff. *Os Intelectuais na Idade Média.* Lisboa: Gradiva, 1984.

3 Os diversos trechos citados ao longo do texto foram retirados de edições mencionadas na bibliografia. As traduções foram feitas por mim dos textos originais em cotejo com sua versão para o francês moderno.

4 (...) Comecei a pensar/Em compor uma boa história/E do latim em romance traduzir./Mas pouco valor por isso eu teria/Tanto foram os que já o fizeram./Pensei então nos lais que ouvi. (...) Já ouvi contar muitos,/Não quero perdê-los ou esquecê-los/Por isso os rimei e ditei.

5 Seria preciso ainda mencionar a influência árabe, acentuada nas escolas e universidades em fins do século XII, por meio de suas tradições e interpretações dos textos gregos, e, muito provavelmente na poesia e no romance, graças a sua lírica de fundo místico.

6 De cavalaria e clerezia/A Grécia teve a primazia,/Depois veio a Roma/O sumo da cavalaria e clerezia/Que agora em França veio ter.

7 O termo "irrupção do maravilhoso" alude obviamente ao texto clássico de Jacques Le Goff acerca do tema. Igualmente relevante, o texto mais recente de Jean Claude Schmitt acerca do mito no mundo medieval. Para indicação pormenorizada ver bibliografia.

8 A esse propósito, seria interessante registrar as inúmeras menções a cidades e castelos inexpugnáveis que encontramos nos textos dos romances.

9 *(...) quanquë il voit li encroist* (v. 2782).

10 A nudez é marca do louco e do selvagem, assim como as roupas são distintivas da civilização. Marie de France, por exemplo, no *lai* do *Bisclavret*, narra as desventuras de um nobre que durante alguns dias da semana virava um selvagem das florestas, um "lobisomem". Antes de entrar na floresta, ele deixava suas roupas junto a uma igreja, e se alguém as pegasse ele jamais poderia recuperar sua condição humana.

11 Percival, seu último romance, deixado inacabado, substitui ao amor a busca do santo Graal. Por seu deslocamento temático, que mereceria uma análise à parte, ele será deixado de lado neste texto.

12 Eu bem vejo que meu senhor/Pensa tanto que esquece de si.

13 Cada um segue então seu caminho/E aquele da charrete vai tão absorto,/Sem força ou defesas/Diante do amor que o comanda./E seus pensares são de um jeito/Que de si mesmo ele esquece./Ele não sabe se é ou se não é/Ele não mais recorda seu nome/Não sabe se está em armas ou não/Não sabe onde vai nem de onde vem/Não se recorda mais de nada/A não ser de uma só e por ela/Deixa tudo mais no olvido./Pensa tanto nela/Que não sabe não vê e não ouve nada.

14 Por voir vos di qu'Iseuz la blonde/N'ot tant les crins sors et luisanz/Que a cesti ne fust neanz. (v. 425).

15 É significativo a exclusão do nome de Tristão. Chrétien opta por nominar o casal legítimo.

16 Jamais bebi do filtro/Que envenenou Tristão. (Além dos romances já mencionados, os estudiosos reconhecem a autoria de Chrétien de Troyes em duas canções de amor conservadas em certos manuscritos).

17 Ele não me ama nem eu o amo/Senão pela poção que bebemos: /É só este nosso pecado.

18 Einz vodraie estre desmembree/Que de nos .II. fust remembree/L'amor d'Iseut et de Tristen,/ Dont tantes folies dist l'en/Que hontes m'est raconter. (v.3099).

19 No prólogo de *Evain*, ao falar dos cavaleiros de Arthur, aqueles que realmente conheciam o amor e a cortesia, ele diz que *Or est Amour tounee a fable* (O Amor tornou-se agora ficção). v. 24.

20 Por certo Amor não se avilta/Se os deixa unir-se/Pois que a um e outro/Parece, nos abraços e beijos/Que sua felicidade e gozo/Redimem o mundo inteiro.

MARSÍLIO DE PÁDUA, PRECURSOR DO ESTADO MODERNO

José Luiz Ames

A vida de Marsílio de Pádua está marcada por inúmeros pontos obscuros que a pesquisa histórica tem procurado elucidar sem muito êxito, a começar pelo ano de seu nascimento. Carlo Dolcini, baseando-se numa carta de Albertino Mussato dirigida a Marsílio de Pádua, escrita em torno de 1324, pondera que "a sua data de nascimento não pode ser anterior a 1284, mas também não posterior a 1287, como indiretamente testemunha seu reitorado parisiense (1312), para o qual era necessária a maioridade do direito romano: 25 anos" [1].

A obscuridade que envolve a data de seu nascimento permanece também na determinação de sua linhagem. Battaglia é de opinião que ele pertencia a uma família plebéia de nome Mainardini[2]. Seu pai, Bonmatteo, foi notário da Universidade de Pádua. A mesma dificuldade permanece quanto à formação de Marsílio. Confiando nas alusões feitas pela carta de Mussato há pouco referida, supõe-se que tenha estudado Direito[3]. Ignora-se onde estudou Filosofia, mas da leitura de sua obra-prima, *Defensor da paz*, depreende-se seu profundo conhecimento do pensamento de Aristóteles. Segundo Miethke, Marsílio sempre fez questão de usar o título de *Magister Artium*[4]. Quanto aos estudos de Medicina, as informações são mais seguras, na medida em que sabemos que ele exerceu a profissão de médico, particularmente em Paris e, mais tarde, na corte do imperador Luís da Baviera.

Encontramos uma informação segura de sua vida relativa aos anos de 1312 e 1313, quando foi reitor da Universidade de Paris. Nesse espaço de tempo conheceu algumas pessoas às quais permaneceria unido, particularmente João de Jandum, com quem dividirá a composição do *Defensor da paz* e o exílio. Foi ainda durante esse período, afirma José Antônio de Souza, que Marsílio se inteirou das conseqüências do conflito entre Felipe V e o papa Bonifácio VIII, sobretudo "da literatura oficial e anônima elaborada pelos assessores e juristas do rei, em favor de sua política, defendendo os direitos do poder secular em oposição à *Plenitudo potestatis*, arrogada pelo pontífice" [5].

Durante o período de 1315 a 1320, Marsílio esteve a serviço de alguns potentados gibelinos do norte da Itália, em nome de Luís da Baviera. Em 1318, informa Camargo de Souza, Marsílio "recebeu a provisão papal para exercer o canonicato em Pádua, fato esse que levou muitos historiadores a pensar que tivesse recebido ordens maiores" [6]. Na verdade, o paduano jamais pertenceu aos quadros hierárquicos da Igreja Católica.

Em junho de 1324, em conjunto com João de Jandum, Marsílio concluiu sua obra-prima *Defensor da paz*[7], dedicando-a ao príncipe alemão Luís da Baviera. Três anos depois seu livro foi denunciado perante a Cúria Romana e seus autores convocados a se apresentar ao Sumo Pontífice. Temendo represálias, refugiaram-se na corte de Luís da Baviera. O esclarecimento desses acontecimentos permite compreender, em parte, as influências da situação sócio-histórica no exame da questão central da obra: a tentativa de desmascarar a causa singular dos conflitos e das discórdias que levaram a Itália à ruína. Essa causa consistia, na opinião de Marsílio, na doutrina da plenitude do poder papal.

Nas eleições imperiais de 1314 dois príncipes alemães, Luís da Baviera e Frederico da Áustria, candidataram-se à sucessão do trono de Henrique VII, falecido no ano anterior. A maioria dos príncipes eleitores sufragou o nome do primeiro. De acordo com a tradição, competia ao arcebispo de Colônia, representando o papa, ungir e coroar o imperador eleito. No entanto, ambos foram coroados em cidades diferentes e por bispos diferentes. Após a eleição de João XXII ao trono pontifício, em 1316, apelaram a Sua Santidade para solucionar o conflito. O papa, alegando a vacância do cargo, avocou a si a administração do império. Em 1322 morreu Frederico da Áustria e Luís da Baviera permaneceu como único candidato ao trono. No entanto, não alcançou a confirmação pontifical e entrou em luta com o papa João XXII. Preocupado com a intervenção militar do bávaro, o pontífice apelou às "armas" espirituais: em março de 1324 excomungou Luís da Baviera e o declarou destituído de seus direitos ao Império. Em resposta, Luís deslocou o conflito sobre o plano doutrinal e lançou contra o papa, em maio do mesmo ano, o famoso "Manifesto de Sachsenhausen". Neste documento ele denunciava o papa como herético, por ter negado a doutrina da pobreza de Cristo e dos apóstolos e de cometer inúmeras arbitrariedades, particularmente de não reconhecê-lo como rei dos romanos, eleito pela maioria absoluta dos príncipes eleitores[8].

Defensor da paz faz referências a diversos episódios desse conflito. Na obra, Marsílio se indigna com a excomunhão de Luís da Baviera, relata os acontecimentos que se sucederam e analisa as causas históricas e políticas do conflito que queremos brevemente indicar[9] (DP II, xxvi, 12, p. 582-5). O papa, declarando vago o trono imperial, tomou pessoalmente a direção temporal do império. Assim, diz Marsílio, passou a cobrar as taxas e impostos que habitualmente cobravam os imperadores, além de outras que imaginava, fundamentado na plenitude do poder que reivindicava. Aqueles que se opõem sofrem "excomunhão e anátemas lançados oralmente ou por escrito" (DP II, xxiv, 17, p. 550). Além disso, arroga-se o direito de confirmar a eleição do príncipe romano, impedindo "com todas as forças a escolha do príncipe romano [Luís da Baviera] e sua ascensão ao trono imperial (...), temendo que ele lhe retire e arranque os seus privilégios e suas vantagens (...) e lhe inflija igualmente os castigos merecidos" (DP II, xxv, 16, p. 568).

Marsílio não se limita à crítica, mas pretende ter identificado a causa principal do conflito histórico entre Igreja e Estado e lançado as bases para sua solução definitiva. *Defensor da paz*, concluído no auge da luta de Luís da Baviera contra o papa João XXII, "conheceu o raro privilégio de ser posto imediatamente em aplicação na realidade histórica e política de seu tempo, mesmo que tenha sido por um período efêmero", sustenta uma respeitada intérprete francesa de seu pensamento[10].

O conflito em pauta era, na verdade, a culminância de múltiplas lutas de autoridade, jurisdição e interesses e não exclusivamente um conflito de oposição entre imperadores e papas: o conflito opunha igualmente o poder central da Igreja e as ordens religiosas, os leigos em geral e o clero. O espetáculo das riquezas do clero, associado a suas imunidades, alimentava a hostilidade dos leigos, que se recusavam a pagar os dízimos eclesiásticos, ameaçando a autoridade da Santa Sé.

Marsílio registra em sua obra esses conflitos e se manifesta enfaticamente contra as imunidades clericais, bem como contra as arbitrariedades da hierarquia fundadas na doutrina da plenitude do poder. Os pontos da condenação que sua obra sofreu da parte do papa João XXII por meio da bula *Licet Iuxta Doctrinam*, de outubro de 1327, tocam nos pontos críticos. De acordo com a interpretação da Cúria Romana, Marsílio defenderia: 1) o direito imperial à propriedade dos bens temporais da Igreja; 2) a igualdade de poderes entre São Pedro e os apóstolos e, por conseguinte, a igualdade de poderes entre o papa e os bispos; 3) a submissão do papa ao imperador; 4) a ausência de qualquer jurisdição coercitiva eclesiástica; 5) o direito imperial de escolha dos bispos[11].

Durante o período em que Marsílio viveu na corte do "Bávaro", escreveu um breve texto sobre a questão histórica da transferência do Império Romano. O tratado, de data incerta, foi escrito para dirimir as dúvidas deixadas em aberto no final de *Defensor da paz* (DP, II, xxx, 8, p. 684-6). Sob o título *De Translatione Imperii*, justifica a transferência do império dos gregos aos francos e destes aos germanos. O direito de escolher o imperador pertence aos príncipes eleitores. A coroação, de efeito meramente simbólico, não conferindo poder, é reservada aos bispos e não ao papa[12].

Não tendo reconhecido seu direito ao trono pelo papa João XXII, Luís da Baviera decide pela invasão da Itália, entrando vitoriosamente em Roma em janeiro de 1328. Servindo-se das idéias defendidas por Marsílio em *Defensor da paz* e no breve tratado supracitado (*De Translatione Imperii*), Luís da Baviera tratou de obter sua confirmação como rei dos romanos, mediante um referendo popular. Igualmente inspirado nas idéias de Marsílio, o imperador designou uma comissão encarregada de escolher o novo papa em substituição a João XXII, acusado de herético e deposto de sua função à revelia. Em 12 de maio de 1328 o franciscano Pedro de Corvara foi eleito papa com o nome de Nicolau V[13]. O prestígio de Marsílio estava no auge. O imperador conferiu-lhe o título de vigário de Roma e o novo papa designou-o para o cargo, que nem sequer chegou a assumir, de arcebispo de Milão.

No entanto, os sucessos militares das tropas imperiais duraram pouco tempo. O papa reagrupou seus aliados e, fortalecido com novos soldados enviados da França, investiu contra Luís da Baviera, o qual, em agosto daquele ano, viu-se obrigado a abandonar Roma e retornar a Munique. A expedição militar do imperador complicou ainda mais suas relações com a Igreja. As idéias políticas de Marsílio levaram Luís da Baviera a um caminho sem volta.

Em 1341-42 a rivalidade entre o papa e o imperador se reacende. Luís da Baviera, por motivos dinásticos, pretendia casar seu filho Ludovico de Brandemburgo com Margarida Maultasch, esposa de Henrique de Luxemburgo. Como o casamento não tinha se consumado, havia a possibilidade de anulação. No entanto, em virtude da rivalidade entre o papa e o imperador, essa possibilidade não se concretizou. Para realizar seu objetivo Luís da Baviera encomendou a Marsílio um estudo que oferecesse solução ao problema. O resultado apareceu sob o título *Sobre a jurisdição do imperador em questões matrimoniais*[14]. Na conclusão do tratado, Marsílio sustenta "que cabe exclusivamente ao príncipe dos romanos, ou à nossa autoridade ou àquelas pessoas a quem por nós for concedida, a autoridade e o poder para proferir uma sentença ou um julgamento coercitivo sobre um pedido de separação matrimonial e, se for preciso, executá-la pela força"[15].

Em torno de 1341-42 Marsílio escreveu sua última obra: *Defensor menor*[16]. A obra, explica Felice Battaglia, trata de um conjunto vasto de questões: "a jurisdição civil e eclesiástica, a confissão, a penitência, as indulgências, as cruzadas, as peregrinações, a *Plenitudo Potestatis*, o poder legislativo e a origem da soberania, o matrimônio e o divórcio"[17].

Ignora-se o ano preciso da morte de Marsílio. Tudo indica que tenha sido no princípio de 1343, pois o papa Clemente VI, numa alocução proferida em 10 de abril desse ano, aludiu ao falecimento do paduano: "Luís da Baviera sustentou os heréticos João de Jandum e Marsílio de Pádua e os manteve junto a si até a morte..."[18] Quanto a Luís da Baviera, morreu em 1347 sem ver reconhecido seu direito ao trono do Sacro Império Romano-Germânico.

Embora possamos dizer que boa parte das questões abordadas em *Defensor da paz* seja suscitada pelos conflitos entre Igreja e Estado, sua obra não deixa de ter peso teórico. A conjuntura histórica serve unicamente de ocasião para a reflexão sobre o poder, sua unidade, sua autonomia, suas estruturas, enfim, seu fundamento. Podemos chamar Marsílio, segundo Felice Battaglia, o "pai da política moderna". E como esse mesmo intérprete explica, isso não implica afirmar que encontramos nele "uma maravilhosa construção sistemática (...), mas antes uma harmônica convicção interna e até mesmo uma superação da realidade histórica que os tempos lhe ofereciam"[19]. Para compreender melhor essa observação, vamos fazer um breve apanhado das principais teses defendidas por Marsílio.

Marsílio segue em grande parte Aristóteles quanto aos princípios de sua filosofia política. Concorda expressamente com ele em relação ao fim último do Estado: a busca do bem viver ou da vida suficiente. Essa finalidade fica comprometida pela "disputa e discórdia internas". Além das causas já conhecidas por Aristóteles, há uma, "terrivelmente contagiosa", que "nem Aristóteles e nenhum outro filósofo de sua época ou que os tenha precedido puderam descobrir a sua origem ou natureza" (*Defensor da paz*, I, iii, 3, p. 69).

A "terrível moléstia nociva ao ser humano" em questão é a doutrina da plenitude do poder papal. Marsílio considera essa enfermidade mais grave do que as examinadas por Aristóteles, porque estas, no máximo, impossibilitavam o bom governo. A "peste" da qual trata *Defensor da paz* torna impossível não apenas o bom governo, mas qualquer governo. Ela destrói a unidade da ordem legal instituída, já que consiste na idéia de que o cristão está submetido nesse mundo a dois governos, o temporal e o espiritual. Isso gera necessariamente o conflito e as disputas que impedem que "os frutos da paz ou tranqüilidade" possam ser colhidos (*Defensor da paz*, I, i, 4, p. 70).

Marsílio demonstra que a doutrina da plenitude do poder papal, pela divisão que gera, é uma doutrina nefasta que "ameaça produzir um dano fatal e irreparável a todas as nações ou comunidades civis, se não vier a ser denunciada e reprimida" (*Defensor da paz*, I, i, 3, p. 70). Por isso, o título da obra: ela é defensora não da fé, mas da paz. Não porque a paz é o bem supremo, e sim porque, como obra de sua época, trata particularmente da enfermidade típica de seu tempo.

O paduano recusa terminantemente legitimidade à pretensão papal ao exercício do poder, não só temporal como também espiritual. Por que a recusa à última modalidade? Porque somente existe poder quando este implica força coerciva. O papa, como todas as pessoas que receberam o sacramento da Ordem, tem como tarefa "o ensino dos preceitos e dos conselhos da lei cristã evangélica, sobre o que se deve acreditar, fazer e evitar, a fim de alcançar a bem-aventurança no outro mundo e fugir à condenação eterna" (*Defensor da paz*, I, vi, 7, p. 99). Essa missão é incompatível com o exercício do poder, em qualquer uma de suas modalidades. Quando o papa o exerce, usurpa ilegitimamente um direito de seu verdadeiro e único detentor, o legislador humano.

A existência da "paz e tranqüilidade" requer unidade de poder. O cidadão não pode permanecer subordinado a mais de uma autoridade. Dado que o papa não pode exercer qualquer forma de poder, a única autoridade legítima é o príncipe terreno. A solução de Marsílio às disputas e discórdias não deve ser vista como motivada pelo oportunismo. Pode parecer que sua rejeição da doutrina da plenitude do poder papal se devesse à sua vinculação ao príncipe eleito mas não coroado Luís da Baviera. O exame de sua obra mostra claramente que sua posição contrária à teocracia pontifical tem fundamentos filosóficos estreitamente ligados à questão da unidade de governo.

A concepção orgânica do Estado permite que Marsílio indique os órgãos e as funções do corpo estatal e fixe seu princípio de unidade. O governo é único mesmo que composto por vários membros: "Tendo em vista, pois, a unidade quantitativa da ação realizada por aquelas pessoas é que se considera tal governo unitário, pouco importa se exercido por um ou por vários indivíduos." (*Defensor da paz*, I, xvii, 2, p. 182). Marsílio aduz três argumentos em favor da tese da unidade. Primeiro, dado que a tarefa fundamental do governante é apreciar e julgar os atos civis, como poderia ele exercê-la se a sua autoridade não fosse exclusiva? A conseqüência da ausência de uma autoridade única é funesta: "como as injustiças praticadas pelos homens ficariam impunes, tal fato geraria inicialmente a luta, a divisão e finalmente a destruição da cidade ou do reino" (*Defensor da paz*, I, xvii, 3, p. 182).

Em segundo lugar, "a pluralidade de governantes (...) é supérflua e desnecessária" (*Defensor da paz*, I, xvii, 6, p. 185). Conseqüentemente, é inútil buscar na pluralidade o que pode ser mais bem obtido por um só. Em terceiro lugar, a melhor organização requer a unidade do princípio que a preside: "num lugar ou província ou agrupamento de homens onde não há unidade governamental, é impossível que tudo esteja bem organizado" (*Defensor da paz*, I, xvii, 9, p. 187). Somente é possível a um governo exercer o poder coercivo se a sua autoridade política não estiver dividida. Pouco importa se essa unidade se encarna ou não na pessoa real, pois "trata-se efetivamente de uma unidade de ordem, não de uma unidade absoluta, quer dizer, de muitos homens considerados um" (*Defensor da paz*, I, xvii, 11, p. 188). Uma comunidade é única no sentido de que a pluralidade de indivíduos converge para a unidade que a governa: "os habitantes de uma cidade ou província constituem uma cidade ou reino, porque desejam um governo único quantitativamente" (*Defensor da paz*, I, xvii, 11, p. 189).

Quais seriam, então, as tarefas do governante? Marsílio lhe confere não apenas atividades temporais, mas também espirituais. A autoridade do legislador, ou do príncipe, como seu representante, estende-se a todo o conjunto de ações aparentemente de domínio restrito da Igreja: jejuns, abstinência, canonização, culto aos santos, consangüinidade matrimonial, aprovação ou proibição de ordens religiosas, interditos, excomunhões. Segundo Marsílio, "nada disso pode ser estabelecido sem o aval do mencionado legislador, pois só ele tem o poder legítimo de exigir a aplicação ou de infligir tais castigos" (*Defensor da paz*, II, xxi, 8, p. 496).

A autoridade máxima da Igreja é o Concílio Geral. Quem pode convocá-lo? Para Marsílio, "compete ao legislador humano cristão, acima do qual não há nenhuma outra autoridade, ou a quem ele delegar o poder de convocar um Concílio Geral, o direito de escolher as pessoas idôneas de participar, de promover a sua reunião, efetivação e conclusão de seus trabalhos" (*Defensor da paz*, II, xxi, 1, p. 488).

Dado que a hierarquia eclesiástica é de natureza puramente terrena, deriva sua autoridade da lei humana. Cabe ao legislador, ou àquele a quem essa faculdade for delegada, o poder de "nomear pessoas para exercer todos os cargos eclesiásticos do mundo" (*Defensor da paz*, II, xviii, 8, p. 467). Essa autoridade estende-se até mesmo à escolha do papa. Cabe ao "legislador humano ou ao príncipe (...) estabelecer a forma e o modo de se proceder à sucessão na Sé Apostólica ou à eleição do pontífice romano" (*Defensor da paz*, II, xxi, 5,p. 492). Quanto aos bens temporais, compete igualmente ao "legislador ou príncipe (...) o estabelecimento do valor dos dízimos ou sua cobrança, e dos demais bens eclesiásticos". O clero deve receber apenas o suficiente "para alimentação e vestuário" (*Defensor da paz*, II, xxi, 14, p. 502). Os bens que porventura receberem devem ser controlados pela autoridade delegada pelo legislador.

Essas são as funções do legislador humano, ou do príncipe como representante deste. Fica claro que, para Marsílio, a Igreja é um órgão estatal. Como tal deve estar totalmente subordinada à autoridade civil. Cabe ao Estado o controle da Igreja, do mesmo modo como lhe compete a administração das demais corporações. O exercício do poder somente é efetivo à medida que dispõe da força coercitiva. Ao corpo clerical cabe a instrução e a educação segundo o Evangelho, em vista da salvação eterna. Essa finalidade é incompatível com qualquer sentido da idéia de poder, e muito menos ainda com a plenitude de poder reivindicada pelo papa. O conjunto dos cidadãos, como poder originário, exerce legitimamente a plenitude do poder. Todo poder do Estado é derivado do conjunto da população. O príncipe, assim como eventualmente o papa, ou algum outro membro do clero, apenas exercem legitimamente o poder quando delegado pelo legislador humano.

Compreendemos agora o horror que a doutrina da plenitude do poder papal provocava em Marsílio. Ele constatava nela dupla usurpação. De um lado, dada a finalidade da Igreja, a missão desta é incompatível com o exercício do poder coercivo. De outro, a plenitude do poder não pertence a nenhum homem individualmente, pois somente a coletividade detém o soberano poder.

A insistência de Marsílio na afirmação da plenitude do poder como algo que pertence exclusivamente ao corpo inteiro dos cidadãos e sua rejeição enfática à idéia de que a autoridade legislativa possa pertencer a uma ou a algumas pessoas é uma antecipação clara da idéia moderna da soberania popular: já em Marsílio ela significa um poder originário, que diz respeito às coisas públicas, não coincidindo, por isso, com as pessoas físicas que a exercem, tendo como fim não o bem privado e sim o bem público. A exigência de Marsílio de que o corpo inteiro dos cidadãos participe da elaboração, deliberação e promulgação final da lei aponta para a necessidade de garantir a formação da vontade política dos cidadãos. Por meio da discussão pública cria-se a condição indispensável para a participação da totalidade dos cidadãos na vida política, estabelecendo um vínculo necessário entre a lei e o consenso. Graças a isso, os indivíduos passam de meros súditos à condição de cidadãos plenos do Estado, tema que os contratualistas, alguns séculos mais tarde, iriam explorar à exaustão.

Ainda que o único legítimo detentor da autoridade seja o conjunto dos cidadãos, é imprescindível que exista um chefe, seja ele um indivíduo ou um grupo. O chefe personifica formalmente a unidade do Estado e mesmo que a soberania resida no povo, de modo visível é o chefe quem a representa. Essa exigência unitária é indispensável ao poder executivo, particularmente para o exercício da autoridade coativa. Contudo, nunca é demais ressaltar que o soberano desempenha unicamente o papel de executor da vontade da totalidade dos cidadãos. Quando ele age, quem na verdade age é a coletividade inteira.

Encontramos em Marsílio o reconhecimento de que a comunidade do Estado foi criada artificialmente pelos homens, não se regendo mais unicamente por intermédio das leis naturais. A lei é concebida como princípio que não mais se origina de algo totalmente fora ou superior ao Estado, numa ordem divina espelhada em direito natural, e sim das exigências concretas do legislador humano fundadas puramente na razão. Isso evita que as contradições e os conflitos levem o Estado à ruína, porque aqueles são regulamentos racionais. Com isso, o filósofo de Pádua antecipa uma tese central de um dos fundadores da doutrina do Estado moderno, Thomas Hobbes, acerca da insuficiência do Direito Natural e da necessidade do Direito Positivo.

Em Marsílio, o Estado (*regnum*) é constituído pela totalidade dos cidadãos. Estes, porém, não são portadores de nenhum poder pessoal, exercendo-o somente enquanto fazem parte do conjunto dos cidadãos (*universitas civium*), no momento em que este conjunto funciona como legislador. Assim, os cidadãos de Marsílio estão verdadeira e propriamente "privados" de poder, tal como os cidadãos do Estado moderno. Dessa maneira, podemos dizer que está contida aqui, em germe, a distinção hegeliana entre Estado (a totalidade dos cidadãos como detentora do soberano poder) e sociedade civil (as pessoas destituídas individualmente de qualquer poder próprio).

A novidade na análise política marsiliana não está no acento pretensamente profético, de prenúncio de elementos que encontrariam sua confirmação nos séculos XVII e XVIII. O instigante de suas reflexões encontra-se no fato de ajudarnos a compreender e a manejar os problemas perenes da filosofia política. Na análise em questão, percebemos que suas idéias repercutirão em divergentes e opostas tradições filosóficas, dentre as quais destacamos três. Primeira: Marsílio concebe o Estado como produto da razão e que existe com a finalidade de proporcionar a felicidade ou o bem viver. Nessa perspectiva, ele se aproxima da visão racionalista e idealista, para a qual o Estado é explicado pelos fins morais: somente é legítima a autoridade política que se resolva no caráter virtuoso do homem. Segunda: o filósofo entende que na ordem de importância das tarefas compete à autoridade política, antes de tudo, a resolução dos conflitos. Nessa perspectiva, aproxima-se da posição positivista e legalista, segundo a qual o Estado é visto como regulador do conflito, constituindo a meta da autoridade política o exercício do poder coercivo em vista da manutenção da ordem, como o caracterizam, por exemplo, Maquiavel e Hobbes. Terceira: Marsílio sustenta que a única fonte de poder político legítimo é a vontade ou o consentimento do povo. Nessa perspectiva, aproxima-se da concepção voluntarista e republicana segundo a qual a única fonte de legitimidade política é o consenso do povo, como o expressa claramente Rousseau.

BIBLIOGRAFIA

BATTAGLIA, F. *Marsilio da Padova e la filosofia politica del Medio Evo.* Florença: Felice le Monnier, 1928.

DOLCINI, C. *Introduzioni a Marsilio da Padova.* Roma: Laterza, 1995.

MIETHKE, J. *Las ideas politicas de la Edad Media.* Buenos Aires: Biblos, 1993.

PÁDUA, M. de. *Defensor da paz.* Petrópolis: Vozes, 1987.

__________. *Defensor menor.* Petrópolis; Vozes, 1991.

QUILLET, J. *La philosophie politique de Marsile de Padoue.* Paris: Vrin, 1970.

SOUZA, J. A. Marsílio de Pádua e o "De Iurisdictione Imperatoris in causis matrimonialibus" *Leopoldianum.* V. 11, n. 32, dez/1984.

__________. *Introdução ao* Defensor da paz. Petrópolis: Vozes, 1987.

__________. Marsílio de Pádua e a "Plenitudo Potestatis". *Revista Portuguesa de Filosofia.* Braga, v. 39, 1983.

NOTAS

1 C. Dolcini. *Introduzioni a Marsilio da Padova.* Roma: Laterza, 1995. p. 10.

2 F. Battaglia. *Marsilio da Padova e la Filosofia Politica del Medio Evo.* Firenze: Felice le Monnier, 1928. p. 223.

3 F. Battaglia. *op. cit.*, p. 245.

4 J. Miethke. *Las Ideas Politicas de la Edad Media.* Buenos Aires: Biblos, 1993. p. 147.

5 J. A. de C. R. Souza. *Introdução ao Defensor da Paz.* Petrópolis: Vozes, 1987. p. 15.

6 J. A. Souza. Marsílio de Pádua e o "De Iurisdictione Imperatoris in causis matrimonialibus" *Leopoldianum.* v. 11, n. 32, dez/1984, p.147.

7 Essa obra está dividida em três partes (*dictiones*). A primeira parte (*dictio*) tem 19 capítulos e neles são demonstradas suas teses com argumentos puramente racionais ou filosóficos; a segunda parte contém trinta capítulos nos quais confirma aquelas teses que acreditava já haver demonstrado, servindo-se do testemunho da autoridade da *Escritura Sagrada* e de outras autoridades aprovadas pela fé cristã. A terceira parte tem três capítulos e consiste

numa série de conclusões deduzidas explicitamente das duas partes precedentes. Há uma edição brasileira dessa obra traduzida por José A. de Souza (Petrópolis: Vozes, 1987. 701 p.).

8 J. A. Souza. Marsílio de Pádua e a "Plenitudo Potestatis". *Revista portuguesa de Filosofia*. Braga, v. 39, 1983. p. 125-6.

9 Nas referências às passagens dessa obra, utilizaremos a tradução de José A. de Souza. O número em romano corresponde ao livro, o número minúsculo em romano ao capítulo e o número em arábico ao parágrafo. Acrescentamos ainda a página respectiva em que a passagem pode ser localizada na tradução referida.

10 J. Quillet. *La philosophie politique de Marsile de Padoue*. Paris: Vrin, 1970. p. 14.

11 J. A. Souza. Marsilio de Pádua e o "De iurisdictione imperatores in causis matrimonialibus". *Leopoldianum*, Santos, v. 11, n. 32, p. 151-2.

12 C. Dolcini. *Introduzioni a Marsilio da Padova*. Roma: Laterza, 1995. p. 41. Existe uma tradução portuguesa feita por José Antônio de Souza ("Sobre a translação do império". *Veritas*, v. 43, n. 171, 1988, p. 703-723).

13 C. Dolcini. *Introduzioni a Marsilio da Padova*. Roma: Laterza, 1995. p. 42-4.

14 Existe uma tradução portuguesa desse tratado por José Antônio de Souza. (*Leopoldianum*. v. 11, n. 32, dez/1984, p. 175-87).

15 Marsílio de Pádua. *Sobre a jurisdição do imperador em questões matrimoniais*. *op. cit.* p. 187.

16 Dispomos de uma edição brasileira dessa obra traduzida por José Antônio de Souza (Petrópolis, Vozes, 1991).

17 F. Battaglia. *Marsilio da Padova e la filosofia politica del Medio Evo*. Florença: Felice le Monnier, 1928, p. 219.

18 Citado por C. Dolcini. *Introduzioni a Marsilio da Padova*. Roma: Laterza, 1995. p. 69.

19 F. Battaglia. *Marsilio da Padova e la filosofia politica del Medio Evo*. Florença: Felice le Monnier, 1928. p. 3.

A OBRA LITERÁRIA DE D. DUARTE E A CONSTRUÇÃO DE UM MODELO LUSITANO DE "REI SÁBIO"

Roberto Godofredo Fabri Ferreira

O século XIV, um dos mais instigantes e bem estudados séculos da Idade Média, traz a marca dos novos tempos e forja, ao longo dos anos que o constituem, os novos rumos do Ocidente. Produto final das constantes transformações presentes nos três últimos séculos que o antecedem, e alicerce sólido dos séculos que o sucedem, o período contido entre o século XIV e o início do século XV marca, inova e surpreende a história do homem ocidental. As mudanças mentais observadas nesse período causaram na Europa transformações radicais e de longa permanência. Algumas emergem como produto de longo processo evolutivo histórico, outras surgem como resultado de rupturas e emergências próprias do período, geradas pelo acaso e pelas circunstâncias.

Tais fatores vão refletir inexoravelmente nos vetores perceptivos do homem, interferindo tanto na construção histórica quanto mental dos reinos e dos grupos sociais que vivenciaram aquele interstício. Essa observação, em muitos casos, associa diretamente a construção política dos novos poderes ao seu testemunho cultural. A obra literária nesse importante processo de mutação serviu de suporte legitimador aos poderes emergentes, divulgando suas novas idéias e trazendo para o campo intelectual boa parte das reflexões surgidas nesses novos tempos. A produção escrita surgiu, portanto, como referência abstrata e fenômeno de controle das atividades individuais e coletivas que necessitavam de novos substratos que reafirmassem e introduzissem essas mudanças.

Entretanto, dentro desse cenário de transformações, as mudanças se deram de forma ampla, associando a produção literária não somente aos intelectuais, clérigos ou a profissionais das letras, como é o caso dos cronistas régios, mas também às novas elites dominantes. Particularmente as recentes forças políticas que emergiram com as novas monarquias ocidentais também deixaram seu legado, incluindo aí a produção literária de príncipes e reis.

Novos reis, novos reinos em gestação, velhas dinastias que se fundem em novos territórios, novas dinastias que sobem ao poder de velhos reinos. Todos, cada um a seu modo, unidos por um fator comum: a necessidade inexorável de legitimação e perpetuação de sua linhagem no trono. Para tanto, a produção de uma literatura voltada aos interesses de determinadas elites surge como mais um instrumento de controle social e legitimação régia. Esses fatores vão intervir marcadamente para o melhor preparo intelectual dos príncipes e reis, fato que passa a se tornar prática cada vez mais freqüente nas monarquias ocidentais e que ganha grande impulso a partir do Renascimento.

Portugal, como a maior parte do Ocidente cristão, vive intensamente as grandes mudanças introduzidas na Europa a partir da segunda metade do século XIV e até cerca da primeira metade do século XV. E essas mudanças vão ocasionar, dentre outros fatores, o aumento significativo da produção literária portuguesa, mormente de uma literatura voltada aos interesses do reino, tanto nas obras de cunho histórico quanto de cunho intelectual. Com toda a inegável importância que os reinados posteriores possuíram na historiografia portuguesa, sobretudo na solidificação política e econômica do reino, eles apenas consolidaram os mecanismos mentais e os dispositivos institucionais gerados nos dois primeiros reinados de Avis. É nesse recorte que se encontra a gênese dessas construções mentais em Portugal.

A análise historiográfica de Portugal das primeiras décadas do período avisino, mais especificamente dos anos que se situam entre o governo de D. João I e o de D. Duarte, mostra uma produção intelectual pioneira e marcante dentro da literatura lusitana. Tão expressivo quanto as modificações políticas trazidas a Portugal pela Revolução de Avis foi o papel de D. João I e de seus filhos na confecção de uma vasta obra literária, abordando os mais variados temas, gerando uma produção literária inédita na corte portuguesa.

Os livros avisinos foram produzidos contemplando temas variados incluindo a prosa moralista, as questões filosóficas, os tratados de caça, de montaria etc. Eles refletem o preparo intelectual privilegiado dos representantes da Casa de Avis, indicando amplo universo teórico presente no pensamento dos primeiros nobres da dinastia emergente.

O contexto cultural e político que cerca essa criação, caracterizado por mudanças e por novos tempos, aponta como causa importante para essa produção, dentre outros elementos, a educação privilegiada dos príncipes de Avis e a presença cortesã de grandes intelectuais e escritores trabalhando para os monarcas lusitanos. Rui de Pina, em sua *Chronica do Senhor Rey D. Duarte*, menciona a educação privilegiada recebida pelos príncipes de Avis, referindo-se a D. Duarte como homem "de claro entendimento, amador da ciência, de que teve grande entendimento" e de ser homem que estava sempre a "estudar e a ler bons livros" [1].

António José Saraiva, analisando o preparo intelectual dos príncipes de Avis, chama atenção para o mesmo fato ao afirmar que "eles tiveram esmerada educação, como se vê pela mostra que de si deixaram: D. Duarte, o livro *Leal conselheiro*, e D. Pedro, a *Virtuosa benfeitoria*; eram, além do mais, amigos dos livros e estimavam a glória de ser autores literários" [2].

É inegável também a influência de vários clérigos e intelectuais na corte portuguesa, encarregados da preparação teórica dos infantes. Do mesmo modo, personagens importantes da história cultural portuguesa, como Fernão Lopes e Gomes Eanes Zurara, marcos referenciais da literatura lusitana, trabalharam diretamente para os nobres de Avis e são bons exemplos dessa possível troca no campo intelectual.

Cabe ressaltar também o papel ainda pouco estudado da rainha mãe, D. Filipa de Lencaster, como educadora e incentivadora do desenvolvimento cultural e da produção literária de seus filhos. António José Saraiva cita documento assinado por D. João I e enviado aos juízes e à justiça do reino em 1405, atualmente publicado na *Documenta Henricina*, em que ele envia os três filhos mais velhos à Inglaterra, terra de seus avós maternos, "onde tiveram a oportunidade de se familiarizar com a língua da corte (isto é, o francês, em que estão escritos os seus motes)" [3].

A produção literária avisina é inaugurada pelo próprio D. João I que escreve o *Livro da montaria*. Elaborado pelo rei entre 1415 e 1433, o livro trata, dentre outros temas, das técnicas de caça, do adestramento de animais, faz relatos de aventuras e descrições geográficas etc. A obra de D. João, sem obedecer a padrões literários mais rígidos, aborda inúmeras questões referentes à caça e sua técnica, privilegiando seus objetivos fruitivos e instrutivos como um jogo que prepara os nobres para a guerra. O exemplo literário de D. João é seguido por seus filhos, mormente por D. Pedro e D. Duarte.

A literatura produzida pelos príncipes de Avis é de cunho moralístico e técnico como o já citado *Livro da montaria*. O infante D. Pedro escreveu a obra intitulada *Virtuosa benfeitoria* e um pequeno *Livro dos ofícios*, de menor expressão literária. O primeiro, dedicado ao príncipe D. Duarte, é considerado, juntamente com o *Leal conselheiro*, como livro marcante na prosa moralista e normalizante da corte de Avis. São analisadas algumas das principais questões políticas e sociais da época como a legitimidade do poder régio, a questão da obediência aos príncipes ou à Igreja e os valores relacionados ao direito divino e ao direito temporal de exercer o poder régio.

Em sintonia com as obras literárias de seu irmão, D. Duarte escreveu o *Leal conselheiro*, o *Livro da ensinança de bem cavalgar toda sela* e um caderno de apontamentos editado com o título de o *Livro dos conselhos de El-Rei D. Duarte*, também denominado *Livro da Cartuxa*. Todas se revelam obras da maior importância ao historiador que se interesse pelo fim da Idade Média portuguesa.

Apesar da persistência de alguns historiadores em associar o governo eduardiano apenas a alguns infortúnios na esfera política, como a campanha de Tânger, o papel cultural de D. Duarte como organizador de uma memória dos reis portugueses é primordial. Do mesmo modo, sua influência direta na formação de uma cultura e de uma filosofia com traços marcadamente portugueses destaca a sua posição na produção literária lusitana.

Não se referindo somente ao curto período do seu reinado, que vai de 1433 a 1438, findado pela sua morte prematura causada pela peste, D. Duarte possuía, já no governo de seu pai, importante função cultural dentro da casa real. Além de rica produção literária de próprio punho, é sob sua influência, possivelmente, que são elaboradas, dentre outras, a *Crónica de Portugal de 1419* e toda as crônicas de Fernão Lopes. Sem falar das obras de cunho jurídico, régias e econômicas. Tem-se também na produção literária de D. Duarte, particularmente no *Livro dos conselhos de El-Rei D. Duarte*, e no *Leal conselheiro*, o melhor testemunho da preocupação explícita dos reis de Avis com a conduta e a formação intelectual régias.

O *Livro dos conselhos* é composto por textos diversos, escritos ou anotados por D. Duarte, entre os anos de 1423 a 1438. Na realidade, trata-se de uma compilação feita pelo rei contendo capítulos variados ligados ao cotidiano, passando por conselhos dados ao rei, temas religiosos, morais, textos econômicos e monetários, despachos administrativos, estudos de astronomia, receitas, considerações referentes ao uso e controle do tempo etc. O manuscrito mais antigo é proveniente da livraria do convento cartuxo de Scala Coeli, em Évora, onde foi copiado de um códice anterior por um monge cartuxo no século XVII, daí seu nome vulgar[4].

Muitos dos textos que formam o corpo documental do *Livro dos conselhos de El-Rei D. Duarte* foram posteriormente aproveitados pelo rei para a confecção do livro *Leal conselheiro*, escrito provavelmente nos últimos anos de vida de D. Duarte, "possivelmente o último [ano de 1438]"[5], em que muitos dos textos foram recompilados no *Leal conselheiro*, como o próprio D. Duarte afirma, atendendo ao pedido da rainha D. Leonor: "Raynha Senhora: vos me requerestes que juntamente vos mandasse screver alguas cousas que avia scriptas per boo regimento de nossas conciencias e vontades (...) satisfazendo a vosso desejo conssiirey que seria melhor feicto em forma de huu soo tractado com alguus adimentos."[6]

O *Livro da ensinança de bem cavalgar toda sela*, apesar de não tratar de forma direta das questões filosóficas, torna-se fundamental para a contextualização literária do pensamento eduardiano, onde a sistematização das idéias e a técnica descritiva complementam o *Leal conselheiro* e facilitam sobremaneira o seu entendimento. É possível observar, ao longo de todo o livro, uma capacidade ordenada de concatenar as principais questões, muitas vezes expostas em ordem numérica, inserindo na obra um sentido de hierarquia que marca o pensamento do rei ao expor suas idéias e ao analisar múltiplas questões. É possível traçar um paralelo dessa prática ordenadora literária com a mesma prática observada para a ordenação temporal, espacial e da própria conduta régia presente nos outros textos escritos por D. Duarte.

Joseph M. Piel comenta que "o *Livro de cavalgar* é nada menos – e aqui reside o seu capital interesse, ainda não posto em relevo – que o primeiro tratado de equitação da literatura européia" e que, apesar das citações a respeito das técnicas de cavalgar em outros livros de caça e de alveitaria, "não há na obra do rei português nenhum livro congênere, tudo indicando estarmos em presença de um tratado de integral originalidade". Analisando as citações do rei em sua introdução ao *Livro de cavalgar*, conclui que "D. Duarte tem consciência de escrever o primeiro tratado de gineta, salientando que este é fruto de sua própria experiência e reflexão"[7].

Dotado de conteúdo textual extenso, obedecendo também às características normativas e moralistas que marcam a obra dos príncipes de Avis, o *Leal Conselheiro* encontra-se, portanto, em sintonia literária com a *Virtuosa Benfeitoria* e com o *Livro da ensinança de bem cavalgar toda sela*. Ao contrário do primeiro, de caráter mais descritivo e expondo conceitos e idéias apreendidas de outros autores, D. Duarte coloca, de maneira direta, suas próprias idéias e suas experiências pessoais, entremeada ao pensamento de outros autores. Tais práticas mostram uma característica marcante do pensamento eduardiano, caracterizando o autor como pensador com idéias próprias, levando-o a incursões pelo terreno da Filosofia.

"A sua leitura deixa pressentir e adivinhar uma verdadeira atitude filosófica, com a reflexão crítica do autor sobre variados temas de ordem pessoal e de circunstância social e cultural, mas sem uma exposição e organização que permita considerá-lo como obra especificamente filosófica."[8]

A importância da obra, além da ampla abordagem temática, é no aspecto literário, em que surge como um dos primeiros livros laicos portugueses destinados não somente à leitura em voz alta, perante uma platéia de ouvintes, prática comum à época, "mas antes um instrumento de leitura individual e privada, em ambiente de recolhimento" [9].

Múltiplos aspectos da conduta régia são analisados ao longo da obra e as reflexões são destinadas particularmente a nortear o perfeito comportamento dos príncipes e reis. Para isso D. Duarte recorre a inúmeras obras de cunho laico e constrói o conteúdo textual do *Leal conselheiro*, demonstrando amplo conhecimento dos principais textos filosóficos que circulavam em seu tempo. Citações de pensadores religiosos como Tomás de Aquino, Santo Agostinho, Raimundo Lúlio ou textos do Novo e do Antigo Testamento são freqüentemente associados aos textos de Aristóteles, Cícero, Platão, Boécio etc. Tudo isso, acompanhado de suas próprias reflexões, confere ao texto eduardiano caráter próprio, onde as novas idéias trazem a marca do rei, adquirindo assim uma característica eminentemente lusitana.

A conduta régia é tratada de maneira ampla, original e de diversos prismas diferenciados, mostrando o preparo intelectual de D. Duarte. Um bom exemplo é a descrição do papel do rei filósofo, proposto por Platão na *República*, analisada por D. Duarte de forma inédita e pioneira, décadas antes de seu uso semelhante por Thomas More em sua *Utopia*, obra que se tornou marco do pensamento renascentista ocidental.

Os pensamentos platônicos influenciaram não somente os já conhecidos autores dos temas utópicos do Renascimento mas, de forma precoce e ainda pouco explorada, influenciaram de modo importante alguns textos portugueses pré-renascentistas.

A sua importância na produção literária de D. Duarte é claramente observada nos capítulos referentes às condutas e normas a serem seguidas pelos príncipes e reis. Num paralelo perfeito à influência exercida posteriormente sobre Thomas More, o Capítulo V da *República*, na parte que diz respeito ao rei-filósofo, é igualmente estudado, absorvido e até mesmo citado por D. Duarte em seu capítulo LI do *Leal conselheiro*, que trata *Da virtude e da prudência em special*. O rei, em sua análise sobre a prudência como forma de sabedoria régia, é categórico em afirmar: "(...) porque, segundo se prova pelas definições de prudencia, prudencia é ua sabedoria e sciência per a qual o homem conhece ordenar e em devido fim encaminhar as cousas que há de fazer."[10] E, imediatamente, evoca o texto platônico como legitimador de sua afirmação: "E, por isso, dizia Platom: 'Entom sera bem aventurado o mundo e a terra, quando os sabedores começassem de reinar e os rex / de saber'."[11]

Trata-se de uma referência à consagrada colocação de Sócrates a Glauco a respeito do papel utópico dos reis e dos filósofos dentro da república idealizada: "A menos que os philosophos sejam reis ou que os que hoje em dia se chamam reis e soberanos sejam verdadeira e seriamente philosophos, de sorte que a auctoridade política e a philosophia juntas se encontrem no mesmo individuo (...)."[12]

Com grande coincidência histórica, algumas décadas após a confecção do *Leal conselheiro*, a mesma frase será tema de análise do próprio Thomas More na parte final do Livro Primeiro da sua *Utopia*. No conhecido diálogo entre os personagens More e Rafael Hitlodeu, acerca da política, é o próprio More quem a cita: "São de vosso conhecimento as palavras de Platão, vosso colega: a sociedade nunca será feliz enquanto os filósofos não forem reis, e esses não forem filósofos."[13]

As citações de *A República* e de Platão permanecem ao longo de todo o Livro Primeiro, abrangendo as questões referentes ao preparo mental dos reis e sua importância na construção da república perfeita. A recorrência do mesmo texto nas distintas obras é suficiente para mostrar sua importância literária ao longo do tempo. E cabe aqui ressaltar, o que é mais interessante no caso português, a precocidade de seu uso por D. Duarte e a semelhança de sua utilização com a que foi posteriormente feita por Thomas More na sua obra. Temos, portanto, um paralelo teórico entre D. Duarte e More numa das principais questões que sedimentam a construção utópica.

Apesar de a obra platônica não constar da lista de livros pertencentes à biblioteca de D. Duarte[14], o claro conhecimento do texto sugere o possível contato direto do rei com os escritos de *A República*, ou, numa hipótese secundária, o contato com esses por via indireta. Tendo em vista a popularidade desses textos na cultura nobre erudita medieval, notadamente em Portugal, é bem forte a possibilidade de sua consulta direta pelo rei.

Ainda sobre o tema, D. Duarte recorre à análise dos textos platônicos feita por Boécio, os quais reforçam sua reflexão mais profunda sobre a filosofia do autor grego e sua associação com a sabedoria do bem governar. Vale ressaltar que a citada obra boeciana, *Consolaçom da Filosofia*, do mesmo modo que as obras de Platão, encontra-se ausente de sua coleção particular. Tal observação corrobora a hipótese que o rei possuía acesso a outras fontes literárias de consulta, e não somente a de sua biblioteca particular, nas quais mergulhou e ampliou suas pesquisas teóricas.

Do mesmo modo que na citação direta de Platão, encontramos aqui, na análise da obra de Boécio por D. Duarte, os mesmos indicadores utópicos clássicos presentes na *República*. A análise secundária dos textos platônicos por outros pensadores medievais mostra a importância do tema para o medievo e sua difusão ao longo do tempo. De igual modo ela mostra a busca e o interesse do rei pelo tema citado, cuja inspiração podemos observar no conteúdo dos próprios textos eduardianos:

> (...) o qual dicto de Platon nembra Boecio em o livro primeiro da Consolaçom da Filosofia per taes palavras: E tu, dizia a filosofia a Boecio, que a sentença de Platom per tua boca muitas vezes louvaste, bem aventuradas as cousas publicas se elas forem regidas e governadas per sabedores, ou se os regedores delas aqueecem seer sabedores.[15]

Essa breve análise mostra, na obra de D. Duarte, a busca por nova forma de reino e de dinâmica administrativa régia. Uma forma idealizada segundo a imagem de rei sábio e justo. Ela sinaliza, ao menos no plano teórico, para um tempo novo, futuro, proporcionando novas formas de imaginar o papel do rei e do reino português perante o mundo. É possível supor que esse modelo utópico pioneiro, fomentado na obra eduardiana, acabou possivelmente por influenciar, de forma importante, alguns fenômenos mentais característicos do império expansionista português das décadas seguintes.

Outro fator marcante na obra eduardiana foi o valor dado ao rei pelo uso e controle do tempo. Podemos observar uma clara tentativa do autor de ordenar os sistemas de medição do tempo elaborando complexos modelos para o cálculo e a medição das horas e de suas frações tanto durante a noite quanto a sua variação ao longo do ano. Do mesmo modo, sua tentativa em organizar as atividades laborativas e de lazer por meio do controle do tempo, incluindo aí o tempo de trabalho régio, mostra que o rei era um pensador perfeitamente sintonizado com as principais questões de seu tempo.

Analisando o *Livro dos conselhos*, imediatamente após o primeiro capítulo, que em sua obra teria a função semelhante à do *prólogo*, nos livros atuais, já encontramos presente a temática do tempo. D. Duarte intitula esse segundo capítulo de forma bastante enfática e sugestiva: [*Ordenança dos tempos em que auja de despachar, e como*]. Nele o autor escreve, em vários momentos, reflexões associadas à ordenação de seu tempo de despacho, vivenciando em suas próprias atividades nova maneira de pensar, ordenar e de se submeter às recentes normas cronológicas.

Já no primeiro *folium*, o autor justifica, de forma precisa, o uso do tempo como fator de fundamental importância para o bom funcionamento das atividades administrativas. Concomitantemente, ele assume inteiramente a autoria do novo modelo administrativo, com uma frase inicial na qual atribui a si a autoria do texto que se segue:

> feyto per el rei:
> Porque nos pareçe que dar ordem as audiençias repartyr os tempos do dese*m*bargua [*sic*] nos daram com a graça de noso se*nh*or d*eus* e de nosa se*nho*ra santa marya grande avantaJem p*e*ra bem e falgadamente desembargarmos, e as partes e desembargadores vyvere*m* mais folgadament*e*. e a seu prazer porem escrevemos esta figura a qual e*n*tendem*os* seguyr non p*e*r obrigação que a no*m* pasaremos quando vyrmos que cumpre ou nos prouuer, mas por nos ser hu memorial de noso proposito o qual gardaremos como sentyrmos qu*e* e bem e nos mais prouuer.[16]

Ante tais afirmações, o rei mostra de forma clara sua intenção de utilizar o tempo para melhor organizar suas audiências e desembargos. Trata-se de uma forma clara de ordenação do tempo de ofício do próprio D. Duarte e de seu aparelho burocrático. Um tempo previsto e organizado pelo rei, atendendo uma necessidade de ordem administrativa criada e desenvolvida como "hu memorial de noso proposito" e promovendo em eficiência e controle institucional uma "grande avantaJem p*e*ra bem e falgadamente desembargarmos, e as partes e desembargadores vyvere*m* mais folgadament*e*". Ou seja, uma forma mais eficiente, vantajosa e possivelmente mais produtiva para organizar o tempo de ofício.

Torna-se mister ressaltar também a necessidade de aproveitar melhor esse tempo com o intuito de ter mais horas disponíveis. Um tempo extra, produzido para que os desembargadores possam "vyvere*m* mais folgadament*e*". Tem-se aqui, portanto, associado à produção do tempo novo não somente a elaboração do período de trabalho, mas também a criação de um tempo dedicado às funções do descanso, da fruição e do lazer.

D. Duarte, em seu pequeno parágrafo inicial, mostra possuir uma consciência voltada à necessidade de se ordenar as atividades laborativas. Organiza suas atividades administrativas segundo um modelo cronológico prévio. Associada também a tal consciência existe a idéia de uma maior eficiência das suas funções administrativas, possibilitada pela ordenação do tempo. Funções essas que, quando submetidas aos padrões cronológicos, permitem que haja a padronização, a impessoalidade, a previsibilidade e o controle.

Sua preocupação em organizar o tempo de trabalho e das atividades diárias habituais por meio das horas volta a surgir no capítulo LXXXIIIII do *Leal conselheiro*, intitulado *Da declaraçom como alguus / som bõos per cuidado, nom taes per obra, e outros pelo contrairo.* Nesse texto, de forma perfeitamente ordenada, a divisão das vinte e quatro horas que compõem o dia e a noite é organizada pelo rei como forma mais importante e produtiva de se ter uma boa conduta diária e religiosa. Ordenação cotidiana com o intuito de afastar o indivíduo dos pecados, da má conduta e especialmente do desperdício gerado pelo mau uso do tempo.

Nessa questão, dentre os vários erros de conduta, D. Duarte utiliza como exemplo principal alguns grandes senhores proprietários de terras. Estes, na ânsia de demonstrar sabedoria para julgar as questões referentes à sua propriedade, mergulham no estudo improdutivo dos livros, não utilizando corretamente seus ensinamentos. Ao dedicar tanto tempo a essas funções eles acabam deixando de exercer suas atividades administrativas básicas bem como o estabelecimento da ordem e da justiça em suas propriedades.

Do mesmo modo que os senhores de terras, D. Duarte critica explicitamente os indivíduos de nível social mais simples que também utilizam o tempo de maneira fútil e pouco proveitosa. A esses ele refere como indivíduos que gastam boa parte de seu tempo em conversas improdutivas e divertimentos superficiais: "E outros despendem todolos dia assi levemente em falas sem proveito, folganças leves e de pouco bem, que nom entendem como se passam aquelas XXIIII horas que antre o dia e noite nos som outorgadas."[17] Aqui o rei explicita claramente a ordenação do dia nas vinte e quatro horas tradicionais e abre caminho textual para propor, em seguida, o seu próprio modelo de organização das atividades cotidianas ao longo das vinte e quatro horas diárias:

> Ao segundo, consiire cada uu per si e boo conselho que lhe dem, a que mais é obrigado por o estado, idade e sua disposiçom, como a elo satisfaz, desi aquelas XXIIII horas como as despende, e assi vera como as bem despende. E porque muitos dizem que nom acham tempo pera obrar as cousas que ham de fazer, o que as mais vezes muito contradigo, eu largamente lhe faço tal repartiçom: pera cama, antre dia e noite, filhe oito horas; pera mesa, duas, oficios de missas em geeral e rezar, duas; ves/tir da manhãa e desvestir da noite, duas; spaço pra leer e folgar, duas. E assi ficam oito que, se bem forem aturadas, nom antrepoendo falas e obras sem proveito, se podem ordenar e fazer grandes e boos feitos.[18]

Aqui é possível notar a clareza com a qual D. Duarte utiliza e ordena as atividades cotidianas conforme o tempo cronológico. Esse pequeno texto é uma prova irrefutável do valor que o rei atribuía ao tempo das horas como elemento-chave na ordenação das funções diárias. É possível, dentre outros fatores, notar a ordenação horária das funções mais simples como o vestir, o tempo do sono noturno, o período de tempo gasto nas refeições, o tempo utilizado para o lazer e a leitura. Essas funções indicam também uma rotina diária seguida, ao menos em termos hipotéticos, pelos nobres e indivíduos mais próximos da corte portuguesa e da cidade. Além das atividades citadas, um período de oito horas reservadas às demais funções individuais mostra que as práticas cotidianas acima citadas deveriam ser rotineiras e, como tais, mais sujeitas ao controle cronológico.

Ao fim do capítulo, justificando a importância do tempo como elemento ordenador das atividades diárias, D. Duarte nos dá um importante testemunho de que já em sua época o problema da falta de tempo para realizar as funções rotineiras estava presente e, possivelmente, era motivo freqüente de reclamações e justificativas para a não-realização de determinadas atividades: "E assi como faço esta fegura, cada uu segundo sua maneiraa de viver faça a sua, pera se acusar da despesa do tempo sem razom, ou nom diretamente, da qual o senhor nom menos demandará conto que das palavras ociosas."[19]

Tais fenômenos são fundamentais para detectar uma mentalidade pioneira presente na obra de D. Duarte e que sintonizam, no plano literário, as mudanças ocorridas na cultura portuguesa. Parte dessas reflexões sinalizam algumas inovações que possibilitarão, mais adiante, o uso regular das horas como marcador das atividades cotidianas.

Esses são apenas alguns pequenos exemplos da importância e do pioneirismo da obra de D. Duarte para a literatura e a própria cultura portuguesa do fim da Idade Média e do início do Renascimento. Numa fase de transição histórica no Ocidente, onde imensas mudanças culturais são observadas, nenhum reino teve tamanha transformação em tempo tão curto quanto Portugal. E, no corpo dessas transformações, o escopo intelectual possui profundas raízes nas obras avisinas dos primeiros anos, notadamente na obra de D. Duarte. Suas reflexões são testemunho de uma tentativa sólida e inovadora da construção de uma imagem modelar de rei, cuidadosamente seguido e aperfeiçoado pelos seus sucessores, os futuros monarcas de Avis.

Notas

1 Rui de Pina. Crónica do Senhor Rey D. Duarte. In: *Crónicas*. Porto: Lello & Irmãos, 1977. p. 311.

2 A. J. Saraiva. *O crepúsculo da Idade Média em Portugal*. Lisboa: Gradiva, 1988. p. 218.

3 *Ibidem*.

4 J. J. A. Dias. Descrição codicológica. In: D. Duarte. *Livro dos conselhos de El-Rei D. Duarte (Livro da Cartuxa)*. Lisboa: Imprensa Universitária, Estampa, 1982. p. XIII.

5 J. Gama. *A filosofia da cultura portuguesa no* Leal conselheiro *de D. Duarte*. Lisboa: Fundação Calouste Gulbenkian/JNICT, 1995. p.58.

6 D. Duarte. *Leal conselheiro*. Lisboa: Imprensa Nacional Casa da Moeda, 1982. p. 21.

7 J. M. Piel. Prefácio do *Livro da ensinança de bem cavalgar toda sela.* Lisboa: Imprensa Nacional Casa da Moeda, 1986. p. VIII.
8 J. Gama. *A filosofia da cultura portuguesa no* Leal conselheiro *de D. Duarte.* Lisboa: Fundação Calouste Gulbenkian/JNICT, 1995. p.15.
9 M. H. L. de Castro. *Leal conselheiro* — o texto, o manuscrito, as edições. In: D. Duarte. *Leal Conselheiro.* Lisboa: Imprensa Nacional Casa da Moeda, 1999. p. XV.
10 D. Duarte. *Leal conselheiro.* Lisboa: Imprensa Nacional Casa da Moeda, 1999. p. 207.
11 *Ibidem.*
12 Platão. *A república.* São Paulo: Edições Cultura Brasileira, s.d. p. 214-215.
13 T. More. *Utopia.* São Paulo: Martins Fontes, 1993. p. 43.
14 D. Duarte. "Estes são os liuros que tinha el rey dom Duarte" in: *Livro dos conselhos de El-Rei D. Duarte (Livro da Cartuxa).* Lisboa: Imprensa Universitária, Ed. Estampa, 1982. pp. 206-208.
15 D. Duarte. *Leal conselheiro.* Lisboa: Imprensa Nacional Casa da Moeda, 1999. p. 207.
16 D. Duarte. *Livro dos conselhos de El-Rei D. Duarte (Livro da Cartuxa).* Lisboa: Imprensa Universitária, Ed. Estampa, 1982. p. 11.
17 *Ibidem.*
18 *Ibidem* p. 305-306.
19 *Ibidem.* p. 306. (O grifo é meu).

O *Livro da virtuosa benfeitoria*: o rei e a sociedade na obra de D. Pedro

Miriam Cabral Coser

> Deus, que é o começo e o fim, pondo grau nas coisas que fez, ordenou o estado dos homens de tal maneira que em cada um houvesse uma falta. E para se manter essa ordem, criou a natural afeição para que se ajudassem as suas criaturas. E ligou espiritualmente a nobreza dos príncipes e a obediência daqueles que os hão de servir com a doce e forçosa cadeia da virtuosa benfeitoria. A virtuosa prisão desta cadeia é muito necessária ao governo do mundo e é através dela que se chega a Deus, que a todos espalha suas benfeitorias e de ninguém as recebe.[1]

Essas idéias foram escritas pelo príncipe português D. Pedro, no início do século XV, em seu *Livro da virtuosa benfeitoria.* Em linhas gerais, podemos afirmar que o livro de D. Pedro apresenta um modelo de sociedade perfeita, que por meio da caridade, a virtuosa benfeitoria, atinge o equilíbrio. Cada homem deve prestar benfeitorias aos outros, recebendo em troca gratidão e promovendo a concórdia. Quanto mais elevada a posição social, maior a obrigação. Assim, o príncipe, homem de grande perfeição, aquele que está no ponto mais alto da hierarquia terrestre e em contato com a celeste, deve se dedicar inteiramente a prestar benefícios, fazer o bem, dar. Somente Deus é capaz de prestar benfeitorias sem nunca receber. Ele é o ponto de partida e o de chegada do sistema. É a apresentação de um modelo que ordena e hierarquiza em contraste com o contramodelo da sociedade cristã, o mundo dos "bárbaros".

D. Pedro (1392-1449) era o quarto filho do rei D. João I, que havia, pelo movimento conhecido como Revolução de Avis, iniciado nova dinastia em Portugal. O príncipe teve importante papel na política portuguesa e chegou a ser regente do reino após a morte de seu irmão, o rei D. Duarte. A maioridade de seu sobrinho Afonso V (1446) não implicou de imediato o seu afastamento do governo, mas desavenças acabaram por afastá-lo do poder. D. Pedro e seus partidários foram então alvos de perseguições que tiveram como desfecho a batalha de Alfarrobeira, quando o príncipe e sua família foram mortos pelo exército do rei.

O príncipe era um homem culto, que escrevia e traduzia livros. Traduziu o *De Officiis* de Cícero, que foi conservado, mas o restante de seus trabalhos perdeu-se. Seu pai foi o autor do *Livro da montaria*, detalhado manual de caça. Seu irmão D. Duarte, segundo rei da dinastia de Avis, escreveu um livro de conselhos, *Leal conselheiro,* e o tratado sobre a arte de cavalgar, o *Livro da ensinança do bem cavalgar toda sela.* Os príncipes de Avis, além de produzir alguns dos primeiros livros escritos em língua portuguesa e promover traduções para essa língua, foram também responsáveis pela organização de bibliotecas.

D. Pedro, que escreveu o livro durante o reinado de seu pai, provavelmente entre os anos de 1418 e 1433, teve o auxílio de João de Verba, seu confessor. Esta co-autoria indica a dupla origem da obra: a nobreza palaciana e o clero regular, mas é o príncipe quem assume a autoria. O público a quem se destinava o livro é claro: é um livro escrito por um príncipe para outros príncipes. Isso fica explícito desde as primeiras linhas do texto, quando D. Pedro dedica o livro a seu irmão, D. Duarte, na época ainda príncipe herdeiro. O autor não descarta a possibilidade de a obra ser útil a outras pessoas, mas, segundo seu raciocínio, o canto deve ser mais ensinado àqueles que têm voz afinada do que àqueles que têm voz desafinada e rouca[2].

A preocupação em determinar o destinatário da obra está de acordo com seu estilo literário situado dentro de uma vertente da literatura ascética e moral, que se expressava por meio de conselhos e teve como exemplo os diversos "espelhos dos reis", como o de Frei Álvaro Paes em Portugal[3]. O próprio autor chega a afirmar que o livro seria um "espelho" das boas obras do irmão, o futuro rei de Portugal[4].

Durante muito tempo, o livro do príncipe D. Pedro foi considerado pela historiografia uma reprodução da obra de Sêneca, o *De beneficiis.* De fato, o príncipe cita Sêneca diversas vezes em sua obra e confessa que o autor foi o ponto de partida para o livro, mas se utiliza também de uma gama mais vasta de autores. Além das inúmeras passagens da Bíblia, estão presentes em seu texto S. Tomás de Aquino, S. Agostinho, S. Jerônimo, S. Gregório, S. Bernardo, S. Anselmo, S. Ambrósio, S. Dinis, frei João de Galez, frei Gil de Roma, Aristóteles, Platão, Beócio, Porfírio, Túlio, Valério, Pínio e Macróbio.

Esse universo intelectual e a forma adotada no tratado do príncipe levaram também a que se considerasse o livro uma tentativa de transpor em língua portuguesa as formas típicas da literatura escolástica[5]. Sabemos que a escolástica foi o método universitário por excelência durante a Idade Média. Como afirma Le Goff[6], a escolástica, partindo da gramática e seguindo a dialética, com o apoio das autoridades para exercer o esclarecimento e o convencimento, chega, por fim, a um pensamento original.

Com efeito, D. Pedro credita muita importância à definição exata de cada palavra-chave de seu texto. Todo tema abordado ao longo das seis partes do livro segue rígida ordenação, explicando cada conceito, identificando sua natureza, subdividindo, classificando, mostrando suas propriedades, esclarecendo possíveis dúvidas, rebatendo possíveis objeções, no processo de esclarecimento e convencimento, recorrendo sempre às autoridades, à Bíblia e aos diversos autores cristãos e pagãos.

Entretanto, a originalidade do texto de D. Pedro não foi reconhecida por muito tempo. Saul Antônio Gomes[7] foi um dos primeiros autores a ressaltar o fato de que o livro é um dos primeiros tratados laicos a teorizar sobre a sociedade e a figura do rei no final da Idade Média e que, apesar de mostrar-se claramente filiado à escolástica e ter características da literatura ascética e moral, apontava também para o novo na sociedade portuguesa, expressando a convivência do medieval com o renascentista. A compreensão do "novo" no texto de D. Pedro fica muito mais clara ao se identificar, de um lado, os problemas com os quais se deparava o reino português no início da dinastia de Avis, e, de outro, o discurso desenvolvido por essa dinastia diante desses problemas.

Como foi dito anteriormente, D. Pedro era filho do primeiro rei de uma nova dinastia em Portugal. Essa nova dinastia assumia o trono de um reino que passara por importantes transformações ao longo do século: alterações na exploração da terra com o aumento dos arrendamentos, crescimento do comércio e do artesanato, maior mobilidade da mão-de-obra, migrações para as cidades, inúmeras crises cerealíferas, constantes desvalorizações do numerário, diminuição da população devido à fome e à peste. As guerras nas regiões fronteiriças, especialmente com Castela, assumiam significado mais amplo dentro do contexto da Guerra dos Cem Anos e do Grande Cisma, num jogo de troca de alianças, no qual a coroa portuguesa buscava o apoio dos ingleses e seguia o papa instalado em Roma, mas nos momentos de acordo com Castela submetia-se ao acordo com os franceses e ao papa de Avinhão. A mudança na correlação de forças internas, os anseios das camadas mais ricas das cidades, a insatisfação dos filhos segundos da nobreza, o peso das guerras e das pilhagens geravam conturbações sociais que se agravaram no último reinado da dinastia anterior, a de Borgonha.

Com a morte do último rei da dinastia de Borgonha, D. Fernando, sua filha D. Beatriz tornou-se rainha de Portugal e sua mulher, Leonor Teles, a regente. No entanto, D. Beatriz era casada com o rei de Castela, D. João, que considerava ter direitos sobre o trono português. A aproximação da regente à antiga nobreza ligada a Castela levou a uma reação liderada pela nova nobreza de filhos segundos e pelas cidades, especialmente Lisboa, iniciando um movimento que levaria D. João, o Mestre de Avis, ao trono português. Mas, o Mestre de Avis era irmão bastardo de D. Fernando e não estava na linha direta de sucessão.

O problema da legitimidade do rei era, portanto, central neste primeiro momento da afirmação da dinastia de Avis. Entretanto, o empenho para afirmar o direito do Mestre ao trono vinha aliado a duas preocupações centrais: de um lado, afirmar a identidade nacional portuguesa, mormente em relação ao reino de Castela, mas também em relação aos demais reinos, incluindo os muçulmanos e, de outro lado, conferir novo estatuto ao rei, que passava de *primus inter paris* medieval para monarca de fato. A afirmação da identidade nacional e a construção de uma imagem da realeza carismática e aliada ao "povo" na dinastia de Avis foram o que a historiadora Vânia Fróes[8] denominou "discurso do Paço":

> É importante lembrar que a dinastia de Avis sempre esteve ligada à profunda afirmação da identidade nacional, e que se empenhou desde cedo na construção de um 'discurso do Paço'. Este legitima e incorpora as preocupações de uma realeza carismática, que integra à tradição taumatúrgica medieval, a modernidade do rei ligado ao 'povo', sua glória e sua fama renascentista.

Discurso no sentido mais amplo da palavra, incluindo festas, teatro e literatura: "A estruturação de um discurso do Paço inclui festas públicas, o teatro, o surgimento das crônicas, de uma poesia cortesã e de uma prosa dos monarcas de Avis. Ele estrutura uma imagem venturosa dos reis e do país."

As obras escritas pelos príncipes de Avis – D. João, D. Duarte e D. Pedro – para além de seu caráter de literatura apologética, ascética e moral, revelam sobretudo um modelo a ser seguido, no qual o rei é apresentado como o condutor para a perfeição, assim como seu maior exemplo. Nessa caminhada, os diversos setores sociais deveriam estar conscientes do papel a desempenhar, não apenas no sentido moral, mas também prático, dentro dessa nova sociedade que se projetava.

A elaboração das crônicas oficiais do reino é mais um dado desse projeto de Avis. Durante o reinado de D. Duarte, pela primeira vez em Portugal, há o registro de que a coroa tenha designado uma tença a um cronista, para escrever a história dos seus reis. O primeiro cronista de Avis, Fernão Lopes, era também tabelião e guarda-mor da Torre do Tombo, encarregado de legitimar e conservar os documentos oficiais do reino. Assim, o cronista utilizou-se de ampla documentação – documentos de chancelaria, cartas, diplomas oficiais, tratados, capítulos de cortes, testamentos, bulas etc. – que somou a depoimentos orais, para construir uma história coerente, de acordo com o seu ponto de vista.

Tratava-se de promover o rei a soberano de fato no reino português. O rei que se via diante da oposição da antiga nobreza, da pressão dos novos senhores, do crescimento das cidades – muitas delas gozando de autonomia – e da importância dos mercadores, do aumento da pobreza, do perigo representado pelos estrangeiros, enfim, da grande diversidade e mobilidade sociais que ocorriam, gerando tensões e conflitos. E o rei como verdadeiro soberano seria o rei capaz de unir todos esses segmentos, justamente por sobrepor-se a eles, formando uma unidade reconhecível por todos, que viria a constituir a nação portuguesa.

Tal discurso implicava, portanto, a apresentação do rei como aquele que reunia as qualidades necessárias para a promoção dessa unidade. Qualidades baseadas em virtudes que a um só tempo permitiam a proteção aos humildes, o controle dos mercadores, o afastamento dos inimigos e uma "ação civilizadora" que colocaria os senhores sob o domínio da realeza[9]. O texto de D. Pedro deve, portanto, ser compreendido como parte de um discurso mais amplo dos príncipes de Avis, dentro de um contexto histórico específico.

No *Livro da virtuosa benfeitoria*, o autor desenvolve uma teoria sobre a ordem social. Ordem nos dois sentidos apontados por Georges Duby[10] em seu estudo sobre a trajetória da idéia de trifuncionalidade da ordem social no imaginário do feudalismo: sentido concreto, de vários graus de uma hierarquia estabelecida por Deus e sentido abstrato, de arranjo da diversidade, de exercício de uma autoridade que distingue os homens e coordena suas relações. São noções, como lembra Duby, presentes no pensamento de Gregório, o Grande, e de Santo Agostinho, autores que, não por acaso, são constantemente citados por D. Pedro.

A teoria de D. Pedro muito faz lembrar a concepção teológica do monge Suger de Saint-Denis-en-France, descrita por Georges Duby[11] em seu estudo sobre a arte e a sociedade na Baixa Idade Média Ocidental. A teologia de Suger, supostamente baseada no patrono da abadia, São Dinis, o Areopagita, é assim resumida por Duby:

No coração da obra, esta idéia: Deus é luz. Desta luz inicial, incriada e criadora, participa cada criatura. Cada criatura recebe e transmite a iluminação divina segundo a sua capacidade, (...) e a luz que emana do Ser primeiro instala no seu lugar imutável cada um dos seres criados. Mas uni-os a todos. Laço de amor, irriga o mundo inteiro, estabelece-o na ordem e na coesão (...)

De forma semelhante, segundo D. Pedro, Deus, colocando grau nas coisas que fez, "ordenou" o estado dos homens e para manter essa "ordem" ligou os homens pela natural afeição e ajuda mútua. A ordem, segundo D. Pedro, é tanto o lugar de cada um, quanto a relação de todos entre si. Nesse sistema, os homens estão ordenados pela hierarquia e tal ordem é mantida pela benfeitoria. Mas, a originalidade do texto de D. Pedro está justamente na forma pela qual ele utiliza esses conceitos de benfeitoria e hierarquia veiculados durante a Idade Média visando propor determinada organização social para o reino português, cujo lugar do rei é o ponto-chave de seu funcionamento.

Na releitura que o príncipe faz do conceito de benefício, está implícita a idéia de livre vontade, mas não restrita às camadas superiores e sim estendida a toda a sociedade que faz parte da cadeia da virtuosa benfeitoria. A harmonia social é garantida na medida em que cada segmento da sociedade recebe o tipo de benefício (necessário, proveitoso, honroso ou prazeroso) adequado às suas necessidades. Além de ampliar o alcance da benfeitoria, D. Pedro procura distanciá-la das noções de emprestar, pagar, servir, galardoar, merecer e obrigar, isto é, noções relacionadas à prática do comércio e às obrigações feudais. A benfeitoria não deveria ser confundida com a mercadoria e nem com os serviços prestados compulsoriamente.

Ao lado dos comportamentos associados ao comércio ou ao trabalho compulsório, a prática da benfeitoria exclui também os comportamentos ligados ao sentimento, que configurariam o exagero: o esbanjamento e a avareza, a modéstia e a cobiça desmedidas. O benefício requer a ponderação, a "temperança", o uso da razão. É por meio desse critério do uso da razão que D. Pedro deixa transparecer os que não participam plenamente da cadeia: os muito jovens que ainda não têm a capacidade de discernimento, os loucos, os dissimulados e os bárbaros. Os muçulmanos ("bárbaros") não seriam capazes de viver na cadeia da virtuosa benfeitoria, dentro da ordem social, pois segundo o autor "vivem como bestas"[12]. É clara a afirmação da religião cristã como pressuposto da ordem social.

Por outro lado, mesmo outros reinos cristãos são aceitos com reservas no sistema idealizado pelo príncipe. O autor, ao falar dos possíveis benfeitores, faz a distinção entre os amigos (de quem se deve sempre aceitar benefícios), os estrangeiros (de quem não se deve recusar os benefícios se não houver razão para tal) e os inimigos (de quem só se deve receber benefícios em casos extremos). À primeira vista, só seriam necessárias duas categorias: os amigos e os inimigos. A posição intermediária dos estrangeiros aponta para o fato de que D. Pedro estava teorizando sobre a sociedade portuguesa, o reino português. Está implícito aí o surgimento de uma fidelidade à terra que deveria ser superior às fidelidades pessoais. A fidelidade a um senhor de outro reino – fato comum durante a Idade Média – passa a ser questionada caso abalasse as obrigações com o seu próprio reino e, particularmente, com o seu rei.

A identificação dos comportamentos condenáveis e dos homens que não fazem parte plenamente da cadeia está de acordo com o perfil do rei delineado no livro de D. Pedro. Se a virtuosa benfeitoria é o que garante a harmonia social, o rei é justamente o principal benfeitor do reino. O rei é um fazedor de bem, ajuda os necessitados, age semelhantemente a Deus, que a todos dá, é comparado à águia, rainha das aves, que reparte suas presas, e ao sol, rei do céu, que ilumina planetas e estrelas. O rei é misericordioso, atende aos interesses de todos os súditos (e não aos próprios), atingindo o bem comum. É marido da terra que governa e pai dos súditos. Ao corpo comum oferece dois principais benefícios: a sabedoria e a justiça.

A sabedoria e a justiça do rei estão diretamente relacionadas ao uso da razão. O ideal de rei que se delineia está muito longe do rei guerreiro medieval, plenamente identificado com os *bellatores*. É um rei que, pela ponderação, distancia-se tanto dos maus senhores como dos mercadores, colocando-se ao lado dos necessitados, os mesteirosos, mas sem desamparar os demais segmentos. O próprio rei é um necessitado, pois precisa e tem o direito de pedir e receber para poder governar. E a troca que se estabelece entre o rei e a comunidade só é comparável, para D. Pedro, àquela que ocorre entre amigos, uma troca que pressupõe eqüidade, pois todos recebem e dão a um só tempo.

A eficácia do benefício e, por extensão, do rei benfeitor, está em atender a toda a sociedade, de forma circular e infinita. A benfeitoria é circular e infinita não só porque vem de Deus e a Ele retorna, mas também porque todo benefício corresponde ao agradecimento que, de um lado, não quita a obrigação e, de outro, é também em si mesmo um benefício, fazendo continuar a cadeia. E cada troca é acompanhada por toda a sociedade, de forma que mantém "a boa esperança em alguns, quando consideram o que se fez a outros"[13]. Mas a noção de benfeitoria como eixo da ordenação social só pode ser compreendida ao lado da noção de hierarquia. A hierarquia, no livro de D. Pedro, é expressa por meio das idéias de grau, ordem, estado, ofício e corpo.

A categoria de estado é usada com particular recorrência. Para o autor, todos os homens fazem parte de três grandes estados: o natural, o espiritual e o político e moral. Dentro de cada um desses grandes estados, os homens ocupam lugares, também chamados estados. No caso específico do estado político e moral, a comunidade forma um corpo, e os diversos estados que a compõem são seus membros, que desempenham diferentes funções.

A utilização da palavra estado para a representação da hierarquia social foi amplamente analisada por Duby[14] e Le Goff[15] como parte do processo de laicização da concepção de sociedade, paralelo ao crescimento das cidades e da importância dos mercadores, assim como da percepção da diversificação social e da perspectiva de mudança. No livro de D. Pedro, a separação dos três grandes estados e o estabelecimento da hierarquização social no âmbito do político – e não do natural ou espiritual – são indícios da laicização na representação da sociedade. Laicização, entretanto, que apresentava ainda seus primeiros passos e convivia com a justificativa divina para a diferenciação social.

A posição de D. Pedro também parece ambígua quanto à interferência do grupo dos mercadores e das transformações sociais no sistema de representação da sociedade. A influência da figura trifuncional – *oratores*, *bellatores*, *laboratores* – permanece no texto, assim como a recorrência a exemplos negativos relacionados aos mercadores e a outros ofícios da cidade. Mas a menção a uma longa lista de estados (sejam eles estados-estatutos, estados-ofícios, estados-ordens ou estados-riqueza) é indício da percepção da mudança.

Cada um dos três grandes estados implica alianças específicas que configuram hierarquizações internas. A aliança espiritual hierarquiza pela bondade e proximidade a Deus. A aliança natural tem em seu ponto mais alto os pais, seguidos da mulher, dos filhos e de outros parentes. A aliança política e moral coloca em primeiro lugar o rei, seguido do príncipe, do duque e dos demais senhores. Essas alianças e suas hierarquias são fundamentais para a prática da benfeitoria. São elas que estabelecem as prioridades e as concessões adequadas a cada grupo.

Os três grandes estados também estão hierarquizados entre si. A obrigação com a terra, a comunidade, o reino e a cidade, que corresponde ao estado político e moral, sobrepõe-se a todas as outras, com a exceção da obrigação que se tem com Deus. Por seu turno, Deus é mais um elemento que confere importância ao estado político e moral, pois não há nada que agrade mais a Ele do que "os juntamentos que são os reinos e as cidades"[16]. Observa-se nesse aspecto mais um indício da afirmação do sentimento de nacionalidade presente no texto de D. Pedro, em consonância com o "discurso do Paço".

Nessas hierarquias, entretanto, algumas inversões são permitidas. Aqui um elemento importantíssimo na organização social idealizada por D. Pedro: a virtuosa benfeitoria compreende inferiores prestando benefícios a superiores. A cadeia não se limita a senhores concedendo mercês aos súditos que agradecem oferecendo serviços. E é essa característica que estabelece mão dupla entre os diferentes grupos sociais. A dinâmica social, vista assim, torna-se mais complexa e rica. A hierarquia existe e deve ser respeitada, mas existe também um sistema de trocas e reciprocidades que iguala a todos, na medida em que todos se revezem na condição de dar e receber benefícios. Dentro desse sistema de trocas, novas relações sociais podem ser estabelecidas, assim como novo lugar para o rei.

O rei que é o principal benfeitor é também o ponto mais alto da hierarquia terrestre. Está acima de todos no estado político e moral porque é o único capaz de atender às necessidades da comunidade e evitar a desordem com sua sabedoria e justiça. Sem o rei seria impossível a vida em comunidade. Ocupa também lugar privilegiado no estado natural: é o único no reino que não está em condições de igualdade com seus irmãos. Por fim, tem também lugar especial no estado espiritual, devido à sua proximidade com Deus. Instrumento da vontade de Deus na terra, metaforicamente, possui o dom da cura, conferindo saúde aos membros da comunidade.

O discurso desenvolvido pelo príncipe D. Pedro procura integrar todos os grupos sociais do reino sob o comando do rei. Um rei benfeitor, misericordioso, e que usa da razão, sendo sábio e justo. Um rei cuja superioridade hierárquica é inquestionável sob todos os aspectos, sejam eles espirituais, naturais ou políticos. Mas o comando do poder real não se dá pela força. O rei de D. Pedro não é o rei guerreiro, o rei *bellatore*. Seu comando vem da aliança com os súditos. Aliança baseada na livre vontade e, portanto, na reciprocidade. Ao reconhecer nos extratos mais inferiores da sociedade a capacidade de conceder benfeitorias, D. Pedro concebe a possibilidade de eqüidade, por mais ínfima que seja. Essa promoção dos necessitados, os mesteirosos, a súditos capazes de dar tanto quanto receber, os coloca de alguma forma na mesma condição que os outros estados na sociedade. E é justamente isso que confere ao rei o poder de união e comando de todo o reino, sobrepondo-se e ajudando a um só tempo senhores, mercadores e mesteirosos.

O *Livro da virtuosa benfeitoria*, compreendido num quadro mais amplo do "discurso do Paço" na dinastia de Avis, torna-se objeto de estudo privilegiado das concepções políticas e sociais da realeza na virada do século XIV para o XV em Portugal. Longe de ser mera reprodução de autores da Antigüidade e da Idade Média, o livro do príncipe D. Pedro produz uma releitura de conceitos medievais, visando a defesa de idéias que se delineariam mais claramente ao longo do século XV: a identidade e a lealdade com a própria terra, assim como a promoção do rei a verdadeiro soberano.

Notas

1 D. Pedro. Livro da virtuosa benfeitoria. In: Manoel L. de Almeida (org.). *Obras dos Príncipes de Avis.* Porto: Lello e Irmãos, 1981. Livro Primeiro, cap. I, p. 533.
2 D. Pedro. *op. cit.* Livro Primeiro, cap. IV, p. 537.
3 Frei Álvaro Paes. *Espelho dos reis.* Lisboa: Instituto de Alta Cultura, 1955.
4 D. Pedro. *op. cit.*, Livro Primeiro, cap. IV, p. 538.
5 Esse é o ponto de vista de A. J. Saraiva. & O. Lopes. *História da literatura portuguesa.* Porto: Porto Editora, 1985. p. 111.
6 Jacques Le Goff. *Os intelectuais na Idade Média.* Lisboa: Estúdios Cor, 1973.
7 S. A. Gomes. O tratado da virtuosa benfeitoria. Simbolismo e realidade. In: *Actas das Jornadas de História Medieval* – 1383-1385 e a crise geral dos séculos XIV/XV. Lisboa: História e Crítica, 1985.
8 V. Fróes. Teatro como Missão e Espaço de Encontro de Culturas. Estudo comparativo entre o teatro português e brasileiro do século XV. In: *Actas do Congresso Internacional de História — Missionação Portuguesa e Encontro de Culturas.* Vol. III; Igreja, Sociedade e Missionação. Universidade Católica Portuguesa, Comissão Nacional para as Comemorações dos Descobrimentos Portugueses, Fundação Evangelização e Culturas. Braga, 1993. p. 189.
9 Sobre essa ação civilizadora do rei ver: P. Accorsi Jr. Do Azambujeiro Bravo à Mansa Oliveira Portuguesa. A prosa civilizadora da corte do Rei D. Duarte (1412-1438). Dissertação de Mestrado. Programa de Pós-Graduação em História da Universidade Federal Fluminense/ UFF. Niterói, 1997.
10 G. Duby. *As três ordens ou O imaginário do Feudalismo.* Lisboa: Estampa: 1982.
11 G. Duby. *O tempo das catedrais.* Lisboa: Estampa, 1978.
12 D. Pedro. *op. cit.*, Livro Terceiro, cap. IV, p. 657.
13 D. Pedro. *op. cit.*, Livro Primeiro, cap. VIII, p. 544.
14 G. Duby. *As três ordens ou O imaginário do Feudalismo.* Lisboa: Estampa, 1982.
15 J. Le Goff. *A Civilização do Ocidente Medieval.* Lisboa: Estampa, 1983. 2V.
16 D. Pedro. *op. cit.*, Livro Quinto, cap. XI, 725.

Sobre o ceticismo de Montaigne

Plínio Junqueira Smith

Não há dúvidas sobre a importância do ceticismo na filosofia de Montaigne, embora possa haver dúvidas quanto a saber se ele foi um cético e, se o foi, em que sentido. Se, de um lado, Montaigne jamais professou explicitamente o ceticismo, de outro, é certo que teceu enormes elogios aos céticos[1]. De qualquer maneira, muitos viram em Montaigne não somente um cético, mas aquele que disseminou o ceticismo no Renascimento e, dessa maneira, formulou-o como problema central para a filosofia moderna.[2]

Ao ceticismo de Montaigne foram atribuídas várias doutrinas filosóficas. Por exemplo, em matéria política, o ceticismo de Montaigne se transformaria em conservadorismo, avesso sobretudo às inovações protestantes e fiel defensor da tradição católica, estreitamente aliado à Contra-Reforma[3]. Em moral, o ceticismo seria apenas uma forma de relativismo, segundo o qual somente podemos constatar a diversidade dos tipos de vida e das condutas humanas, sem jamais estabelecer a superioridade de um conjunto de regras morais sobre outro, isto é, sem estabelecer a objetividade de qualquer conjunto de regras morais; com relação à conduta pessoal, não restaria senão seguir os costumes e as tradições de onde vivemos[4]. Assim, o ceticismo de Montaigne, tanto na política, quanto na moral, far-se-ia acompanhar por uma espécie de submissão do indivíduo às normas sociais estabelecidas[5]. Embora o indivíduo possa pensar, privadamente, o que quiser, ele não poderá fazer, na vida pública, o que quiser, pois deverá conformar suas atitudes, sobretudo as públicas, à ordem estabelecida, à tradição e aos costumes de sua época e sociedade. Haveria, assim, uma espécie de obediência implícita, ou mesmo explícita, às leis e aos usos e costumes, no ceticismo montaigniano. O hábito seria, como disse Hume muito depois, o grande guia da vida humana, e a razão desempenharia papel bem diminuto em nossas vidas. Na verdade, um aspecto essencial do ceticismo de Montaigne consistiria num violento ataque à razão, levado a cabo no famoso capítulo "Apologia de Raymond Sebond", no qual aquela seria destruída e se revelaria incapaz de se pronunciar sobre qualquer assunto. A suspensão do juízo seria a conseqüência natural dessa destruição cética da razão. A outra conseqüência seria a adoção do catolicismo e da fé, por sua vez preparada pelo ceticismo[6]. Portanto, a reflexão pessoal e crítica, baseada somente na razão, não pode emitir nenhum juízo e deve ceder o passo para as leis, os costumes e as tradições, até mesmo para a religião dominante, em nome do bom funcionamento da sociedade. Portanto, o ceticismo de Montaigne se faz acompanhar, segundo essa interpretação, de uma série de doutrinas bem características: conservadorismo político, relativismo moral, irracionalismo epistemológico, conformismo prático, fideísmo católico etc. Não faltam passagens em Montaigne que parecem corroborar essa interpretação.

Há também algo bastante curioso quando se interpreta o ceticismo de Montaigne atribuindo-lhe tantas doutrinas bem definidas. O pensamento de Montaigne é conhecido justamente por sua sinuosidade, por suas constantes contradições, pela ausência de dogmatismos, pela dificuldade que o intérprete encontra em dar unidade, consistência ou coerência a todas as opiniões que ele expressa. O que me proponho fazer é não tanto investigar se Montaigne é ou não um cético, mas determinar mais precisamente no que esse ceticismo consiste. Pretendo discutir, ainda que brevemente, quatro pontos precisos: 1) se o ceticismo de Montaigne implica a suspensão total do juízo; 2) se o ceticismo de Montaigne equivale à rejeição completa da razão humana e corresponde à aceitação do hábito como o grande guia da vida humana; 3) se o ceticismo de Montaigne consiste em relativismo moral; 4) se o ceticismo de Montaigne implica o conservadorismo político. Para discutir esses pontos, apresentando uma visão alternativa do ceticismo de Montaigne, utilizarei basicamente três capítulos[7], na seguinte ordem: I, 26, "Da educação das crianças"; I, 31, "Dos Canibais"; I, 23, "Do costume e da inconveniência de mudar sem maiores cuidados as leis em vigor". O resultado final desse exame será uma imagem mais complexa e menos "doutrinária" do ceticismo de Montaigne.

O desenvolvimento da capacidade de julgamento

O capítulo I, 26, "Da educação das crianças", é um texto clássico para a filosofia da educação e a pedagogia. Se o tomarmos como porta de entrada para o pensamento de Montaigne, veremos que ele pode nos ajudar a compreender melhor outros trechos igualmente fundamentais e, assim, delinear mais claramente a posição cética de Montaigne. É natural que esse capítulo sirva de "fio condutor" para uma interpretação de Montaigne, uma vez que sua pedagogia, ao explicitar aquilo que ele deseja desenvolver em uma criança, permite compreender melhor o que ele espera do filósofo.

Usualmente, diz-se que o cético visa a suspensão universal do juízo, isto é, nada afirmar ou negar sobre nenhum assunto filosófico. Toda a reflexão filosófica do cético não teria outro objetivo senão suspender o juízo. Com vistas a esse fim, o cético proporia modos de evitar o dogmatismo, entendido como a afirmação ou negação de alguma tese filosófica. A questão que devemos nos propor agora é a de saber se Montaigne também tem a concepção de que devemos suspender o juízo sobre todos os assuntos e, em particular, se Montaigne entende que a educação deve visar a suspensão do juízo. Veremos, em primeiro lugar, que a educação visa antes ampliar a capacidade de julgamento e, em seguida, que Montaigne não se furta a dar opiniões – isto é, a julgar – sobre uma diversidade de questões controversas.

Em nenhum momento Montaigne apregoa que devamos ensinar as crianças para que elas, de um lado, aceitem, com base na autoridade, determinada doutrina, como a aristotélica, ou, de outro, suspendam o juízo. Segundo Montaigne, devemos expor a criança às diversas opiniões e fazê-la conhecer todos os aspectos de uma questão, não com a finalidade de alcançar a suspensão do juízo ou permanecer indeciso entre opiniões opostas, mas com o propósito de julgar segundo seu próprio entendimento e compreensão do assunto em pauta. Pode ocorrer que a criança, diante do conflito de opiniões que lhe é apresentado, se sinta incapaz de escolher entre elas e, nesse caso, deverá permanecer indecisa. Esse, entretanto, será um resultado possível, não o desejado. O que se deseja é que a criança possa julgar por si mesma, que possa endossar aquela opinião que lhe parecer correta ou verdadeira. Por outro lado, Montaigne também deixa claro que mesmo se a criança optar por uma das opiniões, em detrimento das demais, ela não deverá dar, à opinião escolhida, pleno assentimento. "[A] Que lhe proponham essa diversidade de opiniões; ela escolherá se puder; se não, permanecerá em dúvida. [C] Seguros e convictos, há apenas os loucos" (I, 26, p. 226). Não se educa uma criança, no entender de Montaigne, nem para levá-la à suspensão do juízo, nem para deixá-la absolutamente segura de alguma opinião, mas para que ela desenvolva sua capacidade de julgamento e de reflexão crítica. Uma educação adequada é indiferente ao resultado preciso do exame da diversidade de opiniões. Não há, em Montaigne, nenhuma preocupação em estabelecer a suspensão do juízo por meio do conflito de opiniões.

O importante, quando expomos uma criança à diversidade de opiniões, é desenvolver a sua capacidade de julgamento, isto é, sua capacidade de discernir o verdadeiro do falso e o bom do ruim. Nesse sentido, nada pior do que lhe impor uma (suposta) verdade, estabelecida por outras pessoas e que ela é incapaz de julgar por conta própria. Uma verdade previamente estabelecida permanecerá externa a ela, caso não possa examiná-la por conta própria e dar livremente o seu assentimento. Trata-se de oferecer-lhe os conhecimentos na medida de suas forças, de tal modo que a aceitação do conhecimento jamais se faça por autoridade, por uma espécie de obediência cega a alguém em posição superior, mas somente se aceite o conhecimento quando, tendo-o examinado, a criança julgue-o verdadeiro. "[A] Pois se ela abraçar as opiniões de Xenofonte e de Platão por seu próprio julgamento, não serão mais as opiniões deles, serão as suas" (I, 26, p. 226). Pouco importa a origem ou a fonte de uma opinião, uma vez que a "verdade e a razão são comuns a todos, e não pertencem a quem as disse primeiramente mais do que a quem as diz depois" (I, 26, p. 227). "[A] Que o instruam principalmente a render-se e a entregar as armas à verdade, tão logo a divise, quer nasça nas mãos de seu adversário, quer nasça em si mesmo por alguma reconsideração" (I, 26, p. 231). O que devemos fazer, ao educar alguém, é ensiná-lo a submeter as opiniões ao crivo do julgamento, que, este sim, é pessoal e intransferível. É precisamente esse julgamento que a educação deve ter em vista. "Assim também as peças emprestadas de outrem ele irá transformar e misturar para construir uma obra toda sua: ou seja, seu julgamento. Sua educação, seu trabalho, seu estudo visam tão-somente formá-lo" (I, 26, p. 227). Assim, o ceticismo de Montaigne não hesita em reconhecer que há conhecimento e que podemos mesmo falar em verdades; toda a questão, do ponto de vista educacional, reside no modo pelo qual aceitamos aquilo que julgamos ser uma verdade.

Montaigne traça a distinção entre um pensamento que, submetendo-se à autoridade alheia (dos pais, dos professores, dos livros etc.), apenas aceita, sem compreender adequadamente uma opinião – e rejeita outra, talvez por puro preconceito ou ignorância –, e um pensamento que, exercitando plenamente sua liberdade, examina criticamente uma opinião e emite seu próprio julgamento. Por essa razão, nunca se deve dar a uma criança um conhecimento que seu entendimento não consiga ainda compreender, assim como não se deve dar a alguém um alimento que seu estômago não consiga digerir. Fazê-lo repetir à exaustão certas lições, apenas para que a criança saiba dizer certas frases, não é ensinar. "Saber de cor não é saber: é conservar o que foi entregue à guarda da memória" (I, 26, p. 228). A educação deve formar um "homem inteligente" (I, 26, p. 224), com autonomia do seu pensamento, não necessariamente um homem culto, repleto de ciência.

Essa pedagogia de Montaigne pode ser chamada de forma de ceticismo esclarecido, ainda que não vise a suspensão do juízo. A pretensão de impor a suspensão do juízo seria, talvez, uma forma dogmática de ceticismo. Um ceticismo esclarecido tem de deixar em aberto qual opinião a criança adotará, caso ela adote alguma. Ao discutir a tarefa do preceptor, Montaigne refere-se explicitamente à forma pela qual Sócrates dialogava com seus interlocutores. Sócrates não tinha doutrina própria e, por isso mesmo, não desejava impor uma opinião. Ao contrário, fazia seu interlocutor expor e desenvolver uma idéia. Sua função era somente a de extrair desse interlocutor uma idéia promissora, a fim de examiná-la cuidadosamente. No final desse exame, a idéia poderia ser rejeitada ou aceita. Mesmo que o exame crítico não levasse a nenhum conhecimento positivo, algum ganho moral, como Platão deixara claro no final do *Teeteto*, era obtido: "O proveito de nosso estudo está em com ele nos termos tornado melhores e mais sensatos" (I, 26, p. 227). Montaigne atribui ao cético acadêmico Arcesilau o mesmo papel no debate filosófico: "Sócrates e depois Arcesilau primeiramente faziam seus discípulos falar e depois é que falavam eles." (I, 26, p. 224-5). Ora, os céticos acadêmicos, como se sabe, inspiraram-se em Sócrates e nos diálogos aporéticos de Platão para desenvolver seu ceticismo no interior da Academia. Cícero também atribuiu função pedagógica importante ao ceticismo. Em sua obra *Academica*, vemos que o ceticismo é útil como etapa preliminar na educação, na medida em que evita a precipitação na adoção de uma opinião. Cícero não insiste na idéia de que a educação deve culminar na suspensão do juízo, mas somente diz que o ceticismo, postergando a adoção de uma posição definitiva, permite o exame dos vários lados de uma questão. Nesse sentido, o ceticismo, como etapa pedagógica na qual se suspende o juízo, é uma condição prévia do exercício da nossa capacidade de julgamento, sendo indiferente ao resultado final, isto é, se a criança posteriormente adotará como sua alguma opinião ou se permanecerá indecisa.

Carnéades, outro cético acadêmico, entretanto, aparecerá como exemplo a ser evitado, como aquele que, mais preocupado com a ciência, se esquece de viver bem, permanece longe do convívio social e desviado das melhores ocupações: "E em minha época quantos homens vi embrutecidos por inconsiderada avidez de ciência? Carnéades viu-se tão obcecado por ela que não tinha mais tempo para cuidar dos cabelos e das unhas" (I, 26, p. 245). Esse comentário sobre os cabelos e as unhas de Carnéades, extraído de Diógenes Laércio, que nada nos diz acerca de sua doutrina, não é muito confiável historicamente. Entretanto, Montaigne usa-o para criticar a valorização desmesurada da ciência, acima mesmo da capacidade de julgar, mais precisamente a de julgar quais são as boas ações. Seria uma crítica ao ceticismo acadêmico? Nada o sugere. Montaigne parece estar se referindo apenas a um aspecto muito particular da vida de Carnéades que, talvez, tivesse relação com uma interpretação questionável de seu pensamento. Com efeito, dois dos discípulos de Carnéades atribuíram-lhe doutrinas positivas sobre o conhecimento, o assim chamado "probabilismo", e, dessa maneira, entenderam que Carnéades teria abandonado em parte o ceticismo da Academia e adotado posições mais próximas do estoicismo[8]. Esse desejo ardente pelo saber, ainda que meramente "provável", teria comprometido sua capacidade de julgar a respeito da melhor maneira de conduzir na vida.

Uma concepção cética esclarecida, portanto, é aquela que propõe desenvolver nossa capacidade de julgamento e uma suspensão temporária do juízo é o melhor caminho para isso. Não impor uma doutrina como a verdadeira, mas expor a criança à diversidade e estimulá-la à reflexão e ao julgamento. O uso do ceticismo na educação, portanto, deve conduzir a um privilégio do entendimento, ou da razão, em oposição ao uso da memória, à mera adoção de uma "opinião dita verdadeira" ou, mesmo, à própria suspensão do juízo. Se a educação deve nos tornar melhores e mais sensatos, é porque nossa conduta deverá ser mais racional. "[A] Que sua consciência e sua virtude reluzam em suas palavras, [C] e tenham como guia apenas a razão" (I, 26, p. 232). O ceticismo é, assim, aquela posição filosófica que, longe de combater a razão, alinha-se a seu lado e a defende: nossos julgamentos devem ser fruto da razão humana.

Substituir os livros pelo mundo, eis uma sugestão de Montaigne, pois "[A] da frequentação do mundo tira-se uma admirável clareza para o julgamento dos homens" (I, 26, p. 235). Temos uma tendência natural à miopia, a não saber avaliar adequadamente as outras pessoas e, sobretudo, os outros povos e culturas. "Estamos trancados e encolhidos em nós mesmos e temos a visão limitada ao comprimento de nosso nariz" (I, 26, p. 235). Em vez de avaliarmos as coisas "em sua justa dimensão" (I, 26, p. 236), erramos ao julgar os outros com base em nossa situação limitada. Mas, pior de tudo, erramos com respeito a nós mesmos e nem sequer sabemos julgar a nosso próprio respeito: "Este grande mundo, que alguns ainda multiplicam como espécies sob um gênero, é o espelho em que devemos olhar para nos conhecermos da perspectiva certa" (I, 26, p. 236). A educação deve desenvolver nossa capacidade de julgamento para que possamos julgar de acordo com o intelecto, ou com a razão. Isso implica, quando queremos julgar a nós mesmos, que possamos julgar os outros ou ver-nos por intermédio deles. Mas não devemos julgar os outros de nossa condição estreita e limitada. É preciso "ser espectadores da vida dos outros homens, para assim julgar e regular a sua" (I, 26, p. 237). Esse é o tema, precisamente, do ensaio "Dos canibais".

Julgar pela via da razão

O capítulo I, 31, "Dos canibais", foi interpretado com freqüência como um texto "relativista", que abateria o orgulho e a arrogância dos europeus ante os povos do Novo Mundo. O ceticismo de Montaigne culminaria com a tese de que todas as culturas se equivalem e nenhuma é superior às demais. Apenas a miopia natural do ser humano levaria uma sociedade a se julgar superior e a chamar de "bárbaras" as outras, sem maior exame dessas. Montaigne, segundo muitos, teria, de maneira original, profunda e impactante, invertido a aplicação dos valores, dizendo que os europeus é que são "bárbaros", ao passo que enalteceria os povos do Novo Mundo, que seriam mais felizes. A razão seria incapaz de estabelecer a superioridade de um conjunto de valores sobre outro e não restaria alternativa senão dizer que, para uma dada sociedade, a outra, a que é diferente, é sempre "bárbara" (pelo menos naquilo que ela tem de diferente). Como não haveria uma perspectiva absoluta, ou uma perspectiva neutra e racional, estaríamos condenados a somente fazer julgamentos do ponto de vista de certa sociedade, com seus preconceitos. O melhor que se pode fazer, do ponto de vista filosófico, seria abster-se de julgar e simplesmente constatar que cada sociedade emite juízos de suas perspectivas particulares: todo juízo seria relativo àquele que julga. Esse seria o "relativismo" a que o ceticismo de Montaigne inapelavelmente conduziria. Nada nos restaria senão uma espécie de antropologia que simplesmente constata a diversidade humana.

Será essa, entretanto, uma boa leitura do capítulo I, 31? Não seria curioso ver o filósofo, após urdir em defesa de uma educação que estimulasse o uso da razão e ampliasse nossa capacidade de julgamento, desistir de emitir juízos e simplesmente condenar a razão a calar-se? Como poderia Montaigne, depois de nos aconselhar a olhar para o "espelho do mundo", a fim de que possamos enxergar melhor os outros e a nós mesmos, chegar à conclusão de que, entre diferentes sociedades, nada mais é possível senão julgamentos que são frutos do preconceito e da incompreensão? Estaríamos condenados, no melhor dos casos, a somente constatar que somos uns diferentes dos outros?

Para interpretar adequadamente esse capítulo, é preciso notar que Montaigne traça uma distinção crucial entre duas maneiras de julgar. Essa distinção, em última instância, o guiará em todas as suas análises sobre os povos do Novo Mundo e os europeus. Após mostrar os inconvenientes de "ater-se às opiniões do vulgo", Montaigne recomenda que "é preciso julgá-las pela via da razão e não pela voz comum" (I, 31, p. 303). Eis, portanto, duas maneiras diferentes de analisar uma opinião: podemos examiná-la usando nossa razão ou podemos examiná-la seguindo a voz comum. Não há dúvidas de que Montaigne opta por um exame racional das opiniões e critica duramente aqueles que seguem a "voz comum".

Voltemos, por um momento, ao capítulo sobre a educação das crianças. Julgar de acordo com a voz comum é tudo o que a educação preconizada por Montaigne quer evitar. A criança deveria submeter toda matéria ao entendimento e ao exercício de suas capacidades racionais. Simplesmente admitir uma opinião, apenas porque seus pais ou preceptores lhe disseram, ou porque estão escritas em um livro, não é aprender, mas somente memorizar. Estar de acordo com os demais não é sinônimo de descobrir a verdade. De fato, repetia-se Aristóteles à exaustão, e Montaigne não se exime de fustigar um professor italiano que nada mais fazia a não ser seguir cegamente Aristóteles e a ortodoxia aristotélica. Além disso, após elogiar o pai por sua excelente concepção da educação – precisamente a recomendada pelo filósofo e na qual foi educado até os seis anos de idade – lamenta que ele finalmente tenha se deixado "levar pela opinião comum" e se submetido ao "costume" (I, 26, p. 261), mandando o filho para o colégio de Guyenne. Julgar com a voz comum é apenas repetir os preconceitos, sem refletir sobre eles.

Quando julgamos pela "voz comum" e nos submetemos ao "costume", julgamos o que é diferente como "bárbaro". Os povos do Novo Mundo aparecerão como "bárbaros" somente se tomarmos o costume europeu como referência, isto é, como o que é "civilizado". Caso contrário, eles não nos parecerão necessariamente assim. "[A] Mas, para retornar ao meu assunto, acho que não há nessa nação [os povos do Novo Mundo] nada de bárbaro e de selvagem, pelo que me contaram, a não ser porque cada qual chama de barbárie aquilo que não é de seu costume; como verdadeiramente parece que não temos outro ponto de vista sobre a verdade e a razão a não ser o exemplo e o modelo das opiniões e usos do país em que estamos" (I, 31, p. 307). De fato, Montaigne se propõe a mostrar qual é esse "outro ponto de vista" que nos é acessível, uma vez que só "parece" que não há outro ponto de vista, isto é, não estamos condenados ao ponto de vista "das opiniões e usos do país em que estamos" (ou voz comum), mas dispomos de "outro ponto de vista sobre a verdade e a razão" (ou via da razão); conseqüentemente, não estamos condenados a chamar de "barbárie aquilo que não é de seu costume", já que podemos julgar, não pela voz comum, mas sim pela razão.

Como, entretanto, é possível julgar pela via da razão? De que modo podemos mostrar esse "outro ponto de vista"? Montaigne propõe, então, um critério para julgar as diversas sociedades, que não coincide com a adoção de nenhum dos costumes nelas presentes. Julgar de acordo com esse critério, talvez neutro em relação às sociedades julgadas, embora não um critério "absoluto", é julgar racionalmente ou de acordo com a "verdade". Não devemos dizer que os povos do Novo Mundo são bárbaros ou selvagens apenas porque têm costumes diferentes dos nossos. Se forem bárbaros ou selvagens, será em função de um critério diferente. "[A] Eles são selvagens, assim como chamamos de selvagens os frutos que a natureza, por si mesma e por sua marcha habitual, produziu; em verdade, antes deveríamos chamar de selvagens aqueles que com nossa arte alteramos e desviamos da ordem comum" (I, 31, p. 307). Pouco adiante, uma outra passagem confirma essa maneira de julgar as diversas sociedades. "[A] Portanto, esses povos me parecem assim bárbaros por terem recebido bem pouca preparação do espírito humano e estarem ainda muito próximos de sua naturalidade original" (I, 31, p. 308). Eis, então, um critério para julgar as diferentes sociedades: a proximidade ou distância em relação ao curso da natureza; essa proximidade, ou distância, é caracterizada pela intervenção da cultura humana e de artifícios inventados.

Aquelas sociedades que estão mais próximas da natureza podem ser chamadas de "selvagens" ou "bárbaras" porque, justamente, pouco se afastaram da vida integrada à natureza, isto é, sua sociedade se rege por um número mínimo de leis inventadas pelos homens. Montaigne parece entender que somente duas regras artificiais bastam para estruturar a sociedade indígena no Brasil: "[A] toda a sua ciência ética contém apenas dois itens, coragem na guerra e afeição por suas mulheres." (I, 31, p. 311). De um lado, é preciso que a sociedade seja capaz de defender-se de ataques externos e, para tal, tem de organizar-se; de outro, é necessário, internamente, criar laços sólidos de parentesco. Esses são dois aspectos nos quais mesmo os povos do Novo Mundo devem afastar-se da natureza e, por meio da arte, entrar no domínio da cultura. Esse seria o número mínimo de regras artificiais para a constituição de uma sociedade humana, um número tão pequeno que nem sequer os poetas e os filósofos conseguiram concebê-lo em suas fantasias (cf. I, 31, 308-9).

Segundo esse critério proposto por Montaigne, quanto maior a proximidade de uma sociedade com a vida natural, tanto melhor ela será, ao passo que uma sociedade produzida por meio do engenho humano e muito artificial será tida como má. "[A] Não é razoável que a arte ganhe o ponto de honra sobre nossa grande e poderosa mãe natureza. Tanto sobrecarregamos com nossas invenções a beleza e a riqueza de suas obras que a sufocamos totalmente. No entanto, por toda parte em que sua pureza reluz, ela causa extrema vergonha a nossos vãos e frívolos empreendimentos" (I, 31, p. 308). Assim, os povos do Novo Mundo, tendo apenas duas regras morais, ainda aproveitam grandemente da "poderosa mãe natureza", ao passo que nós, europeus, abusando dos artifícios humanos, "a sufocamos totalmente". Nesse sentido, os "bárbaros" são os europeus, e os indígenas brasileiros são muito pouco, ou quase nada, "bárbaros".

Mais do que isso, mesmo nos dois aspectos artificiais presentes na cultura dos povos do Novo Mundo, eles são menos "bárbaros" do que os europeus. Examinemos somente a comparação que diz respeito à valentia na guerra[9]. Em primeiro lugar, a guerra européia é feita por interesse material, ao passo que na guerra indígena estão em jogo valores espirituais; somente isso já confere superioridade à última. Em relação a isso, Montaigne dedica-se a mostrar outra superioridade da atitude indígena perante o europeu: este é covarde, aquele é corajoso. Aliás, nota Montaigne, a história das guerras européias mostra que cada vez mais o europeu ataca de longe, sem se expor ao perigo. Por exemplo, da luta com espadas passou-se a usar armas de fogo[10].

É nesse contexto de uma guerra onde estão em jogo valores espirituais, como o da coragem, que se insere o tema do canibalismo. O canibalismo dos indígenas não deve ser visto como ato de extrema barbárie, como o mero desejo de comer carne humana, mas como "extrema vingança" (I, 31, p. 313)[11]. Trata-se de ver se o inimigo aprisionado e em vias de ser morto e comido fraqueja e mostra-se covarde. Aquele que vai ser morto e comido, entretanto, deve revelar-se corajoso mesmo nessa hora, testemunhando seu alto valor. Entretanto, com os portugueses, prossegue Montaigne, os indígenas aprenderam uma vingança ainda mais cruel, a de enterrar os prisioneiros vivos, flechando-os e, depois, enforcando-os. São crueldades muito maiores com as quais os indígenas nem sequer sonhavam e que aprenderam com os europeus. A crueldade é, aqui, indício da "barbárie" da vingança e, segundo esse critério, a vingança européia (portuguesa, no caso) é muito mais "bárbara" do que a vingança indígena. Além disso, havia, na época, um bem testemunhado canibalismo europeu, resultado de atos doentios e desprovidos desse significado guerreiro da valentia, algo compreensível dentro da cultura em que se insere. Assim, os atos europeus de guerra, de vingança ou de canibalismo são mais "bárbaros" porque ainda mais cruéis ou porque praticados em função de valores mais "baixos", seja por interesses materiais, seja por covardia[12].

Não se deve ler o texto de Montaigne como se o canibalismo indígena fosse aceitável, uma vez que se compreende seu significado no interior da sociedade e da cultura a que pertence, e, portanto, algo que, embora ruim de nosso ponto de vista, seria bom do ponto de vista deles. Nós não estamos limitados a julgar somente "deste ou daquele ponto de vista", mas podemos julgar "pela via da razão" e, segundo esta via, o canibalismo dos indígenas é, mesmo se compreensível, algo "bárbaro" e condenável; apenas menos "bárbaro" do que as vinganças ou o canibalismo europeu. A crueldade de qualquer forma de canibalismo é prova de seu caráter intrinsecamente condenável. É preciso matizar, assim, a idéia de que Montaigne idealiza os povos do Novo Mundo. Ainda que ele possa exagerar ao enaltecê-los, nem por isso deixa de condenar a prática do canibalismo.

Vemos, assim, que Montaigne propõe um critério para julgar as diferentes sociedades, que não coincide com nenhuma delas em particular. Esse critério admite gradações "quantitativas", já que, quanto mais artifício uma sociedade contiver, tanto mais bárbara ela será; bem como gradações "qualitativas", pois um mesmo tipo de prática (uma vingança, ou o canibalismo) pode ser mais ou menos "bárbaro" em função do contexto em que ocorre. Desempenham papel importante na determinação do valor de uma prática social ou de uma ação não somente o seu contexto cultural, mas também o grau de crueldade nelas envolvido. Quanto mais cruel for uma ação, tanto mais condenável ela será. Julgar com base nesse critério não é submeter-se à voz comum, não é seguir cegamente os preconceitos de uma dada sociedade, mas examinar criticamente toda e qualquer sociedade, até mesmo a nossa. É julgar pela via da razão.

Razão, costume e conservadorismo

Com essas observações sobre os capítulos "Da educação das crianças" e "Dos canibais" talvez possamos adentrar o importantíssimo e complexo capítulo I, 23, "Dos costumes e de não mudar facilmente uma lei aceita". Há neste último uma por assim dizer ambigüidade, que o percorre do início ao fim. De um lado, o costume é denunciado como "violento e traidor", ou como possuidor de uma "face furiosa e tirânica" (I, 23, p. 162); de outro, o costume será visto como aquele cimento indispensável que serve de liga para a sociedade.

Submissão às leis e costumes vigentes em dada sociedade é o que permite o seu bom funcionamento, "[A] pois é a regra das regras, e a lei geral das leis, que cada qual observe as do lugar em que está" (I, 23, p. 178). Qualquer interpretação adequada desse ensaio terá de acomodar essa aparente ambigüidade na descrição do costume. Habitualmente, para solucionar essas observações supostamente contraditórias, diz-se que a crítica do costume tem validade privada e que a aceitação do costume se dá na esfera pública[13]. Montaigne diz não somente que "[C] a razão privada tem jurisdição privada" (I, 23, p. 182), mas também "[A] que o sábio deve, no íntimo, afastar sua alma da multidão e mantê-la com liberdade e poder para julgar livremente sobre as coisas; mas, quanto ao exterior, que ele deve seguir inteiramente as modas e comportamentos aceitos" (I, 23, p. 177).

Reaparece, nesse ensaio, a questão do "relativismo", isto é, a idéia de que somente podemos julgar relativamente ao costume do lugar em que fomos criados ou em que vivemos. Não haveria uma perspectiva absoluta que pairasse acima das circunstâncias históricas contingentes, de tal modo que se pudesse formular um juízo definitivo e objetivo sobre determinado assunto. Na ausência de tal perspectiva, restariam apenas aqueles juízos formulados no interior de determinada perspectiva: estaríamos confinados à miopia de nossos costumes, teríamos de nos confinar a eles, por razões puramente práticas. Será essa, entretanto, a boa maneira de conciliar os textos?

Vejamos um pouco melhor cada uma das caracterizações do costume. Comecemos por observar que, em sua crítica, não são propriamente os costumes que Montaigne tem em vista, mas os efeitos perversos que o costume tem sobre nossa alma, em particular sobre a nossa capacidade de julgar. Se o costume é criticado por Montaigne é somente porque ele tem efeitos nocivos sobre nós. Não somente "[C] a familiarização embota nossos sentidos" (I, 23, p. 163), mas sobretudo "[C] a habituação embota a visão de nosso discernimento" (I, 23, p. 167). É o caso daqueles que usam um belo lenço delicado para guardar um sujo excremento, cujo "[C] costume eliminou a percepção dessa extravagância" (I, 23, p. 167). O costume, de um lado, torna-nos insensível à extravagância de certas ações recorrentes, fazendo-as parecer naturais e corretas, e, de outro, faz parecer horrível aquilo que talvez fosse mais conveniente e natural fazer, apenas porque não estamos habituados a isso. É a capacidade mesma de apreciar se uma ação é boa ou má que se compromete, quando estamos acostumados a certas condutas.

Mais do que isso, é sempre possível justificar uma conduta habitual, de tal modo que ela parecerá não somente natural e correta, mas também racional. "[B] Considero que não vem à imaginação humana nenhuma fantasia tão insensata que não encontre exemplo em algum uso público, e conseqüentemente que nosso raciocínio não escore e fundamente" (I, 23, p. 166). Assim, parece que nós, incapazes de julgar adequadamente, já que o costume é um pérfido tirano que reina por toda parte e embota nosso julgamento, acabamos por encontrar uma razão para ele, acabamos por fundamentar nossa conduta por meio de razões. A razão seria, por conseqüência, escrava do costume e a este subserviente. "[C] A razão humana é uma tinta infundida mais ou menos na mesma proporção em todas as nossas opiniões e costumes, de qualquer forma que eles sejam: infinita em matéria, infinita em diversidade" (I, 23, p. 167-8). E Montaigne se dedicaria a mostrar essa infinita variedade de formas de vida, a fim de estabelecer essa infinita plasticidade de nossa "razão". Entendido dessa maneira, o texto de Montaigne parece respaldar a interpretação "relativista", segundo a qual não há julgamentos racionais absolutos e que temos, no máximo, julgamentos relativos aos costumes; nossa racionalidade não passaria de encontrar uma razão qualquer que os justificasse.

Essa interpretação, contudo, casa mal com aquela observação, que vimos mais acima, segundo a qual a verdade e a razão são comuns a todos os homens (I, 26, p. 227). O que é individual é a capacidade de julgamento, mas o raciocínio e o estabelecimento de verdades devem ter, ao menos, uma pretensão intersubjetiva ou, mesmo, objetiva. Como resolver esse impasse?

É preciso examinar mais cuidadosamente qual a função que essa variedade de costumes desempenha no texto. A intenção de Montaigne, com seus exemplos, não é a de mostrar a variedade de costumes que a vida humana pode assumir a fim de estabelecer uma forma qualquer de "relativismo", mas a de ressaltar a extravagância de certos costumes que não é percebida por aqueles que a ela estão acostumados. Montaigne abre sua lista de exemplos dizendo que quer mostrar "[A] seus efeitos [do costume] nas estranhas impressões que causa em nossa alma, onde não encontra tanta resistência. O que não pode ele [o costume] em nossos julgamentos e em nossas crenças? Haverá opinião tão bizarra..., mas haverá outras opiniões tão estranhas que ele não tenha plantado e estabelecido como leis nas regiões que bem lhe aprouveram?" (I, 23, p. 166). E ele conclui, após terminar sua longa lista de exemplos, que "[A] em suma, na minha opinião, não há coisa alguma que ele não faça ou que não possa" (I, 23, p. 172). A intenção de Montaigne não é mostrar que as opiniões são relativas e que toda razão alegada para uma prática está necessariamente encerrada no costume que deve justificar, mas desfazer ou anular, por meio de uma lista de exemplos bizarros, os efeitos nocivos do costume.

Para isso, Montaigne deve mostrar que o costume não nos deixa perceber a extravagância de certas práticas. "[A] Mas o principal efeito de seu poder é apoderar-se de nós e prender-nos em suas garras de tal forma que mal conseguimos libertar-nos de seu jugo e voltar a nós para refletirmos e raciocinarmos sobre suas ordens" (I, 23, p. 173). Há uma dupla ilusão no costume, pois não somente não mais vemos as qualidades intrínsecas das ações, mas também nem sequer percebemos que é o costume que nos faz ver uma ação de maneira distorcida. "[C] As leis da consciência, que dizemos nascerem naturalmente, nascem do hábito: toda pessoa, venerando intimamente as idéias e os costumes aprovados e aceitos ao seu redor, não pode desligar-se deles sem remorso nem se aplicar neles sem aplauso" (I, 23, p. 173).

Mas o que dizer desses julgamentos conformes aos costumes? Estamos condenados a emitir somente julgamentos desse tipo? Toda a intenção de Montaigne é a de que não se deve julgar dessa maneira. Os exemplos não servem para estabelecer o "relativismo", mostrando a impotência da razão e conformando-a ao costume, mas servem para "despertá-la", para fazê-la voltar a perceber o que antes não percebia. É por isso que todos os exemplos são extravagantes: é preciso "despertar" a razão para essa extravagância de certos costumes. Esta é a função dos exemplos: permitir que a razão veja certos costumes como extravagantes e não como coisas naturais, anulando o efeito perverso do costume. Por isso, os exemplos devem mostrar costumes bizarros, esquisitos, extravagantes e não conter somente diferentes hábitos e costumes. Exemplos corriqueiros e triviais de diferentes costumes dificilmente teriam o impacto necessário para anular seus efeitos perversos.

Montaigne sustentará, no capítulo 49 do Livro I, "Dos costumes antigos", uma idéia similar, sem, no entanto, enfatizar a necessidade de exemplos extravagantes. "[A] De bom grado, eu desculparia em nosso povo não ter outro modelo e regra de perfeição além de seus próprios costumes e hábitos; pois é um erro comum, não apenas do vulgo, mas quase de todos os homens, terem sua mira e seu limite no padrão de vida em que nasceram" (I, 49, p. 439-40). Mas, entende Montaigne, os costumes não são e não podem ser nosso critério para avaliar as sociedades. A comparação entre eles é uma maneira de impedir esse erro, já que "[A] tendo em mente essa contínua variação das coisas humanas, tenhamos o julgamento mais esclarecido e mais firme a respeito delas" (I, 49, p. 440-1). A observação da variação dos costumes humanos, portanto, não tem outra finalidade senão a de permitir um "julgamento mais esclarecido e mais firme". Os costumes, variáveis no tempo e no espaço, não permitem um julgamento desse tipo e, num tempo curto ou um pouco mais adiante, já teríamos de julgar de outra maneira. Julgar de acordo com os costumes tem o inconveniente de tornar o juízo demasiado flexível e inconstante. É, também, uma forma descompromissada de julgar. Observar os diferentes costumes, em vez de seguir o nosso, eis o caminho para chegar a um julgamento mais objetivo, constante e ponderado[14]. É o que nos ensinou, como vimos, o capítulo "Dos canibais".

Diversas passagens do capítulo I, 23 atestam essa interpretação e explicam, ou tornam compreensíveis, os textos invocados pela interpretação "relativista". Há uma razão que denuncia a aparência de razão quando seguimos o costume. "[C] Disso advém que o que está fora dos gonzos do costume, julgamo-lo fora dos gonzos da razão – Deus sabe quão desarrazoadamente, quase sempre" (I, 23, p. 173). Em exemplo acima citado, do lenço e do excremento, o fidalgo francês, que preferia assoar com a mão, "[C] não falava totalmente sem razão" (I, 23, p. 167), ao denunciar a extravagância de guardá-lo no lenço, empacotando-o com cuidado e pondo-o no bolso. Essa razão mostra que, por trás da aparente naturalidade de certas ações, estas são somente produtos do costume. Se o costume se esconde a si mesmo, a razão filosófica deve revelá-lo para nossos olhos, dissipando um de seus efeitos ou de suas ilusões.

Essa razão, que denuncia a desrazão daquilo que, para o costume, parecia razoável, desmascara o outro efeito, a outra ilusão do costume, revelando a qualidade intrínseca das ações, aparentemente naturais, mas no fundo extravagantes (ou vice-versa). Se, de um lado, "[A] o uso nos oculta a verdadeira face das coisas" (I, 23, p. 174), de outro, aquele que se desfizer "desse violento preconceito do costume encontrará várias coisas aceitas com uma convicção indubitável, que se apóiam somente na barba encanecida e nas rugas do uso que as acompanha; mas, arrancada essa máscara, remetendo as coisas à verdade e à razão, sentirá seu discernimento como totalmente subvertido, e no entanto recolocado em estado bem mais confiável" (I, 23, p. 175). O discernimento, ou a capacidade de julgamento, será mais confiável à medida que se for libertando do jugo tirânico do costume, o qual, por ser violento e poderoso, produzirá esse sentimento de confusão. Mas, se quisermos julgar as coisas por sua "verdadeira face", sem "máscara", remetendo-a "à verdade e à razão", não nos resta senão sentir essa reviravolta mental. Se investigarmos a origem e o fundamento de nossas ações, "razões... de difícil perscrutação", veremos que o "fundamento" é "tão fraco" que é difícil não desgostar delas.

Não se deve, por isso, esperar que nossa conduta seja abalada e prejudicada por essas considerações. "[A] Contudo essas considerações não impedem um homem de discernimento de seguir o estilo geral; antes ao contrário, parece-me que todas as maneiras insólitas e individualistas provêm mais de loucura e afetação pretensiosa que de razão verdadeira; e que o sábio deve, no íntimo, afastar sua alma da multidão e mantê-la com liberdade e poder para julgar livremente sobre as coisas; mas, quanto ao exterior, que ele deve seguir inteiramente as modas e comportamentos aceitos" (I, 23, p. 177). Essa passagem foi freqüentemente lida como se estivesse estabelecendo a distinção entre o público e o privado. Já vimos que Montaigne falava de uma "razão comum" aos homens e, portanto, talvez caiba desconfiar da idéia de uma "razão privada". Logo a seguir voltarei a esse importante ponto. Mas há outro aspecto, talvez menos notado, que convém ressaltar desde já. Livre do jugo do costume e readquirida a capacidade de julgar, o sábio não se comportará como excêntrico e suas ações não serão extravagantes. Montaigne parece ter em mente o contraste entre uma conduta "insólita e individualista" e uma conduta "aceita", mais do que um contraste entre o costume e a razão. Razão e costume não parecem opor-se no pensamento de Montaigne, ainda que um dos efeitos do costume seja adormecer a razão; afinal, "as maneiras insólitas e individualistas" não provêm da "razão verdadeira", já que esta recomenda seguir os comportamentos aceitos. Toda a discussão acerca dos costumes versava sobre a "extravagância" que ele freqüentemente nos impunha e que não percebíamos; ao denunciar o costume, portanto, a intenção de Montaigne não pode ser a de que nós devamos nos afastar do costume, já que isso somente produziria outra extravagância. Seria, como diz a expressão, "trocar o seis por meia dúzia". A denúncia do costume tinha por finalidade não somente mostrar que nenhuma ação é natural, que todas as nossas ações são produtos do costume mas, também, que certas ações são extravagantes e não o aparentam ser somente porque estamos acostumados a ela. Assim, aprendendo a ver de novo as ações em sua "verdadeira face" e julgando-as de acordo com a "razão", podemos reorientar nossa conduta. Não se trata, desde logo, de rejeitar todos os costumes; isso seria impossível e totalmente alheio à intenção de Montaigne. O que Montaigne combateu foram, como vimos, sobretudo alguns efeitos perversos dos costumes. Trata-se de rejeitar certas extravagâncias produzidas e ocultadas pelo costume. Isso não significa, por outro lado, que devamos julgar de acordo com os costumes. Ora, tal julgamento é, como insiste Montaigne, uma espécie de cegueira. Um dos efeitos do costume é justamente o de nos privar da razão e da capacidade de julgar. Devemos buscar um juízo que esteja livre das influências nocivas do costume. O julgamento racional, por sua vez, não deve levar a um comportamento extravagante, mas somente a uma correção dos costumes. À medida que formos nos conscientizando dessas extravagâncias, por meio de julgamentos racionais, podemos ir corrigindo e modificando nossa conduta, sem sair, assim, do trilho do comportamento comum.

As censuras de Montaigne à novidade, que sustentam a interpretação de que o autor é um conservador[15], podem ser entendidas por meio das observações anteriores. Menos do que mero conformismo externo à ordem estabelecida, que seria, em foro íntimo, duramente criticada, mas que, por razões práticas, deveria ser acatada, essas censuras devem-se à idéia de que a razão não é individual, mas alguma coisa de que todos nós compartilhamos. Uma suposta razão individual é instável e não passa de capricho pessoal que não pode impor-se aos demais. Com efeito, Montaigne refere-se à "[C] instabilidade de uma fantasia privada (a razão privada tem apenas uma jurisdição privada)" (I, 23, p. 182). Parece-me, entretanto, que Montaigne está menos interessado em distinguir entre uma "razão privada" e uma "razão humana", à qual ele se refere na seqüência imediata do texto, do que em denunciar essa suposta "razão privada" como mera fantasia instável, e não como uma razão. Os caprichos individuais de cada um devem limitar-se, assim, apenas às ações que lhe dizem respeito. Um julgamento esclarecido, como vimos, não pode ser instável, nem conduzir a ações insólitas. Essa suposta "razão privada", portanto, não é nenhuma razão. Talvez valha a pena lembrar novamente aquela passagem em que Montaigne diz que a "verdade e a razão são comuns a todos, e não pertencem a quem as disse primeiramente mais do que a quem as diz depois" (I, 26, p. 227).

Assim, parece que é possível conciliar aqueles textos em que o costume é duramente criticado com aqueles em que o costume se revela indispensável. De um lado, o costume é criticado por certos efeitos que têm sobre nós (e não em si mesmo), em particular o de ocultar a verdadeira face das coisas e o de embotar nosso discernimento; de outro, vemos que dispensar o costume e optar por uma conduta particular e insólita seria incidir exatamente no mesmo erro produzido pelo costume, o de praticar extravagâncias sem se dar conta do que se está fazendo. Recobrada a capacidade de julgar, por meio de uma razão que, denunciando as ilusões do costume, revela para nós a verdadeira face das coisas, podemos, então, sem abandonar o costume, adquirir autonomia para, conscientemente, mudá-lo, se assim as circunstâncias e a reflexão racional o exigirem. Não é outra coisa o que Montaigne dizia, *mutatis mutandis*, com respeito às leis, ao concluir seu capítulo: "[A] É o que Plutarco elogia em Filopêmen: que, tendo nascido para comandar, ele soubesse não somente comandar de acordo com as leis, mas também às próprias leis, quando a contingência pública assim requeria" (I, 23, p. 184).

Pode-se, se assim quisermos, chamar isso de conservadorismo, mas é preciso notar que o argumento não é somente o de aceitar o costume por razões práticas, isto é, porque qualquer alteração traria o risco de uma situação pior. A novidade é, certamente, aos olhos de Montaigne, perigosa. Mas o costume deve ser aceito porque ele, sendo o elo comum que une os homens, é o oposto da extravagância, do capricho, da fantasia, ainda que ele possa produzir isso tudo. À medida que produz extravagâncias coletivas, uma espécie de alucinação coletiva, ele é condenável; mas ele também é o que, por outro lado, permite solidificar e sedimentar as relações humanas e a vida em sociedade; e se for controlado e regulado por uma razão pública e comum atenta aos seus desvios, então poderemos aperfeiçoar nossas instituições, nossas leis e nossos costumes.

Conclusão

Retomemos aqueles quatro pontos apontados na introdução, concernentes ao ceticismo de Montaigne: 1) se o ceticismo de Montaigne implica a suspensão total do juízo; 2) se o ceticismo de Montaigne equivale à rejeição completa da razão humana e corresponde à aceitação do hábito como o grande guia da vida humana; 3) se o ceticismo de Montaigne consiste em relativismo moral; 4) se o ceticismo implicava conservadorismo. Estamos, parece-me, em condições de responder a essas quatro questões.

Em primeiro lugar, o ceticismo de Montaigne não implica a suspensão total do juízo. Ao contrário, Montaigne não se exime de dar sua opinião; aliás, emitir opiniões é o que ele mais faz nos seus *Ensaios*; e sua pedagogia não visa outra coisa senão precisamente a preparação desses julgamentos todos, onde formos capazes de julgar. Por exemplo, reconhecendo que "[A] a maior e a mais importante dificuldade da ciência humana parece estar nesse ponto em que trata da criação e educação das crianças" (I, 26, p. 222), Montaigne admite "uma única opinião que tenho contrária ao uso comum" (I, 26, p. 224). Os juízos emitidos por Montaigne devem ser estáveis e não refletir meramente a voz comum, mas o exercício de sua capacidade de julgar, de discernir entre o verdadeiro e o falso, entre o bem e o mal, para estar de acordo com a verdadeira face das coisas. É preciso ver, entretanto, até que ponto um juízo que desmascara a ilusão do costume e revela "a verdadeira face das coisas" é compatível com uma posição cética. Não há dúvidas de que os céticos antigos se permitiam opinar sobre as coisas, desde que restringissem suas afirmações aos fenômenos e não às coisas como elas são em si mesmas. Talvez Montaigne tenha concepção similar do juízo. Outro estudo deverá analisar detidamente a concepção montaigniana do juízo para determinar, com mais precisão, esse aspecto.

Em segundo lugar, o ceticismo de Montaigne não é uma rejeição completa da razão humana, nem a aceitação de que somente podemos seguir os costumes do lugar onde nascemos. A oposição entre razão e costume se revelou uma falsa oposição. De fato, o costume desempenha papel fundamental na vida privada e pública, mas não deve ser visto como o árbitro final. Se a educação visa expandir a capacidade do entendimento e da razão humana, é para usá-la sempre que possível. Montaigne freqüentemente diz que devemos julgar segundo a razão, jamais segundo a voz comum. "[B] Desgosta-me a novidade, sob qualquer aparência que se apresente, *e tenho razão*, pois tenho visto efeitos muito prejudiciais dela" (I, 23, p. 178; grifo meu). A consideração dos diferentes costumes, sobretudo daqueles extravagantes, deve permitir, de alguma maneira, a passagem de nosso ponto de vista particular e instável para algum ponto de vista mais amplo e constante, menos dependente de nossos preconceitos e de nossa visão parcial. O ceticismo de Montaigne é a defesa de uma razão, não particular ou privada, mas pública e comum, e, ainda que não absoluta, livre e sem preconceitos, na medida do possível.

Em terceiro lugar, o ceticismo de Montaigne não consiste em relativismo moral. Longe de aceitar que todo julgamento moral somente se possa fazer do interior de dado conjunto de valores, Montaigne propõe um critério neutro e independente desses conjuntos para avaliar as diferentes ações. Assim, como vimos, Montaigne não diz que o canibalismo é "ruim para nós" e "bom para os indígenas", mas que, à luz da análise filosófica, podemos dizer que "o canibalismo é ruim", que "o canibalismo europeu é ainda pior do que o canibalismo indígena", por nem sequer fazer sentido na sociedade em que é praticado, que "as vinganças dos portugueses são ainda mais condenáveis que as vinganças dos canibais", por serem mais cruéis, e que "a guerra dos europeus é pior do que as guerras dos indígenas", por não estarem baseadas em valores espirituais.

Em quarto lugar, o conservadorismo de Montaigne deve ser matizado. Não se trata de submissão cega aos costumes, por necessidade prática, mas de adesão racional aos costumes, que podem ser mudados se necessário, à luz de uma análise racional. A motivação básica que o leva a rejeitar as novidades é a extravagância e o risco que caprichos individuais possam ter à vida coletiva. Mas é preciso notar que também o costume nos conduz a extravagâncias e, nessa medida, o costume será igualmente condenável. Apenas análises caso a caso, livres do jugo do costume, poderão revelar-nos quais são as nossas extravagâncias e como corrigi-las[16].

Bibliografia

AGNOLIN, C. A razão tênue de Montaigne. In: Montaigne, M. de. *Os ensaios*. São Paulo: Martins Fontes, 2000.

BRUSH, C. *Montaigne and Bayle*. The Hague: Martinus Njidorf, 1966.

EVA, L. A. A. O fideísmo cético de Montaigne. *In: Kriterion*, volume 33, número 86, Belo Horizonte: EDUFMG, 1992.

____________. Montaigne: o ensaio como ceticismo. In: *Manuscrito*. Campinas: CLE/Unicamp, 2001.

FRIEDRICH, H. *Montaigne*. Paris: Gallimard, 1968.

LESTRINGANT, F. Les cannibalisme des "Cannibales". In: *Bulletins de la Société des amis de Montaigne*, 6ª série, n. 9-10, janeiro-junho, n. 11-12, julho-dezembro, 1982.

LESTRINGANT, F. *O canibal: grandeza e decadência*. Brasília: Editora UnB, 1997.

MONTAIGNE, M. de. *Os ensaios*. São Paulo: Martins Fontes, 2000.

POPKIN, R. *História do ceticismo de Erasmo a Spinoza*. Rio de Janeiro: Francisco Alves, 2000.

SCHAEFER, D. L. *The political philosophy of Montaigne*. Ithaca/Londres: Cornell University Press, 1990.

SKINNER, Q. *As fundações do pensamento político moderno*. São Paulo: Companhia das Letras, 1996.

SMITH, P. J. A contribuição de Montaigne para o ceticismo. In: SMITH, P. J. *Ceticismo filosófico*, São Paulo/Curitiba: EPU/EDUFPR, 2001.

__________. Qual o sentido do conservadorismo de Montaigne? In: SMITH, P.J. *Ceticismo filosófico*, São Paulo/Curitiba: EPU/EDUFPR, 2001.

STAROBINSKI, J. *Montaigne em movimento*. São Paulo: Companhia das Letras, 1993.

VILLEY, P. Nota do editor [1930]. In: Montaigne, M. de. *Os ensaios*. São Paulo: Martins Fontes, 2000.

__________. Introduções aos capítulos. In: Montaigne, M. de. *Os ensaios*. São Paulo: Martins Fontes, 2000.

NOTAS

1 Ver, acerca das relações entre Montaigne e o ceticismo, Eva (2001) e Smith (2000a).

2 Ver, a respeito do papel do ceticismo de Montaigne no Renascimento, Popkin (2000).

3 Popkin (2000, p. 96, 99): "Não só estes antigos pirrônicos alcançaram o ápice da sabedoria humana, mas também, como afirmariam Montaigne e seus seguidores no século seguinte, forneceram a melhor defesa contra a Reforma. Uma vez que o cético completo *não* possui pontos de vista positivos, ele não pode possuir pontos de vista errôneos. E já que o pirrônico aceita as leis e os costumes de sua comunidade, ele aceitará o catolicismo (...) Devido a isso, tudo o que podemos aceitar é o conservantismo pirrônico." Friedrich (1968, p. 206) diz que Montaigne tem um "espírito conservador". Starobinski (1993, p. 246) atribui dois aspectos ao conservadorismo de Montaigne, pois, "se aceita a ordem estabelecida (na medida em que subsistem uma ordem e um poder benéfico na ruína geral), é negando-lhe toda autoridade sobre-humana, todo fundamento sagrado". Ver também o capítulo de Skinner (1996) sobre Montaigne.

4 Popkin (2000, p. 100): "Montaigne lança a mensagem do relativismo ético." Entretanto, é preciso tomar cuidado ao falar de um relativismo em Montaigne, como nota Agnolin (2000, p. xxxiii), em seu prefácio à nova tradução brasileira dos *Ensaios* (2000), que põe o termo entre aspas.

5 Brush (1966, p. 37) diz que "em ética, política e religião, ele [Montaigne] sempre advogou e praticou a conformidade com a tradição". Na sua introdução ao capítulo 23 do Livro I, Villey (2000, p. 161) divide o capítulo em duas partes e comenta-as assim: "Nas duas partes deste ensaio surgem duas idéias fundamentais: 1) a idéia de que o costume tem todo poder sobre nós e governa nossa razão a ponto de cegar-nos quanto ao valor de nossos próprios usos – e a partir daí ele futuramente virá a concluir pela relatividade da moral; 2) a idéia de que, a despeito dessa vacuidade de nossos próprios costumes, a sabedoria é ater-nos a eles – o que é o fundamento de seu conservadorismo político e moral."

6 Popkin (2000, p. 103): "Mas, juntamente com esse desdobramento ziguezagueante porém vigoroso da *crise pyrrhonienne*, Montaigne constantemente introduz seu tema fideísta: a dúvida completa em nível racional, combinada com uma religião baseada na fé exclusivamente, que nos é dada não por nossas capacidades mas somente pela Graça de Deus." Para uma discussão crítica da interpretação que atribui fideísmo a Montaigne, ver Eva (1992).

7 Costuma-se fazer referência aos capítulos como "ensaios". Entretanto, na nova tradução brasileira, usou-se o termo "capítulo", seguindo a edição de Villey; utilizarei a nova tradução brasileira.

8 Não parece, entretanto, que a interpretação desses dois discípulos seja a melhor do pensamento de Carnéades. Cícero escreve os *Academica* justamente para defender a interpretação cética dada por Clitômaco, outro discípulo de Carnéades.
9 A comparação da relação matrimonial encontra-se em I, 31, p. 318, talvez não sem alguma ironia. Nela, Montaigne argumenta em favor da poligamia, já que estimula a relação entre os sexos opostos, ao passo que a monogamia, por causa do ciúme e da posse exclusiva, aparece como relação castradora.
10 É difícil não estender essa observação de Montaigne aos mísseis e aviões teleguiados: nossa maneira de guerrear continua a revelar nossa covardia e interesses puramente materiais.
11 Ver, a esse respeito, Lestringant (1982) e (1997).
12 Não por acaso, Montaigne dedicará um longo e importante capítulo à crueldade (capítulo 11 do Livro II) e dará o nome de "Covardia, mãe da crueldade" a outro capítulo (o capítulo 27 do Livro II).
13 Cf., por ex., Friedrich (1968, p. 125 s.).
14 É por essa razão que me parecem equivocadas todas aquelas interpretações que atribuem ao ceticismo de Montaigne a variação constante de opiniões, a mutabilidade do juízo ao sabor do movimento do mundo e das aparências. Longe de defender um julgamento mutável e flexível, Montaigne parece buscar, no meio dessa mudança constante do mundo, um julgamento firme e constante. É o que diz uma passagem difícil e fundamental sobre sua opinião em assunto religioso (II, 12, p. 355): "[B] Tanto quanto eu me lançara para frente, tanto volto a recuar: 'Assim como o mar, num movimento periódico, ora se precipita para a praia, cobre os rochedos com suas ondas espumantes e avança até os últimos redutos da areia; ora, voltando rápido sobre si mesmo e arrastando em seu refluxo os seixos que faz rolar, foge e, baixando as águas, abandona a praia' (Vírgílio) [A] Ora, do conhecimento dessa minha volubilidade acidentalmente gerei em mim certa constância de idéias, e dificilmente tenho alterado as minhas primeiras e naturais. Pois, qualquer que seja a aparência de novidade, não mudo facilmente, pelo medo que tenho de perder na troca. E, posto que não sou capaz de decidir, adoto a decisão de outrem e mantenho-me na posição que Deus me pôs. De outra forma, eu não conseguiria impedir-me de ficar rolando sem parar. Assim, pela graça de Deus, conservei-me intacto, sem agitação e desordem de consciência, nas antigas crenças de nossa religião, em meio a tantas seitas e divisões que nosso século produziu."
15 Ver, a esse respeito, Smith (2000b).
16 Para uma crítica da interpretação segundo a qual Montaigne é um conservador, ver Schaefer (1990).

Montaigne e o Renascimento[1]

Newton Bignotto

Dizer que Michel de Montaigne é um pensador renascentista soa quase como um truísmo, ou como uma frase vazia, que nada acrescenta à compreensão de sua obra. Mesmo o leitor desatento acredita poder afirmar que está diante de um autor do Renascimento, pelos temas que trata, pelos autores que cita, pela língua na qual escreve, pelo abandono dos cânones medievais ou pelo elogio dos valores da Antigüidade. Poderíamos, é verdade, aprofundar a análise de seu pertencimento ao grande movimento cultural que caracterizou o século XVI, refazendo as tramas das influências que sofreu, reconstituindo o universo intelectual dentro do qual sua obra se move. Todo esse trabalho, que poderia ter como ponto de partida os estudos realizados por Villey, ultrapassaria, entretanto, o objetivo de um artigo. Se aceitarmos que nenhuma obra de pensamento pode existir fora de um dado contexto cultural e lingüistico e que todo pensador estabelece um diálogo com seu tempo, somos levados a concluir que o estudo da originalidade de um autor passa necessariamente pela reconstituição dos debates que travou com seus contemporâneos. Mas colocar o problema da originalidade de um autor como o nosso parece-nos ainda um problema muito amplo, sobretudo quando consideramos a multiplicidade de temas que aborda e a diversidade dos pontos de vista que parece esposar. Vamos, assim, limitar nossas investigações à análise do que aqui chamaremos de especificidade da obra de Montaigne, conscientes de que o truísmo que anunciamos no começo é apenas aparente. Tentaremos, portanto, mostrar de que maneira ele adere a essa grande corrente humanista que domina a filosofia da época e como dela se demarca, criando as condições para o surgimento de um pensamento verdadeiramente original.

Antes, porém, de começar a estudar alguns aspectos da obra montaigniana, convém lembrar que o recurso ao termo "Filosofia da Renascença" comporta algumas dificuldades e ambigüidades. Com efeito, a própria demarcação do período histórico que chamamos de Renascimento tem servido para alimentar uma querela sem fim entre os historiadores. Além do mais, não podemos supor uma unidade temática ou conceitual num período tão vasto e tão controvertido. Devemos, portanto, precisar o sentido de nossas comparações, para que não se transformem em meras generalidades, sem interesses para o estudioso do período. Em primeiro lugar, vamos recorrer a temas que estão no coração do pensamento italiano do "quattrocento" e do "cinquecento", sobretudo do que os especialistas chamam de humanismo cívico.[2] Com isso estamos dando um peso maior às questões éticas e políticas e deixando de lado os problemas metafísicos, que constituem o núcleo da obra de pensadores como Marsílio Ficino. Essa escolha se explica pelo fato de que as referências explícitas feitas por Montaigne a pensadores italianos, Guicciardini, por exemplo, dizem respeito à história e à política, e não à metafísica, que não parece interessar nosso autor na forma como foi tratada por filósofos da época. Além disso, se estamos afirmando que existe uma nítida influência da filosofia italiana sobre a filosofia francesa, devemos também reconhecer que muitas diferenças as separam. No que concerne a nosso autor cabe lembrar, sobretudo, o peso que tinham para ele a Reforma e as disputas teológicas, assim como a tradição literária francesa. Se quisermos mostrar as especificidades dos *Ensaios* de Montaigne, devemos partir da própria especificidade da cultura francesa da época.

Demarcadas as fronteiras de nosso estudo, podemos agora passar à análise de algumas passagens que nos interessam no interior da obra montaigniana. Escolhemos começar pelo décimo capítulo do segundo livro dos *Ensaios*, dedicado aos livros. Montaigne, logo no começo, afirma: "Não garanto nenhuma certeza, a não ser a de dar a conhecer o grau de meus conhecimentos atuais. Não se preste atenção à escolha das matérias que discuto, mas tão somente à maneira por que as trato"[3]. Essa afirmação, depois de ter falado de sua própria "ignorância", parece sugerir que Montaigne faz referência a dois temas típicos das discussões filosóficas renascentistas: a descoberta dos limites intransponíveis do saber, tema largamente desenvolvido por Nicolau de Cusa, e o elogio da retórica. Deixemos de lado o problema da "ignorância" de nosso autor, para concentrar-nos na análise do problema da retórica.

Ao convidar o leitor a prestar atenção na "maneira" como discute as questões, Montaigne aponta para o que acredita ser os limites de seu próprio engenho. Incapaz de grandes vôos especulativos, teria escolhido uma forma literária que, por seus méritos próprios, seria capaz de comunicar algo aos leitores. Não fossem os *Ensaios* escritos de uma maneira tão original, poderíamos supor que nosso autor pretendia apenas chamar a atenção para o vigor e a beleza de seus textos. Tal interpretação, que pressuporia uma carga desmedida de orgulho, não combina com o tom propositalmente modesto que faz questão de escolher, não só ao longo de todo o capítulo, mas em toda a sua obra. Parece-nos, assim, mais razoável supor que, ao conferir um papel essencial à "forma", Montaigne abraça um dos grandes pilares da filosofia italiana renascentista: o elogio da retórica.

Com efeito, desde Petrarca, a questão da expressão formal ocupou um lugar importante na formulação das teses humanistas. Para Petrarca, como para os primeiros humanistas, a imitação dos antigos, e o cuidado com a forma do texto, tinha um duplo papel. Em primeiro lugar, tratava-se de recuperar uma língua que estivera adormecida pelo uso que dela fora feito nos séculos precedentes. Essa necessidade de recuperação do latim não implicava apenas no apelo a uma maior correção gramatical. O que estava em jogo não era "a boa forma", como já fôra requerida pelos manuais de "ars dictaminis" populares desde o final do século XI, mas a recuperação de todo um universo literário. Para os humanistas italianos, a boa expressão era a porta de entrada para um mundo que estivera submerso. Compreender o pleno significado de um texto exigia a compreensão da forma como havia sido constituído, seguir passo a passo os caminhos de sua elaboração. Um bom escritor devia, portanto, começar por escolher um bom modelo; como fez Leonardo Bruni ao escrever o elogio de Florença – a "Laudatio Floretinae Urbis" –, a partir de um texto de Aristides.

Mas o apego à forma tinha ainda um segundo aspecto. Tratava-se de voltar aos modelos antigos de retórica e oratória. Esse retorno significava mais do que um mero exercício literário, pois fornecia a chave para uma nova compreensão da presença do homem no mundo. Se o elogio da contemplação fora um ponto importante das doutrinas religiosas da Idade Média, a retórica indicava uma maneira natural de participação na vida dos negócios públicos, um elogio explícito da vida ativa. É claro que não podemos resumir a passagem do pensamento político medieval ao pensamento renascentista à recuperação da retórica antiga e ao elogio da vida política. Não resta a menor dúvida, no entanto, de que os humanistas italianos faziam da recuperação dos antigos modelos um instrumento poderoso de crítica ao passado cristão da Europa. Sabendo que a retórica só faz sentido numa sociedade que concede um lugar privilegiado às discussões públicas, os humanistas levavam a cabo a destruição de alguns valores caros ao cristianismo medieval no interior de um debate que tinha, à primeira vista, contornos meramente literários.

Cícero foi nesse período o inspirador e o modelo de um bom número de escritores e pensadores. Suas obras eram lidas e interpretadas como um verdadeiro oráculo, seu estilo imitado e copiado por todos os que tinham a pretensão de fugir dos cânones medievais. Livros como o *De officis* eram a fonte principal para os humanistas, que procuravam justificar o mergulho na vida cívica e a recuperação dos valores republicanos. Os tratados de retórica ocupavam o lugar dos densos tratados de metafísica do final da Idade Média.

Voltemos a Montaigne. O pequeno trecho que citamos, e várias referências que encontramos nos *Ensaios* (I,51), demonstram o quanto estava familiarizado com as discussões sobre a retórica e com o papel que tivera Cícero em seu movimento de recuperação (I, 40). Isso não nos permite, no entanto, concluir que nosso autor obedecia à mesma inspiração dos humanistas.[4] Como ele mesmo diz no capítulo sobre os livros, a leitura não era para ele mais do que a ocasião para um "honesto passatempo". O critério para o julgamento de uma obra literária é o prazer que ela nos proporciona, e não o intricado de sua forma, que Montaigne se declara incapaz de descobrir: "As dificuldades que encontro lendo não me preocupam exageradamente; deixo-as de lado após tentar resolvê-las uma ou duas vezes. Se me detivesse nelas, perder-me-ia e perderia meu tempo, pois meu espírito é de tal índole que o que não percebe de imediato menos entende em se obstinando. Não sou capaz de nada que não me dê prazer ou que exija esforço, e atar-me demasiado em um assunto, ou nele me concentrar demoramente, pertuba meu julgamento, cansa-o e me entristece" (II, 10).

Tendo estabelecido esse critério, Montaigne passa então a analisar uma série de autores antigos e contemporâneos. Os maiores elogios vão para os poetas antigos: "Esses logram o efeito desejado sem se agitarem excessivamente; provocam o riso sem necessidade de cócegas." Os ataques mais violentos são dirigidos contra Cícero: "Quanto a Cícero, as obras que mais me servem são aquelas que tratam de filosofia moral. Mas para dizer a verdade, (pois, uma vez que ultrapassamos as barreiras da imprudência, não existe mais freio), sua maneira de escrever me parece aborrecida. Seus prefácios, suas definições, suas classificações, suas etimologias, ocupam efetivamente quase toda a obra, o que nessa há de vivo e nervoso é abafado por esses excessos preliminares" (II, 10).

Poderíamos talvez reduzir o alcance da crítica que acabamos de apontar a seu aspecto literário, se levássemos demasiadamente a sério a declaração repetida por Montaigne de que procura o prazer com a leitura. Cícero seria um autor inadequado por ser incapaz de agradar a uma alma hedonista. Mas o leitor que tiver seguido Montaigne até essa altura dos *Ensaios* dificilmente acreditaria que ele reduza suas relações com os livros ao gozo das qualidades literárias do texto. Na seqüência do capítulo, ele nos fala "das boas e firmes razões que o levam a sustentar o esforço". Fica claro, portanto, que o fim perseguido não pode ser confundido com o prazer, ou com a tranquilidade, que ele parecia colocar acima de tudo no começo do ensaio. O prazer e a alegria são as recompensas pela difícil busca das razões "boas e seguras". A crítica a Cícero tem, portanto, um alcance muito maior do que o sugerido pelo tema do ensaio.[5] Na verdade ela coroa uma série de ataques à retórica e ao próprio Cícero, considerado um personagem menor da história do pensamento.

Cabe-nos perguntar pelo sentido dessas críticas. Poder-se-ia objetar, e com razão, que, quando Montaigne escreve, o universo intelectual é totalmente diferente daquele do "quattrocento" italiano. Erasmo já havia lançado um ataque terrível ao culto da forma, mostrando o quão vazios eram os autores que não fossem capazes de compreender o sentido de suas próprias proposições.[6] Na Itália, Maquiavel havia destruído muito dos "mitos" que sustentavam o humanismo. Além disso, o universo político de Montaigne era totalmente diferente do das pequenas cidades italianas. Sua preocupação com a Monarquia explica, pelos menos parcialmente, o pouco caso que faz dos temas republicanos caros aos adeptos de Cícero. Mas se tudo isso é verdade, dificilmente podemos falar de uma Renascença francesa sem nos referirmos à Itália. Reduzir a especificidade da obra de nosso autor a seus vínculos evidentes com suas origens culturais não resolve a questão que formulamos no início, apenas a reduz a uma banalidade, que pode ser usada para explicar o sentido de qualquer obra literária.

Uma outra hipótese é deixar de lado a associação entre Montaigne e a Renascença e ligá-lo à modernidade nascente. Michel Beaujour sugere essa solução, quando analisa a relação de nosso autor com Cícero: "A transgressão de Montaigne abre a época moderna e uma forma de escrita da qual nem a Antigüidade nem a Idade Média tiveram o menor pressentimento. A modernidade é precisamente o espaço no qual Montaigne supera Cícero e sua eloquência".[7] Essa conclusão, se aceita, provaria que nossa questão estava errada e que a especificidade da obra de Montaigne deve ser buscada fora das fronteiras da Renascença. Esse argumento não nos parece, no entanto, inteiramente convincente, o que nos leva a prosseguir nossa interrogação.

Montaigne refere-se repetidamente a Cícero nos *Ensaios* e raramente de forma neutra. Embora tenha bebido em sua filosofia moral, o filósofo romano é o alvo preferido de seus ataques à retórica e à eloqüência antiga. Cícero é o homem que perdeu a medida. Figura menor da política, ele teria tentado alcançar a glória, não por meio de suas ações, mas por um uso abusivo da própria capacidade de se exprimir. A retórica seria, assim, um simulacro da ação, um atalho destinado a enganar os homens e a produzir uma imagem exagerada dos que, incapazes de portar a espada, preferem substituí-la pela pena.[8]

Ora, essas acusações, acrescidas da contradição que Montaigne enxerga entre o ofício do escritor solitário e recolhido em si mesmo e o objetivo dos homens políticos, provam que não podemos reduzir as divergências existentes entre os dois autores à questão da retórica.[9] Temos um bom exemplo disso no trecho em que Montaigne fala da glória e do recolhimento: "Plínio e Cícero sugerem-nos como objetivo a glória, que não me interessa nem um pouco. A disposição mais contrária à solidão é a ambição" (I, 39). Podemos ver, assim, que para além da crítica estética subjaz uma diferença profunda entre suas concepções éticas e políticas. Ao escolher Cícero como alvo de suas críticas, Montaigne estava consciente de que esse era o melhor caminho para demarcar sua obra do lugar comum de seu tempo. Essa interpretação nos parece plausível, salvo se acreditarmos que suas posições refletiam o desconhecimento do uso que fazia de algumas figuras da retórica clássica, que haviam sido reabilitadas pelos estudos dos humanistas italianos.[10] Para que os *Ensaios* não fossem esquecidos como textos anedóticos, Montaigne se dá ao trabalho de demonstrar o ridículo do mestre de muitos de seus contemporâneos. Atingindo Cícero no que lhe pareceu ser seu ponto forte, ele confere um alcance aos *Ensaios* que o diferenciam de uma mera brincadeira literária. Se seu percurso é errático e sinuoso, Montaigne não vê, nas figuras exemplares eleitas pela Renascença, um parâmetro claro e seguro capaz de provar que tudo o que dizia era mero engano; ainda que não pretendesse com isso afirmar que havia descoberto um método universal suficiente para dar conta das questões que a tradição consagrou como sendo as mais importantes.

Se fizermos um percurso semelhante ao que acabamos de fazer para outros temas importantes do humanismo renascentista, acreditamos que chegaremos à mesma conclusão. Um exemplo está no tratamento que nosso autor dá à questão da glória. Tema central em todo o republicanismo italiano, é simplesmente deixado de lado de forma irônica por Montaigne: "O primeiro que comparou a glória a uma sombra fez melhor do que pretendia. As duas coisas são vãs" (II, 16).

Tudo isso, no entanto, tem valor relativo, pois o que acabamos de fazer foi comparar Montaigne com outros autores, escolhendo temas que, embora presentes em sua obra, não constituem seu núcleo. Para os nossos propósitos, talvez fosse o momento de invertermos nosso caminho e partir de questões que estão no centro das preocupações de nosso autor.

Ao longo dos *Ensaios*, Montaigne não se cansa de dizer que seu objeto privilegiado de estudos é seu próprio eu.[11] "Há vários anos que tenho somente a mim mesmo como objeto de meus pensamentos, somente a mim é que observo e estudo; se atento para outra coisa logo a aplico a mim ou a assimilo. E não acredito me enganar se, como fazem outras ciências, muito menos úteis, comunico o que aprendi, embora me considere pouco satisfeito com meus progressos. Não há descrição mais difícil do que a de si próprio e nem mais útil" (II, 6).

Se não podemos fazer do "eu" de Montaigne um objeto de comparação com os outros autores de seu tempo, isso se deve menos ao absurdo de tal método, e mais ao fato de que ao escolher a si mesmo como objeto, ele escolhe o homem em sua generalidade, através da única via de acesso que lhe parece capaz de alcançar sua essência: sua existência particular. Não desconhecemos as dificuldades que esta posição coloca para o intérprete de suas obras, mas acreditamos poder evitar a polêmica, contentando-nos, por enquanto, com a idéia de que o problema central da obra montaigniana é o homem.[12] Se assim for, devemos então tentar ver como ele se relaciona com as outras teorias sobre o homem dominantes na Renascença.

Podemos destacar três aspectos principais que ao longo da Renascença iriam influenciar as diversas teorias antropológicas.[13] Em primeiro lugar, tivemos com Petrarca e os primeiros humanistas uma redescoberta do caráter cívico do homem. Ao retornar às antigas concepções da vida pública, esses pensadores acabaram esbarrando na idéia de cidadão participante e conferiram uma importância decisiva ao fato de que só alcançamos nossa plena identidade a partir do desenvolvimento de nossa participação nos negócios da cidade. Num segundo momento, com pensadores como Pico della Mirandola, tivemos a exploração da idéia da dignidade do homem e de suas possibilidades infinitas no mundo. Essa concepção, fundamental para a filosofia da época, receberia com a idéia do homem universal, que encontramos em autores como Marsílio Ficino, a sanção metafísica que lhe faltava, e se constituiria no terceiro pilar sobre o qual se ergueram muitas das teorias antropológicas da época.

No século XVI, o tema da dignidade do homem é corrente na literatura. Ele aparece, por exemplo, na *Theologia naturalis* de Sebond, obra largamente comentada por Montaigne. Aparece também na literatura popular em que a oscilação entre "dignitas" e "miséria" era um recurso freqüente, embora raramente conduzisse a uma conclusão, como na obra do espanhol Perez de Oliva *Diálogo de la dignidad del hombre*. Mas nos enganaríamos se tomássemos como ponto de partida as críticas diretas de nosso autor a alguns textos da época. Montaigne escolhe um vasto objeto — o homem — e escolhe tratá-lo a partir da diversidade de seu aparecer, pois, como nos diz no começo do segundo livro, "o mundo não é mais do que variedade e diferença" (II,2). Seu percurso é, portanto, complexo e sinuoso, tornando inútil qualquer leitura comparativa que não atente para o conjunto de sua obra.

Isso não quer dizer que ele não faça a crítica das posições que considera frágeis, ou até mesmo ridículas. Na "Apologia de Raimond Sebond" afirma: "Será possível imaginar algo mais ridículo do que essa miserável criatura, que se proclama senhora do universo, do qual não pode conhecer nem mesmo uma pequena parte, quanto menos comandá-lo?" (II, 12).

Montaigne recusa tanto a idéia de um homem universal quanto o elogio de sua dignidade. Sua obra destrói uma a uma as certezas que os humanistas haviam acumulado. Mas para uma empresa tão grande, nosso autor não parte desarmado. Usando da mesma estratégia dos adversários, é ao passado que ele recorre, quando quer afirmar algo destinado a chocar as mentes preparadas pela revolução humanista. Encontramo-lo, assim, em companhia dos céticos, dos epicuristas, dos estóicos e até mesmo dos cínicos. Inútil, no entanto, tentar compreendê-lo por meio de uma dessas correntes. Seu apelo ao passado, tão sistemático quanto diversificado, vai de par com uma crítica a todos os dogmatismos. Como fazer dele um estóico, se não vê no mundo senão contingência e acesso?

"O homem de Montaigne — nos diz Friedrich — é muito mais um ponto no universo, sem esperança de que o destino, ou a divindade, se interesse por ele. Ele divide esta insignificância com o meio no qual vive, pátria, Estado, continente, animais e plantas. Ele não é mais um centro, está mergulhado na multiplicidade do existente, ignorando aquilo que o faz distinto e sentindo-se fraco".[14] Montaigne combina o uso das fontes antigas com suas próprias observações, para derrubar o homem de seu pedestal e remetê-lo ao vazio de sua existência. Nessa batalha todas as armas são boas e ele não hesita em combinar uma fina ironia com manifestações de aparente ingenuidade.

Até aí, é verdade, não podemos dizer que nosso autor caminhe sozinho. Maquiavel também já insistira em falar das fraquezas humanas e em caracterizar-nos como animais fracos e dominados por sentimentos ruins. Para ele, a maldade e a crueldade, que os escritores moralizantes do Renascimento insistiam em afastar da essência do homem, eram a explicação mais evidente para as misérias de todos os tempos, não podendo ser retiradas de nós simplesmente porque o modelo de homem e governante, que várias filosofias haviam desenhado, não comportava tal desvio. Mas Montaigne vai ainda mais longe. Em Maquiavel a crítica da natureza humana serve para uma análise da política, que não deixa de constituir um saber sobre as instituições e a ação humana. Em Montaigne tudo é posto à prova. Se o homem é seu objeto, e se a auto-análise parece ser seu método, ele mesmo alerta-nos contra os perigos dessa dedução: "Não cometo esse erro tão comum de julgar os outros por mim. Acredito sem dificuldade em coisas diferentes de mim. Não obrigo ninguém a agir como ajo e concebo mil e uma maneiras diferentes de viver; e, contrariamente ao que geralmente ocorre, espantam-me menos as diferenças do que as semelhanças que existem entre nós" (I, 37).

Nesse contexto, o acaso e a fortuna que os filósofos italianos haviam redescoberto, e contra os quais os homens deveriam lutar para atingir seus objetivos, convertem-se no próprio sentido da existência. Maquiavel disse, fazendo eco a mais de um século de pensamento republicano, que a fortuna governa metade de nossas ações, cabendo ao livre arbítrio o governo da outra metade. Em Montaigne desaparece o confronto. O mundo dos homens não é, no mais das vezes, senão acaso e contingência (*Ensaios*, I, 47).

O resultado, no entanto, não é o quietismo nem o mergulho do homem na própria consciência em busca da verdade. Se ele confessa, logo no começo dos *Ensaios* — "não sou senhor de mim mesmo. O acaso me governa mais do que eu mesmo. A ocasião, a companhia, o tremor de minha voz atuam mais sobre meu espírito do que quando o sondo e o obrigo a trabalhar" (I, 10) — isso se traduz muitas vezes num formidável apelo à ação. Partindo da indeterminação do mundo dos homens, Montaigne faz o elogio da audácia e do risco, pois, para ele, a prudência é inimiga dos grandes feitos, como já afirmara Maquiavel.

A compreensão do homem em Montaigne oscila, portanto, entre seu rebaixamento e a descoberta do infinito de suas possibilidades. Nem recusa do saber, nem descoberta do ponto fixo a partir do qual um certo número de verdades pode ser enunciado. Montaigne evita generalidades sobre o gênero humano, porque sabe que em nós mesmos não encontramos esse fio de certeza próprio às filosofias dogmáticas. "Aqueles que de dedicam a controlar as ações humanas jamais se sentem mais embaraçados do que quando procuram agrupá-las e harmonizá-las sob uma mesma luz, pois elas se contradizem de maneira tão estranha que parece impossível afirmar que provenham da mesma fonte" (II, 1).

Sabemos o quanto ele influenciou pensadores como Pascal, como até hoje sua obra atrai os que se preocupam com a formação do individualismo moderno. Não nos deixemos, no entanto, levar pela vontade de síntese, ou pela simples constatação da multiplicidade de pontos de vista expostos nos *Ensaios*. Montaigne não adere à imagem do homem universal, não faz o elogio de sua dignidade, mas também não é apenas o cético feroz, que recusa toda forma de conhecimento. Se não há uma "solução" para o problema do homem, talvez seja porque, como sugere Marleau-Ponty, "não se trata de resolver o problema do homem, só podemos descrever o homem como problema".[15] O método de Montaigne, a busca sem fim, é o único adequado para uma natureza que não consegue delimitar suas próprias fronteiras.

As breves análises que fizemos de alguns temas da obra de Montaigne apontam com clareza, a nosso ver, para a especificidade do tratamento que dá a algumas questões fundamentais da filosofia de sua época. Se aumentássemos e aprofundássemos nossos estudos, acreditamos que não chegaríamos a resultados diferentes. Mas as diferenças que apontamos são por vezes tão profundas, que devemos nos perguntar se o que chamamos de especificidade da obra montaigniana não é, na verdade, o signo do pertencimento a uma outra época, ou talvez a demonstração de uma absoluta originalidade, que contrariaria os princípios que adotamos no começo desse artigo. Montaigne seria, assim, ou um autor absolutamente original e que não dependeria em nada de sua época, ou simplesmente um autor moderno, que não partilharia mais das dúvidas e certezas dos grandes escritores da Renascença.

Não vamos analisar aqui a segunda hipótese. Para deixá-la de lado, no entanto, gostaríamos de lembrar as diferenças que existem entre a concepção de homem em Montaigne e o postulado básico da filosofia cartesiana. Como nos diz Merleau-Ponty: "A mistura da alma e do corpo é, ao contrário, o domínio de Montaigne. Ele só se interessa por nossa condição de fato, e seu livro descreve à sociedade o fato paradoxal que somos nós".[16] Assim, se não podemos negar a originalidade de nosso autor a respeito de um ponto tão importante da filosofia da Renascença, também não podemos concluir de maneira apressada que ele já não é de seu tempo. É claro que não basta aludir ao cogito cartesiano para afastar a objeção a que nos referimos, mas as dificuldades que encontramos para sua demonstração se mostram tão significativas que somos encorajados a continuar a explorar nossa hipótese original, deixando para outros a exploração dessa via.

Ora, se a busca da especificidade do pertencimento de Montaigne ao que chamamos "Filosofia da Renascença" deu um resultado surpreendente, talvez seja porque deixamos de dar no começo de nosso trabalho uma definição clara do que estamos designando por esse termo. Para que possamos falar de especificidade, devemos agora dizer de que maneira nosso autor segue os passos de sua época. A pergunta preliminar, portanto, é se existe algo como uma filosofia da Renascença, ou mais amplamente, se existe uma Renascença, que não delimite apenas um certo intervalo temporal, mas que tenha uma certa unidade, capaz de nos restituir o sentido de suas indagações.

Mesmo sem enfrentarmos as dificuldades próprias aos que afirmam a existência de um "espírito" da época característico de cada período histórico, acreditamos poder dizer que os textos filosóficos do Renascimento possuem uma certa unidade, conservam um certo número de traços, que também estão presentes na obra de Montaigne. Em primeiro lugar, podemos citar o constante retorno aos antigos, usados como fonte de inspiração e como guias para as questões mais diversas da filosofia. A filosofia moral e política, por exemplo, encontra seus temas e suas definições nos escritos de autores como Platão, Aristóteles, Cícero, que ajudaram a reviver questões que tinham sido esquecidas num mundo pensado a partir de parâmetros teológicos rígidos. Podemos destacar também o fato de que há uma preocupação aguda com a forma e com o equilíbrio, o que pouco a pouco se combinou com o uso das línguas novas, em detrimento do latim. Mas não são somente esses traços que distinguem o Renascimento das épocas anteriores, ou da modernidade. Talvez o mais relevante seja a vontade manifesta, e por vezes ingênua, de descobrir novos mundos e explorar novas fronteiras do conhecimento. Um desejo incontrolável de explorar veredas do pensamento que com frequência não levam a lugar nenhum. O mundo se converte num campo vasto e intrigante, a desafiar o olhar e a mente de homens que não aceitam mais as amarras rígidas dos grandes sistemas medievais, e decidem partir para a aventura sem nem mesmo verificar as armas que possuem e as chances de alcançar a terra firme. Como nos diz Maquiavel no começo dos *Discorsi*, seu esforço se compara ao dos navegadores, que não precisavam ter certeza para se lançar ao mar em busca de novos mundos. Aliás, como afirma Montaigne, se tivessem sido demasiado prudentes não teriam saído de casa.

Com relação aos grandes sistemas medievais e ao esforço conceitual da modernidade podemos dizer que a Renascença foi, sobretudo, uma época sem espírito de síntese. É nisso que Montaigne é um pensador renascentista por excelência. Talvez mais do que pensadores como Nicolau de Cusa, Maquiavel ou Bruno, ele encarna o desejo de liberdade de pensamento, a vontade de abrir picadas no espírito, ainda que correndo o risco de não chegar a lugar nenhum. É ao mesmo tempo na curiosidade sem limites e no inacabamento da argumentação que encontra sua força e a especificidade de seu trabalho. Como Bruno, Montaigne vê no mundo um campo infinito para seu desejo de saber. Longe de querer aprisioná-lo numa rede conceitual coerente e fixa, ele se deixa levar pela multiplicidade de cores e sabores das coisas, na esperança de que essa atenção produza subitamente uma nova compreensão dos objetos enfocados. Pouco importa que às vezes esse movimento fracasse, pois, nos limites de uma vida, sempre haverá algo de novo a interessar uma mente livre e destituída de preconceitos. Montaigne nos dá, assim, a sensação de que a modernidade encolheu o mundo dos renascentistas, para poder pensá-lo de forma sistemática. Ao criticar seu tempo e as idéias que o formaram, ao invés de ingressar em uma nova era, ele acabou por encarnar de forma definitiva e plena o espírito do Renascimento.

NOTAS

1 Este artigo foi originalmente publicado em *Kriterion*, revista do Departamento de Filosofia da UFMG, no 86, 1993, pp. 29-41.

2 A esse respeito, ver sobretudo os trabalhos de Hans Baron e Eugenio Garin. H. Baron, *The crisis of the early Italian Renaissance*. Princeton: Princeton University Press. 1966. E. Garin, *L'umanesimo Italiano*. Roma: Laterza, 1986.

3 Montaigne, Essais, II, 10. In: *Oeuvres Complètes*, Editions du Seuil, 1967. Todas as citações de Montaigne foram retiradas dessa edição. A partir daqui apenas indicaremos entre parênteses o livro e o capítulo no qual se encontra a citação.

4 Ver a esse respeito: M. Magnien, Un echo de la querelle cicéronienne à la fin du XVI Siècle: éloquence et imitation dans les Essais. In: F. Lestringant (org). *Rhétorique de Montaigne*. Paris: Librairie Honoré Champion, 1985.

5 Sobre a relação de Montaigne com o pensamento ciceroniano, ver M. Gutwirth, L'anti-Cicéron de Michel de Montaigne. In: F. Moreau (org), *Montaigne et les Essais*, 1580-1980. Paris: Champion-Slatkine, 1983.
6 Ver: J. Chomarat, *Grammaire et rhétorique chez Erasme*. Paris: Les Belles Lettres, 1981, t. II.
7 M. Beaujour, Considerátion sur Cicéron, L'alongeail comme marque generique: la lettre et l'essai. In: Montaigne. *Actes du Colloque International*. Paris: A. G. Nizet, 1983.
8 Ver: J. Reiss, Montaigne et le sujet du politique. In: *Oeuvres et Critiques*. Paris: Jean-Michel, 1983. VIII. 1,2. p. 127-152.
9 Ver: I. D. McFarlane, The concept of virtue in Montaigne. In: *Montaigne. Essays* in memory of Richard Sayce. Oxford: Clarendon Press, 1982.
10 Sobre o uso que Montaigne faz de algumas figuras da retórica clássica, ver: Jean-Paul Sermain, Insinuatio, circumstantia. visio et actio. L'itinéraire rhétorique du chapitre II, 4: "De la Diversion". In: F. Lestringant, op. cit., p. 123-139.
11 Um artigo interessante a esse respeito é o de A. Compagnon, Montaigne: de la traduction des autres à la traduction de soi. In: *Littérature*. Paris: Larousse, 1984. n° 55. p. 37-44.
12 Usamos como guia para nossas considerações o livro de H. Friedrich, *Montaigne*. Paris: Gallimard, 1968.
13 Ver: H. C. Vaz, *Antropologia Filosófica I*. São Paulo: Loyola. 1991. P. O. Kristeller (org). *The Renaissance Philosophy of Man*. Chicago: The University of Chicago Press, 1948.
14 H. Friedrich. *op. cit.*, p. 131.
15 M. Merleau-Ponty, Leclure de Montaigne. In: *Signes*. Paris: Gallimard, 1960, p. 255.
16 Idem. p. 254.

UM INTELECTUAL *À L'ANCIEN RÉGIME*: BOSSUET[1]

Marcos Antônio Lopes

Era tão grande seu valor que, sendo ainda um simples particular, se dizia dele que nada lhe faltava para reinar, a não ser um reino.
Maquiavel

De todas as monarquias a melhor é a sucessiva ou hereditária, sobretudo quando ela passa de varão a varão e de primogênito a primogênito.
Bossuet

Por mais ligado que esteja um grande escritor político à sua época, por mais direcionada que esteja sua obra aos combates travados com questões e problemas formulados no próprio contexto de produção do texto, sempre há a intenção de estabelecer diálogo com a tradição teórica que o precedeu, até porque a tradição expõe problemas que a posteridade nunca considera suficientemente resolvidos. Tendo vivido num mundo de conflitos extremos, o que Paul Hazard denominou a "crise da consciência européia", esse raciocínio é tanto mais válido para Bossuet[2]. No grande duelo travado entre o mundo da ortodoxia conformista e o novo universo do racionalismo cartesiano, o autor tomou o partido da velha guarda. Desse modo, a tentativa de compreensão de Bossuet, em meio a seus diálogos com autores que o precederam, deve passar pela recuperação de suas segundas e terceiras intenções, isto é, ao que e a quem ele responde. Se sua obra política deve ser encarada como construto histórico-social, constituindo como qualquer outra um ato de reação às várias dimensões da realidade de seu mundo, é preciso ser apreendida ainda como tentativa de estabelecer diálogo com a tradição do pensamento político, via na qual o autor opta pela refutação aberta da lógica maquiaveliana.

Essa forma de análise da obra de Bossuet pode apresentar vários pontos frágeis de interpretação, mas evita a atitude extrema de procurar a versão do autor com base apenas na análise de seu texto isolado, bem como se afasta da inadequação dos historiadores das idéias políticas mais tradicionais de enfocar o sentido de uma obra apenas como expressão de dada conjuntura histórica. Certamente, a compreensão de um texto exige uma reconstrução do contexto, tornando mais acessíveis as intenções do autor. Mas, uma boa interpretação, que pretenda situar-se dentro das mais recentes perspectivas da história das idéias, é aquela que procura também alargar o foco, tentando perceber as idiossincrasias do autor, ou seja, as peculiaridades de seu pensamento; isto, é claro, sem deixar de reintegrá-lo ao mundo histórico a que pertenceu. Como salienta um historiador do pensamento político – Quentin Skinner –, a tarefa na interpretação de um texto é determinar o que o autor em causa, ao escrever na época em que escreveu e para a audiência a que pretendia se dirigir, poderia ter a intenção de comunicar e como as circunstâncias atuaram sobre seus propósitos[3].

Antimaquiavelismo e história sagrada

Escrevendo nas três últimas décadas do século XVII para príncipes e para a ampla audiência eclesiástica européia, a obra histórica e política de Bossuet alcançou forte ressonância. Seus *Discours sur l'Histoire Universelle,* preparado para o filho de Luís XIV como texto de cultura geral, marcou época entre as elites cultas do reino. Já a *Politique tirée des propres paroles de l'Ecriture Sainte,* produzida pelas circunstâncias profissionais da preceptoria para atender ao mesmo fim pedagógico, não teve a mesma sorte, sendo publicada postumamente. Jacques Le Brun mostra como o autor retrabalhou-a descontinuamente ao longo dos quinze últimos anos de sua vida, aprimorando-a literária e teoricamente[4].

Nessas duas obras ficam muito evidentes as formas como confluem teoria e prática do poder, como se entrelaçam a discussão filosófica e os problemas da ordem pública, tão atentamente abordados por Bossuet, mesmo que o seu universo preferencial tenham sido mundos tão distantes como a Palestina antiga e as sociedades do Oriente próximo. Espírito profundamente marcado pelas guerras civis que abalaram a França por meia década, o problema da insegurança nascida num Estado onde reinam vários senhores é uma nota forte em seus textos. Seu culto excessivo do absolutismo real se explica por sua inabalável crença, aliás amplamente compartilhada por seus contemporâneos, de que o poder concentrado e exercido por um só seria a única via capaz de afastar para sempre o vale de lágrimas em que havia se tornado a França nos anos da Fronda. Sua defesa convicta e apaixonada do direito divino dos reis foi como "a esperança posta na ordem política como via de salvação pública"[5].

Em resumo, a "intenção", a "audiência" e as "circunstâncias" são elementos permanentes identificados com relativa freqüência nos textos do cortesão de Luís XIV. O problema que interessa é saber de que forma Bossuet participa do diálogo com a tradição política, a quem escolhe por interlocutores, e em relação a quais temas. Nesse sentido, os comentaristas do preceptor do delfim apontam pistas gerais, mas não oferecem detalhes. De maneira bastante ampla, Jacques Le Brun afirma que a história sagrada de Monsieur de Condom está marcada pela tentativa de corrigir as profanações do maquiavelismo político:

> (...) aderir à Companhia do Santo Sacramento implicava para Bossuet certa escolha moral que, por sua vez, implicava certas opções políticas: era a afirmação de uma influência da religião nas coisas humanas; o mundo é uma realidade dominada pelo maquiavelismo e o egoísmo, e o devoto trabalha para mudar este mundo: assistência aos pobres, missões estrangeiras, educação etc...[6]

Em sentido igualmente generalizante, Jacques Truchet sustenta que "... sua obra política, como a de todos os teóricos de inspiração cristã desse tempo, é em grande medida um anti-Maquiavel"[7]. Jean-Maurice Bizière e Jacques Solé insinuam que seu elogio do absolutismo é "antimaquiavélico porque de direito divino"[8]. Mas também é só. É por demais conhecido o grande impacto e o imenso estrago que *O príncipe* causou na forma de construir teorias e de conduzir a prática do poder na Europa moderna. No caso específico da França da segunda metade do século XVII, época em que escreve Bossuet, é interessante notar um Cardeal Mazarino, que não se contentando em adotar posições declaradamente maquiavelianas em seu corpo-a-corpo político, deu-se ao trabalho de escrever um pequeno tratado sobre essas boas maneiras[9].

Guardadas as devidas proporções, o *Breviarum politicorum* desse príncipe italiano em trono francês também conheceu um sucesso fantástico em toda a Europa. Obra publicada postumamente, foi impressa mais de dez vezes durante o reinado de Luís XIV. Trata-se, na verdade, de um desfile de máximas cínicas, despudoradas e, em certos casos, até mesmo ridículas, vindas de uma personalidade que, optando por entregar a alma ao diabo, acabou por preparar os dias de maior glória da França monárquica. Odiado pelo povo e pelas elites, seu livro foi considerado obra de fundo diabólico, não encontrando nenhum espaço editorial na França. Um perfil interessante de Mazarino é aquele que oferece o frondista Cardeal de Retz:

> O seu nascimento era baixo, e a sua infância, vergonhosa. Ao sair do Coliseu aprendeu a roubar, o que lhe valeu umas bastonadas de um ourives de Roma... Foi capitão de infantaria em Valteline; e Bagni, que era seu general, disse-me que durante a guerra, que apenas durara três meses, fora sempre tido por vigarista. Obteve uma nunciatura extraordinária em França, por favor do cardeal Antoine, coisa que nesse tempo apenas se conseguia com alguns meios... caiu nas graças de Richelieu, que o fez cardeal... A púrpura não o impediu no entanto, de continuar lacaio sob Richelieu. Porque a rainha o tivesse escolhido, à falta de outro, diga-se o que se disser, parecia o original de *Trivelino Príncipe*. E como a sorte o tivesse cegado... erigiu-se e erigiram-no em Richelieu: mas dele só teve a impudência da imitação. O que fizera a glória de um, fazia a vergonha do outro. Troçou da religião. Prometeu tudo, porque não tinha palavra para nada.[10]

Na posteridade, o cardeal de Retz também haveria de encontrar os seus admiradores. Nas *Cartas inglesas* Voltaire o definiu da seguinte maneira: "Muita inteligência e muito talento, mal empregados." Se a partir da segunda metade do reinado de Luís XIV foi possível falar de uma "Europa francesa", essa poderosa influência da cultura e do idioma viabilizou-se por suas vitórias militares e os tratados ardilosamente celebrados por ele, como o de Vestefália. Isso para não falar na idéia maquiaveliana da "economia da violência", tão bem empregada por Richelieu, e que consistia num choque breve mas severo, num único golpe tão rude que evitasse tanto o dispêndio da energia de golpes sucessivos, quanto as investidas futuras do inimigo porque os homens "... se vingarão de pequenas injúrias, mas não poderão vingar-se de agressões graves" [11].

Certamente, o maquiavelismo político é um princípio teórico que sempre foi universalmente colocado em prática, séculos e séculos antes de o historiador florentino sintetizar suas regras. Ao estudar a história antiga, e o passado mais recente da Itália, Maquiavel destacou os vários modelos que se aproximavam do príncipe perfeito, quanto mais conseguiram instrumentalizar os preceitos que ele julgava mais procedentes no mundo do poder. Em se tratando *O príncipe* de obra tão difundida em toda a Europa moderna, é razoável supor que o maquiavelismo político desses príncipes eclesiásticos franceses foi, em parte, desenvolvido pela leitura direta ou indireta de Maquiavel.

Mas o fato inquestionável é que, no chamado "século dos santos" francês, as controvérsias estimuladas pelos juízos da História Sagrada – em reação à grande voga dos princípios libertinos, para o desabrochamento do qual o maquiavelismo trouxe sua contribuição – são traços muito evidentes na literatura francesa. Bossuet participou intensamente desse debate e, no que diz respeito à sua defesa do princípio sangüíneo como fundamento da instituição monárquica, sua argumentação é uma resposta direta ao conceito maquiaveliano de *virtù,* ou seja, o princípio da realeza ancorada na eficácia do indivíduo, no heroísmo do feito, na capacidade de irromper de uma posição periférica, abalar a ordem do centro, e fundar algo novo, estável e duradouro.

Em *Vida de Castruccio Castracani* e em *O príncipe,* Maquiavel não faz rodeios para afirmar que o direito do primeiro ocupante ao trono é sempre anulado pelo direito de conquista, e além do exemplo histórico do próprio Castruccio, enumera vasto elenco de novos príncipes que encontraram como fundamento de sua autoridade apenas o valor pessoal, e uma parcela de sorte, em circunstâncias favoráveis. No campo do poder, o autor da *História de Florença* está particularmente empenhado em negligenciar o princípio hereditário, a ponto de desdenhar a própria prudência, uma das virtudes cardeais exaltadas pelos *espelhos de príncipes*, da Baixa Idade Média a meados do século XVII. Vejamos de que forma Maquiavel fará sua aposta no modelo da realeza heróica:

> Caríssimos amigos: os que refletem sobre o assunto se maravilham de que todos – ou quase todos – que realizaram grandes feitos neste mundo, fazendo-se notar dentre seus contemporâneos, tiveram origem obscura e humilde, tendo sido submetidos pela sorte a todo tipo de provações, ou estiveram expostos às feras ou seus genitores foram tão vis que a vergonha os levou a tomar como pai a Júpiter ou alguma outra divindade. Seria fastidioso referir-lhes os nomes; muitos deles são conhecidos, e ao leitor seria inoportuna tal repetição, que por isso omitiremos. Estou convencido de que a sorte, para demonstrar que é ela que dá grandeza aos homens, e não a prudência, começa a exibir sua força antes que esta última tenha ocasião de revelar a sua, de modo que se lhe reconheça o maior poder.[12]

Na *Politique* de Bossuet também há espaço para a *virtù,* mas fundada na crença de que muitos dos valores e energia pessoais dos príncipes são misteriosamente transmitidos de pais para filhos. O objetivo é demonstrar que, na defesa do caráter sagrado da realeza, a hereditariedade nas sucessões reais é um princípio tão básico que até dispensaria comentários, se ele próprio, Bossuet, não se dispusesse a escrever sobre a questão, como desagravo às injúrias maquiavelianas. A hereditariedade do poder real e, de maneira geral, dos ofícios públicos, foi um sistema socialmente aceito em todas as nações européias durante a época moderna. Para Gaston Bouthoul o fator "hereditariedade" está mais presente em sociedades onde a vida média da população é curta, e nas quais certos ofícios exigem longas aprendizagens, o que de fato ocorria com o catecismo do *métier royal*[13]. Na França do Antigo Regime, a hereditariedade era um princípio arraigado, e na esfera do poder tanto mais forte porque enraizado num passado mítico, na tradição de um reino que desde sua origem fora bafejado pela graça divina. Os mitos da hereditariedade e da França como a nova terra prometida, tão firmemente defendidos por Bossuet, não deixaram de ser alvo dos comentários zombeteiros de Voltaire. No *Siècle de Louis XIV* o autor considera:

> Os antigos reis da Europa pretendem que são totalmente iguais entre si, pretensão muito natural; mas os reis de França reclamaram sempre a precedência merecida pela antigüidade de sua estirpe e de seu reino, e se não têm cedido aos imperadores, é porque os homens nunca são bastante audazes para romper com uma larga prática. ... Os reis de França podiam disputar a precedência aos imperadores, posto que a França fundou o verdadeiro império do Ocidente, cujo nome subsiste só na Alemanha. Tinham para si não só a superioridade de uma coroa hereditária sobre uma dignidade eletiva, senão a vantagem de descender, em série ininterrupta, de soberanos que reinaram sobre uma grande monarquia vários séculos antes que, no mundo inteiro, nenhuma das casas que hoje cingem coroa houvesse alcançado alguma altura. Alegavam em seu favor o nome de cristianíssimo.[14]

De fato, até a época de Bossuet, o poder dos reis franceses era efetivamente fragmentado, no que se refere ao domínio territorial. Mas, na perspectiva do século XVII, os reis franceses ocupam na ordem política, absorvida pela religião, o lugar de primeiro príncipe da cristandade, o único dignitário sagrado pelos sucessores de Saint-Rémy e ligado a uma origem miraculosa. As realezas européias foram fundadas sob ópticas bem diferentes da francesa, cujo princípio ou marco era o batismo de Clóvis e sua sagração em Reims. O que pode ser motivo de uma certa pilhéria por parte de um espírito crítico e ilustrado como Voltaire, na segunda metade do século XVIII, muito certamente não condiz com o espírito do tempo de Bossuet. Para um autor que se esforçou nos seus textos em fortalecer os mitos de um reino privilegiado por Deus, e que acreditou verdadeiramente que sua pátria fora alçada pela Providência muito acima das demais nações européias, o princípio da hereditariedade passa por algo tão antigo e natural que independe da vontade dos homens, já que encontra no passado imemorial todo seu amplo apelo público e indiscutível autoridade.

Quanto a sua doutrina da realeza sagrada, a coroa é um legado da Providência: o príncipe não a recebe verdadeiramente de seu predecessor, mas por força da lei da hereditariedade. Isso significa que no reino da França, a lei de sucessão não pode ficar sujeita aos alvitres dos reis, não havendo decreto, edito ou renúncia que a possa destruir ou descaracterizar. Nesse sentido, parece bem preocupante a reflexão de Jean de La Bruyère, quando se pergunta – tendo em seu horizonte a existência histórica de uns reis fracos – se "não será excessivo, para aquele que ocupa um lugar por direito hereditário, suportar haver nascido rei?" [15].

Se na *Politique* de Bossuet a realeza está indissociavelmente ligada ao princípio da hereditariedade, e se se aceita como fato evidente que a afirmação desse mesmo princípio faz a obra assumir as colorações de um aberto antimaquiavelismo, essa constatação leva a refletir sobre o poder real fazendo apelo a certas distinções estabelecidas pela antropologia política, ou seja, entre uma realeza instituída pelo valor heróico do príncipe – o que se reconhece pela imagem do rei mágico –, e outra fundada na tradição de um passado mítico da casa real[16]. No século XVII, e mais especificamente na época de Bossuet, o poder real implicava hereditariedade das sucessões reais. A afirmação do princípio puramente sangüíneo como único elemento de definição das sucessões, com o advento de Luís XIII, afastara para sempre a aclamação da assembléia dos grandes do reino. Recorde-se que a monarquia francesa é hereditária desde a ascensão de Hugo Capeto em 987.

Mas, até Filipe Augusto, tornado rei em 1180, o príncipe herdeiro devia ser associado ao trono ainda em vida de seu pai, para ter garantida a aclamação da assembléia de notáveis: "Desde então convencido sobre o futuro, ou consciente de sua legitimidade e dos serviços prestados – Bouvines – este príncipe é o primeiro de sua dinastia a não fazer sagrar seu filho em vida."[17] Henry Montaigu considera que Bouvines foi o episódio determinante da epopéia real na Baixa Idade Média: um ato miraculoso que marcou para sempre a alma coletiva dos franceses. Num reino que sempre respeitara a tradição como lei sagrada, o princípio da hereditariedade se afirmou ainda mais. Luís XIII e Luís XIV foram reis na mais tenra idade, e não aos catorze anos, maioridade convencional dos soberanos franceses. O que mudou nas sucessões reais, a partir de 1610, foi a regulamentação dos atos públicos, ou seja, o cerimonial[18].

Na *Politique* de Bossuet a monarquia emerge desde a mais alta antigüidade bíblica numa busca ininterrupta de sua própria perpetuação, como negação contínua do efêmero. Para o autor, mesmo que o rei seja perecível, por força das limitações de seu corpo físico, sua autoridade é imortal, a monarquia subsistindo para sempre: "É porque todos os povos quiseram dar às suas leis uma origem divina, e aqueles que não as têm disfarçaram tê-la."[19] Na *Politique* do autor, a busca do Estado monárquico pela duração, os seus anseios por perpetuar-se no tempo, resolvem-se pela procura da transcendência na esfera central do poder. Em outras palavras, a intemporalidade da instituição monárquica está na sacralidade da realeza:

Temos estabelecido pelas *Escrituras*, que a realeza tem sua origem na própria Divindade; que Deus também a exerceu visivelmente sobre os homens desde o começo do mundo; que ele continuou esse exercício sobrenatural e miraculoso sobre o povo de Israel, até o tempo do estabelecimento dos reis; quando então Ele escolheu o Estado monárquico e hereditário, como o mais natural e o mais durável...Assim temos encontrado que pela ordem da divina Providência, a constituição deste reino foi, desde sua origem, a mais conforme à vontade de Deus, segundo é declarada pelas Escrituras. Não temos esquecido que na Antigüidade apareceram outras formas de governo sobre as quais Deus não prescreveu ao gênero humano; de maneira que cada povo deve seguir como uma ordem divina o governo estabelecido em seu país, porque Deus é um Deus de paz, e que quer a tranqüilidade das coisas humanas.[20]

Poder e religião são aproximados continuamente na obra do bispo de Meaux como categorias reflexivas, e abordados quase estritamente sob o aspecto teológico. Ainda que reconheça que num tempo remotíssimo existiram governos fundados no direito de conquista, e estabelecidos pela ação de um príncipe carismático e virtuoso na religião e na fé, que acabou por se tornar legítimo, o autor privilegia sempre a hereditariedade. É porque ela é mais compatível com a história sagrada conduzida pela Providência, constituindo o pólo religioso do poder real. Para Bossuet, a realeza sangüínea sempre foi e sempre será o princípio político mais perfeito: "É natural e agradável não mostrar ao príncipe outro sucessor que não seu filho: quer dizer, outro ele-mesmo, ou o que ele tem de mais próximo. Então ele vê sem inveja seu reino passar para outras mãos."[21]

Com as guerras de religião bem quentes na memória dos franceses da segunda metade do século XVII, e a lembrança ainda muito próxima da Fronda, a literatura política desse período procurou acentuar os fundamentos da autoridade sagrada: de forma mais sistemática o passado foi trabalhado para colocar um acento grave sobre a força criadora do poder real, sem solução de continuidade. O valor da tradição dinástica, que ligava o soberano a uma ordem ancestral, foi freqüentemente associado à ordem celeste. Na *Politique*, a legitimidade dinástica tem fundamentos históricos e religiosos. São as dimensões simbólicas e misteriosas do aspecto hereditário que transferem caráter sagrado à autoridade real. O direito de conquista foi algo que existiu no início dos tempos, admite Bossuet, e no caso da Terra Santa, porque ela se encontrava despovoada; os povos que se arrogaram como seus legítimos ocupantes aí chegaram após o assentamento do povo de Deus.

Bossuet quer mostrar com esse exemplo histórico que a realeza não pode ser suspensa pelo feito mágico de um conquistador; sendo o direito de governar hereditário e irrevogável, adquirido pelos sagrados mistérios do nascimento, não pode perder-se por qualquer ação terrena. Ele defende que as sucessões reais devem sempre se regulamentar pela lei da primogenitura, salvo em manifestações contrárias da própria Providência. Este é o caso em que Davi foi inspirado a associar Salomão ao trono, um de seus filhos mais jovens. Estudando as monarquias do século XVII, e mais especificamente as sucessões reais, da forma como foram pensadas pelos escritores políticos na França bourbônica e na Inglaterra dos Stuarts, J. Neville Figgis destaca o princípio doutrinário defendido à época, o de que mesmo que o herdeiro se revele com pouca ou nenhuma capacidade para o comando, não pode ter seu poder limitado ou usurpado[22].

Como insinua Figgis, a boa e plena capacidade para governar não é um dom inerente ao governante uma vez que o direito de reger não significa reger direito. Em casos de usurpação, independentemente do tempo decorrido, escritores realistas da época defendiam que o direito pertenceria sempre à casa destituída. Desde que o herdeiro viva, mesmo decorridos mil anos, ele é o rei por direito hereditário. Isso significa que, se na França do século XVII surgisse um descendente direto de Carlos Magno, seria preciso anular o direito de vinte gerações de reis capetíngeos, o que seria, no mínimo, absurdo.

Essa não é exatamente a posição de Bossuet, porque para ele há uma espécie de "regra da longa possessão". De fato, ele é um defensor empedernido da hereditariedade. Mas admite a legitimidade de "novo" poder, desde que o governante não se encontre há muito consolidado. Apenas nesse caso as tentativas de restauração seriam ilegítimas. Virar as costas para isso seria o mesmo que dar margem para pretensões de cabeças destronadas que nunca teriam fim. Apesar do idealismo de sua teologia política, o autor não se perde em nostalgias legitimistas: reconhece simplesmente o direito à continuidade de um governo que se transformou, de longa data, em realidade. Em sua defesa do aspecto dinástico e do princípio da hereditariedade, toda tentativa de usurpação é vista como desacato ao providencialismo, desígnio misterioso que institui os reis. Se Deus condena e pune exemplarmente os maus reis, o que dirá do usurpador que incorre nesse crime hediondo, ao mesmo tempo que no pecado da insubmissão? É preciso suportar com resignação qualquer sofrimento imputado pela realeza, o que na concepção política de Bossuet se conhece pelo princípio da "desobediência passiva":

> Devemos nos ligar à forma de governo que se encontra estabelecida no país. "Que toda alma seja submissa aos poderes superiores: porque não há absolutamente autoridade que não seja de Deus; e todas aquelas que são, é Deus quem as estabeleceu; assim, quem resiste à autoridade resiste à ordem de Deus". Não há nenhuma forma de governo, nem nenhum estabelecimento humano que não tenha seus inconvenientes, de maneira que é preciso manter o Estado no qual um longo tempo acostumou o povo. É porque Deus toma em sua proteção todos os governos legítimos, de qualquer forma que eles estejam estabelecidos: quem pretende subvertê-los não é somente inimigo público, mas ainda inimigo de Deus.[23]

É possível reconhecer nessa passagem a repulsa que inspira ao autor tudo que é movimento e ruptura na esfera do poder. Aí está sintetizado todo o antimaquiavelismo que perpassa sua obra, constituindo uma resposta seca e direta a determinados sacrilégios cometidos pelo sacrílego Maquiavel. Pois não fora ele quem afirmara que "o desejo de conquista é algo muito natural e comum, e aqueles que obtêm êxito na conquista são sempre louvados, e jamais criticados" [24].

A realeza maquiaveliana

Escrevendo um século e meio antes de Bossuet, uma das intenções declaradas de Maquiavel foi a de romper a moldura religiosa que envolvia a realeza cristã. Esse aspecto de sua obra, que a teoria política contemporânea exalta como a modernidade do autor, na prática teve pouco êxito. As defesas do direito divino dos reis, em forma de complexo doutrinal, são posteriores a Maquiavel, tendo sua maior penetração entre as sociedades européias na segunda metade do século XVII. Romper com o envoltório religioso do pensamento e da prática política, desestruturando os elementos místicos da realeza sagrada, certamente foi tarefa que ultrapassou em muito a força iconoclasta do autor de Florença. O pensamento político de Maquiavel fez poucos descendentes no século XVII. Mas, sua obra conheceu tanto sucesso, em especial *O príncipe*, a ponto de ser lida, avaliada e combatida ao longo de toda a época moderna. E com tanto mais razão num reino que cultuava o mito da linhagem real mais antiga de toda a cristandade.

Se na Itália do século XVI desenvolveram-se circunstâncias favoráveis à explosão de talentos ociosos em várias áreas, e mais especificamente no campo do poder abriram-se caminhos para impulsos heróicos, a França do século XVII era um espaço político muito pouco propício para a ação de aventureiros. Reino situado nos marcos culturais e políticos da Contra-Reforma, acabou-se por acentuar aí uma cosmovisão de base solidamente religiosa. A *Politique* de Bossuet, acerca da qual Jacques Truchet propõe como título mais adequado *O príncipe*, é sem dúvida um combate contra reis que não se inscrevem no modelo religioso do poder:

> A tarefa do preceptor consiste antes de tudo em formar a consciência do príncipe. Trata-se, em suma, de traçar o retrato de um rei perfeito. '*O príncipe*, pode-se dizer, tal seria efetivamente o título exato da obra que Bossuet intitulou *Politique*'. Isso é verdade também para seus sermões e suas cartas ao rei. É quase a totalidade de seus escritos políticos que poderia se chamar assim – ou ainda, por um título mais recente e mais modestamente ilustrado, *O monarca*.[25]

O que há de comum na história sagrada e no maquiavelismo político é o império dos grandes homens. De fato, em ambas concepções, a História encontra-se dominada pela atividade pessoal de indivíduos privilegiados. No maquiavelismo, a realeza mágica é o centro da narrativa, tal o destaque dado ao novo príncipe, ao indivíduo valoroso que, encontrando uma oportunidade em meio a conjuntura favorável, sabe deslocar as peças e derrotar os adversários. Maquiavel vai ao extremo de prescrever uma receita infalível para se manter no poder: "Se fosse possível modificar nossa natureza, para ajustá-la aos tempos e às circunstâncias, nossa sorte jamais mudaria."[26] De fato, a tradição de realismo político na Itália remontava a quase um século antes de Maquiavel ter escrito *O príncipe*[27]. Ele próprio admite no livro ter se esforçado por afastar-se por completo dos princípios medievais, que haviam dominado a política.

Desse modo, Maquiavel concede espaço e importância à religião, curiosamente abordada sob um ângulo sociológico sem paralelo nas convenções religiosas do discurso político de sua época, e bem depois dela. Nos anos sangrentos das guerras de religião, Henrique IV, que podemos tomar como figura modelar da realeza heróica maquiaveliana – era apenas o vigésimo primeiro na linha sucessória entre os príncipes de linhagem – deu mostras do hábil emprego de uma sabedoria política que parece descender em linha direta do realismo maquiaveliano. Prisioneiro por longo tempo em Versalhes após o massacre da Noite de São Bartolomeu, fez concessões inimagináveis ao primeiro dos huguenotes franceses. Depois de sua fuga e de sua nova ascensão como líder do "partido" protestante, não se incomodava de ser seguido por católicos, e de tê-los em grande número em sua corte. Henrique IV fez um emprego calculado da religião, a ponto de um contemporâneo, Michel de Montaigne, ter-lhe dito que numa corte em que há duas religiões, na realidade não há nenhuma, porque os que não fazem distinção entre a verdadeira e a falsa podem dispensar ambas. O fato é que se tornou paradigmática a frase atribuída ao rei de Navarra, que teria afirmado: "Quem cumpre o seu dever é da minha fé, mas eu sou da fé daqueles que são bravos e bons." Revela-se aqui a ambigüidade pragmática do realismo político de um príncipe que projetou unir um reino dividido por crenças irreconciliáveis. Mas esse emprego calculado da virtude da tolerância não deve significar que, muito tempo após Maquiavel, o valor da persuasão estava no fato de o discurso político ser construído por imagens religiosas. O historiador de Florença não descuidou de mencionar as virtudes principescas e de introduzir a religião em sua obra, ainda que sob um ângulo diverso da tradição:

> Deve o príncipe ter muito cuidado para que suas palavras nunca deixem de refletir as cinco qualidades acima indicadas, de forma que quem o veja e ouça pense ser todo ele piedade, fé, integridade, humanidade e religião. Nada mais necessário do que a aparência da religiosidade, já que de modo geral os homens julgam mais com os olhos do que com o tato:

todos podem ver, mas poucos são capazes de sentir. Todos vêem nossa aparência, poucos sentem o que realmente somos, e esses poucos não ousarão opor-se à maioria que tenha a majestade do Estado a defendê-la; na conduta dos homens, especialmente dos príncipes, da qual não há recurso, os fins justificam os meios. Portanto, se um príncipe pretende conquistar e manter um Estado, os meios que empregue serão sempre tidos como honrosos, e elogiados por todos, pois o vulgo se deixa sempre levar pelas aparências e pelos resultados; o mundo se compõe só de pessoas vulgares e de umas poucas que, não sendo vulgares, permanecem isoladas quando a multidão se reúne em torno do soberano.[28]

O maquiavelismo político está fundado, quase por completo, no heroísmo do príncipe. Para Maquiavel, as virtudes dos *espelhos de príncipes* medievais estavam descontextualizadas, porque relacionadas apenas aos valores da alma. A verdadeira virtude de um príncipe devia ser a de fomentar respeito à sua autoridade de guerreiro. Seu realismo político vai a ponto de efetuar verdadeira fluidificação do seu novo catálogo de virtudes e vícios principescos, basicamente porque, do ponto de vista prático, uma alta virtude pode se revelar inútil e um vício desprezível, altamente eficaz: "Isto porque, se se refletir bem será fácil perceber que certas qualidades que parecem virtudes levam à ruína, e outras que parecem vícios trazem como resultado o aumento da segurança e do bem-estar."[29] Esse maquiavelismo parece ter feito eco num futuro longínquo. La Bruyère, por exemplo, na segunda metade do século XVII, considerava que "não há vício que não tenha alguma semelhança com qualquer virtude e que dela não se aproveite"[30].

O maquiavelismo recusou a transcendência e voltou as costas para a tradição. Seu ponto de ruptura, ou melhor, sua modernidade, talvez possa ser resumida pela máxima de que "não haverá dificuldade onde houver um grande desejo"[31]. Richelieu, um Maquiavel da posteridade, pensa da mesma forma, já que para ele "... entre o querer e o fazer não existe nenhuma diferença devido à facilidade que se encontra na execução. Mas é preciso querer efetivamente, quer dizer, com tal firmeza que queiramos sempre, que após ter ordenado a execução, se faça castigar severamente aqueles que não obedecem"[32].

Sem dúvida, a religião foi uma das maiores vítimas do maquiavelismo. Mas, há também desprezo em relação aos governantes hereditários. A grande aliada de Maquiavel é a realeza heróica. O autor acaba por elaborar novo princípio de legitimidade, baseado na eficácia do feito. No maquiavelismo político o pólo sagrado e hereditário do poder é inferior ao pólo mágico e heróico, porque não requer habilidades nem conhecimentos especiais: já encontra em seu favor a tradição e a lealdade dos súditos, sem que para isso tenha de empreender maiores esforços. Tanto é assim que os principados hereditários não representam interesse teórico para Maquiavel; grandeza e glória são muito maiores quando se conquista um reino, e não quando se herda. Daí sua grande admiração por

Castruccio Castracani, pobre diabo abandonado na mais tenra idade num quintal e tornado, pelo próprio valor, príncipe de cidades:

> (...) Seus feitos tiveram grande importância, considerando-se a época e o lugar em que viveu; como as outras personagens que nos interessam aqui, não teve nascimento feliz ou ilustre, o que se verá na narrativa de sua vida, que quis registrar para benefício da memória dos homens, por haver nela encontrado muitos exemplos extraordinários da ação, do valor e da sorte.[33]

Somente ao novo príncipe cabe a dupla glória de fundar um reino e conformá-lo segundo sua própria vontade, coisa impossível ao príncipe hereditário, que deve sua autoridade ao fato de honrar a ordem pré-existente. Um príncipe novo, que se mantenha no poder por *virtù,* parecerá antigo e se sentirá mais seguro em seu reino do que se houvesse simplesmente envelhecido nele. A vontade de se manter leva-o do feito fundador à busca da duração, baseada em seus próprios recursos: "O Estado é uma obra de arte do príncipe."[34] Desdenhando de maneira tão contundente o princípio hereditário, aclamado de maneira geral pelos grandes escritores políticos até fins do século XVII, o maquiavelismo político reflete a extrema mobilidade social da Renascença e a veloz mudança do poder entre os grupos de elite das cidades-Estado, o que levou Jacob Burckhardt a falar numa "era de bastardos":

> Se os príncipes tivessem podido fiar-se, ao menos, nos seus parentes mais próximos! Mas em situações em que tudo era ilegítimo, não podia estabelecer-se um verdadeiro direito de herança, quer para a sucessão ao poder, quer para a partilha dos bens; por isso, nos momentos de crise, um primo ou um tio resoluto afastava no interesse da própria casa o filho menor ou incapaz do príncipe que deixava de existir. Havia igualmente discussões contínuas a propósito da exclusão ou do reconhecimento dos bastardos. Assim um grande número dessas famílias contava, no seu seio, membros descontentes que, muitas vezes, recorriam à traição aberta e se vingavam matando os seus parentes.[35]

A hereditariedade do poder, nesse clima de fugacidade, tornou-se um princípio anacrônico no tempo de Maquiavel. Desse modo, é compreensível ter se tornado o novo príncipe na imagem paradigmática de uma época de transformações rápidas. Vivendo num reino de longuíssima tradição monárquica, de forte centralização administrativa para os padrões de seu tempo, e que havia conhecido episódios amargos em sua história mais recente – como duas guerras civis, para as quais o único remédio eficaz fora a reafirmação do poder real –, a tradição absolutista de Bossuet não podia consentir que o Estado fosse modelado pelas mãos do príncipe. Isso porque "é Deus quem faz os reis e quem estabelece as casas reinantes"[36]. Na Europa do século XVII o combate contra o maquiavelismo se deu principalmente em relação à perspectiva que toma a história como frenesi contínuo e destruidor. Para Bossuet, a História como concebida pelo "príncipe das trevas", se assim podemos referir, está sempre sobre um ponto de equilíbrio precário, sendo que o princípio estabilizador – a realeza sagrada – corre sérios riscos. Dessa maneira, o príncipe de Bossuet é sempre concebido como o centro de gravidade da ordem política, e nunca como elemento de ruptura. De um ponto de vista histórico, ou seja, olhando para a história da época moderna, é preciso dar razão a Bossuet.

Os príncipes virtuosos na fé e em outros valores cristãos, que tiveram por princípio de legitimidade de seu poder a hereditariedade, perpetuaram-se por muito mais tempo e mantiveram o poder real em suas próprias casas. Bossuet tem igualmente razão em apontar a natureza frágil do poder "mágico", fundado na conquista. Na realeza heróica, conforme os exemplos apresentados por Maquiavel, a permanência é sempre precária e a luta pela perpetuação no poder não se interrompe nunca. O novo príncipe vive em estado de permanente tensão e alerta, algo como o herói do bosque de Némi, narrado por Frazer. Como afirma Georges Balandier, "as sociedades da modernidade estão, sob esses aspectos, mais próximas da tradição do que parece. Elas mudaram o modo de representação, mas não tocaram no essencial. Um candidato ao cargo supremo não pode irromper, surgir do desconhecido, a não ser em circunstâncias excepcionais que façam dele um herói e salvador"[37]. No século XVIII, o grande Voltaire havia refletido sobre a mesma questão, o que demonstra a propriedade da análise de Balandier. Conta Voltaire:

> (...) a maior parte dos parisienses, nascidos e modelados sob o reinado de Luís XIV, viam a um rei como a uma divindade, e a um usurpador como a um sacrílego. A plebe, que assistiu a Jaime II ir todos os dias à missa, detestava o herético Guilherme de Orange. A imagem de um genro e de uma filha que haviam expulsado seu pai, a de um protestante que reinava em lugar de um católico, enfim, a de um inimigo de Luís XIV, arrebatava aos parisienses com uma espécie de furor.[38]

Desenvolveu-se até aqui o tema do antimaquiavelismo político, traço marcante na literatura dos círculos eclesiásticos na segunda metade do século XVII. A intenção foi a de tentar evidenciar como os textos de Maquiavel inspiraram todo um combate contra seus princípios políticos. Leitor de Maquiavel, Bossuet escreveu sua *Politique* partindo de princípios contrários. Seu diálogo com Maquiavel se estabeleceu muitas vezes de forma direta em relação a vários temas, revelando um interlocutor guiado por valores éticos e políticos exatamente opostos. O diálogo de Bossuet com Maquiavel assume caráter combativo e direto quando se trata da discussão sobre elementos como o princípio dinástico e hereditário do poder real, concebendo a moral cristã como a única barreira contra o desencadeamento das paixões, e a religião como o guia seguro na condução das coisas do Estado. Em suma, que o maquiavelismo político não pode abalar um reino cujo príncipe virtuoso se fortalece nos ensinamentos da história sagrada. Essas atitudes fazem de Bossuet um intelectual *à l'Ancien Régime*, o que é o mesmo que dizer que ele não esteve aquém ou além de seu tempo.

NOTAS

1 Esse texto é adaptação de um artigo intitulado "Tensões da realeza sagrada no século XVII: Bossuet interlocutor de Maquiavel", que publiquei num dos números de *Locus*, Revista de História da Universidade Federal de Juiz de Fora.

2 Cf. P. Hazard. *Crise da consciência européia.* Lisboa: Cosmos, 1971.

3 Cf. Q. Skinner. Some Problems in the Analysis of Political Thougth and Action. In: J. Tully. *Meaning and Context. Quentin Skinner and his critics.* Cambridge: Polity Press/Basil Blackwell, 1988.

4 Cf. J. Le Brun. Introduction. In: J.-B. Bossuet. *Politique tirée des propres paroles de l'Ecriture Sainte.* Genève: Droz, 1967.

5 M. García-Pelayo. *Del mito y de la razón en el pensamiento político.* Madri: Revista de Occidente, 1968.

6 J. Le Brun. *op. cit.*. p. VIII.

7 Truchet, Jacques (org.). Introduction. *Politique de Bossuet.* Paris: Armand Colin, 1966 (Collection U). p. 16.

8 J.-M. Bizière; J. Solé. *Dictionnaire des biografies. La France Moderne.* Paris: Armand Colin, 1993. p. 42.

9 Cf. Mazarino. *Breviário dos políticos.* Brasília: Alhambra, s/d. (Há uma melhor e mais recente edição pela Martins Fontes).

10 De Retz. *A fronda.* Lisboa: Editorial Estampa, 1973. p. 46.

11 Maquiavel. *A arte da guerra e outros ensaios.* Brasília: EUB, 1982. p. 78.

12 Idem, ibidem. p. 45.

13 Cf. G. Bouthoul. *Sociologia da Política.* São Paulo: Difel, 1967; R. Mousnier. *La monarquia absoluta en Europa: del siglo V a nuestros días.* Madri: Taurus, 1986.

14 Voltaire. *El siglo de Luiz XIV.* México: Fondo de Cultura Económica, 1954. p. 73-74.

15 J. de La Bruyère. *Les caractères ou les moeurs de ce siècle.* Paris: Hachette, 1890. (Publiés avec Discours sur Théophraste suivis du Discours à l'Académie Française. Notes de G. Servois et A. Rébelliau). p. 282.

16 Acerca da figura do "rei mágico" q. v. L. Makarius. Le roi-magique et le roi-divin. In: *Annales ESC.* Paris: n. 3, mai-juin, 1970.

17 H. Montaigu. *La couronne de feu: introduction à la lecture symbolique de l'Histoire de France.* Paris: Dervy-Livres, 1987. p. 100.

18 Acerca das cerimônias da realeza do *Ancien Régime* q. v. A. Boureau. Les cérémonies royales françaises entre performance juridique et compétence liturgique. In: *Annales ESC.* Paris: n. 6, 1991; L. M. Bryant. La cérémonie de l'entrée à Paris au Moyen Age. In: *Annales ESC.* Paris: n. 3, 1986; R. Giesey. Modèles de pouvoir dans le rites royaux en France. In: *Annales ESC.* Paris: n. 3, 1986; Sarah Hanley Madden. L'idéologie constitutionelle en France: le Lit de Justice. *Annales ESC*, n. 1, 1982. Estudos de historiadores franceses que também estudam as cerimô-

nias reais; H. Montaigu. *op. cit.*; M.Valensise. Le sacre du roi: stratégie symbolique et doctrine politique de la monarchie française. In: *Annales ESC.* Paris: n. 3, 1986.
19 J.-B. Bossuet. *Politique tirée des propres paroles de l'Ecriture Sainte.* Genève: Droz, 1967. (Edition critique avec introduction et notes par Jacques le Brun). p. 27.
20 Idem, ibdem. p. 62-63.
21 Idem, ibidem. p. 57.
22 Cf. J. N. Figgis. *El derecho divino de los reyes.* México: Fondo de Cultura Económica, 1942.
23 J.-B. Bossuet. *op. cit.*. pp. 59-60.
24 Maquiavel. *op. cit.* p. 80)
25 Jacques Truchet (org.) *op. cit.*. p. 40.
26 Maquiavel. *op. cit.* p. 128.
27 Cf. C. Lefort. *As formas da História.* São Paulo: Brasiliense, 1990; N. Bignotto. *Maquiavel republicano.* São Paulo: Loyola, 1991; S. Wolin. *Politics and vision.* Boston: Litle-Brown and Company, 1960.Wolin, 1960.
28 Maquiavel. *op. cit.* p. 111.
29 Idem, ibdem. p. 111.
30 La Bruyère, *op. cit.* p. 119.
31 Maquiavel. *op. cit.* p. 130.
32 Richelieu. Testament politique. In: *Oeuvres du Cardinal de Richelieu.* Paris: Plon, 1933. (Avec introduction et des notes par Roger Gaucheron.). p. 58.
33 Maquiavel. *op. cit.* p. 46.
34 Cf. S. Wolin. *op. cit.*
35 J. Burckhardt. *A civilização do Renascimento italiano.* Lisboa: Editorial Presença, 1983. p. 15.
36 J.-B. Bossuet. *op. cit.* p. 271.
37 G. Balandier. *O poder em cena.* Brasília: EUB, 1981. p. 17.
38 Voltaire. *op. cit.* p. 146.

O *VERO* E O *CERTO*: A PROVIDÊNCIA NA HISTÓRIA SEGUNDO GIAMBATTISTA VICO

Sonia Lacerda

No vasto sistema do fundador da metafísica da história já existe, pelo menos em germinação, todo o trabalho da moderna sabedoria. Como Wolf, ele disse que a Ilíada era o trabalho de um povo, seu trabalho erudito e última expressão, após muitos séculos de inspirada poesia. Como Creuzer e Gorres, ele interpretou as figuras heróicas e divinas da história primitiva como idéias. (...) O que Niebuhr iria encontrar após vastas pesquisas foi adivinhado por Vico; ele restaurou a Roma dos patrícios e fez viver de novo suas curiae e suas gentes. (...) Todos os gigantes da crítica já estão contidos, e sobra lugar, no pequeno pandemônio da Ciência nova.

Michelet

A elogiosa declaração de Michelet aponta, na obra de Giambattista Vico, os aspectos em que ele identificava a afinidade dessa obra com certos interesses e orientações centrais de sua própria historiografia. São alguns daqueles que, quase por consenso, costumam ser enumerados como traços característicos da concepção de história abrigada sob a rubrica de "romantismo": perspectiva globalizante do devir como processo; valorização das tradições populares, encaradas como criações espontâneas e como substrato modelador das culturas; importância atribuída às épocas primitivas; interesse pela poesia heróica e pela mitologia; refinamento na crítica filológica. Aqui se pode tomá-los, em princípio, como representativos do corte romântico de determinada historiografia, ressalvando-se, desde logo, a fluidez e o artificialismo inerentes às categorias do tipo barroco, romantismo, classicismo e similares, com que se pretende periodizar a história cultural. "O espaço-tempo cultural não é passível de organização, segundo articulações inteligíveis", afirma um autor[1] a propósito justamente dessas classificações, sem que isso o tenha impedido de procurar circunscrever os elementos de significação da noção de romantismo.

Não deixa de ter interesse aludir, em reforço ao testemunho de Michelet, às considerações de Berlin sobre a voga inusitada que o pensador italiano, completamente ignorado em vida, experimentou nos meios intelectuais franceses da primeira metade do século XIX (e entre patriotas italianos em luta pela afirmação nacional). Não por acaso, despertou entusiasmo entre escritores contra-revolucionários e publicistas da Restauração, a quem Vico chegara por intermédio de um compatriota exilado, que nele via a fonte original do nacionalismo antijacobino e base para a pregação sobre a inconsistência das tentativas de transplantes institucionais entre sociedades que a História diferenciava[2].

Digo não por acaso porque constitui lugar-comum a identificação do movimento romântico com tendências conservadoras, cristalizadas em reação aos princípios racionalistas exportados pela França revolucionária, do mesmo modo que ainda é predominante a avaliação da *scienza* viquiana como intelectualmente retardatária e ideologicamente retrógrada. Mas assim como se pode questionar o rótulo de romantismo, tendo em vista a pluralidade de correntes nele incluídas e as complexas, não raro contraditórias, relações entre posições intelectuais e motivações políticas, sociais ou religiosas, não se pode subestimar a complexidade da problemática e da estrutura teórica da *Scienza nuova*, que dá lugar às mais díspares leituras entre seus maiores intérpretes, todas igualmente autorizadas. Se todas são também (ou não) igualmente legítimas, é outra questão, alheia às preocupações deste artigo. Aqui se acham em causa apenas as afinidades supostas das concepções de Vico com a noção de historicidade especificada pela designação de historicismo.

Historicismo é um termo polissêmico e controvertido, e por isso mesmo o conceito está sujeito a inevitável margem de imprecisão[3]. Empregado na apreciação do empreendimento viquiano, comporta ampla variação no sentido e alcance. De Meinecke a Hayden White, de Auerbach a Berlin – para citar apenas os exegetas mais conhecidos – percebem-se diferenças consideráveis[4]. Para os objetivos da presente discussão, contudo, basta tomar o conceito em sua acepção lata[5] e considerá-lo adequado à descrição dos modos de pensar a História e o conhecimento histórico dominantes no século XIX.

Vico é, pois, freqüentemente apresentado se não como instaurador, ao menos como antecipador da noção de historicidade tornada hegemônica no Oitocentos. Não coube a ele a identificação entre natureza humana e existência histórica? Não prefigurou a distinção entre *Geisteswissenschaft* e *Naturwissenschaft*, a proclamar a diferença irredutível que separa a ciência das coisas feitas pelo homem e a do mundo natural, feito por Deus[6]? E não se avizinhou de uma epistemologia da compreensão, enunciando o princípio de que a forma de pensamento dos tempos mais remotos pode descobrir-se nas *modificazioni* de nossa própria mente[7]? Ou, ainda, não esboçou uma hermenêutica contextualista, destinada a interpretar as fábulas e outras "tradições vulgares"[8]? Não criou conceitos equivalentes aos da cultura, do estilo e até ao conceito romântico de gênio do povo[9]? Tantos e tão expressivos são os paralelos com as idéias-mestras do historicismo oitocentista que o mais influente dos comentadores da obra de Vico conclui sua resenha dessas analogias com a observação de que "esses múltiplos retornos da obra de um indivíduo na obra de muitas gerações, esse confronto entre um indivíduo e um século justificam uma definição imaginosa que se pode dar a Vico, deduzindo-a do desenvolvimento posterior: que ele foi nem mais nem menos o século XIX em embrião[10]".

Não se trata por certo da única linha de interpretação. Alguns críticos lêem a *Scienza* à luz da metafísica naturalista difundida nos círculos filosóficos napolitanos freqüentados por Vico, e assim estabelecem afinidades de suas teorias históricas com o Iluminismo. Outros dão ênfase à concepção global de processo histórico, de modo que a filosofia viquiana apareça quase como evolucionismo positivista. Outros, finalmente, transpõem para a *Scienza nuova* critérios e métodos que pertencem às contemporâneas ciências sociais.

Na verdade, Vico foi desbravador de muitos caminhos, pioneiro na proposição de teorias, na abordagem de temas e no enunciado de princípios hoje correntes na análise histórica e cultural. Mas foi também filho de uma época e de uma ambiência, a de Nápoles no *primo Settecento*, imersa no catolicismo barroco e impregnada pela tradição clássico-humanista. Qualquer avaliação das "antecipações" da *Scienza* tem de levar em conta esse contexto.

A obra em seu tempo

Na primeira metade do século XVIII, quando foram dadas a público as três versões da *Scienza nuova*, a História já ocupava posição destacada no quadro dos interesses intelectuais dos círculos cultivados da Europa ocidental. Tratava-se, entretanto, predominantemente de uma História de cunho literário, concebida à imitação dos grandes modelos da Antigüidade, embora os mesmos séculos em que floresceu o padrão retórico de composição historiográfica – entre o Renascimento e o Iluminismo – sejam o da constituição de outra importante tradição: a da erudição clássica, impulsionada pelo humanismo renascentista. Ambas as correntes seguiram cursos independentes ao longo desse período, ainda que filologia e produção historiográfica tivessem convergido em algumas raras figuras, a maioria das quais do século XVIII. Na realidade, a associação entre erudição e historiografia só se consolidaria em pleno século XIX, tendo sido marca distintiva do historicismo romântico, em particular do alemão.

A primeira metade do século XVIII aparece como o momento terminal do que foi classificado como a idade de ouro de um gênero específico de história moralizante. A esse tipo de composição era inerente a atribuição de uma função exemplar, coerente com a concepção clássica de história *magistra vitae*, que se manteve hegemônica até a inflexão operada sob o influxo da experiência da Revolução[11]. Em diversos casos, de que o *Discours sur l'histoire universelle* (1681) de Bossuet constitui o mais expressivo, tentativas de interpretação da história universal fundavam-se numa visão providencialista, o que talvez denuncie a extração teológica da própria concepção de sentido da História[12].

Finalmente, a época áurea do relato histórico-literário foi também aquela em que se fez ouvir pela primeira vez a reivindicação de uma história "científica"[13]. Entendia-se por científico, no século XVII, um conhecimento do passado que não se restringisse à narrativa dos acontecimentos e à memorização de fatos interessantes, mas fosse capaz de lhes desvendar as causas, visto que se partia da idéia de que "saber é conhecer as coisas por suas causas e seus princípios"[14]. Evidentemente "causa", nesse caso, nada tinha a ver com o conceito nas ciências físicas (ou mesmo na metafísica), referindo-se aos "motivos, opiniões e paixões dos homens", vale dizer, a uma análise moral e psicológica. O paradigma de referência continuava, portanto, o da história exemplar. "Estudar a história, (...) em uma palavra, é aprender a conhecer a si mesmo nos outros; é encontrar nos santos e nas pessoas virtuosas o que nos pode edificar, e nos maus e viciosos o que se deve evitar; como convém se comportar nos acontecimentos vantajosos e desvantajosos."[15]

Essas indicações contextuais importam para situar adequadamente o pensamento histórico de Giambattista Vico, em cuja formação entrecruzaram-se tradições e demandas típicas desse horizonte intelectual. Considere-se, antes de mais nada, a erudição "filológica"[16], praticada então por gramáticos, paleógrafos, editores e críticos de textos clássicos profanos ou sagrados, e ainda por "antiquários"[17], professores de retórica e sobretudo juristas, estes empenhados na racionalização do Direito e concedendo importância capital ao estudo das instituições jurídicas romanas. Como Grotius, o grande teórico jusnaturalista com quem polemizou, Vico inclui-se nessa categoria de amadores. Mas ocupa posição singular na história da filologia: sem ter tido formação sistemática, concebeu algumas idéias efetivamente revolucionárias, como a da lógica peculiar às fábulas e a da estrutura heterogênea e caráter oral da poesia homérica. Toda essa tradição humanista constitui um dos vetores principais do ideal de saber corporificado na *Scienza nuova*.

Em certa medida, o projeto de Vico inscreve-se na linhagem das reconstruções apologéticas das origens da humanidade, guiadas pelo objetivo de salvaguardar a autoridade do relato sagrado da Criação e de sustentar as doutrinas ortodoxas da graça e do livre-arbítrio, uma e outra ameaçadas pelas controvérsias confessionais, pela submissão dos textos bíblicos à crítica racionalista e pelas explicações profanas do advento do Direito e das instituições civis[18]. Todavia, a maneira como cumpriu tal objetivo resulta numa noção de processo histórico que transcende os limites dessas disputas religiosas e difere por completo de tudo quanto pudesse responder, na época, aos reclamos de uma História não meramente beletrista. Trata-se, com efeito, de uma teoria da sucessão temporal necessária das formas sociais e dos modos de funcionamento da mente humana, assentada numa versão nada convencional do providencialismo cristão.

Uma filosofia da humanidade

Advirta-se, desde logo, que apesar de ter proposto um conceito de História novo e plenamente moderno, no sentido da ruptura com a tradição da História exemplar, a *Scienza* de Vico não tem o caráter de uma filosofia da história, à feição oitocentista. A amplitude de sua problemática e a complexidade de sua estrutura fazem dela algo maior.

Os títulos dados à obra são, em si, esclarecedores do que se está a afirmar. Como se sabe, a *Scienza nuova* teve três redações consideravelmente diferenciadas na organização da matéria e mesmo no conteúdo[19]. A primeira publicou-se com a designação de *Principi di una scienza nuova intorno alla natura delle nazioni per la qual si ritruovano i principi di altro sistema dell diritto naturale delle genti*. Duas coisas denota esse título na aparência redundante. Antes de mais nada, que o direito natural é o tema articulador das questões contempladas. (Observe-se, de passagem, que *altro sistema* alude às teorias dos jusnaturalistas Grotius, Selden e Pufendorf, para as quais se oferecia um "sistema" alternativo.) Em seguida, que a "natureza das nações" era a chave para a descoberta dos verdadeiros princípios do Direito. O texto editado em 1744, em contrapartida, ostenta o título de *Princìpi di scienza nuova di Giambattista Vico d'intorno alla comune natura delle nazioni.* O que a mudança de denominação sugere é um deslocamento de foco[20]: a questão dos fundamentos do direito deixou de ser central para tornar-se um entre os vários aspectos que definiam a *Scienza.*

Nos parágrafos 385 a 389 da versão definitiva encontra-se uma exposição sistemática do que Vico chamou de "aspectos" da *Scienza nuova.* Um resumo do conteúdo dessa exposição pode dar idéia da complexidade da arquitetura da obra.

1) O primeiro aspecto, "teologia civil racional da providência divina", consiste na demonstração de que a Providência ordenou desde o começo as instituições da humanidade gentia, para garantir a salvação de todo o gênero humano.

2) O segundo, "filosofia da autoridade", refere-se às noções de autoridade que, em cada uma das "idades" do curso histórico das nações gentias, garantiram a confiança e a observância das regras de convívio social.

3) A "história das idéias humanas", terceiro aspecto, significa as diferentes maneiras como as nações, baseadas num senso comum, conceberam as necessidades e utilidades da vida social ao longo do tempo, para instituir as normas do direito natural.

4) Por "crítica filosófica" – também denominada "nova arte crítica"[21] – entenda-se a hermenêutica das fábulas, uma "arte crítica" distinta da crítica textual erudita, porque fundada na lógica poética.

5) "História ideal eterna" é a forma do tempo histórico, correspondente ao esquema das três "idades", uniformemente seguido pelas histórias particulares das nações. Constitui, por assim dizer, o plano divino de salvação da humanidade.

6) O "sistema de direito natural das gentes" é a doutrina dos fundamentos do direito que Vico contrapunha às teorias dos "três príncipes do justanaturalismo".

7) "Ciência dos princípios da história universal", o último aspecto, constitui a explicação dos primórdios das nações gentias, segundo Vico até então ignorados em virtude do desconhecimento da verdadeira origem da poesia[22].

Percebe-se claramente por essa enumeração que o problema central da *Scienza* não é a reconstituição do passado remoto, nem mesmo a natureza do conhecimento histórico. A despeito da relevância dos princípios da história universal – a "Metafísica poética", parte da obra que expõe o *primo momento di tutte le cose umane della gentilità*, é o alicerce de todo o edifício teórico –, sua importância não é factual; reside antes na demonstração do modo de criação do primeiro "caráter poético", ou seja, da mais elementar categoria da linguagem e do pensamento primitivos[23]. Esse primeiro ato criador, que é ao mesmo tempo percepção do céu como deus dos auspícios e instauração das práticas adivinhatórias, encerra os "princípios da humanidade" [24]. A isso se refere a passagem mais célebre da *Scienza nuova*:

Mas na noite densa e trevosa que recobre os remotos começos da nossa longínqua antigüidade brilha o lume eterno, inextinguível, desta verdade que não se pode absolutamente pôr em dúvida: que este mundo civil foi certamente feito pelos homens, daí que seus princípios possam e devam encontrar-se nas modificações de nossa própria mente humana. A quem quer que nisso reflita deve causar espanto que todos os filósofos tenham seriamente empenhado seus estudos em conhecer o mundo natural, de que, visto que Deus o fez, só ele pode ter ciência, e descurado de meditar sobre este mundo das nações, ou seja, o mundo civil, do qual, visto que os homens o fizeram, estes podem ter ciência[25].

Na "Metafísica poética"[26] encontra-se o núcleo da *sapienza poética*, a sabedoria consignada nas fábulas – nas narrativas míticas do paganismo antigo – e que se caracteriza como produto da imaginação. A sabedoria poética é o saber próprio da infância da humanidade, compreendendo todas as artes que não provêm do raciocínio, engendradas muito antes do surgimento das ciências[27]. Define-se, pois, por contraste com o conhecimento abstrato, que só aparece na terceira idade do *corso*, a idade da *ragion tutta spiegata*.

A exposição da sabedoria poética, que ocupa todo o livro II da edição definitiva da *Scienza*, nas palavras de um de seus tradutores ingleses, "constitui metade da extensão da obra, mas contém quase toda a sua substância"[28]. Não admira esse destaque dado a uma teoria que exalta a poesia como conhecimento e que se baseia em grande parte na transposição de conceitos da retórica e da arte poética, inserindo-os numa problemática filosófica e antropológica. Não admira também que algumas teses em que se desdobra essa teoria sugiram a preferência de Vico pelas idades poéticas da humanidade.

Na *Scienza nuova* confluíram preocupações, questionamentos e interesses intelectuais cristalizados ao longo da vida de um pensador que foi também professor de retórica, poeta, orador, em suma, um homem formado na tradição clássico-humanista. Inevitavelmente, sua obra máxima tem as marcas dessa experiência, tanto no conteúdo quanto no estilo. Qualificá-la de filosofia da história é reduzir seu porte, ignorar sua especificidade. Talvez a expressão que melhor corresponda ao espírito da *Scienza* seja "filosofia da humanidade", saída da pena do próprio autor[29].

É preciso acrescentar que a humanidade em causa é apenas a humanidade gentia, a das "nações"; a *Scienza nuova* separa escrupulosamente hebreus e gentios, história sagrada e história profana, e exclui os primeiros do âmbito de sua especulação sobre os princípios da história universal. Aparentemente só aos povos pagãos antigos aplica-se a noção de sabedoria poética: o povo eleito não "imaginou" seu Deus nem criou poeticamente suas instituições[30]. A dissociação da história profana e da sagrada foi justamente a maneira de Vico confirmar a veracidade intangível dos relatos bíblicos.

Mas se no primeiro movimento da história ideal eterna, ou seja, no *corso*, as histórias dos hebreus e das nações gentias correm paralelas, no *ricorso* elas se acham unificadas, por força da expansão romana e da difusão do cristianismo. Judeus, bárbaros e romanos, reunidos nos territórios da cristandade, fizeram-se igualmente poetas na idade divina e na heróica do *ricorso* medieval.

O VERO E O CERTO

Filosofia da humanidade, o sistema viquiano não deixa de ser também uma filosofia do mundo civil, de vez que no horizonte da *Scienza* humanidade e civilidade são conceitos coextensivos; o ato inaugural da ordem social é simultaneamente ato criador da humanidade, vale dizer, o modo pelo qual criaturas não humanas (*bestioni*) se tornaram homens, adotando por temor do deus dos auspícios as três práticas básicas que distinguem o homem dos animais: religião, matrimônio e sepultamento dos mortos[31]. Assim, no bojo mesmo da sabedoria poética encontra-se delineada uma doutrina jurídico-política. Em termos mais estritos, acha-se a reinterpretação do direito natural que Vico aponta como o sexto "aspecto" de sua ciência.

O argumento de Vico é que as origens da ordem civil não podem explicar-se por convenção, porquanto a entrada em acordo requer uma base de confiança que, nas condições "ferinas" dos fundadores das nações, só poderia provir da natureza, ou seja, de algo espontâneo; do contrário, estar-se-á postulando a preexistência daquilo que ainda iria instaurar-se[32]. Esse algo é o senso comum, definido como "juízo sem nenhuma reflexão" ou "critério ensinado às nações pela Providência divina", que torna certo o "incertíssimo" arbítrio humano[33]. Assim entendido, o senso comum constitui categoria-chave do "sistema do direito natural" e da própria filosofia da humanidade viquiana; o princípio de coesão e o suporte das coletividades políticas, que regulam as ações públicas e garantem suas normas. Daí a informação de que "o direito natural das gentes foi instituído pelos costumes, (...) e não por lei", e a pretensão do napolitano de haver decidido a "grande disputa" sobre "se o direito assenta na natureza ou nas opiniões dos homens"[34].

Costumes naturais, direito natural das gentes: estas noções, referidas à de senso comum, sintetizam no essencial a concepção dos fundamentos da sociedade civil desenvolvida na *Scienza*. Tal concepção formulou-se tanto contra as doutrinas racionalistas do direito quanto em oposição às teses "libertinas" acerca de um contrato original e da possibilidade da vida com justiça sem o conhecimento de Deus[35]. Para além das polêmicas religiosas da época, a obra traz duas novidades verdadeiramente relevantes: a redefinição radical do conceito de natureza humana e a idéia de processo histórico em que se apoiou a versão viquiana do direito natural.

O uso da noção de natureza por Vico tem, entre outros, um sentido anti-racionalista. Permite descartar a razão como base da justiça, sem fugir à exigência de um direito de valor universal. Um dos axiomas da *Scienza* que o autor inclui entre os que "servem para meditar este mundo das nações em sua idéia eterna" enuncia: "A natureza das coisas outra não é que seu nascimento em certos tempos e de certos modos; sempre que estes são tais, assim e não outras são as coisas nascidas."[36] O enunciado desloca a definição da essência das coisas para o modo como elas vêm à existência. Aplicado ao homem, implica historizar a natureza humana.

O modo como nasceu o homem – não o homem adâmico, criado perfeito, mas a humanidade engendrada pelos *bestioni* – foi o ato de criação de instituições elementares. Esse modo qualifica a natureza humana não apenas como social, mas também como poética. A teoria viquiana das origens estabelece, assim, o primado da imaginação sobre a razão. Mas tal como na vida dos indivíduos à idade da imaginação sucede a da reflexão, na história da humanidade às idades poéticas – denominadas "divina" e "heróica" – segue-se a da razão[37]. E a cada uma dessas idades corresponde uma natureza humana diferente[38]. Com Vico, pela primeira vez na história das idéias, asseverou-se que a natureza humana não é imutável.

Ocorre, entretanto, que no ponto de partida da *Scienza nuova*, se não de toda a reflexão filosófica de Giambattista, estava a preocupação de estabelecer um fundamento de verdade para as normas positivas do direito, de conciliar os aspectos universais da justiça com suas expressões particulares. Foi esse questionamento que encontrou solução no famoso princípio dito do *verum ipsum factum*, segundo o qual "este mundo das nações, visto que os homens o fizeram, dele podem ter ciência". Interpretada à luz do pressuposto maior da *Scienza*, que é a doutrina católica da graça, traduzida como ajuda providencial aos povos pagãos[39], a regra da conversibilidade entre o "verdadeiro" e o "feito" introduz na criação do mundo civil, por assim dizer, dupla determinação: de um lado, a vontade dos homens, de outro, os desígnios divinos. A articulação desses dois princípios, baseada na noção de senso comum, realiza na história das nações a correspondência entre o universal e o particular, razão e vontade, necessidade e contingência, enfim, entre o que Vico designou como *vero* e *certo*.

O *certo* diz respeito ao que depende do senso comum, capaz de fixar o arbítrio humano[40]; é, pois, a norma de autoridade sujeita às circunstâncias e às particularidades das nações[41]. O *vero* concerne à razão, qualifica aquilo que possui validade eterna e universal, como o direito procedente da reflexão filosófica[42]. "Os homens", explica Vico, "durante longo período foram incapazes de verdade e razão, que é a fonte daquela justiça que satisfaz o intelecto".[43] Revelada por Deus ao povo eleito, entre os pagãos essa justiça incontestável teve de esperar dois mil anos depois de fundadas as nações, pois só então vieram a existir filósofos. "Entrementes", prossegue a explicação, "governou-se pelo certo da autoridade, isto é, pelo (...) senso comum do gênero humano, em que repousa a consciência de todas as nações".

A história providencialista de Giambattista Vico desenvolve-se em dois planos, o do *certo* humano e o do *vero* divino. O primeiro acha-se exposto às variações das circunstâncias e aos azares das vontades particulares; o segundo é ordenado pelas razões de Deus onisciente, que adota para tanto "meios tão fáceis como os costumes naturais"[44]. Mas o *certo* participa do *vero* divino, à medida que manifesta a providência do Criador. Ou seja, pode-se reconhecer a verdade universal nas peculiaridades de cada existência particular. Assim, se a natureza do mundo civil é histórica – criada e modificada pelo homem no tempo –, a história em seu todo é racional; tem uma causa transcendente, um sentido e uma finalidade. História ideal eterna é a "fórmula memorável", no dizer de Battistini (1990: 1.796), que sintetiza a unidade dessa diferenciação: "Por isso esta ciência vem a descrever ao mesmo tempo uma história ideal eterna, percorrida no tempo pelas histórias de todas as nações, em seu surgimento, avanços, estado, declínio e queda."[45]

Conquanto realizem na história "o plano do divino arquiteto"[46], as *modificazioni* da mente humana possuem uma dinâmica como que imanente. Com efeito, mediante a tese da ajuda ordinária de Deus aos gentios, traduzida no senso comum, a meta-história de Vico transporta para o espírito humano uma estrutura que contém o princípio de seu próprio movimento[47]. Mas que tal dinâmica não tem autonomia absoluta se evidencia pelo modelo uniforme das três idades que as trajetórias de todas as nações executam. Em cada uma das idades os costumes, o governo, o direito, a linguagem e demais elementos do mundo civil assumem configuração específica, de acordo com as três espécies de natureza humana. O sentido do movimento global é a salvação do gênero humano. Num dos últimos parágrafos da obra, Vico declara de maneira lapidar:

> Embora os homens tenham feito este mundo das nações, (...) este mundo sem dúvida saiu de uma mente diversa, às vezes totalmente contrária, mas sempre superior aos fins particulares que os homens se propuseram; os quais fins restritos, tornados meios para servir a fins mais amplos, ela sempre empregou para conservar nesta Terra a raça humana[48].

A salvação de que trata a *Scienza*, como se vê, não é escatológica; ocorre neste nosso planeta. Exclui também a concepção de progresso histórico ou pelo menos a apresenta de forma ambígua. Isso porque se a seqüência das idades se desdobra inicialmente em linha ascendente, termina em movimento regressivo, para repetir a mesma sucessão (*ricorso*). Em outras palavras, não há uma marcha linear que vá da sabedoria poética à razão esclarecida, mas uma racionalização crescente que se interrompe pela "barbárie da reflexão": trata-se de uma situação de rompimento do senso comum, de anomia, provocada pelo excesso de refinamento intelectual[49]. Vico de modo nenhum explicita se essa barbárie constitui ocorrência singular, que dá fim à história da humanidade gentia, ou o marco inicial de um novo ciclo destinado também a esgotar-se. Aí reside a ambigüidade do progresso porventura sugerido pelo primeiro *corso*.

Considerações finais

Espera-se que este rápido apanhado tenha cumprido seu propósito de realçar as peculiaridades da *Scienza nuova* e, por via de conseqüência, o exagero das costumeiras aproximações entre ela e tendências filosóficas ou historiográficas firmadas em horizontes epistêmicos diversos do da obra de Vico.

A ciência da natureza comum das nações resultou do esforço de construir um "sistema que harmonizasse a melhor filosofia, que é a platônica subordinada à religião cristã, com uma filologia portadora de necessidade científica"[50]. É "filha do século XVII", na avaliação de seu tradutor inglês[51], ainda que tivesse sido produzida nas primeiras décadas do século XVIII. Pode ser considerada uma resposta católica aos desafios que a razão crítica, nas condições de abalo geral das crenças e autoridades que Hazard (1961) caracterizou como "a crise da consciência européia", na passagem do *Seicento* para o *Settecento*, lançava às tradições religiosas e intelectuais. Isso, porém, não importa em qualificá-la de passadista, retardatária ante os debates culturais de sua época, conforme defendem alguns de seus intérpretes abalizados[52]. Pois se a construção da *Scienza* apoiou-se em erudição em boa parte já obsoleta, e os "interlocutores" de Giambattista foram "eruditos e filósofos (...) que, com exceção de Bayle, (...) haviam publicado obras entre 1600 e 1680"[53], a novidade dos resultados é inversamente proporcional ao atraso dessas referências[54].

Em muitos de seus temas, vale repetir, a filosofia viquiana adiantou-se ao seu tempo. Deixando de lado achados específicos, como a reavaliação estética e histórica da epopéia homérica e outros mais pontuais, dois aspectos abrangentes permitem que se reconheça em Vico um pensador atual: as sugestões sobre o papel ativo da linguagem na constituição das realidades cognitivas e a perspectiva antropológica em que reelaborou as categorias clássicas da poética e da retórica. Boa parte do surto de interesse hoje existente pela obra do napolitano prende-se a essas suas dimensões[55].

Quanto à compreensão do processo histórico, é decerto um aspecto moderno da *Scienza*. Em sentido geral, isso torna quase inevitável associar-lhe o termo historicismo, utilizado mesmo por críticos atentos ao que o pensamento de Vico tem de irredutível aos idealismos, evolucionismos, neokantismos e outras formas do historicismo oitocentista. O primeiro emprego impresso dessa palavra, afinal de contas, atesta-se em um estudo dedicado ao próprio Vico[56]. Mas dê-se ao conceito sentido amplo, o que significa: percepção genérica das individualidades ligadas às distâncias temporais.

Na realidade, a ordem racional do tempo designada como "história ideal eterna" tem vínculos mais estreitos com doutrinas clássicas que com as modernas filosofias da história. A história ideal eterna é uma forma ou idéia, na acepção platônica[57]. Devem-se levar a sério as inumeráveis declarações de Giambattista sobre sua filiação intelectual ao filósofo da Academia[58]; ele foi de seus "quatro autores"[59], vale dizer, um dos modelos que inspiraram o projeto da *Scienza nuova*. Com este, Vico pretendia ter superado a oposição entre a "república de Platão" e a "lama de Rômulo"[60]: ele representa a filosofia, na fórmula da conjunção entre filologia e filosofia, que exprime o objetivo maior da reflexão viquiana[61].

Se estiver correta a identificação da idéia de História de Vico com a idéia platônica, também a idéia da ajuda divina à atividade de criação humana estaria inspirada no platonismo; mais precisamente, no neoplatonismo renascentista, que permeava os "resíduos do barroco ainda presentes na cultura napolitana no limiar do Iluminismo"[62]. Não por acaso, quando demonstra o começo da sabedoria poética pelo primeiro ato de adivinhação – a percepção do céu como Júpiter –, Vico explica que essa primeira sabedoria foi a "teologia mística" dos poetas que os gregos chamaram de *mystae*, no sentido de "intérpretes dos deuses"[63].

Enfim, como antes se observou, a História pensada por Vico não é unitária; desdobra-se na oposição entre o imaginado e o revelado, que corresponde à dicotomia entre a história dos gentios e a história sagrada. A essa dicotomia soma-se uma tensão no âmbito da história profana: a tensão entre o arbítrio humano e a razão divina, que o conceito de senso comum coloca em equilíbrio instável. Instável porque suscetível de romper-se pelo excesso de refinamento dos costumes, que abre caminho à *barbarie ritornata*. Pairando de modo absoluto sobre essas vicissitudes está o princípio meta-histórico do "divino arquiteto", que faz da História um plano de salvação da humanidade.

Essa construção complexa, em que Mathieu (1976: 114) reconhece um senso tipicamente barroco dos eventos como criptogramas de verdades metafísicas, não pode sem mais se comparar nem às representações iluministas do progresso, nem às filosofias da história românticas ou do subseqüente historicismo. Há que apreciá-la em toda a riqueza e excentricidade que levaram Michelet a falar em "pequeno pandemônio da *Ciência nova*".

Bibliografia

ARENDT, H. *Sobre a revolução*. Trad. port. Lisboa: Moraes, 1971.

————. O conceito de história – antigo e moderno. In: *Entre o passado e o futuro*. Trad. port. São Paulo: Perspectiva, 1979. p. 69-126.

AUERBACH, E. Vico's contribution to literary criticism. In: *Gesammelte Aufsätze zur romanischen Philologie*. Berna/Munique: Francke, 1967. p. 259-265.

————. Vico and aesthetic historism. In: *Scenes from the drama of European literature*. Glaucester/Massachusetts: Peter Smith, 1973. p. 183-198.

BADALONI, N. Vico nell'ambito della filosofia europea. In: A. Corsano et al., *Omaggio a Vico*. Nápoles: Morano, 1968. p. 233-266.

BATTISTINI, A. *La degnità de la retorica*. Pisa: Pacini, 1975.

BERLIN, I. *Vico e Herder*. Trad. port. Brasília: Editora Universidade de Brasília, 1982.

BOSI, A. Uma leitura de Vico. In: *O ser e o tempo da poesia*. São Paulo: Cultrix, 1990. p. 193-220.

CROCE, B. *La filosofia di Giambattista Vico*. 6ª ed. Bari: Laterza, 1962.

GUSDORF, G. *Fondaments du savoir romantique*. Paris: Payot, 1982.

HAZARD, P. *La crise de la conscience européenne*. Paris: Fayard, 1961.

HUTTON, P. H. The *New science* of Giambattista Vico: historicism and its relation to poetics. In: *Journal of aesthetics and criticism*, 30, 1971. p. 359-367.

KOSELLECK, R. *Futures past: on the semantics of historical time*. Trad. ing. Cambridge: MIT, 1985.

LÖWITH, K. *Meaning in history*. Chicago: The University of Chicago Press, 1955.

MATHIEU, V. Vico e Leibniz. In: A. Corsano et al., *Omaggio a Vico*. Nápoles: Morano, 1967. p. 267-301.

————. Truth as mother of history. In: Giorgio Tagliacozzo e Donald Philip Verene (eds.), *Giambattista Vico's science of humanity*. Baltimore: The Johns Hopkins University Press, 1976. p. 113-124.

MAURO, T. de. Giambattista Vico: from rhetoric to linguistic historicism. In: Giorgio Tagliacozzo e Hyden White (eds.) *Giambattista Vico: an international symposium*. Baltimore: The Johns Hopkins University Press, 1969. p. 279-295.

MEINECK, F. *El historicismo y su génesis*. Trad. esp. México: Fondo de Cultura Económica, 1982.

MOMIGLIANO, A. L'histoire ancienne et l'antiquaire. In: *Problèmes d'historiographie ancienne et moderne*. Trad. franc. Paris: Gallimard, 1983. p. 244-293.

————. La *Scienza nuova* de Vico: "bestioni" et "eroi romains". In: *Problèmes d'historiographie ancienne et moderne*. Trad. franc. Paris: Gallimard, 1983. p. 294-320.

MORA, J. F. *Diccionario de filosofia*. 4 vols. Barcelona: Alianza, 1988.

MORRISON, J. C. Vico's principle of *verum is factum* and the problem of historicism, *Journal of history of philosophy*, 16, 1978. p. 579-595.

POMIAN, K. *L'ordre du temps*. Paris: Gallimard, 1984.

REIL, P. H. *The German Enlightenment and the rise of historicism*. Berkeley/Los Angeles: University of California Press, 1975.

ROSSI, P. *Os sinais do tempo: história da Terra e história das nações de Hooke a Vico.* Trad. port. São Paulo: Companhia das Letras, 1992.

VERENE, D. P. *Vico's science of imagination.* Ithaca/Londres: Cornell University Press, 1981.

VICO, G. *The New Science of Giambattista Vico.* Tradução integral da 3ª. ed. (1744) por Thomas Goddard Bergin e Max Harold Fisch. Introdução de Max Harold Fisch. Ithaca/Londres: Cornell University Press, 1988.

———. *Opere.* Edição de Andrea Battistini. 2 vols. Milão: Mondadori, 1990.

WHITE, H. Resenha de *A study of the New Science,* de Leon Pompa. In: *History and theory,* 15, 1975. p. 186-202.

———. Os trópicos da história: a estrutura profunda da *Ciência Nova.* In: *Trópicos do discurso: ensaios sobre a crítica da cultura.* Trad. port. São Paulo: Edusp, 1994. p. 219-239.

Notas

1 Gusdorf, 1982: 168.

2 Berlin, 1982: 90.

3 Veja-se, a propósito, Mora. 1988: s. v. "Historicismo".

4 Meinecke, 1982: 53-69, Hayden White, 1976: especialmente 199, Auerbach, 1967 e 1973 e Berlin, 1982: especialmente 47-48. Outras perspectivas em Morrison, 1978, Hutton, 1972 e Mauro, 1969.

5 Ou seja, como "maneira de encarar o mundo segundo a qual a verdade, o significado ou o valor de tudo se encontra na história"; cf. Reill, 1975: 213.

6 Berlin, 1982: 29, 37, 87.

7 Auerbach, 1967: 259.

8 Hayden White, 1976: 199-200.

9 Auerbach, 1967: 260, e 1973: 195.

10 Croce, 1962: 259.

11 Cf. Koselleck, 1985: especialmente 84, Arendt, 1971: 21-57, passim.

12 Como pretende Löwith, 1955; opinião contrária em Arendt, 1979: 97-101.

13 Discussão da questão e testemunhos em Pomian, 1984: 8-16.

14 Jean Mabillon, *Traité des études monastiques,* apud Pomian, 1984: 8.

15 Idem, *loc. cit.*

16 As aspas justificam-se porque, no sentido estrito, a filologia data do século XIX. Assim, Vico emprega o termo para designar "todos os gramáticos, historiadores, críticos que se ocuparam do estudo das línguas e feitos dos povos" (veja-se o § 139 da *Scienza nuova* de 1744).

17 Ou seja, os amadores dados aos nascentes estudos epigráficos, arqueológicos, numismáticos e de outros materiais compreendidos sob a rubrica de "antigüidades" gregas e latinas. Constituíram um fenômeno próprio do século XVIII, caracterizando-se, segundo Momigliano, 1983: 244, como "novo humanismo" desenvolvido à margem das universidades.

18 A esse respeito, ver exaustiva demonstração em Rossi, 1992.

19 As alterações mais profundas ocorreram da primeira edição (1725) para a segunda (1730). Visto que entre esta e a derradeira (1744), publicada após a morte de Giambattista, as diferenças consistiram em duas séries de "correções, melhoramentos e acréscimos" que foram incorporados ao texto da de 1744, os estudos sobre a obra baseiam-se em geral na edição original e na versão definitiva. Costuma-se designar a primeira pelo nome de *Scienza nuova prima.* Neste artigo, as referências de citações serão dadas mediante as abreviaturas SNP e SN, correspondentes respectivamente aos textos de 1725 e 1744, seguindo-se o(s) número(s) do(s) parágrafo(s) citado(s).

20 Sobre esse ponto ver Morrison, 1978: 50.
21 Cf. SN 7.
22 Cf. SN 384.
23 Cf. especialmente SN 379 e 381.
24 Cf. § 399.
25 SN 331.
26 SN 374-384.
27 SN 217, 498.
28 Fish, 1988: XLI.
29 SNP 526.
30 SN 167, 310, 313, 350, 948.
31 SN 330-337.
32 Cf. SNP 45.
33 Cf. SN 142, 145, 141.
34 SN 309.
35 A essas teses Vico liga principalmente os nomes de Hobbes e Bayle, que na *Scienza* compõem, junto com os jusnaturalistas, uma espécie de constelação de oponentes. Cf., por exemplo, SN 1.109-1.110 e SNP, epígrafe do livro I e § 269.
36 SN 163 e 147.
37 A analogia entre o desenvolvimento individual e a existência do conjunto da humanidade, condensada por Francis Bacon na fórmula *Antiquitas juventus mundi*, foi um *tópos* muito difundido nos séculos XVII e XVIII.
38 SN 916-918.
39 SN 136, 310, 339.
40 "O humano arbítrio, por natureza incertíssimo, torna-se certo e determina-se mediante o senso comum dos homens acerca das necessidades ou utilidades da vida humana, que são as duas fontes do direito natural das gentes." (SN 141).
41 Cf. SN 321.
42 "O verdadeiro (*il vero*) nas leis é certa luz e esplendor com que a razão natural as ilumina; daí que os jurisconsultos freqüentemente usem dizer *verum est por aequum est*." (SN 324).
43 SN 350.
44 Naturais porque inscritos na natureza comum das nações. Esses costumes equivalem ao modo de nascimento do direito natural: SN 309; cf. 343.
45 SN 349.
46 No § 47 da *Scienza nuova prima* a idéia da dupla determinação do curso histórico é expressa por esta bela imagem: "O artífice do mundo das nações é o arbítrio humano, obediente ao divino arquiteto."
47 SN 145, 161.
48 SN 1.108.
49 SN 1.106.
50 Vico, 1990a: 45.
51 Fish, 1988: XXXIII.
52 O mais eminente dos quais atualmente é Paolo Rossi. Ver também Momigliano (1983a).
53 Rossi. 1992: 11.
54 Cf. Battistini, 1990: 1.473-1.474.
55 Ver sobre esses aspectos White, 1994, Battistini, 1975, Bosi, 1990, Verene, 1981, além das referências fornecidas para esses tópicos na bibliografia de Battistini, 1990: 1.927-1.930.
56 Meinecke, 1982: 11. O livro é Vico *als Philosoph und gelehrter Forscher* (1879), de Karl Werner.

57 Esclarece Battistini, 1990: 1.552 que na expressão "história ideal eterna" "ecoa o motivo dominante do *Timeu* platônico, segundo o qual o tempo é uma imagem móvel da eternidade".
58 Por exemplo, na autobiografia: Vico, 1990a: 14, 15, 19, 21-22, 29-30, 36, 38, 45.
59 Tácito, Bacon, Grotius. Vico, 1990: 45.
60 SN 131: "A filosofia considera o homem tal como deve ser, e por isso não pode valer senão aos pouquíssimos que pretendem viver na república de Platão, e não chafurdar na lama de Rômulo."
61 SN 138-140.
62 A tese é defendida por Mathieu, 1968 e 1976, que caracteriza o providencialismo viquiano como "singularíssimo platonismo da história" (1968: 295).
63 SN 381.

Vico: clássico das antinomias interpretativas da História

Elias Thomé Saliba

Um verdadeiro historiador é aquele que consegue estabelecer uma relação afetiva com o passado mas, ao mesmo tempo, manter certa distancia dele. Afinado com as mais recentes concepções da historiografia, este equilíbrio instável, esta difícil coexistência entre o engajamento e distanciamento é um dos inúmeros, entre os mais importantes conselhos que podemos ler na *Ciência nova*, do filósofo italiano Giambattista Vico, obra publicada em 1725.

Mas não é fácil ler Vico. O leitor pode entediar-se com as inúmeras repetições, assustar-se com o formidável acúmulo de dados, e, de repente, surpreender-se com o brilho de certas passagens luminosas. Ler Vico, hoje, é um exercício de paciência. Em primeiro lugar pelas circunstâncias que envolveram a escrita e a publicação da obra. Publicada pela primeira vez em 1725, passou por uma reelaboração radical em nova edição em 1730, enfrentou os – ainda vigilantes – censores da Inquisição, para finalmente ser reeditada em 1744, pouco meses depois da morte do autor. Foi, portanto, a obra de toda uma vida – a vida obscura desse sábio napolitano de biografia infeliz, de ascendência pobre, que logrou ser apenas professor de retórica, enfrentou inúmeros problemas familiares e só conseguiu refugiar-se de sua existência precária e triste nas imensas bibliotecas de nobres e mecenas pouco generosos, para os quais Vico escrevia discursos ou cujos filhos ajudava a educar. Em segundo lugar, trata-se de um livro que foi teimosamente escrito *contra* algo ou alguém. No século XVIII, que buscava a exatidão e a clareza do estilo clássico, Vico escreveu em estilo rebarbativo e em linguagem anódina, mais próximo do procedimento barroco do século anterior. Num século no qual todos começavam por ser empiristas por definição, cartesianos por transação, ou seja, fervorosos adeptos do progresso das luzes, Vico foi anticartesiano, polemizou com os racionalistas e expôs uma original e atrevida teoria cíclica da História.

Vico inicia sua obra já enfrentando o desafio de buscar uma razão humana crítica e criativa e não um saber inerte, limitado apenas ao estudo do mundo natural. Seu mote é a doutrina escolástica do *verum et factum convertuntur – o que é verdadeiro e o que está feito se equivalem* – que afirmava, em geral, que o conhecimento perfeito do mundo só poderia ser atingido por aquele que o criou, Deus. Com muito cuidado e uma tortuosa retórica (já que os tribunais da Inquisição ainda estavam vigilantes) Vico inverte esta afirmação tradicional: se o homem não pode conhecer o que não fez, talvez ele possa conhecer o que ele realmente fez – as sociedades, as nações, as civilizações, a História, enfim. *Ciência nova* procura desvendar, assim, um mundo que é humano por excelência – o mundo da História, para o qual o conhecimento exato e infalível é, não apenas inútil, como até mesmo prejudicial.

"Só podemos conhecer um mundo que verdadeiramente criamos." Esta é, por assim dizer, a "descoberta" fundamental da obra de Vico, o alicerce sobre o qual ele monta o vasto edifício de erudição e criatividade que é *Ciência nova*. Na dialética de Vico, que busca movimentos anônimos nas temporalidades sociais, os homens fazem a sua própria História e, podem, portanto, reexperimentar esse processo na sua imaginação. O problema é que, para justificar essas afirmações notáveis e, buscando talvez legitimar sua extrema solidão intelectual, Vico sobrecarrega o texto com inúmeras citações eruditas, remissões infinitas à autoridade de nomes famosos, chegando mesmo a designar suas afirmações centrais como "dignidades". Recorre aos renascentistas Campanella, Patrizzi ou Pico Della Mirandola, que pregavam que "conhecer é estar unido ao que se conhece" ou que "a mágica é idêntica à sabedoria". Como um bolo saboroso cuja receita se perdeu, Vico mistura, de forma inextricável, essas fontes renascentistas com o empirismo de Locke e Bacon, concluindo sua longa e tortuosa argumentação com uma provocativa afirmação de Hobbes: "Nós demonstramos a geometria porque só nós podemos fazê-la."

Sentindo-se ainda incompreendido e, para fornecer ao leitor "uma idéia da obra antes mesmo de a ler" ou "para conservá-la mais facilmente na memória depois de a ter lido", Vico resolve colocar no frontispício do livro uma ilustração (expressamente encomendada por ele a um desenhista amigo) composta de inúmeros elementos místicos e herméticos, todos com uma "chave" para os enigmas que ele se esforça por explicar ao leitor em mais de vinte páginas. O próprio fato de utilizar-se de imagens para explicar a obra já fazia deste teimoso filósofo uma figura rara e original. Mas também aqui Vico polemiza com o seu próprio tempo: contra o diagrama abstrato que o racionalismo iluminista impõe à história universal, Vico insistia em buscar, na solidariedade da vida em seu conjunto, a significação mais profunda da História. Mais do que uma biografia linear, a história universal é aquela confusa, anárquica e fértil autobiografia da humanidade. Vico nos leva a percorrer uma longa viagem pelo território da história antiga, dos caldeus aos romanos, e com inúmeras repetições e argumentos dispersivos, gasta toda a primeira parte do livro para comprovar que é a fantasia que cria os mitos e os rituais que representam dramaticamente os conceitos primitivos da humanidade; e que é essa mesma habilidade, a fantasia, que gera nosso sentido do passado.

A língua e a mitologia constituem as chaves para a interpretação das sociedades, mas nem sempre as tradições são literalmente verdadeiras. Todas as tradições são verossímeis, mas nenhuma delas significa exatamente aquilo que diz. Com observações argutas como essas, Vico reforça o argumento de que só podemos aspirar a um conhecimento verdadeiro quando conseguimos operar uma reconstrução ou uma desmontagem mental daquilo que pretendemos conhecer. O que impressiona neste aspecto, além da originalidade e da argúcia das proposições, é a familiaridade com que o filósofo napolitano parece tratar a idéia de um autoconhecimento, central nas modernas correntes da hermenêutica histórica, hoje brilhantemente expostas por Reinhardt Kosseleck ou Paul Ricoeur.

Há um padrão na História? É a natureza humana igual em toda parte? Ao responder essas questões, Vico antecipa, de certa forma e a seu modo, a idéia de uma "filosofia da História", termo cunhado e utilizado, alguns anos depois e pela primeira vez, por Voltaire. Mas Voltaire, como típico intelectual iluminista, acreditava numa natureza humana comum e universal que reproduziria, em qualquer parte do mundo, uma cultura racional e civilizada. Vico parte do princípio de que o homem não tem "natureza", tem apenas "história" e a tarefa de descobrir um sentido da História – que Vico designa como "história ideal eterna" – é descrita como a principal vocação do historiador. A "história ideal" é constituída, segundo a descrição de Vico, de três idades: dos deuses, dos heróis e dos homens. Vico fornece um fundamento antropológico e ético para cada uma delas: os homens se apercebem primeiro do que é necessário, depois do que é proveitoso e cômodo, comprazendo-se finalmente no agradável e no luxo das coisas. Cada uma das idades gerou uma respectiva moral, uma economia, uma jurisprudência, uma política e uma visão de mundo. Mas é possível perceber a ênfase – inusitada para a época – na abordagem que valoriza a produção cultural de cada sociedade: na idade dos deuses, os ciclopes dos tempos bárbaros raciocinavam com o corpo, sem nenhum poder de reflexão mas com robustíssima fantasia, utilizando-se das imagens e da escrita hieroglífica; a idade dos heróis teria sido essencialmente poética, com o uso da linguagem simbólica mas com uma moral ainda baseada na guerra e não na paz. A idade dos homens caracteriza-se pelo uso dos sinais convencionados pela razão, pelo nascimento da própria filosofia e, afinal, por atingir o que seria a plenitude da civilização.

Todo o brilhantismo de Vico revela-se na segunda parte do livro, no qual realiza um detalhadíssimo estudo lingüístico, que se completa na parte seguinte, onde procura aplicar concretamente seus métodos a um estudo específico da poética de Homero. O método desta nova ciência é, fundamentalmente, filológico pois, para Vico, a linguagem é a testemunha ancestral da História, já que é por meio dela que se produzem a compreensão do homem para o homem, a significação da obra para os intérpretes, a iluminação do passado para os presentes sucessivos. Mas, no diagrama da História da *Ciência nova*, a idade dos homens e da razão, o último estágio, não é necessariamente o ponto de chegada pois, para Vico, a História é feita de curso e recurso (*corsi* e *recorsi*) – aqueles fluxos e refluxos que sempre colocam a possibilidade de nova barbarização. Não se trata aí de mera rotatividade da história pois, como bem observou Collingwood, Vico não descreve ciclos de fases fixas como um círculo, mas sim uma linha sinuosa imitando a espiral de uma História que não se repete. Eis aí mais uma das formulações anacrônicas de Vico que ainda mais acentuariam sua solidão intelectual: uma teoria cíclica em pleno século das luzes e do progresso, o ciclo do tempo de Vico contra a seta do tempo irreversível e linear dos filósofos iluministas. No limiar da Providência divina e da imanência da vontade humana, Vico construiu, dos *corsi* e *recorsi* dos povos antigos, um paradigma interpretativo da História.

O que faz a riqueza da *Ciência nova* é que ela foi escrita na fronteira de vários mundos mentais, não se enquadrando em nenhum deles: nem renascentista, nem cartesiano, nem barroco, nem iluminista – daí também a complicada posteridade de Vico. Se uma só frase bastasse para resumir a posteridade de Vico, diríamos: muitíssimo citado, pouquíssimo lido e ainda menos compreendido. A História posterior da *Ciência nova* vem exemplificar o singular destino daquelas obras que têm muito mais intérpretes do que leitores. Goethe reconheceu em Vico o autor de uma "obra sibilina" que seria muito lida no futuro. Michelet traduziu parte da *Ciência nova* para o francês e considerou Vico como seu "único mestre". Marx recomendou-o a Lassale, justificando ser ele "o pai da história da tecnologia humana", e muitos marxistas viram nele "o precursor da dialética histórica entre a teoria e a prática". No século XX, a *Ciência nova* serviu de inspiração direta para teóricos críticos da História como Croce ou Collingwood; para teóricos especuladores da História como Toynbee ou Spengler;

para inúmeros escritores, como Joyce em *Finnegans Wake*, ou Alejo Carpentier, que jogou o *ricorsi* de Vico no título do seu incrível romance *O recurso do método*; ou para ensaístas como Edmund Wilson, que abre o seu *Rumo à Estação Finlândia* com a "descoberta" de Vico ou Isaiah Berlin, que dedicou praticamente um livro inteiro a Vico. A posteridade de Vico acabaria exemplificando, por fim, o próprio relativismo histórico que a sua obra perseguiu de forma tão extravagante: toda vez que um autor é muito obscuro e muito original, seus intérpretes tendem a utilizá-lo como veículo para suas próprias idéias, transformando-o em outra espécie de evangelho, cheio de portas nas quais quem quer que bata será atendido buscando o que procura.

Mas, com esta primorosa edição brasileira de Vico, o leitor tem a oportunidade de conferir, por si mesmo, a validade dos usos e abusos que esses outros leitores famosos fizeram da *Ciência nova*. Mas, certamente, não escapará tão facilmente de transformá-lo num "clássico", no sentido que Borges deu a esta palavra, lendo Vico com "prévio fervor e misteriosa lealdade".

Vico e a História Nova

José Carlos Reis

Giambatista Vico (1668-1744) é de Nápoles, Itália. Na passagem do século XVII ao XVIII, filólogo e historiador, ele se interessou pelo estudo do Direito, da poesia, da História, da mitologia e da linguagem. E não pela matemática, pela física, pela astronomia, a "velha ciência", que se impunham à atenção dos seus contemporâneos. O seu interesse era pelas *novas ciências humanas*, que emergiam timidamente, dominadas pela ditadura da metafísica. A sua obra mais importante, *Ciência nova*, que se tornou um clássico da teoria da História, publicada em 1725, ainda sentia o peso da tradição teológica, mas sacudia a cabeça, os ombros e os braços, tentando se desvencilhar daquela camisa-de-força. Foi revista e reeditada em 1730 e em 1744, mas, apesar de ser hoje considerada uma obra de extrema importância para o pensamento histórico, *Ciência nova* foi de fato reconhecida apenas postumamente. A escrita obscura, hermética, críptica e o pensamento assistemático de Vico dificultaram o seu acesso. O sucesso foi póstumo e tardio. Ela não apresentava uma idéia matematicamente acabada, fechada, um sistema, mas sugestões. Anti-racionalista em plena vigência do modelo cartesiano, Vico viveu anônimo, à margem do meio intelectual hegemônico do seu tempo. No Brasil, *Ciência nova* apareceu, em excertos selecionados, na coleção *Os pensadores*, da editora Abril Cultural (1974); também em excertos selecionados por Patrick Gardiner, em *Teorias da História*, da editora da Fundação Calouste Gulbenkian (1974), de Lisboa e, muito recentemente, em 1999, o texto integral foi publicado pela editora Record. Vico é, portanto, quase inédito no Brasil!

Peter Burke não acredita nesta construção da imagem de um Vico precursor e esquecido, inovador e combatido, genial e incompreendido, um homem do futuro nascido no passado. Para ele, isto é uma lenda! Burke acha tudo isso exagero dos seus biógrafos. Criou-se um herói. Ele pertencia, sim, afirma Burke, ao seu mundo e à época, embora fosse visto como extravagante, obscuro, especulativo, ilegível, doido! É verdade, no entanto, contra Burke, que a sua época era cartesiana e iluminista, racionalista e panmatematicista. Neste ambiente hostil, Vico era um fundador das ciências humanas! Ele estaria na origem do historicismo, do existencialismo, do estruturalismo, da fenomenologia, do marxismo, que viriam a existir apenas nos séculos XIX/XX. No século XIX, muitos autores se voltaram para a sua *Ciência nova* em busca de inspiração contra o racionalismo exacerbado que os asfixiava: Goethe, Herder, Dilthey, Ranke, Victor Cousin, Michelet, Marx. No século XX, Collingwood, Croce, Meinecke se inspiraram em sua teoria da História. Ele atraiu também pelo seu interesse em mentes selvagens (Mauss/Lévi-Strauss/Godelier), na linguagem e no pensamento de crianças (Piaget), em mentalidades ou modos de pensar (etno-história/Annales). Seus modernos admiradores pretendem que vivemos, hoje, em uma época viquiana. Seus seguidores se tornaram influentes e o tornaram tardiamente reconhecido.

Vico versus Descartes

Os séculos XVII/XVIII, afirma Berlin, tinham o seguinte ponto de vista: não dizer as coisas claramente equivale a não dizer absolutamente nada. Descartes está na origem desta valorização exclusiva das idéias claras e distintas. Por isso, ele era cético quanto à possibilidade do conhecimento histórico. Para Descartes, a vida dos homens não poderia ser objeto de um conhecimento seguro e confiável, pois não poderia ser tratada pela matemática. Eis alguns dos seus argumentos céticos contra a História: a) a História é uma fuga da realidade, pois o historiador fica estranho à vida presente; b) pirronismo: as narrativas históricas não merecem a nossa confiança, pois, por serem um conhecimento indireto do passado, são indemonstráveis e inverificáveis; c) como não são dignas de confiança não podem nos ajudar na ação presente – o conhecimento histórico é estéril, inútil; d) a História fantasia o passado, apresentando-o mais fantástico do que foi. Para Descartes, o conhecimento histórico é inevitavelmente equívoco, inverossímil, lendário, mar de fábulas!

A importância de Vico está na contestação dessas teses de Descartes sobre o conhecimento da vida dos homens. Elas se opõem sobretudo em relação ao problema do *critério da verdade*. Vico fere Descartes em seu princípio de base ao contestar que o critério da verdade seja *a idéia clara e distinta*. Para ele, este princípio está longe de ser universal e necessário. É apenas mais um critério subjetivo e psicológico. Ele só prova que estou convencido das minhas idéias, que me parecem intimamente claras e distintas. Ele não prova que elas sejam verdadeiras. Para Vico, o critério da verdade seria outro: *só se pode conhecer o que se criou.* A matemática, por exemplo, só é clara e distinta porque é uma criação humana. Ela não passa de uma linguagem humana! Segundo este critério, só as criações humanas seriam conhecíveis: o direito, as artes, as linguagens, a mitologia, os costumes, a cultura. Contra Descartes, a História torna-se plenamente conhecível, pois é a suprema obra humana. As ciências naturais pretendem conhecer a natureza, um objeto que não foi criado pelos homens. Poderão conhecê-la?

Vico e a História

Vico deu duas contribuições importantes ao pensamento histórico:

a) A Teoria Cíclica da História (corsi e *ricorsi)*

A sua representação cíclica da História veio se opor à temporalidade linear do iluminismo. A História não seria uma marcha inexorável da ignorância ao conhecimento, da mitologia à ciência, da superstição ao conhecimento positivo, do homem natural ao homem civilizado, da irrazão à razão. Ou melhor, esse movimento geral talvez exista, mas não linearmente. O trabalho da História não consiste em expurgar a emoção, as pulsões, a irrazão, reduzindo o homem à sua dimensão racional. O trabalho da História seria o da integração progressiva da emoção à razão, da fantasia ao pensamento racional. Para ocorrer a integração de razão e irrazão, o movimento da História desenha a figura de uma espiral, toma forma helicoidal: ela avança para a racionalidade, recusando a irrazão (*corsi*) e, depois, retorna à irracionalidade (*ricorsi*), para novamente avançar em um nível acima em uma razão equilibrada, que integra em si a irrazão (*corsi*), para recair no irracionalismo *(ricorsi)*. Essa leitura de Vico pode parecer talvez excessivamente hegeliana, pois implica uma síntese superior de razão e irrazão, uma integração do inconsciente ao consciente. Pode-se propor outra leitura: a razão não sintetizaria em uma unidade superior razão e irrazão, mas não poderia avançar retilineamente eliminando o seu outro. Ela recai regularmente na irrazão, para avançar outra vez contra ela, para novamente retornar. E Vico não vê este movimento de forma cética. Pelo contrário, antiiluminista, ele valoriza a fantasia, a emoção, o lado noturno do espírito, a embriaguês criativa das forças pulsionais. Para ele, a Razão não poderia eliminar o seu outro, pois este é ineliminável. E nem seria desejável esta eliminação, como sonham os racionalistas atemorizados por este mundo de forças vivas que os domina, desafiando o seu autocontrole.

Em sua teoria cíclica da História, Vico valoriza a linguagem, as representações, os costumes dos homens do passado, para o conhecimento da sua vida. Para ele, toda nação humana evolui nesta direção: da imaginação ao racional, da política baseada na força à baseada na justiça, do direito baseado no privilégio ao direito baseado na lei, da linguagem poética, fabulosa, figurativa, à linguagem abstrata, em prosa, lógico-demonstrativa. Até aqui, ele parece iluminista. Mas não o será mais quando afirma que, sempre que uma nação chega à fase racional, ela não tende a se tornar ainda mais racional, mas a retornar à imaginação, à força, ao privilégio, à magia, à lenda. E mesmo quando, na terceira fase, o racional predomina, ele não elimina as fases anteriores. Em pleno domínio da razão, as pulsões ondulam fortemente a superfície calma da lagoa da História aparentemente domesticada, pressionando-a para virem à tona.

Para Vico, os homens passam sempre, todas as nações passaram, por três fases: três linguagens, três tipos de governo, três jurisprudências: 1º) Idade dos deuses: infância da humanidade, onde predomina o governo mágico, divino, sobre os homens. A linguagem é cifrada, esotérica, figurativa, em versos, conhecida apenas por alguns poetas-teólogos, que decifram os misteriosos sinais das coisas. As coisas têm alma, são deuses. Nesta fase, predomina o pensamento poético e imaginativo. Os homens atribuem como causa dos eventos a sua própria natureza (por exemplo, *o imã ama o ferro, a lua é a namorada do sol*). A fantasia domina. Coisas inanimadas ganham vida e paixão. Fábulas são criadas para dar sentido ao mundo; 2º) Idade dos heróis: predomina o governo aristocrático dos homens fortes, guerreiros, heróicos, que usam também uma linguagem hermética para defender seus privilégios, que só os sacerdotes conhecem e decifram. O direito pertence ao mais forte; 3º) Idade dos homens, civil, popular: predomina o governo humano dos homens, monárquico, com leis universais. Todos se reconhecem como iguais quanto à sua natureza humana; a linguagem é popular, reconhecível e acessível a todos; é uma época moderada, racional. Há um declínio da poesia, da imaginação e do senso do sublime.

Após a terceira idade, retorna-se à primeira. Essas três idades vão e vêem, recomeçam. Embora haja uma idéia de progresso não linear, mas em espiral, nenhuma delas é melhor em si do que a outra – assim como, no indivíduo, a idade adulta não é melhor do que a infância. Para Burke,Vico seria semi-relativista: ele reconhece a existência de alguns bons costumes universais – enterro dos mortos, o casamento ritualístico, a religião. Todas as nações têm esses costumes, sem aprender umas com as outras. Por isso, talvez, eles expressem alguma verdade universal. Vico acredita que haja uma mão invisível agindo na História, a Providência, que preserva os homens no ser. Ela não se impõe aos homens de fora para dentro. Ela se expressa por meio dos homens, emerge da sua criação. Nos costumes humanos, na História, aparece a verdade universal. Para conhecer a vontade da Providência, é preciso observar a História dos homens, onde ela se manifesta. Os eventos históricos são o alfabeto que permite a leitura da vontade de Deus. O mundo dos homens, no entanto, é feito pelos homens e suas mudanças devem ter suas razões na própria mente humana. Os filósofos entregam-se à reflexão sobre a obra de Deus, que só Ele conhece, e descuidam de meditar sobre o mundo das nações, que podiam conhecer. Para Vico, tais consensos poderão nos dar os princípios eternos sobre os quais se fundaram e se conservaram todas as nações.

b) A Epistemologia da História

A filosofia busca a razão, a *verdade*; a filologia considera a autoridade das opções humanas, busca o *certo*. Filólogos são os gramáticos, historiadores, críticos, que estudam as línguas, os feitos, os costumes, as leis, as guerras, o comércio dos povos. Estas expressões concretas dos povos são o *certo*. A filosofia não pode buscar a verdade longe da História e a filologia não deve apenas constatar o certo sem refletir sobre a verdade. A filosofia deve se apoiar na filologia e vice-versa. As idéias uniformes que nascem em povos desconhecidos entre si (o certo) devem ter um fundo de verdade (filosofia). A verdade não foi trazida à humanidade por um povo. A preocupação da sua *Ciência Nova* é demonstrar que o direito natural nasceu em todos os povos sem nada saberem uns dos outros. As atividades humanas revelam o fundo comum do gênero humano.

Para Vico, a História é criação humana e, se continua válido o seu critério de verdade anticartesiano (*só se conhece o que se fez*), só a História, a vida dos homens, pode ser objeto de conhecimento. A natureza, Outro a criou e só Ele pode conhecê-la. Para esta noção de verdade, "conhecer" significa "*compreender*", i.e., pôr-se no lugar do criador, a alteridade humana, para saber o que ele tinha em mente quando criou. O conhecimento não pode ser exterior, uma pura e mera descrição do que os sentidos percebem externamente. O conhecimento só pode ser pelo interior, uma apreensão dos motivos, dos planos, das intenções, dos objetivos, dos recursos, da situação do criador/agente. Assim, os homens só podem conhecer pelo interior, empaticamente, a criação de outros homens. A maior criação dos homens é a sua própria história. Eles a produzem não apenas para buscar a potência econômica ou política, mas para se *expressar*. A História é o mundo da comunicação entre os homens. Por isso, os estudos históricos têm autonomia e são superiores às ciências naturais. O conhecimento histórico é pelo interior, *compreensivo*. Ele é a autoconsciência que os homens tomam da sua própria vida. A História é inteligível, não porque os homens sejam iguais. A História os mostra diferentes, cada povo em seu espaço, em sua época, com seus costumes, valores, eventos, feitos. Vico ao valorizar a História reconhece as diferenças humanas, valoriza o vivido e as diferenças concretas, opondo-se ao direito natural e ao Iluminismo.

Entretanto, reconhecer ao mesmo tempo as diferenças históricas e a mão invisível da Providência não seria uma contradição? Talvez. Vico fundava as *novas ciências humanas* vestindo ainda a camisa-de-força da metafísica. Alguém que tenha alguma sensibilidade histórica não poderia esperar que ele o fizesse com desenvoltura e desembaraço. Como se não fosse um homem do século XVII, mesmo fora do centro, excêntrico! No entanto, o seu conceito de Providência é histórico – a ação da Providência só pode ser reconhecida nos costumes e no senso comum da humanidade e jamais pela fé ou *a priori*. A *Ciência nova* deverá ser uma "teologia civil racional da Providência Divina"! Isto é, um conhecimento das expressões da Providência no próprio vivido histórico. O conhecimento da vontade universal da Providência não dispensaria a investigação das coisas humanas. Pelo contrário, é nas coisas humanas, em sua diversidade, em seus conflitos, em suas criações e, é claro, em suas convergências sem aprendizagem recíproca que se reconhece a verdade providencial. Quando os homens agem visando o bem e a ordem, agem segundo a Providência.

Para ele, o que regula a justiça dos homens é a justiça divina. A ordem providencial é ambígua: de um lado, ela o leva a frear seus impulsos brutais; de outro, ela o leva a só amar o seu bem-estar. A ordem providencial que aparece na história revela que: 1º) O homem só ama o seu próprio bem-estar; 2º) defende o bem-estar da sua família; 3º) defende o bem-estar da sua cidade. E ele deverá ser mantido nessa ordem pela Providência, pois, assim, ele procurará o justo, o que lhe é devido. Na História não reina nem o puro acaso e nem o determinismo, mas as ações dos homens guiadas pela Providência. A *Ciência nova* deve ser a demonstração do fato histórico da Providência, da ordem que deu às coisas humanas, às vezes contra os próprios propósitos dos homens. O mundo dos homens é temporal, mas as leis que o regem são universais e eternas. A *Ciência nova* contemplará a Providência nas coisas humanas e perceberá que Ela preserva os homens no ser, no bem, no justo. A *Ciência nova* é singularizadora, pois procura conhecer as formas particulares em que aparecem os valores divinos. Ela procurará conhecer a vida dos homens em seus próprios termos. Conhecer a história humana é compreender a ordem que a dirige. A ordem da

Providência deve ser conhecida em sua sucessão concreta, vivida. A *Ciência nova* descreve uma *história ideal terrena*, percorrida no tempo por todas as nações. A História é feita pelos homens e os seus motivos estão dentro da mente humana. A História não pode ser mais certa do que quando o que faz as coisas também as descreve. A História deve dar um prazer divino ao leitor, pois em Deus é a mesma coisa criar e conhecer.

BIBLIOGRAFIA

BERLIN, I. *Vico e Herder*. Brasília: UNB, 1976.
BURKE, P. *Vico*. São Paulo: Unesp, 1997.
COLLINGWOOD, R.G. *A idéia de História*. Lisboa: Presença, 1981.
HORKEIMER, Max. *Origens da filosofia burguesa da História*. Lisboa: Presença, 1984.
LÖWITH, K. *El sentido de la Historia*. Madrid: Aguilar, 1968.

VICO E A HISTÓRIA CULTURAL: UMA TENTATIVA DE ATUALIZAÇÃO

Astor Antônio Diehl

Confesso que a obra *Ciência nova*, de Vico, é uma pedreira. E, seguramente, algumas pessoas são alérgicas ao pó das pedras que vão sendo quebradas e amontoadas. É uma pedreira porque muitos até então buscaram lá fragmentos de pedras para construir seus próprios castelos ou para deflagrar críticas pontuais à sua obra. Todavia, não quero repetir aqui o que Michelet, Croce, Collingwood, Joyce, Burke, Lucchesi, Cassirer, Gardiner, entre tantos outros autores discutiram da obra de Vico. Também não pretendo entrar na polêmica de Vico, especialmente com Descartes, ou naquilo que sua obra teria sugerido quanto a processo imaginativo-criativo, como, por exemplo, em Claude Lévi-Strauss sobre o pensamento selvagem.

Depois da revisão receptiva feita por Peter Burke[1], talvez tivesse pouco ou nada a fazer. Entretanto, para os nossos objetivos neste texto, a obra *Ciência nova* irá aparecer como fator de motivação para aproximarmo-nos do debate em torno da história cultural. Salvo engano meu, uma pergunta está em aberto e merece ser formulada: o que *Ciência nova* de Vico teria a dizer-nos na discussão da história da cultura hoje? Em outras palavras, tentaremos compreender a obra de Vico com base nos limites e nas possibilidades para uma história da cultura. Então, a nossa tentativa resume-se em buscar o sentido explicativo da História, cuja base vem do estudo sistemático vinculado ao direito e à cultura filológica dos textos literários das antigüidades. Isso significa que com Vico já não temos mais as concepções simples dos cronistas e viajantes. Há em Vico uma tentativa de síntese que favorecia o progresso circunscrito em ciclos.

Em certo sentido, em Vico como precursor do pensamento iluminista, existem dúvidas se realmente todos os aspectos da vida e o conjunto dos povos chegariam à vida civilizada ou teriam chances de redenção no futuro. Especialmente, se as experiências e as representações de vida dos povos fora do eixo greco-latino (como realmente foram para Vico) viessem a fazer parte dos componentes culturais elogiados e, explicitamente, colocados como fazendo parte do processo de desenvolvimento, assim como foram entendidos no Iluminismo.

Nesse momento, somente a razão ainda não seria o fator suficiente como porta-voz da redenção. Para tanto, ainda era preciso aderir à idéia de um plano divino, uma espécie de mão invisível, que daria sentido aos desígnios da humanidade. Está claro que Vico aceitaria a multiplicidade dos *diferentes* nos primeiros estágios, pois como poderia amarrar em um só sistema os princípios da ciência, do método e ainda dar conta das *histórias das nações* com base no fato de Deus ter se manifestado entre os hebreus?

O sistema de Vico comporta as especificidades de experiências de caráter geral que são, por sua vez, atraídas para um sistema lógico, porém elas são expressas com diferentes desenvolvimentos. Nesse aspecto, novamente a base heurística contempla o jurídico e o mitológico, que, diga-se de passagem, fazem parte do *Zeitgeist* de Vico.

Os elogios e as críticas feitas a *Ciência nova* não devem nos cegar ante o mal-estar de Vico em sua própria época. A fragmentação do mundo medieval nas suas mais diversas formas simbólicas de representações artístico-culturais do Renascimento e da Reforma, os movimentos sociais, a formação dos Estados nacionais, as guerras na Europa, a integração de continentes, a modernização urbana e, fundamentalmente, a idéia de poder conceber e construir um novo mundo que fosse melhor e mais vigoroso que o passado. Todos estes aspectos apontados quebram com a visão entrópica da História. Berman diria que o processo modernizador está arrastando para o turbilhão as estruturas socioculturais[2].

Esses, entre outros tantos aspectos, deixam Vico em situação de ter de acomodar tais características de forma sistemática numa espécie de história geral da cultura. E tal empreendimento nunca poderia ser levado a cabo sem um princípio orientador, um centro irradiador do qual a realidade pudesse ser contemplada por uma autoridade habilitada com base no exercício interpretativo para forjar, desse *locus* privilegiado, uma *Geistgeschichte*.

Com isso não estamos afirmando que haja correspondência de critérios entre a história cultural de Vico e a atual. Agora, é possível, no meu entendimento, fazer vinculações, levando-se em conta as devidas proporções, com uma história cultural. Destaca-se daí a possibilidade de compreender *Ciência nova* como a síntese entre o tempo que está morrendo e a época nascente. É bem verdade que, em tese, a obra de Vico representa uma luta encarniçada entre o espaço das experiências e o tempo, representado como o horizonte das expectativas[3]. Época esta que estará na sua maturidade no século XIX, com os grandes sistemas teórico-explicativos e seus desdobramentos políticos.

Como lidar com os entulhos culturais

Recentemente Walter Moser[4] publicou um texto titulado *Spätzeit*, no qual discute as possibilidades de o termo ser uma noção ou um conceito. A posição do autor foi de reagrupar as recorrências do termo, seguindo um número limitado de configurações semânticas. Tais componentes, cuja interação é a constituição do termo, são discutidos como: a perda de energia; a decadência; a saturação cultural; a secundaridade e, finalmente, a posterioridade[5].

A configuração denominada perda de energia na modernidade tardia, traduzida agora na *Ciência nova* de Vico, apresenta-se mediante um processo natural, no qual os homens estão no interior de um sistema fechados e dominados pela lei da entropia. Os homens nascem nessa época e gradativamente, pelo seu desenvolvimento, vão perdendo energia, pelo consumo interno. Todo humano que chega depois já não tem mais os mitos da idade de ouro, representados pelo discurso fundador. A esses homens, nascidos depois, resta a consciência da perda do paraíso passado. Esta perda gera, por sua vez, um sentido nostálgico de um passado glorioso.

Em outras palavras, resta-lhes apenas a memória dos grandes feitos. Nessa perspectiva, dois aspectos merecem destaque. O primeiro refere-se à importância que a memória adquire na reconstituição do passado. O outro trata da tentativa de protelar ao máximo a crise do sistema por meio dos elementos fornecidos pela memória. Nesse caso, em Vico, o mito e o mitológico assumem posição central em sua narrativa como forma de realimentar constantemente a memória.

Vico consegue evidenciar isso pela força de expressão dos textos literários (a imaginação criativa) e jurídicos (sistema da conservação e restauração), que são a âncora da necessidade e da ambição de construir um sistema no qual também esteja presente o pensamento utópico. Portanto, o mundo diminuído e enfraquecido pela perda de energia é compensado pelo orgulho de viver em uma época que consegue sonhar com o passado pela rememorização da energia criadora inicial.

Nesse caso, a própria narrativa histórica assume a função de costurar os fragmentos em um novo todo. Assim, concebo *Ciência nova* como a possibilidade de construir um sistema no qual os entulhos, os restos e as memórias estariam colocados sob os princípios da ciência[6], rearranjados pelo método heurístico[7] e representados pela estrutura narrativa. Na compreensão de Umberto Eco, Vico não vai à procura de uma origem cronológica, mas esboça os traços de uma história ideal eterna, dando como que um pulo para fora da História. Ele quer descrever as condições que decorrem constantemente de um nascimento e de uma evolução da linguagem em cada época e de cada país, numa espécie de sucessão genética da linguagem[8].

O sentido dessa nova cartografia pretende revelar a (cons)ciência sobre as especificidades[9] e sobre a multiplicidade das histórias de todas as nações em seus inícios, progressos, estados e fins. Com Vico ainda não estamos na época de plenitude da deusa razão (como no Iluminismo) e assim os movimentos culturais precisam de uma vontade externa, de um plano divino que lhes dêem orientação.

A consciência do homem sobre o seu estar no mundo configura-se ante o desespero provocado pela desintegração do mundo ordenado, restando ruínas, testemunhas, enfim as fontes. No caso de Vico, o agente provocador da desintegração é o tempo, mesmo que, nesse caso, não seja o tempo linear. O tempo atua, corroendo as estruturas e os sistemas naturais.

Da degradação temos um conjunto de representações que formam o imaginário do processo de decadência interna. O exemplo mais evidente em Vico é o de Roma, na lei da entropia. Evidentemente que esse imaginário já não pode mais ser compreendido de forma natural pelos homens. Essa antropologia simbólica, pela sua constituição alegórica, precisa de um leitor com capacidades especiais para fazer a(s) leitura(s). Temos, portanto, novo ingrediente para a representação desse mundo desintegrado que é a estrutura narrativa.

Feita esta exposição inicial sobre a configuração denominada perda da energia, queremos agora voltar-nos para alguns aspectos da narrativa não menos importantes para a História. Faremos isso de três perspectivas: a narrativa como discurso fundador, como alegoria e como estética.

a) Narrativa como discurso fundador

Em essência, toda narrativa é um discurso fundador e, neste sentido, pode designar uma constelação de ingredientes do mesmo discurso.

Narrativa como origem pode designar um lugar privilegiado do passado ou de recusa dos parâmetros da modernidade, pois nesse *locus* convergem simultaneamente os impulsos restaurativos e utópicos. Ela representa o retorno a uma harmonia anterior, perdida pelos processos objetivos de modernização da sociedade. A busca do discurso fundador sobre o passado perdido é articulada como se o ideal estivesse no passado. Nessa perspectiva podemos constatar em Vico uma contradição entre nostalgia e vanguarda ou entre conservação e revolução. O tempo é representado como restauração e como dispersão, assumindo característica alegórica. Neste caso, a restauração estabelece o eterno e a dispersão, o efêmero.

A narrativa como origem designa então um salto (*sprung*) para fora ou para além da sucessão cronológica que nivela os fatos numa seqüência linear de tempo. O retorno à origem quebra a linearidade do tempo, passando a operar com cortes no discurso[10]. É uma tentativa de fazer saltar elementos do passado congelado para o contemporâneo e do contemporâneo para o passado. Essa ida e vinda se dá quase como algo acidental e subjetivo. Assim, o passado congelado passaria a integrar o contemporâneo agitado e este, por sua vez, poderia fazer parte do passado, formando uma heterogeneidade no encontro de experiências diferenciadoras.

Podemos entender esse processo por meio da denominação "o contemporâneo do não-contemporâneo" ou a idéia de futuro que se tinha no passado ou ainda a idéia de passado que se terá no futuro. Mas, a narrativa como origem é representada como a vontade de um regresso e, sobretudo, ela mostra também a precariedade desse regresso. A precariedade aparece quando existe a consciência de que só é restaurado aquilo que foi destruído. Neste caso, o ato de querer restaurar indica o reconhecimento da perda, a lembrança de uma ordem anterior e a fragilidade desta ordem. Então, a restauração é sempre incompleta[11].

Continuando o raciocínio nesta linha de pensamento, a narrativa sobre o passado via rememoração não implica apenas a tentativa de restauração do passado. Todavia, ela alavanca ainda uma transformação do presente de tal forma que, se o passado aí for reencontrado, ele não permaneça o mesmo, mas seja também retomado e transformado. Neste sentido, a relação estabelecida entre o passado e o presente implica o reencontro transformador de ambos. Já não teremos mais um passado como ele realmente foi e um presente incólume à interferência do passado.

Certamente, nesse processo transformador, existe um vínculo essencial entre narrativa e história. A linguagem contida na narrativa é uma espécie de atualização da origem e, portanto, possui uma vinculação com o futuro utópico no passado. É, em última análise, restabelecer os vínculos entre as perspectivas de futuro no presente e as perspectivas de futuro que havia no passado. Então, a tarefa da narrativa não é apenas a restauração do idêntico esquecido, mas a possibilidade do diferente, que em Vico aparece orientado em um sistema explicativo.

Nesse sentido, o discurso (*logos*) e *onoma* (que conhece), vinculando linguagem e História, se articulam em combinações diferentes, resultando daí as várias tradições históricas que nada mais são do que traduções do passado. Em outras palavras, as narrativas são traduções e leituras diferentes do passado que, dependendo das combinações e ênfases variadas, possibilitam as mais diferenciadas leituras interpretativas do passado. Porém, todas as possíveis tradições possuem algo em comum. Todas elas demonstram serem incompletas e transitórias, mesmo que busquem a perfeição do passado.

b) Narrativa como alegoria

No sentido clássico, alegoria nasce da distância histórica que separa o leitor do texto. O texto pode apresentar-se das mais diversas formas. Com essa premissa básica, a alegoria torna-se uma espécie de intervalo entre ambos; um escândalo do leitor em relação ao texto; e, finalmente, como diz Schleirmacher, a responsabilidade (o ponto-chave) caberá ao ato da leitura e não mais ao texto.

Com essas três perspectivas, alegoria é a possibilidade de reabilitação da História, da temporalidade, mas também a morte da linguagem humana na relação leitor-texto. Pois, ao mesmo modo que a narrativa possui historicidade, ela demonstra seu caráter arbitrário, na medida em que traduz a precariedade dela mesma. Seu desejo de eternidade corresponde a sua consciência da precariedade na descrição do mundo.

Parece ser essa a fonte da alegoria: a coexistência entre o efêmero e o eterno. Ou como diria Baudelaire: a coexistência da harmonia com a modernidade devoradora. É exatamente dessa coexistência contraditória que a narrativa experimenta sua viabilidade, a qual se encontra situada entre expressão e significação. Origina-se daí o fato de a alegoria apontar para a impossibilidade de um sentido apenas eterno. Apesar dessa impossibilidade, ela também aponta para a necessidade de preservar temporalidades significativas, recheando-as de historicidade, porém transitórias.

Pela alegoria aprofunda-se uma relação tríplice:

a) a do sujeito clássico, que podia afirmar uma identidade coerente em si mesmo. A alegoria agora passa a sugerir a precariedade de uma identidade coerente e verdadeira e nisso o sujeito construtor da totalidade coerente passa a vacilar;

b) a dos objetos que não são mais os depósitos da estabilidade última, passando agora pela decomposição e fragmentação;

c) a do processo de significação, cujo sentido surge da corrosão dos laços nas experiências de sujeitos e de objetos.

Do aprofundamento da tríplice relação acima exposta, ocorre a morte do sujeito clássico e o surgimento da forma alegórica do texto, passando a não existir mais a independência entre sujeito e objeto; como tal tem-se a inexistência de sentido próprio.

A relação de dependência entre sujeito e objeto propicia que a alegoria (ela própria) demonstre a fragmentação do real e a renúncia da aparência falsa de totalidade. Assim, a alegoria possibilita a produção abundante de sentidos sobre as ruínas (o passado) de um edifício do qual não sabemos se ele existiu por inteiro ou se ele chegou mesmo a ser uma construção[12].

Mesmo com a multiplicidade de significações que podem ser produzidas pela alegoria, ela revela uma consciência de momento da leitura. Ela ajuda a compreender a temporalidade, portanto, o transitório e a fragilidade do presente. Este aspecto pode ser verificado facilmente se colocarmos a obra de Vico em seu contexto barroco.

c) Narrativa como estética

A ansiedade do mundo ocidental em ver operacionalizados os princípios da modernidade (na sociedade, no Estado, nos poderes institucionais, nas artes) levou-o à interpretação unilateral da própria modernidade como algo monolítico, perfeito e orientado para o futuro. Longe disso, a origem da modernidade assenta-se exatamente no contrário dessa interpretação. Ela sugere a multiplicidade nas diferentes práticas discursivas que testemunham o conflito de experiências sociais, científicas, políticas percebidas, sobretudo, nas formas artísticas[13].

Apenas recentemente, com a crítica acirrada aos parâmetros da modernidade, percebeu-se com mais atenção que os fundadores da modernidade, séculos XVIII e XIX, buscam também o pluralismo, a transitoriedade e a negação da autoridade constituída. O desafio da crítica aos modernos é, portanto, duplo: primeiramente reconhecer a crise de identidade – não a extinção de seus princípios – e retornar à crítica da razão instrumental dentro da experiência do capitalismo avançado. O segundo desafio deve tentar resgatar os impulsos utópicos no passado e buscar a complementaridade da modernidade.

Em outras palavras, significa dizer que, por meio dos dois desafios lançados, os discursos da ciência, da filosofia, da política etc., na crise da modernidade, não expressam apenas a desintegração e o sentimento de dificuldade em poder conciliar a racionalidade com os valores do passado. A interrogação vai além, pois a estética da modernidade não pode prescindir da leitura de metáforas cifradas sobre vivências e do conflito que é a própria experiência da geração na condição viquiana. Parece que são as metáforas e os conflitos as chaves da compreensão estética na narrativa moderna. Não são apenas os megaprojetos políticos da modernidade que podem apontar para um novo mundo. Também a narrativa de fragmentos pode ocasionar a representação da capacidade de criação e de ressignificação das experiências. Portanto, a questão metodológica não está nos textos, mas sim na possibilidade de sua leitura e releitura.

Estão aí alguns aspectos, entre tantos outros, sobre a atualidade da estética no texto histórico. Sem dúvida, a possibilidade de diálogo, nesse ponto, é tenso e conflituoso. Certamente, isso ocorre por conta da mentalidade moderna moldada na cultura ocidental, que considerou apenas a experiência da uniformidade moderna, na qual conjugou natureza, sociedade e narrativa.

Nessa conjugação, o espaço de experiências, o tempo múltiplo e o movimento dos modernos ficaram restritos aos subtextos, estranhos à razão moderna. O redescobrimento do estranho à razão moderna motivou o alargamento do repertório estético dos textos e ampliou os mecanismos metodológicos capazes de elencar e compreender a postura do moderno.

Esses aspectos ajudam-nos, em tese, a compreender em Vico a aproximação entre História e Literatura, e a valorização crescente da narrativa como fator de sustentação do texto histórico. O reconhecimento desse ponto de vista atraiu o discurso histórico contemporâneo para um repertório lingüístico de ruptura da História naturalizada com as ciências positivas. Estabeleceram-se novas relações entre sociedade e História, especialmente: (a) pela busca da dinâmica multitemporal como expressão do rompimento com a totalidade e com a unidade eterna, diante da desintegração das promessas de civilização; (b) pela busca da transitoriedade, cujos aspectos centrais são a novidade e o efêmero, a invenção e a subversão dos sentidos tradicionais; (c) pela negação da modernidade e do otimismo, que são valores expressos na linearidade no tempo, no progresso e na ciência como fatores de redenção da humanidade; e (d) pela negação da autoridade da tradição historiográfica com seu ideal universal.

As formas de oposição à tradição da mentalidade moderna buscam o exótico, a imaginação do fantástico, a experiência no cotidiano, o mágico por meio da linguagem, o recurso capaz de recuperar a experiência e o tempo anterior à História ciência. Cria-se, assim, um texto inundado pelo estranho, pela ironia, pelo transitório, pela metáfora etc., envolto pela linguagem descomprometida pelo regramento científico moderno que, entre outras coisas, escondia a cotidianidade e a tragicidade no passado[14]. Tais textos exercem atualmente um fascínio mágico sobre o leitor. Conseguem motivar, por vezes, uma capacidade de intermediação comunicativa entre os processos civilizatórios e a subjetividade imaginativa do leitor.

Contudo, é preciso notar que tais características em textos históricos são, por vezes, criticadas como pós-modernas ou antimodernas[15] pelo seu déficit na produção de identidade. Claro está que a produção de identidade sofreu modificações profundas ao longo da própria constituição da modernidade. Assim, os defensores da modernidade jamais apostaram em uma identidade e uma verdade únicas, mas, sobretudo, procuraram na multiplicidade os discursos concorrentes.

Por outro lado, deixar fluir a inserção estética não deve significar a sua autonomia completa, pois isso também a afastaria do cotidiano das experiências, do social e do histórico. Se isso ocorrer, teríamos a ornamentação do texto sobreposto ao histórico e, conseqüentemente, nada mais do que um novo jogo de hostilização ao passado, onde predominariam o gozo das formas do esteticismo técnico e superficial. Em outras palavras, teríamos apenas um paraíso estético de alienação e de escapismo.

A constituição do mundo moderno ocorre com base em duas facetas da modernização: a modernização social, que surge na separação da esfera econômica da política; e a modernização cultural, promovida com a diferenciação das esferas axiológicas (ciência, arte e a moral) antes submetidas pela religião. Max Weber explica que a autonomização é o processo histórico generalizado que procede da racionalização, que desde o final do século XVIII atinge todos os saberes e todas as práticas da sociedade e da cultura do Ocidente.

Se for no bojo da sociedade e da cultura ocidental que ocorre a autonomização, não é apenas ela que delimita a estética moderna, mas sim as tensões e experiências, os ajustes e as acomodações que se fizeram necessárias diante da fragmentação da própria cultura ocidental. Então, ao mesmo tempo que ocorre a racionalização cultural, e suas conseqüências, temos as experiências estéticas de compreensão da própria modernização. E é nos seus meandros que encontramos as possibilidades da origem estética moderna, afinada com uma narrativa da própria memória.

Portanto, aquilo que aparece aos nossos olhos contemporâneos como crise da modernidade é, na verdade, a radicalização dos princípios críticos da estética moderna, prescrita já desde a sua origem como discursos da pluralidade de vivências e experiências da modernidade.

Todo o processo de modernização implícito gera a saturação cultural na medida em que o presente (de Vico) torna-se o palco sobre o qual o passado aparece sob forma de fragmentos. Vico resgata para o (seu) presente (a fase dos homens) o conjunto de possibilidades que restaram do passado. Razão pela qual o presente sempre é mais pleno e completo do que o passado, mas que também gera reações ante a pergunta: diante da situação de saturação do presente pelo passado, o que se poderia fazer? a) uma reação de desespero perante o conjunto, restando-lhe apenas a fuga em direção ao passado. No caso específico de Vico, para o mundo dos Deuses e da criação. Vontade de situar-se no mundo original da potência criadora, pois no presente tudo já foi dito e feito. Novamente irrompe o desejo de retorno ao passado, a uma época caracterizada pela experiência pré-moderna da comunidade: Weber diria, ao mundo do homem cultural.

Atualmente, esse aspecto é bem sintomático na História Cultural, vendo-o sob o prisma dos temas abordados, dos períodos históricos estudados e, especialmente, pelo afrouxamento dos critérios da História como disciplina, tendo como conseqüência um retorno idealizado ao passado; b) uma reação, na qual o excesso de elementos do passado no presente torna-se uma fonte inesgotável da criação. A mesa está posta com uma infinidade de fragmentos saturados de sentidos e significações e essa seria exatamente a matéria-prima para o ato criativo. A saturação cultural não é obstáculo para o processo criativo, mas a possibilidade de (re)significação. Na obra de Vico encontramos o cruzamento dessas duas reações, da perspectiva de produzir um sistema com novas significações.

Nesse sentido, observamos hoje um esforço para dar novo sentido à História. O esforço já não carrega mais sua ênfase no aspecto da essência estrutural do passado, mas na teorização para significar formas narrativas por meio de estratégias da metanarrativa, da intertextualidade, ou ainda da metaficção. O jogo lingüístico pontua o debate, pela combinação lógica no interior dos sistemas.

A secundaridade é um fenômeno no qual o sistema é realimentado resguardando-o da morte. Em Vico, esse processo aparece evidenciado mediante a compreensão do esgotamento interno das suas fases, e da reutilização de elementos (agora impulsos) para a fase seguinte. Para tanto, Vico utilizou-se novamente da estrutura jurídica e dos textos literário-bíblicos como enunciados para a descrição da sociedade. O modo de produção das narrativas e das estéticas em épocas específicas do passado representa a possibilidade de desconstruir tais discursos pela crítica.

Esse processo crítico (secundário) levaria a energia criadora, que fornece os materiais, para o novo significado primeiro. Em Vico, tal aspecto pode ser amarrado quando pontua a etimologia e a mitologia como a base do sistema, as três espécies de língua[16], as três espécies de natureza[17] e a lógica poética[18]. Em outras palavras, a desconstrução como a morte de significados é a própria produção de significados e, portanto, de sentidos da História.

Salvo engano meu, assim como em Vico, atualmente existe um deslocamento do debate na História: das estruturas analíticas para o campo das narrativas e da estética.

Evidentemente que a constituição desses elementos em Vico se apresenta com sentido de posterioridade. Nela, a estruturação do sistema tem um componente temporal forte. Ele aponta para um momento de chegada, mesmo que em Vico o tempo não seja linear. Aliás, esse aspecto é importante, pois a ciclicidade helicoidal do tempo possibilita um retorno muito próprio do passado, ou seja, da primeira fase desencadeadora do processo. Em cada ciclo, o tempo possui uma especificidade própria que em seu conjunto representa o desenvolvimento, porém fortemente vinculado à tradição. Essa quase sempre aproximação do presente no passado e vice-versa é o parâmetro de mensuração e compreensão do tempo nas estruturas socioculturais e do grau de desenvolvimento.

As lições dos discursos mitológicos e fundadores, juntamente com o rigor heurístico aplicado às fontes, são os elementos de condução da narrativa, e o que lhe garantem o controle sobre a tragicidade no presente[19].

Sob este aspecto, apesar das dificuldades com o texto de Vico, percebe-se nele um esforço de configurar os elementos da matriz disciplinar da História, que no século XIX terá seu auge no debate do historicismo[20].

Uma tentativa de atualização

Experimentamos na cultura historiográfica atual uma tendência que podemos identificar com certas configurações semânticas características de um tempo plúrico da modernidade tardia, próximo daquilo que os alemães entendem por *Spätzeit*.

A cultura historiográfica dos anos 1980[21] e, especialmente, dos anos de 1990[22] perdeu sua capacidade de explicação estrutural das mudanças e dos processos civilizatórios. As histórias narradas perderam muito de seu sentido original glorioso e heróico. Sua energia explicativa inicial dos grandes feitos modernizadores cede lugar à consciência de viver numa época multicultural e de interesses pluriorientados. Já não temos mais a providência de Vico nem as razões iluministas. A razão estética ocupa lugar importante nos debates.

O passado já não consegue mais iluminar os trilhos por onde a locomotiva da História e de suas leis possa passar. A consciência de perda irreparável, promovida pela mudança paradigmática nas formas de produção do conhecimento gerou o afastamento das histórias estruturais. Em seu lugar crescem as histórias culturais. Já não são mais os modelos conceituais teóricos os capazes de dar conta da ambição explicativa, mas a memória agora passa a assumir importância.

O resgate das memórias coletivas e individuais permite o desdobramento metodológico de uma infinidade de possíveis leituras do passado. Esse é o ponto de inserção da hermenêutica na compreensão do passado e, conseqüentemente, o rompimento com a exclusividade da verdade científica. Como não é mais possível contar as luzes de uma verdade da ciência, do progresso e da linearidade temporal, a ênfase recai sobre as ruínas, os restos que sobraram dos processos de modernização.

A combinação modernizadora dos tempos passados legara para a memória papel menos importante, sobre o qual pesava terrível desconfiança. Esta desconfiança em relação à memória passada está superada. Aliás, o que sobrou dos tempos heróicos é a memória. Sua reabilitação como fonte parece ser a tônica da cultura historiográfica atual.

A atualidade da memória vincula-se à falência da ação e das leituras entrópicas, promovidas pelos modernos, que remeteram o imaginário social para o projeto seguro de um mundo quase perfeito no futuro. Nesse caso, a certeza científica do futuro cegou as possibilidades da contingência na História. A frase "quando o futuro frustra, o passado reconforta", parece que nos consegue dar pistas dos interesses na cultura historiográfica.

Evidentemente que essa reorientação não é feita de forma indolor. Há uma espécie de desespero ante aquilo que a memória pode nos revelar. A memória, em suas múltiplas leituras possíveis, revela os escombros, as ruínas e os processos de desintegração, tornando-se ela um testemunho do passado no qual o progresso rompeu com as estruturas tradicionais.

Perante a diversidade revelada pelas experiências da memória, o historiador já não consegue ter a certeza de reconstituir e significar o passado. O historiador passa a ter insegurança disciplinar e desde há muito bate nas portas das demais ciências humanas com um pedido de ajuda. Primeiro é a interdisciplinaridade e depois a multi e a transdisciplinaridade. O refinamento da rede metodológica servirá para captar não mais os processos modernizantes, mas sobretudo as ruínas resultantes do processo de ação do tempo.

O historiador que antes varria sua sala, deixando-a brilhante, deu-se conta que todos aqueles restos varridos formavam um monte no meio da sala, porém debaixo do tapete. Seu esforço para higienizar o ambiente condenou-o a cair sobre a própria armadilha na sala. Seu olhar fixo e alienante no futuro tornou-o uma autoridade. Porém, bastou uma dobra no tapete para que caísse de bruços sobre as ruínas varridas para baixo dele.

No entanto, não bastaria somente a consciência daquilo que fora condenado no passado. O historiador precisou de outros instrumentos metodológicos para poder dar novo sentido à saturação de fragmentos, buscar nova representação e, portanto, mais adequada e presentista para o passado. A história encontrará na alegoria seu modo de representação. Tal tendência mostra a larga receptividade da obra de Walter Benjamim na elaboração dessas leituras e a aproximação entre História e Literatura[23].

Por outro lado, o tropeço no tapete da sala possibilitou que os destroços do passado irrompessem na cena contemporânea. A diferença agora está no fato de o historiador não mais usar modelos teóricos de seleção e classificação dos restos. A heterogeneidade temporal, cultural e política impedem-no de fazer tábua quanto a sentidos e significados[24]. A heterogeneidade revela o espaço cultural contemporâneo saturado.

A situação do espaço cultural pode gerar uma reação que entende a saturação como obstáculo à originalidade, à inovação ou mesmo à possibilidade de produção de conhecimentos. Tudo já teria sido dito, feito e narrado. Restaria, então, uma espécie de saída estratégica em direção ao mundo primitivo, situado antes da modernidade. Um desejo de busca da comunidade, do pequeno, do micro e, por que não, de recolocar o sujeito ético-moral no centro do palco.

De outra forma, a situação do espaço cultural pode mostrar que a saturação seja percebida com a condição *sine qua non* da produção de novos sentidos. Aquilo que aparecera debaixo do tapete seria a matéria-prima das significações. O custo da modernização seria agora visto não mais como obstáculo, mas como recurso para sua reutilização por meio dos esforços constantes da lingüística. Configura-se, portanto, um terreno fértil e promissor ao avanço do debate das narrativas pós-modernas pela diversidade de experiências e linguagens em jogo.

A recombinação de temporalidades deferentes numa mesma narrativa não é mais vista como deformação ou mesmo sinônimo de desordem, mas de constituição de um sistema como uma lógica que trabalha com sentidos pré-constituídos. Pela dinâmica interna do sistema e pelos seus enunciados, a narrativa e a estética assumem o papel principal. O conteúdo, nesta perspectiva, torna-se secundário sobre o qual se narra e se ornamenta. As múltiplas recombinações possíveis no sistema levam a implodir bilateralidade de posições. Quebram-se assim as oposições, tendo-se, por outro lado, dificuldade em diferenciar produção de reprodução.

Por vezes, essas tendências são duramente criticadas como reciclagem, pastiche ou mesmo canibalismo cultural[25]. Todo esse processo estaria levando ao esgotamento cultural, à falta de originalidade e à ausência crítica. Ou aquilo que Ciro Flamarion denominou irracionalidade[26].

Por que isso ocorre? Gostaria de levantar algumas suspeitas para essa situação. Primeiramente, vivemos num clima deixado pelas frustrações intelectuais e sociais, pois as revoluções otimistas, aquelas que projetavam uma solução no futuro, não aconteceram. Esse fato é a origem do pessimismo em relação ao futuro e à própria possibilidade de mudança social[27]. Isso, por sua vez, gera uma crise de critérios científico-racionais sobre os quais tais paradigmas estavam assentados. Convivemos, assim, com a falência e com a intransparência teórica.

Em segundo lugar, o clima é de fragmentação da ordem estabelecida. Essa fragmentação é o resultado dos processos de modernização que explodem as tradições culturais. Na época de Vico temos o estabelecimento de um complexo sistema de comércio e de trocas culturais. Berman diria: "Tudo o que é sólido desmancha no ar." Essa situação nos deixa numa atmosfera de insegurança, pois os antigos critérios não explicam mais a realidade e desconfiamos profundamente dos novos como ocorre no dilema da ciência nova de Vico.

Esses processos de modernização geram custos sociais e culturais pela fragmentação. Portanto, já que a sociedade e o agente coletivo estão fracionados e hostis entre si, a tendência básica é um retorno ao indivíduo. Existe forte individualização do presente e do passado. No aspecto historiográfico isso aparece com o retorno de soluções micro, do regional, do imediato, orientadas na pesquisa para o místico e o religioso, traduzido numa espécie de enclausuramento do indivíduo no passado.

A vez é daquilo que denominamos custos resultantes dos processos de modernização otimista-lineares, daquilo que historicamente foi jogado na lata de lixo pela ciência formal. Parece que procuramos no passado aqueles gestos significativos que compensem a falta de critérios claros no presente, preenchendo assim o vácuo. Radicalizando poder-se-ia dizer: romantizamos, idealizamos aspectos do passado num esforço quase saudosista para restabelecer a ordem perdida. Esta última orientação por certo não é ingênua e não está longe de justificar e legitimar o ressurgimento de mitos, tais como: a nação, o étnico, a geopolítica e a tradição cultural como elemento autônomo. Isso traz de volta a estratégia das soluções imediatas, localizadas e carismáticas.

Fazendo uma revisão na historiografia contemporânea percebemos uma mudança estrutural no modo de produção do conhecimento histórico. Até os anos de 1980 temos paradigmas teórico-metodológicos otimistas. Produzia-se conhecimento numa visão de progresso material. O aspecto coletivo era central, buscava-se conquistar a modernidade, pautava-se pela história científica. Atualmente, as perspectivas não buscam mais a redenção do homem no futuro, mas o futuro no passado. Há, então, um retorno ao passado, ao indivíduo, ressaltando-se os aspectos etno-antropológicos de uma visão cultural pessimista. Há uma carência de projetos que tenham implícita a perspectiva da mudança social. A cultura historiográfica atual valoriza, sobretudo, o lado estético-literário-ornamental da História. Vico ao seu modo procura romper com a estrutura hermética do renascimento, possibilitando pela linguagem espaços para a diversidade, os costumes, as naturezas que certamente propiciam perspectivas e visões de mundo legitimadoras de experiências e capazes de serem canais de comunicação entre os diferentes. É esta exatamente a atualidade da obra de Vico no contexto da história cultural.

Parece-nos que a História está passando por um tempo de provações, como no de Vico, prova da transitoriedade do pensamento histórico.

Bibliografia

BODEI, R. *A filosofia do século XX*. Bauru: Edusc, 2000.

__________. *A História tem um sentido?* Bauru: Edusc, 2001.

BURKE, P. *Vico*. São Paulo: Unesp, 1997.

CASSIRER, E. *Linguagem e mito*. São Paulo: Perspectiva, 1972.

CARDOSO, C. F. *Ensaios racionalistas.* Rio de Janeiro: Campus, 1988.
COLLINGWOOD, R. G. *A idéia de História.* Lisboa/Rio de Janeiro: Editorial Presença/Martin Fontes, s/d.
DANTO, A. C. História y narración. Barcelona/Buenos Aires/México: Ediciones Paidós, 1989.
DE DECCA, E. S.; LEMAIRE, R. (Orgs.). *Pelas margens. Outros caminhos da História e da Literatura.* Campinas/Porto Alegre: Editora da Unicamp/Editora da Universidade, 2000.
DIEHL, A. A. *A cultura historiográfica nos anos 80.* Porto Alegre: Evangraf, 1993.
__________. *Cultura historiográfica*: memória, identidade e representação. Bauru: Edusc, 2002.
__________. *Vinho velho em pipa nova: o pós-moderno e o fim da história.* Passo Fundo: Ediupf, 1997.
FERRY, L. *Homo Aestheticus: a invenção do gosto na era democrática.* São Paulo: Ensaios, 1994.
GAGNEBIN, J. M. *História e narração em Walter Benjamim.* São Paulo: Perspectiva, 1994.
GOMBRICH, E. H. *Para uma história cultural.* Lisboa: Gradiva, 1994.
MOSER, W. Spätzeit. In: MIRANDA, Wander Melo (Org.). *Narrativas da modernidade.* Belo Horizonte: Autêntica, 1999.
ROSSI, P. *A ciência e a filosofia dos modernos.* São Paulo: Editora Unesp, 1992.
WEHLER, H-U. *Historisches Denken am Ende des 20. Jahrhunderts.* Göttingen: Wallstein Verlag, 2001.
VERNANT, J-P; VIDAL-NAQUET, P. *Mito e tragédia na Grécia antiga.* São Paulo: Brasiliense, 1988.
VICO, G. *Ciência nova.* Rio de Janeiro/São Paulo: Record, 1999.

Notas

1 P. Burke. *Vico.* São Paulo: Editora Unesp, 1997.
2 Ver M. Berman. *Tudo que é sólido desmancha no ar.* A aventura da modernidade. São Paulo: Companhia das Letras, 1988, especialmente a possível relação com o cap. I de *O Fausto* de Goethe: a tragédia do desenvolvimento.
3 Ver mais em R. Koselleck. *Vergangene Zukunft.* Frankfurt: Suhrkamp, 1989; H. Arendt. *Entre o passado e o futuro.* São Paulo: Perspectiva, 1992.
4 W. Moser. Spätzeit. In: W. M. Miranda. (Org.). *Narrativas da modernidade.* Belo Horizonte: Autêntica, 1999. p. 33-54.
5 *Op. cit.* p. 34. Seguiremos, por um momento, os componentes do esquema proposto por Moser, operacionalizando-o na obra de Vico.
6 *Ciência nova,* p.132-137, 159-165.
7 *Ciência nova,* p. 135.
8 U. Eco. *A busca de língua perfeita.* Bauru: Edusc, 2001, p. 120-121.
9 *Ciência nova* , p.138.
10 Ver E. Cassirer. *Linguagem e mito.* São Paulo: Perspectiva, 1972.
11 Uma leitura de interesse nesse aspecto é a de Jean-Pierre Vernant e P. Vidal-Naquet. *Mito e tragédia na Grécia antiga.* São Paulo: Brasiliense, 1988.
12 Conforme J. M. Gagnebin. *História e narração em Walter Benjamin.* São Paulo: Perspectiva, 1994.
13 Ver L. Fery. *Homo Aestheticus: a invenção do gosto na era democrática.* São Paulo: Ensaios, 1994 e em termos da ciência P. Rossi. *A ciência e a filosofia dos modernos.* São Paulo: Edtora Unesp, 1992.
14 Ver por exemplo os trabalhos de H. White. *A imaginação histórica do século XIX.* São Paulo: Edusp, 1992 e *Trópicos do discurso.* Ensaios sobre a crítica da cultura. São Paulo: Edusp, 1994.
15 Fizemos essa crítica em *Vinho velho em pipa nova: o pós-moderno e o fim da História.* Passo Fundo: Ediupf, 1997.

16 *Ciência nova*, p. 403-411.
17 *Ciência nova*, p. 395-397.
18 *Ciência nova*, p. 167-213.
19 Ver p. 135.
20 Dilthey e Rickert, por exemplo.
21 Ver A. A. Diehl. *A cultura historiográfica nos anos 80.* Porto Alegre: Evangraf, 1993 e também *Cultura historiográfica: memória, identidade e representação.* Bauru: Edusc, 2002.
22 Ver *vinho velho em pipa nova. op.cit.*
23 Sobre a história e literatura ver E. S. Decca; R. Lemaire. (Orgs.). *Pelas margens. Outros caminhos da História e da Literatura.* Campinas/Porto Alegre: Editora da Unicamp/Editora da Universidade, 2000.
24 Ver R. Bodei. *A História tem um sentido?* Bauru: Edusc, 2001.
25 Ver W. Moser. *op. cit.*
26 C. F. Cardoso. *Ensaios racionalistas.* Rio de Janeiro: Campus, 1988.
27 A revisão do pensamento filosófico dentro dessa tônica está em R. Bodei. *A filosofia do século XX.* Bauru: Edusc, 2000

DANIEL DEFOE: ROBINSON CRUSOÉ E A ESCRAVIDÃO COLONIAL[1]

Antonio Penalves Rocha

Em abril de 1719, Daniel Defoe lançou *A Vida e as estranhas e surpreendentes aventuras de Robinson Crusoé, marinheiro de York: que viveu vinte e oito anos sozinho numa ilha desabitada na costa da América, próxima da foz do grande Rio Orenoco; tendo sido lançado na praia por um naufrágio no qual todos os homens morreram, exceto ele. Com um relato de como ele foi por fim estranhamente resgatado por piratas. Escrito por ele mesmo.*[2] O sucesso do livro foi de tal ordem – quatro edições nesse mesmo ano –, que em agosto foi publicado um outro sobre o mesmo personagem, narrando a última parte da sua vida – *As subseqüentes aventuras de Robinson Crusoé*. Pouco tempo depois, em 1720, encerrando a série, veio ao prelo *As sérias reflexões durante a vida e as surpreendentes aventuras de Robinson Crusoé: com sua visão do mundo angélico*. Mas os dois últimos livros sobre Robinson Crusoé não tiveram a mesma fortuna do primeiro.

Hoje, passados quase três séculos desde o lançamento do primeiro livro da série, vê-se que o volume de textos críticos sobre as aventuras de Robinson ultrapassou o volume dos textos de Defoe que as narram. Além do mais, seu personagem conquistou destaque dentro do imaginário ocidental, representando o homem que aplica toda a sua força para enfrentar as adversidades de uma ilha deserta dos trópicos.

Na sua trajetória, o *Robinson Crusoé* foi criticado por ser um livro de ficção pelos contemporâneos do autor, ganhou a condição de livro infanto-juvenil de aventuras no século XIX e, por fim, acabou figurando como um dos clássicos da literatura ocidental. Afiançando esta sua posição na história da literatura, a crítica contemporânea dividiu-se em duas grandes correntes que debatem sobre o significado da história de Robinson.

Uma delas classifica o livro como uma "autobiografia espiritual" com propósitos moralizantes e se apóia no próprio Defoe, para quem o *Robinson Crusoé* era uma "história alusiva alegórica", destinada, como escreveu no prefácio, onde se apresentou como editor, "à instrução e à diversão do leitor". A análise de Paul Hunter é uma boa amostra desta corrente por retratá-lo como uma alegoria puritana, um gênero capaz de aplicar à biografia as metáforas tanto da "guerra espiritual" entre o bem e o mal quanto as das "viagens" percorridas pela humanidade na travessia do "deserto", ou no percurso da terra para o céu. Assim, de acordo com essa leitura, o romance estaria estruturado "sobre a base do conhecido modelo cristão da desobediência-castigo-arrependimento-libertação", o que faz dele um livro de conduta ou de guia para convencer seus leitores a levarem vidas morais ou virtuosas.[3]

A outra corrente destaca a relação entre a biografia e as aventuras de Robinson com a nova ordem social e econômica que emergiu na Inglaterra a partir dos fins do século XVII. A sua mais ilustre expressão encontra-se no estudo de Ian Watt, para quem Defoe "expressou os diversos elementos do individualismo de modo mais completo que qualquer outro escritor antes dele"[4]. Por isso mesmo, Robinson, diferentemente dos viajantes que o precederam na literatura, considera "o lucro toda a sua vocação e o mundo inteiro seu território"[5], o que o torna uma bem acabada expressão do *homo economicus*, cujo nascimento está ligado às transformações econômicas e sociais em curso na época de Defoe. Enfim, segundo Watt, a religiosidade de Robinson rompe com as tradições e limita-se a uma "religião de Domingo", sendo o seu pecado original "a dinâmica do sistema capitalista, cujo fim não é de manter o *status quo*, mas de transformá-lo incessantemente".

Apesar de essas duas correntes críticas serem dominantes, perduram os debates sobre o livro, o que pode ser verificado, por exemplo, nas observações de Christopher Hill e Maximilian E. Novak. Hill alertou sobre o alto risco de erro que há na caracterização de Daniel Defoe como puritano, na medida em que ele se assemelhava "mais com um homem da Ilustração do que com um protestante tradicional", e sugeriu que o *Robinson Crusoé* seja lido como "um panfleto a favor da tolerância religiosa".[6] Por outro lado, há o risco de anacronismo na caracterização de Robinson como a encarnação do *homo economicus* diante da grande quantidade de referências às atividades religiosas no romance. Erro maior ainda seria relacionar o comportamento de Robinson com o capitalismo, pois, de acordo com

Novak[7], as obras de Defoe, inclusive o *Robinson Crusoé*, veiculam preceitos mercantilistas e não ações e idéias do capitalismo propriamente dito.

Não bastasse isso tudo, a crítica não prestou a devida atenção às ligações entre as aventuras de Crusoé, narradas no primeiro livro da série, e a História, mais precisamente a atuação dos ingleses no mundo atlântico do início do século XVIII. Assim, como se tentará mostrar aqui, questões relativas à expansão colonial inglesa na América constituem o substrato do *Robinson Crusoé*, tanto que Defoe faz o seu personagem pôr em prática na ilha deserta a forma inglesa de conquista colonial e suas próprias prescrições sobre a colonização da América.

A expansão colonial inglesa no Caribe e Daniel Defoe

O título do livro informa sobre o lugar onde transcorreu, entre os anos de 1659 a 1686, a parte mais conhecida da biografia de Crusoé: trata-se de uma ilha localizada nas proximidades da foz do Orenoco; vale dizer, o cenário da narrativa de Defoe é uma região da América colonial. Aliás, o próprio Robinson percebe que sua ilha está nas cercanias do Caribe[8], uma área que estava sendo disputada por holandeses, franceses e ingleses na época da estada do personagem na região, embora tivesse sido apropriada pelos espanhóis desde a chegada de Colombo. Desse modo, os episódios referentes ao estabelecimento dos ingleses no Caribe e a apresentação das idéias de Daniel Defoe a favor da presença da Inglaterra na América tropical expõem as relações entre o *Robinson Crusoé* e a política imperial inglesa nessa parte do mundo.

As disputas pela dominação do Caribe têm suas origens na importância econômica e estratégica da região e na redefinição das relações internacionais na Europa do século XVII provocadas concomitantemente pela decadência da Espanha e pela ascensão de novas potências.

A exploração espanhola das Antilhas, ao longo da primeira metade do século XVI, acarretou o esgotamento dos metais preciosos e o extermínio da maior parte dos povos indígenas das grandes ilhas, sendo este último provocado pela escravização, pela introdução de doenças européias e pela destruição das lavouras dos nativos por animais domésticos europeus. A partir daí, os portos da região passaram a ser usados para reabastecimento das frotas espanholas que levavam produtos tropicais e prata do México e do Peru para Madri, atraindo piratas que tencionavam saqueá-las. Assim, por exemplo, foi nesta região que Francis Drake, na década de 1570, obteve uma quantidade considerável de metais preciosos. Mais ou menos 15 anos depois, Drake ocupou áreas de Cartagena e São Domingos; essa ocupação, entretanto, durou pouco tempo devido à rápida reação espanhola. De qualquer modo, conquista e colonização não faziam parte dos planos dos piratas.

Ao longo do século XVI, portanto, as ilhas permaneceram sob domínio espanhol, apesar da intensa atividade dos bucaneiros no Caribe. Essa situação, no entanto, se alterou a partir das primeiras décadas do século XVII em conseqüência tanto da crise do Império espanhol quanto do interesse das potências emergentes na Europa em estabelecer colônias na região; a conquista inglesa de St. Kitts, de Barbados, de St. Croix, de Nevis, de Antígua e de Monteserrat, no primeiro terço do século, confirma essa alteração. Mas o primeiro projeto de vulto do Estado britânico para ocupar territórios espanhóis da região caribenha só surgiu quando Oliver Cromwell, em 1655, mandou para as Antilhas uma armada com o intuito de dominar a Jamaica, finalmente cedida à Inglaterra em 1670.

As investidas de bandos de bucaneiros sobre as colônias espanholas prosseguiram ao longo da segunda metade do século XVII, orientadas por interesses particulares, ou representando os governos da França e da Inglaterra. Em meio às desordens que provocavam, os primeiros colonos ingleses se instalaram no Caribe para produzir tabaco, empregando para isso o trabalho de servos contratados (*indentured servants*) e condenados ingleses. Ainda na segunda metade do século XVII, o perfil econômico da região começou a ser redesenhado em conseqüência da substituição do cultivo do tabaco pela lucrativa lavoura açucareira, introduzida nas Antilhas pelos comerciantes holandeses expulsos do Brasil, que utilizava quase que exclusivamente o trabalho de escravos africanos.

De qualquer modo, no início do século XVIII, quando Defoe escreveu o *Robinson Crusoé*, a Inglaterra já havia estabelecido colônias no Caribe à custa de outras metrópoles européias. A partir daí, e até o começo do século XIX, outras foram incorporadas ao império britânico: St. Lucia, Granada, Dominica, St. Vicente, Trinidad, Tobago que eram francesas, e a Guiana que era holandesa.

Considerando esse quadro histórico, vê-se que Defoe pôs o seu personagem, nascido numa ilha que estava se tornando a principal potência européia, numa outra ilha deserta que estava localizada entre a embocadura do Orenoco e o Caribe quando áreas desta região estavam sendo ocupadas pela expansão colonial inglesa na América. O assentamento do personagem nesse lugar e nessa época é, portanto, um indício da intenção do autor de fazer com que ele participasse dessa operação de conquista e colonização.

Esse indício não procede de uma coincidência, pois Daniel Defoe era favorável ao estabelecimento de ingleses na América.

Segundo Sutherland, além de ser um leitor dos relatos de viagens ao mundo colonial[9], Daniel Defoe instou Harley a criar uma colônia inglesa na América do Sul, depois de ter coletado uma massa considerável de informações sobre o clima, disposição dos nativos, características geográficas e perspectivas de comércio. Essa colônia jamais saiu do papel, mas o projeto ficou na memória do escritor e foi desenvolvido em *Uma nova viagem ao redor do mundo*, um livro em que um viajante imaginário refere-se àquela "parte da América como a melhor e mais vantajosa de todo o globo para uma colônia inglesa; o clima, o solo e, principalmente, a fácil comunicação com as montanhas do Chile, recomendam-na acima de qualquer lugar que eu já vi, ou li a respeito".[10]

Além disso, em 1719, no ano da primeira edição do *Robinson Crusoé*, Daniel Defoe publicou também *Um relato histórico das viagens e aventuras de Sir Walter Raleigh*, assinalando o quanto a Inglaterra tiraria proveito da colonização da região das adjacências do Orenoco[11].

Robinson Crusoé, conquistador e colonizador

Para os fins propostos por esse trabalho, não há dúvidas de que é necessário indicar que um pano de fundo histórico — a expansão inglesa no Caribe — situou o lugar onde desenrolou a trama do romance e que seu autor defendeu a presença de ingleses na América. Essas indicações, porém, são evidentemente insuficientes para comprovar que no primeiro livro sobre Robinson há uma espécie de alegoria da conquista inglesa da América e da melhor forma de colonizá-la, porque ambos os fatos são exteriores à narrativa do romance. Trata-se, portanto, de verificar como o autor fez o personagem conquistar e colonizar.

Robinson chega acidental e inteiramente só à ilha deserta. Assim sendo, para levar a cabo todo o empreendimento colonial tinha de contar com as suas próprias forças e com a apreciável quantidade de coisas que retirou dos escombros do navio. Essas circunstâncias revelam a intenção do Defoe de submeter sua criatura a provações, cujos resultados mostrariam aos leitores a viabilidade do tipo de colonização idealizada.

A conquista da ilha ocorreu dentro do padrão inglês de apropriação de áreas coloniais. Tanto foi assim que, dez meses depois de ter sido atirado à praia, ao descobrir um vale extremamente fértil, Robinson registra no seu diário o seguinte comentário: "observei-o com um tipo secreto de prazer que se mesclava com alguns pensamentos aflitivos, refletindo que tudo aquilo era meu, que eu era incontestavelmente rei e senhor desse território, tinha o direito de posse (*right of possession*) sobre ele, podendo legá-lo plenamente do mesmo modo que um lorde na Inglaterra". [12]

Esse direito de posse alegado atesta a conquista inglesa do lugar porque se fundamenta nas ações de Robinson desde sua chegada à ilha.

Nos primeiros 13 dias em terra firme, retira dos escombros do navio tudo que o que pode, a ponto de pensar que "tinha a maior quantidade de gêneros e provisões de todos os tipos que jamais fora armazenado por um só homem". Ao mesmo tempo em que procura um lugar seguro para se proteger dos selvagens e das feras, imagina que tipo de moradia construirá, decidindo, finalmente, que ela deveria contar com uma parte subterrânea e outra na superfície. Acha um lugar adequado num terreno plano de um morro íngreme voltado para o mar, onde resolve montar uma tenda diante de uma gruta. Levanta uma paliçada em volta da sua entrada, fincando duas fileiras de estacas pontudas no chão de aproximadamente um metro e setenta de altura. Ao vê-la erguida, observa: "[é] tão forte que nenhum animal ou ser humano poderá entrar ou passar por cima dela".

Monta uma tenda entre a gruta e a paliçada, e o acesso à moradia se dava por uma pequena escada móvel que passava por cima da paliçada. Leva para dentro da "cerca ou fortaleza" tudo o que conseguira retirar do navio; em seguida, aprofunda a gruta para armazenar adequadamente os salvados, formando assim um amplo depósito na parte de trás da tenda, e reforça a paliçada com a terra e as pedras que saíram da escavação.

Concluída a construção, faz utensílios domésticos, móveis e monta prateleiras para organizar suas coisas. De acordo com seu diário, Robinson havia sido lançado à praia no dia 30 de setembro de 1659; nas suas anotações referentes ao dia 17 de dezembro do mesmo ano escreve que "começo a ter alguma ordem em casa".

Quase ao mesmo tempo, domestica algumas aves, uma cabra e inicia casualmente suas atividades agrícolas ao jogar fora as sobras de um saco de sementes roídas por ratos. Algumas estavam em bom estado e vicejam devido à fertilidade do solo e às chuvas; assim, no princípio de 1660, cevada e arroz crescem perto da sua habitação. Poucos meses depois, Robinson cultiva metodicamente esses cereais.

Enquanto constrói sua moradia, Crusoé certifica-se de que a ilha é deserta, tal como suspeitara durante suas primeiras caminhadas de reconhecimento.

Resumindo: em menos de um ano, realiza a construção da moradia e da paliçada, começa organizar a sua habitação e praticar o pastoreio e a agricultura. Progressivamente, melhorará as instalações, edificará outras e aumentará o rebanho de cabras e a área cultivada.

Mas, o que está em questão é a relação entre a conquista inglesa e o direito de posse da ilha alegado por Robinson. A análise de Patrícia Seed[13] sobre as cerimônias de posse dos europeus na América é elucidativa a respeito do papel que as ações, como as do personagem, representam na conquista inglesa de áreas coloniais. Com efeito, Seed demonstrou que, em contraste principalmente com franceses e espanhóis, as concepções inglesas de posse de colônias são "quase anticerimoniais", na medida em que "resultam de símbolos arquitetônicos fixos", como a casa e a cerca, ou "em alguns casos simplesmente de ações realizadas repetidamente sobre a terra, isto é, agricultura e criação [*husbandry*]. Todas tinham em comum a expressão da autoridade colonial não por meio de textos escritos ou documentos, mas mediante ações"[14], que punham em prática uma teoria da propriedade fundamentada no trabalho. As ações de Robinson, portanto, enquadram-se nos procedimentos ingleses de conquista colonial.

Além do mais, dentro do padrão cultural inglês de posse, Robinson não poderia reconhecer o direito de propriedade dos espanhóis, pois a ilha estava desocupada. Mais ainda: para Robinson, os espanhóis haviam praticado atrocidades contra os índios, matando "milhões dessas pessoas", fato este relatado "com grande horror, e detestado pelos próprios espanhóis da época, e por outras nações cristãs da Europa, como uma matança, uma peça de crueldade sanguinária e inatural, injustificável tanto para Deus quanto para os homens".[15] Em suma, se, de um lado, as ações dão a Robinson o direito de posse da ilha, de outro, essa posse se legitima pelo fato de a ilha não ser ocupada e pela denúncia da brutalidade espanhola, a *leyenda negra*, esgrimida, neste caso, com os mesmos termos usados pela política imperial inglesa para justificar o não reconhecimento do direito de propriedade da Espanha no mundo colonial. Noutras palavras, a conquista da ilha é efetuada pelo trabalho, por meio da "quase anticerimônia" inglesa de estabelecimento de um domínio colonial; a sua legitimação se dá em nome da compaixão cristã, ou, como diz Crusoé, da "marca do temperamento mental generoso".

A particularidade da colonização, por outro lado, se mistura com certos aspectos da biografia do personagem.

Nas primeiras páginas do romance encontra-se a apresentação dos perfis do protagonista e do seu pai. O primeiro era o mais novo dos três filhos da família, e seu pai comerciante. Desde muito cedo, Robinson manifestou sua inclinação para "ir ao mar" e "ver o mundo". Seu pai tenta convencê-lo a mudar de idéia, argumentando que a família lhe oferecia as amenidades da vida na "posição social mediana", em contraste com os riscos que correm aqueles que vão "ao estrangeiro à busca de aventuras", pretendendo se "elevar por empresas", como o seu filho mais velho que morrera nas guerras dos Países Baixos.

Movido por sua "predestinação secreta", Robinson não dá ouvidos ao pai e, em 1651, com 19 anos de idade, embarca num navio que iria da sua cidade a Londres. Essa viagem inaugura uma fase das suas aventuras marítimas, cuja duração se estende até sua saída da ilha, em 1686, e na qual percorre as principais rotas comerciais do Atlântico. Logo em seguida, faz sua primeira viagem à Guiné e obtém um lucro comercial de aproximadamente 650%; na segunda, entretanto, é escravizado por piratas. Depois de passar dois anos nessa condição, consegue fugir do seu senhor na companhia de um outro escravo, um mouro chamado Xury, sendo ambos recolhidos por um navio português que vinha da África para o Brasil. Vende Xury e o barco em que fugira ao capitão do navio; com o dinheiro da venda, adquire terras na Bahia onde planta tabaco e cana-de-açúcar. Pretendendo obter mais trabalhadores para sua lavoura, associa-se com outros donos de terra para fazer o tráfico negreiro. Mas o navio destinado a esse fim, que estava sob seu comando, enfrenta um furacão: todos os tripulantes morrem, exceto ele, que desembarca sozinho na ilha deserta, onde permanecerá por 28 anos.

A cada etapa da formação do seu patrimônio corresponde um revés, ambivalência esta que Robinson atribui à interferência da "mão visível dos céus" na sua vida. Sendo assim, o navio que o levaria a Londres não chegou ao seu destino e quase foi a pique por causa de uma tempestade. Na sua primeira ida à África, foi acometido por uma calentura provocada pelo clima; na segunda, foi escravizado por piratas turcos. Na Bahia, a princípio, trabalha sozinho nas suas terras, exercendo a mesma atividade dos que estão na "parte mecânica da humanidade"; por isso, nota o quanto se afastara da "posição social mediana" que usufruiria na Inglaterra se tivesse obedecido ao pai. Consegue, porém, três trabalhadores: um servo europeu sob contrato para servir durante seis anos[16], um escravo (*slave*) negro e mais um servo (*servant*) europeu; melhora de vida, mas resolve se aventurar no tráfico negreiro e novamente corre o risco de morte. Ao fim e ao cabo, chega por acaso à ilha deserta e a denomina Ilha do Desespero devido aos sofrimentos que lhe seriam impostos pela solidão e pelo caráter inóspito do lugar.

Gradualmente, entretanto, as coisas mudam na ilha, em conseqüência do seu trabalho e de sua devoção.

Sua disciplina de trabalho é relatada no diário, como, por exemplo, mostram suas anotações de 4 de novembro de 1659: "Esta manhã comecei a regular as minhas horas de trabalho, de saída, de sono e de descanso. Todas as manhãs saio com a minha escopeta durante duas ou três horas, se não estiver chovendo; depois trabalho até, mais ou menos, às 11 horas, quando como e me deito para dormir das 12 horas às 14 horas, porque o calor é intolerável a essas horas. À tarde, volto a trabalhar"[17]. Mesmo com o tempo adverso, mantém suas atividades produtivas: "[na época das chuvas] não ficava [...] ocioso enquanto durava meu recolhimento; efetuava toda classe de trabalhos possíveis nestas circunstâncias, tais como a fabricação de objetos que exigiam paciência e dedicação".[18]

Suas práticas religiosas se iniciam mais tarde, por volta de dez meses depois da chegada, quando abre aleatoriamente uma das Bíblias que salvara do navio e lê: "invoca-Me nos teus dias de aflição e Eu te salvarei e tu Me louvarás". Esse episódio assinala uma verdadeira conversão religiosa de Robinson, porque lhe dá a consciência de que, até então, só havia implorado que a Providência intercedesse pela sua salvação em situações extremamente graves – durante as tempestades no mar, quando fora escravizado na África e na sua chegada à ilha. Assim, reflete sobre sua própria vida passada, conduzida pela obsessão de "ver o mundo", e sobre os pecados que cometera ao recorrer à Providência somente em circunstâncias extremadas; no fim das contas, conclui que "a salvação do pecado era uma benção maior do que a salvação da aflição"[19], passando a considerar que a sua solidão na ilha era quase nada em comparação com a opressão que lhe causava o "peso da culpa" pela anterior falta de devoção.

A partir desse episódio, as reflexões sobre a salvação, a oração e a leitura da Bíblia foram incorporadas à sua rotina, e ele torna-se um verdadeiro bibliólatra[20]: "muito poucas vezes fiquei ocioso, já que dividia meu tempo de acordo com as tarefas que devia efetuar cotidianamente. Estas eram, antes de tudo, meus deveres para com Deus e a leitura da Bíblia, aos quais dedicava um pequeno espaço de tempo três vezes por dia"[21].

Trabalho e devoção expressavam as virtudes do conquistador, embora sua colônia fosse inconsistente pelo simples e forte fato de que era despovoada. Ao pensar sobre o assunto, sente a falta de Xury, tal como sentira na Bahia.

Aos 17 anos da sua estada, descobre que indígenas de regiões vizinhas usavam a ilha para festins antropofágicos, o que lhe causa um misto de medo e de ódio, bem como o desejo de matá-los. Mas reflete sobre a antropofagia e muda de opinião: não lhe cabia puni-los, pois o julgamento dos seus crimes competia única e exclusivamente a Deus[22]. Desse modo, alguns anos mais tarde, imagina que "seria capaz de dominar [...] dois ou três selvagens, se os tivesse, para escravizá-los completamente a mim, para fazer tudo que eu ordenasse"[23].

A essa altura do livro o leitor já sabe que as virtudes de Robinson o capacitavam a se apoderar de nativos em nome da criação de colônias orientadas pela caridade cristã. Na seqüência cronológica da narrativa, um ano e meio depois de ter expressado sua idéia sobre a escravização de nativos, Robinson salva Sexta-feira; a relação estabelecida entre ambos expõe a forma de colonização pretendida por Daniel Defoe.

Sexta-feira: o trabalhador colonial exemplar de Defoe

O eixo do romance de Defoe está na relação entre Robinson e Sexta-feira, vale dizer, numa relação social que é o ponto de convergência de toda a narrativa.

Isso pode ser verificado, em primeiro lugar, num aspecto da estrutura do romance: Defoe só deu nomes a três dos seus personagens: Robinson, Xury e Sexta-feira[24], embora vários outros participem da história, como o pai de Robinson, os diversos capitães de navios, a viúva inglesa que administra o dinheiro que o protagonista ganhara na África, a mulher com a qual ele se casa depois de sair da ilha e os seus três filhos etc. Desses três nominados, Xury passa a pertencer a Robinson, sendo que o romance silencia sobre a forma desse domínio, e Sexta-feira é posto em cena como escravo. Com efeito, na África, Xury e Robinson estavam na mesma condição como escravos do pirata turco; mas, depois de serem salvos nas costas africanas pelo navio português, Crusoé vende-o ao capitão. De qualquer maneira, Xury ocupa uma posição secundária na narrativa, parecida com a dos outros personagens inomimados. A relação entre Robinson e Sexta-feira, ao contrário, está ligada à principal parte do livro, à ilha, e se estende por alguns anos.

Além disso, o caráter da relação entre o inglês e o nativo sintetiza o projeto de colonização de Defoe, como se verá mais adiante, e é determinado no momento mesmo em que o indígena entra na história. No vigésimo quarto ano da sua estada na ilha, Crusoé percebe que canoas indígenas vinham em direção à praia, trazendo prisioneiros que seriam devorados em terra. Em vista disso, arma-se, esconde-se e observa de perto os movimentos dos canibais. Logo depois do desembarque, um dos prisioneiros foge e corre em direção ao local onde ele estava escondido. Quando o fugitivo está vindo em sua direção, Crusoé sente um "impulso irresistível de procurar ali mesmo o servo (*servant*), ou talvez o companheiro e ajudante que necessitava" e pensa que "a Providência havia me escolhido para salvar a vida daquele infeliz"[25]. No final das contas, ajuda o prisioneiro a se livrar dos que queriam devorá-lo. O indígena, livrando-se dos seus perseguidores, aproxima-se de Robinson, "cai de joelhos, beija o chão e, apoiando nele a sua cabeça, coloca o meu pé sobre ela; isso pareceu um sinal de juramento de que se tornaria meu escravo (*slave*) para sempre"[26].

O significado desses gestos do indígena é imediatamente compreendido por Robinson, como se fossem expressos em signos de uma linguagem universal, tanto que os considerou como manifestação de um juramento. Enfim, em sintonia com o mundo do início do século XVIII, Defoe faz o seu leitor compreender que naquele momento estava naturalmente se constituindo um laço de servidão, já que ao resgate do indígena por Crusoé correspondia um ato compreendido desde sempre em todos os lugares: a sujeição do resgatado ao seu resgatador.

No mesmo dia, Robinson comunica ao indígena que "seu nome seria Sexta-feira, que foi o dia em que eu salvei sua vida" e o chama assim "para que se lembrasse do dia em que salvei sua vida; dei-lhe esse nome para comemorar a ocasião".[27] Depois de alimentá-lo e de permitir que repousasse, ensina-lhe a palavra inglesa que designa a sua posição na relação que está se constituindo: "ensinei-lhe a dizer senhor (*master*) e então fiz com que soubesse que este seria o meu nome; ensinei-lhe também a dizer sim e não, e compreender o que significavam".[28]

Todorov escreveu sobre o "furor nominativo" de Colombo, dando "nomes justos" aos lugares que já haviam sido nomeados pelos nativos, privilegiando uma "seqüência [...de homenagens]: Deus, a Virgem Maria, o rei da Espanha [...]". Dois motivos levaram-no a proceder desse modo: a paixão pela nomeação e também o reconhecimento de que "a nomeação corresponde a tomar posse".[29] Com as devidas diferenças, Robinson nomeia o indígena tal como Colombo nomeara as regiões descobertas cerca de dois séculos antes, ou seja, o nativo não tem outro nome senão o que lhe é imposto; deste modo, o protagonista institui uma clara relação de dominação ao dar nome à coisa e, em seguida, faz com que o outro saiba que ele mesmo se torna o seu senhor. Ao subordinado resta apenas os monossilábicos "sim" e "não".

Ao transportar para a ilha um elemento do seu mundo, Robinson também deu um "nome justo" ao seu escravo. Daniel Defoe era filho de pais calvinistas que orientaram sua educação escolar para que ele se tornasse ministro presbiteriano. Ou seja, possuía uma sólida formação teológica, sendo que as citações da Bíblia no romance derivam da transferência dos seus conhecimentos para Crusoé. Assim sendo, é pouco provável que Defoe, com toda sua erudição bíblica, não tivesse associado o nome do indígena com o significado da Sexta-feira, o sexto dia da criação no *Gênesis*, quando "Deus disse: façamos o homem à nossa imagem e semelhança". A probabilidade de que o autor tenha feito essa associação é maior ainda se for considerada a preocupação de Robinson em separar os dias de trabalho dos de *Sabbath*[30]. Seja como for, Robinson deu ao primeiro ser humano com o qual se relaciona na ilha o nome bíblico do dia da criação do homem.

Ao associar o nome dado ao nativo com o sexto dia da criação seguramente Defoe não pretendia atribuir a Crusoé o mesmo papel exercido por Deus na semana da criação. Por outro lado, desde a sujeição de Sexta-feira, Robinson se esforça para moldar o índio à sua "imagem e semelhança", no que aliás é bem sucedido, pois o indígena rapidamente absorve os valores culturais ingleses. A evangelização de Sexta-feira, por exemplo, foi tão completa que, segundo Robinson, "o selvagem tornou-se um bom cristão, melhor que eu".[31] Essa aculturação do indígena levou Leslie Stephen a comentar que Sexta-feira "não é um verdadeiro selvagem, mas um bom criado inglês".[32]

A chegada de Sexta-feira muda radicalmente a opinião de Robinson sobre a Ilha do Desespero, também chamada por ele de "prisão" ou de "cativeiro". De fato, desde o seu primeiro ano na ilha, Robinson começa a ter um pouco de paz interna ao livrar-se do "peso da culpa" por meio das reflexões sobre a própria vida e sobretudo pela devoção; contudo, nunca deixou de se queixar da solidão e do excesso de trabalho. Agora, com a presença do nativo ao seu lado, as queixas são substituídas pela alegria de estar na ilha: "a minha vida tornou-se tão fácil que comecei a dizer a mim mesmo que, se houvesse segurança em relação aos selvagens, não me importaria em ficar [nela] para sempre".[33]

Logo depois da chegada do indígena, ambos resgatam um espanhol e o pai de Sexta-feira que também seriam devorados pelos canibais; diante disso, Robinson observa que "minha ilha agora estava povoada e eu rodeado de súditos; pensava com meus botões que a minha posição era semelhante à de um rei. Primeiro, toda a terra era minha propriedade, o que me dava um inquestionável direito de domínio. Segundo, meu povo estava perfeitamente submetido: eu era senhor absoluto e legislador".[34] A soberania de Crusoé imprime um caráter particular ao seu "reino": "era notável que tínhamos três súditos e eles eram de religiões diferentes. Sexta-feira era protestante, seu pai pagão e canibal e o espanhol papista; de qualquer modo, eu permitia liberdade de consciência nos meus domínios".[35]

Mais tarde, Robinson autoriza a saída da ilha do pai de Sexta-feira e do espanhol, para que trouxessem de onde vieram 16 náufragos espanhóis, ameaçados por canibais. Mas não permanece na ilha a tempo de acompanhar a chegada desses homens. Enquanto os esperava, um navio inglês ancora nas suas proximidades. Sai dele um bote, conduzindo marinheiros armados que desembarcam na ilha com três prisioneiros. Crusoé aproxima-se furtivamente desses últimos e fica sabendo que eram o capitão, o piloto e um passageiro, todos ingleses, aprisionados por marinheiros amotinados. Faz um acordo para libertá-los: ajudaria a reprimir o motim e a recuperar o navio mediante o compromisso do capitão de levá-lo gratuitamente de volta para a Inglaterra. O motim é sufocado e, antes mesmo da chegada dos 16 espanhóis, Robinson e Sexta-feira partem para a Europa, deixando na ilha três ingleses que haviam participado da revolta, homens que seriam enforcados se fossem entregues à justiça inglesa.

Na Europa, Robinson fica sabendo do quanto havia sido "favorecido pela fortuna": a produção da sua propriedade no Brasil havia se expandido, proporcionando vultosos rendimentos durante os anos em que permanecera na ilha. Vende essa propriedade, casa-se, tem três filhos, fica viúvo e, sentindo-se desenraizado na Inglaterra, retorna ao mundo colonial, em 1694, desta vez para fazer negócios nas Índias Orientais. Na viagem para o Oriente passa pela ilha. O povoamento se intensificara: os espanhóis foram ao continente e lá aprisionaram onze homens e cinco mulheres; assim, já haviam nascido vinte crianças na ilha. Em seguida, parte para o Brasil, onde adquire e manda para a sua colônia um barco com "mais gente", inclusive sete mulheres, dados estes apresentados nos últimos parágrafos do livro, assinalando o efetivo povoamento da ilha.

Robinson foi enviado por Daniel Defoe para uma ilha deserta nas adjacências do Caribe a fim de fazer uma conquista colonial e pôr em prática os preceitos do autor sobre a colonização da América. O personagem faz a conquista de acordo com os procedimentos ingleses de apropriação de colônias e inscreve seus atributos na colonização; assim, ao caráter de Robinson corresponde uma colonização fundamentada na industriosidade, na caridade cristã e na tolerância. O fato de Robinson colonizar a ilha com gente que estava sujeita a ele por laços extraeconômicos deriva da sintonia de Defoe com a mentalidade européia do início do século XVIII que associava a colonização da América com o emprego de trabalhadores presos a esses laços. Dessa maneira, o autor não só tornava verossímil aos seus contemporâneos a narrativa da colonização da ilha como também permitia que Robinson inscrevesse nela seus atributos devido ao controle que exerce sobre os trabalhadores.

Resta saber de que maneira o caráter da relação entre Robinson e Sexta-feira sintetiza o projeto de colonização de Defoe. Como se sabe, o protagonista subjugou o indígena à escravidão desde o primeiro contato entre ambos. À primeira vista tem-se a impressão de que no romance a escravidão constituiu a forma dominante de sujeição do mundo colonial, a julgar pela quantidade de referências feitas a escravos: Robinson e Xury foram escravos; Robinson possui um escravo africano na Bahia; Sexta-feira também é escravo, e a narrativa sugere que os outros personagens que chegam à ilha depois dele também sejam. Mas é preciso levar em conta uma questão lingüística: no século XVIII, o vocábulo "escravo" e suas derivações, designavam formas diversas de trabalho forçado. Sendo assim, o significado desse vocábulo, tal como foi empregado no romance para nomear a condição de Sexta-feira, deve ser submetido a um exame que leve em conta dois elementos: as grandes características da escravidão colonial e as relações entre senhor e escravo na ilha, cujo resultado mostrará o tipo de relação que Daniel Defoe impôs aos seus dois personagens.

Como ponto de partida, pode ser adotada uma definição de escravidão amplamente usada, formulada por Oscar Patterson, segundo a qual ela é, no plano das relações pessoais, "uma dominação permanente e violenta de pessoas desarraigadas da localidade e da sociedade em que nasceram e que são, de uma maneira geral, desrespeitadas"[36]. Patterson assinalou também que o princípio que preside a escravidão em todas as sociedades é o da comutação condicional da morte. Com efeito, o direito de matar o prisioneiro de guerra podia ser comutado em escravidão, o que, no entanto, não significava que essa comutação absolveria o prisioneiro da pena de morte; apenas a suspenderia momentaneamente e seria aplicada se o escravo não se subordinasse completamente.[37] Certamente a escravidão colonial de indígenas e africanos está enquadrada nessa definição e nesse princípio, na medida em que qualquer coisa que se diga sobre a condição desses escravos começaria com a reprodução dos termos de Patterson. Além disso, essa mesma definição se aplica ao romance, mais precisamente aos casos de sujeição de Robinson e Xury ao pirata na África ou do africano a Robinson na Bahia.

Por outro lado, a despeito de Defoe dizer que Sexta-feira é escravo de Robinson, neste caso as relações entre o trabalhador sujeito e o senhor estão fora dos padrões da escravidão colonial, e por extensão da escravidão propriamente dita, porque, antes de tudo, tanto Sexta-feira quanto os que chegam à ilha depois dele se submetem voluntariamente ao senhor. Ou seja, os trabalhadores de Robinson na ilha consentem em privar-se da liberdade como retribuição por ele ter salvado suas vidas. Numa palavra, trata-se de sujeição consentida. O próprio protagonista informa sobre o elemento constitutivo básico da relação: "todos eles [Sexta-feira, seu pai e o espanhol] deviam suas vidas a mim, e estavam prontos para arriscá-las por mim quando as circunstâncias exigissem"[38]. Também devem a ele suas vidas os 16 náufragos espanhóis que estavam sob a ameaça dos canibais, e os três marinheiros ingleses amotinados que seriam enforcados em território inglês.

Em suma, a sujeição do trabalhador colonial no *Robinson Crusoé* difere da escravidão colonial propriamente dita, pois em vez de dominação permanente e violenta, desarraigamento e desrespeito essa espécie de sujeição leva em conta a vontade do sujeito. Tanto que Robinson não emprega escravos africanos na ilha; aliás, de acordo com o romance o tráfico negreiro não devia ter a sanção divina, pois o naufrágio, uma das interferências da "mão visível dos céus" na vida do protagonista, ocorre quando ele tenta trazer escravos africanos para o Brasil. Quanto aos nativos sujeitos, Sexta-feira e seu pai, todos consentem em servir ao conquistador.

A forma assumida por esse tipo de sujeição no *Robinson Crusoé*, nas ocasiões em que o protagonista é senhor, tem sua matriz no caso de Xury. Como se sabe, Robinson e Xury fogem do pirata que os escravizava e são resgatados por um navio português. Durante a viagem para o Brasil, o capitão mostra interesse em comprar Xury. Robinson reluta em vender quem lhe fora muito fiel, ao mesmo tempo em que quer ser grato àquele que o salvara no mar. Acaba expondo sua relutância ao comprador, "que mostrou ser justo ao assumir o compromisso de libertá-lo em dez anos, se ele se tornar cristão; diante disso, e com Xury dizendo que *estava disposto a ir com ele* [grifo meu], deixei que o capitão o comprasse"[39]. O negócio, portanto, só é fechado quando o capitão firma as condições da sujeição de Xury e o sujeito aceita "ir com ele". Deduz-se daí que o senhor não tem a plena propriedade da pessoa, mas sim o domínio da sua liberdade; noutros termos, se apropriará apenas do seu trabalho. Um forte motivo, ligado à conservação da própria vida, faz com que o outro ceda sua liberdade como paga por ter sido protegido numa circunstância em que sua vida esteve em perigo. Assim sendo, embora Defoe nada tenha dito a respeito, Xury teria voluntariamente se subordinado a Robinson durante a fuga do cativeiro porque Robinson o ajuda a escapar de um senhor que o ameaçava, razão pela qual o último pode vender o primeiro; Robinson, por sua vez, só aceita vendê-lo porque seu novo senhor se compromete a mantê-lo subjugado, temporariamente, se ele se tornasse cristão, ao mesmo tempo em que Xury manifesta a sua vontade de ficar com o capitão.

Essa cessão da liberdade é, portanto, regulada por um contrato tácito: ambos os contratantes partem do princípio de que está sendo comutada uma ameaça à conservação da vida em sujeição; sendo assim, de um lado, aquele que salva o outro do perigo, e que se tornará o senhor, tem o direito de sujeitar a liberdade de quem lhe deve a vida e, portanto, de apropriar-se do seu trabalho; de outro lado, aquele que foi salvo do perigo, e que se tornará sujeito, subordina sua liberdade àquele a quem deve a sua vida. Em todo caso, há o pressuposto de que a vida será conservada dentro da relação de sujeição estabelecida pelos contratantes, já que a relação se originou de um ato de conservação da vida.

A relação entre Robinson e Sexta-feira é também instituída nesses termos. O indígena se sujeita voluntariamente àquele que o salvara porque no momento mesmo da salvação ambos sabem que a circunstância funda uma relação de sujeição e estipula os papéis que cada um representará dentro dela. Num episódio da relação entre ambos, Robinson pôde se certificar de que o seu ponto de vista sobre a afeição do indígena por ele estava correto e, por isso mesmo, enunciar o limites da sujeição. Ao sentir a "injustiça que cometia contra o pobre rapaz" por tê-lo separado da sua gente, Robinson sugere a Sexta-feira que vá sozinho à sua terra natal. Essa proposta gera um mal-entendido: o nativo presume que está sendo mandado embora da ilha. Apegado como era ao seu senhor, fica comovido e transtornado e, neste estado, entrega a Robinson um machado, pedindo para ser morto. Daí Robinson descobre "a sua extrema afeição por mim [...]. Disse-lhe então, e muitas vezes depois, que nunca me separaria dele enquanto ele *estivesse disposto a ficar ao meu lado* [grifo meu]"[40]. Em suma, tal como no caso de Xury, Sexta-feira se sujeitou a Robinson sem que houvesse dominação permanente e violenta, desarraigamento e desrespeito; não bastasse isso tudo, a caridade cristã de Robinson na ilha é de tal grau que deixa a duração da sujeição ao arbítrio de Sexta-feira, em vez de, como senhor, fixá-la previamente, tal como o capitão português pré-fixara a de Xury.

Para Defoe o senhor se beneficiaria com esse tipo de relação. Isso porque o contrato garante a boa convivência entre sujeitador e sujeito ao determinar os papéis que ambos representarão na relação. A propósito disso, Robinson diz que "passou realmente a amar aquela criatura; por outro lado, acredito que ela me amava mais do que lhe fora possível amar qualquer coisa antes"[41]. Deriva daí que o sujeito se dedica inteiramente ao seu senhor, o que é atestado por um comentário de Robinson: "jamais nenhum homem teve um criado tão fiel, amoroso e sincero como Sexta-feira. Ele era perfeitamente solícito e empenhado; sem paixões, mal-humores e artimanhas, tinha uma verdadeira afeição por mim, como a de uma criança pelo pai. Ouso dizer que sacrificaria sua vida para salvar a minha em qualquer ocasião"[42].

Ao mesmo tempo em que Defoe mostra que a sujeição consentida é a forma mais adequada de colonização da ilha, dá-lhe um papel na narrativa: é por meio dela que os atributos do protagonista podem ser aplicados à colonização. Por ter alienado a sua liberdade, o sujeito reproduziria a industriosidade de um senhor que conduziria a relação de acordo com preceitos da caridade cristã e da tolerância. Assim, Defoe criava na ilha o melhor dos mundos da América, tanto que Robinson resume as suas relações com Sexta-feira na ilha nos seguintes termos: "os três anos que ali vivemos juntos foram perfeita e completamente felizes"[43].

Em suma, para Defoe, a colonização da América deveria ser uma reprodução ampliada da colonização da ilha: conquistadores similares a Robinson submeteriam trabalhadores similares a Sexta-feira para erigir um mundo harmonioso nos trópicos, sob a regência de valores europeus.

Mas Defoe não idealizou essa forma de sujeição de trabalhadores coloniais; limitou-se a passar para a ficção uma relação que efetivamente existia no seu mundo. De fato, desde as primeiras décadas do século XVII a servidão por contrato – *indentured servitude*[44] – foi empregada pelos ingleses nas suas colônias americanas, tornando-se uma das suas fontes de mão-de-obra até o século XIX, quando passou a ser aplicada também a trabalhadores asiáticos. Durante o período colonial, europeus, principalmente ingleses, interessados em ir para a América e sem ter dinheiro para pagar a passagem, faziam um contrato com um capitão de navio ou com um comerciante para prestar serviços por um período que variava de quatro a mais de dez anos. Assim, eram levados para as colônias inglesas, onde o contrato era leiloado. Durante o período de vigência do contrato, os senhores lhes concediam apenas alojamento, comida, roupas e cuidados médicos; findo esse período, eram libertados e recebiam ajuda em sementes, ou instrumentos agrícolas para se estabelecer como agricultores independentes. A servidão por contrato trouxe para a América centenas de milhares de trabalhadores europeus; aliás, Robinson emprega um deles nas suas terras da Bahia.

As diferenças entre a servidão por contrato das colônias inglesas e a sujeição consentida do romance são mais aparentes que essenciais, na medida em que, em ambos os casos, a relação estabelecida é contratual e fundamenta-se no princípio da alienação temporária da liberdade para a conservação da vida. O fato de o contrato ser escrito ou tácito decorria das circunstâncias. Importa é que tanto os que estavam na Europa quanto os que estavam na América tinham suas vidas ameaçadas: os primeiros pelo desemprego e pela fome, os últimos pela barbárie ou pelos perigos da natureza. O fato de que os servos contratados reais eram europeus e os do *Robinson Crusoé* de origem variada, tampouco os distingue, pois essa diferença deriva de um aspecto do romance: fazia parte das aventuras de Robinson agir como um civilizador num mundo repleto de delinqüentes de todas as espécies – nativos canibais, espanhóis naturalmente desumanos e criminosos de todas as partes da Europa, inclusive da Inglaterra. Finalmente, os servos contratados de Robinson, da mesma maneira que os reais, também se tornam agricultores independentes; quando Robinson passa pela sua ilha, na viagem que faz às Índias Orientais, distribui aos colonos suprimentos e ferramentas, e a divide "em lotes [...], de acordo com as solicitações de cada um [dos colonos], reservando para mim mesmo a propriedade do todo"[45].

Enfim, ao narrar aos seus contemporâneos a história da colonização da ilha de Robinson Crusoé, localizada numa região que começava a ser ocupada pela grande lavoura escravista, Daniel Defoe apresentava uma outra forma de colonizar a América que a integraria à civilização porque substituía a propriedade sobre o trabalhador colonial pela apropriação contratual do seu trabalho. Sob esse ângulo, de fato, o romance visava "a instrução e a diversão do leitor".

NOTAS

1 Uso neste trabalho algumas passagens de um outro que escrevi cerca de dez anos atrás: "Robinson Crusoé, a conquista da América na ficção", publicado como capítulo de um livro organizado por José Carlos Sebe Meihy e Maria Lúcia Aragão, intitulado *América: ficção e utopias* (Editora Expressão e Cultura e Edusp, 1994), embora, no conjunto, um nada tenha a ver com outro. Agradeço a Marcos Antonio Lopes e Rafael de Bivar Marquese por seus comentários e sugestões.

2 Aqui será usada a edição do *Robinson Crusoé* da The Penguin English Library (London, 1981), citada nas notas de rodapé apenas como *Robinson.*

3 J. Paul Hunter, *The Reluctant Pilgrim.* Baltimore: John Hopkins University Press, 1966. *Apud* Morroe Berger, *La Novela y las Ciencias Sociales — Mundos Reales e Imaginados.* Mexico: Fondo de Cultura Economica, 1979, pp.53 e 92.

4 Ian Watt, *A ascensão do romance: estudos sobre Defoe, Richardson e Fielding* , São Paulo: Companhia das Letras, 1990, p.57.

5 *Id.*, p.61.

6 Christopher Hill, "Daniel Defoe (1660-1731) and Robinson Crusoé" *in The Collected Essays of Christopher Hill.* Massachusetts: Univ. of Massachusetts Press, 1985, vol I., p. 110.

7 Maximilian E. Novak, *Economics and the Fiction of Daniel Defoe.* Berkeley: University of California Press, 1962.

8 Quando o navio enfrenta o furacão que o arrastará para a ilha deserta, Robinson se esforça para posicioná-lo em direção "ao círculo da ilhas do Caribe", pretendendo alcançar "algumas das nossas ilhas inglesas". Já no vigésimo sexto ano de sua estada na ilha, Robinson descobre que o "enorme rio Orenoco" provocava o fluxo e o refluxo das águas entre sua ilha e uma terra de lá avistada; "descobri depois, que a nossa ilha estava na foz ou no golfo desse rio; e essa terra que eu avistava a N. e N.E. era a grande ilha Trinidad, ao norte da foz do rio"; compreende também que os nativos da região eram os caraíbas, "que nossos mapas colocam na parte da América que vai da foz do rio Orenoco à Guiana e Santa Marta". *Robinson,* pp. 62 e 217.

9 "Se Selkirk sugeriu a idéia do *Robinson Crusoé* — ou, mais particularmente, partiu dele [a idéia da] ilha deserta — Defoe obteve materiais noutras fontes. Extraiu informações das *Viagens* de Hakluyt, do *Nova Viagem ao redor do Mundo* de Dampier, da *Relação Histórica do Ceilão* de Robert Knox e de outros livros de viagem contemporâneos". James Sutherland, *Defoe*. Nova York-Londres: 1950, p.240.
10 *Id., ibid.*
11 *Apud* Christopher Hill, *op. cit.*, p.119.
12 *Robinson*, pp. 113-114.
13 SEED, Patrícia, *Cerimônias de posse na conquista européia do Novo Mundo (1492-1640)*. (trad. port.) São Paulo: UNESP/Cambridge, 1999.
14 *Id.*, pp. 47-48.
15 *Robinson*, p. 178.
16 No original, "*a servant under bond for six years service*", p.57. De agora em diante, colocarei entre parênteses as palavras em inglês que Robinson usa para denominar a condição dos que trabalham para ele.
17 *Robinson*, pp. 88-89.
18 *Id.*, p.120.
19 *Id.*, p.111.
20 Esta caracterização é de autoria de Ian Watt, que contou, no primeiro livro sobre Robinson Crusoé, a citação de "vinte versículos da Bíblia, além de [Crusoé] fazer numerosas referências a ela, e algumas vezes procurar a orientação divina abrindo a Bíblia ao acaso". *Op. cit.*., p.69
21 *Robinson*, p. 126.
22 *Id.*, p. 179.
23 *Id.* , p.204.
24 Na verdade, Defoe deu nome também a um parente do seu senhor turco, "Ismael, Muly ou Moely" e a alguns dos marinheiros amotinados do navio que levará Robinson e Sexta-feira à Europa. Mas, em ambos os casos, são feitas apenas rápidas referências a esses personagens, e é irrelevante o papel que ocupam na trama do romance.
25 *Robinson*, p. 206.
26 *Id.*, p. 207.
27 *Id.*, p. 209.
28 *Id., ibid.*
29 Tzvetan Todorov. *A conquista da América — a questão do outro*. (trad. port.) São Paulo: Martins Fontes, 1988. p.27.
30 Segundo o *Oxford English Dictionary*, "desde a Reforma, [*Sabbath* foi uma palavra] freqüentemente aplicada ao 'dia do Senhor', isto é, ao primeiro dia da semana (domingo), observado pelos cristãos em comemoração à ressurreição de Cristo". Sobre as preocupações para contar os dias de trabalho e de Sabbath na ilha ver *Robinson*, ver pp. 81, 89 e 117.
31 *Id.*, p.222.
32 Leslie Stephen, "Hours in a Library" in Pat Rogers (ed.), *Defoe, the critical heritage*. Londres: Routledge & Kegan, 1972, p.173.
33 *Robinson*, p.213.
34 *Id.*, p. 240.
35 *Id., ibid.*
36 Orlando Patterson, *Slavery and Social Death: a comparative study*. Cambridge: Mass., Harvard University Press, 1982, p.13.

37 Deriva daí o que Patterson considera como "morte social" do escravo. Orlando Patterson, *op .cit.*, p. 5.
38 *Robinson.*, p.241.
39 *Id.*, p.54.
40 *Id.*, p. 227.
41 *Id.*, p. 216.
42 *Id.*, pp. 211-212.
43 *Id.*, p.222
44 Sobre a servidão sob contrato ver Ralph Shlomowitz "Forced Labor" e David W. Galenson "Indentured Servant" in Seymour Drescher e Stanley L. Engerman (edit.) *A Historical Guide to World Slavery.* New York, Oxford University Press, 1998.
45 *Robinson*, p. 298.

SAINT-SIMON, MONTESQUIEU, VOLTAIRE: SOBRE A HISTÓRIA DOS HOMENS ILUSTRES

Marcos Antônio Lopes

Abordaremos neste artigo as concepções de Voltaire sobre Luís XIV e sua concepção de História comparada dos grandes príncipes, que estamos retratando como os resíduos culturais de uma muito antiga concepção de se escrever a História, e que tem em Plutarco o seu grande modelo. As idéias de Saint-Simon e de Montesquieu acerca de tais temas serão expostas em perspectiva, mas como o pólo oposto da visão voltairiana.

Jean-Marie Apostolidès (1988), Peter Burke (1993) e Nicole Ferrier-Caverivière (1981) demonstraram as vias pelas quais se construiu a imagem do "maior e mais terrível príncipe do universo", conforme uma das mais celebradas legendas cunhadas em retratos militares de Luís, o Grande. Nessas obras, os autores discutem de que forma a criatividade dos mais talentosos escritores e artistas dos séculos XVII e XVIII foi colocada em ação para construir e consolidar a magnificência de um reinado e a glória pessoal de um rei, pela celebração grandiosa de seus feitos, fossem eles realmente grandes ou mesmo inexpressivos. Peter Burke formulou a tese de ter sido a retumbante propaganda monárquica de Luís XIV o primeiro grande *marketing* político pragmaticamente elaborado na história do Ocidente.

Em seu livro *L'image de Louis XIV dans la littérature française de 1660 à 1715*, Ferrier-Caverivière discute, tomando como fontes históricas um volume assustador de textos literários, os recursos de que Luís XIV lançou mão para fomentar a chamada "Querela dos Antigos e Modernos". A dita querela assumiu conotações de verdadeira moda literária, acabando por degenerar em conflito de essência política. Nesses "debates e combates" travados na Academia Francesa, Luís XIV assumiu o centro do discurso. O Grande Rei foi comparado aos príncipes da Antigüidade greco-romana e em meio ao incenso que exalava da literatura dos panegiristas da Academia, em maior grau daqueles escritores que tomaram partido pela superioridade dos modernos, sempre com muito mais força e prestígio que um Augusto, do que um Alexandre, do que um César: a realeza solar tornou-se um fenômeno político que conseguiu condensar em si mesmo os traços de uma cultura diversificada. Na construção da imagem de príncipe triunfante foram colocados em cena muitos elementos da tradição clássica, do cristianismo medieval e da cultura renascentista, fundidos e atualizados pela idolatria monárquica do século XVII.

A partir dos primeiros anos de seu reinado pessoal, que teve início em 1661, muitos mitos políticos foram elaborados para exaltar a glória de um jovem príncipe – outrora aguardado por toda a França como *Dieudonné*, enviado de Deus – que não encontrava rivais em toda a história da humanidade. Como afirmava uma dessas homenagens obrigadas, *Des justes prétentions du roi sur l'Empire*, do advogado Aubery, até mesmo o grande Carlos Magno "(...) é um modelo bastante fraco para o nosso príncipe, do qual as ações heróicas farão reconhecer à posteridade que ele terá apagado a glória que se deu [ao imperador], e ultrapassou de muito longe em valor e em sabedoria todos os reis seus predecessores" (Citado em Ferrier-Caverivière, 1981, p. 354).

Entre os mitos que consolidaram a reputação guerreira do maior monarca da história da Europa conta-se a passagem de Luís XIV por um pequeno braço do Reno, em época de estiagem, e que foi transformada pelos turiferários de corte numa das maiores proezas militares do reino. A cena foi imortalizada no quadro de Le-Conte como a travessia heróica do príncipe que doma as águas profundas e furiosas para vencer os inimigos da França. Ora, já no século XVIII um de seus maiores admiradores, Voltaire, afirmava no *Le siècle de Louis XIV*: "A passagem do Reno foi uma mistificação, uma *exagération*." Para Nicole Ferrier-Caverivière:

> (...) Que os temas complacentemente tratados pelo patriotismo do século XVI fossem retomados por Luís XIV, não há nada surpreendente: para um monarca tão preocupado com sua glória, a comparação com os homens ilustres da Antigüidade se impunha a todo momento. (...) Pouco importam, então, as referências utilizadas; elas são somente pretextos que valem menos por elas mesmas do que para o fim a que elas servem: louvar Luís XIV. Busca apenas acumular fórmulas que, indistintamente e às vezes até de maneira contraditória, demonstram a esmagadora e indiscutível superioridade de Luís XIV (Ferrier-Caverivière, 1981, p. 355).

Os historiadores mais recentes demonstraram que os franceses do século XVII acreditaram verdadeiramente no mito de Luís XIV. Mas no fim do reinado do Grande Príncipe, o mito também declina. Entretanto, é preciso considerar que mesmo nos anos de maior glória do monarca, em que o poder real assume a natureza de espetáculo político, existiram outras correntes de mentalidades que fizeram opções políticas bem diferentes dos devaneios apologéticos em torno da realeza solar. Fénélon, Pascal, La Bruyère, por exemplo, foram escritores muito mais voltados para assuntos relativos à "salvação pública" da França, e se recusaram a integrar sem espírito crítico o coro da idolatria monárquica de seu tempo.

Mas qual a imagem que a posteridade consolidou sobre o Patriarca de Versalhes? De que forma se desenvolveram as reflexões críticas que se seguiram àquelas contemporâneas do próprio rei, partidas de autores que viveram na última fase de sua vida? Entre Saint-Simon, Montesquieu e Voltaire seria possível verificar uma convergência de discursos sobre o rei? E além disso, quais elementos aproximam ou afastam suas representações do Grande Rei e por quais vias chegaram a Luís XIV, elegendo-o como tema central de vários de seus textos?

Inegavelmente, Luís XIV foi um grande rei. Contudo, sua imagem foi retrabalhada tanto por certa vertente da literatura do século XVIII – na qual encontramos nomes como Saint-Simon e Montesquieu – quanto pela própria historiografia atual, que não compreenderam muito bem o seu caráter perdulário e a sua política de guerras suicidas. Nas *Cartas persas*, Montesquieu o reprova abertamente por ser mais rico que o rei da Espanha, simplesmente porque dono de uma vaidade mais inesgotável que as minas do império espanhol.

Voltaire talvez tenha sido o seu grande cultor: dedicou a ele um livro imenso e o conjunto de sua obra está repleto de imagens do Grande Rei. Aliás, estas se revelam como fruto de uma insofismável admiração que, muitas vezes, se aproxima de um fascínio sem reservas. Mas os juízos negativistas de um Fénélon ou de um Pascal, por exemplo, também ecoaram pela França pré-iluminista. Montesquieu escreveu uma extensa obra, aliás muito rica em imagens luiscatorzianas (1958), revelando um espírito crítico que tende para o meio-termo, ou, se não tanto, para uma crítica bem menos apaixonada do que os gritos indignados de Saint-Simon.

Em seu *L'Ancien régime: institutions et société*, François Bluche detecta com qual espírito Montesquieu escreveu sobre o regime monárquico de seu tempo. Nesse caso, trata-se de considerações genéricas, mas que sem dúvida revelam os traços de sua inspiração para com Luís XIV e seu *modus operandi*. Muito interessante, aliás, é a aproximação que F. Bluche faz deste autor com Voltaire:

Montesquieu no *L'esprit des lois* revela sua preferência por um "governo moderado", substituído pela monarquia absoluta, sem ter a sensibilidade para ver que o regime de

Luís XIV, se é "absoluto" na ordem teórica, é perfeitamente temperado (ou moderado) sobre o plano prático. O presidente de Montesquieu é, verdadeiramente, um ideólogo. Voltaire, seu contemporâneo, estava, ao contrário, ligado à monarquia absoluta. O escritor, que aplaudira o despotismo esclarecido de Frederico II da Prússia, e justificara o golpe de força do chanceler Maupeau na França (1771), não temeu em escrever: "Um rei absoluto, quando não é um monstro, pode desejar somente a grandeza e a prosperidade de seu Estado, porque ela é a sua própria, porque todo pai de família quer o bem de sua casa. Ele pode se enganar sobre a escolha dos meios, mas não está em sua natureza que ele queira o mal do seu reino" (Bluche, 1993, p. 16).

A posteridade haveria de revelar um dos grandes detratores de Luís XIV, o duque de Saint-Simon. Membro de tradicional família aristocrática, Saint-Simon começou a escrever suas *Memórias* no ano de 1720, mas de maneira bem irregular. Apenas em 1723, com a morte do regente – Felipe de Orléans, seu protetor –, Saint-Simon se retira da cena política para se exilar em suas terras de La Ferté-Vidame. De acordo com Jean-Marie Bizière e Jacques Solé, a partir de seu afastamento da vida pública em 1723, "(...) lhe restariam trinta anos para pensar em suas *Memórias*, à redação das quais ele se dedica seriamente a partir de 1739, idéia que ele acariciava havia dezenove anos" (Bizière e Solé, 1993, p. 232).

A rigor, as *Memórias* exprimem sua insatisfação e seus rancores em relação ao rei. Ele criticou Luís XIV em quase tudo: sua pessoa, seu espírito, suas idiossincrasias, seus empreendimentos. Oficial do exército francês, não perdoava a Luís XIV o fato de ter usado regimentos da mais prestigiosa armada da Europa em construções, como fez em Versalhes. Para um nobre de sangue da estirpe de Saint-Simon, isso era decididamente um abuso. A esse respeito enfocou o rei como perdulário e vaidoso, o "maníaco por construções" que "transformou montanhas em vales, e ainda achou colinas para derrubar", acerca da construção de Marly.

Como ele mesmo confessou, suas *Memórias* foram redigidas como evasão de suas ambições profissionais no exército, frustradas pelo soberano. Saint-Simon abandonou o serviço militar por não ter conseguido se promover a brigadeiro. Mas ele mesmo não era um modelo de virtudes. Para Luís XIV o duque era o retrato mais acabado do cortesão inútil, aquele tipo parasitário que o príncipe detestava tanto, justamente um rei que associava toda a sua glória a um amor imenso pelo trabalho. A esse respeito, François Bluche observa que "(...) o rei detestava os cortesãos puramente decorativos, os cortesãos ociosos e inúteis dos quais o duque de Saint-Simon era o tipo perfeito". (Bluche, 1993, p. 51). O certo é que, nas *Memórias*, Saint-Simon reflete com a amargura de um desventurado; "Foi mesmo este amor pela verdade que mais prejudicou minha sorte; eu compreendi, mas preferi a verdade a tudo (...); posso dizer mais: que a amei contra mim mesmo" (Saint-Simon, 1953). Apesar de suas aversões, Saint-Simon é reconhecido pela sinceridade de suas opiniões; ele tem a vantagem de estar separado por aproximadamente uns trinta anos dos eventos que narra. Com certeza, essa distância histórica ampliou sua perspectiva, ao mesmo tempo que atenuou suas emoções.

Fato curioso, Saint-Simon, Montesquieu e Voltaire viveram sob o reinado do Grande Rei e dois deles até entretiveram relações muito próximas com Versalhes: excetuando Montesquieu, Saint-Simon viveu na corte e o jovem Voltaire participou de missão diplomática na Holanda em 1713, acompanhando o embaixador de França a Haia. Montesquieu viria a Paris algum tempo depois, cidade na qual até chegou a residir e pela qual nutria grande simpatia, devido ao desenvolvimento de sua república das letras. Excluindo parte das *Memórias* de Saint-Simon, suas melhores reflexões sobre Luís XIV e seu reinado surgiram anos mais tarde, já na aurora das Luzes. Passada a euforia artística e literária que celebrou durante quase quatro décadas a grandeza e magnificência de Luís XIV, o fenômeno da idolatria real coincide com o término do reinado de um príncipe que não foi capaz de sustentar sua glória até seu leito de morte. Mas um grande rei deixa marcas profundas no tempo; e ainda mais um monarca que não mediu esforços para imortalizar a sua imagem.

De fato, imagens do Rei-Sol aparecem em uma parcela muito significativa dos textos de Saint-Simon, Montesquieu e Voltaire, que não escreveram pouco, como é notório. Os comentadores de Voltaire fazem lembrar que a desigualdade qualitativa de sua obra se deve ao fato de esse "demônio" ter passado praticamente a vida inteira com a pena na mão. Luís XIV foi uma espécie de obsessão para o duque de Saint-Simon, que lhe concedeu amplo espaço em suas *Memórias*, o soberano surgindo explicitamente no texto, e nas entrelinhas. Voltaire, além da obra monumental que dedicou ao soberano, foi extremamente fértil em referências ao rei – e por que não dizer também reverências – que aparecem fulgurantes em inúmeros textos de sua extensa obra. Dentre esses três autores, Montesquieu é sem dúvida o menos pródigo em projetar imagens luiscatorzianas em seus textos. Entretanto, dedicou ao rei espaço considerável em vários de seus trabalhos, reunidos em suas *Obras completas* com o título de *Meus pensamentos*, nas quais o espectro do rei surge esparsamente em quase toda a sua obra, notadamente nas *Cartas persas*.

Um problema que intriga é o fato de, sendo Voltaire talvez o escritor político mais ácido que o século XVIII produziu, o crítico social que denunciou com intrepidez toda a dureza e os rigores excessivos do absolutismo, por que construiu uma imagem tão positiva de Luís XIV, mesmo reconhecendo os grandes e sucessivos equívocos que ele cometeu? A severidade dos dois aristocratas seria o reflexo de recalques contra um rei que tripudiou tão ousadamente sobre os *grands*, fenômeno até então desconhecido em um reino de tão longa história?

Jean-Marie Apostolidès distingue como se deu a passagem do rei-maquinista à condição de rei-máquina. Isto significa que os antigos laços de afeto, que uniram realeza sagrada e súditos durante séculos, rompem-se por essa época, fato que o mesmo autor denomina "a inorganicidade do corpo simbólico do reino". Foi a partir de Luís XV que se implantou claramente a nova tendência, já prenunciada nas décadas anteriores, das redes de instituições administrativas, fenômeno que não apenas despersonaliza o poder real, mas afasta e isola o soberano de seus súditos. Esses autores parecem dar mostras de que Luís XIV representou o ponto de equilíbrio já instável de um rei maquinista ao conseguir associar a personalidade real com as funções administrativas da monarquia.

É possível que tenham percebido que, em seu próprio tempo, vivia-se sob um regime político quase que puramente jurídico, sem mais a representação clara e benfazeja da imagem do príncipe, de seu império pessoal e direto, de sua autoridade carismática. Daí a presença do Grande Rei em suas obras, mesmo que enfocado sob ângulos tão desfavoráveis, e muitas vezes com admoestações até bem severas. É bom lembrar que as idéias exprimidas por Voltaire, apesar do sentido geral inequivocamente positivo acerca do julgamento do soberano, encontram-se carregadas de ambigüidades.

Apesar de Robert Muchembled relativizar a veracidade histórica da máxima saint-simoniana do "longo reinado da vil burguesia", ao afirmar com razão que já em fins do século XVIII não se pode mais definir claramente nobreza e burguesia, que as elites do Antigo Regime não podem ser encaradas como blocos monolíticos porque se encontravam estratificadas e cruzadas, creio que a máxima se aplica ao espírito nobiliárquico dos séculos XVII e XVIII, porque esteve sempre viva nos sentimentos de uma aristocracia que a tradição de séculos sempre havia colocado nos pontos mais elevados do exército e das administrações provinciais e central. Os rancores de Saint-Simon são elucidativos a esse respeito:

> Pouco a pouco o rei obrigou toda a gente a servir e a aumentar sua corte, até mesmo aqueles de quem fazia o menor caso. (...) Foi outra habilidade para arruinar os nobres, e acostumá-los com a igualdade, e à mistura com toda gente, de modo que as pessoas nascidas para mandar nos outros tiveram de permanecer no terreno das idéias e não se acharam mais dentro de nenhuma realidade (Saint-Simon, 1953, p. 325).

De origens modestas, Molière viveu o período de maior glória do reinado de Luís XIV e discutiu com imenso talento a atração que um título de nobreza exercia sobre os burgueses ricos de seu tempo. Como ele apontou em seu risível *O burguês fidalgo*, seu personagem entregaria de bom grado dois dedos da própria mão ao cepo, se disso dependesse para se tornar nobre (Cf. Molière, 1981).

No tempo de Voltaire, este mesmo *ethos* do universo aristocrático continua a exercer seu irresistível fascínio sobre os espíritos. Revelando sua alma burguesa, conta esse autor que

> Na França é marquês quem quer, e qualquer um que chegue a Paris vindo dos confins de uma província, com muito dinheiro para gastar e um nome em *ac* ou *ille*, pode dizer: "um homem como eu" ou "um homem de minha qualidade", e desprezar soberanamente um negociante. Este, de tanto ouvir falar com desprezo de sua profissão, acaba sendo bastante tolo para enrubescer-se. Contudo, não sei o que é mais útil a um Estado: um senhor empoado que sabe a que horas o rei se levanta ou se deita, com ares de grandeza, fazendo papel de escravo na antecâmara de um ministro, ou um negociante que enriquece seu país, dá ordem a Surata e ao Cairo sem sair de seu gabinete e contribui para a felicidade do mundo.

Dessa forma, seria possível concluir que nossos aristocratas foram mais rígidos com Luís XIV porque refletem, numa posteridade ainda muito próxima, sobre o desprezo e o rebaixamento que Luís XIV impôs aos de seu meio social? É bem possível que nossos autores tenham chegado a Luís XIV, como tema, por vias bem diferentes. Saint-Simon, claramente, por seus rancores declarados, ainda que sua queda pelo memorialismo histórico e político o obrigasse a cruzar freqüentemente com o rei, mesmo muito tempo após a morte deste. Montesquieu, pelas preocupações naturais que um filósofo político tem com a natureza dos regimes políticos e as formas pelas quais o poder está instituído pelo mundo, o que demonstrou com brilho, apesar dos equívocos de interpretação cometidos, nas *Cartas persas* e no livro *Do espírito das leis*. O grande Voltaire, por suas incursões no terreno da História, por força do ofício de historiógrafo de Luís XV. Desse modo, por exigências da função, eles praticamente foram conduzidos, e de certa forma obrigados, a se encontrar com o rei. Memorialista de corte especialmente interessado pelo submundo de Versalhes? Pensador político dedicado às teorias sobre o poder? Intelectual brilhante, apaixonado pela História? Um pouco de tudo isso, com certeza. Mas parece que há algo mais.

Como se referiu Nicole Ferrier-Caverivière, o Rei-Sol é um tema ainda muito fulgurante na primeira metade do Século das Luzes. No pré-Iluminismo, Luís XIV projeta uma imagem que exerce fascínio sobre o círculo dos pensadores políticos e dos homens de letras de uma posteridade que o mantinha muito vivo na memória. A própria extensão de seu reinado foi algo que espantou a Europa. Montesquieu sintetizou como ninguém essa perplexidade: "O reinado do falecido rei foi tão longo que, em seu fim, ninguém se lembrava mais do seu começo." De fato, a duração de seu reinado é impressionante, sem nenhum paralelo em toda a história do Ocidente cristão, o que, em seu próprio tempo, pareceu simbolizar a intemporalidade de um reino e de uma família eleita pelos mistérios dos céus. Como lembra Voltaire, o rei "viu renovar três vezes as gerações de príncipes da Europa". Saint-Simon recorda que o príncipe

> (...) teve uma longa agonia que acabou num domingo, 1º de setembro, às oito horas e um quarto da manhã, três dias antes de completar 77 anos, no decorrer do 72º ano de seu reinado. Sobreviveu a todos os filhos e netos, com exceção de seu sucessor, do rei da Espanha e dos filhos deste príncipe. A Europa nunca vira tão longo reinado, nem a França um rei tão idoso (Saint-Simon, 1953).

O marketing político rendia seus frutos, várias décadas após o declínio da realeza solar. E não fora exatamente a vontade confessa do rei, de manter viva sua memória, a ponto de enterrar efígies e medalhas? A *Académie des Belles Lettres* foi competente em sua propaganda monárquica. Fundada em 1663 por alguns destacados membros da Academia Francesa, alcançou com êxito seus objetivos: transmitir à posteridade, inscritos em medalhas e toda sorte de manifestações artísticas, os feitos e a glória do soberano (Cf. Burke, 1993).

Quando Voltaire afirmou que o reinado de Luís XIV não cessara com sua morte, terminando anos depois dele, reflete com propriedade o fenômeno do cosmopolitismo da imagem real, a longevidade da memória de um rei que, em seu próprio tempo, "os estrangeiros iam em tropel admirar sua corte [e seu] nome era conhecido em todos os países do mundo". Com efeito, o fato de se falar numa Europa francesa no século XVIII tem muito a ver com a atividade conquistadora de Luís XIV, que, fazendo ecoar o tropel de sua cavalaria por tantos reinos, levou junto a expansão da cultura letrada, dos costumes refinados de Versalhes e do charme do idioma a praticamente todos os países da Europa ocidental. Como notou um príncipe estrangeiro, Frederico II da Prússia, "o francês é o passaporte que introduz as pessoas em todas as casas e em todas as cidades da Europa" (Cit. Em Réau, 1951).

Não se pode perder de vista o fato de que, apesar de terem sido homens nascidos no fim do *Grand Siècle*, foi exatamente esse século XVII das conquistas do pensamento que sedimentou o caminho para a explosão de criatividade da Idade da Razão. O fato inegável é que o nome de Luís XIV ecoou como o de nenhum outro rei da França na primeira metade do século XVIII. Fosse para combater o mito, fosse para redimensioná-lo, com a devida distância histórica, ou mesmo para o enaltecer, o velho rei é personagem ainda muito presente na literatura do século XVIII, sendo retomado por inúmeros escritores no alvorecer das Luzes. Numa primeira abordagem dos textos, é possível pensar que, com o devido afastamento, que tornou desnecessárias as homenagens obrigadas, tão ridicularizadas por Voltaire, a posteridade pôde construir os retratos mais diversos, em interpretações muito mais livres do soberano. Acerca dessas *hommages obligés* Voltaire nos oferece, nas *Cartas inglesas*, uma divertida visão de um curioso aspecto da república das letras de seu tempo:

> Tudo que enxergo nesses discursos é que o novo membro, tendo assegurado que seu predecessor era um grande homem, que o cardeal Richelieu era um muito grande homem, que o chanceler Séguier era um bastante grande homem, que Luís XIV era ainda muito mais do que um muito grande homem, o diretor lhe responde a mesma coisa, acrescentando que um novo membro poderia também ser uma espécie de grande homem e que ele, diretor, não deixa de ter parte nisso (Voltaire, 1978, p. 44).

É possível conjeturar que a morte de Luís XIV não representou o fim de uma mentalidade: a do príncipe em triunfo, celebrado e consagrado pela literatura até meados do século XVIII. Jean Meyer demonstrou que Luís XIV já nascera como mito, sob o signo de uma expectação que contagiou toda a França. Com efeito, na Época Moderna, um mito político como o de Luís XIV não perde o brilho facilmente, exercendo, até várias décadas depois de seu advento, irresistível fascinação. O Grande Rei não surge na posteridade sob o viés de idéias renovadas, cuja crítica muitas vezes avassaladora sobre o despotismo do período precedente poderia levar à inclusão da Realeza Solar em seu campo de abrangência. Luís XIV surge antes como mito político da França moderna e contemporânea, até o advento de Napoleão.

A partir de seu reinado pessoal, sua figura esteve no centro de um conjunto complexo de imagens e símbolos, elaborado pelas mais diversas formas de manifestações culturais e artísticas. Para o seu tempo, ou até para alguns anos depois, é fato bem compreensível. Mas que estranha metamorfose fez o mito de Louis Dieudonné manter-se tão vivo na consciência dos franceses cultos, décadas e décadas depois de sua morte? Por que esses autores recuperam das cinzas do passado a memória de um rei cuja morte fora comemorada por Paris e por toda a França? Como sua imagem foi focalizada por esses representantes da nova sociedade política francesa do século XVIII, há muito liberta da presença opressora do rei?

Saint-Simon se apresenta como um dos autores mais fecundos, na revelação do *ethos* muito peculiar da cultura letrada francesa, no ponto de viragem do *Grand Siècle* ao *Siècle des Lumières*, o que ele mesmo chamou de "la mécanique de la cour". Isso porque seus textos abordam uma variedade de temas relacionados à sociedade de corte. Sem pretensões de escrever obra filosófica ou de erudição, Saint-Simon foi um memorialista de primeira linha, que consegue unir à elegância do estilo análises penetrantes e objetivas, sem cair no anedotismo estéril. De maneira imaginativa, e muitas vezes impiedosa, Saint-Simon desenvolve com talento de grande escritor, e de psicólogo penetrante, a arte de contar mil histórias curiosas, nas quais explora sem cessar incidentes muitas vezes ridículos da sociedade de corte, mas sempre revelando os elementos constitutivos de seu próprio ambiente social. Com efeito, o melhor de Saint-Simon está na extraordinária galeria de retratos dos grandes e dos pequenos homens de seu tempo, os quais conheceu de perto e até privando, com eles, segredos e intimidades.

Na galeria de Saint-Simon, em que surgem figuras descritas com o detalhismo de um miniaturista, seu retrato mais trabalhado foi sem dúvida o de Luís XIV, a quem não poupou nem quando advieram suas maiores desgraças. Sua vasta obra interessa ao historiador das idéias porque ele penetra nos meandros da sociedade do Antigo Regime. Analista profundo da psicologia humana, em específico da mente cortesã, Saint-Simon reconstitui aos seus leitores os sentimentos nobiliárquicos dos séculos XVII e XVIII, numa época em que as elites viveram seus tempos mais difíceis. Daí surge um Luís XIV abordado de uma perspectiva que reflete, com certeza, todas as angústias de um segmento social de nenhuma maneira conformado a ser deixado nas sombras da subalternidade.

Pensador eclético e de fôlego enciclopédico, as preocupações de Montesquieu se espraiaram por diferentes áreas do conhecimento. Aliás, esse é bem o sentido da filosofia no Século das Luzes: o conhecimento da natureza e da sociedade. Daí o interesse do autor pelas ciências naturais, da mesma forma que Voltaire fora cultor da física newtoniana. A tendência dos *philosophes* no século XVIII era incluir como parte integrante de seu domínio um espectro muito amplo de temas. De fato, pode-se encontrar nas obras de Montesquieu uma variedade bem ampla de temáticas, que vão desde teses sobre anatomia humana e óptica, passando pela história dos costumes até a filosofia política e do direito.

Luís XIV faz inúmeras aparições em vários textos desse *gentilhomme* iluminista. Encontramos o Grande Rei nas *Cartas persas*. Nesta obra, Montesquieu se revela um crítico particularmente pouco lisonjeiro, mas muito distante da acidez de um Saint-Simon, ou da simpatia irrestrita de um Voltaire. Dentre os autores aqui apresentados, Montesquieu parece representar uma espécie de meio dourado, o que permite perceber importantes nuanças. Sua leitura acerca de Luís XIV permite-nos alcançar um quadro ao mesmo tempo mais completo e também mais complexo da imagem real.

Em suas obras de filosofia política, e em seus ensaios de História, Montesquieu desenvolveu análises muito profundas acerca do fenômeno do absolutismo monárquico, sistema político que a geração precedente, e a sua própria, vivenciaram na prática. Nas *Cartas persas*, obra que revela todo o fascínio que o Oriente exerce sobre a civilização européia na primeira metade do século XVIII, Montesquieu expõe, por meio de seus personagens Usbeck e Rica, a sua visão sobre a monarquia e aquele que foi sua expressão mais completa: "Aliás, este rei é um grande mágico: ele exerce seu império até sobre o espírito de seus súditos; ele os faz pensar como ele bem o deseja. (...) Ele vai a ponto de os fazer acreditar que os cura de toda sorte de doenças apenas os tocando; tal é a enorme força e a influência que ele exerce sobre os espíritos" (Montesquieu, 58, p. 52).

A figura de Luís XIV é uma imagem recorrente em todos os textos de Voltaire. De fato, o rei aparece de maneira aberta ou velada em sua obra filosófica, literária e histórica. Entretanto, a presença do príncipe se faz muito mais constante no conjunto de obras que seu editor e comentarista, René Pomeau, reuniu sob a forma dos textos históricos, daqueles livros que Voltaire escreveu no espírito de historiador. Nessa coleção de textos integrais, encontram-se, juntamente com o *Le siècle de Louis XIV*, uma *Histoire de Charles XII*, um *Essai sur les moeurs et l'ésprit des nations*, e outros trabalhos menores, nos quais, sempre é possível encontrar um Luís XIV magnificente, um rei quase sempre em triunfo, um monarca exuberante, um soberano sem paralelo na história de toda a Europa, segundo a perspectiva otimista em que Voltaire o concebeu. Com certeza, essas imagens recorrentes do príncipe resultam da concepção que Voltaire fez de seu reinado como um divisor de águas entre a barbárie gótica da Idade Média e a sociedade "civilizada" de seu tempo. Em *Le siècle de Louis XIV*, amplo estudo sobre a história da França, de onde surge um Luís XIV quase sempre vitorioso sobre os inimigos, que ele soube bem como cultivar, Voltaire revela o que é a sua visão da época de maior esplendor em todos os tempos da aventura humana pela terra. Como ele mesmo afirmou:

> Todas as épocas produziram heróis e políticos. (...) Mas alguém que pense, e, o que é ainda mais raro. Alguém que tenha bom gosto contará apenas quatro séculos na história do mundo. (...) O quarto é aquele que denominamos o século de Luís XIV, e é talvez aquele dos quatro que mais se aproxima da perfeição.

E um pouco adiante Voltaire reflete da seguinte maneira acerca desta época de ouro:

> Lanço olhares sobre todas as nações do mundo, e não encontro nenhuma que tenha conhecido dias mais radiantes que a nação francesa de 1655 até 1704. Solicito a todos os homens sábios e de boa fé que julguem se um pequeno número de anos muito infelizes na Guerra da Sucessão devem ofuscar a memória de Luís XIV (Voltaire, 1957: p. 617).

Dessa concepção extremamente otimista do tempo de Luís XIV resulta a imagem de um reino e de um rei que exerceram irresistível fascinação. Como diz o autor, em sua "Lettre à Milord Harvey", "não somente foram feitas grandes coisas sob seu reinado, mas era ele mesmo que as fez". Então, lancemos um olhar mais detido sobre a obra de Voltaire, especialmente naqueles aspectos do que consideramos como um traço da cultura histórica iluminista e cujas matrizes parecem encontrar pontos de contato no célebre modelo de Plutarco, as vidas paralelas dos homens ilustres.

Então, é preciso primeiro indagar: faria mesmo sentido empregar a idéia das "vidas paralelas" ou das "vidas dos homens ilustres" quando se trata da análise do pensamento histórico no século XVIII, remontando a um gênero de escrever a história dos grandes homens do qual Plutarco passou à posteridade como o grande mestre[1]? E quando o enfoque é dirigido à obra histórica de Voltaire, este propósito não soaria ainda mais descabido, assemelhando-se a um delírio provocado, talvez, por um exercício excessivo de imaginação? Ora, Voltaire zomba de Plutarco ao indagar no *Século de Luís XIV*: "Como teria sido a vida privada de Teseu e Licurgo?".[2] E, no entanto, o imita porque também é cultor da história comparada dos grandes homens, ainda que tenha exigências que o autor antigo nem poderia ter imaginado[3].

Com efeito, as vidas paralelas são recorrentes nas obras históricas de Voltaire. Em alguns casos, são verdadeiros combates que Voltaire desencadeia entre dois personagens, aproximados pelas virtudes e pelos vícios que o autor quer desvendar para seus leitores. Mas não se trata de um duelo de igual para igual. Simulando deixar o livre arbítrio ao leitor, Voltaire já sabe de antemão a quem o público deve escolher como o seu herói[4]. Isto se verifica particularmente na *História da Rússia*. Enfocando Carlos XII com um maior recuo, Voltaire praticamente o demoniza. O que era um rei insensato será transformado num celerado. As suas travessuras heróicas no livro *História de Carlos XII*, de 1731, na *História da Rússia* estão pálidas, e os seus vícios, muito mais evidentes. Ele chega a afirmar que "...Carlos XII não realizara realmente nenhuma conquista ao ganhar suas batalhas" (*HR*, 1957: 455).

Mas o fato concreto é que esse nosso novo Plutarco, se assim podemos dizer, não incorrerá em meras repetições, apesar de que essas são inúmeras e de certo modo até enfadonhas para aquele que lê os dois textos em seqüência. Há uma razoável soma das mesmas discussões, Voltaire se autoparafraseando sem muito comedimento. Um historiador excessivamente preocupado em não entediar seus leitores tem de pedir perdão por suas repetições, ao confessar que não lhe é possível omitir temas anteriormente tratados, quando os considera importantes[5]. Seus ritornelos são tantos que ele próprio é traído pela confusão gerada por um amontoado de pequenos detalhes.

Cabe acrescentar que a *História de Carlos XII* ainda é superior à *História da Rússia*, apesar de escrita trinta anos antes. Contudo, não é verdade que Voltaire a atualizou por várias vezes ao longo de muitos anos? Dessa forma, elas se igualam em nível de rigor da pesquisa. Mas a *História de Carlos XII* tem atrativos que o outro livro não possui, porque concebida com espírito de escritor e dramaturgo. E este espírito não foi inteiramente extirpado nas atualizações sucessivas. No que tange à vida desses dois reis, ela diz tudo o que a outra diz, com surpreendente economia de palavras, sem deixar de descortinar o que é mais importante. É consideravelmente mais curta, mais dinâmica, com o mérito de não ser entediante. Não estamos afirmando que Voltaire decaiu como pesquisador, mas que apenas errou no cálculo. Gastou tempo excessivo para, praticamente, contar a mesma história.

Feitas essas considerações preliminares, de que maneira sintetizar esses eloqüentes *retratos* da realeza nórdica tão profusamente flagrados por Voltaire? Um confronto perene entre um soldado que nasceu rei – para a infelicidade do mundo – e um bárbaro com espírito de legislador – para o encanto da posteridade. Nessa análise veremos que, ao final, o príncipe artilheiro viu suas forças serem reduzidas a cinzas, chamuscado por quem não tinha vergonha de se dizer seu aluno. Nesse sentido, Pedro será a aplicação prática da máxima voltairiana de que é boa lição de casa ir às trincheiras inimigas para se abastecer de munição. Destroçado por dois impiedosos inimigos – Pedro, o Grande, e o seu próprio biógrafo – Voltaire conclui no *Avant-Propos* da sua *História da Rússia:* "Julgamos hoje que Carlos XII merecia ser o primeiro soldado de Pedro, o Grande" (1957, p. 353). Trata-se do atestado de insuficiência do rei sueco como modelo do príncipe voltairiano. Ele é o exemplo do monarca contumaz, um autêntico escavador de precipícios. É bom lembrar que o espelho voltairiano não quer levar necessariamente a um estado de perfeição, se contentando a ser um corretivo a vícios comprometedores.

Em síntese, aquela torrente que só deixou ruínas teria sido uma força criadora se fosse guiada por um rei-arquiteto. É curioso notar que aquilo que é vício em Carlos transforma-se em virtude em Pedro. O que é obstinação no rei da Suécia, no czar se apresenta como constância. Essa fluidificação de conceitos[6] é definida por seus propósitos particulares e radicalmente opostos: "Sua constância [de Pedro] era tão inabalável quanto o valor de Carlos XII era intrépido e obstinado" (*HR*, 1957: 437). A coragem excessiva de Carlos XII é focada como energia pura e crua, como uma força desgovernada, exemplo de imprudência em estado bruto. Ele teve o dom de transformar preciosas virtudes principescas, ao possuí-las em grau superlativo, nos vícios mais abomináveis. Conseguiu, com esse temperamento, ser a besta de carga do erro, e jogar por terra toda a obra de seus antecessores.

A *História de Carlos XII* é frágil no que se refere à análise da realidade sueca e da européia. Com efeito, não há referências sobre as estruturas econômicas que impulsionaram esse reino à guerra, tampouco ao poderio dinamarquês e russo, lacunas apontadas por René Pomeau. Mas não creio que esta crítica seja tão pertinente, levando-se em conta os propósitos do autor e a natureza da produção da História no início da década de 1730. Nos "Textos relativos à *História de Carlos XII*" o autor irá confessar que escreveu este livro no mesmo espírito que havia escrito seu poema épico *La Henriade*, daí a necessidade de príncipes extraordinários (Cf. sua "Lettre" publicada no *Journal des Savants*, em Voltaire Préface. In: Voltaire. *Oeuvres historiques*. Paris, Gallimard, 1957, p. 302). Como diz Pomeau na apresentação de suas obras históricas: "Esta estética de dramaturgo não deixa de influenciar a doutrina voltairiana, que atribui uma importância decisiva aos grandes homens: o drama da história não se concebe sem protagonistas" (Préface, em Voltaire, 1957, p. 11).

De fato, nessa história, ou melhor, nessa *tragedy in prose* – como se referiu a ela Peter Gay –, não há um só protagonista. Carlos XII não está sozinho na narrativa (Cf. Gay. *The Enlightenment, an Interpretation. The Science of Freedom*. New York, W. Norton, 1977). Acompanha-lhe um vulto da mais elevada estatura. É que Voltaire se dedica a compor a personalidade de Pedro, o Grande, com tantos ou mais detalhes que a de Carlos XII, supostamente o seu tema central. O livro é quase um balanço das ações heróicas desses dois personagens e realmente não soaria estranho se o seu título fosse *Vidas paralelas*. Aliás, o que torna agradável este tratado sobre a insensatez humana, além das peraltices de Carlos XII, é a profusão de atores que o autor faz desfilar em sua narrativa. São inúmeras microbiografias, enlaçadas nas dos personagens centrais, em que ele descreve, nas particularidades do detalhe, uma sucessão quase infinita de príncipes e generais, quase todos eles valorosos combatentes, gloriosos tanto na vitória quanto na derrota.

Na análise dessas "vidas paralelas", notamos o que Voltaire aprecia e aquilo que renega nesses dois soberanos espetaculares. Em Pedro – este beberrão epiléptico e de rosto desfigurado pelas convulsões, que prefere esgotar um tonel a apreciar os vinhos delicados – reprova-lhe o calculismo frio, a intemperança desbragada, a violência que se confunde com a crueldade: "Afirma-se que os legisladores e os reis não devem nunca ser tomados pela cólera; mas não houve nunca ninguém mais dominado por ela que Pedro, o Grande, nem mais impiedoso" ("Anecdotes sur ...", 1957: 324-25) Em Carlos, aprova-lhe a altivez, a liberalidade, a coragem e a continência. É o método voltairiano de pesar celebridades: eleva bem alto quem ele tenciona fazer despencar. Na verdade, Carlos é muito inferior a Pedro. Salvaguardados todos os seus vícios, o imperador foi um obreiro incansável, que não poupou nenhum recurso para erguer um país que a natureza parecia não ter destinado à morada de homens (Cf. *HC*, Voltaire, 1957, p. 125).

E, no final de sua *História da Rússia*, ele concluirá: "Ele forçou a natureza em tudo, em seus súditos, nele mesmo, e sobre a terra, e sobre as águas; mas ele a forçou para a embelezar" (*HR*, 1957, p. 597). Aí está o diferencial entre o príncipe que cria e o que destrói, entre o grande homem e o conquistador. Um espelho para os príncipes europeus de uma nova era certamente será a vida de Pedro, o Grande, mas sem os seus vícios, bem entendido. É em seu exemplo que os monarcas da Europa tinham de se mirar, para fazer de seus reinos nações modernas, capazes de seguir, sem esforço, a corrente do progresso, tornando seus povos melhores e mais felizes. Pedro será, em sua concepção, o príncipe-arquiteto que reforma um reino, sem se importar muito com o fato de não ter conseguido reformar-se a si próprio; ele será o mestre de obras que ergue com talento, com os materiais que encontra pela frente: "É um arquiteto que construiu com barro e que, em outra parte, construiria com mármore" ("Anecdotes sur...", Voltaire, 1957, p. 335).

Bibliografia

APOSTOLIDÈS, Jean-Marie. *Le roi-machine. Spectacle et politique au temps de Louis XIV.* Paris: Minuit, 1988.

BIZIÈRE, J.-M.; SOLÉ, J. *Dictionnaire des biographies.* Paris: Armand Colin, 1993.

BLUCHE, F. *L'Ancien Régime: institutions et société.* Paris: Éditions de Fallois, 1993.

BURKE, P. *A fabricação do rei.* Rio de Janeiro: Jorge Zahar, 1993.

FERRIER-CAVERIVIÈRE, N. *L'image de Louis XIV dans la litttérature française de 1660 à 1715.* Paris: PUF, 1981.

MOLIÈRE. *O burguês fidalgo.* São Paulo: Abril Cultural, 1981.

MONTESQUIEU. Mes Pensées. In: *Oeuvres complètes.* Paris: Gallimard, 1958. (Collection Bibliothèque de La Pléiade).

MUCHEMBLED, R. *Société, cultures et mentalités dans la France Moderne.* Paris: Armand Colin, 1994.

SAINT-SIMON. *Mémoires.* Paris: Gallimard, 1953.

VOLTAIRE. Histoire de Charles XII roi de Suède. In: *Oeuvres historiques.* Paris: Gallimard, 1957. (Collection Bibliothèque de La Pléiade, texte établi, annoté et présenté par René Pomeau).

__________.Anecdotes sur le Czar Pierre le Grand. In: *Oeuvres historiques.* Paris: Gallimard, 1957.

__________. Histoire sur l'Émpire de Russie sous Pierre le Grand. In: *Oeuvres historiques.* Paris: Gallimard, 1957.

__________. Le siècle de Louis XIV. In: *Oeuvres historiques.* Paris: Gallimard, 1957.

Notas

1 Acerca da influência exercida pelas obras de Plutarco na cultura histórica e política da Época Moderna, particularmente sobre Erasmo, Maquiavel, Montaigne, Montesquieu, Rousseau e até Napoleão q. v. o verbete "Plutarque", em (Voltaire. In: *Le petit Robert des noms propres.* Dictionnaire Illustré. Paris, Dictionnaires Le Robert, 1997: 1648) e o capítulo 2 de *Le futur passé*, em (Koselleck. *Le futur passé. Contribution à la sémantique des temps historiques.* Paris, EHESS. 1990: 37-62). A "Introduction" de G. Walter traz uma esclarecedora análise sobre a influência das *Vidas paralelas*, desde a sua descoberta pelos bizantinos no fim da

Idade Média, passando pelos primeiros esforços dos humanistas italianos em traduzi-la a soldo dos Médicis, pelo fascínio exercido sobre autores como Montaigne, Racine e Rousseau, chegando ao século XIX, em considerações à tese defendida por Michelet sobre Plutarco, em 1819, na Sorbonne (Cf. Walter. Intoduction. In: Plutarque. *Les vies des hommes illustres.* Paris: Gallimard. 1951: 15 ss.).

2 Em R. Flacelière encontramos referência a essa passagem de Plutarco, mas sem as *discriminações* voltairianas: "Um dia, ele se decide também a escrever as *Vidas* de personagens lendários, como Teseu e Rômulo, Licurgo e Numa, se gabando, aliás, 'de obrigar a fábula, purificada pela razão, a se submeter a esta, e a tomar o aspecto da história'." (Flacelière, Introduction. In: Plutarque. *Vies.* Paris: Les Belles Lettres. 1957: 23).

3 Certamente, não pretendemos afirmar que se trata de um modelo a ser seguido com fidelidade. Contudo, é bom lembrar que P. Hazard encontrou inúmeras dessas *reencarnações* de Titos Lívios em plena modernidade (CF. Hazard. *Crise da consciência européia.* Lisboa: Cosmos. 1971: 34 ss.).

4 Cf. o paralelo entre Luís XIV e Guilherme de Orange *no Século de Luís XIV* (1957: 808-809).

5 O fato é que quase tudo é importante (Cf. a argumentação de Voltaire à p. 453 de sua *História da Rússia*).

6 É interessante acompanhar um *frondeur* do século XVII abordar essa questão. No mais autêntico espírito maquiaveliano La Rochefoucauld considera, em suas *Reflexões e máximas morais*: "Os vícios entram na composição das virtudes, como os venenos na composição dos remédios: a prudência os reúne e os tempera, e ela serve convenientemente contra os males da vida." (*Reflexões e máximas morais.* São Paulo: Cultrix. s./d. 67).

Os intelectuais contra a barbárie: Voltaire, Rousseau e a defesa dos ideais democráticos

Renato Moscateli

Em uma obra que já se tornou um clássico da história intelectual, *A crise da consciência européia*, Paul Hazard (1948) descreve um grande movimento que, às vésperas do Iluminismo, não apenas estava modificando profundamente as instituições políticas existentes, mas a própria forma de se conceber as relações de poder. Segundo ele,

> Operou-se, então, uma crise na consciência européia; entre o Renascimento, de que diretamente procede, e a Revolução Francesa, que prepara, não há outra mais importante na história das idéias. A uma civilização fundada sobre a idéia de dever: deveres para com Deus, deveres para com o príncipe, os *novos filósofos* tentaram sobrepor uma civilização fundada sobre a idéia de direito: direitos da consciência individual, direitos da crítica, direitos da razão, direitos do homem e do cidadão (Hazard, 1948, p. 9).

No século XVIII, os iluministas fizeram desse novo modelo de civilização descrito por Hazard sua grande aspiração. Dentre eles, as figuras de Rousseau e de Voltaire sobressaem pelos esforços que empreenderam em prol de transformações na esfera política mediante as quais a autoridade do Estado fosse fundada sobre bases racionais e, sobretudo, tendo como pedra angular o respeito aos princípios que eles chamavam de direitos dos cidadãos. Em tratados e em textos literários de sua autoria, Rousseau e Voltaire falaram do poder e o julgaram como homens de seu tempo; pois o Século das Luzes levou o Estado ao tribunal da crítica (Koselleck, 1999), e o resultado foi uma nova concepção de organização política, cujas características iriam se acentuar cada vez mais após a revolução que se fez, em grande parte, em seu nome. Nas páginas a seguir, veremos como os dois autores conduziram esse processo em que a autoridade estava em juízo, e quais foram as sentenças que emitiram sobre ela.

Inicialmente, é preciso lembrar que a defesa da civilização movida pelos iluministas passava necessariamente pela crítica de seu oposto, a barbárie, ou seja, um conjunto de práticas e valores tidos como negativos e que deviam ser abolidos o quanto antes. A eliminação da guerra como expediente comum nas relações internacionais era um dos principais itens nesse rol de objetivos. No interior do ideário das Luzes era recorrente a associação entre barbárie e guerras e, por oposição, entre civilização e paz. Neste sentido, seus desígnios se chocavam frontalmente com as práticas da monarquia absoluta. Isto por que, em sociedades de valores aristocráticos como a França dos Bourbons, a guerra era vista como o exercício da função da nobreza e, portanto, como um momento de legitimação da ordem social estabelecida: o Segundo Estado constituía, em princípio, a força militar do Antigo Regime. Mesmo quando os nobres deixaram de cumprir essa sua incumbência tradicional, o Estado manteve uma conduta "belicista". Afinal, os governos absolutistas, diz Perry Anderson, "eram máquinas construídas predominantemente para o campo de batalha. (...) Nas vésperas pacíficas de 1789, dois terços dos gastos do Estado francês eram ainda, segundo Necker, distribuídos para o sistema militar" (1985, p. 32). Anderson atribui o caráter belicoso do absolutismo à persistência de uma "racionalidade arcaica" proveniente do feudalismo, segundo a qual a aquisição de terras mediante conquistas militares era a maneira mais rápida e eficiente de acumular riqueza e poder.

Os filósofos iluministas, por sua vez, ao contrário de enxergar a guerra como instrumento aceitável para promover a grandeza do reino, lançaram contra ela as mais vigorosas condenações. Já no *Discurso sobre as origens e os fundamentos da autoridade entre os homens*, Rousseau apontou os malefícios da guerra para a humanidade. O autor havia afirmado que o fim do estado de natureza dera origem a diversas sociedades e que estas, por sua vez, organizaram-se politicamente. Tais corpos políticos, porém, teriam passado a manter entre si relações que reproduziam, em nova e ampliada escala, o estado de natureza primordial[1], o que foi a causa de funestos acontecimentos: De acordo com o filósofo, teria sido dessa situação que

> nasceram as guerras nacionais, as batalhas, os assassinatos, as represálias que levam a natureza a agitar-se e chocam a razão, e todos esses preconceitos horríveis que consideram como virtude a honra de derramar o sangue humano. As pessoas de bem passaram a incluir entre seus deveres o de degolar seus semelhantes; viu-se, por fim, os homens se massacrarem aos milhares sem saber por que e cometeram-se mais assassinatos num só dia de combate e mais horrores na tomada de uma única cidade do que se cometera, no estado de natureza, em toda a face da terra, durante séculos inteiros (Rousseau, 1973, p. 276).

Como para Rousseau a guerra surgira juntamente com a sociedade civil, somente uma organização social e política distinta daquelas que haviam caracterizado a História até o momento traria a paz entre as nações. Para isto era preciso que a preocupação maior de cada Estado fosse o respeito à liberdade de seus cidadãos e ao direito à liberdade de todos os povos.

O repúdio de Voltaire pela guerra, como afirma Lopes (2000), era tão forte que perpassou quase todos os textos do filósofo francês: "O aspecto abominável dos conflitos, a crueza dos campos de batalha, aparecem mais desenvolvidos nos contos filosóficos que nas obras históricas; na ficção o autor se sente à vontade para dissertar mais livremente sobre esta praga que dissipa vidas preciosas e arruína os Estados" (Lopes , 2000, p. 109). Em *O mundo como está*, toda a inutilidade e a estupidez da guerra se mostram quando o profeta Babuc encontra os exércitos da Pérsia e da Índia, que estavam se enfrentando. Ele passa a interrogar os soldados e percebe que nenhum deles realmente conhece os motivos do confronto. Eles se batem por dinheiro ou por costume, e os únicos que sabem do porquê da guerra, os generais, não se importam com ele. Seu desejo é lutar simplesmente para satisfazer seus interesses pessoais, apesar de todos os custos do embate. Um general persa reconhece o fato e diz que na guerra "multiplicam-se os assassínios, e os incêndios, as ruínas, as devastações; o universo sofre, e o encarniçamento continua. Nosso primeiro ministro e o das Índias protestam seguidamente que só se trata da felicidade do gênero humano; e, a cada protesto, há sempre algumas cidades destruídas e algumas províncias devastadas" (Voltaire, 1972, p. 8).

Em *Cândido*, o protagonista viu-se recrutado, contra a vontade, pelo exército búlgaro, cuja disciplina extremamente rígida quase o levou à morte. Voltaire usa o episódio para atacar a figura do herói de guerra, o herdeiro moderno do nobre cavaleiro medieval. O autor define o herói como um "brutamontes" sádico capaz de todas as crueldades em nome de um líder que mal conhece: sua única missão é trazer a morte e a destruição entre os homens, produzindo um espetáculo infernal sancionado pelos costumes. Afinal, era no campo de batalha que, segundo as tradições da aristocracia, se resolviam as divergências, desde as ofensas à honra pessoal – motivos dos célebres duelos – até as disputas entre os reinos e os impérios. De todas as críticas dos iluministas à política da nobreza, a que Voltaire faz ao culto das armas é uma das mais contundentes, porque, se as Luzes objetivavam propiciar o progresso humano, a guerra era sua principal inimiga: ela representava todo o caos e toda a barbárie que a razão das Luzes tentava extinguir.

Por tudo isso, os textos de Voltaire trazem consigo uma nova concepção de relações internacionais e das funções do Estado. Neles, as guerras são expressões da loucura humana, em especial de alguns indivíduos ávidos de riqueza e poder. Assim, a glória de um reino, ao contrário de residir nas conquistas bélicas por ele realizadas, constituir-se-ia nos progressos culturais que ele pudesse alcançar: cidades florescentes e tranqüilas, soberanos polidos e magníficos, tolerância religiosa, justiça eficiente e avanços científicos. Essa crítica ao militarismo estatal é a de um humanista dedicado à arte. Voltaire, desde *Henriada* (de 1724), "pregava a tolerância, a paz civil, o abandono dos fanatismos que só levam à ira, à guerra e ao retorno à barbárie. A justificação profunda da monarquia, sua legitimidade, era pacificar e unir sob um mesmo princípio indivíduos que, sem ela, se matariam mutuamente" (Lepape, 1995, p. 50-51).

O alcance da crítica de Voltaire à barbárie não se restringia, porém, às páginas de seus textos. Ela era capaz de mobilizar grupos sociais importantes na França em torno de seus objetivos. Isto porque, ao longo do século XVIII, a sociedade francesa foi o palco de um fenômeno que ajudou a redefinir o papel da cultura e da filosofia no que diz respeito à função social dos artistas e dos pensadores como sujeitos engajados nos movimentos políticos de sua época. Usando a terminologia de Pierre Bourdieu (1996 e 1997), pode-se dizer que nesse período diversos integrantes do campo literário procuraram redirecionar seu capital simbólico – seu *status* no meio artístico – com o intuito de interferir ativamente nas esferas próprias do campo de poder da monarquia francesa. Esse processo complexo de mudança nas configurações sociais foi muito bem descrito por Pierre Lepape, que narrou a história que, "do alvorecer do século XVIII às vésperas da Revolução Francesa, levou um grupo social pequeno e de contornos vagos, os homens de letras, a se impor na sociedade francesa – e somente nela – como uma força autônoma, dotada de um poder social reconhecido e legítimo, grupo esse que mais tarde iria ser batizado de *os intelectuais*" (1995, p. 59).

A argumentação de Lepape envolve os resultados de um estudo abrangendo dois movimentos entrelaçados: o surgimento de literatos envolvidos com o objetivo de transcender os limites da "arte pela arte", cultivando, para tanto, a reflexão filosófica e o saber científico em seus escritos e, paralelamente, a criação de um público leitor cada vez mais vasto e desejoso de instruir-se numa ampla gama de assuntos ao mesmo tempo que realizava uma leitura agradável. Esses leitores deram origem à chamada "opinião pública" em conjunto com os indivíduos que, gradativamente, passaram a tomar partido em questões que atravessavam os muitos segmentos sociais hierarquizados da França setecentista. Pouco a pouco, o "homem comum" procurava imiscuir-se nos negócios do Estado que, de uma forma ou de outra, lhe diziam respeito, e a literatura do Iluminismo auxiliava-o a abrir brechas no monopólio monárquico da informação. Ao discutir em seus textos assuntos como a economia francesa, o sistema político vigente na Inglaterra, a ciência aplicada no domínio da produção manufatureira, entre outros, os escritores abriam para toda pessoa suficientemente curiosa as portas de um conhecimento outrora restrito à elite culta ou a um pequeno número de especialistas, pois não se tratava apenas de divulgar informações, mas de o fazer por meio de uma linguagem simples e aprazível.

Voltaire foi o intelectual francês mais influente de sua época. De acordo com Darnton, ele "representava o herege-herói, apesar de suas simpatias por Luís XIV e seu papel de historiógrafo real. Voltaire encarnava um sistema de crença inteiramente novo, que ultrapassava em muito a crítica ao clero e a libertinagem de sua juventude. No Caso Calas e em outros que se sucederam, fez de sua causa – o Iluminismo – a causa da humanidade, infundindo-lhe paixão e indignação moral" (1998, p. 212)[2]. Esses casos judiciais, cujos resultados tiveram de ser revistos graças à pressão da opinião pública mobilizada pelo escritor, são uma demonstração de que o combate das Luzes à barbárie conseguira arregimentar muitos adeptos. A autoridade dos juízes já podia ser contestada pelas "pessoas comuns" que não mais se contentavam em permanecer à margem do governo. Mais do que simples reação ao que se pensava ser uma injustiça, a atitude da população em relação aos casos Calas e Sirven revela a força contida na utilização da *publicidade*. Se conhecimento é poder, ao tornar pública uma decisão questionável de alguns juízes provincianos, Voltaire fê-los justificar sua posição perante a sociedade, uma vez que esta passara a ver como de seu interesse o destino daqueles que foram condenados. Por meio de seu *status* no campo literário, Voltaire, simples escritor, foi capaz de vencer a censura do Estado e o sigilo do poder em nome de uma concepção moderna de ação pública.

Os esforços realizados pelo filósofo quanto à necessidade de uma reforma no sistema judiciário francês fez parte dessa nova forma de ação pública. Em *O homem dos quarenta escudos*, o autor criticou a condenação dos criminosos a penas capitais, o que, para ele, era um atentado contra a vida e contra a nação. Em vez da morte, dizia, os condenados deveriam receber como pena trabalhos forçados para ressarcir a sociedade e aprender com seus erros. A tortura, meio então comum de obter confissões dos acusados, também foi abominada pelo filósofo como a origem de inúmeras injustiças. Igualmente, em *A princesa da Babilônia*, o arcaísmo das leis criminais da França foi apontado por Voltaire como causa de erros imperdoáveis e um grande exemplo de barbárie a ser extirpado. No conto são mencionados certos

> zeladores de antigas usanças bárbaras contra as quais bradava a natureza; não consultavam senão os seus registros roídos de traças. Se ali encontravam algum costume insensato e horrível, consideravam-no como uma lei sagrada. Devido a esse covarde hábito de não ousarem pensar por si mesmos, e de haurirem suas idéias nos destroços dos tempos em que não se pensava, é que, na cidade dos prazeres, ainda existiam costumes atrozes. É por esse motivo que não havia nenhuma proporção entre os delitos e as penas. Faziam às vezes um inocente sofrer mil mortes para obrigá-lo a confessar um crime que não havia cometido. Puniam uma leviandade de rapaz como teriam punido um envenenamento ou um parricídio (Voltaire, 1972, p. 466-467).

Voltaire acreditava que era possível aprimorar muito os processos judiciais seguindo as recomendações do Marquês de Beccaria, cujo livro *Dos delitos e das penas* ele comentou em uma obra de 1766 (ver Voltaire, 2001). Baseado nas idéias de Beccaria, Voltaire escreveu em prol do direito de defesa dos réus: "Distingamos principalmente em todo processo, em todo litígio, o agressor e o ultrajado, o opressor e o oprimido. A ofensiva parte do tirano; aquele que se defende é um homem justo" (1972, p. 399). Introduzindo a primazia da defesa no sistema judiciário – o princípio moderno de que o acusado é inocente até que se prove o contrário – o autor rechaçava a crença então comum de que uma denúncia apenas já bastava para incriminar e condenar alguém.

Rousseau, apesar de ter conferido à "voz pública" um lugar privilegiado como juíza da conduta dos cidadãos, não apelou para ela a fim de interferir ativamente no desenrolar de casos como os descritos acima. Na opinião de Starobinski, isto se deve a uma diferença de perspectiva e de estratégia a respeito de como combater melhor os problemas da civilização:

> Rousseau quer apreender o princípio do mal. Põe em causa a sociedade, a ordem social em seu conjunto. O esforço crítico, nele, não se dispersa e não se atribui como tarefa afrontar uma a uma as múltiplas manifestações do mal. Ele remonta a uma causa geral, que o dispensa de atacar isoladamente tal abuso particular, tal usurpação, tal impostura (1991, p. 34).

Porém, mesmo que ambos discordassem quanto a suas estratégias pessoais de luta contra a injustiça e a barbárie que viam em sua época, Rousseau e Voltaire eram igualmente defensores do princípio de que somente uma civilização fundada na idéia de direitos poderia garantir a liberdade e impedir os abusos do poder.

Entre tais direitos, a liberdade de crença estava entre os mais reivindicados. Reinhart Koselleck (1999) relacionou a emergência do absolutismo à pacificação das guerras civis de religião. Segundo o autor, ao separar política e moral, o monarca teria banido os conflitos sociais motivados pelas divergências religiosas, na medida em que confinou os domínios da fé ao espaço da consciência pessoal dos súditos. Porém, na França, a revogação do Edito de Nantes por Luís XIV e a conseqüente intolerância em relação aos protestantes conduziu novamente a religião ao cenário político. Isto não causou novas guerras civis – e um retrocesso às barbáries cometidas do século XVII –, mas trouxe prejuízos consideráveis à sociedade. Um dos resultados do ato de Luís XIV foi a emigração de milhares de huguenotes – como eram chamados os protestantes franceses –, entre os quais a maioria eram trabalhadores e burgueses donos de certo pecúlio, o que significou perda de capital e de mão-de-obra para o reino. Os protestantes que permaneceram em território francês, por sua vez, não desfrutavam de boa situação. Will Durant relata que em Toulouse, a sétima cidade mais importante da França, o massacre de São Bartolomeu era celebrado como dia santo, e "nenhum protestante podia ser (...) advogado, médico, farmacêutico, merceeiro, livreiro ou editor; tampouco podia um católico ter um protestante como criado ou empregado – em 1748, uma mulher tinha sido multada em três mil francos por usar uma parteira protestante" (1996, p. 229). Assim, além de não poder expressar livremente sua religião, os huguenotes também se viram impedidos de exercer determinados ofícios, agravando sua condição particular e a da economia do Estado.

Por esses motivos, os iluministas, especialmente Voltaire, assumiram a luta pela tolerância religiosa como um de seus principais lemas. Em textos como *O homem dos quarenta escudos* e *O ingênuo*[3], o filósofo lamentou que o Estado francês, em nome do ódio aos huguenotes, perdera centenas de milhares de súditos somente para agradar ao papa. Segundo o autor, tal perda refletia-se de modo negativo no mercado de trabalho, criando um vácuo de mão-de-obra capaz de intensificar a crise econômica que assolou o reino em todo o século XVIII. Como exemplo a ser seguido pela França, a Holanda aparece em *Pot-Pourri* como uma terra marcada pela diversidade religiosa e ao mesmo tempo pela prosperidade material, duas circunstâncias permitidas pela liberdade de culto que não existia na pátria de Voltaire e que tantos problemas poderia solucionar.

Em *Pot-Pourri*, Voltaire narra a viagem do sr. Roginante, um gentil-homem ferrarense, a Amsterdã em busca de obras de arte, para demonstrar que, embora divergissem quanto às suas crenças, os comerciantes holandeses conviviam muito bem uns com os outros. Depois de visitar os estabelecimentos de um católico, de um sociniano, de um judeu e de um anabatista, e de perceber que eles eram de diferentes opiniões sobre questões religiosas, o sr. Roginante acreditou inicialmente que tais pessoas com certeza se matariam caso se encontrassem juntas no mesmo lugar. Porém, o gentil-homem e seu companheiro de viagem "muito espantados ficaram quando viram todas aquelas excelentes criaturas saírem de casa com os empregados, cumprimentar-se polidamente e dirigir-se para a Bolsa. Naquele dia, contando os armênios e os jansenistas, havia ao todo cinqüenta e três religiões no local. Negociaram cerca de cinqüenta e três milhões, da maneira mais pacífica do mundo" (Voltaire, 1972, p. 284). Enquanto isso, na França os comerciantes protestantes sofriam as conseqüências da revogação do Edito de Nantes, tendo de ocultar sua fé caso quisessem manter seus negócios em funcionamento.

O combate de Voltaire pela tolerância religiosa pode ser visto como uma extensão de seu empenho em prol da liberdade de expressão. Como artista e filósofo, ele desejava poder divulgar suas idéias sem precisar temer a censura do Estado e suas conseqüências, como a prisão e o exílio, perigos que o perseguiram durante quase toda a sua carreira literária. Rousseau, que teve algumas de suas obras incluídas em listas de livros condenados – em 1762, o Parlamento de Paris ordenou que o *Emílio* fosse rasgado e queimado, e o Pequeno Conselho de Genebra reservou o mesmo destino para o *Emílio* e o *Contrato social* –, sabia bem quão valiosa era a possibilidade de se expressar livremente. E, assim como Voltaire, ele também defendia a liberdade religiosa dos cidadãos em seus textos.

No *Contrato social*, Rousseau discutiu as relações entre as religiões e os governos recorrendo a exemplos buscados desde a Antigüidade até os tempos modernos, e apontou quais seriam os problemas causados por elas. Depois dessa avaliação histórica, o autor evocou os limites fixados pelo contrato social ao poder do soberano para assumir a causa da tolerância:

> Os súditos, portanto, só devem ao soberano contas de suas opiniões enquanto elas interessam à comunidade. Ora, importa ao Estado que cada cidadão tenha uma religião que o faça amar seus deveres; os dogmas dessa religião, porém, não interessam nem ao Estado nem a seus membros, a não ser enquanto se ligam à moral e aos deveres que aquele que a professa é obrigado a obedecer a outrem. Quanto ao mais, cada um pode ter as opiniões que lhe aprouver, sem que o soberano possa tomar conhecimento delas, pois, como não chega sua competência ao outro mundo, nada tem a ver com o destino dos súditos na vida futura, desde que sejam bons cidadãos nesta vida (Rousseau, 1973, p. 149).

Dessa forma, o soberano não possui o direito de impor determinada religião àqueles que estão sob sua influência. No entanto, tendo em vista que os deveres do cidadão com o Estado não podem ser prejudicados pela religião, Rousseau prega que há uma "profissão de fé civil" que o governo tem de tornar conhecida e respeitada por todos. Essa profissão de fé objetiva disseminar sentimentos de sociabilidade entre os cidadãos, e o soberano "pode banir do Estado todos os que neles não acreditarem, pode bani-los não como ímpios, mas como insociáveis, como incapazes de amar sinceramente as leis, a justiça, e de imolar, sempre que necessário, sua vida a seu dever" (Rousseau, 1973, p. 150). Em outras palavras, o governante deve garantir aos súditos a liberdade religiosa, mas também deve ser intransigente com aqueles que colocam a fé ou os interesses pessoais acima de suas obrigações civis, atentando assim contra as bases do contrato social. A intolerância do Estado precisa ter como alvo os maus cidadãos e os crentes intolerantes, sem o que sua autoridade seria minada pela ação de instituições como a Igreja, pois "em todos os lugares onde se admite a intolerância religiosa, é impossível que não tenha um efeito civil e, assim que surge, o soberano não mais o é, mesmo temporalmente. Daí por diante, os padres serão os verdadeiros senhores e os reis não passarão de funcionários seus" (Rousseau, 1973, p. 150).

Contra a barbárie das guerras e das perseguições por motivos religiosos, o filósofo suíço defendia, portanto, a tolerância. Este era um dos ideais democráticos que compunham os pilares do pensamento político rousseauniano. O conjunto desses ideais buscava recolocar o problema da relação entre cidadãos e governo de modo a reconciliar dois aspectos aparentemente opostos na esfera da política: o respeito à autoridade e o exercício da liberdade. A busca por atingir uma solução para tal dificuldade foi definida por Rousseau como a tentativa de "encontrar uma forma de associação que defenda e proteja a pessoa e os bens de cada associado com toda a força comum, e pela qual cada um, unindo-se a todos, só obedece contudo a si mesmo, permanecendo assim tão livre quanto antes" (Rousseau, 1973, p. 38). Somente a associação política modelar delineada no *Contrato social* seria capaz de tornar isso possível, ao transformar a vontade geral em fonte da lei. Se do confronto das vontades particulares emerge um núcleo comum que é desejável por todos os cidadãos, e se esse núcleo é dotado do poder legal, então já não existe mais contradição entre atuar livremente e obedecer à lei, porque, em última instância, ambas são ações realizadas pelos indivíduos em seu próprio benefício. Por ter reformulado a questão da autoridade nesses termos, Rousseau contrapôs-se à tese de Hobbes sobre a validade do poder do Estado. De acordo com Cassirer, Rousseau acredita que

> o contrato social é nulo, absurdo e contraditório se, em vez de unir intimamente as vontades individuais, coage-as desde o exterior a unir-se por meios físicos de coerção. Um vínculo dessa natureza carece, de fato, de um ponto de apoio e é moralmente sem valor. Para que uma autoridade possua esse valor é necessário que os indivíduos submetam-se a ela e não que ela submeta os indivíduos (Cassirer, 1997, p. 346).

Rousseau não escreveu o *Contrato social* como um projeto de Estado a ser colocado integralmente em prática. Porém, ele pensava que os princípios de funcionamento da república modelar descrita em sua obra deveriam servir de referência ideal às reformas possíveis de se realizar nos governos existentes, como a leitura de suas *Considerações sobre o governo da Polônia e sua reforma projetada* deixa claro. Assim, mesmo que não fosse viável constituir um Estado do qual todos os cidadãos participassem democraticamente, manifestando diretamente[4] suas opiniões com liberdade para dar vida à vontade geral, não havia nada de utópico no ideal de ampliar o espaço para a atuação política do povo. Entretanto, para que os súditos se transformassem em bons cidadãos, havia algo de extrema importância a ser feito: era preciso educá-los. De fato, a crítica de Rousseau à civilização de sua época indicou uma infinidade de costumes corrompidos que deviam ter as raízes extirpadas para que uma nova civilização pudesse crescer em seu lugar. E a solução pedagógica do filósofo para tal desafio tinha a virtude como pedra angular: "Deseja-se a realização da vontade geral?", pergunta Rousseau. "Deve-se então fazer com que todas as vontades se reportem a ela; e como a virtude nada mais é do que essa conformidade da vontade particular à geral – para resumir tudo em uma única palavra – basta fazer reinar a virtude" (Rousseau, 1995, p. 32). Partindo do pressuposto que a autoridade absoluta é a que mais influencia a vontade e as ações do homem, o filósofo suíço pretendia que o Estado, a fim de promover a paz e o respeito à lei, tinha de modelar os cidadãos para que assumissem o caráter virtuoso adequado à nação que se queria constituir. Essa tarefa educacional deveria começar desde a infância, de modo a lidar com as disposições naturais existentes no espírito das crianças – ou seja, mobilizando suas paixões – para instruí-las no amor à pátria. Assim, escreve o autor, se elas

> desde cedo aprendem apenas a olhar sua individualidade por meio de suas relações com o corpo político e só percebem – por assim dizer – sua própria existência como uma parte daquela, poderão vir finalmente a se identificar de alguma forma com esse todo maior, a sentir-se membros da pátria, a amá-la com esse sentimento esquisito que todo homem isolado tem apenas por si mesmo, a elevar para sempre sua alma a esse grande objeto, e assim transformar em uma virtude sublime essa disposição perigosa que origina todos os nossos vícios (Rousseau, 1995, p. 39-40).

Neste sentido, Rousseau mostra que era preciso recivilizar o homem: a passagem do estado de natureza à sociedade se dera com a degeneração do amor-de-si em amor-próprio, e por isto impunha-se o objetivo de regenerar tal sentimento em prol do corpo político, direcionando-o do indivíduo para a comunidade.

Voltaire, embora não deixasse de reconhecer a importância dos sentimentos virtuosos dos súditos em relação à pátria – ele não havia escrito a Rousseau que era preciso amá-la, por mais injustiças que nela se sofresse (Voltaire, 1995)? –, duvidava da eficácia da educação do povo para atingir esse fim. Como afirma Blanning, "na opinião de Voltaire, 'os tempos iluminados apenas iluminarão um pequeno número de pessoas virtuosas (*honnêtes gens*). As pessoas comuns serão sempre fanáticas' – com o que ele queria dizer apegadas à religião" (Blanning, 1991, p. 32). A falta de "espírito" do povo tornava-o vulnerável às invectivas dos tiranos, e o filósofo pensava que dificilmente a educação generalizada seria capaz de reverter esse quadro. Por tal motivo, não se encontra na obra de Voltaire uma defesa da participação democrática de todos cidadãos na política. Entretanto, isto não deve ser entendido simplesmente como sintoma de elitismo aristocrático, como se o escritor não desse a mínima importância à sorte do "povo miúdo". Pelo contrário, ele acreditava que o melhor meio de promover a prosperidade do reino, e com isto elevar as condições de vida da população[5], seria a educação dos governantes, ou seja, seu esclarecimento. Se a elite dirigente adotasse os princípios modernizantes propostos pelas Luzes, então todo o povo seria beneficiado. Considerando que na Europa predominavam as instituições governamentais monárquicas e aristocráticas, que por natureza excluíam a maioria dos súditos da cena política, a concepção de Voltaire é bastante compreensível por seu pragmatismo, ainda que não fosse a única possibilidade de reforma, como o confronto com as idéias democráticas de Rousseau indica.

Segundo John Gray (1999), Voltaire não condenava a democracia, mas a julgava, assim como a todos as outras formas de governo, segundo a capacidade que possuía de aperfeiçoar a civilização. De acordo com esse autor, o filósofo francês era um relativista político e sustentava que "o melhor regime seria sempre aquele que mais promovesse o progresso. Mas tal regime dependia da época, do lugar e das circunstâncias" (Gray, 1999, p. 47). Assim, não havia um único tipo de Estado coerente com as propostas do Iluminismo. No verbete "Estados, governos" do *Dicionário filosófico*, Voltaire indagou sobre qual seria o melhor tipo de organização política, e acabou escrevendo que, se os povos geralmente não estão satisfeitos com seus governos, o mais desejável dos Estados é aquele em que todos obedecem às leis. E onde ficaria esse país? "Há que procurá-lo"

(Voltaire, 1988, p. 94), concluiu o autor, talvez indicando que a melhor atitude nesse caso consiste na busca incessante pelo aprimoramento. Nesta busca, ainda segundo Gray, os ideais liberais de Voltaire eram um farol que apontava o caminho: a tolerância, a liberdade e o império do direito é que levariam ao melhor dos governos possíveis.

Para Lídia Fachin (1995), esses ideais não eram apenas liberais. A autora afirma que a análise das obras literárias voltairianas, do *Cândido* em especial, indica que o espírito crítico do qual elas se constroem demonstra no pensamento de Voltaire a presença de ideais democráticos que ainda hoje são atuais. A autora cita até mesmo um texto de René Pomeau, um dos maiores especialistas sobre o filósofo francês, para reforçar sua tese. Comentando a respeito da mensagem contida nas obras voltairianas, ele escreveu: "J'entends par message le combat pour les libertés, libertés intellectuelles, religieuses, politiques, le combat pour la raison, pour les droits de l'homme, pour la toleránce. Il suffit d'énumérer ce mots qui sont des mots programmes de Voltaire pour s'apercevoir de leur actualité"[6] (Pomeau, citado por Fachin, 1995, p. 124). Por criticar as arbitrariedades cometidas pelos governantes, por denunciar a barbárie da guerra e da intolerância, por lutar contra a censura à expressão, e tudo isto em nome das liberdades civis, Voltaire representaria, em seu século, um dos mais importantes defensores dos ideais sem os quais a democracia moderna jamais seria viável.

Liberais ou democráticos, ou as duas coisas ao mesmo tempo, os ideais políticos de Voltaire estavam intimamente relacionados à sua concepção de civilização. Ele recorreu ao estudo da História para demonstrar o quanto os governantes eram responsáveis pela prosperidade ou miséria dos povos, e apontou exemplos de grandes líderes que foram capazes de agir com sabedoria e ter decisiva influência civilizatória em suas respectivas épocas, exemplos virtuosos que os príncipes modernos precisavam imitar. Entretanto, esse mesmo estudo levou o filósofo a não nutrir ilusões sobre as origens e os fundamentos do poder dos senhores. Por isto mesmo, ele compreendia a política como esfera puramente humana e secular, dentro da qual era possível fazer progressos importantes desde que os cidadãos tivessem liberdade não apenas para criticar os atos do Estado, mas também para contribuir, com seus conhecimentos e sua experiência, para o esclarecimento dos governantes. Rousseau, por sua vez, acrescentava que a educação dos líderes não bastaria para aperfeiçoar o governo se o conjunto dos cidadãos não fosse educado para amar a pátria e servi-la virtuosamente. Ao pensar nesta entidade sempre em termos que abrangiam a totalidade de seus componentes, o filósofo suíço sustentava que o Estado deveria tratar de modo justo e equânime a cada um de seus membros, tendo papel fundamental na tarefa de combater os males da civilização. Isto porque, assim como Voltaire,

Rousseau investigou as origens da autoridade e as encontrou na desigualdade econômica, a qual tornou possível a dominação dos ricos sobre os pobres, de forma que um bom governo precisaria, antes de tudo, atacar a própria desigualdade para expurgar de si os vícios que sempre acompanharam os diferentes corpos políticos ao longo da História.

Em suas reflexões sobre a configuração da prática política no século XVIII, os dois autores se defrontaram com a monarquia absoluta e suas relações com os súditos. Enquanto Voltaire via certas vantagens nesse tipo de governo, como a possibilidade de o rei atuar com firmeza em prol da civilização e contra os entraves ao progresso, Rousseau foi um crítico do "processo civilizador" – para tomar uma expressão emprestada de Elias – que dera origem ao Estado absolutista e à sociedade de corte, visto que tal estrutura sociopolítica resultara no acirramento da desigualdade entre os indivíduos. Certamente, Voltaire também enxergava falhas na monarquia dos Luíses, e ambos os filósofos possuíam uma lista de reformas para corrigi-las. Nesse sentido, eles desenvolveram uma concepção moderna de Estado que se contrapunha em muitos aspectos àquelas existentes nos antigos regimes da França e de outros países europeus. Dentro dessa concepção, a legitimidade do poder do rei se fundaria na autoridade conferida a ele pelos governados em função do bem público, e não mais em um suposto direito divino. Esse "novo rei" deveria enfrentar os problemas pelos quais seu povo passava e, quando preciso, introduzir mudanças significativas nas instituições políticas e econômicas da nação. Em se tratando da França setecentista, havia algumas questões fundamentais que cabia ao monarca resolver: a venalidade dos cargos públicos – fonte de corrupção e estagnação financeira –, a persistência da guerra nas relações internacionais – um impedimento inaceitável para o progresso e uma afronta à civilidade humana –, e o caráter obsoleto do sistema judiciário – motivo de inúmeras arbitrariedades e injustiças. Porém, a questão que se impunha com mais força era a da necessidade de fazer a lei tornar-se soberana, garantindo a tolerância religiosa e as liberdades civis a todos os membros do corpo político.

Afinal, somente após a superação desses problemas uma civilização baseada na idéia de direito se tornaria realidade. Ela era o sonho acalentado pelos filósofos em seu reino da crítica, e enquanto seus objetivos não fossem plenamente alcançados, o julgamento dos poderes estabelecidos não seria encerrado.

Bibliografia

ANDERSON, P. *Linhagens do Estado absolutista*. São Paulo: Brasiliense, 1985.
BLANNING, T. *Aristocratas versus burgueses?: a Revolução Francesa*. São Paulo: Ática, 1991.
BOURDIEU, P. *As regras da arte*. São Paulo: Companhia das Letras, 1996.
________. *Razões práticas*: sobre a teoria da acção. Oeiras: Celta, 1997.

CASSIRER, E. *A filosofia do Iluminismo*. Campinas: Editora da Unicamp, 1997.
DARNTON, R. *Os* best-sellers *proibidos da França pré-revolucionária*. São Paulo: Companhia das Letras, 1998.
DURANT, W. *A história da filosofia*. Rio de Janeiro: Nova Cultural, 1996.
FACHIN, L. Polifonia, carnavalização e paródia em Candide de Voltaire. In: *Revista de Letras*. São Paulo, v. 35, 1995.
FORTES, L. R Salinas. *Paradoxo do espetáculo*: *Política e poética em Rousseau*. São Paulo: Discurso Editorial. 1997.
GRAY, J. *Voltaire*: *Voltaire e o Iluminismo*. São Paulo: Editora Unesp, 1999.
HAZARD, P. *A crise da consciência européia (1680-1715)*. Lisboa: Cosmos, 1948.
HOBBES, T. *Leviatã*: *ou matéria, forma e poder de um Estado eclesiástico e civil*. São Paulo: Martin Claret, 2002.
KOSELLECK, R. *Crítica e crise: uma contribuição à patogênese do mundo burguês*. Rio de Janeiro: Eduerj/Contraponto, 1999.
LEPAPE, P. *Voltaire: Nascimento dos intelectuais no Século das Luzes*. Rio de Janeiro: Jorge Zahar, 1995.
LOPES, Marcos Antônio. *Voltaire literário: horizontes históricos*. São Paulo: Imaginário, 2000.
ROUANET, S. P. *Mal-estar na modernidade*. São Paulo: Companhia das Letras, 2001.
ROUSSEAU, J.-J. Do contrato social. In: *Rousseau*. São Paulo: Abril Cultural, 1973. (Os pensadores).
________. Discurso sobre as origens e os fundamentos da desigualdade entre os homens. In: *Rousseau*. São Paulo: Abril Cultural, 1973. (Os pensadores).
________. *Considerações sobre o governo da Polônia e sua reforma projetada*. São Paulo: Brasiliense, 1982.
________. *Discurso sobre a economia política e Do contrato social*. Petrópolis: Vozes, 1995.
STAROBINSKI, J. *Jean-Jacques Rousseau: a transparência e o obstáculo*. São Paulo: Companhia das Letras, 1991.
VOLTAIRE. *Contos*. São Paulo: Abril Cultural, 1972.
________. Dicionário filosófico. In: *Voltaire v. I, Diderot*. São Paulo: Nova Cultural, 1988.
________. *Comentários políticos*. São Paulo: Martins Fontes, 2001.

NOTAS

1 Essa diferença de escala não era apenas quantitativa, mas também qualitativa, uma vez que os corpos políticos não conviviam na pacífica indiferença do estado de natureza original. De fato, a despeito de suas divergências quanto a certos aspectos do pensamento de Hobbes (2002), neste ponto Rousseau acompanhou o raciocínio do filósofo inglês. Segundo Hobbes, as relações entre os Estados seguem a lógica do conflito inerente ao estado de natureza, o qual se caracterizaria por uma condição de guerra de todos contra todos. O autor afirma que, mesmo que tal estado jamais houvesse existido entre simples indivíduos, "em todos os tempos os reis e as pessoas dotadas de autoridade soberana, por causa de sua independência, vivem em constante rivalidade, e na situação e atitude dos gladiadores, com as armas apontadas, cada um de olhos fixos no outro. Seus fortes, suas guarnições e seus canhões guardando as fronteiras de seus reinos, e constantemente com espiões no território de seus vizinhos, o que constitui uma atitude de guerra" (Hobbes, 2002, p. 99).

2 Jean Calas, um protestante que vivia em Toulouse, tinha um filho que se suicidara, provavelmente motivado por problemas financeiros, e uma filha que se tornara católica. Como em Toulouse havia uma lei estabelecendo a exposição e a execração públicas dos cadáveres dos

suicidas, Calas pediu aos amigos que testemunhassem ter sido natural a morte de seu filho. Começaram então a circular boatos de que o pai matara o filho para impedir sua conversão ao catolicismo, e o Sr. Calas acabou sendo preso, torturado e executado em 1761. Os remanescentes da família pediram então a ajuda de Voltaire para reabilitar o nome de Calas. Graças à atuação de escritor como intelectual mobilizando a opinião pública, a inocência de Calas foi reconhecida pela justiça, e a família recebeu uma reparação por tudo o que sofreu. O Caso Sirven, por sua vez, foi outro desses litígios que fizeram a fama do Voltaire intelectual. Também nele, as leis intolerantes foram a causa do incidente. Tendo sido revogado o Edito de Nantes, a Igreja podia requerer a guarda de filhos de casais protestantes alegando que iria convertê-los ao catolicismo. Foi o que ocorreu no ano de 1764 com Élisabeth Sirven, arrancada da família e entregue ao bispo de Castres. Este, que não hesitou em usar de violência para alcançar seus objetivos, acabou enlouquecendo a moça, a qual se matou atirando-se em um poço. Acusados de assassinato, os Sirvens refugiaram-se em Ferney, de onde saíram em 1771 para se entregar à justiça. Novamente, a atuação de Voltaire e da opinião pública levou a um resultado favorável aos acusados.

3 Nesse conto, pela voz de um huguenote, Voltaire afirma que a postura intolerante de Luís XIV devia-se ao fato de o rei ter sido enganado por seus conselheiros, especialmente pelos jesuítas: "Convenceram-no de que, logo que dissesse uma palavra, todos os homens pensariam como ele, e que nos faria mudar de religião como o seu músico Lulli muda em um instante os cenários de suas óperas. Não só perde ele de quinhentos a seiscentos mil súditos muito úteis, como os faz inimigos seus; (...) Tanto mais espantoso é esse desastre, porquanto o papa reinante, a quem Luís XIV sacrifica parte do povo, é seu inimigo declarado" (1972, p. 323).

4 As dificuldades práticas à participação direta de todo o conjunto do corpo político chocam-se frontalmente com a concepção de Rousseau sobre o exercício pleno da soberania popular. Para o filósofo, existia um grande erro não apenas quando o regime político excluía o povo da administração do Estado, como no caso da monarquia, mas também quando havia a figura dos representantes como intermediária entre a vontade do povo e a tomada de decisões no governo. Afinal, para Rousseau, "a soberania não pode ser representada pela mesma razão porque não pode ser alienada, consiste essencialmente na vontade geral e a vontade geral absolutamente não se representa. É ela mesma ou é outra, não há meio termo. Os deputados do povo não são, nem podem ser seus representantes; não passam de comissários seus, nada podendo concluir definitivamente. É nula toda lei que o povo diretamente não ratificar; em absoluto, não é lei" (1973, p. 113-114). O autor considerava a representação política uma prática originária do governo feudal – uma referência aos Três Estados franceses cuja assembléia era composta de deputados –, "desse Governo iníquo e absurdo no qual a espécie humana só se degrada e o nome do homem cai em desonra" (Rousseau, 1973, 113-114). Sobre a crítica de Rousseau à representação política como parte de sua condenação geral à idéia de representação ver Fortes (1997).

5 De acordo com Rouanet (2001), se Voltaire se mostrava relutante quanto à necessidade de educar a população, isto era motivado por sua percepção de que a prioridade do povo miserável era sobreviver. Portanto, sua crítica à eficácia da instrução ampla da população "não é uma crítica aos limites intelectuais do povo, e sim o reconhecimento de que é preciso transformar suas condições materiais de vida, e de que a simples educação é insuficiente para isso. O mesmo Voltaire diz que não é verdade que 'tudo esteja perdido quando se der ao povo a oportunidade de ver que tem inteligência; pelo contrário, tudo estará perdido se o tratarmos como um rebanho de gado, pois mais cedo ou mais tarde esse rebanho nos sangrará com seus chifres.'" (Rouanet, 2001, p. 165).

6 "Eu entendo por mensagem o combate pelas liberdades, liberdades intelectuais, religiosas, políticas, o combate pela razão, pelos direitos do homem, pela tolerância. É suficiente enumerar estas palavras, que são palavras programáticas de Voltaire, para se aperceber de sua atualidade."

VOLTAIRE: A CONQUISTA DA FELICIDADE TERRENA

Tereza Cristina Kirschner

O tema felicidade, como objeto de reflexão, não é novo; tem sido alvo das mais diversas abordagens ao longo dos tempos. O que apresenta um aspecto de novidade no século XVIII europeu é a importância que o tema adquiriu, que se revela na grande quantidade de tratados, ensaios, contos e poemas produzidos especificamente sobre a felicidade. De repente, ela passou a ser reivindicada como um direito natural e, de diferentes maneiras, se articulou com outros conceitos importantes na época, como natureza humana, natureza e razão. Grosso modo, essa vasta produção intelectual sobre a felicidade assinalou uma mudança no eixo das reflexões que compunham determinada tradição de pensamento e acarretou, como conseqüência, um deslocamento espaço-temporal da própria felicidade: do espaço celeste para o terrestre; de um tempo futuro, após a morte, para o tempo presente, de vida na terra. Dentre os autores representativos do pensamento setecentista europeu Voltaire apresenta especial interesse, pois há, no conjunto da sua obra, um espaço importante dedicado à questão da felicidade. Observa-se em suas reflexões uma profunda inquietação relativa a esse tema[1]. O objetivo deste artigo é examinar como o pensamento de Voltaire interagiu com o arcabouço conceitual da antiga tradição intelectual sobre a felicidade e verificar em que medida configurou uma ruptura, uma continuidade ou uma recriação de aspectos dessa tradição.

Sinaliza-se, aqui, uma determinada maneira de se pensar a tradição. Não se privilegia um certo momento histórico que configuraria o marco original e legítimo de um determinado tipo de reflexão. O que se elaborasse a partir de então seria considerado continuidade ou afastamento da tradição. Nesse sentido, só existiriam duas possibilidades para o movimento das idéias: ruptura ou continuidade em relação à vertente de uma tradição considerada fundamental. De maneira geral, é entre essas duas opções que vem se movimentando a história das idéias: conforme o autor, argumentos são desenvolvidos a favor da existência de continuidades ou de rupturas[2]. Entretanto, à medida que se aceita a possibilidade de recriações dentro da própria tradição, afastamo-nos da idéia de um quadro de referência legítimo, imutável, para percebermos a tradição como articulações de idéias em movimento. As continuidades, os afastamentos, as recriações passam a fazer parte de uma longa tradição que se refaz permanentemente, e que deixa de ser vista, por conseguinte, como referência ou como forma de transmissão cultural que procura fixá-la e controlá-la[3].

No caso específico da tradição sobre a felicidade, nosso contexto[4] consiste no cruzamento de dois eixos de reflexão. De um lado, o pensamento cristão, até então dominante, e de outro, um movimento intelectual liderado pelos filósofos iluministas, que se pretendia crítico e inovador em relação àquela corrente de pensamento.

Simplificadamente, é possível destacar duas vertentes da tradição cristã. Como principal instigadora da reflexão voltairiana e alvo das críticas da maioria dos filósofos iluministas encontra-se a posição católica de inspiração agostiniana. Recuperado no século XVII pelo movimento jansenista, Santo Agostinho representava a possibilidade de um retorno da Igreja Católica aos princípios do cristianismo místico primitivo. Apesar de o movimento estar mais preocupado com a dimensão mística do teólogo[5], os jansenistas reavivaram os aspectos anti-pelagianos da teoria da predestinação e da graça, alicerces da antropologia agostiniana. Fortalecia-se, assim, uma visão pessimista da natureza humana, que a tornava desmerecedora da felicidade na cidade dos homens, dado seu caráter intrinsecamente pecador. Pascal é um representante moderno dessa tradição de pensamento e apontou, nos *Pensamentos*, com rigor e profundidade, o sentido trágico da existência humana. Essa visão negativa da natureza humana não se restringia, entretanto, aos jansenistas. Ela está presente, em maior ou menor grau, nos moralistas franceses, de la Rochefoucauld a La Fontaine, assim como entre os protestantes.

A outra vertente, menos pessimista, na sua versão religiosa é representada pela tradição jesuítica molinista que defendia a natureza humana por meio da reinterpretação do livre-arbítrio. Atenuando a visão pessimista, os jesuítas consideravam que os pré-requisitos indispensáveis para a salvação eram realizáveis no mundo, pelos homens, sem descartar, naturalmente, as condições sobrenaturais. Contra suas posições levantaram-se inúmeras críticas. No século XVII, a mais importante foi a crítica dos jansenistas. Na versão filosófica, essa vertente da reflexão cristã sobre a condição humana é representada, notadamente, por Leibniz, que sintetizou uma visão otimista de Deus e dos homens ao proclamar que Deus criou o mundo como o melhor dentre os mundos possíveis. Para Leibniz, dentre várias ordens concebíveis, Deus teria escolhido a mais perfeita. A Providência zelaria para que tudo, no mundo dos homens, ocorresse conforme a vontade divina, que previa sempre o melhor. A escolha é regulada, portanto, por uma regra moral. O homem não era mais visto como um ser decaído, mas elevado por Deus à categoria de alma racional. A felicidade humana seria, portanto, alcançável na terra.

Foi com essas diferentes versões da condição humana, presentes na tradição cristã, e que teriam desdobramentos ao longo do século XVIII, que Voltaire se defrontou. Apesar de distintas, essas versões permaneceram tributárias da visão clássica. A felicidade humana, como possibilidade ou como impossibilidade, era deduzida de uma natureza humana imutável. A idéia de que o homem verdadeiro não é tal ou qual indivíduo particular, mas o homem em geral, visto em sua essência invariável, constituía a base da psicologia do classicismo[6]. O pensamento de Voltaire sobre a felicidade teve como interlocutores, conforme o momento de sua reflexão, uma ou outra dessas vertentes da tradição cristã. Na fase inicial de sua reflexão Voltaire dialogou com a vertente agostiniana, e seu interlocutor foi Pascal. A ele dedicou a última de suas *Cartas Filosóficas*, por meio da qual pretendia combater algumas das idéias contidas nos *Pensamentos*. A visão pessimista da condição humana foi o alvo das críticas de Voltaire: "Ao escrever seus *Pensamentos*, a intenção do sr. Pascal era mostrar o homem sob uma condição odiosa. Imputa à essência de nossa natureza aquilo que só pertence a alguns homens. Ouso assegurar que não somos nem tão maldosos nem tão infelizes como diz."[7] Quanto às contradições e ao mistério da condição humana, tão enfatizados por Pascal, Voltaire retrucou:

> Como tudo o que vemos, está mesclado de bem e de mal, de prazer e de dor. Está provido de paixões para agir e de razão para o governo das ações. Se fosse perfeito seria Deus. E as pretensas contrariedades a que chamais contradições são os ingredientes necessários que entram na composição do homem... Admito que o homem seja inconcebível, mas todo o resto da natureza também o é, e há nele tantas contradições aparentes quanto em tudo o mais.[8]

Na realidade, Voltaire resolveu a questão do mistério da condição humana inserindo-a na natureza e submetendo-a às suas leis. Assimilada à natureza, que nesse tempo era desvelada pela filosofia natural, deixava de ser inquietante. Robert Lenoble observa que a natureza newtoniana, sem alma, e reduzida a fenômenos independentes ligados apenas por leis mecânicas, acabou por projetar no homem o seu próprio mecanicismo[9]. É nesse sentido que ele deixava de ser misterioso. Em seguida Voltaire inseriu o homem na vida social. "Quanto a mim, olhando Paris ou Londres, não vejo motivo para cair no desespero de que fala o sr. Pascal. Vejo uma cidade que não se parece com uma ilha deserta, povoada, opulenta, policiada, onde os homens são felizes tanto quanto a natureza humana o comporta."[10]

A vida social supunha o controle das paixões que ameaçariam um equilíbrio necessário. Voltaire não tinha visão negativa das paixões, como Pascal. Para o filósofo iluminista, as paixões eram parte inerente da natureza humana e deveriam ser controladas apenas pela razão, uma vez que não podiam ser eliminadas. Ao concluir a carta, Voltaire adotou, entretanto, posição de recuo. Ele não mais defendia, ousadamente, que o homem na terra era feliz, mas simplesmente afirmava que "a terra, os homens e os animais são o que devem ser na ordem da Providência"[11]. Recorrendo à Providência, Voltaire se esquivava do verdadeiro debate e apenas aparentemente assumia um otimismo perante Pascal. Quanto à idéia de Deus, Voltaire rejeitava o deus pascalino que protegia apenas alguns eleitos:

> Sem dúvida, tenho interesse em que haja um Deus, mas se em vosso sistema Deus tiver vindo para uns poucos, se o pequeno número de eleitos for assustador, se nada posso por mim mesmo, dizei-me, que interesse tenho em crer em vós? Vosso raciocínio só serviria para produzir ateus, se a voz da natureza não nos gritasse que há um Deus, com força tanto maior quanto maior a fraqueza de vossas sutilezas.[12]

A crítica voltairiana é mais pertinente ao abordar a questão do divertimento, que, na óptica de Pascal, consistia em uma prova da miséria humana, na medida em que afastava o homem de si mesmo, do enfrentamento do seu vazio existencial. Aqui Voltaire inverteu a concepção pascalina do divertimento, considerando-o não como prova da miséria humana, mas como um "maravilhoso remédio", sinal de que a Providência conspirava a favor da felicidade do homem. O emprego do termo remédio, para qualificar divertimento, mostra que Voltaire, na verdade, retomava a idéia de Pascal; apenas não reconhecia no divertimento uma miséria suplementar. Além disso, o repouso absoluto, defendido por Pascal como contraponto para o divertimento, equivalia, para Voltaire, à própria negação da existência. Existir, para o filósofo, significava agir, estar em relação com outros homens. Robert Mauzi observa, com razão, que Voltaire mais se esquivou de Pascal do que o enfrentou, aspecto também salientado por Ernst Cassirer. Segundo Mauzi, Voltaire não compreendeu o pessimismo pascalino, "vendo nele um julgamento definitivo, e não o desespero provisório que conduz à iluminação da fé, tal como a dúvida metódica prenuncia a evidência cartesiana"[13]. No que se refere à natureza e à possibilidade da felicidade humana, a carta a Pascal, na realidade, não foi além de um compromisso.

Em *Le mondain*, poema publicado em 1736, Voltaire abordou especialmente a questão do prazer. A sua publicação redundou em um rápido exílio do autor na Holanda, devido ao escândalo que provocou ao opor à idéia religiosa de uma vida futura a idéia de que a felicidade terrestre seria a única ao nosso alcance. O poema evoca um debate que vinha do século XVII – a querela dos antigos e dos modernos. Inserida nessa discussão estava outra, mais confusamente vislumbrada na época, que acabou adquirindo caráter moral, apesar de dizer respeito, explicitamente, aos avanços materiais da modernidade: a questão do luxo. Voltaire retomou esse aspecto da querela e abordou a questão da felicidade sob a óptica do prazer e do luxo. Retomar essa questão no século XVIII significava atacar a moral cristã e seu desprezo pelos bens terrenos assim como os moralistas defensores da vida frugal dos antigos:

> Eu agradeço à natureza sábia que, para o meu bem, me fez nascer nessa época, tão difamada por nossos pobres doutores. Essa época profana é perfeita para os meus costumes. Amo o luxo e até mesmo a volúpia. Todos os prazeres, as artes de toda a espécie. O asseio, o paladar, os ornamentos. Todo o homem de bem tem tais sentimentos.[14]

Voltaire concluiu o poema com uma apologia da felicidade terrena: "O paraíso terrestre é onde eu estou."[15] Sem dúvida, *Le mondain* foi uma provocação aos espíritos sóbrios da época. É importante no poema a associação que estabelece entre a felicidade e os progressos da civilização. Como bem assinala Robert Mauzi, a felicidade aparece aí como estado impessoal, expressão de certo momento da sociedade, o que torna a felicidade de *Le mondain* mais coletiva do que individual[16]. Aproximadamente na mesma época, em um texto consagrado à natureza do prazer, Voltaire lhe atribuía um caráter divino:

> Eu me surpreendo que, entre tantas demonstrações da existência de Deus, não se tenha colocado o prazer como prova; pois fisicamente falando, o prazer é divino, e eu acredito que todo homem que bebe vinho de Tokai, que beija uma bela mulher, que, em uma palavra, experimenta sensações agradáveis, deve conhecer um Ser Supremo e bondoso.[17]

Apesar das amarguras e da prudência posteriores de Voltaire, esse tema não desaparece de sua obra; em 1778, quando escreveu *Observações sobre os pensamentos de Pascal*, cinqüenta anos após a carta filosófica, Voltaire ainda defendia que os prestígios da vida social, os prazeres mundanos eram provas da possibilidade da felicidade humana[18]. Em *Zadig*, conto filosófico por excelência, Voltaire abordou as questões da condição humana, da Providência e da felicidade. Zadig é um homem que tem tudo para ser feliz: prestígio, beleza, riqueza, qualidades do espírito e da alma. Se não alcança a felicidade, apesar de suas qualidades, é porque acaba sendo vítima da ação dos outros. O destino de Zadig é orientado por três forças. De um lado, as predisposições positivas da sua natureza; de outro, os vícios dos homens, que fazem do personagem um joguete em suas mãos; por último, a sorte, que é o verdadeiro árbitro, e pode fazer triunfar uma ou outra das forças. A existência de Zadig se desenrola como uma absurda cadeia de acidentes gratuitos e infortúnios não merecidos. A virtude só é recompensada eventualmente, quando a loucura dos homens e a cegueira do acaso o permitem. A ciência da felicidade é impossível, pois não se pode converter em objeto de conhecimento algo tão irracional[19]. Zadig, surpreso com um mundo tão absurdo, está à beira da revolta quando percebe que existem pessoas mais infelizes e que ele estava vendo até então apenas o lado sombrio da vida. Já estava duvidando da Providência quando ela começa, aos poucos, a se revelar. Meditando sob as estrelas, Zadig organiza seus pensamentos. Os absurdos terrestres se evaporam perante um universo perfeitamente ordenado. A eternidade visível do mundo tranqüiliza a razão, que pode então julgar, na quietude, os jogos da conduta humana.

A natureza conduz Zadig a uma experiência de cunho religioso. Essa experiência, entretanto, não suprime o mal do mundo. A Providência deve se revelar de maneira mais explícita e não apenas por meio do universo criado. A aparição do anjo Jesrad desvela o enigma universal, ao ensinar a Zadig que "não existe o acaso" e que "tudo é prova ou punição, ou recompensa, ou previdência. (...) Os maus são sempre infelizes; servem para pôr à prova um escasso número de justos espalhados pela terra, e não há mal do qual não se origine um bem"[20]. O mundo humano não é absurdo, pois possui um sentido. Não existem acidentes, mas uma infinidade de manifestações particulares da vontade divina. A incoerência aparente do universo é uma expressão da justiça imanente. Ante os ensinamentos do anjo, Zadig se ajoelha e adora a Providência.

O recurso ao conceito de Providência, que se manifesta na ordem da natureza e nos destinos individuais, afastou Voltaire de um pessimismo absoluto, que o levaria a duvidar da finalidade da vida humana. Afastou-o de uma visão de mundo que, forçosamente, teria de dar espaço para o acaso, o que não era compatível com sua visão mecanicista. Com relação às questões da condição humana e da felicidade Voltaire foi ambíguo. Oscilou entre uma visão pessimista da natureza humana e, conseqüentemente, da possibilidade da felicidade, e uma visão mais otimista, na qual a Providência ocupava um espaço fundamental.

O terremoto que destruiu grande parte da cidade de Lisboa em 1756 colocou Voltaire novamente ante a questão da condição humana e da felicidade. Seu otimismo em relação à Providência já não era evidente. No *Poema sobre o desastre de Lisboa* ou *l'axiome: tout est bien*, Voltaire dialogou com os filósofos "otimistas", especialmente Leibniz, Pope e Wolff: "...filósofos enganados que gritam 'tudo está bem'; Acudam, contemplem essas ruínas horrorosas; esses destroços, esses farrapos, essas cinzas infelizes; essas mulheres, essas crianças, amontoadas umas sobre as outras." Voltaire conclui o poema afirmando: "Esse mundo, esse teatro de orgulho e de erro, está cheio de infelizes que falam de felicidade."[21]

O terremoto de Lisboa não permitia mais pensar que tudo estava bem no melhor dos mundos possíveis; que a Providência organizava o mundo de sorte que todo mal é compensado por um bem infinitamente maior. Aos metafísicos que pretendiam que "tudo está bem", Voltaire contrapôs a presença do mal no mundo, atacando inocentes e culpados. O filósofo se rendeu, finalmente, ao mal inevitável, mas ao oferecer o consolo da esperança, não o aprovava do ponto de vista moral.

Em *Cândido*, onde Voltaire respondeu as críticas de Rousseau ao *Poema sobre o desastre de Lisboa*[22], a imagem da condição humana é bem mais sombria do que em *Zadig*. A crítica aos filósofos otimistas é mais explícita. O mal está presente tanto no coração dos homens quanto nos reveses da fortuna. Segundo o personagem Martin, o homem "nasceu para viver nas convulsões da inquietude ou na letargia do tédio"[23]. Viver e agir implicam renunciar ao repouso e à plenitude. Cândido opta inicialmente pela primeira situação e sua existência é uma seqüência de agitações e de calamidades. Nenhum repouso, nenhuma felicidade. Finalmente, ele escolhe o afastamento do mundo, concluindo que "é preciso cultivar nosso jardim". Essa fórmula combina duas idéias: permanecer afastado do mundo para não sofrer e trabalhar para não pensar. O mundo anda como pode; não devemos exigir aquilo que ele não pode dar.

Cândido é um personagem mais passivo do que Zadig. Ele é sempre um joguete do destino. Não está preocupado, como Zadig, com a idéia de felicidade. Não é a sua própria sorte o que o preocupa, mas a ordem do mundo. O problema das relações entre a felicidade individual e a existência do bem e do mal não se apresenta da mesma maneira nos dois contos. Segundo o anjo Jesrad, a Providência não é indiferente e nunca sacrifica os destinos individuais à causa da harmonia universal. Em *Cândido* a situação é diferente e a revelação do dervixe contradiz a de Jesrad. Deus é para o mundo o que o piloto do navio é para a sua embarcação. Ele não abandona nunca a direção e o controle do navio. Mas esquece de perguntar se os ratos que se agitam no porão sofrem de enjôo no mar. O homem está no universo como os ratos no navio. Ninguém zela pela sua sorte, mas o mundo não está à deriva. A sabedoria parece estar em nada esperar da ordem, no que se refere às dificuldades pessoais, mas ao mesmo tempo, tudo esperar no que se refere à ordem do mundo em sua totalidade.

Voltaire mais uma vez oscilou entre o pessimismo e o otimismo, optando por um compromisso. Apesar das incoerências e das tribulações da vida humana, Voltaire confiava em uma ordem universal. Mesmo não sendo tão óbvia, a felicidade humana não poderia sequer ser pensada em um mundo absurdo. Entretanto, essa ordem universal não assegurava mais, por si só, a felicidade humana. Cabia exclusivamente aos homens a responsabilidade por sua felicidade na terra. Decifrar essa ordem passa a ser importante para nela fundamentar esperanças e acalmar inquietações.

Bertrand Binoche faz uma aproximação interessante entre *Cândido* e *Ensaio sobre os costumes e o espírito das nações*, escrito em 1741. Segundo esse autor, a recusa no *Essai*, de uma finalidade teológica da História, seria solidária da recusa da teodicéia de Leibniz, ou do otimismo de Pope. E, nesse sentido, o *Essai* seria a contrapartida histórica de *Cândido*[24]. Voltaire não buscou um fio condutor para os fatos históricos; ele mesmo descreveu sua história como um "caos de acontecimentos, de facções, de revoluções e de crimes"[25]. E não tentou mais encontrar, tampouco, o fio condutor da Providência nos destinos individuais. Tanto na História quanto nos destinos individuais não havia um fio que lhes desse sentido. Entretanto, além dessas dimensões, existia uma ordem universal que garantia uma coerência no universo.

Nesse rápido percurso pelo pensamento de Voltaire, surpreende, desde o início, o diálogo tenso e ambíguo que ele estabelece com seus interlocutores, o que é compreensível, uma vez que esse diálogo ocorre dentro da própria tradição. Não se poderia imaginar Voltaire em posição de neutralidade frente às idéias que criticava, uma vez que pensa como herdeiro dessa mesma tradição, permanecendo preso aos padrões contemporâneos de pensamento e discurso, nem que seja pelos instrumentos lingüísticos a seu dispor. Da longa tradição cristã, Voltaire conservou a idéia de um Deus criador, que adquire uma conotação mais positiva do que na versão pascalina. Sua existência não é revelada, mas inferida racionalmente da ordem e da perfeição da natureza. O Deus de Voltaire não é um Deus pessoal, mas um princípio racional e inteligente. Voltaire conservou, ainda, da antiga tradição, o conceito de Providência, por meio do qual a ordem do mundo é mantida, impedindo, dessa forma, que fique nas mãos do acaso após o ato da criação. A Providência perde, entretanto, o sentido de sabedoria e bondade com que Deus guiava o mundo e os destinos individuais, presente sobretudo na versão cristã otimista de Leibniz. Ela se afasta dos homens e se ocupa apenas com a ordem do universo, e nesse sentido aproxima-se do conceito newtoniano de natureza. Voltaire rejeitou, entretanto, da antiga tradição, o dogma do pecado original e a predestinação, tornando possível, assim, a defesa da felicidade humana na terra. Conservou ainda a antiga visão de uma natureza humana imutável, pois por trás da variedade dos costumes relativos às diferentes civilizações, encontra-se uma única natureza humana, em essência, invariável.

De um lado, o arranjo conceitual elaborado por Voltaire acomodou aspectos da tradição cristã em uma visão de mundo conforme os princípios da filosofia natural da época. De outro, esse mesmo arranjo conduziu Voltaire a certas dificuldades. Ao longo de sua reflexão, ficava cada vez mais difícil conciliar um Ser Supremo, racional e bondoso, com a existência do mal. Para enfrentar essa evidência, Voltaire recorre inicialmente à Providência, que, particularmente em *Zadig*, organizava o mundo e os destinos individuais ainda da melhor forma possível. Em *Cândido*, foi uma concepção da Providência e a própria visão de mundo otimista que foram questionadas. Voltaire parece não conseguir sair desse impasse.

A intenção aqui não é, obviamente, apontar as ambigüidades e contradições de Voltaire, julgando-as simplesmente como fraquezas de seu pensamento. Tampouco se pretende inventar coerências onde elas não existem. O objetivo é, ao contrário, tentar compreender essas ambigüidades e contradições como constitutivas de um pensamento em movimento, criativo, que luta contra aspectos de uma tradição, mas, ao mesmo tempo, lhe é essencialmente tributário. A aceitação de alternativas excludentes e, de certa maneira ilusórias, como estar dentro ou fora de uma tradição, impedem de perceber a complexidade da reflexão voltairiana sobre a felicidade. Na verdade, a maneira como se articulam os seus conceitos aos da longa tradição – conservando, rompendo, recriando, conciliando, ressignificando – conforme o momento, insere Voltaire dentro dessa mesma tradição, em um percurso próprio que elabora variações dentro de uma temática tradicional. O pensamento voltairiano, com suas ambigüidades e contradições, é visto, portanto, como um momento peculiar dessa longa tradição e só pode ser compreendido em suas relações tensas e complexas com ela.

Poder-se-ia argumentar, como fazem alguns autores, que o pensamento do filósofo sofre uma evolução, de um otimismo juvenil para um pessimismo na idade madura. Esse argumento, entretanto, dá a impressão de que o pensamento do autor é orgânico e coerente em cada um dos momentos desse processo evolutivo. O que se quer é chamar a atenção para a evidência de que, em nenhum momento, esse pensamento é totalmente coerente. Desde o início, a reflexão de Voltaire sinaliza tensões e oscila entre posições extremas e definitivas. Nesse sentido, seu pensamento nunca foi totalmente otimista ou pessimista. O otimismo e o pessimismo, como já foi assinalado, se fundem em um compromisso que adquire contornos distintos nos diferentes momentos de sua reflexão.

Este breve exame de alguns textos de Voltaire sobre a felicidade revela ainda que a tentativa de abandonar antigas certezas e princípios explicativos gerais contidos na antiga tradição – especialmente o pecado original como fundamento para a existência do mal no mundo – não aconteceu sem dificuldades e angústias. Concomitantemente ao otimismo do século XVIII e ao entusiasmo com a razão triunfante encontram-se aspectos que revelam, ao mesmo tempo, como observa Robert Lenoble, um século atormentado e cheio de compromissos[26].

NOTAS

1 Foram selecionados para exame os seguintes textos: *Remarques sur les pensées de M. Pascal*, de 1728; *Le mondain*, de 1736; *Zadig ou la destinée*, de 1747; *Poème sur le désastre de Lisbonne ou l'axiome: tout va bien*, de 1756 e *Candide ou l'optimisme* de 1759.

2 Um exemplo de ênfase no movimento descontínuo das idéias é encontrado na tradição da "história filosófica das ciências" de Canguilhem, Koyré, Cavaillés e Bachelard, que assume uma posição crítica em relação a uma história das idéias de cunho continuísta. Seguindo essa

linha de reflexão, Foucault desenvolve suas pesquisas na área das ciências humanas especialmente em *L'archeologie du savoir*.

3 No que se refere à tradição ver H. G. Gadamer, *Truth and Method*. New York, 1989; P. Ricoeur, *Tempo e Narrativa*. Campinas, Papirus, 1997; G. L. Bruns, What is Tradition?, In: *New Litterary History*. vol. 22, no 1, 1991 e D. La Capra, Rethinking Intellectual History, In: *Rethinking Intellectual History. Texts, Contexts, Language*. Ithaca/Londres: Cornell University Press, 1983.

4 Entende-se aqui por contexto uma rede de relações entre pressupostos, temas, questões e conceitos que definem determinada tradição de pensamento em um quadro cultural específico.

5 B. Neveu, *Erudition e religion au XVII et XVIII siècles*. Paris: Albin Michel, 1994, p. 284.

6 Van Delft, *Le moraliste classique: essai de définition et de tipologie*. Genebra: Droz, 1982, p. 139.

7 Voltaire, *Lettres philosophiques*. Paris, Garnier Frères, 1964, p.141.

8 Idem, p.146.

9 R. Lenoble, *História da idéia de natureza*. Lisboa: Edições 70, 1990, p.30.

10 Voltaire, *op.cit.*, p.149.

11 Idem, p. 151.

12 Idem, p. 152.

13 R. Mauzi, *L'idée du bonheur dans la littérature et la pensée françaises au XVIII siècles*. Paris: Albin Michel, 1994, p. 237 e E. Cassirer, *A filosofia do Iluminismo*. Campinas: Unicamp, 1992, p. 202.

14 Voltaire, Le mondain, In: *Oeuvres complètes*. Paris: Firmin Didot Frères, 1863, tomo II, vol. 6, p. 716/717.

15 Idem, p. 717.

16 R. Mauzi, *op.cit.* p. 77.

17 Voltaire, Cinquième discours sur l'homme, In: *Oeuvres complètes*, op. cit. vol. 6, p. 602.

18 Voltaire, Dernières Remarques sur Pascal, In: *Oeuvres complètes*, op. cit. vol.6, p. 100.

19 Voltaire, Dernières Remarques sur Pascal, In: *Oeuvres complètes*, op. cit. vol.6, p. 100.

20 Voltaire, Zadig ou la destinée, In: *Voltaire: romans et contes*. Paris: Garnier Flammarion, 1966, p. 82.

21 Voltaire, Poème sur le désastre de Lisbonne ou l'axiome: tout va bien, In: *Oeuvres complètes, op. cit.* tomo II, p. 508.

22 J.-J. Rousseau, *Lettres sur la Providence*. Paris: Librairie Hachette, 1872, p. 133.

23 Voltaire, Candide ou l'optimisme, In: *Voltaire: romans et contes*. Paris: Garnier Flammarion, 1966, p. 231.

24 B. Binoche, *Les trois sources des philosophies de l'histoire* (1764-1798). Paris: PUF, 1994.

25 Voltaire, *Essai sur les moeurs et l'esprit des nations*. Paris: Bordas, 1990.

26 R. Lenoble, *História da idéia de natureza. op. cit.*

MICHELET: AS MÚLTIPLAS FACES DE UM REINVENTOR DA HISTÓRIA

Elias Thomé Saliba

Em relação ao passado e à História, experimentamos freqüentemente duas atitudes diversas: aquela curiosidade intelectual, que nos leva a perguntar "como realmente aconteceram as coisas", ou uma inquietação diferente, emocionada e nostálgica, que nos leva a acreditar que, como dizia Goethe, "o melhor da História é o entusiasmo que ela inspira". Jules Michelet, talvez um dos maiores historiadores do século XIX, parece ter destinado as dezenas de milhares de páginas que escreveu menos àqueles leitores com inquietações intelectuais e muito mais aos nostálgicos pelo passado, àqueles leitores ansiosos por reencontrar ou evocar suas próprias experiências existenciais e afetivas.

Basta ver a reação de alguns dos seus leitores mais ilustres, sejam eles críticos, historiadores ou escritores. Quando o assunto é Michelet, a atitude nunca é de indiferença. Há uma longa história dos julgamentos sobre Michelet e sua obra que nunca ficaram num meio termo. Victor Hugo chamava-o de "o Édipo dos séculos, o decifrador das grandes esfinges da História". Charles Maurras, do alto do seu elitismo, dizia que Michelet era um "celebrador não da história da França, mas de datas festivas da plebe ignorante". O marxista Mathiez "impressionava-se com a incoerência e a banalidade do seu pensamento", ao passo que Huymans considerava-o, não sem ironia, como "o mais pessoal, o mais artista e o menos verídico de todos os historiadores." Lucien Febvre viu na sua obra "o mais belo ato de fé da historiografia moderna"; Georges Lefebvre acabou por reconhecer o seu "enorme talento de historiador" e Fernand Braudel arrematou, no seu *As identidades da França*, confessando: "Amo a França com a mesma paixão exigente e complicada que a de Michelet."

Justa homenagem a um Michelet que nunca tratou de nada sem uma paixão nervosa e compulsiva. "Se fui melhor historiador que os outros é porque amei mais do que eles", escreveu. De fato, se olharmos para o conjunto da sua obra, veremos que cada um dos seus livros é mais do que uma mera produção livresca. Seus livros são gestos visando intervir num momento significativo, seus temas mais parecem dramáticas escolhas existenciais e sua escrita é um autógrafo vivo do seu próprio pensamento.

A História que Michelet escreve corresponde inteiramente à História que ele vive, de 1798 a 1874. Com apenas 15 anos, experimenta o trauma e a violência da época napoleônica; aos 18, partilha a frustração dos revolucionários na Europa do Congresso de Viena; aos 32, como republicano liberal, entusiasma-se com a Revolução de Julho de 1830; aos 50, como republicano democrático, saúda a "primavera dos povos" de 1848 para, logo depois, mergulhar no rápido desencanto e na mais profunda depressão com o 18 Brumário de Napoleão III, quando é demitido do seu cargo de arquivista e seus cursos são proibidos; finalmente, aos 73 anos, perplexo com as barricadas da Comuna de Paris, ainda tem forças para escrever o último dos 17 volumes da sua monumental *História da França*, cujo término coincide com a sua morte, em 1874.

Por isso, dependendo de qual obra incidir a escolha inicial do leitor, há várias imagens possíveis de Michelet. Michelet, um historiador romântico? Sim, de romântico ele tem todas as características, até mesmo os excessos. Contrariamente à historiografia inspirada no Iluminismo, que via na seqüência dos fatos mera conjunção de probabilidades amarradas num abstrato preceito moral, Michelet pretendia, nada mais nada menos, que "a ressurreição integral do passado", ou seja, o método de conservar, de todo o conjunto da documentação compilada, apenas o que parecia corresponder à idéia, ao símbolo que deveria animar seu relato e dar vida à sua narrativa. O universo do historiador passava a ser uma floresta de símbolos: cada grande personagem, cada país, cada época tinha seu signo, sua tonalidade, expressão de uma solidariedade orgânica dos seus elementos internos. O homem individual passava a existir em função do grupo, em função da sociedade – um "ser coletivo", isto é, menos uma criação voluntária ou pacto político do que uma realidade anterior, calcada num inconsciente coletivo. No Michelet romântico, a história humana é uma criação, mas o fabricante parece estar em outro plano, não se sabe bem onde: é uma história sem Deus, sem transcendência, e o talento do historiador consiste em perseguir, por trás da seqüência e do acaso dos fatos, aquele espírito sempre oculto, obscuro e ardiloso.

Qual o procedimento do Michelet romântico em face desta concepção quase mística do passado? Era muito semelhante ao processo de escrita do romance histórico: a narrativa sensível, detalhada, forte, dramática – feita para captar a intensidade da vida real. Exigia do historiador finíssimos dotes de artista mas, sobretudo, capacidade de transporte espiritual para o "clima" histórico de outras épocas. "Escrevo lançando labaredas no papel, para que meu livro pareça um incêndio visto à distância", escrevia Thomas Carlyle. Para Michelet, a História era uma multidão de mortos que não precisava nem de cantos fúnebres nem de lágrimas de carpideiras – e completava, enfático: "Os mortos precisam é de alguém que lhes explique seu próprio enigma não desvendado, que lhes ensine o que queriam dizer suas palavras, seus atos, seus silêncios que não compreenderam." E terminava sua profissão de fé citando uma frase – de que ele gostava muito – emprestada de Luis de Camões: o historiador é o "administrador dos bens dos falecidos". Em resumo, Michelet possuía mais dotes de artista do que Carlyle mas, nesse intuito romântico de exorcismo dos mortos e de revivência dramática do passado, os dois historiadores eram muito semelhantes.

Michelet desenvolveu, contudo, duas peculiaridades. A primeira é que sua história não tratava apenas da política, mas da religião, da ciência, da arte, do direito, do idioma, dos costumes, da vida cotidiana – em suma, de promover uma autêntica "ressurreição integral" do passado. A segunda é que ele foi hábil naquilo a que Roland Barthes chamou de "retrato": ou seja, era extremamente capaz de um sobrevôo rasante sobre o tema a ser descrito para, depois, rapidamente equacionar os elementos dispersos numa única definição verbal. Tudo isso sempre apoiado, é bom que se diga, em farto e exaustivo exame das fontes da época. A técnica de esboçar o *quadro* (o sobrevôo), observa Barthes, completava o procedimento do historiador romântico, pois colocava Michelet mais ou menos na posição de Deus, cujo poder maior era precisamente o de manter reunidos, numa percepção simultânea, momentos, acontecimentos, homens e causas dispersos no infinito torvelinho da História.

Michelet não chega, a nosso ver, a alçar vôo tão alto, mas seus retratos calorosos da História exprimem sempre julgamentos que ele nunca esconde. Começa pelos indivíduos: Joana d'Arc é a santidade das lágrimas, Robespierre é um gato, Marat é um sapo, Danton é um touro, Mme. de Pompadour é nata azeda, Francisco II é um mineral e Napoleão é ceroso. Depois os retratos se desdobram, tanto para coisas materiais quanto para coisas impalpáveis: a nau holandesa é o mundo côncavo, sem costura; a Bastilha é uma mulher que, enlouquecida por seus crimes, se entregou; o francês é o trigo, que vem do sílex, portanto feito de uma pedra resistente; o cristianismo é a Graça ao passo que a Revolução Francesa é a Justiça, isto é, a segunda vinda de Cristo à terra; e, finalmente, o povo, o grande e único personagem da história de Michelet, é o senhor-todo-mundo, um *faz-de-tudo,* presente em todos os séculos da História. Lembre-se que Michelet dizia ter sentido sua real vocação de historiador num único lugar – o Museu do Louvre – e que não escrevia nada sobre ninguém sem consultar inumeráveis retratos e gravuras.

No prefácio da *História da Revolução Francesa*, Michelet escreveu que na cena da história não houve jamais senão "dois grandes fatos, dois princípios, dois atores e duas pessoas, o cristianismo e a Revolução". Mas se examinarmos sua obra veremos que os dois princípios se resumem a apenas um: a Revolução de 1789. Toda a obra de Michelet gira em torno desse drama supremo que explica toda a História anterior e posterior. Mesmo quando descreve a vida do camponês medieval ou escreve o seu belo livro sobre as feiticeiras, Michelet o faz com tamanha impaciência, que chega a atropelar a narrativa, pois tem pressa e quer chegar logo a 1789. Às vezes ele perde a paciência e, em transe paramnésico, fala da Revolução no mesmo momento no qual fala de Joana d'Arc ou de Lutero. Porque para ele, a Revolução era uma essência, uma totalidade que alimentava cada minuto da História. Por isso, sua *História da Revolução* é, sem dúvida, a mais apaixonada de todas.

Nenhum historiador foi tão preciso ao captar a "cor local" dos episódios revolucionários. Sua narrativa esmiúça tantos detalhes que se torna quase incompreensível, sobretudo para quem desconhece o desenrolar geral do processo revolucionário francês. Mas lembre-se de que do romance histórico Michelet empresta apenas a técnica narrativa, pois a documentação compulsada foi enorme. Além da tradição oral (o Michelet jovem foi amigo de pessoas que conheceram pessoalmente Marat, Danton e Robespierre), foi um dos primeiros historiadores a utilizar registros dos diversos órgãos revolucionários; também foi um dos poucos a ler os documentos comunais de Paris, já que o edifício da Câmara Municipal foi destruído alguns anos depois.

Assim, o procedimento característico de Michelet é partir do sobrevôo para chegar ao detalhe e, depois, voltar para um panorâmico sobrevôo. Daí resulta uma escrita saborosíssima, convincente nos detalhes e sedutora no conjunto. A História, algumas vezes, é relatada dia a dia, e não mais ano a ano ou mês a mês, fazendo, a depender dos dados de que Michelet dispunha, até as condições atmosféricas desempenhar o seu papel. Vejam como ele descreve o fatídico dia do guilhotinamento dos girondinos: "O dia 30 de outubro começou pálido e chuvoso, um desses dias lívidos que têm do inverno o ar de cansaço, mas não sua força, sua austeridade salutar. Nesses dias tristes e flácidos, perde-se a fibra; muita gente se rebaixa mais do que o normal. E fizeram questão de proibir que qualquer substância estimulante fosse ministrada aos condenados." No sobrevôo inicial, ele já prepara o cenário, prenunciando os humores maléficos do dia sangrento que se anuncia.

Os exageros de Michelet são tamanhos que até no café ele consegue enxergar a revolução: "Este café forte, o de São Domingos, encorpado, substancial e excitante ao mesmo tempo, alimentou a idade adulta do século, a idade forte da enciclopédia. Foi bebido por Buffon, por Diderot, por Rousseau, juntou seu calor às almas calorosas, sua luz à visão penetrante dos profetas reunidos no 'antro de Procópio', que viram no fundo da bebida escura o futuro clarão de 1789." A referência de Michelet ao "antro de Procópio" é ao famoso Café Procope, um dos primeiros cafés de Paris, aberto em 1686 pelo italiano Francisco Procoppio e que alcançou seu apogeu no século seguinte – o Dezoito, que foi, é bom que se diga, não apenas o "século da revolução" mas também o "século de ouro" dos cafés.

A referência aos cafés não é incidental em Michelet. Tirando os excessos apaixonados em relação à Revolução, os livros de Michelet são pródigos na descrição de costumes populares, festas ou hábitos arraigados na tradição. Sua monumental *História da França* tem momentos notáveis, nos quais ele despreza a cronologia e os acontecimentos e analisa a sociedade como uma tessitura de práticas cotidianas, de formas de alimentação e vestuário, de atos afetivos e representações coletivas. Não foi por acaso que muitos historiadores da Nova História saudaram Michelet quase como precursor da história das mentalidades. Mas nesse caso, todos os historiadores seus contemporâneos, buscando as identidades nacionais por meio da perspectiva do romantismo populista, também não seriam precursores?

Difícil resposta, ante as múltiplas faces da obra de Michelet. Em relação à Idade Média, Jacques Le Goff distingue pelo menos três destas faces de Michelet:

seu primeiro olhar é romântico, a Idade Média é o nascimento da "alma nacional"; o segundo olhar é movido pelo republicanismo anticlerical do historiador: o medievo é descrito como sombrio e monstruoso; finalmente, um último olhar de Michelet, delineado no livro *A feiticeira:* pelo conhecimento ancestral da natureza, do corpo e da medicina o camponês medieval acaba por incorporar (e preparar) uma parcela de sabedoria da ciência moderna.

Michelet, um historiador naturalista? Na última fase de sua vida, vivendo numa época fortemente marcada pelo naturalismo, Michelet escreveu livros sobre os pássaros, a montanha, os insetos ou o mar. É certo que muitos desses livros foram escritos sob inspiração de sua segunda mulher, Athénais Mialaret, que gostava da pesquisa naturalista. Mas, no embalo da publicação da *Origem das espécies*, de Darwin, respirava-se um clima geral de naturalismo – clima que fazia Amiel, ao ler uma página de Taine, já ter aquela sensação profunda de cansaço, "como polias que rangem, máquinas que estalam e um fortíssimo cheiro de laboratório".

Michelet respirou esse clima, mas o mais notável de sua obra é que, ao contrário dos seus contemporâneos, que "naturalizavam a moral" ele, singularmente, esforçava-se por "moralizar a natureza". A visão micheletiana da natureza tem a ver com a sua concepção anterior, romântica, que ele não abandona e que acaba se colando ao seu naturalismo. Parece certo, afirmava Michelet, que a natureza é mesmo uma "luta pela vida", um verdadeiro "pega-prá-capar" em que sobrevivem os mais aptos; mas existe uma luta maior, mais vasta e mais importante, que é a do organismo não contra outro organismo, mas sim, contra o meio ambiente; uma luta que leva não à competição mas à cooperação. Daí a admiração incontida de Michelet pelos animais ou plantas cujo comportamento sugeria "ajuda mútua": as formigas, entre os insetos; os mamíferos entre os vertebrados; as baleias e os peixes nos oceanos; o seu gosto holístico por todas as coisas transitórias – todos os fragmentos equacionados na mesma unidade; daí também sua atração, sempre poética, pela aurora, trânsito entre a noite e o dia; pelo mar, "lugar onde os animais querem ser plantas e as plantas querem ser animais", e seu deslumbramento pelo peixe, que ele define como "água animal" ou "água organizada". Em livros como *A Bíblia da humanidade*, tudo isso será transposto, de forma poética, para as sociedades humanas: "Se a cooperação mútua predomina na natureza, por que a cooperação e a solidariedade não seriam uma 'lei' das nossas próprias vidas?", pergunta Michelet.

Virada notável na ética social do "pega-prá-capar" que resultaria, afinal, do darwinismo triunfante. Pois a ingênua ética da natureza de Michelet, transposta para a sociedade sob forma de uma ética da cooperação e do mutualismo, parece que já começava a sentir o gosto amargo das mazelas e perversidades da modernidade ocidental, aproximando-se de uma anárquica utopia coletiva ou sugerindo caminhos para a invenção política e social.

De qualquer forma, Michelet soube juntar tudo o que havia de mais diverso no seu século. Não foi à toa que ele confessou depois, no seu *Diário*: "Sou um homem completo, tendo os dois sexos do espírito." Foi, portanto, uma das raras figuras que escaparam de ser marcadas por aquele fenômeno da consciência dividida, característico do clima cultural do fim-de-século, pois soube sintetizar em sua obra, como poucos dos seus contemporâneos, o místico e o natural, o sentimento e a razão, a arte e a ciência, o Romantismo e o Naturalismo.

Mais de duzentos anos depois do nascimento de Michelet, neste outro início de século no qual vivemos, será possível aprender algo com a obra desse incansável historiador e irrequieto intelectual? Apoiado na ressurreição integral do passado, Michelet foi historiador de um século no qual a identidade das sociedades dependia da pesquisa crítica de suas origens, pois era com base nessas origens que se procurava forjar, construir ou lapidar a imaginação nacional e a invenção política. Se hoje as sociedades se mostram pouco interessadas na própria identidade e o historiador guarda a pesquisa das origens na loja dos métodos inúteis, talvez subsista ainda, como utopia não realizada, a autenticidade e a grandeza da opção ética de Michelet. Sartre comparou, certa vez, o verdadeiro intelectual com um cachorrinho do qual tivessem removido uma parte do cerebelo: ele se deslocava devagar, ponderava e pensava muito para executar movimentos aos quais, anteriormente, não dava atenção alguma – em suma, ou ele morria, ou ele *reinventava* o cachorro. Como intelectual Michelet reinventou o tempo e a História.

Marx e a História[1]

Carlos Antonio Aguirre Rojas

> *Pela primeira vez se erguia a História sobre sua verdadeira base: o fato palpável, mas totalmente despercebido até então, de que o homem necessita comer em primeiro lugar, ter um teto e vestir-se e, portanto, trabalhar.*
>
> Engels

Para além dos reiterados discursos, sempre renovados e sempre falsos, sobre a morte do marxismo, ou sobre a crise do pensamento crítico, ou mesmo em torno do fim do socialismo e das utopias que foram relançadas com ímpeto depois da queda do Muro de Berlim, em 1989, constituiu fato incontestável a necessária e cada vez mais urgente presença, atualização e desenvolvimento de perspectivas críticas, no plano da teoria e das diversas análises, sobre as sociedades contemporâneas de todo o mundo. Tais perspectivas devem ser capazes de abrir caminhos e de propor saídas alternativas a este mundo capitalista que continua ainda se desenvolvendo e que, a cada dia, se apresenta mais inequivocamente como um mundo opressivo, injusto e discriminador, em uma escala cada vez mais insuportável e intolerável para as pessoas.

Além disso, ao revisar o quadro geral das ciências sociais na atualidade, fica sempre claro que, apesar das repetidas declarações sobre o fim do marxismo – que foi sepultado dezenas de vezes para ressuscitar e reaparecer com mais força outras tantas –, tal quadro se encontra totalmente influenciado, no que se refere a essas manifestações do pensamento crítico, bem como no que diz respeito às tendências sempre mais inovadoras e de vanguarda em todos os campos dessa múltipla análise social, pela dita herança e reprodução do marxismo original, e em seguida, pelas diversas tradições dos marxismos do século XX.

Isso é evidente no campo das ciências sociais hoje, e se encontra igualmente presente no campo da historiografia contemporânea, quer dizer, da historiografia que, em suas diversas modalidades, se pratica hoje em dia em todo o mundo. Se, de maneira consciente, nos inscrevemos neste horizonte do pensamento crítico atual, e então rechaçamos abertamente voltar a fazer a História tediosa, complacente, cômoda e estéril dos historiadores positivistas, devemos nos impor, de imediato, a necessidade de tentar construir e elaborar, e portanto ensinar, uma História nova e diferente, que será também uma historiografia crítica. Se o que desejamos é ser capazes de inscrever nosso trabalho como historiadores ou como cientistas sociais no terreno da História crítica, o que precisamos fazer é tomar em perspectiva os fundamentos dessa História crítica atual, com base naquelas que foram suas primeiras versões e que, se afirmando como precursoras, são as que lançaram as bases de toda História crítica possível.

A História crítica não é nem projeto novo nem tendência recente. Desde seu nascimento vem acompanhando os discursos e as formas de fazer História que atualmente podemos chamar estritamente "contemporâneas". Notadamente a partir da segunda metade do século XIX, essas formas tornaram-se singularmente complexas e mantiveram-se até nossos dias como específicas e vigentes de fazer História.

Quando investigamos mais detidamente as origens históricas dos gêneros de História que estão hoje em vigor em todo o mundo, fica claro que tais origens situam-se na segunda metade do século XIX. Foi nas últimas décadas desse mesmo século que se afirmou, de um lado, o modelo de História positivista que mencionamos, que pretende "copiar" com a "exatidão" das ciências naturais, promovendo uma História puramente descritiva, fatual, empírica, especializada e restrita a "narrar os fatos tal como aconteceram", ao passo que, de outro, foi se configurando e difundindo progressivamente a primeira versão de História crítica contemporânea, que é justamente a História incluída no complexo e amplo projeto crítico de Karl Marx.

Assim sendo, claro que foi Marx quem lançou os fundamentos da História crítica, da forma como é agora possível conceber esta última, e da forma como ela se desenvolveu ao longo dos últimos 150 anos. Não há dúvida acerca do fato de que, após Marx, e apoiando-se em maior ou menor medida no tipo de História crítica e científica que ele fundou e divulgou, afirmaram-se, ao longo de todo o século XX e até agora, diferentes correntes, autores e trabalhos que, proclamando-se abertamente "marxistas", têm ampliado consideravelmente o acervo dos progressos e das conquistas de toda a historiografia do século XX. Desde os autores da Escola de Frankfurt e os autores do chamado austro-marxismo[2], até os autores da atual História social britânica ou mesmo da historiografia crítica neomarxista do *world-system analysis*, passando ainda pelos trabalhos históricos das escolas marxistas polonesa, alemã, italiana ou latino-americana, entre muitas outras. Todas estas são manifestações distintas e projetos intelectuais que é necessário inserir nesta presença global e nesta herança viva e poderosa da primeira versão da historiografia crítica, que foi a História proposta e defendida pelo próprio Marx.

Ainda que em 1989 a queda do Muro de Berlim tenha significado, sem dúvida, a morte de todos os projetos de construção de mundos "socialistas" no interior de sociedades essencialmente limitadas – isto é, sociedades carentes de condições e graus de desenvolvimento necessários no plano econômico, social, político e cultural, para tentar construir sociedades não capitalistas – também está claro que isto não significa, de forma alguma, o fim do discurso crítico bem como da historiografia crítica marxista. Estes encontram seus fundamentos não nas sociedades do socialismo real, que hoje estão em processo de transformações profundas, mas nas contradições essenciais do próprio capitalismo, hoje mais vivas e opressoras do que nunca, assim como na necessidade concreta e urgente da superação histórica desse mesmo capitalismo.

Supondo que onde haja exploração haverá luta contra esta mesma exploração, e resistência contra a opressão, e supondo ainda que a injustiça e a discriminação sociais engendram inevitavelmente a rebeldia e a rebelião, também é evidente que enquanto existir capitalismo haverá um pensamento crítico destinado a explicar sua natureza destrutiva e despótica, e a orientar a reflexão que ilumine a luta contra esse capitalismo e a busca de alternativas concretas de sua superação. Por isso, e contra as visões simplistas e sempre apressadas de certos jornalistas e cientistas políticos contemporâneos, o pensamento crítico continua mais atual do que nunca, junto à necessidade e possibilidade de uma História igualmente crítica.

Quais são, portanto, as lições atuais para uma História crítica, derivadas de sua versão marxista fundadora e original? A primeira delas, em nossa opinião, refere-se ao próprio estatuto da História, ou seja, à necessidade de compreender que toda atividade que desenvolvemos, e todos os resultados que concretizamos estão claramente direcionados à consolidação de um projeto de construção de uma ciência da História. Uma ciência da História que, de acordo com a noção do próprio Marx, deveria abarcar todos os territórios que hoje são ocupados pelas chamadas "ciências sociais" e que, na medida em que fazem referência aos distintos aspectos, atividades, manifestações ou relações sociais levadas a cabo pelos homens, no passado e no presente, igualmente se englobam nessa "História dos homens", cujo estudo corresponde à referida ciência histórica. Ciência da História que, concebida nessa ampla dimensão, é, para Marx, uma História necessariamente global, uma História que possui a mesma amplitude do social-humano no tempo, considerado em todas as suas expressões e manifestações possíveis.

É necessário reiterar o estatuto científico de nossa disciplina concebida nessa ampla definição, tanto ante as posições minoritárias pós-modernas – que querem reduzir a História à condição de simples jogo estético, de arte ou de mero exercício discursivo – como ainda ante as posições que, pretendendo "defender" uma fantasmagórica "identidade" não empática da História – distinta das "identidades" da Sociologia, Antropologia, Economia, Psicologia etc. – acabam por reduzi-la também ao simples trabalho do colecionador de antigüidades, do amante das "coisas do passado", erudito e positivista.

Como Marc Bloch enfatizou, a História é a ciência que estuda "a obra dos homens no tempo". Então, ela só pode fazê-lo com esta vocação explícita de constituir-se em claro e definido projeto científico. Portanto, ela deve assumir tudo o que esse conceito de "ciência" implica. Isto porque uma simples descrição ou relato não é, todavia, uma ciência, como não o é, tampouco, qualquer tipo de discurso ou mesmo qualquer atividade de mera coleção e classificação de documentos, de datas e de acontecimentos. Contrariamente, a idéia de ciência implica, necessariamente, a da existência de todo um aparato analítico e conceitual específico, organizado por modelos e teorias gerais, e que pesquisa e registra os acontecimentos históricos para reuni-los e inseri-los em explicações científicas compreensíveis. Desse modo, por meio de modelos distintos de generalidade, que definem tendências de comportamento dos processos sociais e regularidades das linhas evolutivas das sociedades, atribuem sentido a esses mesmos fenômenos históricos particulares.

Esta é uma idéia central da História como verdadeira ciência, o que implica que a História, como qualquer outra ciência, foi se configurando segundo diferentes e complexas tradições intelectuais. Ela foi marcada por debates teóricos, epistemológicos e metodológicos, apoiando-se em amplo conjunto de teorias, de paradigmas, de modelos teóricos e de modelos conceituais diversos. Isto desmente a repetida frase de que "o bom historiador se faz nos arquivos". Ora, nunca será dentro dos arquivos que o historiador tomará conhecimento dessas tradições, desses debates e dessas teorias que estruturam o verdadeiro edifício de sua ciência. Da mesma forma que o físico vai ao laboratório, ou o biólogo ao trabalho de campo, apenas depois de terem definido o que é a Física ou a Biologia, pesquisam o que querem compreender e resolver, também o bom historiador só vai ao arquivo após ter assimilado o que é e o que deve ser a História e, portanto, depois de definir com clareza uma problemática historiográfica determinada, com base em teorias, metodologia e conceitos de seu próprio ofício.

Ainda que a História inclua sem nenhuma dúvida certa dimensão artística, e outra dimensão discursivo-narrativa, que quando são conhecidas e bem dominadas enriquecem enormemente os trabalhos do historiador, ela não se reduz a nenhuma dessas dimensões. Se elas estão sempre presentes, jamais são o elemento ou o momento determinante da disciplina, ou ciência da História, em seu conjunto. E se a História não se reduz nem à arte nem ao discurso e nem à prática do erudito nos arquivos, o modo de seu ensino na sala de aula deve também ajustar-se à sua condição de verdadeira ciência. Para isto, deve ir além da mera transmissão das técnicas de elaboração de fichas e de montagem adequada de cronologias e de séries de dados, superando assim sua condição de simples crônica de datas, lugares e acontecimentos, que é o que a tem reduzido sistematicamente à História positivista, que temos de criticar e superar.

Uma segunda lição importante da História científica desenvolvida por Marx, e que vem mantendo sua atualidade, é o fato de conceber a História, em todas as suas dimensões, suas temáticas e seus problemas abordados, como uma História notadamente social. Isto significa que, além de estudar os indivíduos, os grandes personagens, as elites e classes dominantes, a História deve investigar também os grupos sociais, as massas populares, as classes sociais numericamente majoritárias e a todo o conjunto dos protagonistas que até há pouco tempo eram anônimos, e que são as verdadeiras forças sociais, os verdadeiros agentes coletivos que fazem e constroem a maior parte da matéria que constitui a História.

E é justamente a Marx que devemos a incorporação sistemática das classes populares como verdadeiros protagonistas da História. Ele nos mostrou o que foram os escravos e as comunidades arcaicas, assim como os servos, os trabalhadores, os camponeses e os grupos sociais explorados e submetidos, enfim, ele nos fez ver os que em grande medida "fizeram a História". Essas classes sociais dominadas e envolvidas em conflito social ou luta de classes que atravessam grande parte da história humana – em particular aquela que começou com os múltiplos processos de dissolução das diversas formas de vida comunal, que são o ponto de partida de todas as sociedades humanas – foram tecendo com o seu trabalho cotidiano e com sua atividade social permanente, mas também com lutas e com suas ações de resistência e de transformação, o tecido específico do que, em termos concretos, foi e é a História.

Certamente que não há História científica ou crítica que não leve em consideração, por exemplo, as formas da cultura popular, os grandes movimentos sociais, as expressões da luta de classes ou os grandes interesses econômicos coletivos, ou ainda as grandes correntes de crenças coletivas ou os diversos contextos e condicionamentos sociais de qualquer processo, fenômeno ou fato histórico analisado. Isto não implica que deixemos de estudar os indivíduos, os grandes personagens, ou as elites. Precisamos, sim, modificar o enfoque tradicional pelo qual foram e ainda são abordados esses grupos ou minorias. Ora, todo indivíduo é fruto de suas condições sociais, e são estas últimas que determinam os limites de suas ações. E ainda que sua própria ação seja um agente que pode influir na transformação dessas circunstâncias, ela o é somente dentro das margens que fixam as tendências, predominantemente sociais, da evolução específica que vive uma sociedade determinada, numa época ou momento específico.

A História crítica é também História social em duplo sentido: para a explicação de qualquer fato ou fenômeno histórico, primeiramente ela deve incluir e fazer intervir os grandes agentes coletivos que antes eram omitidos ou ignorados, e que são sempre o substrato tanto da formação como das ações de qualquer personagem individual. Num segundo sentido, porque qualquer acontecimento ou realidade histórica se desenvolve em determinado e complexo contexto social, que os condiciona e envolve fixando tanto seus limites como suas possibilidades de repercussão limitada. E parece ficar claro que uma das tendências mais marcantes de praticamente todas as correntes historiográficas que se desenvolveram durante o século XX – com a única e óbvia exceção da tendência positivista dos maus historiadores –, tem sido a de incorporar aos grandes grupos sociais as sensibilidades coletivas, as massas populares, as formas de consciência dominantes, e as classes e movimentos sociais em todas as suas expressões no interior das perspectivas habituais da História. Tal tendência se fez acompanhar também da introdução sistemática dos diversos contextos sociais – políticos, intelectuais, econômicos, civilizatórios etc. – nas explicações históricas.

Outra lição importante da História que Marx construiu, a terceira, é sua dimensão de História materialista. E não no sentido vulgar, ainda que muitas vezes repetido, de que o "espiritual" é um simples "reflexo" direto ou dependente do material. Para Marx, em geral, torna-se impossível explicar adequadamente os processos culturais, as formas de consciência, os elementos do imaginário social, as figuras da sensibilidade coletiva etc., sem considerar também as condições materiais em que se desenvolvem e se apóiam todas essas criações e todas essas manifestações diversas dos fenômenos intelectuais e da sensibilidade humana em geral.

Ora, as idéias não flutuam no ar, separadas dos homens e dos grupos sociais que as produzem. As criações da cultura, da consciência ou da sensibilidade só se tornam vigentes à medida que tomam forma, se "materializam" em determinadas práticas, em instituições, em comportamentos e em realidades totalmente materiais. Isto, entretanto, não elimina o fato de que o tipo de relação específica e concreta que se estabelece entre essa dimensão intelectual e suas condições materiais de produção e de efetivação seja um problema em aberto, e que pode abarcar desde a forma de condensação ou de transposição sublimada que, por vezes, a arte expressa, até a forma do "reflexo invertido", que às vezes descobrimos na religião, passando ainda por várias e complexas variantes como a da "tradução", a negação, a simbologia, a criação de fetiches ou as múltiplas figuras de certa reconstrução diferente desse mundo material em seu nível cultural.

Assim sendo, afirmar que a boa História crítica deve ser também materialista somente implica que não é possível fazer uma História como, por exemplo, das chamadas "mentalidades", sem considerar os contextos sociais, políticos, econômicos e gerais dessas mesmas "mentalidades". Desse modo, devemos evitar uma História idealista dos fenômenos culturais e intelectuais, como a que escreveu Philippe Ariès, por exemplo. Devemos evitar também uma História meramente egocêntrica, e simplesmente preocupada com o plano discursivo ou conceitual, como a que propõe Hyden White e os autores que defendem a pós-modernidade no campo dos estudos históricos atuais.

Em contrapartida, a boa História deve estar sempre atenta quando se ocupa desses fatos, fenômenos e processos do chamado "espírito humano" – e que chamaríamos melhor de fenômenos da consciência e da sensibilidade sociais – em relação às condições materiais que acompanham e se imbricam com tais fenômenos intelectuais, conscientes de que o tipo de relação que se estabelece entre ambas as esferas, a material e a "espiritual", é um problema em aberto, ainda por pesquisar e definir em cada caso específico. Devemos estar certos também de que sem essas condições materiais a natureza profunda e o sentido essencial de todos esses fenômenos da mente e da economia psíquica dos indivíduos e das sociedades não são compreensíveis.

É exatamente este erro, o de ignorar a importância dessa base material e desse conjunto de condições reais, que reencontramos não apenas em muitas das versões da História das "mentalidades" já referida, como ainda em várias Histórias da religião, da arte, da literatura, da cultura e das idéias, que prosperam no clube dos seguidores de Clio. O mesmo ocorre, e muito freqüentemente, com muitas Histórias predominantemente políticas escritas por historiadores positivistas da América Latina e da Europa, Histórias nas quais também o nível do político parece "fechar-se sobre si mesmo" e ser totalmente auto-suficiente. Nelas também se ignoram por completo as condições sociais efetivas e as condições materiais dos processos políticos que estudam.

A quarta lição possível derivada dos trabalhos de Karl Marx, para uma História genuinamente crítica, é a relevância fundamental que têm os fatos econômicos nos processos sociais globais. Esta lição marxista talvez seja a mais divulgada e a mais mal interpretada de todas por parte dos historiadores como, até mesmo, por parte de grande maioria de cientistas sociais. Isto se deve à ampla difusão e grande influência do marxismo vulgar em praticamente todo o mundo ao longo de quase todo o século XX. Ora, essa lição não implica que todos os fenômenos sociais devam "reduzir-se" à base econômica, nem que a economia é a "essência" oculta ou o "espírito profundo" escondido do conjunto social. Ela implica simplesmente que, na História que os homens percorreram e construíram desde sua origem como espécie até hoje, os fatos e as estruturas econômicas têm ocupado e ocupam uma relação que possui centralidade e relevância fundamentais e inegáveis. Isto significa que os ditos processos sociais globais são incompreensíveis sem se considerarem as evoluções e a natureza determinada dessa dimensão econômica. No entanto, não significa que devamos procurar qual é, por exemplo, "a base econômica da pintura de Picasso" ou a "estrutura econômica" em que se apóia essa "superestrutura" que foi a arte surrealista, o que é, sob qualquer ângulo, uma tentativa ridícula e sem sentido, apesar de ter sido formulada algumas vezes pelos marxistas vulgares na França da primeira metade do século XX.

Reconhecendo essa centralidade do econômico para a interpretação dos processos sociais históricos globais, o bom historiador crítico sabe também que a relação específica que esses fenômenos podem ter ou podem não ter com outros fatos e realidades sociais é igualmente um problema em aberto e por definir em cada caso específico, e cujo leque de respostas abarca, de igual modo, a opção de que não existe nenhum vínculo, ou de que não existe um vínculo direto e, portanto, a conexão se dá somente por mediações complexas e indiretas de outros níveis e relações até a possibilidade de relações claras e evidentes de determinação direta desse mesmo nível econômico, passando novamente por vínculos de dependência ou de condicionamento geral, de enquadramento, de limitação indireta ou de diversos matizes de influências de maior ou menor peso específico.

Posto que foi Marx o primeiro a recuperar de forma sistemática essa centralidade do econômico dentro do processo histórico global, é razoável que seja também ele o fundador do gênero de estudos de História econômica no interior do tronco maior da historiografia contemporânea. A História econômica, desde o autor de *O capital* até hoje, teve boa parte de seus mais importantes representantes precisamente dentro das diferentes correntes e expressões dos múltiplos "marxismos". Estas preenchem a História e a historiografia do século XX e, uma vez mais, abarcam as finas e elaboradas versões do marxismo de Marx e de determinados marxismos críticos posteriores – como é o caso de alguns dos trabalhos que, com certa flexibilidade, poderíamos qualificar de obras de "História econômica", escritos por Lenin, por Rosa Luxemburgo ou por Henry Grossman, entre outros – até as variantes simplificadas do marxismo vulgar ou do marxismo reduzido à ideologia oficial em muitos manuais da antiga União Soviética ou dos países do chamado "bloco socialista".

Uma quinta lição importante para o bom historiador é observar a recomendação de Marx de que ele seja capaz de observar, e de explicar todos os fenômenos pesquisados "do ponto de vista da totalidade". Isto quer dizer que devemos cultivar e desenvolver a capacidade de distinguir sistematicamente, em todo exame dos problemas históricos que abordamos, os diversos vínculos e conexões que existem entre tais problemas e as correspondentes "totalidades" que os envolvem e os condicionam de diferentes maneiras, e até mesmo os sobredeterminam.

De fato, não existe problema social ou histórico que esteja isolado e fechado entre muros impenetráveis. Pelo contrário, todo problema histórico e social está sempre inserido em coordenadas espaciais, temporais e contextuais determinadas, que influem sobre ele, em graus distintos, mas sempre de maneira eficaz e fundamental. Então, ao bom historiador compete ir reconstruindo, cuidadosamente e de forma articulada, a inserção de seu objeto de estudo no interior das respectivas totalidades espaciais, temporais e contextuais que o envolvem e o sobredeterminam. Assim, é sempre pertinente e esclarecedora a pergunta que suscita as seguintes questões: por que tal fenômeno ocorreu no lugar e no tempo específicos em que aconteceu e não em nenhum outro? Por que ele se desenvolveu nas circunstâncias particulares nas quais aconteceu e em nenhuma outra? Este enfoque amplia a análise das diversas influências e conexões específicas que se estabelecem entre essas dimensões espaciais, contextuais e de tempo sobre o fenômeno singular que tentamos compreender.

Ainda que pareça, e que talvez seja mesmo, uma obviedade – da qual freqüentemente se esquecem os historiadores positivistas –, está claro que uma sociedade capitalista do século XX não é a mesma que uma sociedade do século XVI. Da mesma forma, uma sociedade chinesa do século XIII é diferente de uma sociedade européia do mesmo século. Tampouco são idênticos um fato histórico que aconteceu na América Latina e outro ocorrido na Europa, na Rússia ou no Sul da África. Isto para mencionar apenas alguns exemplos possíveis.

Se essas coordenadas ou "totalidades" mais gerais que são o tempo e o espaço correspondentes a determinado fato histórico qualquer são sempre relevantes e fundamentais para sua adequada compreensão, assim também o são as "totalidades" diversas que constituem os diferentes contextos que envolvem e influem sobre esse fato histórico. É evidente que tais contextos geográficos, econômicos, tecnológicos, étnicos, sociais, políticos, culturais, artísticos, psicológicos etc., além de definir e tornar mais concretas essas mesmas totalidades ou coordenadas espaciais e temporais – demarcando o espaço como área, região, lugar, país ou fronteira geográfica determinada, e o tempo como época, momento, conjuntura, era ou período igualmente particularizado – estabelecem também, e de maneira igualmente concreta, todos os laços de conexões específicas que unem esse fato ou fenômeno histórico investigado com os referidos ambientes contextuais diversificados nos quais se desenvolvem.

Como explicou Jean-Paul Sartre, um processo de "totalização progressiva" do problema que abordamos deve ser o foco da análise. Este processo reconstrói a inserção do tema nas múltiplas e diferentes totalidades, que são as que conferem sua significação e seu sentido globais. Dessa maneira, reconstitui-se uma História "com base na visão da totalidade", desde que o historiador adote esta lição central da historiografia crítica de Marx. Por esta via, o historiador penetra no terreno de uma História global ou globalizante, como defenderam e divulgaram também, na seqüência do próprio Marx, os autores da primeira e da segunda geração da inadequadamente chamada "Escola dos Annales".

A lição número seis que se pode extrair do pensamento histórico de Marx é a necessidade de enfocar os problemas da História de uma perspectiva dialética. De modo geral, esta perspectiva foi muito pouco desenvolvida pelos historiadores do século XX, apesar das fecundas contribuições que poderiam implicar o desenvolvimento, o exercício sistemático e a aplicação criativa desta visão dialética da História. A visão dialética de Marx nos leva a deixar de focar os fatos históricos como "coisas" e a própria História como um conjunto de realidades mortas, acabadas e dissecadas, que por sua vez estariam determinadas em sentido único, sempre claro e bem definido. No lugar desta última visão, tão disseminada entre os historiadores positivistas e tradicionais, a perspectiva dialética proposta por Marx defende, ao contrário, que todos os fatos históricos e realidades vivas e em desenvolvimento são elementos constitutivos de processos dinâmicos e complexos nos quais o resultado está sempre em aberto e em redefinição constante, com base nas contradições inerentes e essenciais presentes tanto nesses mesmos processos como no conjunto dos fatos antes mencionados.

Então, juntamente com a positividade de qualquer situação ou fenômeno da História, é necessário ainda captar a sua correspondente negatividade demonstrando, por exemplo, ao lado do caráter hoje dominante do capitalismo, a sua natureza irremediavelmente efêmera. Do mesmo modo, é necessário demonstrar que, lado a lado da modernidade burguesa instalada atualmente em todo o globo, vigoram múltiplas modernidades alternativas que a combatem e que a ela resistem, negando-a permanentemente. Sob esse enfoque dialético, a realidade histórica é como uma maçã que carrega em si a larva que a corrói ou mesmo como um fruto que, além da doçura, tivesse também sabor amargo e ácido. Desta perspectiva todo progresso é, ao mesmo tempo, certo retrocesso histórico, e todo "traço de cultura é ao mesmo tempo uma prova de barbárie", como afirmou Walter Benjamin. Se a História é uma ciência que se interessa de maneira especial pelo estudo das transformações no tempo, não se pode apreendêlas adequadamente sem as "apanhar" e as enfocar segundo sua própria origem. Assim, é preciso debruçar-se sobre as contradições e tensões essenciais que caracterizam qualquer sociedade histórica que tenha existido até hoje, tensões e contradições que se reproduzem e se projetam de maneiras distintas nos diferentes fatos, situações e acontecimentos que se sucedem nessas mesmas sociedades.

Por isso, na história humana que conhecemos, os fatos nunca possuem sentido único. Então, a derrota é a senhora do triunfo, e a guerra é que engendra a paz e vice-versa; e é por isso que "o triunfo de uma idéia cria sempre a instituição responsável por sua morte". Esta também é a razão que explica por que as sociedades perecem: não é por não ter obtido êxito, mas por tê-lo obtido em excesso. Sem sombra de dúvida, diante da exploração, da opressão, do despotismo e da discriminação que sempre estiveram presentes nos processos da História das sociedades humanas existiram, também, com a mesma persistência e regularidade, a rebeldia, a insubordinação, a resistência e a luta de classes e dos grupos submetidos e explorados, em ocorrências que nos demonstram, quase com a força de uma lei, que os vencedores de hoje são os derrotados de amanhã. Esta é uma lição importante, e ao mesmo tempo bastante útil, para alimentar as esperanças de transformação que hoje se afirmam e se difundem com tanta força em todo o planeta. Apenas o mais autêntico pensamento dialético é capaz de revelar, de forma clara e necessária, a decadência natural de tudo o que existe, e os limites e a natureza sempre efêmera de qualquer realidade analisada.

Mas há, finalmente, uma sétima lição, que o marxismo pode dar à historiografia contemporânea. Trata-se da necessidade de construir, sempre, uma História profundamente crítica. Esta História, que como já assinalamos, se constrói "a contrapelo" dos discursos dominantes, na contracorrente dos lugares comuns aceitos e das interpretações simplistas, interpretações consagradas apenas à força de se repetir e de se insistir tenazmente nelas, em todos os níveis do ensino escolar, e por todas as vias de difusão hoje existentes da História.

Falamos de uma "contra-História", de uma "contra-memória", como as definiu Michel Foucault. Deslocando-se dos marcos tradicionais da História positivista, esta História crítica procura recuperar todo o conjunto dos passados silenciados da História, abandonando as explicações lineares e simplificadoras para elaborar, assim, uma História profunda, complexa e sofisticada. Trata-se, portanto, de uma perspectiva crítica que seja capaz de abarcar todos estes fenômenos históricos com base em explicações integradoras, multicausais e articuladoras dos múltiplos fatores e das várias dimensões dos fenômenos históricos.

Este gênero de História só pode ser construído pelo emprego dos critérios que esboçamos e enumeramos acima. Apenas por meio de um conceito positivo de História-ciência e do domínio de suas implicações é que se poderá constituir este discurso historiográfico crítico. Esta História não poderá ser diferente da já referida História social – na dupla acepção de História dos fenômenos e dos processos coletivos e sociais *stricto sensu* – nem diferente da História social contextualista, mesmo que esta se ocupe das elites e dos personagens singulares. Além disso, esta História será também uma História materialista, que reconheça as condições materiais de todo fenômeno intelectual, de consciência ou de sensibilidade, a qual nunca perderá de vista a centralidade geral dos fatores econômicos. Por último, será uma História concebida da perspectiva da totalidade, e com enfoque dialético, que focalizará os diferentes níveis de realidade do objeto em análise, ressaltando sempre a natureza contraditória dos problemas que aborda.

Os resultados desta História deverão se opor aos da História oficial e positivista, que se compraz em reunir falsas evidências de origens gloriosas das nações, gênero este estimulado e divulgado pelos núcleos do poder. A História crítica deve opor-se à concepção das sagas heróicas que são freqüentemente deformantes e falsificadoras da verdade histórica, quando não são também propositalmente mentirosas, que alteram e eliminam todas aquelas evidências históricas complexas, inexplicáveis ou abertamente subversivas, que por sua própria natureza vão ao encontro de versões fáceis, lineares, sempre legitimadoras do *status quo* atual.

Em síntese, esses são os traços que, descobertos e teorizados por Marx, constituem premissas hoje indispensáveis a toda História crítica possível, situando-se para muito além da crise irreversível dos projetos do "socialismo real", desagregados desde a queda do Muro de Berlim e da reconversão da União Soviética na complicada Rússia da última década. Sem dúvida, são lições ainda vigentes do marxismo original, do "marxismo de Marx", para os estudos históricos atuais. Estas lições, articuladas a outras diversas contribuições – que diferentes tradições intelectuais do século XX desenvolveram para esta mesma historiografia crítica, como a corrente francesa dos Annales ou a micro-História italiana, entre várias outras – dão forma à paisagem global do que constituem, hoje, os estudos históricos ao redor do mundo.

NOTAS

1 Tradução de Marcos Antônio Lopes.

2 Corrente teórica das últimas décadas do século XIX e que persistiu até os anos 1930. Inclui autores como Max Adler e Otto Bauer, que abordam temas como teoria do Estado, o problema das nacionalidades e a derrocada do capitalismo, dentre outras questões candentes daquela época. Ainda que tenha sua trajetória intelectual vinculada à Alemanha, o austríaco Karl Kautsky é incluído por alguns autores nesta corrente do marxismo (nota do tradutor).

DILTHEY: PARA UMA REVOLUÇÃO MORAL E INTELECTUAL

José Carlos Reis

Poucos foram tão originais como Wilhelm Dilthey (1833-1911) em epistemologia das ciências humanas. A sua obra está na base de todo o pensamento fenomenológico, existencialista, hermenêutico de grande parte da teoria da História, da Psicologia e da Antropologia do século XX. Seu pensamento tinha também intenção prática ao propor a mudança sócio-cultural produzida por um sujeito consciente da sua própria experiência vivida. Ele considerava as ciências humanas, em particular a Psicologia e a História, o caminho real para a solução dos problemas humanos e sociais.

Ele dava especial atenção à história das idéias, essencial para a compreensão da marcha dos homens. O seu interesse pelo fenômeno cultural, a sua discussão sobre os valores e a ênfase na individualidade estão na base de toda radical "teoria crítica" da sociedade, como, por exemplo, a da Escola de Frankfurt e a dos diversos "marxismos culturalistas". Ele temporalizou os estudos históricos, valorizou a experiência humana no tempo, procurando a vida lá onde, quando e como se manifestava. Seu tema era o da historicidade, o da experiência vivida e o da busca de uma experiência humana feliz. Talvez por ter sido tão original,

Dilthey tenha sido tão mal compreendido. Ele foi um homem de grandes intuições e não um construtor de análises abstratas. Para a tradição cartesiana, iluminista e positivista, ele estaria na contramão da Razão. Em seu pensamento, em suas "análises abstratas", aparecia uma personalidade intuitiva, poética. Ele representaria uma perigosa porta aberta ao irracionalismo.

Apesar das restrições que lhe foram dirigidas, o seu tema é o mais relevante, atual e urgente possível: o da alteridade e a possibilidade do seu (re)conhecimento. Suas perguntas são ainda cruciais: como compreender homens de civilizações diferentes ou nossos concidadãos diferentes de nós? Como abordar de modo compreensivo o outro? Em que termos formular a alteridade humana? Como tornar habitável um mundo dilacerado pela negação e rejeição da diferença, da alteridade? Como defender a comunicação entre os homens, contra todo reducionismo e eliminação da alteridade? Como formular e aceitar as diferenças culturais evitando que elas se tornem obstáculo, mas a razão e o sentido da comunicação entre os homens? Em que termos formular a alteridade humana?

A sua contribuição talvez seja verdadeiramente revolucionária, pois propõe uma radical mudança intelectual e moral que torne possível e fecunda a convivência entre os homens. A sua abordagem compreensiva significou novo olhar, histórico, temporal, sobre o humano, formulando e enfrentando o problema maior que se coloca à História, o da alteridade e da sua apreensão. A sua abordagem compreensiva é mais próxima da vida. Para ele, compreender o outro não é submetê-lo a alguma forma de controle externo. É estabelecer com ele uma relação de confiança recíproca, por uma escuta atenta e respeitosa das expressões da sua experiência vivida. É tomá-lo como sujeito. As ciências humanas não têm um "objetivo instrumental" de domínio técnico do vivido. Elas visam algo maior: a construção de uma ordem histórico-social moral, de um mundo de paz e liberdade, habitável pelo eu e pelo outro. Para o historiador, apreender a vida do outro não é um meio, mas um fim que se basta. A arte do historiador não é utilitarista. A História não "serve" para controlar a vida, o futuro. O historiador oferece a sujeitos vivos o seu autoconhecimento.

A sua *história compreensiva* põe-se ao lado e junto do outro, envolve-se com ele, sem pretender reduzi-lo à identidade do intérprete. O eu se auto-apreende como identidade e diferença em relação ao outro. Esta seria a missão prática e vital das ciências do espírito e da História: apreender o mundo dos homens como diálogo entre sujeitos diferentes, uma comunicação intensa e prazerosa entre o eu e o outro. A alteridade não é o entrave. Ela é trunfo, o triunfo da razão histórica. Não se pode combater, excluir, alijar a alteridade, pois ela é onipresente no mundo histórico. Ela aparece no outro atual, espacial e culturalmente distante; aparece no outro passado, temporal e culturalmente distante; aparece no presente, na vida cotidiana, compartilhada imediatamente com o outro opaco. A alteridade possui níveis: dos mais distantes, o outro cultural, o outro temporal, aos mais íntimos, o outro familiar e a própria alteridade interna.

A sociedade é um conjunto de indivíduos em relação de familiaridade e estranhamento. Ela reúne reconhecimento e mistério. A vida compartilhada só será plenamente possível pelo reconhecimento recíproco entre os indivíduos, mesmo que limitado. Para Dilthey, a *compreensão empática* é que criaria esse reconhecimento, possibilitando um mundo habitável pela intensificação das diferenças e não pela sua supressão. A comunicação entre as consciências individuais é a condição da vida social. Os indivíduos sentem e interpretam a presença do outro, por meio de seus sinais, procurando vencer pela linguagem e pela comunicação o fascínio e o medo que a sua presença representa. A alteridade não interpretada e compreendida representa ameaça permanente à existência física do eu. Para conviver com o seu medo e talvez superá-lo, o intérprete deverá se abrir e se colocar em comunicação permanente com o outro.

O outro é ao mesmo tempo imediatamente acessível e uma mônada inacessível. A relação com o outro é ambígua: de um lado, tem-se a impressão de que ele é muito próximo e íntimo, igual, homogêneo. A sua presença é então uma companhia prazerosa, amigável, familiar. A inteligibilidade da sua presença parece imediata, pelo interior. Ele compartilha a nossa vida. De outro lado, ele parece ter uma opacidade quase natural. Sua presença torna-se ameaçadora, pois sua iniciativa é autônoma e incontrolável. Sua presença exterior desafia o pensamento e pode mobilizar uma perigosa vontade de poder e de controle sobre ele. A compreensão do outro é ainda precário "conhecimento" e não a participação, ou identificação indiferenciada com a sua vida. O eu "conhece" a sua experiência, não a revive. O intérprete apenas produz, com muitos riscos, um discurso sobre o outro, atribuindo-lhe intenções e valores. Ele não coincide estruturalmente com a sua vida, pois então a relação deixaria de ser cognitiva. O intérprete procura se aproximar ao máximo da alteridade, mas continua com sua identidade preservada e intensificada. Quanto mais o intérprete se aproxima da intimidade do outro, mais intensamente a diferença se manifesta. A presença do outro, a sua experiência vivida, as suas manifestações são objeto de análise e de discurso por parte do intérprete, que vê somente a sua expressão atual e transitória, e procura, partindo dela, a sua totalidade vital.

Na compreensão não há fusão das consciências. A interação social não retira os indivíduos da solidão. Embora as palavras e mensagens de uns sejam compreendidas pelos outros, os indivíduos não são transparentes uns aos outros. O próprio indivíduo não é capaz de realizar a reflexão total sobre si mesmo e se olhará também com estranheza. Ele age muitas vezes sem se compreender. A sociedade também não é transparente a si mesma, pois não é contemporânea dela. O presente está impregnado de passado e de futuro. Mas, apesar de estranhos, para Dilthey, as expressões individuais e os fatos sociais são compreensíveis, porque são psíquicos e não naturais. Atrás deles há uma subjetividade, uma vida interna, que se expressa. Temos a percepção do outro, mas não compartilhamos a sua vida, que se oferece objetivada. Podemos compreender o outro por simpatia; mas sem fusão ou participação em sua vida.

Afinal, então, pode-se ou não falar sobre o outro? O que quer dizer então a "compreensão empática" se o outro continua exterior? O conhecimento do outro seria mesmo possível? As ciências humanas seriam possíveis como "ciências"? Esta dúvida quanto à possibilidade real de se reconhecer e conviver com a alteridade levou muitos ao pessimismo. Os pessimistas argumentam que a inevitável recusa do estrangeiro, a inquebrantável resistência ao novo, a impossível abertura à sua experiência, demonstram o fracasso de uma relação compreensiva com o outro. Dilthey teria sido ingenuamente romântico. Não haveria outra saída para as ciências humanas senão buscar o controle técnico e político do outro.

A alteridade é difícil! O eu sempre reivindicará sobre o outro (e vice-versa) superioridade cultural, racial ou outra. O outro será sempre inaceitável e descrito como "bárbaro", "primitivo", "atrasado", "inculto", "violento", "infiel", "animal", "horrendo", "fétido" etc. A impossibilidade de acessar o outro, de conhecê-lo em seus próprios termos, levará sempre e inescapavelmente à sua escravização ou aculturação e à guerra. À alteridade só caberiam dois destinos: a redução cultural e sua conseqüente instrumentalização ou a eliminação física, pura e simples. Enfim, vencido, concluem os pessimistas, ou o outro aceitará a linguagem, os valores, a história do vencedor, tornando-se produtivo para ele, ou será cultural e fisicamente eliminado. A quem fizer objeções a este horizonte de guerra total, os pessimistas argumentam com a História, enumerando milhares de derrotas, escravizações e aculturações ocorridas desde o início dos tempos e produzidas pelos sujeitos mais bem intencionados em relação a uma possível história universal da humanidade!

A proposta diltheyana de uma teoria crítica das ciências humanas prefere o otimismo. Ela é "crítica", ou seja, não é ingênua em seu otimismo. O pessimismo ou o otimismo não são impostos pela realidade, mas construídos pelo sujeito. É este que escolhe criticamente ser pessimista ou otimista. De um lado, de fato, os pessimistas teriam alguma razão. O outro, por não ser o eu, é a princípio intolerável. Em uma primeira abordagem, efetivamente, o outro pode inspirar rejeição e repugnância. É difícil aceitá-lo em sua diferença, com "a sua língua ininteligível", "seus valores chocantes", "sua fé absurda", "suas roupas exóticas", "sua comida oleosa", "seus *maus costumes*", "seu cheiro estranho", "sua cor suja", "sua fisionomia feia", "inferior", "seu olhar arrogante", "a sua violência iminente"! E, por isso, Dilthey é um autor essencial! Com sua opção pelo otimismo, Dilthey torna-se então indispensável, justamente por enfatizar a relevância e a urgência da *compreensão como um trabalho contínuo*.

Ele sabe da enorme dificuldade desse trabalho e dos resultados limitados que oferece e procura estabelecer as condições fundamentais que o tornem possível. Para ele, embora *empática*, a compreensão não poderia levar o eu a coincidir com o outro, pois isto seria a anulação da diferença de um deles e o fracasso da comunicação. O resultado do trabalho da compreensão deve mesmo aparecer ainda como discurso. Para Dilthey, conhecer o outro não é reduzi-lo afetivamente ao eu, mas aceitá-lo em sua diferença. A compreensão visa "(re)conhecê-lo", e não o seu controle externo, o que exige a preservação da diferença entre o eu e o você. O discurso apenas constrói uma identidade *como se fosse* a do outro. A compreensão empática é um discurso sobre a alteridade, que jamais a atingirá em si. Mas, se a compreensão permite um discurso sobre o outro, isto já seria uma significativa vitória sobre o pessimismo!

Admitida a possibilidade do discurso, que é a grande vitória sobre a opacidade, sobre o mistério absoluto da alteridade, que legitima toda violência, o otimismo torna-se possível. A tarefa, então, será a da construção de um discurso adequado, não objetivista, que fale do outro com sensibilidade e inteligência. Enquanto uma teoria crítica das ciências humanas não fosse elaborada, era a poesia, a literatura, a arte, que tratavam da experiência vivida. A "consciência histórica", que temos de nossa própria vida, se exprimia na poesia. O discurso compreensivo das ciências humanas, embora racionalmente conduzido, para Dilthey, deverá incluir esta dimensão artístico-poética. A observação da vida termina em um discurso, em uma descrição da vida, cuja lógica não poderia ser abstrata, mas próxima da lógica da própria experiência vivida. O discurso que descreve a vida não poderia ser abstração intelectualista, mas *científico-poético*. O que exige abertura de espírito, atenção, escuta paciente, um trabalho difícil de aproximação contínua e sempre recomeçada da alteridade e que nunca cessará.

A compreensão é um trabalho árduo, nunca concluído, sempre recomeçado, de recepção do outro e estabelecimento de um sentido para a história humana. Neste esforço, estão proibidos os atalhos do reducionismo, do anacronismo, do dogmatismo. Dilthey consideraria improdutiva toda rigidez de espírito. Para ele, uma *história psicológica* teria importância transcendental, pois aproximaria os homens em uma comunicação que não só preserva como intensifica a diferença. O diálogo fecundo só é possível na diferença, pois somente subjetividades heterogêneas, mas com alguma afinidade, têm algo a dizer. A História, pela compreensão empática ao promover o diálogo e o encontro entre os homens seria o seu único caminho de salvação no tempo. Ela poria fim à lógica da invasão e da conquista do outro. Ela legitimará as lutas contra toda forma de exclusão. O reconhecimento em uma ordem histórica e moral, criação e obra humana, de uma alteridade intensificada, da vida diferenciada e valorizada porque diferenciada, eis o destino de paz e felicidade que uma História compreensiva poderia reservar aos homens.

Nós avaliamos que, se a solução diltheyana não realizar a comunicação que espera com o outro, então, a vida social estará fadada ao insucesso. Julgamos que a sua teoria crítica das ciências humanas, a sua proposta de uma *história compreensiva*, embora pareça conservadora por negar o direito à violência a todo radicalismo político-social que venha interromper, romper, ferir a alteridade do passado, pode ser recebida e interpretada como *projeto de mudança sócio-cultural profunda*. Para ele, o outro cultural, atual, e o outro histórico, passado, são experiências vividas, que seria melhor (re)conhecer e valorizar do que simplesmente reduzir ou eliminar. A mudança que poderá vir da compreensão da experiência vivida será ao mesmo tempo branda, gradual, pois dialógica e não violenta, e radical, densa, profunda, pois as raízes passadas do presente seriam preservadas. O presente não poderá sobreviver se perder as suas raízes históricas mais profundas. A realidade que nutre a vida presente, em sua autopercepção e em seus sonhos, é a da alteridade da experiência vivida.

Walter Benjamin, embora conteste a compreensão historicista como "empatia com o vencedor", parece revelar o alcance da mudança cultural revolucionária proposta por Dilthey: a ida ao futuro, à mudança, só poderá ser feita *moralmente* se apoiada na solidariedade do presente com os vencidos do passado. O que nutre de esperança a ação que se dirige ao futuro é o esforço do atual em reencontrar o passado no futuro, realizando as esperas e os sonhos não realizados das gerações passadas, protegendo-as contra as injustiças a que foram submetidas. O presente vibra em seus desejos, em seu amor e em seu ódio, firmemente mergulhado na experiência passada.

O resultado revolucionário do trabalho da *compreensão empática* seria uma "consciência histórica" eficaz. A experiência vivida torna-se então autopresença. Em sua consciência, o indivíduo procura integrar, reunir, conectar tudo que viveu, formando um conjunto da sua vida, retomando e reconhecendo as suas expressões. O historiador compreensivo reflete sobre as relações entre a sua vida atual e as suas experiências e esperas. Ele se esforça por reconhecer, dando forma e relevância às suas experiências vividas. E reconhece que sua vida é também movida por profundas pulsões irracionais, cuja lógica procura penosamente elaborar e representar. Ao realizar este esforço de *compreensão da experiência vivida*, que constitui a consciência histórica, o sujeito torna-se eficiente na produção da mudança. A mudança cultural trazida pela compreensão seria uma forma de "conversão moral", que reafirmaria o valor íntimo de cada indivíduo. A individualidade autoconsciente tem um comportamento moral, produz o bem, reconhece o outro como fim, preservando-o em seu próprio ser.

O indivíduo aprende a se valorizar e a valorizar a vida do outro em sua singularidade. Ele aceita viver e vibrar com a vida. Ele se enriquece por um desenvolvimento contínuo, se autotransformando e elaborando a sua individualidade. Esta *revolução cultural* atinge o máximo de sua força quando leva o homem comum a fazer caso dele mesmo e a merecer a sua própria estima interior. É sobretudo quando os vencidos começam a se querer bem e a se defender contra toda forma de sua exclusão que a mudança cultural representa o aperfeiçoamento do mundo moral. Esta revolução moral persegue a antiga finalidade da "perfeição", mas em termos individuais e internos. O outro passa a ser visto em seu valor absoluto como pessoa. A sua utilização como meio, como instrumento, é a prova da imoralidade. Só se pode conceber um comportamento moral positivo na aspiração a um valor pessoal íntimo, que se completa com a reciprocidade.

Esta face neokantiana (e metafísica?) de Dilthey deu valor ético e pedagógico à compreensão histórica, opondo-se ao descrédito da História no final do XIX. Para ele, o desdém pela História é um sintoma da erosão de valores compartilhados e de perigoso subjetivismo. A humanidade só se torna o que ela é apropriando-se e construindo-se sobre o seu legado histórico; querer o futuro partindo do zero temporal, recusando a experiência vivida, só pode ser forma de loucura, um tipo de "fuga para frente". Dilthey se opôs ao projeto moderno iluminista da revolução político-social profunda, dirigida ao futuro e contra o passado. Ele acredita que uma *revolução político-social* profunda poderia oferecer apenas meios externos, limitados, de remediar os sofrimentos, pois, neste processo de radicalização, a ação sofre pressão sem limites da vontade de potência. A mudança é então imposta aos indivíduos de fora para dentro e torna-se sofrimento ainda pior.

Para vencer esses sofrimentos Dilthey defende a mudança interna, de dentro para fora, uma profunda *revolução intelectual e moral*. Tal ação poderia ser produzida pela educação, pela religião, segundo ele, "as instituições mais salutares da sociedade", e pelo estudo filosófico de nossa consciência moral. As ciências humanas seriam essenciais na produção dessa mudança. Para ele, a estrutura da vida psico-histórica constitui uma unidade viva, que não pode ser rompida. A mudança já está inscrita na vida. A estrutura psico-histórica é estável e dinâmica segundo uma finalidade subjetiva e imanente. Há uma rearticulação crescente da vida, produzindo o seu desabrochamento.

A evolução psíquica é uma evolução histórica. O seu desdobramento é imprevisível. E, sendo totalidade vital, o seu desdobramento não pode ser violenta e bruscamente interrompido. O bem-estar dos descendentes, defendido pela utopia moderna, não poderia custar o massacre revolucionário dos homens do presente e do passado, que seriam injusta e duplamente massacrados: pela indiferença do tempo e pela crueldade dos seus próprios herdeiros. A *história como compreensão da experiência vivida* traria a mudança cultural, de dentro para fora, sem dramas e traumas, resgatando simultaneamente os ancestrais e construindo a felicidade dos descendentes.

Bachelard: um capítulo para a história das ciências

Silvio Antonio Colognese

Neste artigo analisaremos as contribuições de Gaston Bachelard (1884-1962) para a história das ciências, a fim de destacar a sua atualidade e pertinência, especialmente para a compreensão do complexo progresso do saber científico. Como Bachelard a considera uma das áreas do conhecimento científico, o entendimento da atividade de pesquisa em história das ciências depende de como ele concebe os métodos nas ciências. Métodos são caminhos a seguir e as discussões em torno deles concentram-se sobre os fundamentos do conhecimento, quanto aos processos de articulação entre o sujeito e o objeto no desenvolvimento da atividade científica. Tradicionalmente, este problema tem sido formulado de forma dualista, pela oposição entre o sujeito e o objeto do conhecimento, entre o pensamento e a realidade. Até Bachelard, cada concepção articulava-se com base na valorização de um desses pólos opostos. Assim, o racionalismo afirmava a razão (sujeito) como o único meio pelo qual se poderia chegar às verdades necessárias e universais. Já o empirismo considerava a experiência (objeto) como a única fonte de conhecimento. Bachelard inova nesta questão, ao rejeitar a possibilidade de distinção absoluta entre o pensamento e a realidade e propor a idéia da construção do objeto científico. Como tal, o objeto da história das ciências assume a característica básica de ser um objeto construído, não tendo como fundamento nem a experiência e nem a razão como alternativas irreconciliáveis e mutuamente excludentes.

O pensamento epistemológico de Bachelard ganhou expressão com o livro *O novo espírito científico*, publicado em 1934, e pode ser caracterizado ao mesmo tempo como crítico (pela busca de reformulação de conceitos científicos e de conceitos filosóficos sobre a ciência) e polêmico (devido a sua oposição às concepções empirista e racionalista da ciência). O seu pensamento pode também ser considerado relativista, por defender que as ciências devem produzir as suas normas de verdade ou os seus princípios de retificação, a cada momento de sua trajetória histórica. Para ele, o conhecimento científico sempre é aproximativo, parcial, e jamais atinge a verdade objetiva. Bachelard contrapõe-se à idéia de uma ciência em geral e à possibilidade de definição de características universalmente válidas para a atividade científica. Nada é inalterável na ciência e, portanto, tudo está inserido num permanente processo de retificação. Isto significa que não há a coincidência entre ciência e verdade, pois nenhuma teoria científica pode ser encarada como saber definitivo. Conseqüentemente, a objetividade científica assume novo sentido em sua obra, passando a ser considerada o resultado de uma construção, de uma conquista e de um processo de retificação permanente dos fatos da experiência pela razão.

Esse tipo de compreensão se reflete na maneira que ele concebe os fundamentos da atividade científica. Para Bachelard, toda a constatação dos fatos supõe a construção, ou seja, a atividade científica somente pode se realizar carregada de pressupostos teóricos. "O vetor epistemológico vai da razão à experiência e não o inverso", o que leva as teorias científicas a progredir por um permanente e descontínuo processo de retificação, pela constante integração das críticas e da ruptura com as imagens das primeiras observações. Segundo ele, é preciso manter uma permanente dúvida com os supostos "fatos reais", na medida em que estes nunca são "puros", mas elaborados, selecionados, interpretados e mesmo recriados. Não há "fato puro" que possa ser diretamente contatado. Todos os fatos estão impregnados de teoria e não é possível uma separação absoluta entre "dados" e "teoria".

Trata-se de uma concepção dinâmica do método científico. Segundo ele, o novo espírito científico pode revelar-se mais claramente por meio da análise da atividade científica, do trabalho concreto dos cientistas, do que da consideração de uma ciência abstrata e atemporal. Essa análise possibilita entender que, em sua atividade, o cientista não é o fotógrafo do real, mas o seu explorador. E que nesta atividade de exploração, a iniciativa de ruptura e criação de novas teorias é sempre da razão. Por isso o cientista arrisca-se no anúncio do "por que não?" da novidade científica, transmitindo de uma só vez um pensamento e uma experiência, ligando-os numa verificação. A verificação é sempre a ligação do pensamento à experiência ("o mundo científico é verificação"). Porém não se trata de ligação simples, mas de uma complexa construção do conhecimento, revelando o novo espírito científico que anima a ciência defendida por Bachelard: "Acima do sujeito, além do objeto imediato, a ciência moderna se funda sobre o projeto.

No pensamento científico, a meditação do objeto pelo sujeito toma sempre a forma do projeto"(Bachelard, 1985, p.18).

Projetar é lançar-se à frente, em direção ao futuro. É uma atividade do espírito pela qual antecipa-se o futuro, ou seja, rompe-se com as possibilidades vigentes e arrisca-se na exploração de novas possibilidades. No reino do pensamento científico, Bachelard sugere como regra metodológica a "imprudência". Isto por que não é nem sobre o sujeito e nem sobre o objeto do conhecimento que se funda a atividade científica, mas sim sobre problemas previamente formulados. É pelo projeto que o fato científico é conquistado, ou seja, pensado e construído sob o signo do "por que não?". Esta é a inovação metodológica que possibilita superar a oposição entre as alternativas do sujeito (racionalismo) ou do objeto (empirismo), como fundamentos do conhecimento científico. "É bem, pois, na encruzilhada dos caminhos que se deve colocar o epistemólogo, entre o realismo e o racionalismo" (Bachelard, 1985, p.17).

Ao fundar a atividade científica sobre o projeto, Bachelard rompe ainda com a idéia de uma ciência única, orientada por normas, métodos e técnicas inquestionáveis e válidas universalmente. É a idéia de projeto que possibilita conceber a atividade científica como essencialmente dinâmica, voltada para a permanente retificação do conhecimento, mas também dos métodos e técnicas de observação e experimentação. O projeto não é concebido em Bachelard como simples soma de técnicas e nem como sucessão de etapas a serem cumpridas na atividade científica, mas como percurso global do espírito, que exige ser reinventado a cada momento no processo de retificação do conhecimento.

Além do mais, a construção dos projetos que fundamentam o desenvolvimento da atividade científica exigem do cientista uma razão, questionadora e interrogativa. Isto porque, para Bachelard, nesta construção, "antes de mais nada, é preciso sabermos formular problemas. O sentido do problema é, precisamente, a marca do verdadeiro espírito científico. Para um espírito científico, todo conhecimento é uma resposta a uma questão. Se não houve questão, não pode haver conhecimento científico. Nada é óbvio. Nada é dado. Tudo é construído" (Bachelard apud Japiassu, 1976, p. 146). O real imediato é apenas um pretexto do pensamento científico e não mais o seu objeto de conhecimento. É pela razão que o cientista avança sobre a evidência, ultrapassando as primeiras imagens da realidade. A dúvida, o questionamento e a interrogação são marcas de um pensamento guiado pela "imprudência", que se arrisca sob o signo do "por que não?" no processo de retificação do conhecimento.

Assim, é no âmbito do projeto que se funda a construção, a conquista e o processo de retificação permanente do conhecimento e dos métodos e técnicas de observação e experimentação. Contudo, o desencadeamento da atividade científica exige a proposição de uma dúvida, de uma interrogação. Sem ela, não há construção de conhecimento, pois este sempre se apresenta como resposta, como síntese provisória e aberta a retificação. Mas as respostas às questões não estão contidas nos "dados", nos fatos da realidade. Por isso elas não surgem como "constatação" ou "confirmação" dos fatos, mas como síntese, como conquista, uma construção dos fatos da experiência pela razão. Respostas são provisórias, são hipóteses. Assim, sendo o real um simples pretexto do pensamento científico, as hipóteses (respostas) devem passar do "como" da descrição e do exemplo, conforme concebidas tradicionalmente, para o comentário teórico. Com isso, a explicação científica como resposta às questões de conhecimento deixa de se limitar a mostrar o simples no complexo, ou seja, o exemplo para a afirmação. O verdadeiro pensamento científico "lê o complexo no simples, diz a lei a propósito do fato, a regra a propósito do exemplo" (Bachelard, 1985, p. 15).

Constituindo a hipótese uma construção, síntese, complexão a propósito da aparente simplicidade do "dado", constitui espaço de exercício da criatividade e da inovação, pelo qual a razão rompe com os conhecimentos vigentes, retificando-os para a proposição de novos conhecimentos. É isto que, segundo Bachelard, permite compreender por que "toda verdade nova nasce apesar da evidência, toda experiência nova nasce apesar da experiência imediata" (Bachelard, 1985, p.15). Na análise de Capalbo, "para Bachelard o mais importante na ciência moderna está no campo das hipóteses. A experiência nada mais é do que um momento da teoria: o da verificação. Ela é a produção de uma nova realidade pensada pela ciência e dela recebendo o seu sentido" (Capalbo, 1981, p.12). O conhecimento científico constrói os fenômenos e não os observa e os descreve em sua simplicidade aparente.

Uma das conseqüências dessa concepção é a reformulação do papel da observação e do experimento na verificação das teorias e hipóteses científicas: se não há fato que não esteja impregnado de teoria, a verificação das teorias e hipóteses pela observação e o experimento (pelos "fatos" ou "dados") é bastante relativa. Para Bachelard, as verificações "pelos fatos" não são "provas" definitivas e absolutas, mas apenas evidências parciais e sujeitas a retificação. O controle das teorias pela observação e o experimento é um controle entre outros (como aquele fornecido pela lógica, por exemplo). O conhecimento científico é construído e reconstruído permanentemente, num processo de retificação no qual o sujeito da ciência assume riscos, antecipa-se à experiência e a interroga por meio das idéias. É mediante esta interrogação que o sujeito apreende a lógica do erro como condição para a permanente retificação de um conhecimento sempre aproximado. É pela razão que a ciência pode romper com as teorias antigas e criar novas; estas, controladas pela observação e pelo experimento, podem conduzir à retificação do conhecimento. Bachelard considera a comprovação da realidade como indispensável para a validação dos enunciados empíricos com pretensões de cientificidade. Mas destaca que sempre permanece a possibilidade teórica de se descobrirem novos meios de questionar aquelas observações e de rejeitar a teoria por elas validada.

Com isso, não se trata de descartar a importância da experiência na atividade científica, mas de reformular o seu papel no contexto de um projeto teórico preconcebido: "Assim, uma experiência bem feita é sempre positiva. Mas esta conclusão não reabilita a positividade absoluta da experiência *tout court*, por que uma experiência não pode ser uma experiência bem feita a não ser se é completa, o que não acontece senão para a experiência precedida de um projeto bem estudado a partir de uma teoria acabada" (Bachelard, 1985, p.16). Isto significa que, no desenvolvimento da atividade científica, não existem critérios absolutos de validação dos métodos e procedimentos seguidos. Como o conhecimento está em constante processo de retificação, é em função de cada projeto teórico preconcebido que se deve retificar os próprios métodos e procedimentos para o desenvolvimento da atividade científica.

Conforme defendem Quivy e Campenhoudt, na atividade científica segue-se um procedimento análogo ao do pesquisador de petróleo: "Não é perfurando ao acaso que se encontrará o que se procura. Pelo contrário, o sucesso de um programa de pesquisa petrolífera depende do procedimento seguido. Primeiro o estudo dos terrenos, depois a perfuração" (Quivy e Campenhoudt, 1998, p.15). Da mesma forma, o conhecimento resultante depende do projeto do qual decorre a sua construção: "O conteúdo de um mapa é determinado (...) pelo projeto que se teve ao fazê-lo. Desse modo, um mapa rodoviário não dá as mesmas indicações que um mapa geológico, e cada um deles é estruturado segundo um projeto diferente (...). E um bom mapa é um que permita que eu me localize, tendo em vista os projetos que tenho" (Fourez, 1995, p.68).

Coerente com esse sentido de construção dos objetos da ciência segundo projetos teóricos, Bachelard deixa claro que a observação e o experimento científicos não têm um valor em si mesmos, independentemente do projeto em questão: "A observação científica é sempre uma observação polêmica; ela confirma ou infirma uma tese anterior, um esquema prévio, um plano de observação; ela mostra, demonstrando; ela hierarquiza as aparências; ela transcende o imediato; ela reconstrói o real após ter reconstruído seus esquemas. Naturalmente, desde que se passe da observação à experimentação, o caráter polêmico do conhecimento torna-se mais claro ainda. Então, é preciso que o fenômeno seja escolhido, filtrado, depurado, vazado no molde dos instrumentos, produzido no plano dos instrumentos. Ora, os instrumentos não são senão teorias materializadas. Deles saem fenômenos que trazem por todos os lados a marca teórica" (Bachelard, 1985, p.19).

Contudo, segundo Bachelard, os enunciados teóricos da ciência não devem ser considerados nem verdadeiros e nem falsos, mas sim aproximativos. Como não temos acesso propriamente ao "dado", ao "fato puro", a objetividade científica nunca pode significar a coincidência entre os enunciados científicos e os objetos da realidade, como pretendiam o racionalismo e o empirismo. Mais do que um "estado" do conhecimento, Bachelard concebe a objetividade sob o signo de um processo permanente de aproximação. Porém, não se trata de uma aproximação simples, como aquela que tem por fim a descoberta de fenômenos ou a descrição de um real existente de fato, "uma realidade que vemos". Não é desta ordem de aproximação que se ocupa a ciência, de acordo com Bachelard, e nem se chega ao conhecimento aproximado perseguido por ela pelo caminho trilhado por esta primeira aproximação, típica do pensamento comum. A aproximação científica é de outra ordem e pressupõe uma ruptura, "uma total retificação dos princípios, dos métodos, das técnicas e até mesmo da perspectiva de abordagem" (Bulcão, 1981, p. 67).

Assim, a afirmação da atividade científica como processo de objetivação, como a busca de nova ordem de aproximação da realidade representa uma ruptura decisiva com as concepções empirista e realista da ciência. A preocupação central da ciência deixa de ser o conhecimento dos fenômenos ou das substâncias da natureza em si mesmas (Ser) e desloca-se para a preocupação com as suas relações. Constroem-se problemas como relações de conhecimento, e pergunta-se pelas relações entre pelo menos duas variáveis. Hipóteses são respostas sobre o comportamento esperado das variáveis construídas teoricamente como relações problemáticas. Com base nessa concepção de Bachelard abandona-se o conhecimento imediato dos fenômenos, em nome da construção de objetos de pensamento e experiências técnicas: nenhum fenômeno está dado, o que torna imprescindível a sua construção. E em Bachelard, construir o objeto científico não é nem "inventá-lo", como produto exclusivo da razão, e nem "observá-lo", como dado único da experiência. Construí-lo exige estabelecer uma relação dialética entre estes espaços considerados até então opostos: "Um empirismo sem leis claras, coordenadas, dedutivas não pode ser nem pensado nem ensinado; um racionalismo, sem provas palpáveis, sem aplicação à realidade imediata, não pode convencer plenamente. Prova-se o valor de uma lei empírica fazendo dela a base de um raciocínio. Legitima-se um raciocínio fazendo dele a base de uma experiência. A ciência, soma de provas e experiências, de regras e de leis, de evidências e de fatos, necessita, pois, de uma filosofia de dois pólos" (Bachelard apud Bulcão, 1981, p. 26).

Os fenômenos que a ciência estuda resultam de teorias e técnicas, sem as quais eles nem sequer existiriam. A ciência moderna se funda sobre o projeto porque a construção do objeto científico sempre se dá no âmbito de projetos teóricos específicos e retificados constantemente. Sem projeto não há construção de objetos de conhecimento, enfim, não há ciência. A ciência constrói os seus objetos (e não os descobre, nem os descreve e não os "inventa"), o que significa que eles não existem independentemente do sujeito do conhecimento (não do indivíduo cientista, mas do sujeito racional coletivo, de uma certa "cidade científica"). Para Bachelard, neste processo, o sujeito é ativo, é quem constrói o objeto do conhecimento como um "artefato", como um efeito, como um resultado. Porém, essa afirmação não é uma concessão ao idealismo, pois "o conhecimento não se constrói somente do lado da razão, sendo imprescindível a contribuição da experiência nessa construção" (Bulcão, 1981, p.71).

Portanto, se o objeto científico é construído (e não uma realidade exterior e independente do sujeito), a objetividade científica não pode ser definida como a coincidência entre o pensamento e a experiência. Ela não está fundada numa "realidade dada", mas é o produto de uma conquista. Para Bachelard, é no contexto de projetos teóricos específicos, e por meio da racionalização e de técnicas retificadas e retificadoras, que o conhecimento científico pode tornar-se aproximado, objetivado. Por isso "não tem sentido se falar em objetividade imediata, mas sim em objetividade trabalhada, uma objetividade que é o resultado de um processo racional e técnico" (Bulcão, 1981, p.74). O conhecimento nunca é definitivo, e o processo de aproximações sucessivas, de conquista da objetividade supõe a constante retificação de conhecimentos e métodos e a construção de novos objetos de conhecimento no contexto dos projetos teóricos da ciência. A ciência constrói os seus objetos de conhecimento no contexto dos projetos: sem eles, simplesmente não há ciência.

É por essa concepção da ciência, e pela idéia da construção dos objetos de conhecimento, que se pode compreender as contribuições de Bachelard para a história das ciências. De maneira geral, defende-se que Bachelard concebe a história das ciências segundo os critérios da relatividade e da descontinuidade. A relatividade refere-se ao fato de, no desenvolvimento da história das ciências, a exemplo de toda a atividade científica, os objetos de conhecimento resultarem de um processo de construção, no contexto de projetos teóricos específicos. Conseqüentemente, o conhecimento resultante nunca é definitivo, mas apenas uma aproximação, sujeita ao permanente processo de retificação com base nos novos problemas formulados e sancionados pela ciência atual.

Contudo, como a aproximação científica não deve ser confundida com a simples descoberta ou com a descrição da realidade tal como a vemos imediatamente, e muito menos como a continuidade valendo-se dessa aproximação do real aparente, ela pressupõe uma ruptura, uma total retificação dos princípios, métodos e técnicas e mesmo das perspectivas de abordagem. Assim, o progresso da atividade científica é descontínuo, na medida em que a aproximação científica pressupõe a ruptura. O desenvolvimento científico sempre se dá contra um conhecimento anterior (de senso comum ou produzido pela própria ciência), entendido como obstáculo a ser superado para a retificação do conhecimento. Sendo o desenvolvimento científico descontínuo, pela sua constante retificação, isto faz a história das ciências não ser definitiva, uma vez que "partes" desta história são superadas e outras são criadas, deslocadas, retomadas, reinventadas e mesmo sancionadas com base nos objetos construídos pela "cidade científica" atual.

Ao sugerir a relatividade e a descontinuidade como princípios orientadores para a história das ciências, Bachelard se contrapõe às idéias da unidade e da continuidade na História. Ou seja, ele combate a idéia da História como narrativa una e contínua, sucessão cronológica de acontecimentos no tempo. Conseqüentemente, no terreno da história das ciências, ele se opõe aos partidários da unidade e da continuidade da cultura científica, que reduziam a função da história das ciências ao relato das descobertas do passado e entendiam as inovações científicas como simples complementação dos conhecimentos anteriores. Apesar disso, ele reconhece a força dos oponentes e a existência de várias dificuldades para que as idéias da relatividade e da descontinuidade se firmem como princípios para a história das ciências. Neste sentido, Bachelard destaca quatro meios principais que obscurecem a descontinuidade e reforçam a idéia de uma história das ciências una e contínua.

O primeiro meio é a idéia de "uma 'emergência' progressiva da ciência". Ela representa um reforço da concepção continuísta e se estabelece em primeiro lugar valendo-se da narrativa histórica. "Uma vez que se faz uma narrativa contínua dos acontecimentos, crê-se facilmente reviver os acontecimentos na continuidade do tempo e dá-se, insensivelmente, a toda a história a unidade e a continuidade de um livro" (Bachelard, 1981, p.193). Ou seja, este tipo de narrativa ofusca as descontinuidades, já que a dialética do processo é encoberta pela apresentação de uma sucessão de acontecimentos menores. Além da narrativa, os continuístas manifestam um gosto especial pela reflexão sobre as origens da ciência, caracterizadas sempre pela lentidão dos progressos científicos. Ao partir sempre da elementaridade da ciência e caracterizar a lentidão do progresso científico, reforça-se a idéia de uma gradativa continuidade que lentamente acompanha a história evolutiva das ciências. Conseqüentemente, a certeza científica é apresentada como o resultado dessa continuidade lenta e gradativa, que orienta o conhecimento do senso comum em direção à ciência, "dado que os começos são lentos, os progressos são contínuos" (Bachelard, 1981, p. 193).

Diferente da idéia da emergência progressiva da ciência, para Bachelard os progressos científicos "rebentam" por toda parte, rompendo com os conhecimentos anteriores. Diferente da ciência antiga, a ciência atual não se faz prioritariamente contra o saber de senso comum, mas particularmente contra as certezas construídas pela ciência anterior. O progresso científico, por sua vasta pluralidade de conseqüências, instaura uma evidente descontinuidade no saber. Novas descobertas podem representar novos pontos de partida da ciência, a retomada de origens esquecidas, o abandono de caminhos até então trilhados etc. Não há uma origem, mas várias e sempre renovadas. Não há uma lenta e gradual evolução do saber, mas uma permanente construção de objetos novos de conhecimento, precedida pela ruptura com os conhecimentos anteriores.

O segundo meio de reforço da concepção continuísta da história das ciências é a noção de "influência". Amplamente utilizada para justificar as descobertas científicas, a "influência", ou as "atmosferas", os "contextos" iludem ao "afirmar que os progressos estavam "no ar" quando o homem de gênio os trouxe à luz do dia" (Bachelard, 1981, p. 195). Desta perspectiva o mérito das inovações, das descobertas científicas é creditado a uma multidão de anônimos cientistas que, lenta e gradativamente, vão acrescentando pequenas inovações que, em certo momento de sua evolução, quando estariam "completas", possibilitariam a um gênio a sua revelação conjunta. Com isso, o progresso científico resultaria da contínua soma de pequenas contribuições dadas por uma multidão de anônimos que, lenta e gradativamente, vão complementando os conhecimentos existentes anteriormente.

Segundo Bachelard, não há dúvida de que os cientistas se agrupam e colaboram para o desenvolvimento da atividade científica na atualidade, formando equipes e laboratórios. Contudo, o que torna certas equipes ou laboratórios geniais não é a soma ou a evolução contínua e gradativa do conhecimento em torno de uma suposta unidade da ciência. A sua genialidade científica é caracterizada simultaneamente pela crítica e pela inovação, pela disputa e a negação. Ou seja, a crítica, a ruptura com os conhecimentos anteriores, a disputa entre equipes e laboratórios (e não a continuidade) são as condições para a inovação. A noção de influência tem pouco sentido na transmissão das verdades e das descobertas. Na ciência contemporânea, "as dialéticas proliferam. Alarga-se o campo das contradições possíveis (...). O tecido da história da ciência contemporânea é o tecido temporal da discussão. Os argumentos que nele se cruzam são outras tantas ocasiões de descontinuidade" (Bachelard, 1981, p.196).

O terceiro meio de obscurecer a descontinuidade é o "argumento do senso comum", que marca o ensino das ciências com a crença na continuidade entre o senso comum e a ciência. Segundo Bachelard, como esta é uma crença forte, no ensino da ciência "faz-se assim sair do bom senso, lentamente, suavemente, os rudimentos do saber científico. Tem-se repugnância por violentar o 'senso comum'" (Bachelard, 1981, p.196). Com isso, o ensino das ciências parte do conhecimento elementar, fazendo o aluno participar da imobilidade do conhecimento inicial, de sua suposta lentidão e evolução gradativa. Ensina-se como se houvesse uma continuidade do saber elementar para o problemático, da ciência fácil para a ciência difícil, do senso comum para a ciência.

Diante dessa crença continuísta, Bachelard pergunta: será que a exposição das dificuldades, dos problemas da ciência contemporânea seria obstáculo ou atrativo para o aprendizado da ciência? Para ele, sem problemas, sem interrogações, sem dificuldades não há retificação do conhecimento. O conhecimento sempre se apresenta como resposta provisória a um problema, a uma dúvida, a uma dificuldade. É a dúvida que desperta o pensamento. Por isso, para Bachelard, a pedagogia que elimina a dificuldade, a dúvida, não contribui para a ciência. A ciência é um mecanismo de retificação permanente do conhecimento, pela ruptura com as falsas certezas e sua substituição por novos conhecimentos aproximados. Os antigos problemas são os falsos problemas de hoje. As dúvidas antigas, quando colocadas diante da objetividade construída hoje, dissipam-se. Enfim, não há como fazer a passagem das dificuldades do saber da ciência anterior para as dificuldades da ciência atual, sob o signo de um ensino baseado na crença na continuidade, sem obscurecer o que de fato tem sido o progresso científico. Como lembra o autor: "Entre as dificuldades de outrora e as dificuldades do presente, existe uma total descontinuidade" (Bachelard, 1981, 199).

Finalmente, o quarto meio pelo qual se obscurece a descontinuidade e se reforça a idéia de uma história das ciências contínua são as "armadilhas da linguagem". Para Bachelard, as armadilhas da linguagem não afetam apenas as ciências psicológicas, mas também as físicas. A linguagem pode ser falaciosa e esconder armadilhas porque, na ciência, ela se encontra em estado de revolução permanente, sendo constantemente retificada, complementada e diversificada. Por isso a nomenclatura científica não é definitiva e nem é construída com base no sentido anterior da linguagem, seja de senso comum, seja da ciência anterior. Assim, por exemplo: "Quando foi necessário imaginar o inimaginável domínio do núcleo atômico, propuseram-se imagens e fórmulas verbais relacionadas exclusivamente com a ciência teórica" (Bachelard, 1981, p. 200). A linguagem científica rompe, transpõe, vai além, quebra a continuidade com a linguagem e o seu sentido anteriores.

Por outro lado, o sentido de continuidade da ciência pode ser reforçado pela continuidade de certas palavras na linguagem científica. Contudo, conforme alerta Bachelard, as palavras até podem permanecer as mesmas, porém uma mudança de método de conhecimento relativamente a novo domínio da experiência provoca rupturas, descontinuidade de sentido, enfim, retificação do saber.

Bachelard exemplifica esta realidade com as palavras "gota", "temperatura"' e "evaporação": "Para os físicos nucleares estas palavras estão, de certo modo, tacitamente redefinidas. Representam conceitos que são totalmente diferentes dos conceitos da Física clássica, *a fortiori*, muito diferentes dos conceitos do conhecimento comum" (Bachelard, 1981, p. 200). Portanto, as palavras e o sentido da linguagem científica devem ser analisadas na perspectiva das teorias nas quais são construídas. A linguagem da ciência atual não é nem uma continuidade da linguagem comum e nem uma continuidade da linguagem científica anteriormente construída nas diferentes teorias e áreas do conhecimento. No contexto de cada nova teoria, de cada novo domínio da experiência, há uma revolução na linguagem, uma ruptura, uma descontinuidade de sentido, mesmo quando as palavras usadas permanecem as mesmas.

São esses os quatro meios básicos utilizados pelos defensores da continuidade na cultura científica para reforçar a sua concepção e obscurecer a descontinuidade real que se manifesta no desenvolvimento científico. Por isso, é pela sua negação, pela ruptura com esses meios de reforço da idéia de continuidade que Bachelard afirma a sua concepção da história das ciências, baseada na relatividade e na descontinuidade. E neste sentido, para Bachelard, não se trata apenas de ressaltar as descontinuidades na trajetória de desenvolvimento da ciência e a relatividade de cada narrativa histórica, mas de discutir as suas implicações metodológicas quanto aos limites e possibilidades para a história das ciências.

Bachelard afirma que a novidade científica não pode surgir como evolução gradativa de um saber anterior, mas que também não se pode assumir como regra constante que o desenvolvimento da atividade científica ocorra de uma situação de "tábua rasa". Existem situações em que a novidade científica representa uma descontinuidade completa entre o senso comum e a ciência, entre a ciência do passado e a ciência moderna. São os casos, por exemplo, da "mecânica relativista", da "mecânica quântica" e da "mecânica ondulatória", definidas por Bachelard como "ciências sem antepassados". Mas na maioria das situações, a novidade exige a ruptura com um conhecimento anterior e a sua transformação retificadora. Nestes casos trata-se de uma reorganização racional da experiência, produzida com base em um deslocamento tanto da razão como da experiência.

Contudo, em ambos os casos, para que a história das ciências possa compreender a novidade em toda a sua amplitude e apreciar os valores de reorganização racional da experiência que ela implica, Bachelard considera conveniente percorrer um longo "preâmbulo" histórico. No entanto, ele alerta que esse percurso é perigoso, pois pode levar a confundir tal preâmbulo, que é uma síntese histórica preparada para fins pedagógicos, com a idéia de que a novidade, a descoberta, "estava no ar", ou seja, com a noção de influência conforme analisada anteriormente. A novidade não surge como síntese necessária incitada por uma razão histórica, como se a História conspirasse numa direção precisa. Mesmo nos casos das chamadas "sínteses entre teorias", trata-se de "sínteses transformantes", que deslocam os problemas e alargam os debates (e não de continuidade, de evolução gradativa). A História das ciências se desenvolve pela construção dos seus objetos, contra os objetos construídos pela história das ciências anterior. Como construção, cada síntese ou preâmbulo histórico não pode ser confundido e nem ter a pretensão de ser "relato objetivo dos fatos" ou das descobertas científicas anteriores.

É uma nova perspectiva que Bachelard vislumbra para a história das ciências, que consiste em interrogá-la sobre a sua eficácia atual na cultura científica. Uma história das ciências permanentemente retificada com base na novidade da ciência atual e orientada para a compreensão de sua amplitude e a apreciação dos valores de reorganização racional da experiência que ela implica. Uma História que é retificada e cuja narrativa se orienta segundo as novidades presentes das ciências, ou seja, o ponto de partida para a história das ciências são as conquistas atuais e não as supostas origens num passado distante. Contudo, como o seu objeto carrega as marcas da relatividade e da descontinuidade, ao partir das conquistas atuais de um conhecimento retificado, "no domínio da história das ciências, é necessário, além de compreender, saber analisar, saber julgar" (Bachelard, 1981, p. 205). É partindo das conquistas da ciência no presente que a ciência passada se converte em História julgada, na qual se tem a obrigação de distinguir o erro e a verdade aproximada, o conhecimento ativo e o inativo, o prejudicial e o fecundo. O progresso científico é demonstrável e a história das ciências, para Bachelard, tem a obrigação de destacar a dinâmica da cultura científica, evitando que se regresse para os falsos problemas do passado, retificados pelo conhecimento relativo da ciência atual.

Para Bachelard, trata-se de um desafio de formulação de uma História recorrente, "uma história que se esclarece pela finalidade do presente, uma história que parte das certezas do presente e descobre, no passado, as formações progressivas da verdade. É assim que o pensamento científico se fortalece na descrição dos seus progressos" (Bachelard, 1981, p. 207). Então, trata-se de uma História dialética, dinâmica, de superação dos obstáculos epistemológicos, exigindo um julgamento do passado. A história das ciências deixa de ser um relato objetivo e definitivo das descobertas do passado, e exige ser constantemente construída e reconstruída, ou seja, sancionada pela ciência atualmente ativa. Ela identifica e distingue do passado sancionado o que permanece atual. Parte-se sempre da modernidade das ciências do tempo atual para se reconstruir, para se refazer a história das ciências, o que requer do historiador um profundo conhecimento do tempo presente como condição para o julgamento do passado. É a racionalidade das construções científicas do presente que deve ser tomada como critério para esse julgamento, que permite distinguir no passado a História negada da história sancionada. Portanto, Bachelard inaugura um capítulo novo para a história das ciências, marcado pela relatividade e pela descontinuidade, centrado na reconstrução permanente, partindo das conquistas do presente, do progresso das ligações racionais do saber.

Bibliografia

BACHELARD, G. *O racionalismo aplicado*. Rio de Janeiro: Zahar, 1977.

__________. *A dialética da duração*. São Paulo: Ática, 1988.

__________. *O novo espírito científico*. Rio de Janeiro: Tempo Brasileiro, 1985.

__________. *A epistemologia*. Lisboa: Edições 70, 1981.

BULCÃO, M. *O racionalismo da ciência contemporânea: uma análise da epistemologia de Gaston Bachelard*. Rio de Janeiro: Antares, 1981.

CAPALBO, C. Prefácio. In: BULCÃO, Marly. Idem.

DAGOGNET, F. *Bachelard*. Lisboa: Edições 70, 1986.

FOUREZ, G. *A construção das ciências*. São Paulo: Unesp, 1995.

JAPIASSÚ, H. *Para ler Bachelard*. Rio de Janeiro: Francisco Alves, 1976.

KÖCHE, J. C. *Fundamentos de metodologia científica*. Petrópolis: Vozes, 1997.

LECOURT, D. *Para uma crítica da epistemologia*. Lisboa: Assírio e Alvim, 1980.

QUIVY, R.; CAMPENHOUDT, L. V. *Manual de investigação em ciências sociais*. Lisboa: Gradiva, 1998.

A concepção binocular da História de Arnold Toynbee

José Henrique Rollo Gonçalves

Puxar a cauda do leão deixa de ser interessante quando o leão se reduz ao tamanho de um gato.
Arnold Toynbee

Em 1956, depois de fazer uma varredura sobre as principais teses defendidas por Arnold Toynbee no monumental *Estudo da História*, Lewis Munford encontrou "grandes fissuras na estrutura da análise (...), que levam a sérias fraquezas nas suas conclusões". No entanto, fez questão de imediatamente aduzir que se sentia "impelido a prefaciar esta crítica com uma expressão de admiração e gratidão". Seu veredicto era de que "as partes da obra (...) que se mantêm de pé após um exame rigoroso serão dignas de longa vida"[1]. Essas palavras têm muito a ensinar aos que se interessam pela história dos intelectuais e seus rebentos.

Meio século depois, é fácil notar que, apesar do tom pessoal, elas eram variações de um comportamento crítico que, naquele momento, parecia fabricado em série. Não se tinha muito claro o que era a obra toynbiana, mas, para a maioria dos comentadores ela possuía, de uma só vez, um núcleo conceitual muito frágil, bases empíricas bastante defeituosas, uma intensa harmonia retórica, informações surpreendentes, doses elevadas de paixão política, extrema generosidade e intuições que, somente aos poucos seriam plenamente compreendidas. Seja como for, o ensaísta norte-americano se enganou redondamente quando previu vida longa para algumas partes daquela obra. Afinal, quem, hoje em dia, lê Arnold Toynbee? Uma boa resposta seria: praticamente ninguém.

É muito esquisita a fortuna de Arnold Joseph Toynbee entre os historiadores. Isso é o mínimo que se pode dizer da vida e da obra desse extraordinário intelectual, que nasceu em Londres e morreu em Yorkshire, aos 86 anos, em outubro de 1975. Antes de mais nada porque, apesar de sua bibliografia vasta e diversificada, a maior fatia do que se escreveu sobre ele, atacando ou defendendo suas idéias, já que ninguém ousa fingir que é neutro diante delas, baseou-se quase que exclusivamente na leitura do *Estudo da História*[2], um megapainel da história das civilizações. Pior, no começo, citavam-se os seis tomos editados entre 1934 e 1939.

Porém, depois de 1946, quando saiu o primeiro volume do compêndio feito por D. C. Somervell, os calhamaços da *magnum opus*, incluindo os seis tomos que apareceram entre 1954 e 1961, foram com freqüência deixados de lado. Algumas vezes, mas não muitas, os críticos citam as compilações de artigos e conferências publicadas na década de 1950[3]. E só. Adeptos e adversários desprezaram a maior parte dos escritos toynbianos, como se eles não tivessem a mínima importância. Em suma, alguém que escreveu, sozinho ou em parceria, mais de trinta livros, ao longo de seis décadas, foi reduzido a autor de uma única obra significativa, mencionada hoje em dia menos por seus atributos intrínsecos do que, para citar o que dele e de Oswald Spengler disse Jacques Le Goff, "pelo eco que tiveram num passado recente, sobretudo no grande público"[4].

Não há dúvida de que o próprio Toynbee foi um dos principais responsáveis pela disseminação desse enfoque reducionista e empobrecedor de sua obra. Em 1947, guindado por uma campanha publicitária que incluiu uma matéria de capa na *Time*, o resumo de Somervell chegou à lista dos mais vendidos no mercado editorial norte-americano. O caráter enciclopédico do livro, seus comentários religiosos pendendo para o ecumenismo e a autoridade profissional do autor atraíam leitores interessados em padrões e leis históricas, sobretudo numa hora em que, tendo no horizonte os clarões macabros de Hiroshima e Nagasaki, todos pressentiam que perturbadoras viragens planetárias estavam por ocorrer[5]. Em poucos meses ele virou astro da classe média culta, se meteu em polêmicas com todos os adversários possíveis, falou à imprensa sobre tudo e sobre todos, e se portou, cada vez mais, como se o conhecimento do passado lhe investisse de inabaláveis certezas sobre os destinos da humanidade. Além disso, ele autorizou Somervell a escrever, no prefácio, que se tratava de uma "adequada apresentação de sua filosofia da história" e esse rótulo, ao lado, obviamente, do tamanho bem menor, explica em boa medida por que o compêndio se tornou a obra de referência de Arnold Toynbee[6].

Como Herbert George Wells, autor de *Outline of History*, que ele tanto admirava, o historiador britânico acreditava que era preciso buscar as pessoas comuns cultas e com elas compartilhar dúvidas e convicções[7]. Suas conferências, entrevistas e escritos, incluindo seus livros mais densos, eram, também, sermões eruditos. Ele nunca escondeu que seu projeto não era somente atender a uma obsessiva curiosidade pelo passado ou buscar as possíveis leis que conformam a história das civilizações. Pretendia encontrar, além de padrões, caminhos e respostas. Em 1946, avaliando as perspectivas planetárias, observou: "um exame do panorama histórico, *à luz de nossos conhecimentos atuais*", mostra que "excetuando *possivelmente* a nossa, morreram ou entraram em agonia todos os exemplares das espécies de sociedades chamadas civilizações". Comparando-as, teria encontrado "indícios *do que parece ser* um modelo que se repete, como o processo de seu colapso, de seu declínio e de seu desmoronamento. Hoje em dia", ele prosseguiu "estamos a perguntar a nós mesmos se este capítulo particular da história deve repetir-se no nosso caso". Sua resposta era simples: não. Mas também era condicional: "Que devemos fazer para salvar-nos? Em política, estabelecer um sistema constitucional corporativo de governo mundial. Em economia, encontrar um *modus vivendi* entre a livre empresa e o socialismo, variável segundo as necessidades práticas de lugar e de tempo; na vida do espírito, restabelecer a superestrutura secular sobre fundações religiosas." A tarefa religiosa seria a mais importante. "Mas as outras duas são mais urgentes porque, se nelas tivéssemos que fracassar, poderíamos perder, para sempre, a ocasião de realizar nosso renascimento espiritual, o que não pudemos fazer mediante um simples aceno – ele virá, *se é que terá de vir*, com a lentidão com que se movimentam as mais profundas marés da criação espiritual."[8]

Dez anos depois, numa passagem bastante famosa, ele perguntou: "por que se estuda história?". Em seguida escreveu: "a resposta pessoal do autor seria a de que um historiador, tal como qualquer um que tenha a felicidade de ter um propósito na vida, encontrou sua vocação em um chamado de Deus para 'senti-

Lo e encontrá-Lo'. Entre os inúmeros ângulos de visão, o do historiador é apenas um. Sua contribuição distinta é dar-nos uma visão da atividade criadora de Deus em movimento, em um quadro que, na experiência humana que dele temos, exibe seis dimensões"[9]. Tudo isso incomodou muita gente. E a inquietação era agravada pelo fato de que, a diferença de Wells, conhecido sobretudo como romancista e divulgador científico, Toynbee era um historiador de ofício formado em Oxford, onde foi treinado em história greco-romana e bizantina, nas primeiras décadas do século XX. Ele era professor de História Internacional na Universidade de Londres e funcionário do Royal Institute of International Affairs, com a função de escrever sínteses anuais sobre relações internacionais e assessorar governantes e diplomatas. Não era fácil desqualificá-lo profissionalmente. Por isso, houve mesmo quem buscasse soluções de compromisso, como Hans Kohn, que o admirava por seus rigorosos *Surveys of International Affairs* e seus estudos sobre o Oriente Médio. Para ele, o eminente intelectual britânico, às vezes, era historiador, outras, não[10].

Nas páginas a seguir, enfoco brevemente alguns ângulos daquela que Toynbee chamou de "concepção binocular da História" (*binocular view of History*), seu modo peculiar de articular passado e presente na interpretação da trajetória das civilizações. Não pretendo defender, nem atacar essa perspectiva. Meu objetivo é tão-somente mostrar algumas premissas que sustentam sua formulação. Ela teria conciliado, de acordo com a versão padrão do próprio autor, sua formação educacional clássica, moldada pelo empirismo britânico, e seu projeto de alcançar uma compreensão de longo alcance da história das sociedades. Os críticos, porém, consideram que suas alegações de fé empirista não são muito convincentes, e que o esquema de análise toynbiano estaria muito pouco preocupado em conciliar fatos e interpretações, haja vista seus desvãos místicos e a facilidade de achar paralelismos e regularidades, formulando leis a torto e a direito[11]. Daí o desinteresse por sua obra entre os acadêmicos, algo agravado em nossos dias pela crescente repugnância nesses meios pela História politicamente comprometida, como a que ele fazia. Julgo, porém, que muitos historiadores brasileiros padecem de uma ignorância crassa a respeito de seus estudos e estamos perdendo a chance de ler páginas admiráveis em todos os sentidos.

Na conclusão do segundo volume do compêndio, Toynbee fez uma síntese do processo de composição da obra, empregando a expressão "concepção binocular da História" para resumir sua perspectiva. Segundo ele, no meio social em que se formara, "havia dois fatores, nenhum deles propriamente pessoal, que tiveram influência decisiva em sua abordagem do estudo da História. O primeiro foi a História corrente de seu próprio mundo ocidental e o segundo foi a sua educação helênica. Interagindo perpetuamente, esses fatores tornaram binocular a visão que o autor tem da História" [12]. É evidente que ele pretendia direcionar as possíveis interpretações da gênese de seu trabalho, o que não tinha nada de anormal. Em diversas ocasiões, ao longo de mais de 40 anos, ele contou um episódio – uma "inspiração súbita" – que teria condensado os fatores que levaram à sua "concepção binocular da História".

Em resumo, foi o seguinte: quando começou a Primeira Guerra Mundial, ele tinha 25 anos, um diploma de estudos clássicos, e arrumara seu primeiro emprego, lecionando História Grega e Bizantina em Oxford. Ao ensinar sobre Tucídides, ele concluiu que o grego "já havia antecipado nossas experiências, ou seja, a eclosão de uma grande guerra, a qual ele viu imediatamente como ponto decisivo na história de sua civilização". Deste modo, embora ele estivesse "séculos atrasado no tempo cronológico, se medido pela experiência dos assuntos humanísticos e do destino humano", o historiador da Guerra do Peloponeso "já havia experimentado" algo muito próximo do que o jovem professor estava vivendo naquele momento. A história da Antigüidade greco-romana poderia, nessa conexão, ser posta "lado a lado" com a do Ocidente moderno e ambas poderiam ser comparadas "fora da estrutura cronológica" [13].

As intuições metodológicas motivadas pela leitura de Tucídides se desdobraram em diversas questões. Uma delas está ligada ao *problema dos valores*, um dos tópicos centrais de qualquer discussão sobre o sujeito e o estatuto do conhecimento. Infelizmente, não posso abordá-la neste momento. Observo apenas que Toynbee não duvidava de que era possível fazer uma História com elevado padrão de objetividade, contendo um pouco de perspectiva nomotética e outro tanto de perspectiva idiográfica. Quanto ao sujeito do conhecimento, parecia-lhe fora de questão a tese de que os historiadores não eram diferentes de seus objetos, o que, longe de ser um truísmo, implica um postulado bastante preciso sobre a perenidade da psique. Para ele, "não há (...) indícios de que a natureza humana tenha jamais mudado desde o tempo em que tomou forma reconhecidamente humana"[14]. Pode ser que ela esteja sujeita a mudanças lentas e imperceptíveis; pode ser que seja estática. No entanto, embora seja possível supor que "os corações e os espíritos se movam com maior rapidez, atualmente", não há "nenhuma prova de que a parte subconsciente da psique humana tenha variado a velocidade de sua marcha, de maneira apreciável" [15].

Outra intuição metodológica decorrente da reflexão sobre Tucídides ganhou refinamento quando, no início dos anos 1920, por sugestão de Lewis Namier, Toynbee leu *O declínio do Ocidente*, de Oswald Spengler[16]. Nesta obra ele encontrou, formulado claramente, o pressuposto da "contemporaneidade filosófica" das civilizações. Para Spengler, as civilizações eram mônadas impermeáveis, que podiam ser descritas em suas diversas etapas sem ligações substantivas de umas com as outras. Tomando-as como organismos dotados de alma e destino, o escritor alemão buscava compreendê-las morfologicamente em seu ciclo de nascimento, crescimento, declínio e morte. Eram leis de ferro. Na sua opinião, os historiadores estavam presos a um esquema interpretativo que fazia da Europa o centro gravitacional do mundo. Era hora, ele sustentou, de reconhecer que a civilização ocidental, apesar do *elan* faustiano, que lhe animara no passado, e de sua relativa juventude quando comparada com as demais, estava igualmente condenada ao perecimento. Toynbee, porém, não estava totalmente comprometido com esse viés sombrio[17]. O que lhe interessou na morfologia spengleriana não foi o modelo cíclico, mas a idéia de que as civilizações do passado e do presente podem ser consideradas como "um feixe de ensaios paralelos, contemporâneos e recentes, um novo empreendimento; por outras palavras, um certo número de tentativas feitas, até o momento, para sobrepujar o nível da vida humana primitiva na qual o homem, depois de ter-se tornado homem, havia permanecido, aparentemente entorpecido, por algumas centenas de milhares de anos"[18].

Articulando o pressuposto da perenidade essencial da psique com a hipótese de que as sociedades civilizadas, mesmo as mais longínquas, "devem ser consideradas, *hipoteticamente*, como filosoficamente contemporâneas e filosoficamente equivalentes", Toynbee podia estabelecer paralelismos e correspondências entre épocas e civilizações muito distantes no tempo e no espaço. Também podia avaliar pessoas, sociedades e processos, pois, apesar das diferenças, os seres humanos compartilham, como membros de uma espécie única, traços permanentes. Desse modo, assim como o agrupamento dos indivíduos em classes de objetos semelhantes permite comparações que podem, sem perda de eficácia, desprezar uma série de fatores exclusivamente pessoais de cada um, também as civilizações podem ser proveitosamente comparadas se reunidas em classes similares[19]. Toynbee valorizava os intercâmbios e as filiações entre as civilizações, buscando a regularidade no seio da diferença aparente. Queria, numa palavra, achar as lições da História, aprendê-las e ensiná-las. Daí a profusão de paralelismos que, se nunca perdem o encanto, às vezes desnorteiam e, com freqüência, causam suspeitas de serem forçados.

É evidente que tais atitudes não se coadunavam com os cânones de cientificidade da historiografia contemporânea. Para a maioria dos críticos, elas não passavam de expressões escalafobéticas do "pecado do anacronismo". Contudo, houve quem nelas visse predicados inesperados. Braudel, que não era simpático a iniciativas filosóficas como a de Toynbee, não deixou de reconhecer que "perto dele, a contemplação de vastos horizontes históricos se mostra salutar, mesmo saborosa"[20]. Tal qualidade tinha muito a ver com a feliz combinação de uma erudição espantosa com uma invejável habilidade para comunicar, com graça e clareza, suas idéias. Este aspecto literário reconduz à centralidade da formação clássica na definição do questionário do historiador britânico. Mantendo-se no interior do universo de Aristóteles, ele distinguiu, no começo do compêndio, ao definir conceitos e atitudes fundamentais, "três métodos diferentes de contemplar e apresentar os objetos de nosso pensamento e, entre eles, os fenômenos da vida humana". A História era "a indagação e o registro de 'fatos'"; a ciência, "a elucidação, mediante um estudo comparativo dos fatos estabelecidos, de 'leis' gerais"; e a ficção, a "recriação artística dos fatos", quais sejam, "as relações pessoais dos seres humanos". No entanto, ele advertiu que "a distribuição das três técnicas entre os três departamentos de estudo não constitui (...) uma separação tão radical quanto se poderia supor" [21].

A História, pensava Toynbee, não se interessa nem pelo estudo das sociedades primitivas, área de atenção da Antropologia, nem pelos fatos da vida individual, que ela "entrega para a biografia". Ela ambiciona compreender "uma ou outra daquelas sociedades em processo de civilização". Porém, neste procedimento, queiram ou não os historiadores, há interação das três técnicas. Compreende-se, então, que Tucídides também fosse uma referência quanto à retórica da História. Assim, Toynbee evocou-o para defender a idéia de que os elementos ficcionais desempenham papel significativo na construção do discurso histórico, pois, "além de registrar fatos, a História também recorre a ficções e faz uso de leis". Ele observou que, "já se disse (...) da *Ilíada*, que todos os que a começam lendo como História descobrem que está cheia de ficção, mas que, igualmente, todos os que a começam lendo como ficção descobrem que está cheia de História". E aduziu: "Todas as Histórias se parecem com a *Ilíada*, na medida em que não podem prescindir por completo do elemento fictício." De acordo com Toynbee, a escrita da História não pode ser isolada, como variável pessoal independente, do processo de conhecimento. "A mera seleção, disposição e apresentação de fatos constitui uma técnica que pertence ao campo da ficção, e a opinião popular está certa em sua insistência de que nenhum historiador pode ser 'grande' se não é também um grande artista." E mais, "é quase impossível escrever duas linhas consecutivas de narração histórica sem introduzir tais personificações fictícias como 'Inglaterra', 'França', 'o Partido Conservador', 'a Igreja', 'a Imprensa', ou 'a Opinião Pública'" [22].

Como se vê, Arnold Toynbee e um monte de historiadores de formação humanista, habituados à disciplina do estudo da linguagem e ao prazer extremo da boa leitura, não precisaram ser avisados, como os neófitos do nosso tempo, para quem uma página de sentenças teóricas vale mais do que todo um Eça de Queiroz, de que regras narrativas supra-individuais conformam qualquer ação discursiva. Tucídides, que "se considera geralmente (...) como o primeiro e único dos maiores historiadores severamente atado aos fatos", não pode ser compreendido, como demonstrou F. M. Cornford, sem que se perceba que, "toda a apresentação de sua matéria está regida pelas convenções da tragédia grega contemporânea". O autor da *História da Guerra do Peloponeso* pretendia descrever objetivamente os fatos e o fez, em certa medida. Mas o fez dramatizando personagens, pondo-lhes idéias na boca e conduzindo seus diálogos. Por isso, observou Toynbee, sua "*oratio recta*, embora mais viva, não é mais fictícia do que a *oratio obliqua*, através da qual os modernos apresentam suas fotografias compostas da opinião pública". Essas imbricações não denotavam o apagamento das diferenças entre as três técnicas. Pelo contrário, todas interagiam com todas. Os romances, por exemplo, teriam seus elementos de veracidade, que não deveriam ser atribuídos a uma intenção científica da literatura, mas ao dado evidente de que "o fundo está composto de fatos sociais autênticos". Fatos no sentido de regularidades sociais e, não, obviamente, de ocorrências empíricas singulares[23].

A "concepção binocular da História", portanto, não é apenas uma defesa do permanente vai-e-vem entre passado e presente, assegurado pela tese da perenidade da natureza humana e pela hipótese da equivalência/contemporaneidade filosófica das civilizações, mas, também, um dispositivo metodológico de fundo literário que, pelo que me foi possível saber, não foi considerado seriamente nem por adversários, nem por simpatizantes da obra toynbiana. Ela prescreve que a operação histórica está moldada, em grande parte, pelo manuseio de diversos personagens ou situações que, *de facto*, são ficções. Isso não lhe retira objetividade, mas desloca o sentido dessa palavra. Desse modo, para entender o que Arnold Toynbee pretendia é preciso guardar a chave empirista e reificadora usada na linguagem corriqueira para designar a objetividade dos fatos e a noção de conhecimento objetivo. Compreender a História significava, para ele, captar lições, desvelar o sentido dos processos, descobrir correspondências, buscar leis e padrões de comportamento na longa duração das civilizações. Isso exigia uma poética do saber histórico que não podia ser edificada com base numa teoria realista convencional do conhecimento. Sua postura, portanto, não poderia jamais agradar aos críticos que dele cobravam a perspectiva científica moldada nos últimos trezentos anos, fundada numa permanente contraposição ponto a ponto entre dois regimes discursivos, a verdade e a ficção. É claro que o resultado de tantos desencontros não poderia ser outro: primeiro veio a crítica mordaz, depois, o deboche, em seguida o desprezo e, por fim, o esquecimento.

Há, todavia, uma face intrigante em tudo isso. Toynbee sempre lembrou sua dívida com os helenos. Foi, em parte, pelo questionário deles que ele organizou o seu. Curiosamente, ele dedicou um número muito pequeno de páginas na versão extensa do *Estudo da História* para tocar num dos temas que os gregos lhe sugeriram: como diversos gêneros literários poderiam ser ativados na tentativa de compreender a História. O assunto não chegou a cobrir dez parágrafos no compêndio e não foi aventado em seus demais livros de maior circulação. Não sei se ele dava tudo isso por óbvio. Não sei se lhe preocupava a possibilidade de que uma atenção maior ao tema pudesse jogar água no moinho dos adversários ferrenhos ou dos "críticos tolerantes com a sua obra [que] têm-se inclinado a desculpá-lo muitas vezes, dando-o como poeta, profeta ou místico" [24]. Sei apenas duas coisas. A primeira é que, longe do estabelecido nos panoramas da historiografia, a obra de Toynbee não pode ser reduzida a um exemplar bem feito das filosofias delirantes da História, destinadas a apaziguar o desespero e o espírito de geometria das classes médias cultas. A outra coisa que sei é que devíamos ler, como o fez Braudel, "os livros claros, as defesas hábeis, as evocações inteligentes" de Arnold Toynbee. Nem que seja apenas para saber se à pergunta sobre o que fazer com ele devemos dizer, como W. H. Walsh, que "a resposta é lê-lo como se leria um poeta ou um metafísico, para ver se é ou não convincente o seu modo de encarar o passado" [25].

Notas

1 Lewis Munford. Um estudo da História. *Diógenes* (Antologia), Brasília, (2), janeiro-junho de 1982, p. 59.

2 Arnold Toynbee. *Study of History*. Londres: Oxford University Press/Royal Institute of International Affairs, 1934-1962, 12 vols.

3 Usei a edição em espanhol: A. Toynbee. *Estudio de la Historia*. (Compendio por D. C. Somervell). Buenos Aires: Emecé, 1952 {1946} e 1959 {1957}, 2 vols. Também, *A civilização posta à prova*. São Paulo: Companhia Editora Nacional, 1953 {1948} e *O Mundo e o Ocidente*. São Paulo: Companhia Editora Nacional, 1955 {1952}. Os editores brasileiros reuniram esses dois livros em A. Toynbee. *Estudos de História Contemporânea*. Rio de Janeiro: Civilização Brasileira, 1961.

4 J. Le Goff. História. In: Ruggiero Romano (dir.). *Enciclopédia Einaudi*. (Vol. 1: *Memória-História*). Lisboa: Imprensa Nacional/Casa da Moeda, 1984 {1981}, p. 216.

5 Cf. L. Rodríguez Aranda. Prólogo In: A. Toynbee. *El Mundo y el Occidente*. Madrid: Revista de Occidente, 1955, p. ix-xxiii e Mary Lepkowitz. O sucesso de Arnold Toynbee. *O Estado de S.Paulo*, 01/07/1989, (Suplemento *Cultura*, VII (466), p. 4.

6 O êxito também se deveu a dois outros elementos do compêndio. Primeiro: ele tem um porte mais conceitual, causado pelas sentenças mais lacônicas e pela redução dos exemplos e paralelismos em que reside, como o condensador reconheceu, "uma grande parte do encanto do original". D. C. Somervell. Nota del autor del compendio. In: A. Toynbee. *Estudio de la História*. Vol. I, p. 13. Segundo: por ser compacto, ele eliminou algumas divergências de Toynbee consigo mesmo, o que era de esperar em uma obra escrita por mais de vinte anos. Como a maioria dos críticos cingiu-se ao texto condensado, essas nuanças nem sempre foram notadas.

7 Herbert George Wells. *História Universal*. São Paulo: Companhia Editora Nacional, 1970 {1920}, (13 vols). Ver, C. Dawson. H. G. Wells y el perfil de la historia. In: ______. *La Dinámica de la Historia Universal*. Madri: Rialp, 1961, p. 273-278.

8 A. Toynbee. *Estudos de História Contemporânea*, p. 34-35. (grifos meus).

9 A. Toynbee. *Estudio de la História*. Vol. II, p. 361. Sua discussão mais pessoal sobre vida religiosa (incluindo a questão da "eficácia da prece a um Deus em cuja onipotência não se acredita") está em *Experiências*. Petrópolis: Vozes, 1970 {1968}, p. 145-204. Ver, também, *A História e a Religião*. Rio de Janeiro: Fundo de Cultura, 1961 {1960}.

10 Cf. Hans Kohn. Civilização em crise. Uma crítica de Toynbee. In: ______. *O Século Vinte: um desafio ao homem.* Rio de Janeiro: Fundo de Cultura, 1960 {1957}, p. 344-357.

11 Ver, dentre centenas, Barnes, Harry Elmer e Howard Becker. *Historia del pensamiento social.* México: Fondo de Cultura Economica, 1945 {1938},Vol. I, p. 737-742; E. Kosminski. A filosofia da história de Arnold Toynbee. *Estudos Sociais,* IV (13), junho de 1962, p.81-98; Fernand Braudel. *Las civilizaciones actuales.* Madri: Gredos, 1975 {1966}, p. 17-18; e Robert Nisbet. *História da idéia de progresso.* Brasília: UnB/INL-MEC, 1985 {1980}, 316-320. Para uma inserção sumária de Toynbee no panorama das idéias contemporâneas, ver, Franklin Baumer. *O Pensamento europeu moderno.* Lisboa: Edições 70, 1990 {1977}, vol. II, p. 267 e ss.

12 A. Toynbee. *Estudio de la História.* Vol. II, p. 364. (versão cotejada com o original). Para ter uma idéia de sua educação helênica, considere-se sua escolarização como um todo. "No Ocidente, até minha própria geração, o grego e o latim ainda eram os tópicos principais da educação na área de humanidades. Na Inglaterra, de 1899 a 1911, ensinaram-me não apenas a ler as obras dos autores gregos helênicos, mas também a escrever o grego helênico imitando os vários dialetos, vocabulários, estilos e também a métrica desses autores, quando era solicitado a produzir versos, e não prosa, em grego. Os exercícios em grego helênico que recebi de estudiosos ingleses clássicos foram, suponho, tão completos e corretos quanto a instrução dada no século II por Dion Crisóstomo, ou no século IV por Libânio." A. Toynbee. *A herança dos gregos.* Rio de Janeiro: Zahar, 1984 {1981}, p. 152.

13 Arnold Toynbee e George Urban. *Toynbee por ele mesmo,* cit., p. 15. "Eu o relia, agora, interpretando-o diferentemente, percebendo um sentido em suas palavras, sentimentos nas entrelinhas de suas frases, aos quais tinha sido insensível, até o momento em que, por minha vez, tive que entrar numa crise histórica semelhante àquela que o inspirou a escrever sua obra." A. Toynbee. *Estudos de História Contemporânea,* p. 7.

14 A. Toynbee. *Experiências,* p. 208.

15 A. Toynbee. *Estudos de História Contemporânea,* p. 189.

16 Oswald Spengler. *A decadência do Ocidente.* (condensado por Helmut Werner). Rio de Janeiro: Zahar, 1964 {1920-1922; 1957}

17 O pessimismo spengleriano não era um caso isolado. Naquela época, muitos intelectuais europeus, instigados por um sentimento de profunda decadência dos valores e das crenças, buscavam compreender o que se passava recorrendo, dentre outros expedientes, às doutrinas cíclicas da história. Cf. Franklin Baumer. *op. cit.,* p. 267 e ss; Robert Nisbet. *op. cit.* p. 322-338; e, especialmente, Joseph Vogt. *El concepto de la Historia de Ranke a Toynbee.* Madri: Guadarrama, 1971 {1961}, p. 73-137.

18 A. Toynbee. *Estudos de História Contemporânea,* p. 8.

19 A. Toynbee. *Estudio de la História.* Vol. I, p. 60. (grifos meus).

20 Fernand Braudel. A história das civilizações: o passado explica o presente. In: ______. *Escritos Sobre a História.* São Paulo: Perspectiva, 1978 {1959}, p. 253.

21 A. Toynbee. *Estudio de la História.* Vol. I, p. 60-61.

22 A. Toynbee. *Estudio de la História.* Vol. I, p. 60-61.

23 Idem, ibidem.

24 W. Dray. *Filosofia da História.* Rio de Janeiro: Zahar, 1969 {1964}, p. 119.

25 F. Braudel. A história das civilizações: o passado explica o presente. In: ______. *Escritos Sobre a História.* São Paulo: Perspectiva, 1978 {1959}, p. 252, e W. H. Walsh. "Sentido" em história. In: P. Gardiner (org.). *Teorias da História.* Lisboa: Fundação Calouste Gulbenkian, 1969 {1959}, p. 374.

FAULKNER: UMA LEITURA INFERNAL DO PASSADO

Rita Felix Fortes

William Faulkner (1897-1962), embora tenha centrado sua obra no imaginário condado de Yoknapatawpha, no reacionário e decadente sul dos Estados Unidos, é um dos intelectuais do século XX que se detém, de forma cruenta, nos aspectos mais melancólicos, sombrios e universais da condição humana. A leitura da sua obra é sempre uma tarefa árdua e prazerosa que sabe a algumas ervas amargas: irritam as papilas, mas deixam um travo agradável e estimulante na boca.

Geralmente, o leitor empenhado, em seu primeiro contato com a obra faulkneriana, sente um misto de fascínio e rejeição. Causa espanto que alguém seja capaz de conceber personagens tão ignóbeis e desesperados, cuja vilania e/ou angústia extrapola os limites do imaginável. De acordo com Assis Brasil, o leitor de Faulkner às vezes não entende inteiramente como "um romancista tem coragem de apresentar seu povo pelo lado mais sórdido e baixo. E pergunta se é este o verdadeiro retrato da nação americana".[1]

Faulkner estréia na literatura em 1926, aos vinte e nove anos, com a novela *Soldiers'pay*. Obra trágica que se atém aos estragos provocados pela guerra na vida de um jovem soldado e sobre a violenta "dissolução de uma juventude sem ilusões".[2] Em 1927 Faulkner recebeu duzentos dólares de seu editor para escrever o segundo romance. O resultado é *Mosquitoes*, no qual o autor ironiza os literatos boêmios e os "medalhões" que ele conheceu em Nova Orleans. Mas é com a publicação de *O som e a fúria*, em 1929, que ele se filia ao grupo dos grandes escritores norte-americanos, do qual fazem parte Hawthorne, Melville, Henry James e Mark Twain, dentre outros. *Sartoris*, também publicado em 1929, é uma espécie de "ovo cósmico" da obra faulkneriana, porque nele serão esboçados os principais temas, caminhos e algumas das mais importantes personagens do restante da sua obra. *Enquanto agonizo* (1930), de acordo com Harold Bloom, reitera a visão do romancista "fundamentada no horror à família e à comunidade, cujo único valor proposto é a resistência estóica".[3]

Na trilogia *O povoado* (1940), *A cidade* (1957) e *A mansão* (1959), o autor traça a trajetória de Flem Snopes, um arrivista completamente amoral, detestado pela decadente aristocracia da cidade de Jefferson – nos socavões do Mississipi – que ascende socialmente e, no final da vida, consciente de que foi longe demais no que se refere à vilania, espera pacificamente que um primo o mate. Este é um aspecto ímpar desta trilogia, quando comparada ao restante da obra. Faulkner é imbatível na criação de seus vilões. Outro livro que merece destaque é *Desça*

Moisés (1948), considerado pela crítica o último grande marco ficcional da obra de Faulkner. Livro composto de vários contos independentes, mas parcialmente interligados, traça a trajetória das transformações sofridas pela aristocracia sulista entre 1772 e 1940. Ao longo deste período as cidades avançam, as matas encolhem e o mundo se moderniza. Entretanto, permanecem imutáveis os conflitos entre brancos e negros, aqueles presos aos seus empedernidos preconceitos, estes a uma rebeldia inabalável.

Faulkner tem vastíssima produção. Pontuamos aqui apenas alguns dos seus mais importantes romances, graças aos quais ele recebeu, em 1950, o Prêmio Nobel de Literatura. Na ficção faulkneriana, um aspecto de fundamental importância é o tratamento dado ao tempo. Concebido de forma singularmente diferente da narrativa tradicional, ele se desloca sempre sobre si mesmo, em direção ao passado e ao perdido *way of life* sulista, levado de roldão pelo progresso. Não há a expectativa de porvir. Suas personagens – únicas no que tange aos aspectos mais sombrios e vis da miséria humana – são fundamentais para aqueles que buscam, pela literatura, compreender os aspectos mais adversos da condição humana. Em síntese, se para este fim se opta pela literatura como caminho, a obra de Willam Faulkner é fundamental.

Tristes tempos no *Som e a fúria*

No romance *O som e a fúria*, o tempo – além de se ater à capacidade destrutiva natural, inerente ao seu fluir cronológico – é concebido de forma perversa, que se projeta do passado, como uma força capaz de corroer o presente e minar qualquer perspectiva de futuro. É marcante neste romance o desconfortante sentimento de decadência que se prolonga no tempo e no espaço e se atualiza a cada leitura. Outro elemento fundamental é a correlação entre a estrutura temporal do romance e a decadência da aristocracia sulista norte-americana. Esta correlação está presente nos mecanismos mentais dos diversos narradores e nos tipos de monólogo interior ou de diálogo a eles atribuídos, de acordo com sua condição psíquica. A tentativa de negar o tempo presente, o desespero em relação ao passado perdido e a falta de expectativa de futuro são componentes básicos não apenas de *O som e a fúria*, mas da obra de Faulkner como um todo.

O passado de grandeza da família Compson, os protagonistas da história – remontando a uns sessenta anos antes do presente da narrativa – respalda-se em um passado mais remoto, cuja semente originária é composta por um tipógrafo desertor; um proscrito jogador perneta e também desertor, como seu pai; um legítimo pária político e social; um aventureiro imoral que "roubará" dos índios a milha de terra que, de fato, fundeará a família no sul dos Estados Unidos. Entre 1811 e 1861 a família deitou lastro e gerou um governador e um general. A partir de então, ela reencontra a trilha da decadência que, em cinco décadas, a levará de volta a uma situação muito próxima à de seus ancestrais párias, desertores e jogadores nos quais os Compson se ancoram.

Apesar de *O som e a fúria* ter sido publicado há setenta anos, ainda causa impacto, tanto pela força temática quanto pela organização formal. William Faulkner[4] estrutura-o recorrendo a um processo narrativo extremamente imbricado, amalgamado numa diversidade de vozes, de acordo com os processos mentais das personagens nas quais as partes da narrativa estão centradas. "As particularidades da palavra dos personagens sempre pretendem certa significação e certa difusão social: são linguagens virtuais." [5] É graças a essa virtualidade da linguagem que o romance, inserido no mesmo espaço, organizado segundo os dramas de um mesmo grupo de personagens, tem várias dimensões, em sintonia com os mecanismos psíquicos dos diversos narradores.

Na primeira parte da narrativa, mesclam-se os sentimentos e angústias passadas e presentes de Benjamin, um débil mental, no dia do seu trigésimo-terceiro aniversário. Como construção do enredo, esse início engloba o todo familiar, que será desmembrado e ampliado nas partes posteriores. A segunda parte é composta pelo "delírio" de Quentin, o primogênito dos Compson, durante as horas que antecedem seu suicídio. A terceira parte centra-se na óptica furiosa e ressentida de Jason, o filho mais moço, em relação à irmã, à sobrinha, aos Compson e ao mundo como um todo. A última parte, a única narrada de uma perspectiva objetiva, em terceira pessoa, tem como núcleo Dilsey, a empregada negra, descendente de escravos da família, e que, de certa forma, é o último sustentáculo que mantém a casa Compson de pé. Fechando o romance, há um apêndice, cuja narrativa objetiva e totalmente distanciada elucida tanto os fatos pseudo-históricos quanto as pontas soltas do enredo.

Há, em cada uma dessas partes, uma forte marca dos valores individuais e coletivos das personagens que transmite as similaridades e diferenças de percepção do mundo e os desajustes de todas em relação ao universo familiar. Na estratégia narrativa faulkneriana, fundem-se "certa significação social e certa difusão social"[6] aos desajustados e desesperados estados d'alma daqueles que se sentem interiormente acorrentados a situações sociais e a sentimentos insolúveis. As personagens de Faulkner se enquadram, de acordo com a denominação de Goldmann, no grupo dos *indivíduos problemáticos*, recorrentes no gênero romanesco:

> A forma extremamente complexa que representa na aparência é aquela em que os homens vivem todos os dias, uma vez que são obrigados a procurar toda qualidade, todo o valor de uso, de modo degradado, pela mediação da quantidade do valor de troca, e isso, numa sociedade onde todo o esforço para se orientar diretamente no sentido do

valor de uso não teria outro resultado senão engendrar indivíduos também degradados, mas de modo diferente – os *indivíduos problemáticos*.[7]

Considerando a análise da concepção temporal da primeira parte de *O som e a fúria*, verifica-se que a narrativa, em forma de monólogo interior, organiza-se com base na consciência de um débil mental cuja perspectiva se centra em três elementos: um pasto, última porção de terra da família; a irmã e o fogo, as únicas coisas que ele amara na vida. Entretanto, por meio desses três elementos básicos, um leitor empenhado consegue não só "entender o que está se passando, como também compenetrar-se dos materiais do enredo".[8]

A história inicia em 7 de abril de 1928, dia em que Benjamin, o narrador idiota, faz trinta e três anos. Sua idiotice não tem o encanto ingênuo do epiléptico príncipe Míchkin – de *O idiota*, de Dostoievski –, que, detentor de pureza cristalina, é refratário à hipocrisia da sociedade de Petesburgo, imersa em um cruel jogo de interesses. Graças à doença, o príncipe provoca no leitor uma espécie de nostalgia de um tempo quimérico, no qual imperariam apenas verdade e singeleza. Benjamin não tem, tampouco, a aura mística que a personagem de "Um moço muito branco"[9], de Guimarães Rosa, exala à sua volta, ou ainda, a capacidade de desencadear a clássica reflexão sobre o tênue limite entre a sanidade e a loucura abordada em "Sorôco, sua mãe, sua filha".[10] O príncipe Míchkin, em sua idiotice, o "inqualificável" moço muito branco, do conto homônimo, a mãe e a filha de Sorôco e, talvez, o próprio Sorôco, se ajustam à concepção medieval do "louco [que] será salvo, seja o que for que tenha feito durante sua loucura. (...) A alma não está suficientemente comprometida na loucura para pecar nela"[11].

Benjamin, com seu choro constante, destila à sua volta um permanente sentimento de desconforto e sofrimento, resultantes da sua condição anômala de bebê, encerrado no corpo de um homem de trinta e três anos, grande e gordo, que não tem uma clara noção de si mesmo e não consegue distinguir o passado do presente. O ir e vir de suas reflexões, à mercê de banais episódios do presente, desencadeiam suas lembranças – quase todas ligadas à irmã – mas estas não são rememoradas e sim vividas, como se todos os fatos lembrados ao longo de sua vida estivessem, permanentemente, "re-acontecendo". A angústia provocada por esta constante evocação da irmã – ausente há dezoito anos – de um lado despe a idiotice de Benjamin da aura de encantamento mas, de outro, perpassa um sofrimento tão intenso que comove e fascina.

À medida que o leitor consegue penetrar nos meandros da mente do narrador e no desespero que permeia toda a sua "narrativa", só se acentua o desconforto provocado inicialmente pelo romance. Entretanto, esse desconforto funciona como visgo que enreda e leva o leitor a decodificar a complexidade da mente do narrador e, conseqüentemente, da narrativa. Essa complexidade estrutural pode, também, funcionar como repelente para um leitor desavisado, afastando-o de um dos mais lúgubres e instigantes romances sobre o tema da decadência. É exatamente na subversão narrativa e na mente caótica do narrador que reside o poder aflitivo e encantatório deste romance. De acordo com Bergson, "na realidade, há mais conteúdo intelectual nas idéias de desordem e de nada, quando elas representam alguma coisa, que naquelas de ordem e de existência, porque implicam várias existências e, além disso, um jogo do espírito que muda inconscientemente com elas".[12]

Benjamin – assim como, parcialmente, Quentin, o narrador da segunda parte – não tem a clássica noção de tempo e, por isso, não distingue o passado como lembrança, o presente como o único momento concreto e o futuro como possibilidade. Sua incapacidade de distinguir entre lembrar e viver faz dele uma personagem sem consciência do mundo e de si mesmo. Para Pouillon

> a consciência é, antes de tudo, memória; contudo, esta memória que guardam de seu passado os personagens de Faulkner não é uma função de conhecimento ligando a um passado vivido como tal um passado que se reconhece não mais existir; absorve-se em conteúdos por isso mesmo plenamente existentes e tidos como objetivos, não havendo nisto nenhuma ilusão para o realismo subjetivo deste autor. Desta maneira, a memória não se reconhece como memória, não constitui o sentido do atualmente inexistente, mas sim o do real, e como, não obstante, a memória só pode ser o sentido do passado, é preciso afirmar – numa linha de pensamento essencialmente faulkneriano: o real é o passado.[13]

A perspectiva de Benjamin – sempre centrada nos momentos teofânicos em que Caddy, sua irmã, emerge, espoca e desaparece em suas lembranças – não coaduna com a noção de temporalidade que, de acordo com Ricouer, resulta da "unidade articulada do por-vir, do ter-sido e do presentar, que são, assim, dados a pensar juntos: 'o *fenômeno* que oferece tal unidade de um por-vir que torna presente no processo de ter-sido, chamamo-lo *temporalidade*'".[14] Esta noção temporal demanda uma distinção racional entre o passado, o presente e a expectativa do futuro, ao passo que, para Benjamin, vigoram apenas as sensações imediatas, desvinculadas de qualquer noção de passado, presente ou futuro, sensações estas permanentemente atualizadas pela falta que ele sente da irmã Candace. Essas lembranças constituem uma espécie de ciranda alucinante: como se sua memória fosse um carrossel que, ao girar em ritmo acelerado, tornasse indistintos os contornos entre o passado e o presente. Nas vivências remotas e atuais, Benjamin resgata os episódios da infância e da adolescência, especialmente aqueles que foram partilhados com a irmã, atualizando, desta forma, uma saudade lancinante. Sua debilidade mental leva-o a não conseguir distinguir o passado do presente ou ter qualquer noção de futuro. Ele vagueia em uma espécie de limbo no qual se fundem, de forma simultânea, fragmentos de lembranças remotas e atuais, que o condenam – *ad infinitum* – a reencontrar e perder a irmã Caddy. Ou seja, o passado não é o "determinante do presente e do porvir"[15] e sim "o único a ter realidade" [16].

A questão da temporalidade, motivo de reflexão desde Heráclito e Aristóteles, e amplamente discutida por Santo Agostinho nas suas *Confissões,* aponta para a necessidade humana de tentar criar mecanismos intelectivos e filosóficos que dêem consistência à fluida condição do tempo: simultaneamente tão concreto, pelas marcas que provoca no seu inexorável fluir, e tão abstrato, como elemento passível de definição. As grandes questões colocadas por Santo Agostinho buscam definir o que é e para onde foi o passado; o que dá estatuto ao presente, já que este só existe de forma fugaz e, no entanto, é o momento concreto que traz embutido em si as marcas do passado e a possibilidade de futuro. "Não se pode ver o que não existe. E aqueles que narram coisas passadas não poderiam relatar coisas verdadeiras, se não as vissem na mente. Ora, se o passado realmente não existisse, de modo algum poderia ser percebido. De onde se conclui que tanto o futuro como o passado existem."[17]

Santo Agostinho parte sempre da perspectiva consensual da fugacidade do presente que resgata o passado, via memória, e aponta para a possibilidade do futuro. Faulkner, notadamente nas duas primeiras partes de *O som e a fúria,* desestabiliza essa concepção de tempo provocando com isso um entrave à compreensão imediata do romance. Este só se torna inteligível quando se percebe que a lógica que o norteia não se prende à clássica organização seqüencial de passado, presente e futuro. Ele exige que o leitor, ao tentar entender o texto, reavalie as tradicionais questões da temporalidade – em certa medida já questionadas ao longo da tradição da prosa romanesca – ou, pelo menos, que reflita sobre elas. Lukács afirma que

> é unicamente no romance, cujo conteúdo total consiste numa busca necessária da essência e numa impotência em a encontrar, que o tempo se encontra ali ligado à forma: o tempo é a maneira como a vida puramente orgânica resiste ao sentido presente, a maneira como a vida afirma a sua vontade de subsistir na sua própria imanência, perfeitamente fechada.[18]

Se, de um lado, as indagações sobre o tempo levantadas por Santo Agostinho colocam em crise a condição humana ante a fugacidade da vida[19], de outro, resta ao filósofo buscar na fé um respaldo contra a consciência da vacuidade e contra a impossibilidade de encontrar respostas plenamente satisfatórias para questões insolúveis.

> Confesso-te, Senhor, que não sei ainda o que é o tempo, e, no entanto, sei que pronuncio estas palavras no tempo. (...) Ai de mim que nem ao menos sei o que ignoro! Senhor, tu vês que eu não minto. Eu te falo de coração. Tu me acenderás a lâmpada, Senhor meu Deus, e iluminarás as minhas trevas![20]

Faulkner, diferentemente de Santo Agostinho, em sintonia com as tendências do século XX, cria personagens que não encontram na fé[21] mística, e em nenhuma instituição humana, a luz que as resgate das tragédias passadas, da mediocridade presente ou da absoluta falta de perspectivas futuras. Faulkner escreve partindo do tempo como

> plenitude da vida mesmo se a plenitude do tempo é a supressão da vida e, com ela, do próprio tempo. E a realidade positiva, a afirmação traduzida pela forma do romance, para além de todo o desespero e de toda a desolação dos seus conteúdos, não é somente o longínquo sentido crepuscular que brilha com um pálido fulgor atrás da busca submersa, mas antes essa própria plenitude de vida que se revela através das formas variadas assumidas pela vaidade da busca e do combate. O romance é a forma da virilidade amadurecida.[22]

As únicas coisas que, a duras penas, mantêm as personagens faulknerianas são: as vivências passadas, no caso de Benjamin; o desesperado apego ao dinheiro, no caso de Jason; e a consciência de sua tragédia pessoal e da degradação familiar, no caso de Quentin, que não encontra suporte que justifique continuar vivendo e busca na morte uma espécie de resgate, ou de ponto final para seu desespero.

Se, desde os primórdios, as reflexões sobre o tempo resultam da inquietação humana ante a fugacidade da vida, como lidar, então, com um tempo cujo presente é totalmente vazio, o passado uma mera sombra da qual brotam permanentes sentimentos conscientes e ou inconscientes de perda, de dor e de saudade e a crença de futuro inexiste? É nessa total desestabilização, em um mundo sem fé nem nenhum outro tipo de âncora, que vagueiam os Compson – presos ao que *foi* em detrimento do que *é* –, cujo destino cruel faz que, segundo Faulkner, "tudo o que vivemos no presente fique por assim dizer submerso pelo que vivemos no passado. Não se trata de uma evocação, no sentido habitual da palavra, mas sim de uma espécie de peso constante do que *existiu* sobre o que *existe*"[23]. [grifo nosso].

Esse determinismo do passado, que nega às personagens a possibilidade de viver plenamente o presente e mirar algum futuro, é também analisado por Sartre, como elemento determinante da obra de Faulkner.

> O presente não é; torna-se presente. Tudo foi.[24] (...) A ordem do passado é a ordem do coração. Seria errado supor que, quando o presente é passado, ele se torna nossa me-

mória mais fechada. Sua metamorfose pode fazê-lo mergulhar no fundo de nossa memória, da mesma forma que pode deixá-lo flutuando na superfície. Somente sua intensidade própria e o significado dramático de nossa vida podem determinar em que nível ele permanecerá.[25]

Para a personagem Benjamin não há o que, segundo Ricoeur, constitui um dos grandes méritos da concepção agostiniana de tempo: a busca humana de certo equilíbrio entre a *expectativa* – o porvir – e a *lembrança*[26] – o que ficou. Se "a expectativa se encolhe quando as coisas esperadas se aproximam e se a lembrança se alonga quando as coisas relembradas se afastam",[27] como classificar uma personagem que não consegue antever nenhum futuro, não tem consciência do presente e se encontra emparedada à grande perda do passado? Essa condição temporal é, sem dúvida, uma das grandes inovações desse romance, bem como a sua principal fonte de inquietação e dificuldade. Faulkner, ao privilegiar totalmente o passado, esvaziar o presente e descrer no futuro, cria uma concepção de tempo que destoa tanto da tradição clássica quanto, em certa medida, das demais inovações narrativas marcantes no início do século XX.

Benjamin é uma personagem significativa como fonte de inquietação para o leitor. Seu universo de débil mental é totalmente *sui generis,* uma vez que, ao mesmo tempo que encarna as inquietações mais humanas e universais possíveis – no que se refere à saudade, à angústia e à solidão de ser emparedado em si mesmo, incapaz de se manifestar, exceto pelo choro, e de entender os mecanismos subjacentes à perda das únicas coisas que lhe são caras – é um narrador ímpar por sua condição mental. De acordo com Bergson

o cérebro não deve (...) ser outra coisa (...) que não uma espécie de central telefônica: seu papel é "efetuar a comunicação", ou fazê-la aguardar. Ele não acrescenta nada àquilo que recebe; mas, como todos os órgãos perceptivos lhe enviam seus últimos prolongamentos (...) ele constitui efetivamente um centro, onde a excitação periférica põe-se em contato com este ou aquele mecanismo motor.[28]

Embora a citação se aplique a um contexto distinto, ela ajuda a elucidar a forma peculiar com que Faulkner concebe os mecanismos mentais da personagem e sua implicação direta com a incapacidade de Benjy de distinguir passado e presente, bem como de ter qualquer noção de futuro. É como se a mente dele estivesse apta apenas a receber as ligações enviadas pela irmã Caddy, a qual funcionaria como espécie de decodificadora entre ele e o mundo. Como estes contatos foram interrompidos – ele não tem outro elemento mediador – sua memória parte, sempre, da repetição de algum episódio anteriormente vivenciado em companhia da irmã ou a ela relacionado, em uma tentativa vã de restabelecê-los. Entretanto, como estas lembranças, logicamente, se dissolvem, uma vez que são virtuais, a memória de Benjamin é uma cruel fonte de prazer que deságua, sempre, em dor e desilusão. A despeito da especificidade deste narrador, ele intriga exatamente porque, por ele, Faulkner radicaliza as instigantes e incômodas reflexões do homem em relação ao tempo, diluindo os contornos entre o lembrado e o vivido, o real e o imaginário, o passado e o presente, com o agravante de que não há na mente de Benjy noção alguma de futuro.

A complexidade deste narrador, simultaneamente grotesco e maravilhoso, aprisionado em um corpo disforme, mas cuja mente – dissonante em relação ao corpo – desvela para o leitor uma profunda sensibilidade, resulta da capacidade da arte de extrapolar os limites do real. É esse talento que torna as personagens de Faulkner, em geral – Benjamin e Quentin em especial –, ímpares, provocadoras de um sentimento de estranhamento e comunhão, de identidade e rejeição. Graças à condição utópica da arte, pode-se atingir tal nível de complexidade e de transcendência em relação aos limites do real[29].

A narrativa, iniciada no dia sete de abril de 1928 – esta data não faz parte das memórias de Benjamin –, que abre o romance, sem índice evidente de justaposição temporal, se desloca para uma véspera de natal do início do século, quando o narrador devia ter uns sete anos; volta bruscamente ao momento presente, daí, para um dia impreciso, novamente na infância de Benjamin, quando morreu sua avó; a seguir para o dia do casamento de Caddy, e assim sucessivamente, em uma espécie de ciranda mental, ao sabor do fluxo de consciência[30] da personagem, de acordo com o ir e vir dos mecanismos associativos de sua memória.

O passado, na mente de Benjamin, forma um bloco homogêneo no qual se imbrica uma série de fatos vividos em diferentes momentos, especialmente da infância e adolescência, antes da partida de Caddy, que se norteiam, exclusivamente, por suas emoções, sem estabelecer oposição cronológica entre o presente e o tempo rememorado. Essa estratégia narrativa relativiza a concepção tradicional de tempo: presente *versus* passado, e faz deste narrador alguém que transita entre vários momentos já vividos como se fossem todos atuais. O presente da narrativa, dia sete de abril de 1928, funciona como mera fonte desencadeadora dos mecanismos da memória que o levam a viver, e não meramente lembrar, diferentes etapas de sua vida. Como analisa Pouillon, no romance de Faulkner

> é todo o passado que pesa sobre o presente; o passado forma um bloco: não o devemos imaginar segundo uma ordem cronológica que voltasse a nele introduzir passados e presentes relativos. É de certa forma intemporal; o fato de que um acontecimento des-

lize para o passado não o leva a alinhar-se entre as "lembranças puras", bem classificadas por datas, mas apenas o retira da temporalidade na medida em que esta é transformação, dispersão.[31]

A forma peculiar com que Faulkner concebe o tempo em *O som e a fúria*, quando comparada, por exemplo, à de Proust, em *À procura do tempo perdido* – um marco da concepção temporal na prosa romanesca do século XX, e que também atribui grande peso ao passado –, é que, para Proust, o tempo cronológico é real e as personagens transitam entre o presente e o passado, ao passo que para Faulkner "o passado se faz presente durante todo o tempo e a cronologia não tem valor"[32]. Em Proust, a volta ao passado representa uma busca de satisfação interior; em Faulkner, o passado irrompe com tal força e violência "que condiciona o presente, formando um tempo à margem da cronologia. É como se o tempo, o tempo convencional, fosse para [suas] personagens uma vasta prisão"[33].

Ao presente, espécie de prisão à qual Benjamin está confinado e da qual ele se evade por meio das lembranças, amalgamam-se vários momentos passados, ao sabor dos mecanismos associativos deste narrador tão especial. Embora Faulkner estabeleça algumas conexões entre os episódios, conexões estas que têm a função de nortear o leitor, são elas tão sutis que não comprometem a dimensão atemporal e não-cronológica do romance. Exemplificando: o primeiro elemento preciso, a data 7 de abril de 1928, abre o romance, portanto o leitor tem esta âncora para situar-se cronologicamente. Entretanto, esta marca temporal é uma informação que não pertence à mente do narrador, que não tem uma dimensão temporal precisa, nem tem consciência que este é o dia do seu trigésimo-terceiro aniversário. Mesmo com a inserção da data como estratégia organizadora da narrativa, a compreensão desse romance demanda grande esforço do leitor para contrapor o presente aos vários momentos do passado pelos quais a narrativa transita. Apesar desta primeira parte ser, em certa medida, a síntese de toda a obra, a leitura só se torna totalmente inteligível, melhor dizendo, confiável, com o desdobramento do romance, quando os fatos se confirmam pela óptica dos outros narradores.

O segundo elemento, e que o leitor só poderá identificar ao longo da história, é indicado pelos pajens que acompanham Benjamin, mas como, para ele, seus acompanhantes lhe são absolutamente indiferentes, não se quebra a dimensão atemporal. Exemplificando: Luster, no presente da narrativa, diz: "– Ficaste outra vez preso no prego. Não sabes passar por aqui sem te prenderes no prego".[34] Esta frase, se dita por Versh – seu acompanhante na infância – ou por T.P – seu acompanhante na adolescência – provocaria exatamente o mesmo efeito: fazer Benjamin voltar mais de vinte e cinco anos no tempo, quando ficou preso àquele mesmo prego e foi solto pela irmã. Independentemente de quando e com quem ele esteja ao se prender ao prego, quem o soltou, solta e soltará, foi, é e será, sempre, sua irmã. "Caddy soltou-me e passamos para o outro lado." Para Bergson, os mecanismos da memória, partindo sempre de situações atuais, retornam ao passado, mas sempre voltam ao tempo real graças à "necessidade de sacrificar o instável pelo estável, ou seja, o começo pelo fim"[35].

O fator diferencial que caracteriza Benjamin como personagem *sui generis* no contexto da narrativa literária é que, para ele, o fim – o momento presente – é que é, sempre, mera fonte de *flashes* superficiais que atualizam sua existência real no passado. Paradoxalmente, o momento atual é que é visitado de forma fugaz e sua concretude subsiste, apenas, como mecanismo desencadeador das lembranças mais remotas, vinculadas à infância e à adolescência. Para Benjy o presente é, sempre, fonte de tanta dor e tamanha saudade que não lhe é possível pautar sua existência em tempo real, fazendo-o vagar em dimensão atemporal.[36]

Conforme já foi discutido, para que o leitor não se perca no caos intemporal da mente simultaneamente lúcida – já que capta, mesmo que de forma direcionada, tudo à sua volta – e doentia – porque débil mental – desse narrador, Faulkner insere marcas estratégicas. O dia sete de abril de 1928, por exemplo, embora seja uma âncora para o leitor, não o é para o narrador, uma vez que sua âncora referencial não é o tempo cronológico presente e sim o aluvião das suas memórias passadas. Todavia, esta data não pode ser desconsiderada pois, apesar de se situar fora das referências de Benjy, faz parte do romance e sua função é desvelar o presente como mais uma das fontes de vivência da personagem. Para o narrador, o presente faz parte dos vários estágios intemporais visitados por ele no decorrer do dia sem, no entanto, ser dos mais prazenteiros; ao contrário, sempre que Benjy volta ao presente é para sofrer com o desvanecimento de Caddy.

– Vieste me esperar – disse ela. – Vieste esperar Caddy. Por que o deixaste ficar com as mãos frias, Versh? – Disse-lhe que as metesse nos bolsos – justificou-se Versh. – Agarrado àquele portão. – Vieste esperar Caddy – continuou ela, esfregando as mãos – Que estás querendo dizer a Caddy? (...) Que estás resmungando – irritou-se Luster. (...) – Que é? Disse Caddy. – Que estás querendo dizer a Caddy? Mandaram-no para cá fora, Versh? – Não o agüentaram em casa – disse Versh.[37]

O fragmento acima ilustra bem o flanar da personagem entre o presente e o passado: este, uma fonte de prazer, aquele, de dor. Em uma véspera de Natal, na virada do século, quando Benjamin era ainda bem criança, ele e Versh, o seu pajem de então, estão no portão, esperando que Caddy volte da escola, porque a família não consegue suportá-lo dentro de casa. Ele resmunga alguma coisa ininteligível e sua irmã, ao chegar – sempre carinhosa – procura decifrar os resmungos e pergunta: – Que estás querendo dizer a Caddy?

Embora este episódio tenha ocorrido há uns trinta anos, Benjy o revive como se ele estivesse acontecendo em tempo real e não virtualmente, em suas lembranças. Tanto é assim que Luster, no dia sete de abril de 1928, pergunta o que ele está resmungando, quando, na verdade, ele está tentando falar com a irmã. Luster interrompe seu devaneio, fazendo-o voltar ao presente, mas imediatamente ele retoma o fio dos seus *flash backs* no ponto exato em que Luster o interrompera. Portanto, o presente não funciona como tempo real, como contraposição entre o vivido e o lembrado. Bergson postula que a realidade

> de um estado psicológico ou de um objeto material consiste nesse duplo fato de que nossa consciência os percebe e eles fazem parte de uma série, temporal ou espacial, onde os termos se determinam uns aos outros. Mas essas duas condições admitem graus, e concebe-se que, necessárias uma e outra, sejam desigualmente preenchidas. Assim, no caso dos estados internos atuais, a conexão é menos estreita, e a determinação do presente pelo passado, deixando bastante lugar à contingência, não tem o caráter de uma derivação matemática.[38]

Se o tempo presente não funciona como ponto referencial para a narrativa de Benjamin, o espaço, ao contrário, mantém-se imutável como elemento concreto e mensurável, como atestam: o prego na cerca, ao qual ele ficara, fica, e ficará preso; o portão, onde ele aguardava que Caddy voltasse da escola e que terá implicação direta na sua castração, uma vez que, anos mais tarde, ao tentar abordar uma menina vinda da escola, ele estará em busca da irmã, o que será o suficiente para que Jason, em seu furor contra a família, mande castrá-lo imediatamente; o pasto, transformado em campo de golfe, ao qual ele não tem mais acesso, mas pode ver através da cerca e vários outros espaços recorrentes na história. Nesses espaços, ele sempre esteve acompanhado de um adolescente negro, da mesma família, que o trata ora com condescendência, ora com impaciência, contribuindo, não para a indistinção entre o presente e o passado, mas para o privilégio deste em detrimento daquele.

A supremacia do *termo espacial* sobre o *termo temporal* funciona como estratégia na construção da atemporalidade da narrativa. Ou seja, as condições psíquicas de Benjamin levam-no a estar em permanente *estado interno*, no qual não vigora uma correlação precisa entre tempo e espaço e sua inserção espacial no mundo está restrita aos elementos concretos – do prego ao portão, da carruagem ao pasto – partilhados com a irmã. Isto faz seu espaço preservar de forma latente o tempo passado, pronto para eclodir pela repetição de qualquer episódio banal, preferencialmente aqueles há muito partilhados com a irmã. Esta latência do passado tem o poder de suplantar o presente "visitado", concebido como permanente fonte de tristeza e dor. Para Faulkner o passado não é mais um passado temporal, que deixou de ser e de que nos podemos apenas lembrar: é algo presente, atual, presente no sentido próprio, tanto quanto passado; na medida em que se encontra inserido no tempo, ele *foi*, sendo por conseguinte passado na acepção atual da palavra, sendo porém presente, na medida em que subsiste. É por isso que podemos declará-lo intemporal. Acontece, porém, que este intemporal não se situa num plano superior: fica por detrás de cada presente cronológico, para fazer que este o signifique e para o retomar imediatamente.[39]

A história vagueia por vários episódios, em diferentes momentos da vida de Benjamin, ao sabor das suas evocações, desconsiderando qualquer oposição entre os vários momentos passados e o momento presente. A quase elisão do tempo cronológico faz a narrativa ser regida, exclusivamente, pelo fluxo de consciência do narrador, ao sabor dos mecanismos da sua memória. "Foi e empurrou Caddy para cima da árvore para o primeiro ramo. Vimos o fundo enlameado das calças dela. Depois não a pudemos ver mais. Podíamos ouvir a árvore a restolhar. (...) – Que estás vendo? – segredou Frony. Eu os via. Depois vi Caddy, com flores no cabelo, e um véu comprido como uma brisa luminosa Caddy!"[40] Partindo da pergunta de Frony, Benjamim elimina pelo menos dez anos e a frase "Eu os via" tanto pode referir-se à pergunta de Frony, a respeito do velório – quando Benjy era ainda uma criança – quanto à de T.P., no dia do casamento de Caddy – já na sua adolescência –, quando este, embriagado, deixa que Benjamin olhe, pela mesma janela, a festa de casamento da irmã, ou ainda as duas coisas, uma vez que o que vigora são os fluidos meandros da mente da personagem.

O aniversário de Benjamin e o episódio da moeda são retomados na terceira e na quarta parte da narrativa, em sintonia com a forma com que foram descritos inicialmente, o que delega confiabilidade a esse narrador que, apesar de limitado pela deficiência, capta o momento, integralmente, nos menores detalhes, mesmo que como mero elo entre os episódios do passado. Esta interligação, a despeito da complexidade narrativa, resulta em um romance bem estruturado, cujo enredo preciso evita que a história se torne delirante como seu(s) narrador(es). A estreita ligação entre todos os episódios corrobora para que a história tenha certa unidade narrativa que estabelece as conexões necessárias entre os episódios passados e seus desdobramentos no presente. Por exemplo: Luster passa o dia procurando a moeda para ir ao circo; posteriormente, na terceira parte do romance, Quentin, a sobrinha de Benjamin, fugirá com um peão desse circo. É dessa justaposição entre passado e presente que vão sendo tecidos os fios que entrelaçam a narrativa.

A inteligibilidade psíquica de Benjamin insere-se num plano puramente emocional que oscila entre os momentos epifânicos de plenitude, quando ele "reencontra" Caddy, e os momentos lancinantes de dor, quando ela se dissipa. Subjacente ao turbilhão de emoções do narrador, há a trágica decadência dos Compsons. Mesmo sem ter consciência disto, Benjamin será, talvez, a maior vítima do estado de decadência econômica, ética e moral que se abateu sobre a família. É graças à decadência que Caddy desaparece para sempre, legando-lhe sua infinita saudade; tiram-lhe o pasto anexo à casa, onde os jogadores de golfe, ao chamarem por seus caddies, fazem Benjy – em decorrência da proximidade sonora entre caddie e Caddy – evocar, permanentemente, a irmã; Jason, em seu ressentimento em relação ao mundo e em seu ódio à família – em especial à irmã dissoluta e ao irmão idiota –, mandar castrar Benjy antes mesmo que sua mãe se dê conta que ele havia saído de casa. Portanto, mesmo sem ter a menor noção histórica do mundo à sua volta, com a decadência, Benjamin perde a irmã, o pasto e a virilidade, restando-lhe, apenas, o fogo no qual – de acordo com o final recriado por Faulkner na *Mansão* – Jason vai incinerá-lo para receber um seguro.

Finalmente, outro indicativo cronológico, ainda mais difícil de identificar do que os anteriormente citados, são as várias etapas do crescimento de Quentin, a sobrinha de Benjamin, que, por ter o mesmo nome que o tio, gera, num primeiro momento, a maior confusão. Mas, à medida que a narrativa se revela, há como relacioná-la no tempo cronológico, de acordo com sua idade.

Os tortuosos mecanismos mentais desse narrador são, indubitavelmente, um tropeço à compreensão imediata do texto. Mas, graças a eles, Faulkner, pelo choque, consegue "impedir a compreensão imediata e mecânica de *um* sentido e obrigar assim o espectador ou o leitor a recuperar um processo significante que assegure a unidade e a coerência dos elementos" [41]. O tempo, para Benjamim, consegue ser ainda mais cruel do que para as demais personagens porque, por não ter noção de passado, presente e futuro, cada momento é de atualização da saudade e do desespero, provocando um sentimento de desesperança que se aproxima dos aspectos mais angustiantes do mito do eterno retorno.

Como, no presente da narrativa, Benjamin já havia perdido duas das três coisas que amara, resta-lhe apenas a memória como forma de, permanentemente, tornar concretas as únicas coisas que lhe eram importantes e que foram levadas pelo fluir do tempo, do qual ele ignora a existência. De acordo com Santo Agostinho, "grande é o poder da memória, Senhor; tem algo de terrível, uma infinita e profunda complexidade. (...) Percorro todas essas paragens, voando por aqui e por ali, e penetro o mais longe que posso, sem encontrar limites, tão grande é a força da memória, tão grande é a força da vida do homem, que, no entanto, é mortal"[42]. Entretanto, Benjamin não relembra para contrapor o passado ao presente; ele vive o passado como se este fosse real, ao passo que o presente, este sim é que é virtual. É como se o tempo presente, em virtude dos espaços apenas parcialmente alterados, fosse um depositário do passado onde ele vem apenas se abastecer do seu inconsciente e desesperado sentimento de perda: único elemento concreto que permeia toda a sua narrativa.

Faulkner, ao delegar ao passado o poder de comprometer as noções tradicionais de presente e futuro, atribui à arte a capacidade de extrapolar os limites do senso comum e de fazer imperar um tempo próprio, que abarque, ao máximo, a complexidade do mundo. De acordo com Bergson, o grande papel do artista é criar, simultaneamente, o possível e o real e, por mais longe que ele vá, não há como captar a complexidade do mundo em sua totalidade[43].

Em termos da prosa ficcional, *O som e a fúria* é um marco da narrativa do século XX. Faulkner subverte a relação tradicional de tempo segundo a qual o passado existe apenas como memória do que já *foi*, o presente é o único momento concreto – aquilo que *é* – e o futuro é tão somente a possibilidade do que *será*. Neste romance, o passado é concebido como um ovo cósmico infernal que engendrou a irreversível decadência presente que, por sua vez, corrói qualquer expectativa de futuro. A supremacia do que já *foi* sobre o que *é* interrompe o fluir histórico das personagens em direção ao que *será*, consumando, desta forma, os tristes tempos da decadência.

Notas

1 A. Brasil. *Faulkner e a técnica do romance.* Rio de Janeiro: Leitura, 1964. p. 13.
2 V. Palla. *Apud* . Assis Brasil. *op. cit.* p. 29.
3 H. Bloom. *Como e por que ler.* Rio de Janeiro: Objetiva, 2001. p. 234.
4 Com a criação do romance *O som e a fúria,* Faulkner se filia ao grupo de romancistas do início do século XX que procurou "revigorar o romance contemporâneo pelo emprego dos métodos de estruturação. Marcel Proust começava a colher os primeiros êxitos de *À la recherche du temps perdu.* Fragmentos de *Ulisses* eram conhecidos da elite intelectual americana. Virgínia Woolf também oferecia contribuições do laboratório romanesco". (H. Pólvora. Prefácio d'*O som e a fúria.* In: W. Faulkner. *O som e a fúria.* Rio de Janeiro: Portugália, s/d. p. 8).
5 M. Bakhtin. *Questões de literatura e de estética: a teoria do romance.* São Paulo: Hucitec, 1988. p. 135.
6 Id. Ibid. p. 127.
7 L. Goldmann. *Sociologia do romance.* Rio de Janeiro: Paz e Terra, 1976. p. 17-8.
8 R. Humphrey. *O fluxo da consciência.* São Paulo: McGraw-Hill, 1976. p. 98.
9 J. G. Rosa. Um moço muito branco. In*: Primeiras estórias.* Rio de Janeiro: José Olympio, 1977. p. 86-91.
10 Id. Ibid. pp. 13-16.
11 M. Foucault. *A história da loucura.* São Paulo: Perspectiva, 1995. p. 210.
12 H. Bergson. *La pensée et le mouvant.* Paris: Quadrege/PUF, 1996. p. 109.
13 J. Pouillon. *O tempo no romance.* São Paulo: Cultrix, 1974. p. 173.
14 P. Ricoeur. *Tempo e narrativa.* Campinas: Papirus, 1994. p. 119.
15 J. Pouillon. *op. cit.* p. 175.

16 Id. Ibid. p. 175.
17 S. Agostinho. *Confissões.* São Paulo: Paulus, 1984. p. 321.
18 G. Lukács. *A teoria do romance.* Lisboa: Presença, s/d. p. 129.
19 De acordo com Ricoeur, um dos problemas da análise agostiniana sobre o tempo resulta da relação entre tempo e eternidade, suscitada pelo primeiro versículo do *Gênesis:* "*'In principio fecit Deus.'* Nesse sentido, isolar a análise do tempo dessa meditação é fazer uma certa violência (..)."(Paul Ricoeur. *op. cit.*, p.20). Entretanto, essa violência se justifica na medida em que o filósofo busca apenas marcar o tempo humano em relação à eternidade.
20 S. Agostinho. *op. cit.* p. 328.
21 Somente Dilsey – descendente de escravos que, em certa medida, é o último sustentáculo dos Compson – em um culto, tem uma manifestação violenta de fé, próxima de um transe místico.
22 G. Lukács. *op. cit.* p. 130.
23 J. Pouillon. *op. cit.* p. 173.
24 Ao capítulo inicial do livro *Desça Moisés,* exatamente aquele que remonta aos primórdios da história e que determina a saga da família MacCaslin, Faulkner dá o título de "Foi" e, como afirma Sartre, nesse passado distante é engendrado o destino de toda a família. No "Outono do delta", penúltima parte do romance, tio Ike, o último descendente masculino da dinastia, tem seu destino totalmente determinado por seu ancestral – que engravidara sua filha e escrava, levando a mãe desta ao suicídio e criando uma descendência de mestiços que paira como castigo sobre a família. É o peso desse passado que determina o presente de tio Ike, levando-o a renunciar à herança e a não constituir descendência.
25 J. P. Sartre. *apud*, H. Pólvora. *op. cit.* p. 14-15.
26 P. Ricoeur. *op. cit.*, v. III. p. 21.
27 Id., Ibid. p. 21.
28 H. Bergson. *Matéria e memória.* São Paulo: Martins Fontes, 1990. p. 19.
29 Cf. H. Bergson. *La pensée et le mouvant.* p. 116.
30 De acordo com Humphrey os romances considerados de fluxo de consciência são aqueles cujo assunto principal é "a consciência de um ou mais personagens; isto é, a consciência retratada serve como uma tela sobre a qual se projeta o material desses romances" (R. Humphrey. *op. cit.* p. 2). O fator diferencial do romance de Faulkner em relação aos demais do mesmo gênero é que, associado à estratégia do fluxo de consciência há a construção sólida de um enredo muito bem estruturado.
31 J. Pouillon. *op. cit.* p. 174.
32 Id. Ibid. p. 177.
33 H. Pólvora. Prefácio" In: *O som e a fúria.* op. cit. p. 14.
34 W. Faulkner. *O som e a fúria.* Rio de Janeiro: Portugália, s/d. p. 17.
35 H. Bergson. *Matéria e memória.* op. cit. p. 110.
36 Cf. H. Bergson. *La pensée et le mouvant.* p. 13.
37 W. Faulkner. *op. cit.* p. 19.
38 H. Bergson. *Matéria e memória.* p. 121.
39 J. Pouillon. *op. cit.* p. 174.
40 W. Faulkner. *op. cit.* p. 43.
41 K. H. Rosenfield. *A linguagem liberada.* São Paulo: Perspectiva, 1989. p. 130.
42 S. Agostinho. *op. cit. p.* 268.
43 Cf. H. Bergson. *La pensée et le mouvant. op. cit.* p. 113.

NORBERT ELIAS: UM PARALELO COM FERNAND BRAUDEL[1]

Carlos Antonio Aguirre Rojas

Existe realmente o que os alemães chamaram de "Zeitgeist" – o "espírito de uma época" – que, sugerindo aos investigadores sociais de determinado contexto certos problemas *comuns* e urgentes, característicos deste mesmo momento, provocariam respostas teóricas e intelectuais similares ou ao menos convergentes? Não sabemos com certeza.

No entanto, e até para manter vivo este debate, existem na tradição da história cultural notáveis coincidências nas perspectivas, nas teses e nas soluções para certos problemas propostos por diferentes investigadores e cientistas das ciências naturais e sociais, que, trabalhando de maneira totalmente independente e até em meios intelectuais diversos, foram rigorosamente *coetâneos*.

Este parece ser o caso de Fernand Braudel, notável historiador francês e o mais importante historiador de todo o século XX, e de Norbert Elias, intelectual de origem judaica nascido e educado na Alemanha, que também pode ser considerado como um dos sociólogos e cientistas sociais mais relevantes deste mesmo século XX.

Então, e até pelo fato de Norbert Elias ter nascido em 1898 e Fernand Braudel em 1902, está claro que ambos pertencem à geração que cresceu e se formou inicialmente às vésperas da Primeira Guerra Mundial, durante a guerra e nos anos imediatamente posteriores ao seu término. Esta geração começou a desenvolver suas atividades profissionais mais precisamente durante o período singular conhecido como entre-guerras. Um período *singular* na história da cultura e da civilização européias, que, como se sabe, foi marcado por um profundo processo de crise dos fundamentos gerais da própria razão européia moderna. Esta crise abriu espaço para o questionamento da idéia triunfalista e linear do progresso humano e sua identificação abusiva e hierárquica com a falsa equação segundo a qual a civilização *européia* era idêntica *à* civilização, expressa na racionalidade de suas configurações sociais e políticas, de suas estruturas tecnológicas e econômicas, de seus comportamentos e de sua normatividade sexuais, e até de seus esquemas civilizatórios mais gerais.

O tempo de Braudel e de Elias foi o de uma Europa marcada pela barbárie das duas guerras mundiais, pela tragédia da ascensão do nazismo, do fascismo e do franquismo, pelos efeitos destrutivos da crise econômica de 1929 e pela perda de uma hegemonia européia sobre o mundo, que remontava ao século XVI. Ao mesmo tempo, esta será a Europa do florescimento de projetos críticos e contraculturais tão importantes como a Escola de Frankfurt, o marxismo gramsciano, a psicanálise de Freud, os círculos lingüísticos de Viena e de Praga, a antropologia crítica inglesa ou a historiografia dos *Annales d'Histoire Economique et Sociale*, entre muitos outros.

A Europa que vive esses tempos de ebulição excepcional da consciência *crítica* contemporânea é também o lugar no qual irão prosperar e se afirmar as cosmovisões e os trabalhos de Fernand Braudel e Norbert Elias. Em ambos os casos, para produzir certos enfoques críticos que, apesar de suas óbvias diferenças e especificidades, compartilham também e de maneira profunda certas problemáticas e, sobretudo, determinadas soluções comuns a esses mesmos problemas.

Quando analisadas cuidadosamente, tanto a obra do grande historiador francês como a do notável sociólogo alemão, evidencia-se que ambas compartilham toda uma série de perfis intelectuais fundamentais que, descobertos de modo independente por cada um deles, apresentam, contudo, semelhanças significativas.

Em primeiro lugar, a atenção e o desenvolvimento especiais da aplicação sistemática e da exploração frutífera do *método comparativo*, o que em ambos os casos constitui ferramenta essencial de seus respectivos projetos intelectuais. Isto porque tanto Elias como Braudel serão capazes de jogar com a confrontação sistemática de distintas realidades e fenômenos sociais e históricos – estabelecendo o duplo inventário de suas similitudes e de suas diferenças – como chave essencial para a apreensão adequada de sua natureza específica. E assim, quando Norbert Elias compara os conceitos da *kultur* germânica com o de *civilisation* francesa e Braudel explora as diversas figuras da civilização material nas distintas regiões do planeta, temos aplicações exemplares e bem-sucedidas do chamado método comparativo.

Conectada a esse método da comparação está uma segùnda coincidência intelectual importante, que é a reivindicação e o esforço por reconstruir, em seus distintos estudos concretos e por parte de ambos os autores, uma *perspectiva realmente globalizante ou totalizante* dos problemas estudados; perspectiva que, sem perder de vista o registro cuidadoso das especificidades de cada problema abordado, é sempre capaz de situá-lo no interior das sucessivas totalidades progressivas que lhe dão sentido. Desse modo, tornam-se explícitas as conexões temporais, espaciais e temáticas que vinculam efetivamente a esta ação o fenômeno investigado com seus antecedentes reais e com suas diversas conseqüências históricas. Além disso, revelam as conexões com os distintos contextos geográficos em que se desdobram seus impactos diversos, e com os diferentes microcosmos das relações políticas, sociais, econômicas e culturais que tornam possível sua verdadeira explicação.

Será notória também a confluência de Fernand Braudel e de Norbert Elias em inscrever seus trabalhos no interior de um *horizonte sempre crítico* que, ao desconfiar dos lugares-comuns consolidados e das visões fáceis e complacentes da ideologia dominante, visam caminhar com maior desenvoltura pelas sendas do pensamento social crítico, deslocando o olhar sobre os problemas e pensando a realidade a contrapelo, ao mesmo tempo que restituem as dimensões ocultas e profundas, os passados "vencidos" e as dimensões marginalizadas e esquecidas pelos historiadores, sociólogos e cientistas sociais tradicionais e acríticos.

Com isso, não será estranho que um quarto perfil compartilhado tenha sido o fato de que tanto Norbert Elias como Fernand Braudel terminaram abordando, entre seus distintos temas centrais, este campo vasto e ainda pouco definido e teorizado que é o da *história da vida cotidiana dos homens*. Um campo essencial para a reflexão dos cientistas sociais contemporâneos, mas que, no entanto, não havia sido trabalhado, ou somente muito escassa e perifericamente pelas ciências sociais antes das investigações de nossos autores. Mesmo que a óptica e a ênfase de Braudel e de Elias aplicadas a essa zona problemática sejam muito diferentes, também é notável o fato de que, além de incursionar pelo mesmo espaço temático, ambos utilizaram o estudo desta dimensão do cotidiano social humano como alavanca poderosa para revolucionar profundamente e subverter totalmente suas respectivas disciplinas. Mostram assim a limitação deste esquema disciplinar para o estudo do social e a urgente necessidade de transcendê-lo e superá-lo radicalmente.

Uma quinta similitude entre Braudel e Elias é a que se refere à *crítica e superação prática da "episteme" disciplinar* das ciências sociais. Estas estavam separadas, compartimentadas e aparentemente autônomas e independentes, fragmentavam e dividiam o estudo do social em supostos campos diferentes para criar o atual pensamento "especializado" das diversas ciências sociais. Estas, por sua vez, tendo cumprido havia muito tempo sua função histórica específica, encontravam-se ainda profundamente paralisadas e empobrecidas no que se refere ao exame das diversas e complexas realidades do social-humano no tempo.

Assim, nossos dois teóricos sociais criticaram este horizonte epistemológico ainda vigente nas disciplinas sobre o social, transgredindo sutilmente e sem conflitos suas barreiras artificiais. Porém, não para defender uma igualmente limitada "interdisciplinaridade" – ou multidisciplinaridade, ou transdisciplinaridade ou pluridisciplinaridade – que dizem respeito à legitimidade da existência de certas "disciplinas" diferentes, mas para lutar, em ambos os casos, pela revolução total da *episteme* hoje vigente e pela construção de *nova* visão do social, radicalmente *unidisciplinar* e genuinamente *metadisciplinar*.

Finalmente, uma sexta convergência notável entre Norbert Elias e o autor do célebre livro sobre *O Mediterrâneo e o mundo mediterrâneo na época de Felipe II* refere-se à sua singular *percepção e reconstrução do complexo tema do fenômeno temporal*. Isto porque tanto Fernand Braudel como o autor da brilhante obra sobre *O processo civilizador* irão criticar a fundo o conceito newtoniano vigente da temporalidade, próprio da concepção burguesa moderna e que entrou em colapso depois das investigações de Albert Einstein sobre o problema da relatividade. Sendo assim, como uma das derivações importantes desta desconstrução do conceito limitado de tempo dos historiadores e dos sociólogos tradicionais, Braudel e Elias irão criticar o enclausuramento característico de que a História, a Sociologia e todas as outras ciências sociais padecem quando estudam seus distintos problemas; enclausuramento que sempre as leva a observar e a explicar seus objetos de estudo num horizonte temporal que, limitado à medida de nossa própria vida como seres humanos, é sempre um horizonte de apenas poucos dias, semanas, meses ou anos, e quando muito de apenas alguns lustros ou décadas.

Tendo em vista que as sociedades e as civilizações humanas, tema de investigação de Elias e de Braudel, não vivem nem se organizam apenas em função da vida breve de seus membros individuais, faz-se necessário, para sua adequada compreensão, a ampliação generosa de nossa óptica temporal, abarcando os séculos e milênios. Isto porque é no decorrer desses longos períodos que se inscrevem claramente as curvas de vida, por exemplo, das transformações da "economia psíquica" dos indivíduos e de sua conduta sexual e afetiva, ou também das civilizações que habitam em torno do Mediterrâneo. É preciso incluir no campo de análise sobre os processos que conformam o Estado moderno como o detentor único do monopólio da violência legítima em uma sociedade, ou das estruturas demográficas, alimentícias, territoriais ou tecnológicas correspondentes à civilização material de um grupo humano determinado, temas estes investigados pelos dois autores referidos.

Lutando para introduzir em nossa reflexão sobre o social estas vastas *perspectivas da longa duração e do amplo espaço de tempo*, Braudel e Elias irão igualmente esclarecer que não se trata apenas de integrar em nossa análise lapsos mais amplos do próprio tempo, passando das décadas aos séculos e destes aos milênios. É preciso que sejamos capazes de detectar e de reconstruir, com acuidade e cautela, as verdadeiras *durações* que correspondam a estas estruturas ou realidades de maior vigor, mostrando tanto sua curva específica de vida, como, e, sobretudo, o seu impacto particular e a influência efetiva no interior dos processos mais amplos da história humana.

Propomos a defesa e o exercício permanentes desta visão dos acontecimentos, dos fenômenos e dos processos históricos pela óptica da longa duração, que não apenas expliquem a riqueza e a profunda originalidade das obras de Norbert Elias e de Fernand Braudel, mas que permitam continuar formulando a indagação ainda em aberto: trata-se somente de dois itinerários convergentes nas ciências sociais do século XX ou desse sutil "espírito do tempo", difícil de captar e de explicar, e, portanto, igualmente difícil de aceitar como algo real?

Bibliografia

AGUIRRE ROJAS, C. A. *Os Annales e a historiografia francesa. Tradições críticas de Marc Bloch a Michel Foucault.* Maringá: Editora da UEM, 2000.

——. *Tempo, duração, civilização. Perspectivas braudelianas.* São Paulo: Cortez, 2001.

BRAUDEL, F. *Ecrits sur l'histoire.* Paris: Flammarion, 1969 (Há trad. bras., Editora Perspectiva).

——. *Civilización material, economía y capitalismo. Siglos XV-XVIII.* Madri: Alianza Editorial, 1984 (Há trad. port., Editora Cosmos).

——. *Las civilizaciones actuales.* Madri: Tecnos, 1967.

ELIAS, N. *El proceso de la civilización.* México: Fondo de Cultura Económica, 1989 (Há trad. bras., Editora Jorge Zahar).

——. *Sobre el tiempo.* Madri: Fondo de Cultura Económica, 1989 (Há trad. bras., Editora Jorge Zahar).

——. *Los Alemanes.* México: Instituto Mora, 2000 (Há trad. bras., Editora Jorge Zahar).

Revista *Diálogos.* "Dossiê: Mesa Redonda 'Norbert Elias, historiador e crítico da modernidade'". Maringá, nº 2, 1998.

Nota

1 Tradução de Marcos Antônio Lopes

Entre memória e História em Paul Ricoeur

Helenice Rodrigues da Silva

O fenômeno das comemorações vem se impondo, em todas as partes do mundo, como um ritual nacional, passível de múltipla utilização. Consagrando o universalismo dos valores de uma comunidade, as comemorações buscam, nessa "rememoração" de acontecimentos, significações diversas para uso do presente. Comemorar significa, então, reviver de forma coletiva a memória de um acontecimento considerado como ato fundador, a sacralização dos grandes valores e ideais comuns de uma comunidade, constituindo seu objetivo principal. O bicentenário da Revolução Francesa procurou celebrar, em 1989, os ideais universalistas inscritos na Declaração dos Direitos do Homem e do Cidadão, que consistiu em objeto de um consenso nacional. Mobilizando as energias intelectuais e impulsionando uma dinâmica cultural, antes e após as celebrações, ele tentou representar e "imortalizar", de forma solene, não só a lembrança da vitória das liberdades na história da humanidade, mas a promessa do devir dos direitos humanos.

As utilizações sociais da memória

Nas histórias nacionais, as grandes datas celebradas remetem, inevitavelmente, à "lembrança do inicial", um retorno às origens do fundamento dos valores de uma comunidade. Na França em particular, o fenômeno das comemorações adquiriu, nessas últimas décadas, importância significativa, revelando, por trás desse processo de reconstrução de memórias individuais e coletivas, sinais manifestos de uma crise identitária[1]. Nesse contexto, marcado por perdas de referências e por incertezas do futuro, o retorno ao passado exprimiu-se graças a um "momento memorial". Respondendo, assim, a um sentimento de imprevisibilidade e de indeterminação em relação ao presente e ao futuro, o culto do passado acentuou-se, a partir dos anos 1980, por meio do ritual das comemorações. A França celebrou em 1994, com grande pompa, os 50 anos da Libertação de Paris e do desembarque dos Aliados na Normandia, além dos 54 anos do final da Segunda Guerra Mundial; em 1998, com igual pompa, rememorou os 150 anos da abolição da escravidão e os 400 anos do Edito de Nantes.

Na realidade, essa "guinada memorial" correspondeu às orientações ditadas pelos novos paradigmas intelectuais que, liberando o sujeito das estruturas, passaram a valorizar a parte explícita das ações humanas. Desse modo, o levantamento dos "lugares da memória" nacional, veio acompanhado de uma proliferação de publicações de narrativas de vidas. O resgate da memória individual efetuou-se pelo relato das experiências vividas pelos atores históricos, em grande parte, sobreviventes das tragédias do século XX (o Holocausto, principalmente). Nesse processo de redefinição da memória individual e coletiva, problematizar a memória pela História tornou-se, então, uma das prioridades da História do tempo presente e um novo "território do historiador". "Instrumento fundamental do laço social, da identidade individual e coletiva, [a memória, pluralizada, fragmentada] encontra-se no centro de lutas de interesse. Ela exige, muitas vezes, por parte do historiador, a construção de um sentido, à maneira de um psicanalista."[2] Na conjuntura memorial do momento, uma história social da memória[3] teria, assim, por exigência, de submeter a memória a uma prova crítica da História mediante o contrato com um "regime da verdade".

As possíveis abordagens do fenômeno das comemorações

A apreensão do fenômeno das comemorações e dos seus elementos constitutivos, a memória e a História, remete-nos a um questionamento da relação espaço/tempo, uma vez que no processo comemorativo um duplo movimento parece configurar-se. Ele consiste em "retirar o acontecimento passado [para] penetrá-lo nas realidades e nas questões do presente; [criando] a contemporaneidade e abolindo o tempo e a distância"[4]. Na verdade, ele implica um questionamento crítico da relação distância/reaproximação. Nesse processo comemorativo, a distância do acontecimento passado é relativizada pela sua aproximação com o presente histórico. Por trás de todas as comemorações nacionais encontra-se, então, a questão do tempo que se manifesta na sua relação com o passado da História e com o presente da memória. Em outras palavras, a comemoração tem por objetivo demonstrar que o acontecimento rememorado, por seu valor simbólico, pode se reportar ao devir. As comemorações buscam, pois, nessa reapropriação do acontecimento passado, um novo regime de historicidade, projetando em direção ao devir. Comemorar significa consagrar um "começo" que é promovido, no ato da comemoração, em símbolo do futuro. O estudo desse objeto permite revisitar outros domínios e territórios passíveis de ser explorados na análise memorial: o antropológico (ritos e espetáculos), o filosófico (tempo e ação), o psicanalítico (esquecimentos e recalques).

Os trabalhos franceses nessa área têm se inspirado nas análises psicanalíticas (o papel da linguagem como mediadora da memória individual e coletiva, e o "trabalho do luto" no movimento de "rememoração"). Eles têm se baseado, igualmente, nos estudos filosóficos de Paul Ricoeur sobre a memória individual e coletiva, cuja coerência se deve a uma identidade inscrita no tempo e na ação. No seu livro *Temps et Récit*, ele parte das identidades narrativas para tentar restituir as utilizações sociais da memória. A narração implicaria, nessa perspectiva, a idéia mesmo de uma memória. Assim, a relação entre a memória individual e o passado histórico pode ser mediatizada por um "tempo anônimo". Este último se forma por meio de narrativas dos próprios acontecimentos históricos, que são, em geral, transmitidos diretamente de geração a geração.

Inspirando-se em análises filosóficas (Santo Agostinho) e psicanalíticas (Freud), Ricoeur[5] questiona situações contrastadas, presentes, muitas vezes, na prática dos analistas da memória e que dizem respeito ao trabalho da lembrança e do luto. Confrontadas pelos historiadores do tempo presente, essas situações traduzem, em geral, os traumatismos da memória (individual e coletiva) em relação a determinados acontecimentos históricos. A primeira dificuldade encontrada pelo historiador da memória concerne às situações de recalques e/ou do retorno do recalcado. Assim, da escassez da memória sobre um momento sombrio da história nacional (por exemplo, no contexto francês, o governo de Vichy durante a ocupação alemã), passa-se a um excesso de memória. Esse "passado que não quer passar" torna-se, então, uma obsessão do presente. A segunda dificuldade refere-se, ao contrário, à negação dos momentos mais traumáticos do passado, sintoma de patologias coletivas ou individuais da memória e que se traduzem não pelo esquecimento, mas pelo silêncio.

"A história da memória é, particularmente, sujeita à complexidade, em razão mesmo da posição central que ela ocupa no seio da inter-relação, problemática para todas as ciências sociais, entre o individual e o coletivo."[6] A comemoração remete, portanto, ao questionamento da memória coletiva de uma nação.

Comemorar significa, sobretudo, rememorar um acontecimento portador de significação, de maneira a reativar a memória nacional. Todavia, como observa Paul Ricoeur, "se a memória coletiva deve ser tida como uma noção difícil, desprovida de toda evidência própria, em contrapartida, a sua rejeição anunciaria, ao longo dos tempos, o suicídio da história"[7].

Do ponto de vista antropológico, a comemoração é percebida como ritual. Sua função seria a de representar uma cena original passada, sacralizando-a no presente, por meio de uma teatralização e de uma estetização da sua narração. Nesse sentido, o espetáculo é parte integrante do simbolismo das comemorações. Ele permite, em geral, certo consenso coletivo, uma vez que as encenações constituem um artefato. "O poder da comemoração é justamente o de criar o acontecimento, captando a carga simbólica de um fato inicial. Assim, ele permite consagrar o vazio do sentido deixado pela história, preenchendo-o com todos os artifícios de uma reinterpretação solene."[8] Em outras palavras, o rito possibilita entreter a memória dando visibilidade ao acontecimento, fundador de uma identidade coletiva.

Esse referencial teórico pode servir de fio condutor para a análise do objeto "comemorações", pressupondo um questionamento da relação que toda história nacional entretém com a sua memória coletiva. Desse modo, pensar o fenômeno das comemorações impõe o balizamento de eventos tidos por fundadores da identidade coletiva. A comemoração demonstra que esses acontecimentos tidos por inaugurais exercem ainda função eminentemente simbólica. "O que se encontra em jogo [no ato da comemoração] é a exaltação de um consenso que preserve o sentido comunitário na história de uma humanidade sempre dividida. (...) A unidade impossível do momento é ocultada pela celebração de uma união passada."[9] De ritual nacional, a comemoração transformou-se em prática cultural. A criação de uma dinâmica cultural é indispensável ao bom funcionamento de toda máquina comemorativa. Assim, todo um dispositivo celebrativo (as programações oficiais, os colóquios intelectuais), acompanhado pelo mercado editorial (a produção intelectual, em grande parte, é determinada em função das comemorações) se mobiliza, periodicamente, durante os grandes aniversários históricos.

Memória individual e coletiva: utilizações e manipulações

Do ponto de vista de uma análise histórica, a apreensão do fenômeno das comemorações remete, inevitavelmente, ao questionamento da própria "memória coletiva". Sabemos que as primeiras investigações nessa área, formuladas pelo sociólogo durkheimiano Maurice Halbwachs[10] partiram de uma oposição entre o universo da memória (situada como experiência vivida, imagem, afeto etc) e o da História (situada como crítica, problema, conceitos). A formulação de tal dicotomia permitiu a demonstração dos mecanismos da constituição de uma memória coletiva, ou seja, ela mostrou as modalidades do seu enraizamento e da sua ligação a comunidades sociais concretas. Em outras palavras, para que uma memória coletiva possa perdurar, ela necessita ser enquadrada por grupos sociais, portadores dessa memória. Dessa perspectiva, a História começaria onde terminaria a tradição. Halbwachs "apresenta, na realidade, a história como o lugar da objetividade absoluta, da não implicação do sujeito histórico, da simples inscrição daquilo que ocorreu no plano puramente fatual"[11].

Seguindo esse mesmo modelo, Pierre Nora define, no início dos anos 1980, o objeto dos "lugares da memória", enfatizando a oposição da memória à História. Segundo esse autor, essa separação contribuiu para romper com a linearidade da história-memória, transformada em paradigma pelo Estado-nação no século XIX. Sabemos que a historiografia, na versão de um Michelet e de um Lavisse, se identificava com a própria imagem da nação francesa. "O passado", afirma Nora, "não é mais a garantia do futuro; essa é a principal razão da promoção da memória como agente dinâmico e a única promessa de continuidade"[12]. No entanto, as mudanças conjunturais, impondo aos atores históricos o "dever da memória" e os novos questionamentos epistemológicos, reforçando a parte subjetiva no trabalho da objetivação histórica, provocaram novos deslocamentos, levando os historiadores a buscar uma reaproximação entre a memória e a História. A dimensão humana da História (François Dosse) se afirma nessa tentativa de reaproximação das duas categorias, que pode se manifestar por uma busca dos rastros de um acontecimento, mantidos e enquadrados na consciência coletiva.

Buscando resgatar a memória nacional, mas também e sobretudo despertar um consenso coletivo, as comemorações não escapam às derivas, aos paradoxos e aos equívocos. Por exemplo, a comemoração do Edito de Nantes (1598), ou seja, a celebração da vitória da tolerância com a prática religiosa, foi precedida pela comemoração, em 1985, da revogação do mesmo edito (1685). Além do mais, a noção de tolerância não é isenta de ambigüidades, uma vez que seu sentido moderno induz ao anacronismo. Na opinião de Paul Ricoeur, a manipulação da memória, ou seja, a utilização deliberada do esquecimento, opera-se por intermédio do caráter seletivo da própria memória. "É, então, pela seleção da lembrança, que passa essencialmente a instrumentalização da memória."[13] A esse propósito, as comemorações nacionais oferecem exemplos pertinentes, uma vez que elas são objeto de interesses em jogo (políticos, éticos etc). O uso perverso da seleção da memória coletiva encontra-se nesse processo de "memorização" social, cuja função é a de impedir o próprio esquecimento. Apaga-se da lembrança as situações constrangedoras (por exemplo, nos "500 anos do Brasil", os massacres indígenas, a escravidão negra, as violências na História) e privilegiam-se os mitos fundadores e as utopias nacionais (o "paraíso tropical" e o "país do futuro").

Os deslocamentos do passado sobre o futuro explicam, muitas vezes, os problemas ligados à transmissão da memória. Visando um tempo futuro, a memória se conserva no tempo contra o próprio tempo (o esquecimento e o apagamento). Cabe, pois, à História, pela sua dimensão crítica, guardar os rastros da "dívida", dívida esta que diz respeito às vítimas da História. "Se não se deve esquecer, é também, e sobretudo, em razão da necessidade de honrar as vítimas da violência histórica. É nesse sentido que se pode falar de memória ameaçada", lembra Paul Ricoeur[14]. Nessa perspectiva, a história crítica tem por papel opor-se não só aos preconceitos da memória coletiva, mas também aos preconceitos da História oficial, cuja função consiste na transmissão mesmo dessa memória.

BIBLIOGRAFIA

1. SILVA, H. Rodrigues da. A crise da consciência histórica e a posição da disciplina história no campo intelectual francês. In: *Diálogos*, Universidade Estadual de Maringá, vol. 2, 1998.
2. DOSSE, F. Entre mémoire et histoire: une histoire sociale de la mémoire. In: *Raison Présente*, n. 128, 1999.
3. Idem, p. 21.
4. THEIS, L. Jeux et enjeux commémoratifs. In: *Le Débat*, numéro 104, mars-avril 1999, p. 35.
5. RICOEUR, P. Entre mémoire et histoire. In: *Projet*, n. 248, 1996. Cf. Paul Ricouer, *La mémoire, l'histoire et l'oubli*, Paris: Seuil, 2000.
6. DOSSE, F., *op.cit*, p.18.
7. RICOEUR, P. *Temps et récit*, Paris: Seuil, vol. I, p. 189 (traduzido em português, Papirus).
8. JEUDI, P. H. Tout commémorer. In: *Libération*, 6/6/1994, p. 9.
9. Idem.
10. HALBWACHS, M. *Les cadres sociaux de la mémoire*, Paris, Alcan, 1925. *La mémoire collective*, Paris: PUF, 1950.
11. DOSSE, F., *op.cit.*, p.7.
12. NORA, P. *Les lieux de la mémoire*, Paris: Gallimard, Tome I, 1984, p. XIX.
13. RICOEUR, P. Entre mémoire et histoire, *op.cit.*, p. 12.
14. Idem, p.13.

FOUCAULT: DA GENEALOGIA DO PODER AO GOVERNO DE SI PRÓPRIO

Horacio Lujan Martínez

(...) Até o momento, nada daquilo que deu colorido à existência teve história: se não, onde está uma história do amor, da cupidez, da inveja, da consciência, da piedade, da crueldade? Mesmo uma história comparada do direito, ou apenas do castigo, falta inteiramente até aqui. Já se tomou por objeto

> *de pesquisa as diferentes divisões do dia, as conseqüências de uma fixação regular do trabalho, das festas e do repouso? Conhecem-se os efeitos morais dos alimentos? Existe uma filosofia da alimentação? (...) Já foram reunidas as experiências de vida comunitária, as experiências dos mosteiros, por exemplo? Já foi mostrada a dialética do casamento e da amizade? Os costumes dos eruditos, dos comerciantes, artistas, artesãos – já encontraram seus pensadores? Há tanto a pensar aqui! (...)*
>
> (Friedrich Nietzsche, *A gaia ciência*)

É lícito distinguir na obra de Foucault três etapas intelectuais[1]. A primeira, centrada ao redor da pergunta pelo saber se expressa sob a denominação de arqueologia, e cobre os anos de 1961 a 1969, ou seja, da *História da loucura* à *Arqueologia do saber*. A segunda fase, caracterizada como genealogia, começa a elaborar sua pergunta pelo poder em textos como *A ordem do discurso* ou *Nietzsche, a genealogia e a História* (ambos de 1971) culminando na publicação de *Vigiar e punir* (1975) e o primeiro volume da *História da sexualidade: a vontade de saber* (1976). A terceira etapa, concretizada nos volumes dois e três da *História da sexualidade: o uso dos prazeres* e o *cuidado de si* (ambos de 1984, ano de sua morte). Esta última etapa é articulada em torno da questão da subjetividade ou, melhor, das técnicas e tecnologias da subjetividade.

Gilles Deleuze, em seu *Foucault*, resume as etapas foucaultianas numa rearticulação das perguntas kantianas: Que posso saber? Que posso fazer? e Quem sou eu?[2] Na verdade, a etapa arqueológica pode ser enfocada como a de um trabalho descritivo: Foucault se perguntaria pela mudança de estatuto no tratamento do louco ou no daquele que possuísse uma doença corporal, mas a pergunta se desenvolve no nível da diferença nos discursos. Assim, a pergunta se restringe a "como" foram mudando os diferentes procedimentos de tratamento. Foucault se acha, então, ante a necessidade de se perguntar pelo "porquê". A pergunta pelo "por que" é a pergunta pelo poder, pelos regimes de verdade e práticas disciplinares que tornaram possível um tipo determinado de sujeito, seja o sujeito da psiquiatria ou da Medicina. Aqui Foucault fala do sujeito na dupla acepção do termo: sujeito do conhecimento e sujeito das diversas formas disciplinares.

Veremos que a pergunta pelo poder se realiza na forma do método genealógico. Nesse caminho encontram-se *Vigiar e punir* e *História da sexualidade*. Este último era originariamente um projeto a ser realizado em seis volumes. Mas Foucault se depara, depois da publicação do primeiro volume da *História da sexualidade: a vontade de saber*, com a necessidade de um "deslocamento teórico". Na sua pergunta pelos "jogos" ou "regimes de verdade" ele teria olhado insistentemente para as dimensões dos dispositivos, das problematizações e dos mecanismos discursivos que favoreceriam uma verdade por sobre outra. Mas, só teria enxergado aspectos do sujeito que diz essas verdades. Junto com a distribuição de saberes e reprodução de discursos, existe um sujeito que se toma como objeto de estudo, no surgimento das ciências humanas no século XIX. E essa é a "lição" de textos como *As palavras e as coisas* e, depois, *A ordem do discurso*. Entretanto, também existe um sujeito que se forma a si próprio em práticas que Foucault agrupará sob a expressão "estética da existência"[3]. Um sujeito que passa de ser o objeto de estudo das disciplinas e o sujeito de conhecimento de si para uma prática criativa de si mesmo.

No primeiro volume da *História da sexualidade* Foucault adverte que o termo "poder" conduz a vários mal-entendidos. Por "poder" não se deve entender "O Poder", isto é, um sistema de aparelhos mais ou menos institucionalizados que trabalhariam com o único fim da repressão. O poder é positivo, o que, longe de qualquer avaliação moral, significa que ele é produtivo. Ele produz verdade segundo diferentes "regimes de verdade". Assim, vemos no texto *A ordem do discurso* como a oposição entre razão e loucura rejeita o discurso do louco como fala nula, a fala daquele que não pode testemunhar na justiça nem autenticar um contrato ou, em contraposição, o discurso do louco é revestido dos poderes de dizer uma verdade oculta, predizer o futuro etc. Em suma, o louco teria seu discurso ou taxativamente ignorado ou acolhido com a veemência que parece reclamar a linguagem do "Outro", daquele que foi excluído – segundo procedimentos de separação que não são exclusivamente discursivos – e novamente aceito, mas com o exagero e a precaução com que se recebe a um filho pródigo da razão.

Como dissemos, os "regimes de verdade" vão acompanhados de outros procedimentos que podemos chamar de "dispositivos disciplinares", os quais manifestam a complementaridade entre "poder" e "saber". Esses dispositivos que constituem o "poder disciplinar", concebido como dominação sobre o corpo, se caracterizam pela organização do espaço, pelo controle do tempo[4], a vigilância, reconhecida pelos indivíduos controlados ou supervisionados, e registro de conhecimento: o poder precisa produzir saber, realizar relatórios que justifiquem um "avanço" no conhecimento e na sutileza do próprio controle. Estes procedimentos disciplinares são reproduzidos na escola, nas fábricas, no exército e em outros regimes – voluntários ou não – de clausura, que vão do mosteiro à cadeia. Nesse sentido Foucault afirma: "(...) o poder não é uma instituição e nem uma estrutura, não é uma certa potência de que alguns estejam dotados: é o nome dado a uma situação estratégica complexa numa sociedade determinada" (Foucault, 1990, p. 89).

A noção de situação estratégica, dada dentro de uma sociedade determinada, subsidia a natureza histórica do poder: ele é produzido segundo procedimentos que vão sendo instaurados e reforçados ao longo da História. O aspecto nietzschiano da leitura de Foucault acerca do poder se dá na medida em que o poder deve ser analisado, esquadrinhado, segundo uma linha genealógica que saliente o caráter não natural do poder. Esses procedimentos possuem uma história. Esta história não deve ser lida como o desenvolvimento de uma essência que está na origem – leitura agostiniana da História – mas como um processo de produção.

Como a moral para Nietzsche, o "poder" para Foucault é algo que é constantemente produzido com base em correlações de forças. As forças nunca estão em equilíbrio. É isto o que dá certa identidade semântica às expressões "situação estratégica" e "poder". Insistimos num ponto fundamental que nem sempre é claramente compreendido: o poder é dominação, mas a dominação raramente se dá na forma de opressão-repressão. Os seguintes aspectos constituem, então, as características principais do que o pensador francês compreende por "poder": a) o poder não é algo que se possui, se adquira ou se arrebate. É um exercício de relações; b) derivado do ponto anterior: o poder vem de baixo, o que significa que não há no começo das relações de poder, a dualidade entre dominadores e dominados que repercuta de alto a baixo, segundo uma leitura "maquiaveliana" do poder. As correlações de forças que se encontram em instituições, grupos restritos ou na família servem de suporte para essa "situação estratégica" antes mencionada, que atravessa todo o corpo social; c) as relações de poder são intencionais, mas não subjetivas. O poder tem miras e objetivos. Não obstante, esses não são frutos da escolha de um sujeito, de uma casta governante ou dos membros de um Estado. A racionalidade do poder é o das táticas mútuas e implícitas, isto é, não formuladas abertamente, entre os diferentes elementos da sociedade; d) onde há poder, há resistência, mas esta não é exterior ao poder. Se o poder possui característica relacional, toda resistência se apóia, distingue, e reconhece seu adversário em algum ponto singular do poder. Isto não significa que a resistência seja um subproduto do poder e, como derivada dele, fadada ao fracasso. As resistências são múltiplas, espontâneas ou planejadas, plurais ou solitárias. Elas possuem o mesmo caráter relacional e microfísico que possui o poder[5].

O último ponto ajuda a destacar o fato de que não existe a "grande recusa" ou o gesto revolucionário e libertador que nos deixe às portas do não-poder. Toda resistência se relaciona de algum modo com o poder. Pareceria que estamos condenados a uma relação desigual com o poder, ou quando menos ambígua. Esta suspeita é lançada por Gilles Deleuze:

> A partir de *A vontade de saber* Foucault tem cada vez mais o sentimento de estar se fechando nas relações de poder. E por mais que invoque pontos de resistência como contraposição aos focos de poder, de onde vêm essas resistências? Foucault se pergunta: como transpor a linha, como ultrapassar as próprias relações de força? Ou será que estamos condenados a um face a face com o Poder, seja detendo-o, seja estando submetidos a ele? (...) Foucault leva muito tempo para dar uma resposta. Transpor a linha de força, ultrapassar o poder, isto seria como que curvar a força, fazer que ela mesma se afete, em vez de afetar outras forças: uma "dobra", segundo Foucault, uma relação da força consigo. Trata-se de "duplicar" a relação de forças, de uma relação consigo que nos permita resistir, furtar-nos, fazer a vida ou a morte voltarem-se contra o poder. Foi o que os gregos inventaram, segundo Foucault. Não se trata mais de formas determinadas, como no saber, nem de regras coercitivas, como no poder: trata-se de *regras facultativas* que produzem a existência como obra de arte, regras ao mesmo tempo éticas e estéticas que constituem modos de existência ou estilos de vida (mesmo o suicídio faz parte delas) (Deleuze, 199, p. 122-123).

Foucault tentará pensar, como Nietzsche, num poder-criador. Uma forma de poder que, na forma de preocupação por si mesmo e cuidado de si – procedimentos que caem sob a denominação de "técnicas de si" – transforme o poder num governo e numa constituição de si próprio. Assim, Foucault esboça nos seus últimos anos de vida um modo de resistência às formas hegemônicas do poder – aquelas que produziram o indivíduo que somos – numa concepção estética (no sentido de criativa) da existência.

Quando o pensador francês começa a aprofundar e descrever essa "estética da existência" – nos dois últimos volumes da *História da sexualidade* – percebe que não existe intervenção do poder público que, coercitivamente, impulsione alguém a prestar atenção à sua conduta. Existe todo um regime de exercícios para ser realizado e ao qual se submete por própria vontade. A idéia de levar adiante um regime de austeridade – própria dos primeiros séculos de nossa era – para ficar vigilantes das inquietações da alma e dos distúrbios do corpo, destaca a importância de se respeitar a si mesmo.

Considerava-se necessário dispor de tempo para empreender esse "cuidado de si", preservar momentos da manhã ou do dia para realizar um exame do que se fez e memorizar princípios úteis para o agir, argumentos racionais que visam não se deixar irritar com os acontecimentos, as pessoas e as coisas. Também podiam ser interrompidas as atividades ordinárias de vez em quando para se retirar a pensar, recolher o próprio passado, analisar a vida transcorrida e se familiarizar com preceitos que conduzissem a uma vida racional. Este retiro a "si próprio" era, também, realizado por meio de conversas e até confissões com amigos, com guias e mestres. Isto significa que a atenção para si próprio não precisa inevitavelmente da solidão, mas que, pelo contrário, constitui prática social.

Afirmamos que a "cultura de si" não somente se preocupa com os movimentos da alma, mas também com os distúrbios do corpo. É por isso que o aumento da atenção médica sobre o corpo forma parte do "cuidado de si". Apesar de as "técnicas de si" serem herdeiras de uma moral em que a doença, o sofrimento físico e a morte não são verdadeiros males, já que o importante é a alma, a inter-relação da alma e do corpo será ponto nevrálgico dessas atividades. Os vícios e maus hábitos da alma podem levar a transtornos físicos e os excessos do corpo evidenciam e sustentam os defeitos da alma. É necessário corrigir a alma se se pretende que o corpo não prevaleça sobre ela, cuidando do corpo para que a alma mantenha domínio sobre si própria. No volume III de sua *História da sexualidade* podemos ler:

> Mas talvez haja algo mais importante: é a partir dessa aproximação (prática e teórica) entre medicina e moral, o convite feito para que se reconheça como doente ou ameaçado pela doença. A prática de si implica que o sujeito se constitua face a si próprio, não como um simples indivíduo imperfeito, ignorante e que tem necessidade de ser corrigido, formado e instruído, mas sim como indivíduo que sofre de certos males e que deve fazê-los cuidar, seja por si mesmo, ou por alguém que para isso tem competência. Cada um deve descobrir que está em estado de necessidade, e que lhe é necessário receber medicação e socorro. "Eis portanto, diz Epicteto, o ponto de partida da filosofia: dar-se conta do estado em que se encontra a nossa parte dominante (*aisthesis tou idiou hegemonikou pos echei*)". Após ter reconhecido sua fraqueza não se quererá mais fazê-la servir a usos mais importantes (Foucault, 1985, p. 62-63).

O reconhecimento da doença por parte do paciente estimula e fortalece os exercícios e as práticas sobre si mesmo. A sentença délfica "conhece-te a ti mesmo" era um princípio operador para atividades sobre si mesmo: exercícios de abstinência (sexual e alimentar, entre outras), imaginação de situações fictícias como a perda de seres queridos ou fatos que possam provocar ira, examinar e testar uma provável ação futura antes de realizá-la etc. Todas essas práticas de treinamento de si mesmo tinham a ver com um programa de autodomínio.

Junto com essas práticas realizava-se um exame de consciência. Este exame, fruto da tradição pitagórica, era realizado pela manhã e à noite. O exame da manhã tinha a ver com uma preparação espiritual para encarar as obrigações e tarefas do dia. No fim da jornada esse exame toma o sentido de memorização dos atos realizados e posterior balanço. Não se tratava, porém, de procurar a culpabilidade ou o remorso quando um ato aparecia como ilegítimo nesse exame, mas de reforçar imediatamente as práticas que levam ao autodomínio. Como afirma o autor,

> Acrescenta-se a isso a necessidade de um trabalho do pensamento sobre ele mesmo; ele deverá ser mais do que uma provação destinada a medir aquilo de que se é capaz; também deverá ser outra coisa que não a estimativa de uma falta em relação às regras de conduta; ele deve ter a forma de filtragem permanente das representações: examiná-las, controlá-las e triá-las. Mais do que um exercício feito em intervalos regulares é preciso tomar uma atitude constante em relação a si próprio (Foucault, 1985, p. 67).

A noção de exame não é nova e Foucault adverte que já aparece na *Apologia de Sócrates*: "Uma vida sem exame não merece ser vivida." Mas o exame socrático tem a ver com o saber próprio e o alheio e, sobretudo, com o saber da própria ignorância. O exame visado por Epicteto e a tradição helenística apega-se à vigilância e à provação das representações para distingui-las, não aceitando a primeira que surge. Quando surge na mente uma representação, temos que revisar se vamos ou não lhe dar consentimento. Para isso, apela-se ao critério estóico da divisão entre aquelas coisas que dependem e as que não dependem de nós. Aquelas coisas que não dependem de nós não devem ser consideradas como objetos de desejo ou aversão: não devemos nos ligar a elas de modo algum. Foucault argumenta que

> Velar permanentemente pelas próprias representações, ou verificar as marcas assim como se autentica uma moeda não é interrogar-se (como se fará mais tarde na espiritualidade cristã) sobre a origem profunda da idéia que surge; não é tentar decifrar um sentido oculto sob a representação aparente; é aferir a relação entre si mesmo e o que é representado, a fim de só aceitar na relação consigo aquilo que pode depender da escolha livre e razoável do sujeito (Foucault, 1985, p. 69).

Esta vigilância das representações aponta para a liberdade no momento da escolha. Esta liberdade estará fundamentada num conhecimento do que depende e do que não depende de nossa vontade. O que se tenciona é salientar três aspectos deste breve panorama da leitura foucaultiana da ética estóica. Estes três aspectos caracterizam o "cuidado de si": reconhecimento da própria "doença"; trabalho sobre si mesmo para mudar aquelas características que produzem o conflito e, por último, uma filtragem ou vigilância das representações. A leitura foucaultiana da "cultura ou cuidado de si" opõe este à "renúncia de si" que caracterizaria o cristianismo posterior. O cristianismo manteria certas práticas comuns ao estoicismo tardio, mas com a grande diferença de que os exercícios sobre si mesmo serão apontados a um conhecimento de si mesmo que leve à renúncia de si.

Assim, torna-se fundamental recuperar uma noção individual da ética, que não seja egocêntrica ou meramente egoísta. O caráter individual estaria dado tanto pelo reconhecimento da própria "doença" como no trabalho sobre ela que, claramente, o próprio sujeito deve realizar como uma "cultura de si mesmo". Tal recuperação de um trabalho sobre si mesmo é a contra-face dos mecanismos de individualização do poder. Dissemos que o poder produz indivíduos dóceis. Esta produção não se dá na forma de repressão, mas na de produção e distribuição de saber, a qual está acompanhada de procedimentos disciplinares. Foucault decreta a morte do homem, do homem marcado por essa vontade de saber que o torna sujeito de conhecimento e objeto de estudo de si mesmo. Essa morte não o leva a beber o trago amargo do ceticismo. Ela é o início de uma procura por uma nova forma-homem. Tratar-se-á de um trabalho individual que nos afaste das práticas homogeneizantes, massificadoras do poder.

Diversas objeções podem ser confrontadas a esta posição, a maioria centradas nos perigos que todo empreendimento ético individual possui, desde o egoísmo até o orgulho de caráter ególatra. Esta é a vertigem que provoca toda nova formação de subjetividade, da qual, como afirma Deleuze no final de seu *Foucault*, só resta esperar que não seja pior que as precedentes.

Bibliografia

DELEUZE, G. *Conversações 1972-1990.* Rio de Janeiro: Editora 34,

__________. *Foucault.* Buenos Aires: Ediciones Paidós, 1987.

FOUCAULT, M. *A ordem do discurso.* São Paulo: Edições Loyola, 2000.

__________. *A vontade de saber.* Volume I da *História da sexualidade.* Rio de Janeiro: Edições Graal, 1990.

__________. *Estética: Literatura e pintura, música e cinema.* Volume III de *Ditos & Escritos.* Rio de Janeiro: Editora Forense Universitária, 2001.

__________. *O cuidado de si.* Volume III da *História da sexualidade.* Rio de Janeiro: Edições Graal, 1985.

__________. *Tecnologias del yo. Y otros textos afines.* Introducción de Miguel Morey. Barcelona: Ediciones Paidós, 1990.

__________.Que es la Ilustración. In: *Verdad y Poder.* Madrid: Ediciones La Piqueta, 1985. (pp. 197-207).

NIETZSCHE, Friedrich. *A gaia ciência.* São Paulo: Companhia das Letras, 2001.

ORTEGA, F. *Amizade e estética da existência em Foucault.* São Paulo: Edições Graal, 1999.

Notas

1 Apoiamo-nos, para essa distinção, no prefácio de Miguel Morey do livro *Tecnologías del yo.*

2 Gilles Deleuze (1987, p. 149). Na verdade, a última pergunta seria produto de ler *O que é o Iluminismo?* de Kant como uma "ontologia de nós mesmos". (Ver "Qué es la Ilustración?" em Foucault (1985, p. 197-207).

3 O deslocamento é da analítica do poder para as tecnologias do governo. A preocupação pelo "governo" começa a aparecer nos cursos de 1977 agrupados sob o título *Securité, territoire et population.* A problemática do governo vai se transformar, nos dois últimos volumes da *História da sexualidade* em análise do "governo de si". (Ver o livro de Francisco Ortega *Amizade e estética da existência em Foucault* (pp. 38-45) e o já citado Deleuze (p. 127-143).

4 Numa conferência intitulada "Outros espaços", Foucault chama a atenção sobre a distribuição do espaço e o controle do tempo nas colônias jesuíticas da América do Sul: "Os jesuítas do Paraguai haviam estabelecido colônias em que a existência era regulamentada em cada um dos seus pontos. A aldeia era repartida segundo disposição rigorosa em torno de um lugar retangular no fundo do qual havia a igreja: de um lado, o colégio, de outro, o cemitério, e além disso, diante da igreja, se abria uma avenida que uma outra vinha cruzar em ângulo reto; as famílias tinham cada uma sua pequena cabana ao longo dos dois eixos, e assim se encontrava exatamente reproduzido o signo do Cristo. A cristandade marcava, assim, com seu signo fundamental, o espaço e a geografia do mundo americano. A vida cotidiana dos indivíduos era regulamentada não pelo apito, mas pelo sino. O despertar era fixado para todo mundo na mesma hora, o trabalho começava para todos na mesma hora; as refeições ao meio-dia e às cinco horas; depois se dormia e, à meia-noite, havia o que se chamava de despertar conjugal, ou seja, o sino do convento, tocando, todos cumpriam seu dever." Foucault (2001, p. 421).

5 Ver *A vontade de saber*, Foucault (1990, p. 89).

O Brasil dos intelectuais, os intelectuais do Brasil

Um príncipe prussiano descobre o Brasil: o imaginário dos viajantes e o Brasil do século XIX

José Carlos Barreiro

O quadro histórico inaugurado em fins do século XVIII, decorrente da descolonização, do rompimento com a Metrópole e da formação do Estado nacional suscita uma espécie de redescoberta e revisitação do Brasil pelos viajantes. Esse movimento é mais intenso a partir do início do século XIX. Procedentes de muitas regiões, eles percorreram todas as províncias do Brasil ao longo do século XIX, deixando registros minuciosos sobre aspectos múltiplos da vida social, econômica e política do país. Particularmente dignas de interesse são as descrições que fizeram da cultura oral e das manifestações populares, hoje reveladoras dos vestígios e raízes da cozinha, das festas, das danças, dos gestos, dos mitos, das superstições e dos costumes brasileiros[1]. Dentre os viajantes estrangeiros um dos mais importantes foi o príncipe prussiano Maximiliano de Wied-Neuwied, que esteve no Brasil de junho de 1815 a maio de 1817.

Os trabalhos do príncipe Maximiliano são pouco conhecidos no Brasil, até mesmo do público especializado. Desde 1935 tinha-se notícia de um ensaio escrito por Luis da Câmara Cascudo comentando o magnífico *Reise Nach Brasilien* (Wied-Neuwied, 1820-1821), antes mesmo do surgimento da versão brasileira sob o título de *Viagem ao Brasil* (Wied-Neuwied, 1940), traduzida por Edgar Sussekind de Mendonça e Flávio Poppe de Figueiredo, refundida e anotada por Olivério Pinto e editada pela Companhia Editora Nacional. Contudo, o ensaio ficou desaparecido durante quarenta anos até que, em 1976, seu autor foi surpreendido por um telefonema da livraria Kosmos Editora informando tê-lo encontrado e manifestado interesse em editá-lo. O pequeno e valioso livro saiu a público nesse mesmo ano.

É sintomático que a partir dos anos 1970 o eminente sono do ensaio de Câmara Cascudo não pudesse mais se prolongar. Com efeito, abriam-se nesse momento novas possibilidades de estudo e compreensão das classes trabalhadoras no Brasil. Em vez de julgá-las por critérios e categorias nas quais elas não encontravam termos e não possuíam recursos, como habitualmente se fazia até então, os novos estudos demonstravam cada vez mais que o seu conhecimento requeria amplo levantamento do universo etnográfico e cultural de onde provinham[2]. Assim, o trabalho de Câmara Cascudo sobre as anotações de viagem de Maximiliano de Wied (Cascudo, 1977) vinha à tona em momento bastante oportuno, uma vez que revelava informações e fazia análises preciosas sobre o conjunto de práticas, ritos, relações de parentesco, costumes, crenças e sociabilidades referentes às populações pobres de certas regiões do interior do Brasil e, sobretudo, dos índios botocudos. Este universo cultural e etnográfico do índio e do homem comum encontrado nas anotações do príncipe de Wied é hoje indispensável para compreendermos aspectos fundamentais do caráter nacional brasileiro e da formação das classes trabalhadoras no Brasil.

Das viagens do príncipe Maximiliano resultaram, além dos escritos, ilustrações de inestimável valor. Uma das mais curiosas é a que retrata o príncipe de Wied de sobrecasaca e chapéu alto ornado de penas de arara. Outra, a do botocudo Quêck, é cópia do retrato do índio existente no palácio de Neuwied. A ilustração do índio é particularmente instigante por fazer parte de um acontecimento insólito. Por ocasião de sua estada no Brasil e passando por Porto Seguro, o príncipe Maximiliano comprou o índio Quêck de um professor de latim chamado Morreisa de Pinka. Voltando para sua terra natal Maximiliano levou consigo o índio, juntamente com um negro da Bahia. O negro morreu três anos depois, mas o índio conseguiu suportar por doze anos o clima europeu, vindo a falecer de alcoolismo e pneumonia. Transformou-se em curiosidade viva da cidadezinha renana, sendo visitado freqüentemente por professores e etnógrafos. Graças a Quêck, o professor Gottling, diretor do Ginásio de Neuwied, escreveu um glossário do idioma botocudo (Cascudo, 1977:32).

Outras ilustrações são dignas de registro por revelarem diversas fases da vida do índio no Brasil, apresentando-os dançando, guerreando, caçando, migrando em família, subindo em árvores e descansando em seus abrigos. Trata-se de material iconográfico de grande valor cultural e científico. Os comentários de Ratzel sobre Maximiliano de Wied lembram que ele foi o valorizador dos desenhos cuidados e das estampas bem gravadas, nítidas, de traços puros em papel forte, deixando às gerações posteriores uma idéia aproximada e visível do que fora observado e do processo de sua fixação artística. Tais comentários revelam que os desenhos feitos por integrantes de expedições científicas da primeira metade do século XIX estavam vinculados ao movimento de expansão das ciências naturais, cujo objetivo era fazer avançar o conhecimento pelo método da observação que, por sua natureza, era extremamente classificatório e colecionista.

Todavia, tal fascinação pelo "registro natural" bem como a excessiva valorização de seu caráter testemunhal e de ilustração têm levado à sua reprodução exaustiva nos livros didáticos e nos trabalhos científicos, sem muitos questionamentos. Hoje, contudo, a metodologia histórica fornece elementos para desvendarmos os códigos significantes da linguagem do desenho, apontando para questões referentes às condições de percepção, memória, subjetividade do observador e a relação que este estabelece com a imagem, para chegarmos, pelo exame da iconografia indígena, a outra compreensão de sua identidade e cultura[3].

O príncipe Maximiliano diferenciava-se de muitos viajantes em relação às análises e apreciações que faziam sobre os indígenas, especialmente os botocudos. Estes índios fizeram-se conhecer pela boca dos viajantes estrangeiros como bestiais. Por serem caracterizados como selvagens e violentos, empreendiam-se contra eles caçadas impiedosas em que eram dizimados como feras ou escravizados com toda a sua família. É possível que essa representação decorresse de certo deslizamento e transferência das concepções sobre as "classes perigosas" vigentes na Europa, para o selvagem americano[4]. Ao estudar os botocudos o príncipe estrangeiro repôs o selvagem em seu pedestal humano, despindo-o dos atributos de animalidade indômita e de fereza incurável.

Isso não deve obscurecer o fato de que o olhar do branco sobre o índio naquele momento resultava em relatos representando lugares de confronto de sentidos, articuladores da prática de uma violência simbólica definidora da História com a qual ainda hoje nos identificamos como brasileiros. Muitas vezes, a verdadeira identidade do índio acabava por acobertar-se pelo olhar colecionador do viajante, que queria ressaltar sobretudo o exotismo e a diversidade do universo tropical, bem como coletar espécimes destinados a compor as imensas coleções armazenadas nos recém-criados museus de História Natural. Nesse sentido, o príncipe Maximiliano não fugiu aos ditames dos estudiosos da História Natural. É o que revela o episódio da retirada do índio Quêck de seu habitat atural, apresentando-o na Europa como um exótico espécime à disposição da curiosidade e dos procedimentos de pesquisas das ciências físico-naturais de então.

Os livros do príncipe Maximiliano são hoje raros e encontram-se em sua maioria apenas no idioma alemão. Durante muito tempo foi possível encontrar somente a versão francesa do *Reise nach Brasilien* (Wied-Neuwied, 1821) e o *Voyage dans l'intérior de l'Amérique du Nord* (Wied-Neuwied, 1840), versão do livro *Reise in das Innere Nord America in den Jahren 1832 bis 1834*, estando as demais obras disponíveis apenas no idioma original. Este último foi editado em dois volumes com um atlas e resume a viagem de Maximiliano aos Estados Unidos. Ressalte-se ainda o igualmente importante *Kupfer and Karten* (Wied-Neuwied, 1822), atlas com gravuras representando indígenas, utensílios domésticos e guerreiros, cenas da vida primitiva e aspectos de viagem e os *Abbildungen zar Naturgeschichte Brasiliens* (Wied-Neuwied, 1821-1831), editado em Weimar, constituído por dezesseis cadernos com estampas representando animais.

As apreciações individuais sobre obras como as do Príncipe de Wied são fundamentais para obtermos uma visão de conjunto sobre a importância do trabalho dos viajantes estrangeiros, uma vez que apenas por meio desses estudos individuais é possível revelar a riqueza dos relatos e as influências filosóficas presentes na visão de mundo de cada um deles. Tais apreciações sobre a visão dos viajantes e, especialmente sobre o trabalho do príncipe, permitem o registro de algumas conclusões e seus desdobramentos sobre dois segmentos sociais que compõem a alma da sociedade brasileira contemporânea: os índios e as classes subalternas.

Em relação aos índios, apesar das leis desenvolvidas desde o Estatuto do Índio até as da Constituição de 1988 serem importantes, elas não têm sido capazes de proteger o patrimônio cultural indígena. É preciso notar que o perecimento da cultura indígena está associado ao imaginário profundamente etnocentrista, ainda não superado, que deu sustentação ao surgimento das sociedades modernas. No tempo dos descobrimentos os europeus entraram em contato com uma grande diversidade de povos e culturas. Embora tais culturas influenciassem as práticas cotidianas de seus dominantes, elas sempre foram retratadas como extensão *menor* da cultura européia (Certeau, 1982: 211-265) sobrevindo daí a clássica contraposição *civilização* versus *barbárie* para indicar a inferioridade dos povos recém-descobertos em relação aos ocidentais. Embora no século XX a Antropologia e o conhecimento humanístico em geral tenham feito avanços no sentido de superação de uma concepção de História marcada pela idéia de progresso (Burguière, 1988), creio que ainda predomina o entendimento de que não há lugar nas sociedades contemporâneas para culturas e povos "bárbaros" e "atrasados". Isso tem levado a uma desconsideração criminosa para com os índios, que poderá conduzir inevitavelmente à extinção de sua cultura.

Quanto às classes subalternas em geral é preciso lembrar que, informados pelo imaginário da modernidade, os viajantes estrangeiros procuravam demonstrar que, no Brasil, elas viviam ainda a sua "menoridade" em plena época das Luzes (Kant, 1974: 100). Os viajantes externavam sempre em seus discursos a intenção de articular e ajustar o homem comum brasileiro a pelo menos dois dos axiomas que pareciam guiar a marcha da civilização ocidental: o trabalho e a propriedade.

Por outro lado, a cultura aqui existente fundamentava-se no amálgama das concepções de economia natural indígena (Clastres, 1978: 132-152), as tradições negras e a de europeus pobres para aqui deportados ou emigrados desde os primeiros tempos da colonização (Linebaugh, 1983: 7-46). Muito do imaginário das classes subalternas estava assentado no costume e na tradição e articulado a práticas envolvendo uma relação com a natureza inteiramente voltada à satisfação de suas necessidades.

Os desdobramentos desse confronto entre os valores da modernidade provindas das transformações operadas na Europa ocidental e as complexas tradições culturais que se sedimentavam na sociedade brasileira desde os seus primórdios não têm sido suficientemente avaliados e estudados pela historiografia brasileira. Devemos, pois, buscar as chaves para o desvendamento dos arquivos de nossa própria identidade num persistente trabalho de desconstrução do discurso do outro, organizado sobre a nossa própria História.

Bibliografia

BARREIRO, J. C. O. *Cotidiano e o discurso dos viajantes: criminalidade, ideologia e luta social no Brasil do século XIX.* Tese de Doutoramento. São Paulo: USP, 1988.

BURGUIÈRE, A. L'Anthropologie Historique. In: LE GOFF, J. et alii. *La Nouvelle Histoire.* Paris: Editions Complexe, 1988.

CASCUDO, L. C. *O príncipe Maximiliano de Wied-Neuwied no Brasil.* Rio de Janeiro: Kosmos, 1977.

CERTEAU, M. de. *A escrita da História.* Rio de Janeiro: Forense Universitária, 1982.

CHEVALIER, L. *Classes Laborieuses et classes dangereuses pendant la première moité du XIX siècle.* Paris: Plon, 1983.

CLASTRES, P. *A sociedade contra o Estado.* Rio de Janeiro: Francisco Alves, 1978.

KANT, I. Resposta à pergunta: Que é 'esclarecimento'? In: *Textos seletos.* Petrópolis: Vozes, 1974.

LINEBAUGH, P. Todas as montanhas atlânticas estremeceram. In: *Revista Brasileira de História.* São Paulo: 6: 7-46, set. 1983.

OBERACKER, C. Viajantes, naturalistas e artistas estrangeiros. In: HOLANDA, S.B. (Org.) *História geral da civilização brasileira. O Brasil monárquico.* São Paulo: Difusão Européia do Livro, 1962.

THOMPSON, E. P. *The making of the English working class.* Londres: Penguin Books, 1968.

———. *Tradición, revuelta y conciéncia de clase.* Barcelona: Editorial Critica, 1989.

WIED-NEUWIED, M. *Voyage au Brésil dans les années 1815-1816 et 1817, par S.A.S. Maximilien, Prince de Wied-Neuwied.* Paris: Arthus Bertrand Librairie. 1821. 3 vol.

———. *Abbildungen zur Naturgeschichte Brasiliens.* Weimar, 1821-1831.

———. *Kupfer und Karten.* Frankfurt, a. M. 1822.

———. *Voyage dans l'intérieur de l'Amérique du Nord.* 1832, 1833 et 1834. Paris, 1840.

———. *Reise nach Brasilien in den Jahren 1815 bis 1817.* Frankfurt a. M., Heinrich Ludwig Bronner, 1820-1821. 2 vols.

Notas

1 Para estudos sobre os viajantes estrangeiros no Brasil, cf., dentre outros: J. C. Barreiro. *O cotidiano e o discurso dos viajantes: criminalidade, ideologia e luta social no Brasil do século XIX.* São Paulo, FFLCH-USP, 1988; C. Oberacker, C. Viajantes, naturalistas e artistas estrangeiros. In: S. B. de Holanda (Org.). *História geral da civilização brasileira. O Brasil monárquico.* São Paulo: Difel, 1962.

2 Os trabalhos de E.P. Thompson foram importantes para a renovação, a partir de meados dos anos 1970, dos estudos sobre as classes trabalhadoras no Brasil. Cf. sobretudo: E. P. Thompson, E.P. *The making of the English working class.* Londres: Penguin Books, 1968; Idem. *Tradición, Revuelta y Consciencia de Clase.* Barcelona: Editorial Critica, 1979.

3 São vários os trabalhos disponíveis para o desenvolvimento das significações imagéticas e suas relações com a época em que foram produzidas. Os trabalhos de Starobinski constituem referências metodológicas importantes para uma reflexão sobre esta questão no conhecimento histórico do Brasil. Cf., dentre outros: Starobinski. *Os emblemas da razão.* São Paulo: Companhia das Letras, 1987.

4 Para um estudo sobre a criação do conceito "classes perigosas" e seu contexto histórico, cf.: Louis Chevalier. *Classes Laborieuses e classes dangereuses pendant la première moité du XIX siècle.* Paris: Plon, Civilizations et Mentalités, 1958.

GONÇALVES DIAS: ARQUEÓLOGO E ETNÓGRAFO[1]

Lúcio Menezes Ferreira

(...) Oh! Quem foi das entranhas das águas,
O marinho arcabouço arrancar?
Nossas terras demanda, fareja...
Esse monstro... — o que vem cá buscar? (...)
Vem trazer-vos algemas pesadas,
Com que a tribo tupi vai gemer;
Hão de os velhos servirem de escravos,
Mesmo o Piaga inda escravo há de ser!
Gonçalves Dias

(...) os americanos, dotados de capacidade intelectual apenas inferior à da raça branca (...), mais facilmente se poderiam ter convertido à fé do que os chins e os turcos, povos que todavia consideramos como civilizados (...)
Gonçalves Dias

Mais conhecido como poeta, Gonçalves Dias (1823-1864) foi, desde 1847, sócio ativo do Instituto Histórico e Geográfico Brasileiro (IHGB). Ali, executou diversos trabalhos de ordem político-estratégica. Em 1851, recebeu a incumbência de estudar a instrução pública das províncias do Norte, e de coligir documentos históricos e etnográficos nos arquivos da Bahia, das Alagoas, de Pernambuco, da Paraíba do Norte, do Ceará, do Maranhão e do Pará. Foi nomeado, em 1856, chefe da seção de etnografia da Comissão Científica Brasileira (1858-1861), organizada pelo governo imperial e pelo IHGB para estudar os recursos naturais e humanos das províncias do Norte. Outra missão lhe foi reservada em 1858, mais uma vez no Norte do país, onde estudaria os indígenas brasileiros, colher-lhes-ia as opiniões a respeito dos "brancos" e as queixas que acaso tivessem. No mesmo passo, pesquisaria, em cartórios e arquivos, documentos relativos à História e Geografia do Brasil, levantaria dados estatísticos e informações sobre o comércio das províncias, as áreas cultivadas e as sem proveito, as atividades produtivas das povoações. Em 1861, por fim, nomeou-se o poeta para supervisionar as escolas da região de Solimões, ocasião em que ele pôde conhecer o Peru e inspecionar as diretorias de índios nos rios Madeira e Negro[2].

Neste artigo, discutirei uma das múltiplas facetas dos trabalhos realizados por Gonçalves Dias, exatamente aquela em que o autor das poesias americanas, respaldado pelo suporte institucional do IHGB, atuou como arqueólogo e etnógrafo. Membro da seção de arqueologia e etnografia do IHGB[3], Gonçalves Dias publicou, nas páginas da *Revista*, narrativas arqueológicas e etnográficas. Seria fácil enxergá-las com os olhos de Euclides da Cunha, vê-las como vibrações rítmicas de uma "meia ciência" esteada em fantasias e imaginação (Cunha: 1982 [1902]: 51). Contudo, para além da lente positivista do autor dos *Sertões*, percebe-se nos textos arqueológicos e etnográficos de Gonçalves Dias uma imaginação política. Os efeitos de verdade de seus discursos sobre os indígenas evocaram uma imagética sobre a identidade nacional brasileira, inventaram uma política indigenista.

Discutindo-se as proposições políticas dos escritos etnográficos e arqueológicos de Gonçalves Dias, é possível fazer a História Intelectual reportar-se não a um autor morto, o poeta das poesias americanas laureado pela imortalidade, mas sim, como quer David Harlan (2000), a textos vivos, recolocando-os nas discussões do presente[4]. Tencionaremos fazer com que sobrevivam os textos arqueológicos e etnográficos de Gonçalves Dias de modo a fazê-los falar sobre o nosso presente. Não certamente para preservar pura a chama de nossa memória, não para reanimá-la com o fogo de Prometeu conservado em textos históricos que receberam a chancela do Olimpo da ciência oitocentista, mas sim para atiçá-la com a lenha de conteúdos históricos silenciados.

Imaginação de estrategista

O poeta publicou dois longos ensaios arqueológicos e etnográficos no IHGB. No primeiro, respondendo a uma inquietação do imperador Pedro II – "Existiram ou não as Amazonas no Brasil?" (RIHGB, 17: 599, 1854) –, Gonçalves Dias fez uma incursão nas crônicas coloniais e nas cosmogonias indígenas no intuito de averiguar se as guerreiras de Heródoto, as amazonas, estiveram ou não entre os indígenas do Brasil. Concluiu pela improbabilidade do contato entre os povos da história antiga do Velho Mundo e os da história da América (Dias: 855, 31). No segundo, *Brasil e Oceania* (1867), Gonçalves Dias enceta uma discussão arqueológica e etnográfica com fins claramente políticos. Dois foram os seus objetivos. De um lado, estudar o estado físico, moral e intelectual dos indígenas conforme eles se apresentavam durante os primeiros contatos com os portugueses, para inferir as facilidades e dificuldades que se ofereciam a uma política indigenista de integração. De outro, comparar os indígenas brasileiros com os da Oceania – região que, para Gonçalves Dias, reunia os povos malaios, melanésios, polinésios e neozelandeses –, para avaliar qual deles estava mais apto a receber os ensinamentos da civilização.

Darei ênfase, aqui, às interpretações de *Brasil e Oceania* (1867), pois neste ensaio Gonçalves Dias retoma e amplia idéias já aventadas em *Amazonas* (1855). Aludirei somente à primeira questão elegida pelo poeta, deixando de lado suas comparações etnográficas. Conquanto elas sejam esclarecedoras do pensamento do autor, a apresentação da primeira parte do ensaio já é suficiente para chegar ao núcleo de suas propostas políticas.

Vejamos, em primeiro lugar, as regras epistemológicas dos textos arqueológicos e etnográficos do poeta. Percebe-se que a etnografia, em Gonçalves Dias, se fazia tanto pela leitura dos cronistas coloniais e dos naturalistas quanto pela observação, *in loco*, das sociedades indígenas. E a etnografia, de outro lado, não se praticava sem a filologia, disciplina, a par e passo, responsável pelas classificações raciais e pelo estudo dos mitos indígenas. Ato contínuo, a filologia e a etnografia se articulavam à arqueologia – os mitos geogônicos e teogônicos, uma vez garimpados os seus resíduos poéticos, arejados os seus conteúdos lendários, removidos os entulhos de sua longa memória, contariam a história geográfica do império, a história das antigas imigrações e ocupações do continente brasileiro; contariam a história de "nossos" índios, dos índios que habitam, desde há muito, o "nosso" território.

Gonçalves Dias realiza uma hermenêutica filológico-textual – se está dito em mais de um documento que os Tupis, como acreditava o etnógrafo-poeta, vieram do Norte, analisemos se o mesmo nos dizem as características físicas e sociais dos indígenas, examinemos se o mesmo nos falam de sua cosmologia, seus mitos geogônicos e teogônicos, cotejemos esses *corpora*, e teremos então um critério de validade para nossa hipótese; avaliemos se os mitos nos transmitem reminiscências, ainda que herméticas e ritmadas por uma poesia bela e rude, de uma raça originária do Norte, que de lá trouxe seus deuses, suas formas de pensar e agir; se documentos históricos fidedignos, de outro lado, nos confirmam este mesmo percurso migratório de uma raça do Norte que colonizou o Brasil, se crônicas coloniais nos contam sobre deuses e práticas similares àquelas que nos contam os mitos tupis, então disporemos de um critério de validade para nossa hipótese.

Valendo-se, pois, desta hermenêutica filológico-textual, Gonçalves Dias concluiu que os tupis foram uma raça invasora, hordas que vieram do Norte, em ondas migratórias sucessivas, e ocuparam todo o litoral brasileiro. Os tupis migraram, mais especificamente, da América do Norte – daí a semelhança entre os tupis e os iroqueses – e dos Andes. Destas regiões chegaram à Amazônia, desceram até os sertões e, finalmente, povoaram a costa litorânea do Brasil. Esta hipótese pode ser cotejada com alguns versos do poeta, pois, para ele, a etnografia e a arqueologia serviam, dentre outras coisas, para fazer carpintaria literária:

(...) Meu canto de morte,
Guerreiros, ouvi:
Sou filho das selvas,

Nas selvas cresci;
Guerreiros, descendo
Da tribo tupi.

(...) Sou bravo, sou forte,
Sou filho do Norte;
Meu canto de morte,
Guerreitos, ouvi...
(Gonçalves Dias. *I-Juca Pirama*: 1997, 124 – grifos meus)

O etnógrafo-poeta, contudo, não homogeneíza toda a população indígena do Brasil como pertencente aos tupis. Na esteira de seu pensamento, os tupis, quando das primeiras imigrações, que ocorreram por volta do século XI, encontraram, nas florestas brasileiras, raças primitivas que nelas habitavam. Assim, para ocupar os melhores e mais férteis espaços da terra das palmeiras, os tupis foram compelidos a guerrear com as raças primitivas. O percurso transcorrido dos Andes até o Brasil, desse modo, foi marcado por guerras ininterruptas. Os tupis eram uma raça conquistadora e beligerante. Recorro mais uma vez a seus versos:

Teus filhos valentes, temidos na guerra,
No albor da manhã quão fortes que os vi!
A morte pousava nas plumas da frecha.
No gume da maça, no arco tupi!
Teus filhos valentes causavam terror,
Teus filhos enchiam as bordas do mar,
As ondas coalhavam de estreitas igaras,
De frechas cobrindo os espaços do ar.
(Gonçalves Dias. *Deprecação*: Ramos: 1997, 35)

Grosso modo, duas raças, portanto, povoaram o Brasil antes da chegada dos portugueses. As raças primitivas, pela cor da pele, pelos traços fisionômicos, descendem da raça mongol. Os tupis, por sua vez, oferecem analogias com os ramos menos nobres da raça caucasiana (Dias: 1867, 15). Para Gonçalves Dias, algumas evidências demonstravam as diferenças raciais entre os povos indígenas do Brasil. Em primeiro lugar, as filológicas. Ao passo que os tupis usavam a linguagem chamada pelos primeiros jesuítas e colonizadores portugueses de língua geral, os descendentes da raça mongol articulavam dialetos diversos entre si – uma babilônia tropical. Evidências etnográficas, por sua vez, provam que os tupis povoavam o litoral e as margens dos rios, conquanto as raças do tronco mongol já lhes disputassem a parte desses domínios; os ornatos, a plumagem das flechas, a cerâmica, as formas de enterramento, os tipos de habitação, enfim, usos, costumes e artefatos diferiam entre as duas raças; mas há, ainda, outra especificidade, pois ao passo que os tupis sacrificavam os seus prisioneiros e praticavam a antropofagia por amor à vingança e à glória, as outras raças o faziam como bárbaros e por amor à gulodice.

Além disso, o etnógrafo, examinando as diferenças morais e físicas entre as populações indígenas, aquilatadas não só por suas observações etnográficas mas também embasadas por literatura craniométrica, concluiu que houve intensa mistura entre as duas raças. Muito antes da chegada dos portugueses, a miscigenação grassava no território onde as aves gorjeiam como jamais se ouve alhures, dando formação a sub-raças, produzidas pelas duas, mas de certo modo diferentes de ambas. São elas: os mucuris, os pataxós, os machados, os coroados, os botocudos, os puris, os aimorés e os timbiras. Estas sub-raças foram no entanto as responsáveis pela decadência dos tupis. Intocadas nos sertões do Brasil, elas fortificaram e aumentaram sua população para guerrear com os tupis pela posse do litoral – ambição primeira de todos os selvagens (Dias: 1867, 34). Vieram ressentidas por "ódios antigos", com o instinto das "aves carniceiras", farejando a carnificina, de muitas léguas distante, para cevar o seu "apetite famélico" (Dias: 1867: 53). De maneira que, antes de construir os seus estabelecimentos, os portugueses já encontraram todo o litoral povoado por sub-raças e por tupis decadentes. Não foram os portugueses, portanto, os primeiros a enfraquecer a civilização tupi com o jugo do cativeiro e com a pólvora, mas as sub-raças que com eles lutavam pela ocupação do litoral. Antes de 1500, o Brasil já era um território de conflitos raciais.

Ao longo de seu ensaio, Gonçalves Dias representa e adjetiva de modo antitético as duas raças e as sub-raças que delas provieram. Os aimorés e os timbiras são bárbaros, vingativos, vis e degenerados; os tupis, em contrapartida, são quase estóicos em suas instituições sociais e em sua moral; são quase espartanos graças à honra com que se dispõem os guerreiros para os combates, pela força viril, pela constituição atlética adquirida, desde a infância, nos exercícios de guerra e de caça. Cito os seus versos, traço de sua concepção sobre os contrastes entre as sub-raças e os tupis:

(...) Tu choraste em presença da morte?
Na presença de estranhos choraste?
Não descende o cobarde do forte;
Pois choraste meu filho não és!
Possas tu, descendente maldito
De uma tribo de nobres guerreiros,
Implorando cruéis forasteiros,
Seres presa de vis aimorés.
(Gonçalves Dias. *I-Juca Pirama*: 1997, 133).

O poeta pensava que os tupis, num passado recuado, antes das últimas guerras com as sub-raças, configuravam uma civilização. Ao contrário de Buffon (s/d), von Martius (1844; 1905 [1838]; 1907 [1832]) e Gobineau (1983), os quais ele cita, Gonçalves Dias não entendia que os tupis eram já degenerados muito antes de os portugueses assomarem às costas brasileiras. Se eles entraram em decadência, isto se deveu, em primeiro lugar, às contínuas guerras com a raça mongol e com as sub-raças, que propiciaram a diminuição e a fragmentação de suas populações. Em segundo, o prosseguimento das funestas miscigenações com as sub-raças e a raça mongol perverteram a pureza física, moral e intelectual dos tupis. Por fim, eles decaíram devido à equivocada política indigenista praticada durante o período colonial. Embora o estado decadente em que se achavam, os tupis, pelo seu passado civilizacional, deveriam ter sido aproveitados em formas de associação mais livres, colocados debaixo de um contrato social que os reformasse em seus costumes, que os habituasse a uma vida pacífica, agrícola e industrial. Numa palavra, menos servidão e mais civilização.

Gonçalves Dias, partindo dessas reflexões sobre o passado, oferece algumas lições para o presente: *Historia magistra vitae*. Com imaginação de estrategista, o poeta sugere que, para a catequese e civilização dos povos indígenas, há de se especificar, nas futuras pesquisas, se as tribos caminham para um lento desenvolvimento ou para a decadência. No primeiro caso, faz-se mister opor uma força existente a outra, resultando daí o choque e a conseqüente aniquilação de uma ou de ambas. Não se poderia evitar o choque da civilização com o desenvolvimento vagaroso. No segundo caso, o choque é desnecessário. Basta favorecer o movimento de decadência, torná-lo mais rápido e guiá-lo na direção desejada. Numa palavra, menos choque e mais civilização.

Para o arqueólogo e etnógrafo Gonçalves Dias, portanto, num passado distante, os tupis foram nobres e valentes. Os tupis do presente, contudo, são degenerados e miscigenados, próprios para ser conduzidos por uma política indigenista que os oriente por um trajeto adequado aos propósitos sociais do império. Eles até podem figurar na identidade nacional, contanto que sejam recordados no seu estado passado, desde que redivivos nos pacíficos escaninhos da memória nacional. De fato, eles podem figurar na identidade nacional, mas somente transfigurados nos ritmos e nas metáforas da poesia romântica, somente metrificados em seres epopéicos.

Atiçando o fogo da memória silenciada

Os textos arqueológicos e etnográficos de Gonçalves Dias, pois, distam da imagem imortalizada do poeta, do intelectual rousseauniano, eminente romântico defensor do *bon sauvage*. O teor de sua produção etnográfica, se lhe serviu como carpintaria literária, somente em parte se coaduna com o tupi alçado à condição de símbolo da identidade nacional, emblema idealizado da jovem nação que então se constituía em império. Tal é a imagem predominante nos textos poéticos, não nos textos arqueológicos e etnográficos. Pode dizer-se, também, que a imagem do tupi rousseauniano, do *bon sauvage*, estampa-se no índio morto, no tupi sepultado, não no índio vivo. O índio morto é motivo de alegoria, próprio para ser metaforicamente ornamentado. O herói talhado em versos.

O tupi, como objeto de arqueologia e etnografia, até pode ser um vigoroso espartano, um valoroso estóico, um grego com vestes de pena. Mas, ainda assim, é de um índio morto que se fala. Ora, num momento em que o Estado brasileiro procurava conformar sua identidade sociocartográfica, Gonçalves Dias inventa uma ontologia físico-social para a jovem nação. Assim, a arqueologia, para o poeta, descreve um passado epopéico, um *epos* arqueológico que dá à história da imigração tupi a envergadura de um clássico universal, uma espécie de Ilíada e Odisséia ambientada nos trópicos. Os tupis, a exemplo dos gregos de Homero, teriam tomado de assalto uma Tróia amazônica, encarniçando-se com sub-raças e maltas inferiores; partiram do Norte, viagem em que, pela primeira vez, conquistou-se a terra de onde se sai com o pesaroso sentimento do exilado; ao contrário de Ulisses, contudo, a peripécia dos boreais tupis não fora um retorno à pátria, nem ao menos uma descoberta primeva, mas o marco histórico da primeira expansão lingüística e cultural de dominação do solo brasileiro, expansão imperial cujos herdeiros seriam a "atual" elite do império, reunida no IHGB. Um passado monumental para o presente de um país continental.

Um presente que precisa ser mudado, pois o índio vivo, como objeto de arqueologia e etnografia, revela-se uma sub-raça, uma raça inferior, um mongol ressentido por ódios antigos. O índio vivo resiste aos versos e ao *epos*. Ele é perigoso, não pratica a antropofagia por amor à glória, assim como, no passado, o fazia o caucasiano tupi, mas simplesmente por farejar como ave carniceira, por ter instintos que ditam um apetite famélico. Ele é perigoso porque ainda está vivo. Não está somente encerrado no passado, lugar confortável onde todos os conflitos se evaporam numa atmosfera idílica, lugar de onde se pode retirá-lo para revivê-lo como o outro que ele nunca foi, para metamorfoseá-lo com eufemismos e metáforas, vesti-lo como coadjuvante da literatura indigenista, o vil aimoré, inimigo do herói I-Juca Pirama. Ele é perigoso porque vive no presente. Pode ser um objeto de etnografia, contudo um objeto perigoso, vivo, guerreiro camuflado nas matas sertanejas, não um inimigo meramente literário, mas um rival da civilização, um óbice à expansão civilizatória do império brasileiro.

Ele é, como o tupi do presente, um ser degenerado. Ele incomoda porque transpira não nas páginas da literatura, mas em meio aos eventos da história do presente, lugar desconfortável onde os conflitos repousam na efetividade viva, onde os problemas que circulam entre os homens devem ser negociados e enfrentados. Ele é perigoso porque ameaça a população brasileira com o espectro da miscigenação degenerada, ele impede, com seu arco e suas flechas, a interiorização da civilização imperial. Ele é, pois, um ente sobre o qual se deve exercer o domínio de um biopoder, de uma assunção de poder técnico e científico sobre a vida das populações indígenas[5], de um saber que deve formular uma política indigenista de integração.

Para formular essa política de integração, a arqueologia e a etnografia, na pena de Gonçalves Dias, vale-se de um biopoder cujo gabarito de inteligibilidade é o problema da aliança e da antropofagia. Ora, como estabelecer um contrato social com populações que se lambuzam no banquete antropofágico, que se entregam a libações e festins com a carne de seus semelhantes, bárbaros gulosos que farejam o cheiro do inimigo à distância? Para integrar os indígenas à civilização imperial, é preciso saber em que medida a antropofagia resulta de uma inclinação nobre ou de um instinto puramente carniceiro, saber, dito de outro modo, discernir os graus de civilização e barbárie dos diferentes grupos indígenas. Somente assim se poderá selecionar os menos refratários à civilização, ao trabalho, ao ingresso nas fileiras hierarquizadas do império, ao pacto político com as elites da monarquia constitucional. Quando isso não for possível, que não se evite o choque da civilização com a barbárie, ou, de modo mais sutil, que se oriente a franca degeneração indígena para os benfazejos propósitos sociais do império. Sem mais eufemismos, que legitimamente se faça guerra aos degenerados. Se a arqueologia e a etnografia permitem a metrificação de épicos, asseguram também, uma vez articuladas a um biopoder, o direito de declarar guerra, o direito de exterminar.

Como se vê, nem sempre o passado é um lugar confortável, pois a História, memorialista profissional, tem o mau hábito de liberar, ainda que tacitamente, a memória dos conflitos e das dominações. Se a nossa memória oficial prima por um fogo puro, ultraleve, afeito à imobilidade, eis que a História é capaz de atiçar um fogo ultravivo, repentino e veloz, voraz pelas mudanças de perspectivas e interpretações. Ora, lendo os textos etnográficos e arqueológicos de Gonçalves Dias, entendemos melhor, hoje, os conflitos que perpassam a sociedade brasileira, cuja população, malgrado possuir mais de um terço de ascendência ameríndia, ainda é uma nação que se quer "branca", orgulhosa de sua ascendência européia. Uma nação que legitima suas exclusões sociais em nome de um projeto de modernidade voltado para o futuro, lugar onde, utopia sempre renovada, nossa afamada plasticidade social não mais rejeitará suas clivagens, não mais se sentirá ameaçada pelos indígenas que lutam pela demarcação de terras. Uma nação cujas relações sociais, ainda fundadas no paternalismo e no compadrio, vê no índio um objeto de assistência social, o *bon sauvage* a pedir a proteção apaziguada das reservas.

Talvez seja por isso que, ainda hoje, aprendamos nos manuais de literatura os versos imortalizados de "I-Juca Pirama" e "Deprecação", alegorias do sofrimento indígena após a chegada dos conquistadores portugueses. Talvez seja por isso que a nossa memória tenha amordaçado os textos etnográficos e arqueológicos de Gonçalves Dias, os enunciados que recomendavam o choque da civilização com a barbárie, a regulação tática da degeneração indígena.

O piaga acorrentado, na literatura, geme tranqüilo.

Bibliografia

BUFFON, G. L. L. *Oeuvres complètes.* Paris: Gallimard, s/d.

CUNHA, E. *Os sertões.* Rio de Janeiro: Francisco Alves, 1982 [1902].

DERRIDA, J. *Espectros de Marx.* Rio de Janeiro: Relume-Dumará, 1994.

DIAS, G. Amazonas. *RIHGB,* (18): 5-66, 1855.

———. Brasil e Oceania. *RIHGB,* (30): 5-271, 1867.

———. *Poemas.* São Paulo: Publifolha, 1997.

FOUCAULT, M. *Vigiar e punir.* Petrópolis: Vozes, 1987.

———. *Dits et écrits.* Paris: Gallimard, 1994. Vol. III.

———. *Em defesa da sociedade.* São Paulo: Martins Fontes, 1999.

GOBINEAU, J. A. *Essai sur l'inégalité des races humaines.* Paris: Gallimard, 1983.

HARLAN, D. A História Intelectual e o retorno da Literatura. In: RAGO, M. & GIMENES, R. A. (orgs.). *Narrar o passado, repensar a História.* Campinas: IFCH, 2000. (Coleção Idéias), p. 15-62.

LACAPRA, D. *History and criticism.* Nova York/Londres: Cornell U.P, 1985a.

———. Rethinking Intellectual History and reading texts. In: LACAPRA, D. & KAPLAN, S. (eds.). *Modern European Intellectual History: reappraisal and new perspectives.* Ithaca: Cornell U. P, 1985b.

———. *History and memory after Auschwitz.* Ithaca: Cornell U. P., 2001.

MARTIUS, K. P. von. Como se deve escrever a História do Brasil. *RIHGB,* (6): 389-411, 1844.

———. O passado e o futuro do homem americano. *RIHGSP,* (9): 534-62, 1905 [1838].

———. O Estado do direito entre os autóctones do Brasil. *RIHGSP,* (11): 20-82, 1907 [1832].

MONTELLO, J. (org.). *Gonçalves Dias na Amazônia.* Rio de Janeiro: Academia Brasileira de Letras, 2002.

Notas

1 Este artigo é parte de minha dissertação de mestrado, desenvolvida na Unicamp. Agradeço à Fapesp pelo financiamento da pesquisa. Agradeço também aos amigos e colegas que me ajudaram a aperfeiçoar este trabalho: Margarita Díaz-Andreu, Célia Maria Marinho de Azevedo, Pedro Paulo Abreu Funari, Francisco Silva Noelli, Ana Piñón e José Alberione dos Reis. A responsabilidade pelas idéias apresentadas, obviamente, cabe unicamente a mim.

2 Sobre os documentos históricos e etnográficos remetidos por Gonçalves Dias ao IHGB, Cf. *RIHGB,* (19): 42-73, 1856); *RIHGB,* (21): 484-85, 1858. Os relatórios dessas atividades de Gonçalves Dias foram recentemente organizados por Josué Montello (2002).

3 Cf. 177a sessão em 2 de setembro de 1847. *RIHGB,* (9): 442, 1847; 198a sessão em 31 de agosto de 1848. *RIHGB,* (10): 404, 1848; 208a sessão em 15 de julho de 1849. *RIHGB,* (11):

414, 1849; sessão da Assembléia Geral em 23 de maio de 1851. *RIHGB*, (14): 421-425, 1851; sessão da Assembléia Geral em 21 de dezembro de 1853. *RIHGB*, (17): 562-567, 1853.

4 Para trabalhar essa História Intelectual fundada no presente, inspiro-me em algumas obras. Penso, por exemplo, em *Vigiar e punir* de Michel Foucault (1987), onde se faz a história das prisões e dos mecanismos disciplinares nos termos do presente, onde se faz uma genealogia do presente; penso, ainda, em *Espectros de Marx*, onde Jacques Derrida (1994) avalia como os aportes conceituais da obra marxiana ajudam-nos a pensar o nosso presente. Mas não há só uma "matriz francesa" passível de estabelecer as linhas teóricas de uma história intelectual alicerçada no presente. É possível demarcá-la, também, na obra do norte-americano Dominick LaCapra (1985a; 1985b; 2001), onde há várias sugestões de que a História Intelectual deve entabular um diálogo entre o presente e o passado.

5 Para o conceito de biopoder, Cf., Michel Foucault (1999). Do mesmo autor, Cf., em *Dits et Écrits* (1994), os seguintes textos: La Politique de Santé au XVII siècle, p. 13-27; Sécurite, Territoire et Population, p. 719-723; Naissance de la Biopolitique, p. 818-825.

JOAQUIM FELÍCIO DOS SANTOS E A MODERNIZAÇÃO REPUBLICANA

Marcos Lobato Martins

A partir da década de 1870, o vasto território do Império do Brasil foi atravessado por ventos de mudança. Esvaziava-se a política imperial escravocrata e vinculada à Igreja. Entravam em crise as instituições civis do Segundo Reinado. A escravidão, que era o principal suporte econômico da Monarquia, passou a ser apontada como a maior marca do atraso brasileiro, denegrindo sua imagem no exterior. Em Recife e São Paulo, cresciam as críticas ao clima cultural medíocre que dominava o país e aos valores tradicionais que balizavam o sistema monárquico. Novos segmentos sociais prosperavam, abrigados em centros urbanos dinamizados pela cafeicultura, os investimentos estrangeiros em serviços e infra-estrutura e o surgimento de atividades fabris. Mas não encontravam espaço na rígida e fechada política imperial. A inquietação aumentava, abrindo espaço para que um conjunto de idéias novas provocasse efervescência e instabilidade política. A contestação da ordem vigente ganhava força entre militares do Exército e penetrou até mesmo no seio da hierarquia da Igreja. O "Antigo Regime" estava combalido, prestes a soçobrar.

Em Minas Gerais também surgiu um movimento de crítica à ordem monárquica, inspirado no debate de idéias que ocorria na Faculdade de Direito de São Paulo. Estudantes mineiros voltavam de São Paulo imbuídos de um liberalismo de índole radical, o mesmo liberalismo que havia influenciado profundamente a vida política de Teófilo Otoni e dos revolucionários de 1842. Num segundo momento (anos 1870), a juventude mineira passou a regressar de São

Paulo – bem como da Escola de Minas de Ouro Preto – impregnada da filosofia positivista. Nas cidades de Ouro Preto, Diamantina, Serro, Campanha e São João Del Rei organizaram-se grupos de homens que discutiam as novas idéias e fundavam jornais para divulgá-las. Em torno desses grupos realizou-se a propaganda republicana em Minas Gerais.

Um dos centros mais destacados da crítica à monarquia em Minas Gerais foi, não resta dúvida, a cidade de Diamantina. Na segunda metade do século XIX, Diamantina havia alcançado grande influência sobre o norte e o nordeste da província. Era um grande centro minerador, embora sofresse com a queda internacional dos preços do diamante, resultante da chegada ao mercado do produto das minas da África do Sul. Ela desempenhava o papel de empório comercial, distribuindo mercadorias para grande parte de Minas e da Bahia. Experimentava a instalação de diversas fábricas no território do município, destacando-se como pólo têxtil mineiro. Ao mesmo tempo, a cidade recebia diversas repartições públicas, consolidando sua posição como principal centro administrativo no norte de Minas Gerais. Transforma-se, na década de 1860, em sede do segundo bispado mineiro, cuja área de abrangência era enorme. A cidade também se tornou cabeça de vasto círculo eleitoral, o Sexto Distrito de Minas Gerais.

Segundo Aurélio Pires (1939: 46), havia em Diamantina, em 1879, diversos estabelecimentos de ensino: o Seminário Episcopal; o Colégio Nossa Senhora das Dores, dirigido pelas Irmãs de São Vicente de Paula, orientado para a educação feminina; a Escola Normal Oficial mista e um externato para ensino secundário, ambos mantidos pelo governo provincial. Nos educandários diamantinenses atuavam muitos professores que eram políticos, advogados e jornalistas. Essas escolas, portanto, tornaram-se centros de debate e difusão das "novas idéias" para a mocidade do norte de Minas e do sul da Bahia.

A presença de Diamantina na vida política mineira do período era reforçada pelo vigor de sua imprensa. Na década de 1870, a cidade contava com vários jornais. O mais conhecido era *O Jequitinhonha*, de orientação liberal radical, fundado por Joaquim Felício dos Santos. Havia *O monitor do Norte*, também liberal, fundado por Josefino Vieira Machado. *O católico* era vinculado ao bispado de Diamantina. *A idéia nova*, que circulou entre 1879 e 1881, era jornal republicano mantido por Aurélio Pires, Francisco Sá, Josephino Pires e Gustavo Almeida. O *Sette de Setembro* era o órgão de imprensa do Partido Conservador local. (Rodrigues, 1986: 108).

O apego ao espaço público: a vida de Joaquim Felício dos Santos

Entre os habitantes de Diamantina, Joaquim Felício dos Santos era um dos homens mais ativos. Foi pessoa de múltiplos afazeres e interesses: político, advogado, jornalista, professor, industrial, escritor e jurisconsulto[1]. Ele nasceu na Vila do Príncipe, atual cidade do Serro, em 1º de fevereiro de 1828. Filho de Antônio José dos Santos, funcionário da Real Fundição de Ouro, e de Maria Jesuína Felício dos Santos. Foram seus irmãos: D. João Antônio dos Santos, primeiro bispo de Diamantina; Major Antônio Felício dos Santos; Maria Silvana dos Santos Machado, esposa de Josefino Vieira Machado, Barão de Guaicuí; Silvana Maria dos Santos Machado, casada com Pedro de Alcântara Machado, deputado e diretor do Banco do Brasil; e Feliciano Amador dos Santos.

Joaquim Felício dos Santos fez os preparatórios no Colégio dos Lazaristas, em Congonhas do Campo, e bacharelou-se em Ciências Jurídicas e Sociais pela Faculdade de Direito de São Paulo, em 1850. Retornou para Diamantina, onde passou a residir. Em 8 de julho de 1855, casou-se com sua sobrinha Maria Jesuína Felício dos Santos. O casal teve seis filhos, entre os quais Josefino Felício dos Santos e Salvador Felício dos Santos. O primeiro formou-se em Direito em São Paulo, escreveu uma obra intitulada *Ensaios filosóficos*, foi um dos grandes propagadores da causa republicana e do positivismo em Minas Gerais, promotor e juiz municipal em Leopoldina, além de advogar no Rio de Janeiro. O segundo bacharelou-se na Faculdade de Direito do Recife, foi deputado estadual em Pernambuco de 1892 a 1894, juiz substituto e interino em Diamantina e, por breve período, deputado federal por Minas na vaga do comendador José Antônio da Silveira Drummond, em 1902.

Joaquim Felício dos Santos notabilizou-se na cidade natal como advogado, dedicando-se freqüentemente à defesa das causas dos pobres. Simultaneamente, enveredou pelo magistério. Entre 1852 e 1863, foi professor de História, Geografia e Francês no Ateneu São Vicente de Paulo, de Diamantina. Anos depois, em 1867, quando da fundação do Seminário Episcopal, integrou o primeiro corpo docente da instituição, lecionando Português e Francês.

A inclinação irrecusável de seu espírito para o debate político lançou Joaquim Felício dos Santos no jornalismo. Em 1860, juntamente com seu cunhado Josefino Vieira Machado, fundou o periódico *O Jequitinhonha*, por meio do qual difundiu o ideal republicano. O primeiro número circulou com data de 30 de dezembro de 1860. Foram colaboradores do jornal Teodomiro Alves Pereira, os irmãos Francisco e Sebastião Corrêa Rabello, Teófilo Ottoni e Carlos Honório Benedito Ottoni, Antônio Felício dos Santos e D. João Antônio dos Santos.

Nas páginas de *O Jequitinhonha*, além de artigos de forte crítica à política no império, Joaquim Felício dos Santos deu vazão a intensa atividade literária. Publicou um conjunto de contos e novelas tematizando aspectos da vida regional e da história de Diamantina. Entre 1861 e 1863 apareceram nas colunas e rodapés de *O Jequitinhonha* os seguintes textos: "Fragmentos de um manuscrito", "Os invisíveis", "Cenas da vida do garimpeiro João Costa", "O poção do Moreira", "Brás", "O acaba-mundo", "O capitão Mendonça" e "Um manuscrito velho". As lendas da mineração forneceram material para o trabalho do escritor. Os grandes desastres do contrato de João Fernandes são o núcleo dos enredos de "O poção do Moreira" e de "O acaba-mundo". As aventuras dos garimpeiros durante a intendência Dantas são a substância de "Cenas da vida do garimpeiro". A crítica política ensejou obras nas quais o autor apontava as mazelas da legislação processual da época, caso da novela *Brás*, e a elaboração de retratos cômicos de autoridades como os antigos ouvidores, caso de "Fragmentos de um manuscrito". Joaquim Felício escreveu ainda duas peças de teatro. Entre dezembro de 1861 e fevereiro de 1862 veio a público a comédia *O Intendente dos Diamantes*. Em fevereiro de 1863 surgiu a farsa *John Bull*, encenada em palcos do Rio. Esse texto girava ao redor da indignação que a Questão Christie causara em todo o país. No campo da sátira política, Joaquim Felício publicou "Páginas da história do Brasil escritas no ano 2000", texto disperso nas edições de *O Jequitinhonha* do período 1866-1873, e "O inferno", sátira publicada em 1874.

A obra *Páginas da história do Brasil escritas no ano 2000* era, simultaneamente, uma impiedosa sátira contra a Monarquia – contendo ataques demolidores que expunham ao ridículo toda a Corte – e uma profecia do futuro brasileiro sob a forma republicana, visto como promissor, com o Brasil ao lado das mais adiantadas nações do mundo e conquistando a hegemonia na América.

Joaquim Felício marcou seu lugar no romantismo brasileiro graças ao romance indígena *Acaiaca*, ambientado no Arraial do Tijuco em 1729. A obra foi publicada no jornal *O Jequitinhonha* entre dezembro de 1862 e junho de 1863. Logo apareceu em livro no Rio de Janeiro e adquiriu excepcional popularidade em Minas Gerais. Trata-se de narração imaginária da origem sobrenatural e fantástica do diamante no Tijuco, em cujo enredo é reservado papel destacado para os índios puris.

A carreira política de Joaquim Felício dos Santos teve início no ano de 1860. Numa tentativa frustrada, candidatou-se a deputado provincial por Diamantina. Em 1863, na condição de filiado ao Partido Liberal, Felício dos Santos concorreu a uma vaga de deputado geral por Minas Gerais, elegendo-se para a 12ª Legislatura (1864-1866). No ano de 1870, juntamente com seu irmão D. João Antônio dos Santos, participou da fundação, em Diamantina, da Sociedade Patrocínio de Nossa Senhora das Mercês, destinada a promover a libertação de escravos. Gesto inequívoco, com o intuito de afirmar seu pertencimento ao movimento abolicionista. Em 22 de março de 1879, ao lado de seu filho Josefino Felício dos Santos, tomou parte no lançamento de um manifesto republicano em Diamantina, assinado também por Antônio Felício dos Santos, seu irmão e deputado geral por Minas, e Teodomiro Alves Pereira, deputado e professor na cidade. O Manifesto de Diamantina, como ficou conhecido, dizia o seguinte:

> Ao Partido Republicano de São Paulo.
> Todo cidadão deve sempre ter em vista o bem comum de seu país, e assim cumpre envidar todos os esforços, lançar mão de todos os meios a fim de auxiliar os governos na boa direção dos negócios públicos. É fato incontestável ser vantajosa a luta dos partidos em um governo constitucional, pois é do embate das opiniões que a luz se ostenta, que os problemas sociais se elucidam. Contudo necessária é que a oposição seja leal, franca e enérgica, e não sistemática, apaixonada ou frouxa. Ora, sendo aquela e não esta a atitude política do partido republicano de São Paulo, o qual tem sido sempre solícito em aplaudir os atos dignos de elogio, como também sempre pronto em censurar os atos injustos deste ou daquele governo, desta ou daquela situação; sendo, portanto, a política seguida por esse partido digna de ser imitada por ser a verdadeira e a que poderá salvar a situação do Brasil, visto atender tão-somente ao interesse de todos e não ao individual. Nós abaixo assinados manifestamos nossa adesão ao partido republicano da província de São Paulo, enviando as nossas congratulações aos srs. drs. Américo Brasiliense de Almeida Mello, Francisco Rangel Pestana e Américo de Campos, residentes na capital, pedimos-lhe façam-na chegar à comissão constituída do mesmo partido. Diamantina, 11 de fevereiro de 1879 (Santos, 1880: 78-79).

Em 1883, Joaquim Felício voltou a disputar cargo político. Dessa vez, tentou conseguir indicação para uma vaga no Senado, mas não alcançou votação suficiente. Absorvido o revés, continuou na política. Em 1888 organizou o Clube Republicano de Diamantina. Recomendado pelo Partido Republicano, concorreu novamente à indicação para o Senado, outra vez sem sucesso. Em 15 de novembro do mesmo ano, o Congresso Republicano realizado em Ouro Preto decidiu nomear comissão para redigir a constituição política do futuro Estado de Minas Gerais. Foram indicados para compor essa comissão: Joaquim Felício dos Santos, Pedro Augusto Carneiro Lessa e Francisco de Paula Ferreira de Resende. Em 1889, Joaquim Felício classificou-se em primeiro na chapa partidária e em segundo no resultado geral da eleição para o Senado. Seu nome entrou na lista tríplice submetida ao imperador Pedro II, que decidiu preterir o político diamantinense, crítico feroz da monarquia. Proclamada a República, o Governo Provisório designou Joaquim Felício para integrar a comissão que redigiria a lei eleitoral. Feito o trabalho, o Governo Provisório da República rejeitou seu parecer, devido às franquias liberais nele introduzidas.

Joaquim Felício elegeu-se senador constituinte federal, tendo sido escolhido, por aclamação, para presidir os trabalhos da Assembléia até a eleição do presidente efetivo. O político diamantinense acompanhou os trabalhos de elaboração da Constituição de 1891, mas não a subscreveu. Membro das comissões de diplomacia, de constituição e de poderes do Senado, exerceu o mandato até fins de 1893, quando problemas de saúde determinaram seu recolhimento em Biribiri, povoado fabril situado a duas léguas de Diamantina. A saúde abalada também levou Joaquim Felício dos Santos a declinar da presidência da comissão encarregada de preparar projeto da Constituição do Estado de Minas Gerais, conforme a deliberação do Congresso de Ouro Preto. No dia 21 de outubro de 1895, em Biribiri, sede da fábrica de tecidos que fundara com os irmãos, o Senador faleceu e foi sepultado.

Memórias do Distrito Diamantino: leitura republicana da história do Tijuco

Nas múltiplas atividades que realizou ao longo de quase setenta anos de vida, não há dúvida de que Joaquim Felício dos Santos era movido por um "projeto" político-intelectual bastante característico, garantia de uma unidade de sentido para seus escritos e atitudes. Percebe-se que Joaquim Felício mostrava-se continuamente preocupado com problemas e temas relativos à organização social, econômica, política e institucional do Brasil, do que resultou a elaboração de uma proposta de modernização para a sociedade nacional que conserva, em linhas gerais, enorme atualidade.

As bases do projeto de transformação modernizadora do Brasil, inspirado no ideal "liberal-republicano", foram expostas no texto mais conhecido do intelectual diamantinense, publicada no ano de 1862, sob a forma de artigos no periódico *O Jequitinhonha*. Trata-se da obra histórica *Memórias do Distrito Diamantino*, cuja primeira edição em livro ocorreu no Rio de Janeiro, em 1868. Levantamento fatual bastante minucioso, abarcando o tempo decorrido entre os períodos iniciais de povoamento do velho Tijuco até a década de 1850, as *Memórias* fornecem amplo painel da história política da Demarcação Diamantina. Mais do que a narração dos fatos do passado, Joaquim Felício dos Santos utiliza-se dos eventos que arrola para debater a natureza das relações entre o Estado colonial-português, ou monárquico-nacional, e o povo, simbolizado pelas populações mineiras. Por isso, seu foco de atenção é, em verdade, universal: a história de Diamantina serve como argumento em favor da adoção de determinada solução para o problema geral, que é a questão das relações entre governo e nação.

De outro modo, não se consegue dar inteligibilidade, coerência e consistência a uma série de comentários que perpassa, do início ao fim, as *Memórias*. São, por exemplo, críticas mordazes aos padrões de conduta e organização de uma sociedade dividida entre nobres e plebeus, apaniguados e protegidos do governo, e a imensa maioria de gente comum, de gente pobre. Joaquim Felício dos

Santos não deixa passar sequer uma oportunidade para criticar os privilégios (estamentais) que caracterizaram a sociedade brasileira. Para citar alguns exemplos, veja-se a descrição que o autor faz do "espírito frívolo" do conde de Valadares, governador de Minas Gerais à época do sexto e último contrato. E as várias ocasiões nas quais Joaquim Felício dos Santos refere-se ao luxo perdulário, à ganância, à vaidade e ao comportamento mesquinho das cortes portuguesas. Em outra passagem do texto, o autor, ao narrar os episódios em torno da construção da Igreja do Carmo, dirige-se assim aos carmelitas:

> Esta ordem de Nossa Senhora do Carmo é bem singular: nela só entram pessoas de cor branca, os negros e mulatos são excluídos. Nada é mais odioso e repugnante que a distinção de classes em uma religião, que nivelou todas as condições. Por certo não foi no Evangelho que os carmelitas encontraram o fundamento dessa distinção (Santos, 1978: 172).

Ao anátema aos privilégios de natureza estamental, que segundo o autor ainda caracterizavam o Brasil dos anos 1860, junta-se uma crítica indignada ao uso distorcido das leis, ou melhor, à prática comum entre os poderosos de transformar o terreno das leis em local privilegiado de prática de casuísmo. É assim que o autor enxerga, se não a totalidade, pelo menos boa parte das ordenações régias e das ações de governadores, intendentes e contratadores à época da Demarcação Diamantina. Contudo, Joaquim Felício dos Santos não se detém nessa crítica, uma vez que sugere, em inúmeras ocasiões, a idéia da impessoalidade e universalidade das leis e da ação governamental. A esse propósito, é bom lembrar que o autor faz o "elogio" do funcionário público honesto, do burocrata imparcial, por exemplo, quando se refere ao dr. Rafael Pires Pardinho, primeiro Intendente dos Diamantes:

> Já de idade de setenta anos, quando tomou posse da Intendência, a uma inteligência cultivada, à prática de muitos anos de magistrado, profundos conhecimentos de jurisprudência, reunia um caráter firme, rígido, severo, desinteressado. O excessivo zelo que mostrava pelos interesses da fazenda real, o tornava muitas vezes inexorável a súplicas de necessidades imperiosas, que podiam ser atendidas em troca de pequenos sacrifícios. Em muitas ocasiões, rebateu com coragem as pretensões dos poderosos contratadores, quando pretendiam se desviar das condições de contrato (...). Não procurava granjear as simpatias do público, e nem temia seus ódios e descontentamentos. Era probo, honrado, reto; mas cruel, desumano, cego instrumento das ordens da corte, que não conhecia a compaixão (Santos, 1978: 96).

O que Joaquim Felício dos Santos critica no intendente Pardinho é o fato de ter sido "cego instrumento das ordens da corte", zeloso funcionário de um governo ilegítimo, opressor das populações do Distrito Diamantino. Não fosse isso, teríamos, segundo o autor, o modelo de um funcionário público perfeito no Dr. Rafael Pires Pardinho. Aliás, as críticas ao comportamento do ouvidor-geral da Comarca do Serro Frio, Francisco Moreira de Matos, feitas à página 118, servem para corroborar esse ponto de vista.

Ainda sobre o governo e a administração pública, é importante ressaltar que Felício dos Santos não aprova a intervenção do Estado na vida das pessoas e os rigores do Fisco, não importa se se tratava do Estado colonial português ou do Estado imperial brasileiro. Essa posição do autor vem claramente expressa no trecho que transcrevemos a seguir:

> O Fisco: Tribunal inexorável, sem compaixão, inflexível às circunstâncias, que não sabia o que era atenuação; onde não se atendia à filiação, aos gemidos, aos rogos, às lágrimas dos miseráveis que se violentavam, se espoliavam, se lançavam na desesperação; onde a parte interessada, acusadora, era quem mandava condenar e muitas vezes se assentava na cadeira do Juiz para proferir a sentença: Hoje o que se chama de Fisco, chamar-se-á Tesouro, Fazenda Pública; prescinde, porém, da prisão de que se usava, e substitui o mais por um simulacro de fórmulas constitucionais – tereis o Fisco antigo com todos os seus horrores, e talvez ainda mais voraz e insaciável; sabe-se hoje com mais habilidade tomar do povo o que antes se lhe extorquia com violência: aí está o nosso progresso! (Santos, 1978: 134).

Esse é um trecho muito significativo das *Memórias*. Nele, o autor discerne com nitidez um problema crônico da sociedade brasileira: a exploração de seu povo, em favor das elites dominantes, autóctones ou estrangeiras. É o que se pode ler, também, quando o autor afirma que "a sorte do povo era indiferente ao governo, quando se tratava dos interesses da Fazenda. Devia-se deixar ao povo os únicos meios de subsistência: o mais se lhe tomava a bem da metrópole". Descortina-se a condenação veemente que Felício dos Santos fazia à tradição luso-brasileira de tributação excessiva, em vez de considerar que os impostos devem ser gerais e proporcionais às posses de cada um. Como, segundo o autor, nada havia mudado até o presente, apenas um simulacro de fórmulas constitucionais para mascarar o antigo Fisco, o Brasil não progredia. E nessa crítica às fórmulas constitucionais, encontramos outro aspecto importante do pensamento de Felício dos Santos. De formação jurídica, o autor, entretanto, dá mostras reiteradas ao longo das *Memórias* de que o Brasil precisa não de um ordenamento jurídico que tudo contemple, mas de leis legítimas afinadas aos interesses do povo, sábia e flexivelmente aplicadas. Embora reformas institucionais sejam necessárias, para Felício dos Santos elas devem ser ditadas pelo interesse público e não pelos apetites das elites. E esta é uma das razões que explicam, como veremos mais adiante, o elogio que o autor faz às câmaras municipais.

Voltando ao tema do Fisco, parece-nos que Felício dos Santos o transforma em espécie de símbolo do Estado intervencionista, dotado de voraz apetite para regulamentações, taxações e iniciativas empresariais que conduzem, segundo o autor, na maioria das vezes, à miséria pública. Conforme as palavras do escritor diamantinense: "Quando imposições mesmo indiretas são excessivas, sem que os contribuintes tenham uma retribuição igual aos sacrifícios que fazem, a conseqüência é a elevação dos preços dos objetos tributados, o definhamento das indústrias, o desânimo, a miséria pública. Caminhamos a este resultado" (Santos, 1978: 93).

O autor de *Memórias do Distrito Diamantino* não perdoava o que qualificava como "vistas acanhadas do governo" que, desde 1771 até aproximadamente 1841, período de vigor do regime de Real Extração, tentou substituir os mineiros – a iniciativa privada, a indústria de seu próprio povo – pela exploração oficial do diamante, com resultados bastante precários. Não pode haver prova melhor do valor que Felício dos Santos atribuía à iniciativa privada do que essas críticas feitas especialmente às ações do governo imperial na região de Diamantina. Para o autor diamantinense, a liberdade faz surgir o espírito das associações, elemento primordial da "riqueza das nações". E a acumulação privada de capitais era por ele considerada elemento positivo para o desenvolvimento da empresa, desde que o capital circulasse de mãos em mãos, não ficasse entesourado por ambição ou pelo infundado temor de indivíduos.

Ao lado das críticas indiretas ao Estado intervencionista, as *Memórias* trazem um grande número de considerações a respeito dos vícios e das conseqüências funestas que resultam da centralização administrativa. A este respeito, o autor defende explicitamente a busca do equilíbrio entre o que chama de "governo representativo" e a "atividade local". Sobre esse ponto, ouçamos a eloqüência do velho senador:

> É um fato incontestável na história dos povos a grande influência que os municípios exercem no desenvolvimento da civilização moderna: foram nobres suas lutas contra o despotismo e os poderes contemporâneos, que lhes pretendiam usurpar os forais e privilégios, e abafar o aparecimento das idéias de liberdade, que aí tiveram princípios. O sistema representativo, filho ingrato que desconhece sua origem, nivelando e cercando os principais direitos dos municípios, sujeitando-os ao governo central, deixando-lhes só um simulacro de representações populares sem prestígios, sem força, sem meios, sem recursos para fazerem real o fim de sua instituição, tirou-lhe toda a sua antiga importância. Se na organização das sociedades modernas se tivera melhor compreendido o valor e necessidade do elemento municipal, outro seria hoje o nosso progresso social. Todos esses pequenos centros de atividade, trabalhando livre e desembaraçadamente para o progresso e desenvolvimento parcial, muito teriam coadjuvado o progresso e desenvolvimento geral (Santos, 1978: 150-1).

A esse argumento geral, Felício dos Santos adiciona outro em que considera as especificidades da situação brasileira:

Se há um país em que o elemento municipal deverá ser mais considerado, é certamente o Brasil; por seu vasto território, diferentes e variadas necessidades de cada uma de suas localidades, quase que isoladas umas das outras e do centro geral pela falta de comunicação, e que todos os dias vão diversamente se caracterizando e distinguindo, não é possível que por meio de disposições gerais se proveja a todos os seus interesses variados e muitas vezes contraditórios, que pedem providências particulares (Santos, 1978: 151).

Após lamentar o fato de que "desgraçadamente as tendências da sociedade moderna parecem ser para o completo aniquilamento das municipalidades", o autor identificava o maior desafio que essas mesmas sociedades deveriam enfrentar para conseguir uma correta organização política:

Bem sabemos que um poder fracionado perde muito a sua força e torna-se mais ou menos inábil para promover os interesses gerais; mas não é isso razão para se conferir ao centro uma força exagerada, exorbitante, em prejuízo da atividade local. O governo representativo ainda é um ensaio de organização social, que fizemos ao sair do despotismo da monarquia pura, feudal; cumpre que não nos iludamos preconizando-o com a forma definitiva, o ideal dos governos (Santos, 1978: 151).

Estamos diante de uma proposta de organização política de grandes dimensões, de inegável atualidade, sobretudo se considerarmos que a preocupação central de Felício dos Santos é a de viabilizar um Estado que não cometa o pecado capital que cometeram, cada um a seu modo, o Estado colonial-português e o Estado monárquico-nacional: esquecer-se de seu povo, condenando-o à opressão e deixando-lhe tão-somente meios mínimos de subsistência.

Para modernizar o Brasil não bastariam mudanças político-institucionais. Joaquim Felício dos Santos estava ciente disso, razão pela qual preocupava-se com a situação da economia nacional. Nas *Memórias*, há vários trechos nos quais o autor analisa as dificuldades da mineração, da agropecuária e do comércio regionais. Em termos atuais, essas análises relacionam-se com as discussões sobre as condições de possibilidade de uma indústria eficiente, abordando uma questão fundamental para as economias modernas: a produtividade.

Felício dos Santos apontou o fato de que a "ignorância" do mineiro reduzia em muito o produto da atividade mineradora, além de gerar a impressão de que os terrenos auríferos e diamantíferos estariam esgotados. Dessa forma, afirmou a necessidade de a mineração empregar técnicas aperfeiçoadas, desenvolver tecnologias, de modo a aproveitar intensivamente as potencialidades do solo mineiro. Referindo-se à Grupiara, ponto mais elevado da vertente oriental do Morro de Santo Antônio, com suas ricas jazidas de ouro, o autor escreve:

Esta lavra passou depois a ser propriedade de vários outros concessionários: mas por falta de recursos e conhecimento do sistema de mineração por meio de minas e galerias subterrâneas, seus veios nunca foram explorados. Dr. José Vieira Couto, encarregado pela rainha D. Maria de fazer exames mineralógicos e metalúrgicos na capitania de Minas em 1796, lastimava com justa razão a ignorância dos mineiros, incapazes de fazer qualquer trabalho importante. O que ele então dizia é aplicável ao nosso estado atual; porque nossa ignorância, nossos erros infelizmente ainda são os mesmos, e nenhum passo temos dado no conhecimento da mineralogia e na arte de minerar (Santos, 1978: 142-3).

Por outro lado, Joaquim Felício dos Santos sabia perfeitamente que o domínio e desenvolvimento de determinadas tecnologias significavam a possibilidade de auferir grandes lucros. É o que ele sugeria no trecho a seguir, lastimando que essa tecnologia não estivesse em mãos brasileiras:

(...) no tempo dos contratadores, quando as remessas montavam de cinco a dez mil oitavas (anualmente), nem assim estes deixavam em Portugal a utilidade que deviam deixar. Eles iam sustentar e enriquecer centenares de oficiais estrangeiros como lapidários, ourives, cravadores e outros muitos, que se ocupavam em preparar máquinas e mais instrumentos precisos à labutação desta manufatura, enquanto os portugueses, mortos de fome, conservavam-se ociosos (Santos, 1978: 106).

E já que estamos falando de produtividade e eficiência, noções relacionadas aos processos de modernização econômica, cabe-nos acrescentar que Felício dos Santos não endossava a idéia de modernização a qualquer custo, levada a cabo pela ação de governos autoritários. Não bastassem os argumentos anteriormente arrolados, poderíamos citar, ainda, as críticas que o autor fez às reformas modernizantes do Marquês de Pombal, exatamente pelo seu caráter despótico. Felício dos Santos assim se referiu à administração pombalina:

No governo deste ministro tudo ia tomar uma nova face: a agricultura, indústria, comércio, sistema político, princípios de administração, idéias religiosas. É uma época célebre na história portuguesa, a do ministério de Pombal; mas déspota sanguinário, violento reformador, orgulhoso, interesseiro, vingativo, todas as suas reformas ressentiram-se de seu caráter, e o impulso salutar, que pretendeu dar à sua administração, só durou com o seu governo: teve a existência efêmera das obras do despotismo (Santos, 1978: 124).

Finalmente, devemos chamar a atenção para outro aspecto interessante das *Memórias*. Ao lado das denúncias que o autor fez contra os monopólios da mineração e do comércio – existentes, por exemplo, à época dos contratadores e da Real Extração –, encontramos descrições bastante entusiásticas dos períodos de dinamismo da economia (interna) do Distrito Diamantino, seja nos tempos de Felisberto Caldeira Brant, de João Fernandes de Oliveira ou na década de 1850, quando uma vasta região – incluindo os municípios do Serro, Formigas (atual Montes Claros), Curvelo e Minas Novas – girava em torno de Diamantina. Será isso um indício de que o autor acalentava a idéia de uma economia com crescimento sustentável para a região e o país? Não podemos ser conclusivos a este respeito, mas parece-nos tratar-se de uma hipótese bastante plausível.

Afinal, aponta nessa direção a longa análise que Felício dos Santos fez das realizações do intendente Câmara, descrevendo com otimismo suas tentativas de diversificar as atividades econômicas regionais. Não seria um indício de que o autor diagnosticou corretamente as mazelas da ordem econômica brasileira e, simultaneamente, compreendeu a necessidade de um projeto de ampliação e diversificação da base produtiva como forma de superar tais mazelas? Acreditamos que há nessa obra de Felício dos Santos, portanto, uma perspectiva modernizadora que o Brasil e Minas Gerais demoraram a adotar, com conseqüências importantes para o seu desenvolvimento social e material.

Tudo isso posto, é razoável considerar as *Memórias do Distrito Diamantino* como portadoras de um projeto político que lançou mão da narrativa dos eventos da história regional como meio de delinear suas linhas mestras. Joaquim Felício dos Santos não produziu mera coletânea dos fatos históricos e não se limitou a analisá-los de *per se*. Ao contrário, a obra tem uma nítida conotação "panfletária", sustentando um amplo debate ideológico, doutrinário. As *Memórias* são, notadamente, uma arma de luta política.

As idéias presentes nas *Memórias*, formuladas no ano de 1862, deram consistência à atividade parlamentar desenvolvida por Joaquim Felício dos Santos. Examinada contra o pano de fundo das *Memórias*, a corajosa e atribulada participação do diamantinense no Legislativo adquire pleno sentido. Assim, em 1864 o então deputado apresentou reforma constitucional propondo a extinção da senadoria vitalícia, a adoção do mecanismo da eleição popular para a escolha dos senadores e a abolição do Poder Moderador. O parlamentar mineiro considerava o sufrágio direto e generalizado a forma legítima de preencher os cargos representativos; insistia na irresponsabilidade do Poder Moderador, considerando-o absolutista. O projeto de reforma de Felício dos Santos não foi julgado objeto de deliberação pela Câmara. Em sinal de protesto, o deputado deixou de comparecer às sessões até o final da legislatura.

Essas atitudes de Joaquim Felício mostravam que ele defendia integralmente o programa liberal radical publicado, em 1866, na folha carioca *Opinião libe-*

ral. Entre os colaboradores desse periódico estavam seu irmão Antônio Felício dos Santos, Teófilo Ottoni e Martinho Campos. O *Opinião liberal* pregava a descentralização administrativa, o ensino livre, a abolição da Guarda Nacional, a separação da judicatura da polícia, a abolição do trabalho servil e a eleição para os presidentes das províncias e para senadores. (Rodrigues, 1986: 152). Em Diamantina, o jornal *O Jequitinhonha*, na edição de 20 de dezembro de 1868, endossou este programa político, afirmando:

> A redação do Jequitinhonha não receia afiançar ser este o modo de pensar do partido liberal nestes centros de Minas; por um ou outro divergente, podemos contar centenas de conservadores que assim pensam. Só não consultai os homens que vivem da política; desses o interesse é iludir o povo. As próprias folhas da Corte, órgãos do partido liberal, têm as mesmas idéias democráticas do *Jequitinhonha.*

A defesa intransigente do sufrágio direto e generalizado, princípio basilar da democracia, foi o motivo que levou o Governo Provisório da República a recusar o parecer que Felício dos Santos havia feito em 1889 sobre a lei eleitoral. Outro aspecto interessante do pensamento político do senador mineiro, evidenciado no Manifesto de Diamantina de 1879, era sua visão peculiar dos direitos individuais. Nessa época, o mais comum era a noção dos direitos individuais como absolutos e invioláveis. Joaquim Felício dos Santos não compartilhava desse ponto de vista. Para ele, havia certos casos nos quais esses direitos deveriam ser feridos, quando o interesse social é tão importante e tão poderoso que não se deve preterir. O que significa que a sociedade poderia constranger o indivíduo a fazer o bem quando sua omissão prejudicasse o progresso da coletividade. Nos termos do Manifesto, "todo cidadão deve sempre ter em vista o bem comum de seu país, (...) lançar mão de todos os meios a fim de auxiliar os governos na boa direção dos negócios públicos".

As relações governo *versus* oposição também ocuparam a atividade intelectual de Felício dos Santos. Por meio do jornal *O Jequitinhonha*, o intelectual diamantinense revelou seu descontentamento com a política de conciliação do império, que ele julgava estimular ambições pessoais e enfraquecer as oposições, mantendo-as afastadas do poder. No âmbito do Manifesto de Diamantina, Joaquim Felício defendeu a necessidade de haver oposição racional, crítica e responsável, no regime constitucional e democrático. Sem ela, o governo não aprimoraria suas ações, nem corrigiria seus erros. Sem a dialética de partidos da situação e da oposição, relativamente coesos e programáticos, balizados pelo "bem comum do país", não haveria sequer a elucidação dos problemas sociais. Essas idéias afastavam o ilustre diamantinense do corpo doutrinário do positivismo.

A AMBIÇÃO PROGRAMÁTICA DO HISTORIADOR

Escrita para os leitores do jornal *O Jequitinhonha*, com objetivos modestos – o de dar a conhecer ao povo de Diamantina sua História e auxiliar os mineradores na identificação das áreas outrora exploradas –, as *Memórias do Distrito Diamantino* ultrapassaram as fronteiras do antigo Tijuco. Rodaram o Brasil e o mundo, fixando por gerações determinada interpretação sobre o território da extração diamantífera.

Trata-se da percepção da Demarcação Diamantina como porção atípica do mundo colonial, submetida a controle administrativo rígido e ao despotismo das autoridades locais, as quais se subordinavam diretamente a Lisboa. Por causa disso, e do afã tributarista, a opressão metropolitana caía sobre todos os moradores da Demarcação, indistintamente. Como resultado de seu isolamento geográfico e das especificidades da legislação que a ela se aplicava, a região acabou marcada por uma vida melancólica, o povo sofrendo com os abusos das autoridades e impedido de ter acesso aos lucros da mineração e do comércio. Historiadores como Capistrano de Abreu, Augusto de Lima Jr., Caio Prado Jr. e Laura de Mello e Souza saudaram a obra de Felício dos Santos, adotando sua perspectiva[2].

Como afirmamos anteriormente, as *Memórias* representam um esforço de narração dos principais episódios e processos da história de Diamantina, redigida nos cânones da época. É linear, fatual, enfatiza os acontecimentos políticos e as alterações da legislação relativa à mineração. As principais fontes de Joaquim Felício dos Santos, indicadas no texto com muita imprecisão, foram os documentos dos arquivos da extinta Administração Diamantina. Ao lado desses documentos oficiais, dominando a redação de vários capítulos das *Memórias*, há a contribuição trazida de manuscritos apócrifos, conservados cuidadosamente por famílias da cidade, e depoimentos de testemunhas que presenciaram episódios mais recentes e ouviram histórias sobre o passado. A tradição local, com suas inúmeras lendas e casos – diríamos, hoje, a memória coletiva do Tijuco –, fornece vibração e colorido às páginas do mais importante livro de Felício dos Santos. Mais do que revelar o enraizamento do intelectual na cultura de sua sociedade, a presença da memória popular na construção da narrativa histórica opera como recurso retórico a serviço da elaboração de uma identidade social diamantinense. Além, é claro, de divertir os leitores do *Jequitinhonha*.

Vale lembrar que, nas *Memórias*, não existe apenas o político-administrativo, no seu sentido mais superficial e superestrutural. Não há apenas administradores, contratadores, governadores e um sem-número de autoridades coloniais e depois imperiais. Na obra de Joaquim Felício é possível apanhar um pouco do dinamismo da sociedade que é objeto de suas investigações. Há menções ao meio físico, aos negros escravos e forros, aos camponeses, aos vendedores ambulantes, à gente que vivia de vendas e lojas e à gente pobre, suas práticas, seus costumes e saberes. Ora, isso significa que Felício dos Santos teve uma perspectiva mais aberta do processo histórico quando povoou sua história da Demarcação Diamantina não apenas do dominante, mas também do dominado. Neste sentido, Felício dos Santos aproxima-se de Capistrano de Abreu e afasta-se de Varnhagen.

Avaliada no conjunto, a obra escrita por Joaquim Felício desenvolve-se com base em única coisa muito importante que ele conhecia: o sofrimento e a miséria do povo de sua Diamantina, cidade que nunca abandonou e sobre a qual disse certa vez: "Viajei e não vi melhor lugar do que ela." Seus olhos discerniram na cena urbana e na paisagem regional as conseqüências nefastas da concentração de poderes políticos e econômicos numa diminuta oligarquia, fato que lançava o povo na pobreza e na desesperança. Essa idéia-força imanta toda a investigação e a escrita das *Memórias*. Tudo o que Joaquim Felício pensou e escreveu gira em torno da idéia de que a opressão política que marca a história brasileira conduziu a nação ao atraso material e espiritual. O "despotismo do governo" é a idéia-mestra que estrutura a obra do autor diamantinense, guardando correspondência com o papel que tem "sentido da colonização" no texto de Caio Prado Jr. (*Formação do Brasil contemporâneo*) ou "demanda efetiva", no livro de Celso Furtado (*Formação econômica do Brasil*).

Na vida parlamentar como no trabalho intelectual, a mesma lógica parece ter dirigido os movimentos do autor. Pelo olhar agudo sobre as realidades cotidianas de sua terra natal e de seu país, a inteligência engajada formulava denúncias; passava em seguida a exercitar o direito de julgar, momento em que o ilustre diamantinense se ocupava com os "vencidos", com aqueles que naufragaram socialmente e cujos testemunhos de derrota estavam espalhados pelas escarpas da Serra do Espinhaço, nos cascalhos do Jequitinhonha e de seus afluentes. Era quando o senador do Tijuco perscrutava o "bem comum de seu país", refletia sobre o modo mais justo e democrático de enfrentar os problemas sociais. Finalmente, chegava a hora de dar vazão à exigência da transformação social.

E qual seria o sentido da transformação social desejada por Felício dos Santos? Um editorial de *O Jequitinhonha*, do dia 29 de novembro de 1869, mencionava a necessidade de mudanças que "reponham a pirâmide social em equilíbrio estável, apoiando-se sobre a base e não sobre o vértice". Desconcentração da riqueza, democratização das instituições, encorajamento do exercício da liberdade individual, apoio ao ensino e à ciência: esses eram alguns dos meios que o intelectual julgava adequados para o país avançar.

Acreditamos, portanto, não incorrer em erro ao colocar Joaquim Felício dos Santos na esteira dos críticos sociais herdeiros do projeto iluminista, alguém que acreditava na razão modernizadora e no progresso das sociedades. Sua reflexão caracterizava-se pela forte aderência ao que podemos chamar de "realidade objetiva". Daí porque buscava na trajetória histórica da Demarcação Diamantina a inteligibilidade necessária à compreensão da vida social que a região possuía. Tal tarefa era, para Felício dos Santos, eminentemente crítica, no melhor estilo de Voltaire. Essa atitude transformou o intelectual diamantinense em crítico implacável da incúria dos governantes, da sede de lucros dos donos do dinheiro e da alienação das elites mineiras e brasileiras.

Ora, ao escolher o caminho da contestação e da resistência, Joaquim Felício tornou indesejável, e praticamente impossível, uma recomposição com as "velhas aristocracias". Por isso, a Monarquia lhe foi injusta e a República, ingrata. As elites mineiras preferiram depositar suas aspirações nas mãos de espíritos como o de João Pinheiro, celebrados pelo seu pragmatismo, transigência e índole conciliadora. O político de Caeté, não o senador de Diamantina, passaria à História como a encarnação das "virtudes mineiras". Entretanto, o que Joaquim Felício dos Santos discutia havia mais de um século ainda é o que debatemos hoje. Os caminhos que ele sugeriu para a modernização brasileira são muito semelhantes aos que intelectuais e políticos contemporâneos consideram os mais acertados para a nação.

BIBLIOGRAFIA

ÁVILA, A. As Minas Gerais: condicionantes de um processo urbano-cultural. *Análise & Conjuntura*, Belo Horizonte, v. 4, n. 1, p. 76-83, jan./abril 1990.

FURTADO, J. F. *O livro da capa verde*: *o Regimento Diamantino de 1771 e a vida no Distrito Diamantino no período da Real Extração*. São Paulo: Annablume, 1996.

MARTINS, M. L. *Breve história de Diamantina*. Diamantina, MG: Secretaria Municipal de Cultura e Turismo de Diamantina, 1996.

MONTEIRO, N. G. *Dicionário biográfico de Minas Gerais: período republicano (1889-1991)*. Belo Horizonte: Assembléia Legislativa de Minas Gerais, 1994. v. 2.

MOTA, C. G. *Ideologia da cultura brasileira (1933-1974)*. São Paulo: Ática, 1985.

PIRES, A. *Homens e factos de meu tempo*. São Paulo: Companhia Editora Nacional, 1939.

RODRIGUES, J. C. *Idéias filosóficas e políticas em Minas Gerais no século XIX*. Belo Horizonte: Itatiaia; São Paulo: Edusp, 1986.

SANTOS, J. F. *Memórias do Distrito Diamantino*. 5ª ed. Petrópolis: Vozes, 1978. (406 p.).

__________. *Ensaios philosophicos*. Rio de Janeiro: Typografia da Gazeta da Noite, 1880.

NOTAS

1 As informações sobre a vida de Joaquim Felício dos Santos foram retiradas do verbete específico do *Dicionário biográfico de Minas Gerais*, coordenado por Norma Góis Monteiro (1994: 618-19).

2 Para uma crítica da visão de Felício dos Santos sobre a história do Arraial do Tijuco e da Demarcação Diamantina, ver Furtado (1996).

No centro e na periferia: a obra histórica de Rocha Pombo

Maria Tarcisa Silva Bega

Contexto ou talentos pessoais? Bourdieu nos lembra, com absoluta pertinência, que um dos eixos mais vigorosos de investigação contemporânea é a questão da mediação entre indivíduo e sociedade ou, em outros termos, como trabalhar a singularidade biográfica como resultado e produto de uma estrutura social. É nesta direção que analisamos o itinerário de Rocha Pombo, historiador paranaense que, partindo de processos de socialização tipicamente regionais, conhecido como um dos precursores da geração simbolista, torna-se, na maturidade, um equivalente de historiador oficial da República Velha, com vasta produção sob encomenda ou sob os auspícios dos órgãos oficiais de instrução da emergente República brasileira.

Rocha Pombo, situado geracionalmente a meio caminho da geração simbolista[1] propriamente dita, irá modelar um tipo particular de jornalismo que combina militância política de vanguarda dentre as idéias-força que vigoravam à época com um projeto de Brasil e Paraná modernos. Isso sem se descurar das temáticas, tendências e igrejas literárias. Ele, juntamente com Euzébio da Motta e Justiniano de Mello e Silva, sintetizam toda uma gama de pensamento de época, à maneira dos intelectuais do II Império (Oliveira, 1990, e Carvalho, 1989) preocupados em construir o país apoiados na ciência, na racionalidade e no ideário liberal. Homens vinculados a um tempo no qual grassava um positivismo ortodoxo, no interior de várias instituições, como o Exército e a burocracia estatal, foram personagens fundamentais para construção da noção do Paraná como província autônoma. Se em meados do século XIX a luta se voltava para a dimensão político-administrativa, cinqüenta anos depois, consolidada a província, o esforço se dirige para a construção de um conjunto de imagens que permita que os "residentes em solo paranaense" se reconheçam como brasileiros, conscientes de um destino comum, mas permeado pela singularidade de ser paranaense.

Tendo essa preocupação como solo epistemológico, mas considerando a contribuição de Elias com a noção de configuração, partimos da premissa que, se o contexto do Paraná do século XIX – no que diz respeito às instâncias econômica, política e cultural mediadas por um tipo de organização social – espelha as características gerais da formação social brasileira, o faz levando em conta particularidades regionais e locais. Entendemos que nas diversas "estações de socialização" vividas pelos personagens, dos quais Rocha Pombo é protagonista, emergem algumas figuras-síntese que foram definidoras do seu processo de inserção no mundo literário. Tais figuras, singulares, pertencem a processos socializadores definidos por Mannheim como unidade de geração, como vivência comum na cidade de Curitiba. A força que a geração, assim entendida, exerce sobre seus membros assumirá o papel formativo, dando ao grupo direção e caráter específicos. Como afirma Mannheim,

> Do slogan ocasional a um sistema de pensamento racional, do gesto aparentemente isolado à obra de arte terminada, freqüentemente a mesma tendência formativa está em operação – sua importância social está em seu poder de vincular socialmente os indivíduos. A profunda significação emocional de um slogan, de um gesto expressivo ou de uma obra de arte está no fato de que não apenas os absorvemos como dados objetivos, mas também como veículos de tendências formativas e atitudes integradoras fundamentais, identificando-os assim como um conjunto de esforços coletivos (Mannheim, 1982: p. 87-88).

Mais do que a geração, interessa-nos a "unidade de geração", porque é somente ela a que impõe vínculos mais sólidos, de efeito constringente, isto é, formador e modelador do grupo. É mediante o recurso à unidade de geração que poderemos entender o pertencimento de Rocha Pombo, historiador nacional mas fincado solidamente em solo paranaense. Partindo da "unidade de geração" vivida no ambiente literário do Paraná do final do século XIX, é possível apreender a formação de um *habitus* (Bourdieu, vários), ou seja, tais atitudes integradoras, de efeitos constritivos que só se materializam porque derivam de uma série de contatos pessoais entre os indivíduos; uma vez estabelecidas, podem se disseminar em uma área mais ampla, exercendo tanto atração como força constritiva sobre os indivíduos. Sobre isso, Mannheim irá dizer que "(...) a unidade de geração como a descrevemos não é, enquanto tal, um grupo concreto, embora realmente tenha como núcleo um grupo concreto que desenvolveu as novas concepções mais essenciais, as quais subseqüentemente foram desenvolvidas pela unidade" (Mannheim, 1982: p. 90). Isso só pode ocorrer se e enquanto tais atitudes integradoras e constritivas se apresentarem para os indivíduos que estão fora do grupo que lhe dá origem (mas temporalmente próximo dele), como uma "... expressão satisfatória de sua localização na *configuração histórica* prevalecente"(Mannheim, 1982: p. 90).

Partindo desse quadro teórico é que analisamos o itinerário de Rocha Pombo como emblemático de toda a geração que vive o movimento republicano e abolicionista no Paraná dos anos 70 e 80 do século XIX, por ser um dos poucos paranaenses que conseguem criar condições para sua sobrevivência intelectual na capital da República, chegando a ser eleito para a Academia Brasileira de Letras, ao final da vida.

A TRAJETÓRIA INTELECTUAL E POLÍTICA

José Francisco da Rocha Pombo nasceu em Morretes, Paraná, em 4 de dezembro de 1857. É o mais velho dos dez filhos de Manuel Francisco Pombo e de Angélica Pires da Rocha Pombo. Tem como irmãos: Maria do Carmo, Maria das Dores, Maria Rosa, Maria Thereza, Maria América, Maria Júlia, Maria Clara, Lindolpho e Antônio. Vem de uma família protestante, cujo pai é professor em Morretes, com rápida incursão na política local, via Partido Conservador, chegando à suplência de vereador. Passa sua infância em Morretes e aí inicia sua vida profissional, aos 18 anos, como professor no distrito de Anhaia, substituindo o pai no trabalho das letras e colaborando no sustento da família. Tornou-se republicano e abolicionista convicto, e foi o iniciador no Paraná da propaganda pela Proclamação da República. Em 1879, em pleno Império, adiantado em posições políticas, desenvolveu intensa campanha republicana e abolicionista, em um jornal semanal criado por ele, de nome *O povo*, ainda em sua cidade, onde permaneceu até 1880. De Morretes, envia seu primeiro material para publicação, artigo editado na revista fluminense, *A Escola*, de José Serafim Alves, que foi transcrito na *Revista del Plata*, de Buenos Aires.

Nos vinte anos em que milita nas hostes jornalísticas locais, é, sem dúvida, um dos jornalistas de maior expressão, quer como fundador do primeiro jornal abolicionista em Morretes (1879), quer pela direção de outros, ao longo da década de 1880, em Curitiba. Sua atuação foi sempre a de produzir um jornalismo político de militância republicana e abolicionista. Tais bandeiras serão recorrentes em sua atuação como deputado provincial, juntamente com Justiniano de Mello e Silva e Ildefonso Pereira Correia.

Amigo pessoal dos intelectuais da geração que o sucede, esteve próximo dos simbolistas, sem contudo produzir obras sob tal orientação estética; é republicano, mas possui uma atitude de absoluta reserva ao florianismo[2]; defende a implantação do ensino laico, distante da orientação religiosa, sem entretanto dedicar uma linha de seus escritos como sustentação ao anticlericalismo que toma conta das discussões na década de 1890.

Sua família é de professores no litoral paranaense e, considerando a estrutura social da época, em pleno regime escravocrata, poderíamos defini-la como de classe média, sem possuir capital econômico de importância, funcionando como "prestadora de serviços" (educação) para a burguesia do mate. Filho mais velho em uma prole numerosa, com sete irmãs e dois irmãos caçulas, teve de se inserir rapidamente nas atividades acessíveis aos jovens letrados: o magistério, com apenas dezessete anos, e o jornalismo, aos dezoito anos. Com 22 anos funda seu primeiro jornal. Detendo razoável capital cultural para o período e tendo presente os constrangimentos que a sua condição social lhe impõe, associa-se desde cedo aos interesses do Partido Conservador, então dominante em todas as cidades do litoral. Conhece as famílias mais influentes, como a dos Pereira Correia, tornando-se amigo íntimo de Ildefonso Pereira Correia, futuro barão do Serro Azul, com intensa identificação entre suas idéias no campo político e econômico. Dirige seus jornais, trabalha na imprensa do Partido Conservador, liderado pelo barão, defende as mesmas posições que versam sobre a política imigrantista, os projetos de colonização e o desenvolvimento industrial do Paraná. Utiliza tais capitais simbólicos com maestria e sua condição de jornalista político será a moeda de troca, possibilitando-lhe o acesso aos espaços literários e políticos dos anos 1880.

A passagem do jovem jornalista e redator de vários livros por Curitiba irá consolidar algumas ligações iniciadas no litoral com os interesses econômicos do mate. Nesse período, que vai de 1880 a 1883, consolida-se como jornalista influente, estando presente nos principais acontecimentos vividos na capital. É um período em que acumula razoável capital econômico que lhe possibilita fundar a Tipografia Verdade de Curitiba, e tem sua obra *A Honra do Barão* publicada sob a forma de folhetim no jornal *La Patria*, de Montevidéu, indicativo das estreitas relações no campo cultural entre esses dois espaços geográficos, ultrapassando o mero comércio regular de erva-mate.

Rocha Pombo reitera sua "face urbana" e, condizente com os projetos de seu partido, muda-se para Castro em 1883, integrando-se ao comércio local; aí funda o jornal *Echo dos campos* e torna-se proprietário de uma tipografia na qual publica seu livro *A religião do belo* e também funda um colégio. Sua integração plena à sociedade castrense se consolidará pelo casamento com Carmelita Madureira Azambuja, filha de grandes fazendeiros. Tudo indica que a motivação de sua mudança esteja incluída num projeto maior do Partido Conservador, de fincar bases mais sólidas em território dominado pelos liberais. Nesse sentido, um jovem jornalista, solteiro, com capitais simbólicos já acumulados em três anos de vida jornalística na capital, com três livros publicados, um deles com edição simultânea em Montevidéu, oriundo de família fortemente vinculada ao Partido Conservador, dotado de talento para o jornalismo de militância, era o perfil ideal para um ponta-de-lança dos interesses conservadores.

O ano de 1886 marca o apogeu do jornalista Rocha Pombo, que se firma no cenário paranaense como um dos maiores intelectuais, atuando não apenas no jornalismo como também no ensino e na política provincial. Tais vínculos já consolidados irão possibilitar a ascensão social necessária para que possa alçar-se ao mundo político. Elege-se, em 1886, por Castro, deputado provincial pelo Partido Conservador.

Em sua dupla condição de jornalista e deputado fará cerrada crítica aos fazendeiros de gado, defendendo a industrialização da província. Com isso, indispõe-se com os fazendeiros de gado de Castro, seu reduto eleitoral. Tais divergências políticas, geralmente associadas à imagem de Rocha Pombo como personalidade pouco afeita às regras do jogo, indicam, a nosso ver, um jornalista e político perfeitamente vinculado aos interesses políticos e econômicos de seu partido, fazendo dele um perfeito militante político na acepção moderna do termo. Até mesmo seu casamento, que lhe dá condições materiais para concretizar projetos jornalístico-educacionais – uma vez que há um dote razoável de sua mulher –, não o leva a se bandear para o lado dos fazendeiros, lugar político da parentela que incorpora. Ao contrário, utiliza-se de todos esses capitais para se eleger deputado e nesta condição retorna a Curitiba. Em 1887, torna-se também redator do *Diário paranaense.*

Rocha Pombo representava a face mais moderna do partido, defendendo a abolição da escravatura e a implantação de uma economia local de cunho plenamente capitalista. Assumir posições de defesa de um capitalismo industrial feria interesses oligárquicos presentes entre os próprios ervateiros que estendiam seus interesses para além do mate, firmando-se no cenário econômico local como comerciantes, latifundiários urbanos e fazendeiros. Rocha Pombo defendeu também projetos de colonização com mão-de-obra européia, como forma de purificação da raça, no mais clássico modelo de darwinismo social. Para ele, a imigração espontânea, feita com o apoio do Estado e escudada na iniciativa privada seria capaz de "(...) aumentar os elementos da nossa produção agrícola e industrial, [trazendo] (...) novos recursos de educação, costumes mais adiantados, princípios mais fecundos de trabalho, e até deve trazer-nos outro sangue que ao menos renove o temperamento e a índole da nossa raça" (*Gazeta paranaense*:180, 22.4.1882).

Rocha Pombo se alinhava à face mais arrojada do empresariado do mate, aquela que estava em contato com os mercados de Montevidéu e Buenos Aires e dialogava com setores da burguesia local que estudavam na Europa e daí traziam as experiências já cristalizadas do capitalismo industrial. É necessário lembrar que, naquele momento, a estrutura social de Curitiba era perpassada por várias tensões sociais: de um lado, no ambiente urbano, havia aquela estabelecida entre a elite tradicional e uma emergente camada de imigrantes. De outro, as contradições presentes no interior do grupo dominante, de origem luso-brasileira e que permeava os ambientes rurais urbanos, dizia respeito às disputas entre os interesses de latifundiários, os criadores de gado e os ervateiros. Ao passo que os primeiros faziam da terra a razão final de sua atividade econômica, a pecuária, os outros viam-na apenas como uma das etapas de uma divisão social do trabalho, centrando suas reivindicações em facilidades para industrialização, comercialização e exportação da erva-mate.

O fato de os ervateiros apresentarem-se como "industriais" não significava que tivessem interesses econômicos e atitudes políticas muito diversas das dos fazendeiros: há entre eles escravagistas e monarquistas. Portanto, Rocha Pombo perderá gradativamente o apoio de seus próprios companheiros de partido, fazendo-o não mais retornar à vida legislativa no período provincial. Sair da vida pública, porém, não significa para ele o afastamento da política paranaense; permanece no Partido Conservador, depois agirá como republicano convicto, posicionando-se, em 1893, a favor dos legalistas na Revolução Federalista. Sofre na pele os efeitos de um "exílio político" entre 1894 e 1897, sendo mantido afastado da política até mudar-se definitivamente para o Rio de Janeiro, em 1897. Só retornará à carreira política, mais em caráter honorífico, em 1916-18, como deputado federal, pelo seu papel de destaque no cenário nacional na condição de historiador oficial da Primeira República.

Com o advento da República o panorama político se modifica e Rocha Pombo tenta, em 1890, levar avante algumas de suas idéias (e de seu grupo político) esboçadas no final do Império, como, por exemplo, implantar núcleos coloniais na zona rural. Ele consegue financiamento do Ministério da Agricultura, mas o seu projeto fracassa, e o empréstimo só foi saldado devido à ajuda de "amigos solidários", como Nestor Vitor indica em suas obras.

Em 1892, obteve concessão do poder público estadual para criação da Universidade do Paraná, mas não leva a cabo sua proposta, devido à oposição dos seus inimigos políticos na Câmara Legislativa Estadual, que não aprovaram verbas para a construção do prédio onde deveria funcionar a universidade. A temática da universidade estava presente nos discursos dos expoentes da indústria do mate, bem como vinha ao encontro dos projetos dos jovens jornalistas, tendo Rocha Pombo como um dos seus porta-vozes.

Quais eram os interesses dos ervateiros no campo educacional? Tendo suas atividades de industrialização/comercialização localizadas na cidade e inseridos numa cadeia produtiva dependente de insumos industrializados, os ervateiros tendem, como fração de classe, a defender o que entendem, genericamente, por modernização: maior formação profissional dos trabalhadores, meios de transporte eficientes, meios de comunicação que atinjam maior número de pessoas e que possam divulgar seus produtos etc. Para os jovens jornalistas, significava dar um salto em termos culturais, uma vez que a cidade já dispunha de inúmeros aparatos como teatros, jornais, revistas, escolas de música e pintura, mas lhe faltava um estabelecimento de ensino superior. Ficava a dever, do ponto de vista cultural, aos modelos de cidades que lhe serviam de referência: Rio de Janeiro, Salvador, Recife, ou mesmo Montevidéu e Buenos Aires, estas últimas com as quais mantinha estreitas relações econômicas e culturais.

Para Rocha Pombo, jovem de origem remediada, que inicia sua vida nas atividades educacionais, inserido plenamente nos interesses locais, o projeto da Universidade do Paraná passa a desempenhar o papel de uma cruzada pessoal. Ele assume tal bandeira sem uma cuidadosa avaliação de sua exeqüibilidade, considerando-a tão-somente uma luta no campo intelectual, a ser bancada pelos interesses urbanos, somatório dos interesses dos ervateiros, comerciantes e jornalistas. Rocha Pombo minimiza o jogo político presente na Assembléia Legislativa, na qual os fazendeiros de gado detêm o controle (Pereira, 1990 e Beloto, 1990), representando o antigo Partido Liberal, agora sob a sigla de União Republicana. Desconsidera as lutas que grassam no país tendo em vista a consolidação da jovem República. Ao levar a proposta de criação da Universidade do Paraná para o fórum político, agora sem o capital político e a legitimidade que o cargo de deputado lhe conferiam, mas ainda extremamente identificado com os ideais do antigo Partido Conservador (no momento em minoria na Assembléia), esbarra em interesses políticos divergentes. Mais um projeto seu fracassa.

Esses elementos de sua biografia indicam que Rocha Pombo, longe de ser o idealista sem discernimento das "regras do jogo", que lutava, sozinho, por projetos irrealizáveis, era um lutador, sim, mas que cultivava as alianças necessárias para levar adiante os seus projetos. Os acontecimentos da Revolução Federalista, que dificultaram a atividade jornalística no Paraná e tiveram grande impacto sobre ele, foram retratados na crônica "Para a História", que seria publicado postumamente, em 1980.

Essa obra é um relato quase cotidiano, escrito dois meses após as lutas, marcado por um misto de indignação e denúncia, que não deveria ser publicado no "calor da hora". Aqui, mais que nos editoriais do seu jornal da época, fica clara a atitude de reserva quanto aos governantes republicanos (florianistas) do Paraná, em especial o vice-governador Vicente Machado, assim como um misto de condenação e admiração aos federalistas. Defende a manutenção da ordem na cidade, de forma a preservar as atividades do comércio e da indústria locais.

A CONVERSÃO DO HISTORIADOR

Rocha Pombo, então com 40 anos, consegue, com a ajuda de seu amigo Romário Martins, fixar residência na cidade do Rio de Janeiro, em 1897, aí vivendo até falecer em 1933. A mudança para o Rio de Janeiro o fará retomar o jornalismo, o magistério e sua veia literária, que o encaminhará para a profissão de historiador.

A produção historiográfica de Rocha Pombo é extensa: em 1899 publicou *História da América*; em 1900, *Paraná no centenário* e *O grande problema;* em 1905 o romance *No hospício* e iniciou, para o editor Benjamim de Aquila, *História do Brasil*, em 10 volumes, terminada em 1917. Em 1911 saíram os *Contos e pontos*; em 1918, *História de São Paulo* e *Notas de viagem*; em 1921, o seu compêndio de *História do Brasil* (1 vol.). *História do Rio Grande do Norte*, considerada por Muricy como a mais valiosa obra histórica, saiu em 1922; e, neste mesmo ano, a "edição do centenário" da sua *História do Brasil*, desta vez sem as notas e as ilustrações, em 4 volumes. Publicou em 1914 o *Dicionário de sinônimos da língua portuguesa*. A sua obra *Nossa Pátria* teve 63 edições e a *História do Brasil* (curso fundamental), 23 edições. Na década de 1920 publicou, além das obras citadas, *A grande parábola* (1920); colaborou com a revista *Terra do sol*, dirigida por Tasso da Silveira, tendo sido o autor do texto de apresentação. Nessa revista Nestor Victor escreve um artigo de sustentação ao amigo intitulado "Rocha Pombo e o Paraná". Em 1925 publicou a obra *El espiritu municipal en los tiempos de colonia*, escrita, segundo suas palavras iniciais, "*especialmente para la brillante y magnífica revista Humanidades, de la faculdad de ciencias de la educación en la Universidad de la Plata*" (Rocha Pombo, 1922: 3). Seu trabalho, voltado à produção de livros sobre a história do Brasil, continuou, aproximando cada vez mais o historiador do professor com *Elementos de Instrução Moral e Cívica* (1927); *História universal* (1928) e *História do Paraná* (1929).

A partir do momento em que se firma como historiador, a carreira de Rocha Pombo assume outros contornos mantendo-o ligado aos simbolistas, mais por laços de amizade que por filiação estética. Segundo Menezes (1969), ele lecionou na Escola Normal e, após bacharelar-se, em 1912, passou a lecionar História Geral, na Universidade Popular, de cunho socialista, organizada por Maurício Lacerda. De acordo com Nestor Victor, participou do grupo literário de tendência anarquista, que incluía entre outros, Elísio de Carvalho, Curvelo de Mendonça e Fabio Luz.

As ligações de Rocha Pombo com os literatos anarquistas do Rio de Janeiro, onde se tornará amigo íntimo deles, merecem um estudo à parte, no que diz respeito à penetração desse ideário em suas obras. A análise, mesmo que superficial, de suas obras históricas indica que o autor navegava numa corrente oposta à dos historiadores da época como Capistrano de Abreu, por exemplo, que entendiam a historiografia como produção apoiada nas fontes documentais. Rocha Pombo, sem condições financeiras para pesquisas inéditas, utilizava-se de pesquisas de outros procurando expressar a sua interpretação do que deveria ser o homem brasileiro e noções como nacionalidade e brasilidade. Em rápida leitura de sua *História do Brasil*, mais que os fatos, importa as "máximas" que procura transmitir, buscando criar um código de ética para o jovem que irá utilizar seus livros na escola, com o intuito de construir um homem brasileiro dotado de valores como bondade e retidão.

É por sua caudalosa *História do Brasil*, publicada em fascículos e depois reunida em 10 volumes, que Rocha Pombo constrói o seu nome como "historiador de segunda". Essa obra foi considerada pelos historiadores da época e o é pelos atuais como medíocre, nada acrescentando, tanto em dados como em análise dos fatos. Antes, ele havia ganhado o concurso proposto em 1897 pelo Conselho Superior da Instrução Pública do Distrito Federal, em edital assinado por Medeiros e Albuquerque, para que fosse escrita uma *História da América*. Com pseudônimo de *Colombo*, Rocha Pombo foi o único a se inscrever e seu trabalho foi aprovado após um "(...) erudito relatório de Manoel Bomfim" (Cardim, 1958: p. 27). A *História da América* abriu-lhe as portas do Rio de Janeiro, tornando-o um dos historiadores oficiais da República Velha. Em 1899, *História da América* é publicada pela Laemmertz e Cia. Em 1905 a Garnier Editora publica *No hospício* e em 1910 a J. F. Saraiva lhe encomenda a preparação da *História do Brasil*. Nesse período, Rocha Pombo vive a experiência de escritor assalariado, contratado pelo editor Benjamim de Aquila, que o remunera por fascículo produzido. Alguns críticos insistem que este trabalho foi estendido por mais de dez anos, pois era uma forma de garantir sua sobrevivência. Sem entrar no mérito que pauta tais avaliações dos historiadores, Rocha Pombo foi, independentemente de adjetivos, o divulgador da história pátria em caráter pedagógico. Suas obras como *Nossa Pátria* e *História do Brasil (curso fundamental)*, tiveram 63 e 23 edições, respectivamente.

Apesar das críticas que sofre dos historiadores em particular, ele se insere nos esquemas nacionais de produção de obras didáticas e perseguirá sua legitimidade nas diversas tentativas que fez para ingressar na Academia Brasileira de Letras. Segundo atas transcritas na *Revista da Academia Brasileira de Letras*, a primeira tentativa de ingressar na ABL ocorreu em 1928, quando da vacância da cadeira 39, com a morte do seu primeiro ocupante, Oliveira Lima, e cujo patrono é o historiador Varnhagen. Perde para Alberto Faria. Em 1931, com a morte de Faria, concorre novamente à vaga e ocorrem várias tentativas de eleição nos anos de 1931 e 1932, sem que nenhum candidato consiga maioria absoluta. Somente em 1933 Rocha Pombo consegue se eleger, mas morre antes da posse. A cadeira 39 será ocupada por Rodolfo Garcia, em 1935. Em seu discurso de posse Garcia faz um inventário das obras do historiador Rocha Pombo, elogiando sua persistência no trabalho, destacando sua origem humilde e as agruras da vida no Rio de Janeiro. Mesmo com o tom elogioso de praxe, não deixa de destacar os traços de sua obra que tantas críticas já havia lhe rendido:

> Rocha Pombo, por impossibilidade de recorrer aos arquivos da Europa, e por escassez de tempo confessada para freqüentar os arquivos nacionais, ficou reduzido na elaboração de sua *História do Brasil* à contingência de aproveitar o que os outros prepararam, conforme honestamente declarou. [...] O certo é que a consulta às fontes conduziria por força o vosso companheiro à apuração de fatos que aparecem deturpados nos autores em quem se fiou; uns tantos pormenores teriam de ser avivados em seu debuxo primitivo, um pano-

> rama mais exato do passado brasileiro desdobrar-se-ia aos nossos olhos. Poder-se-ia ainda criticar seu livro pela ausência de síntese, de que resultou sua grande extensão: haveria que dizer de seu método no expor dos acontecimentos, com a adição de notas que, em geral, constituem reiteração mais larga dos mesmos acontecimentos narrados por outros; exigir-se-ia, por último, menos dissertação e mais seleção (Garcia, 1935: p. 24-28).

Como afirmamos, o itinerário de Rocha Pombo nos aponta para um caso exemplar do escritor do século XIX que, saindo de um espaço periférico como o Paraná, utiliza-se da rede de relações tecidas ao longo das várias atividades profissionais que desempenha, adensadas pelas posições que teve de assumir. Mesmo no Rio de Janeiro, mantém sua colaboração com os simbolistas paranaenses, escrevendo para a revista *O sapo* (1898-1900), assim como alguns de seus escritos são publicados nos últimos números de *Cenáculo*, de 1897.

Seus vínculos intelectuais com o Paraná não se restringem aos espaços de legitimidade institucional que ocupa. Quando das comemorações do 4º Centenário do Descobrimento do Brasil, a Comissão Central das Festas, nomeada pelo presidente da República, abre concurso para determinados pontos da nossa História e para algumas questões ligadas ao destino do Brasil. O governo do Paraná resolve participar e propõe aos escritores paranaenses que, além dos temas da comissão, façam um retrato das coisas paranaenses. Assim, o recém-criado Instituto Histórico e Geográfico do Paraná decide concorrer com algum trabalho que testemunhe o amor do paranaense à terra natal, ao mesmo tempo que revele a situação presente e o grau de progresso que, sob o ponto de vista dos intelectuais, se acha o Estado naquele período. Rocha Pombo é o escolhido para empreender tal trabalho, mesmo residindo no Rio de Janeiro. Surge, assim, *Paraná no Centenário*, escrita em apenas dois meses, e muito elogiada pelos críticos locais à época, e, ainda hoje, reconhecida como o melhor e maior painel do Paraná produzido no final do século XIX.

Vista isoladamente, essa obra é um libelo ufanista para o mais novo estado da Federação, de um otimismo quase ingênuo. No entanto, contextualizado, produzido a pedido do IHGPR, que tinha como objetivo conhecer e divulgar os fatos e feitos do homem paranaense e as características geográficas do território, transforma-se em peça de resistência, suporte ideológico dotado de legitimidade, que traça as grandes vertentes de progresso pelas quais o Paraná deve se pautar. Rocha Pombo conclui sua apologia ao desenvolvimentismo do Paraná, reiterando sua fé nos esforços da humanidade (e em decorrência dos paranaenses) no uso da razão e da ciência para a resolução dos problemas econômicos e sociais. O autor reafirma seu pertencimento às coisas do Paraná e aponta como a principal questão a ser enfrentada pelo século que se inaugura a integração e a ocupação do território paranaense apenas no plano administrativo. Condizente com as idéias que vigoravam ao longo do século XIX, Rocha Pombo pregou a marcha para o Oeste, uma vez que os laços econômicos e culturais Norte-Sul já estavam suficientemente estabelecidos. Ele defendeu a integração dos índios à civilização ocidental e o enraizamento da política imigrantista, assentada no homem livre europeu.

No último capítulo de seu texto, sintomaticamente batizado "Rumo Aberto", Rocha Pombo afirma que "O que interessa ao Paraná é o desenvolvimento da vasta zona do Oeste, a abertura de um amplo sistema de viação que nos aproxime das grandes artérias fluviais do interior". Ele propugna a assimilação dos silvícolas, denominados "daqueles restos de rapas que ainda por ali erram e que nós chamaremos com toda a piedade de irmãos, como se os convocássemos para o triunfo e para as alegrias de uma conciliação definitiva" (Rocha Pombo, 1980: p. 145). O projeto que paira sobre as cabeças letradas não será uma conquista bandeirante, de apresamento de índios e descobertas de riquezas minerais, mas pela ocupação do território, com o estabelecimento de colônias de imigrantes. Tal ocupação tem como pressuposto a criação de vias de comunicação por terra, integradas às vias naturais dos rios. Logo, sua marcha para o Oeste possui finalidades que têm de ser vislumbradas num projeto de geopolítica maior: garantir efetivamente o território do Paraná aos paranaenses, via ocupação da terra; criar o eixo Leste-Oeste, ligando o Rio Paraná ao mar, quebrando o fluxo econômico Norte-Sul. Deste, tem reservas: "A Norte-Sul não derivará para São Paulo grande parte, pelo menos, do nosso movimento comercial? E os nossos entrepostos marinhos não estarão sujeitos a ser grandemente desfalcados? (...) é preciso que tratemos de preparar elementos nossos e que acautelemos a nossa própria economia interna contra o escoamento das nossas riquezas por entrepostos estranhos" (Rocha Pombo, 1980: p. 147).

Anos depois, em 1916, mesmo estando no Rio de Janeiro há 19 anos, é escolhido como representante da classe comercial (o mesmo grupo que o havia indicado em 1886) para deputado federal. Nesse período, a economia paranaense começava a apresentar os primeiros traços da decadência do mate e sua classe política, constituída por representantes deste setor, mantinha-se nacionalmente subordinada, por não se fazer representar, economicamente, no mercado nacional. A escolha de Rocha Pombo, um paranaense conhecido nacionalmente como historiador, certamente foi uma alternativa racional, por aumentar a representatividade paranaense. Assim se referem a ele: "O apreciado escritor e emérito historiógrafo Rocha Pombo, após longa ausência de sua terra, chega a esta capital, vindo da capital da República, onde reside. Escolhido pelo eleitorado paranaense, foi eleito deputado como representante da classe comercial, em cujo mandato saberá distinguir-se pelo valor real do seu talento" (*A República*, 22/3/1916).

Mas os tempos são outros. A longa ausência do Paraná distanciam-no das questões paroquiais da política local e o longo convívio com os literatos de tendências anarquistas do Rio de Janeiro desviam os interesses de Rocha Pombo. Desiludido da política partidária, abandonou-a antes do término da legislatura. Afirma-se nacionalmente como historiador e, ao final da vida, já no início dos anos 1930, debruça-se mais uma vez sobre os temas paranaenses, publicando aos 73 anos um livro sobre a história local. O desiludir da política partidária não significa para ele o abandono da política, em especial a literária, como se deduz de seu empenho em assumir, no Rio de Janeiro, uma cadeira na ABL. Em âmbito regional, desfrutou de todo o capital simbólico amealhado ao longo de sua permanência no Paraná e no Rio de Janeiro, reafirmando seus vínculos com o grupo paranaense, como atestam suas participações nas formas de organização institucional dos escritores e intelectuais em geral – membro do Instituto Histórico e Geográfico do Paraná, fundado em 1900; correspondente do Centro de Letras do Paraná, fundado em 1912 e da Academia de Letras do Paraná, de 1922. Com a criação, em 1936, da Academia Paranaense de Letras Rocha Pombo, falecido três anos antes, será homenageado como fundador da cadeira número 1, cujo ocupante é o seu biógrafo Valfrido Piloto.

Bibliografia

BEGA, M. T. S. *Sonho e invenção do Paraná. Geração simbolista e a construção de identidade regional.* São Paulo: 2001. Tese, (Doutorado) – Departamento de Sociologia – FFLCH – Universidade de São Paulo.

BELOTO, D. L. *A criação da província do Paraná:A emancipação conservadora.* São Paulo: 1990. Dissertação (Mestrado) – Departamento de Economia, Pontifícia Universidade Católica.

BOURDIEU, P. *A profissão de sociólogo.* Petrópolis: Vozes, 1999.

———. *As regras da arte.* São Paulo: Companhia das Letras, 1996.

———. *A economia das trocas simbólicas.* São Paulo: Perspectiva, 1992.

———. O campo intelectual: um mundo à parte. In: *Coisas ditas.* São Paulo: Brasiliense, 1990. 169-180.

———. *O poder simbólico.* Lisboa: Difel; Rio de Janeiro: Beltrand Brasil, 1989.

———. Esboço de uma teoria da prática. In: ORTIZ, R. (org.). *Pierre Bourdieu* – Sociologia. São Paulo: Ática, 1983. p. 46-81.

CARDIM, E. *Rocha Pombo, o escriptor e o historiador.* Rio de Janeiro: Jornal do Comércio, 1958.

CARVALHO, J. M. de. Entre a liberdade dos antigos e a dos modernos: A república no Brasil. *Dados, Revista de Ciências Sociais,* Rio de Janeiro: vol. 32, n. 3, p. 265-280, 1989.

Dicionário histórico-biográfico do Estado do Paraná. Curitiba: Chaim; Banco do Estado do Paraná, 1991.

ELIAS, N. *Introdução à sociologia.* Lisboa: Edições 70, 1999.

GARCIA, R. *Revista da Academia Brasileira de Letras.* Rio de Janeiro: n. 161, 1935.

MANNHEIM, K. A sociologia. In: FORACCHI, Marialice Mencarini (Org.). *Mannheim.* São Paulo: Ática, 1982. (Coleção Grandes Cientistas Sociais).

MENEZES, R. *Dicionário literário brasileiro ilustrado.* São Paulo: Saraiva, 1969.

MURICY, A. *Panorama do Movimento Simbolista Brasileiro.* Rio de Janeiro: MEC/INL/Departamento de Imprensa Nacional, 1952. Revisão crítica e organização da bibliografia por Aurélio Buarque de Hollanda Ferreira. (3 v.)

OLIVEIRA, L. L. *A questão nacional na Primeira República.* São Paulo: Brasiliense, 1990.

PEREIRA, M. R. M. *Fazendeiros, industriais e não-morigerados: Ordenamento jurídico e econômico da sociedade paranaense (1829-1889).* Curitiba, 1990. Dissertação (Mestrado em História) – Departamento de História, Universidade Federal do Paraná.

PILOTO, V. *Rocha Pombo.* Curitiba: Gráfica Mundial, 1953.

ROCHA POMBO, J. F. *No Hospício.* Curitiba: Prefeitura Municipal de Curitiba. 1996. Organização de Cassiana Lacerda Carollo e Introdução de Wilson Martins. (Coleção Farol do Saber)

———. *O Paraná no centenário, 1500-1900.* 2ª ed., Rio de Janeiro: J. Olympio; Curitiba: Secretaria da Cultura e do Esporte do Estado do Paraná, 1980.

———. *Para a História. Notas sobre a invasão federalista no estado do Paraná.* Curitiba: Fundação Cultural de Curitiba, 1980. (Apresentação de Carlos Roberto Antunes dos Santos)

———. *História do Brazil.* Rio de Janeiro: W. M. Jackson Inc., 1935 (4 volumes)

———. *História do Paraná.* 2ª ed., São Paulo: Cia. Melhoramentos, 1929 (Resumo Didático).

———. *El espíritu municipal en los tiempos de la colonia.* Rio de Janeiro, [s. n.], 1922.

VICTOR, N. *Obra crítica de Nestor Vítor.* Rio de Janeiro: Ministério da Educação e Cultura; Fundação Casa de Rui Barbosa, 1969. (3 volumes)

NOTAS

1 A discussão relativa à geração simbolista – poetas, cronistas, jornalistas e militantes anticlericais que viveram no Paraná entre 1880 e 1925 –, que será o primeiro grupo de intelectuais a dominar o cenário cultural do Paraná, foi tema de minha tese de doutorado. Esse artigo é parte do Capítulo IV, intitulado "Movimento simbolista paranaense: uma configuração geracional".

2 Em sua obra póstuma *Para a História*, aponta sua versão de jornalista e de político simpatizante à causa federalista, com cerradas críticas à atitude sanguinária do Marechal Floriano Peixoto durante a Revolução Federalista.

MANOEL BOMFIM E A IDENTIDADE NACIONAL BRASILEIRA

José Carlos Reis

Manoel José Bomfim (1868-1932), sergipano, filho de uma família rica de Aracaju, dona de engenho de açúcar e comerciante. Com formação em medicina, Bomfim escreveu *América Latina: males de origem* (1905), *O Brasil na América* (1929), *O Brasil na História* (1930), *O Brasil Nação* (1931). É interessante o fato de sua vida estar dividida entre os séculos XIX e XX em exatos 32 anos em cada um. Isto quer dizer que ele conheceu bem, de forma adulta e madura, tanto o Império quanto a República. Foi jornalista, professor e diretor do Instituto de Educação do Rio de Janeiro, deputado federal por Sergipe e secretário de educação do Rio de Janeiro.

Em 1903, com bolsa do governo brasileiro, foi estudar psicologia experimental em Paris, onde escreveu *América Latina: males de origem*, provocado pela opinião negativa dos europeus sobre os latino-americanos, que nos acusavam de ocuparmos "imerecidamente" um vasto território. Esse livro teve alguma repercussão quando saiu, levando Silvio Romero a escrever outro, também intitulado *América Latina*, para refutar a análise de Bomfim, reafirmando todos os preconceitos racistas e outros dos europeus contra os latino-americanos.

Mas, o que tornou mais conhecido o seu pensamento foi a publicação, em 1935, por Carlos Maul, de alguns fragmentos de seus textos em *O Brasil*, que apareceu na Coleção Brasiliana. Nós examinaremos esta antologia de Maul, apesar de autores como Iglesias e Sussekind/Ventura não a recomendarem[1]. Eles alegam que Maul foi um dos signatários do manifesto do Partido Nacional Fascista e teria deturpado o pensamento de Bomfim ao dar ênfase em sua seleção aos excertos mais nacionalistas, que levaram alguns analistas da coletânea de Maul, como Alfredo Bosi, em sua *História concisa da literatura brasileira*, a considerar Bomfim fascista, colocando-o ao lado de Oliveira Vianna e Alberto Torres. Para nós, o fato de a coletânea de Maul ter levado o pensamento de Bomfim mais próximo da sociedade brasileira, permitindo-lhe a sua recepção, exatamente por ter sido publicado na Coleção Brasiliana, é muito importante. O que nos interessa é o pensamento recebido, apropriado pela sociedade, e não a idéia em si, embora a análise interna de idéias também não nos pareça irrelevante.

Enfim, era o nacionalismo de Bomfim fascista? Chacon, Sussekind e Ventura, Ribeiro, Leite[2] o vêem mais socialista do que integralista. Em linguagem radicalmente apaixonada e ressentida, Bomfim faz o elogio da nação brasileira e de seus mais rebeldes representantes, e lamenta vivamente a sua repressão e massacre pela metrópole, pelos seus herdeiros do Império e também, para ele, infelizmente, pelos falsos revolucionários da República. A nação brasileira, que, para ele, cedo se consolidou na luta contra os holandeses, foi seguidamente derrotada pelos políticos portugueses coloniais e pelos políticos do Império luso-anglófilo que os sucederam. As grandes datas do Brasil seriam as da revolução nacional derrotada: 1789, 1817, 1824, 1831, 1889. A nação brasileira, de identidade clara e bem definida desde o século XVII, unida e solidária desde o início, nunca pôde se expressar plenamente, nunca pôde vir à luz, dominada e parasitada pelo modelo administrativo do Estado bragantista. Para ele, a nação brasileira não venceu ainda e vive soterrada pelas elites, herdeiras da metrópole bragantina. Bomfim põe-se ao lado da nação brasileira derrotada e, por isso, o tom apaixonado da sua análise.

Aqui, muito mais para acentuar e atualizar a importância do seu pensamento para o Brasil, apresentaremos uma de suas teses, a que trata do lugar do

Brasil na América e na história universal, procurando preservar a sua própria linguagem. O que nos chama a atenção é o caráter profundamente crítico, pioneiro e ousado, da sua interpretação do Brasil.

DENÚNCIA: A DETURPAÇÃO DA HISTÓRIA UNIVERSAL PELAS NAÇÕES[3]

Os grandes povos defendem a própria História. Eles se servem da história para exagerarem a sua grandeza nacional. A expansão de um povo leva-o a enobrecer-se, ampliando os seus feitos, dando-lhes significação e valor muito além da realidade. Os franceses contam uma história em que Luís XIV é central para o destino da humanidade. Os ingleses se acham mais gloriosos. Holandeses e alemães não menos. A história universal tem como centro a história desses povos. Há tantas histórias universais quanto nações européias, que, representando-se como "civilizadas" e "modernas", se imaginam os centros de gravitação das outras tradições. Os seus historiadores nacionais atribuem ao seu povo a centralidade humana. Cada povo engrandece o seu próprio esforço. Para isso, não hesitam em deturpar a História. E criam uma história universal sem nexo, incoerente, repleta de milagres ilógicos.

Por exemplo, a França, talvez a mais presunçosa. Ali nasceu a Sociologia, primeira expressão do positivismo. Nada é menos positivo do que a tese comtiana da evolução do espírito humano em três estados. A obra de Comte é genial, mas incompatível com a flexibilidade da vida, pois generalizadora e preconceituosa. A sua intenção era simpática: dar a fórmula, a mais perfeita, da socialização humana. Mas, o resultado é o mais antipático, pois avesso à verdadeira humanização da espécie. Sua doutrina não absorve imprevistos e novos aspectos da evolução social. A mentalidade média domina o gênio individual. A atividade individual se subordina ao gênio coletivo, ao meio social. A individualidade não conta. O francês é pouco acessível ao que lhe é estranho, preferindo enquadrar o novo em generalizações claras e vazias. As suas teorias nascem de observações escassas, superficiais, incompletas e mal induzidas. Tudo termina com o sucesso da história dos franceses. Tudo ocorreu para que, finalmente, os franceses vencessem e salvassem a humanidade! A história universal se reduz ao critério estreito dos franceses. Mas, avaliar a humanidade da perspectiva da França é produzir juízos impróprios. Tudo o que não tem influência francesa é eliminado, sendo considerado como "bárbaro", "primitivo", não civilizado.

Apesar disso, o reduzido critério histórico dos franceses tem tido sobre nossos julgamentos históricos efeitos mais acentuados do que deveria. E isto se explica porque, nas lutas pela liberdade política, a França foi valiosa. O vigor intelectual dos seus enciclopedistas foi forte. A influência revolucionária apoiou nossas reivindicações de soberania. Vimos a nossa História pelos olhos dos críticos franceses. Entregamo-nos à orientação do espírito francês. Fomos caudatários de suas doutrinas. Tropegamente exaltadas. Não éramos capazes de observação própria, mas de uma assimilação pronta. Olhávamos a nossa História com um critério de empréstimo, sem considerarmos a nossa tradição efetiva. Grande parte dos conceitos em que consagramos heróis e feitos são reflexos imediatos, modelagens passivas, de idéias francesas. Os "enciclopedistas", os filósofos da Inconfidência Mineira, pretenderam mobilizar os mineiros para a revolução utilizando uma língua morta, o latim! Tiradentes é um herói francês! Contamos a nossa História nos perguntando se eles nos aprovariam. Os seus dogmas perturbaram a apreciação da nossa História. Conceitos inaplicáveis mesmo na França, nós os aplicávamos implacavelmente a nós. Analisávamos o Brasil com doutrinas alheias às condições da nossa formação. Não tínhamos a possibilidade de um critério justo. O Iluminismo e o Positivismo não reconheciam o índio. Com eles, não se sabe o quão importante o índio foi para o Brasil. Por causa da influência francesa, denegrimos esta raça, que foi absorvida e está presente nos corpos e cultura brasileiros. No Positivismo, não há lugar para o caboclo, para o mestiço, que, intuitivos e místicos, são indiferentes ao progresso, alheios às hierarquias.

Por mais "libertários e civilizadores" que sejam os critérios franceses, eles são exteriores à nossa tradição e deturpam a nossa História. Eles diminuem os valores brasileiros. Se avaliarmos a civilização brasileira com os critérios europeus, ela nos parecerá insignificante, nula. As suas teorias raciológicas nada têm de "científicas", servindo apenas para legitimar a sua pretensão de superioridade racial e a sua dominação. Os grandes quadros da história universal, pintados por europeus, não concedem nada à tradição brasileira. Na hierarquia dos povos, o Brasil é posto entre os menores e mais selvagens. Acham até irrisório que nós, brasileiros, pretendamos ter lugar na história da humanidade! Eles nos afundam na depressão histórica. Para eles, somos inferiores, degenerados, incapazes, doentes. Falam do Brasil como uma simples e passiva matéria plástica, produto de energias estranhas. A história moderna faz o elogio das grandes nações européias e nos esquece à margem. Por isso, ela é inconseqüente e ilógica.

Internamente, muitos brasileiros compartilham este ponto de vista negativo externo e negam o valor dos que fizeram o Brasil, condenando heroísmos, infamando brasileiros grandiosos, nobres e eficazes. Esta avaliação negativa do Brasil, feita pelas elites brasileiras, é herdeira da influência de uma metrópole decaída, sem energia, que usava a vida brasileira para os seus ganhos egoísticos. O Brasil passou grande parte da sua vida sob o domínio de uma metrópole decadente, domínio este que a Independência e a República vieram consolidar. O deletério Estado português se transmitiu ao Brasil, infeccionando-o. O Brasil que recebemos trouxe um passado enraizado nos sedimentos podres de séculos de bragantinismo. A política brasileira foi sempre um monstruoso e informe oligarquismo, mesmo no regime republicano. Oligarquias de parasitas, que vivem para o ventre! Oligarquias que sugam e asfixiam a nação brasileira como ervas-daninhas, carrapatos, sanguessugas e outros parasitas intestinais.

O "mito de fundação" da nação brasileira

Se esta é a história universal que nos é ensinada, quantos brasileiros saberão como se fez o Brasil? Para Bomfim, é indispensável destruir esta "história para o Trono", deturpada, esta "história oficial bragantina", dominada pelo elogio imbecil e suspeito, lembrando-se do que deveria ser esquecido, esquecendo o que deveria ser lembrado, desconhecendo os nossos interesses patrióticos. Opacos relatos de governadores, anotações de uma política espoliadora, não poderiam contar como aqui se organizou a vida, como se fez uma nação. De tantos atentados à nossa tradição, ela se desintegra. A tradição que vale como consciência nacional não poderá assim subsistir e se desenvolver.

Qual a primeira revelação do que é a tradição distintamente brasileira? Para Bomfim, o Brasil glorioso está na origem. No Brasil, os "males" virão após uma origem de sucesso e vitórias. Ele propõe que nos inspiremos no vigor dos primeiros anos, que retornemos à nossa gloriosa origem! Ele conclama os brasileiros a contemplar a sua primeira História, para exaltado conforto do espírito, e, nutridos dessa tradição, ter a segura direção e a confiança no progresso. No início, o Brasil resultou do esforço individual, das empresas particulares, brasileiras, que o tornaram poderoso. Com esse entusiasmo é que se deve fazer a história da nossa tradição, para que se realizem os seus fins grandiosos. Esqueceremos misérias e torpezas e teremos o destino merecido como confirmação do que nos foi anunciado na origem.

Bomfim sustenta que o lugar do Brasil na história universal é central! Ele irá marcar a situação original e superior que ocupamos na história universal. Para ele, o Brasil do século XVII modelou a América. Uma História que procure conhecer a singularidade da América do Sul encontrará o papel essencial desempenhado pelo Brasil. "Será parvoíce de orgulho nacional?", ele se interroga. Para não deixar dúvidas, conta a história do Brasil na América, como ele a vê. Quando espanhóis e portugueses pretenderam controlar as terras descobertas, o Tratado de Tordesilhas dividiu o mundo. A maior parte da América coube aos espanhóis. Mas os outros países europeus contestaram o Tratado de Tordesilhas e investiram sobre os territórios americanos. Houve alternância nas ocupações da América. Não se tinha certeza a qual povo europeu caberia as partes da América. Não era evidente que o norte seria dos ingleses. Havia disputa com espanhóis e franceses. A Espanha perdeu toda a América do Norte. No sul, a colonização teve caráter mais definitivo desde o começo. Flutuou, mas Portugal e Espanha garantiram o Tratado de Tordesilhas. O continente americano foi palco de intensas lutas entre os europeus e, nelas, o Brasil teve papel de vitoriosa potência universal!

Portugal contou pouco nesta primeira história da América do Sul. O que era português foi defendido por uma nascente tradição brasileira, patriótica e eficaz. Situado o Brasil na parte mais acessível da América do Sul, a América espanhola garantiu-se por trás do Brasil. O grande feito na América do Sul foi a manutenção para a tradição portuguesa das suas largas costas. A França tentou muitas vezes se apossar delas. Conquistou o Canadá e outras colônias. Ela tinha todas as condições e motivos para lutar pelo Brasil. A sua pirataria era eficiente. A Holanda, por seu turno, criou companhias ocidentais e orientais de pirataria. Era uma pirataria de Estado, que apresava navios e riquezas. Os piratas eram oficiais! A origem do grande império britânico era a pirataria. Dizia-se que o pirata era corajoso, aventureiro, valente. Era pirata! O Brasil foi invadido pelas grandes potências européias, nos séculos XVI e XVII. E constituiu-se em nação ao derrotá-las! No Brasil, os poderosos exércitos franceses só conheceram fracassos. Pernambuco foi o único no mundo a expulsar os piratas holandeses. Isto ocorreu porque a Holanda estava decadente? Não. Foi o vigor da nova nação. No resto do mundo, o poder holandês era incontestado. Os insurgentes brasileiros derrotaram a poderosa Holanda! Os brasileiros foram os primeiros a impor a derrota a holandeses e franceses.

O poder holandês e francês não era só militar, mas formado por riquezas, apuro intelectual, superioridade política. França e Holanda tinham poder sobre as grandes nações européias. E sobre as Índias. Os holandeses pretendiam conquistar o Peru, as riquezas espanholas, e por isso invadiram o norte do Brasil. Mas o ânimo brasileiro protegeu as colônias de Castela. O Brasil fez recuar as potências européias. Ao fazê-lo, decidiu a sua sorte e a de toda a América do Sul. A Espanha defendia mal as suas colônias: perdeu as Guianas, a América do Norte e as ilhas do Mar das Antilhas. A Inglaterra tomou-lhe a melhor parte.

A tese de Bomfim é a de que o Brasil modelou a América do Sul e influenciou decisivamente na distribuição do resto do Novo Mundo. Será uma tese excessiva, ele próprio se questiona. E conclui que não, pois a América do Norte foi tomada à Espanha pelos mesmos piratas que foram expulsos daqui. Ele concede que são conjecturas, mas vê nelas uma forte necessidade lógica. Além da vitória pernambucana, ele acentua também a vitória dos paulistas sobre a Espanha. Estes conquistaram grande parte do território espanhol na América do Sul. A vida espanhola do Rio da Prata foi modelada pelos paulistas.

A sociedade brasileira foi a primeira sociedade americana colonial. Os limites do Brasil em suas linhas gerais estão fixados desde o século XVII. A História fez a geografia brasileira. Os limites do território foram desenhados pela efetiva ocupação por brasileiros. Se o Brasil caísse em mãos holandesas, inglesas, francesas, a América do Sul teria outra História, que não se pode conjecturar seriamente como seria. A América do Sul não seria ibérica, mas múltipla. E quais as conseqüências sobre o destino da Europa? França e Holanda ficariam mais fortes contra seus inimigos europeus. Seria tudo bem diferente.

No século XVII, o Brasil já era uma pátria nova. Para ele, a influência do negro na alma brasileira foi menos pronunciada do que parece, pois ele chegou tarde, apenas no século XVIII. No século XVII, portugueses e indígenas já tinham definido a identidade da nação brasileira, na reação ao holandês e ao francês e na expansão pelo sertão. A defesa de Pernambuco foi a de uma nova pátria. Foi uma vitória brasileira e não portuguesa. A metrópole foi derrotada junto com os holandeses. Surgiu uma nova paixão patriótica, uma nova civilização, uma nova identidade nacional. A nova nação foi a primeira da América. O Brasil começou a vida civilizada na produção agrícola, humanizando as paisagens, prendendo ao solo os que para aqui vieram. Graças à energia dessa primeira população, os colonos realizaram visíveis progressos. Os primeiros colonos vinham fazer exploração estável, pois não havia riqueza para saque. Trouxeram a cana-de-açúcar. Pernambuco foi a terra mais rica do Brasil. Olinda era a cidade mais luxuosa. A prosperidade no século XVII foi grandiosa. Numerosos cristãos-novos vieram para cá. Enquanto as Índias minguavam, o Brasil crescia.

Enfim, o Brasil teve papel central na história do mundo moderno e os historiadores precisam tratar disso e não de mínguas de história oficial bragantina. A valentia e o patriotismo brasileiros contra os estrangeiros consolidaram a nação brasileira. Nomes brasileiros: Cavalcanti, Albuquerque Maranhão, Bento Maciel, Soares Moreno. São heróis brasileiros. Homens afeitos ao Brasil. Esse exército foi a primeira afirmação da nação e a maior defesa contra ataques estrangeiros. Os brasileiros tinham ação própria, autônoma. Tomavam a decisão da guerra e da trégua à revelia da Metrópole. A energia dos primeiros colonos não serviu apenas para defender a posse da terra, mas para fazer dela uma pátria, habitação propícia e definitiva das gentes aqui formadas.

Por que não se discute Manoel Bomfim?

A interpretação do Brasil de Manoel Bomfim quer ser a favor da nação brasileira, defende os interesses populares contra o parasitismo das elites, propõe uma radicalização democrática contra a tradição secular de espoliação e exclusão da população brasileira do seu próprio país. As suas teses rebeldes, solitárias em sua época, abrem o horizonte brasileiro para a integração democrática da nação. A sua interpretação revolucionária do Brasil é original, corajosa, pioneira. Ele antecipou muitas teses sobre o Brasil, que, depois, fizeram a notoriedade de outros autores. Ele sustentou a força da civilização brasileira contra o olhar desanimador, aniquilador, dos europeus. Ele nos ensinou a recusar esse olhar que nos resseca. A sua percepção das teorias raciológicas como não científicas, mas como justificadoras da expansão e dominação européia sobre a América Latina, já em 1905, é genial. Ele pensou o Brasil no contexto latino-americano, o que somente muito mais tarde se faria. Ele combateu a "história oficial", que enaltecia os heróis portugueses que massacraram a população brasileira. Para ele, os nossos verdadeiros heróis foram os brasileiros derrotados em 1817, 1824, 1889, e que continuam submetidos, na República, pelos herdeiros do poder bragantino. A discussão da sua interpretação do Brasil é indispensável para que possamos nos aproximar mais da realidade brasileira e de sua identidade e criarmos uma representação de nós próprios, com uma linguagem nossa, moderna, mas própria, que nos faça avançar com coragem e confiança.

Todavia, a sua obra é pouquíssimo conhecida e a discussão importante que ela propõe sobre o Brasil quase nunca é realizada[4]. Vamireh Chacon foi o primeiro a se interrogar, em sua *História das idéias socialistas no Brasil* (1964), sobre as razões desse silêncio que se fez em torno de Manoel Bomfim. Para ele, Bomfim não foi recebido porque "o filisteísmo reacionário e o seu irmão, o filisteísmo pseudo-revolucionário, fizeram questão de escondê-lo. Eles o negam, não o mencionam, com medo de que venha a ser descoberto. A sua mensagem é perigosa para os bem-pensantes".[5] Para Darcy Ribeiro, Bomfim não foi reconhecido porque o seu pensamento "era tão novo, tão original e tão contrastante com o discurso científico oficial, que todos os basbaques brasileiros, e entre eles Silvio Romero, só podiam ficar perplexos". Para Dante Moreira Leite, Bomfim foi esquecido por "estar adiantado em relação aos intelectuais de seu tempo ou pelo fato de ser capaz de propor uma perspectiva para a qual esses intelectuais não estavam preparados. Ele estaria à frente do seu tempo".[6] Aluízio Alves Filho não aceita esta análise de Leite. Para ele, "não existe autor adiantado ao seu tempo". Toda obra emerge do seu tempo. Se Bomfim foi esquecido só pode ter sido porque seu pensamento era incômodo ao pensamento dominante. Aliás, para Alves Filho, não foi apenas ele, Bomfim, que foi esquecido. Todos os que articularam o seu *contradiscurso* foram esquecidos. Ele não foi apenas um ensaísta esquecido, mas mais um representante de um discurso que se quis silenciar[7].

Uma antologia de excertos das obras de Bomfim, produzida por Flora Sussekind e Roberto Ventura, intitulada *História e dependência – Cultura e modernidade em Manoel Bomfim*" (1984)[8], é extremamente importante por resgatar e divulgar a sua obra. Esses autores pretenderam fazer o mesmo que foi feito por Maul, mas de forma mais organizada, diversificando os temas dos excertos, citando as obras de onde foram extraídos. A antologia é precedida por uma análise competente dos fundamentos teóricos da obra de Bomfim. Em seu ensaio *Uma teoria biológica da mais-valia*, Sussekind e Ventura vêem em Bomfim um analista da sociedade brasileira que se utiliza de metáforas biológicas para compreendê-la. Ele vê a história brasileira movida pela lógica de um "parasitismo biológico". A nação brasileira teria sido sempre "sugada" por parasitas externos, a decadente Metrópole portuguesa, manipulada pelos ingleses, e internos, os seus representantes locais, as elites brancas. A nação brasileira ficou exangue, exânime, sanguessugada pelos parasitas internos e externos, após a gloriosa vitória contra holandeses e franceses, no século XVII. A nação brasileira foi uma farta teta que engordou os seus decrépitos parasitas. E por que os brasileiros não conseguiram se emancipar dos portugueses e de sua hereditariedade luso-brasileira, se foram capazes de expulsar os outros europeus? Isto talvez se explique pela dificuldade na diferenciação da nossa identidade da identidade portuguesa. Os brasileiros lutaram com eficiência contra os estrangeiros, porque a diferença de identidades permitia esta eficiência. Contra os portugueses, a diferenciação é mais camuflada, diluída, indefinível. A alteridade é menos clara. Isto teria tornado vulnerável a nação brasileira que, impotente, não pôde impedir que a Metrópole instalasse as suas "ventosas" em seus poros e sugasse todas as suas energias e riquezas.

Para Sussekind e Ventura, Bomfim não foi recebido porque se expressava ainda em uma "linguagem velha", biologista, naturalista. Ele via a História como um organismo em desenvolvimento. A sua mensagem nova e revolucionária não foi compreendida, pois seus termos eram tradicionais. Para o leitor, o sentido novo dentro daquela linguagem velha ficava opaco. O conteúdo da sua análise é revolucionário, radicalmente rebelde, mas deveria estar articulado na nova linguagem adequada a esse conteúdo, naquela época, o marxismo. Ele não utilizou nem o método e nem a linguagem da teoria marxista. Ele sabia da existência de Marx e o citou em alguns momentos. Mas, a sua análise do Brasil não aplica as categorias marxistas, embora a mensagem final seja a da revolução, a da vitória do povo sobre as elites, a da emancipação da nação. Para ter idéia da profundidade da sua rebeldia e da inadequação da sua linguagem para a teoria social, pode-se lembrar dos termos com os quais ele se referiu aos imperadores Bragança. Para ele, os Braganças eram todos "tarados, broncos, orgulhosos, pulhas, maus, ingratos, sórdidos, dissipados, injustos, sibaritas, assassinos, parasitas, beatos, mulherengos, doidos, devassos, sem inteligência, degenerados, nauseabundos, espíritos inferiores, mentecaptos, egoístas, disformes, fracos, boçais, imorais, corruptos, ignorantes (...)". D. João VI era tudo isso e mais "fugido de 1808"! D. Pedro I era tudo isso e mais "epilético, paranóico, louco, exemplo de degradação humana"[9]!

É uma linguagem profundamente passional e política. Isto pode provocar resistência em quem quer encontrar uma "análise" do Brasil, mesmo por parte daqueles que rejeitam o objetivismo e a imparcialidade na ciência social. O discurso de Bomfim é estranho. Há algo de furioso, que nos faz supor algum desequilíbrio psicológico. Há algo como uma "lucidez louca", se este oximoro fizer sentido. Se seu discurso fosse oral, ter-se-ia a impressão de que ele estaria com o rosto avermelhado e aos berros! Geralmente, quem se expressa assim causa mais estranheza e susto do que interesse. É preciso superar o estranhamento inicial, que, imagino, todos os seus leitores sentiram, para encontrar a profundidade, a riqueza e a beleza da sua indignação. Além da linguagem velha e furiosa, a sua análise sofre ainda de alguma limitação quando trata daqueles movimentos e líderes que ele considera representativos da luta da nação brasileira pela emancipação do parasitismo bragantino.

Ele não oferece estudos sobre as rebeliões coloniais e imperiais. Ele dá enorme valor, por exemplo, à Revolução de 1817, pois os pernambucanos se opuseram a D. João VI quando o Regente estava aqui. Os pernambucanos, naquele momento, para ele, estiveram à altura dos seus antepassados do século XVII, pois desafiaram "o Bragança" em sua presença. Foram triturados! Emocionado, Bomfim descreve os revolucionários com palavras ingenuamente edulcoradas: "virtuosos, íntegros, francos, dignos, bons, sinceros, homens excelentes, corajosos, valentes, patrióticos, fraternos, tolerantes, humanitários, solidários, generosos, respeitosos (...)". Afirma que eram antiescravistas e anti-racistas. Havia muitos padres na rebelião de 1817 e, ao longo da sua análise do Brasil, os valores de Bomfim lembram os valores dessa "revolução cristã". Mas, estranhamente, ele não faz uma exposição profunda da Revolução de 1817, que continua desconhecida. Para um historiador contra o Trono, ele acabou dando mais atenção à história da Metrópole, dos imperadores e das lutas políticas no Estado do que às rebeliões que ele valoriza. Ele fala contra, mas sobre o Trono! A sua História seria uma história oficial a contrapelo, um contradiscurso oficial.

A nossa hipótese para o seu pouco reconhecimento seria a inexistência de um destinatário implicado em sua obra. Ele propõe a revolução brasileira para quem? Primeiro, ele acredita que ela viria pela educação, pelo culto dos valores patrióticos e pela lembrança da verdadeira História do Brasil às crianças e aos adolescentes. Depois, ele propõe a ação revolucionária. Mas, quem seria este sujeito revolucionário? A que parcela da população ele se dirige e encarrega de agir? Ele se dirige ao que chama de "povo brasileiro". Mas, esta é uma expressão vaga e imprecisa. Se "povo" significar "população brasileira", isto inclui também as elites, que jamais poderiam receber Bomfim, incluindo a "inteligência brasileira", pois só liam e até pensavam em francês, inglês e alemão! O "povo", em sentido genérico, não é sujeito histórico e, além disso, também não poderia receber Bomfim, pois analfabeto e iletrado. Seus biógrafos não dão notícias de alguma militância sua, da sua atividade política. Ele foi apenas deputado federal. Isto demonstra que ele não se identificava com algum grupo em particular, mas que era um rebelde solitário. Ele parecia não saber qual sujeito histórico brasileiro concreto poderia tomar a iniciativa da revolução brasileira. Entretanto, para ele, o modelo revolucionário que poderia ser seguido pelo Brasil seria o mexicano (1910-1917). No México, houve uma aliança de indígenas, camponeses, proletariado e até de setores da classe média, liderados por homens carismáticos como Emiliano Zapata e Pancho Villa, na luta por "terra, trabalho e liberdade". Lá também havia a questão da miscigenação[10]. Mas, para se rebelar, o "povo", entendido como a aliança acima, dependia do aparecimento de líderes carismáticos que o conduzisse à vitória. Ou à morte?

Apesar de recearmos ser injustos com a sua original e crítica interpretação do Brasil, que admiramos, não podemos deixar de esboçar um necessário distanciamento crítico e perguntar se a sua visão do Brasil não conteria alguns riscos. Ele não estaria, por exemplo, cometendo o mesmo erro que denunciou nas outras nações, o de deturpar a história universal em benefício próprio ao se colocarem como centro da humanidade? Ele não teria uma concepção essencialista, metafísica, mítica, idílica, da identidade nacional brasileira? A sua interpretação radicalmente nacionalista não poderia levar à xenofobia, à recusa da alteridade cultural, a projetos político-sociais autoritários? Ele não estaria oferecendo argumentos e legitimação a governos personalistas, caudilhescos, cesaristas, bonapartistas, totalitários? A sua interpretação do Brasil poderia ser apoiada pela documentação do Brasil colonial? Sem exigir imparcialidade, teria credibilidade a análise histórica construída com linguagem tão apaixonada como a sua? Bomfim é ainda um autor mal conhecido. Já mencionamos o fato de que todos os seus analistas estranham o silêncio que se fez em torno da sua obra. Por isso, é necessário retomar os seus textos. E discuti-los mais freqüentemente, para refletirmos melhor sobre o alcance da sua análise do Brasil e medirmos até onde e em que termos podemos seguir em sua companhia.

BIBLIOGRAFIA

AGUIAR, R. C. *O rebelde esquecido: tempo, vida e obra de Manoel Bomfim.* Rio de Janeiro: Anpocs/Topbooks, 2000.

_________. Um livro admirável. In*: Bomfim, Manoel. O Brasil nação: realidade da soberania brasileira.* Rio de Janeiro: Topbooks, 1996.

ALVES FILHO, A. *Pensamento político no Brasil; Manoel Bomfim: um ensaísta esquecido.* Rio de Janeiro: Achiamé, 1979.

AMARAL, A. Prefácio. In: *Bomfim, Manoel. A América Latina: males de origem; o parasitismo social e evolução.* 2ª ed. Rio de Janeiro: A Noite, s.d. (3ª ed. Rio de Janeiro: Topbooks, 1993).

BOSI, A. *História concisa da literatura brasileira.* São Paulo: Cultrix, 1978.
CANDIDO, A. Literatura e subdesenvolvimento. In: *Argumento.* Rio de Janeiro: out. 1973.
_________. A sociologia no Brasil. In: *Enciclopédia Delta Larousse.* Rio de Janeiro: Delta, s.d.
CHACON, V. *História das idéias socialistas no Brasil.* Rio de Janeiro: Civilização Brasileira, 1965.
IGLESIAS, F. *Historiadores do Brasil.* Rio de Janeiro/Belo Horizonte: Civilização Brasileira/Editora UFMG, 2000.
LAJOLO, M. Cronologia de Manoel Bomfim. In: ________. *Através do Brasil.* São Paulo: Companhia das Letras, 2000.
LEITE, D. M. *O caráter nacional brasileiro: história de uma ideologia.* São Paulo: Pioneira, 1976.
MAIOR, L. S. *Introdução ao pensamento de Manoel Bomfim: o discurso da modernidade no alvorecer do século XX.* São Paulo: Instituto Mário Alves de Estudos Políticos, 1993.
MARTINS, W. *História da inteligência brasileira.* São Paulo: Cultrix, 1977-1978, v. 5 e 6.
_________. Profeta da quinta revolução. In*: Bomfim, Manoel. O Brasil nação: realidade da soberania brasileira.* Rio de Janeiro: Topbooks, 1996.
MAUL, C. Nota explicativa. In: Bomfim, Manoel. *O Brasil.* Org. por Carlos Maul. São Paulo: Editora Nacional: 1963.
MENEZES, D. Razões para reeditar Manoel Bomfim. *Revista de Ciência Política.* v. 22, no. 4, out-dez 1979. Rio de Janeiro: Fundação Getúlio Vargas.
NUNES, M. T. *Sílvio Romero e Manoel Bomfim: pioneiros de uma ideologia do desenvolvimento nacional.* Rio de Janeiro: 1956.
OLIVEIRA, F. Manoel Bomfim, o nascimento de uma nação. In: BOMFIM, M. *A América Latina: males de origem.* Rio de Janeiro: Topbooks, 1993.
PEIXOTO, A. *Panorama da literatura brasileira.* São Paulo: Editora Nacional, 1940.
RIBEIRO, D. Manoel Bomfim, antropólogo. In: BOMFIM, M. *A América Latina: males de origem.* Rio de Janeiro: Topbooks, 1993.
ROMERO, S. *A América Latina: análise do livro de igual título do Dr. Manoel Bomfim.* Porto: Chardron, 1906.
SKIDMORE, T. E. *Preto no Branco: raça e nacionalidade no pensamento brasileiro.* Rio de Janeiro: Paz e Terra, 1976.
SODRÉ, N. W. *História da literatura brasileira: seus fundamentos econômicos.* Rio de Janeiro: José Olympio, 1940.
SUSSEKIND, F.; VENTURA, R. *História e dependência: cultura e sociedade em Manoel Bomfim.* São Paulo: Moderna, 1984.

NOTAS

1 C. Maul. (Org.). *O Brasil* (Excertos da Obra de Manoel Bomfim). São Paulo: Companhia Editora Nacional, 1935 (Coleção Brasiliana).

2 V. Chacon. *História das idéias socialistas no Brasil.* Rio de Janeiro: Civilização Brasileira, 1964; D. M. Leite. *O caráter nacional brasileiro.* 3ª ed. São Paulo: Pioneira, 1976; D. Ribeiro. Manoel Bomfim, Antropólogo". In: M. Bomfim. *América Latina, Males de Origem.* 3ª ed. São Paulo: Topbooks, 1993. F. Sussekind e R. Ventura. *História e dependência: cultura e sociedade em Manoel Bomfim.* São Paulo: Moderna, 1984.

3 A partir daí faremos uma exposição da tese de Bomfim procurando permanecer próximos do seu texto. Mas, além das nossas interpolações, o texto de Bomfim foi reescrito com vistas à maior fluência e brevidade da exposição.

4 F. Iglesias. *Historiadores do Brasil.* Rio de Janeiro/Belo Horizonte: Civilização Brasileira/Editora UFMG, 2000, p. 149-158.

5 V. Chacon. *op.cit.*
6 D. M. Leite. *op.cit.*.
7 A. Alves Filho. *Pensamento político no Brasil; Manoel Bomfim, um ensaísta esquecido.* Rio de Janeiro: Achiamé, 1979.
8 F. Sussekind e R. Ventura. *op.cit.*
9 Cf. Manoel Bomfim em coletânea de C. Maul. *op.cit.*
10 Cf. F. Iglesias *op.cit.* e F. Sussekind e R. Ventura, *op.cit.*

GRACILIANO RAMOS: TONS NARRATIVOS DE *VIDAS SECAS*

Lourdes Kaminski Alves

A ficção regionalista tem suscitado estudos interessantes e variados, desde discussões sobre a origem, o estatuto, os modos de representação e as tendências, até possíveis propostas para esta literatura, estudos esses que marcaram, ao longo da História, diferentes critérios de concepção do regionalismo literário. A permanência de um mesmo tema num percurso de aproximadamente sessenta anos, na ficção regionalista nordestina, chama a atenção para uma sondagem mais minuciosa desse *corpus* literário. Desde *Os retirantes* (1879), de José do Patrocínio, de *A Fome* (1890), de Rodolfo Teófilo, passando por *Luzia-Homem* (1903), de Domingos Olímpio, *O Quinze* (1930), de Rachel de Queiroz, até *Vidas secas* (1938), de Graciliano Ramos, permanece o tema da imigração motivada pela seca. Esses romances, mesmo situados em escolas literárias diferenciadas como o Realismo, o Naturalismo e o Neo-realismo, em que a seca é o motivo constante, parecem assumir, em perspectiva, os mesmos matizes ideológicos e sociológicos.

O estudo dessas obras oferece uma visão sobre o percurso histórico e a evolução da técnica narrativa do romance regionalista, além da oportunidade de avaliar a crítica a essa vertente literária, mais precisamente o romance do Nordeste. Entendemos a arte regionalista, *stricto sensu*, como aquela que busca enfatizar os elementos diferenciais que caracterizam uma região, em oposição às demais ou à totalidade nacional. Segundo Corrêa (1996), a essência do regionalismo literário situa-se na percepção analítica de problemas com propósitos de obtenção de soluções situados em determinado espaço geográfico e social. Antonio Candido lembra que "o romance do Nordeste transforma o regionalismo ao extirpar a visão paternalista e exótica para substituí-la pela posição crítica, assumindo o ângulo do espoliado, ao mesmo tempo que alarga o ecúmeno literário por um acentuado realismo no uso do vocabulário e na escolha das situações" (Candido, 1987: 204). Esta afirmação de Candido parece sugerir que se olhe com mais atenção para a produção ficcional regionalista do Nordeste, na história de nossos intelectuais e de nossa literatura. Se o romance do Nordeste, como afirma o crítico, transforma a ficção regionalista, sobre que vias se daria a transformação? O modo de representação estilística desses romances estaria ligado a uma proposta ideológica?

O romance do "ciclo das secas" parece servir a um propósito na ênfase e na insistência do tema. De posse dessas observações, um estudo linear poderia evidenciar o percurso estético-cultural do regionalismo, partindo da descrição e da análise do *modus operandi* da diegese. Parece significativo observar a recorrência temática de um conjunto de obras como *Os retirantes* (1879), um dos primeiros romances brasileiros a ter a seca como tema; *A fome* (1890), retratando a paisagem do Nordeste seco e heróico por meio da miséria e de seus agravantes sociais e econômicos; *Luzia-Homem* (1903), considerado o último dos romances naturalistas típicos, dentro do regionalismo; *O Quinze* (1930), contribuindo para a renovação da novelística, próximo do ideal neo-realista que presidiria a narrativa social do Nordeste. E *Vidas secas* (1938), representando, com grande objetividade, as figuras rejeitadas em toda a sua angústia, perdidas no conflito consigo mesmas e com o meio.

Observa-se na leitura dessas obras que a própria vítima da seca assume, quando detentora da focalização ou por meio de discurso indireto livre, sua despersonalização de "ser", ratificando a idéia criada pelo narrador que reduz sua imagem ao nível animal ou ao vegetal. A continuidade desse aniquilamento físico, moral e social da personagem seria revelada e atestada pelo narrador como natural para as "vidas secas", assim como também natural seria o fenômeno cíclico das secas para o aniquilamento e destruição do elemento vegetal e animal no sertão nordestino.

Os narradores das "vidas secas" caminham para uma percepção do fenômeno social e/ou geopolítico da seca, chamando a atenção para a problemática na região. Pode-se fazer uma leitura partindo dos títulos das obras, cujos autores engajados em alguma causa política ou puramente intelectual, no Nordeste brasileiro, parecem sugerir uma proposta social e política para esse romance das secas: *Os retirantes* (1879) lembra de uma forma generalizada o contingente de flagelados no decurso da seca de 1877; *A fome* (1890) traz à tona o principal fator do reducionismo físico e moral; *Luzia-Homem* (1903) indica o fenômeno da seca como elemento de transformação do caráter feminino para resistir às intempéries do meio agreste e seco; também *Aves de arribação* (1913), de Antônio Sales, enquadrada no regionalismo nordestino, porém não filiada à literatura da seca, traz no título a referência das aves de arribação que emigram para sobreviver. Esta preocupação temática continua no Neo-realismo com *O Quinze* (1930), com a seca de 1915 e a problemática social e política e, por fim, *Vidas secas* (1938), denunciando, ou questionando ou ainda simplesmente evocando o drama existencial do sertanejo flagelado.

Aparecem nestas obras unificadas pelo tema da seca, entrelaçadas ou entrecruzadas, duas linhas de tratamento temático que aparentemente orientam a opção dos autores. Em *Os retirantes,* a imigração e o anticlericalismo; em *A fome*, o fenômeno da seca e a problemática do comércio ilícito de escravos; em *Luzia-Homem*, a imigração e o aviltamento da personagem feminina; em *O Quinze*, a imigração e o drama da consciência feminina diante da independência profissional e cultural e a sujeição ao amor; em *Vidas secas,* a imigração e o drama existencial do indivíduo. O que prevalece, entretanto, e norteia a diegese e a estrutura de representação interna destas obras é o tema da seca como fenômeno desencadeador de um reducionismo social, físico, moral e psicológico do homem do sertão.

O determinismo social e geográfico refletido nos recursos de representação utilizados pelo narrador, apontando mudança de tom no tratamento das personagens, comprova que a pretensa neutralidade do narrador realista não existe, antes pelo contrário. Os elementos moduladores e discursivos no texto revelamse indícios fortes da subjetividade do narrador, que carrega de tons sombrios o destino das personagens.

Parece haver entre os narradores do ciclo da seca procedimentos técniconarrativos mais ou menos similares, resguardadas as diferenças e especificidades no modo de narrar e descrever, de um José do Patrocínio a um Graciliano Ramos. Estudos do *modus operandi* da diegese dessas narrativas indicam uma linguagem valorativa que evidenciaria, fatualmente, um comportamento volitivo do narrador na construção da personagem do romance regionalista nordestino. A título de exemplificação, será analisada a atitude volitiva do narrador em *Vidas secas* segundo a descrição dos elementos de linguagem que ele utiliza para caracterizar as personagens da seca. As marcas narrativas que revelam elementos axiomáticos acerca da personagem e certas qualificações a que ela está determinada podem conotar claras ou difusas motivações ideológicas. Entende-se que tais marcas ou qualificações seriam modulações, ou mudança de tom no modo de observação e avaliação que o narrador faz da personagem.

No conjunto da produção ficcional de caráter regionalista, *Vidas secas* é obra exemplar da concepção de romance e consciência do posicionamento crítico do escritor diante dessa forma de representação, merecendo uma gama de estudos bastante grande por parte de pesquisadores e críticos da literatura brasileira. Tal posicionamento está claro nos dados biográficos do autor. Graciliano Ramos nasceu em Quebrângulo, Alagoas, em 27 de outubro de 1892, falecendo em 20 de março de 1953. Fez os estudos secundários em Maceió. Mudou-se para o Rio de Janeiro e, durante o ano de 1914, trabalhou como revisor do *Correio da manhã*, de *A tarde* e de *O século*. Mais tarde, fixou residência em

Palmeira dos Índios, interior de Alagoas, chegando a ser prefeito da cidade. Em 1933 publicou o romance *Caetés*. Nessa época, trabalhou em Maceió, dirigindo a imprensa oficial e a instrução pública, travando conhecimento com José Lins do Rego, Rachel de Queiroz e Jorge Amado. Em março de 1936 foi preso por executar atividades consideradas subversivas sem, contudo, ter sido acusado formalmente. Após percorrer vários presídios, alguns meses depois, teve sua liberdade de volta; experiência que é retratada no livro *Memórias do cárcere*. Em 1945 Graciliano filiou-se ao Partido Comunista Brasileiro, integrando-o até 1947. Em 1952 viajou para os países socialistas do Leste Europeu, experiência descrita em *Viagem*.

Graciliano Ramos escreveu ainda *São Bernardo* (1934), *Angústia* (1936), *Vidas secas* (1938), *Infância* (1945), *Dois dedos* (1945), *Histórias incompletas* (1946), *Histórias verdadeiras* (1951), *Histórias agrestes* (1960), *Viventes de Alagoas* (1962), *Alexandre e outros heróis* (1962), *Linhas tortas* (1962). De acordo com Alfredo Bosi (1993: 452), suas obras já foram traduzidas para o espanhol, o francês, o inglês, o italiano, o alemão, o russo, o húngaro, o tcheco, o polonês e o finlandês. *Vidas secas* teve sua versão para a linguagem cinematográfica com direção de Nelson Pereira dos Santos, realizada com sucesso em 1964.

A produção ficcional de Graciliano Ramos tem sido alvo de diversos estudos, tanto em língua nacional quanto em outros idiomas, por críticos e estudiosos da arte literária. O interesse por sua obra reside, particularmente, no estilo meticuloso e na riqueza humana que impregna indissoluvelmente sua narrativa, além do aspecto de universalidade. Graciliano Ramos representa, para o moderno romance brasileiro, "o ponto mais alto da tensão entre o eu do escritor e a sociedade que o formou" (Bosi 1993: 452).

Estilo, para o autor de *Vidas secas*, é a eliminação de tudo o que não é essencial, como um escultor que busca a maior objetividade possível, para deixar surgir da obra as figuras rejeitadas em toda a sua angústia, perdidas no conflito consigo mesmas e com o meio. Sua obra intelectual está apoiada numa clara concepção de romance e consciência de um posicionamento crítico do escritor diante dessa forma de representação. Embora tenha começado a escrever com idade já bastante madura, teve o tempo necessário para deixar sua "marca" transformadora no romance brasileiro.

O veio marcante na obra de Graciliano, segundo Wilson Martins (1978: 34), é o homem, no mais puro sentido ontológico, omitindo a paisagem para realçar intencionalmente a personagem. Mas é com *Vidas secas* que o romancista atinge o grau máximo da composição artística e amplia sua concepção como forma de expressão de anseios interiores e também como técnica de apresentar a interpretação desses mesmos anseios. *Vidas secas* seria um livro de paisagem, no qual o fenômeno meteorológico condiciona a vida das personagens, a sua psicologia e os seus atos. No entanto, a paisagem adquire a preponderância que o fenômeno possui na vida real. A composição em quadros, o estudo psicológico em cada um deles, mostra a importância realçada da personagem, mesmo quando trata de capítulos como "Cadeia", "Festa", "Inverno", "Mundo coberto de penas", em que a paisagem comparece com mais evidência, a fim de realçar o estudo psicológico das personagens, tornando-se projeção do homem.

A fortuna crítica de *Vidas secas* tem destacado na organização da obra três aspectos, que de certa forma estão inter-relacionados: a) novela desmontável, sobre a qual Antonio Candido (1965: 40) diz que "a sua estrutura de pequenos quadros justapostos lembra certos trípticos medievais, em que a vida de um bem-aventurado, ou os fatos do herói se organizam em enunciados bastante livres"; b) história a-histórica, definindo-se como um tipo de acronia, uma vez que não se situa em nenhum tempo específico; c) história secundária, faltando-lhe a trama do romance tradicional com os elementos de clímax e anticlímax, percebidos na ausência de *personas* que atuem como sujeitos criadores de uma atmosfera dramaticamente definida, segundo a percepção de Affonso Romano de Sant'Anna (1977: 166). Estes elementos representam três aspectos de uma mesma problemática, indicando a fonte para a reformulação dos problemas conjunturais e estruturais da obra.

Alguns estudos sobre a articulação narrativa de *Vidas secas* têm enfocado aspectos interessantes. Vicente de Ataíde (1977: 196) vê a presença de funções e "índices" de acordo com a teoria de Barthes, conferindo ao romance fortíssima carga ideológica, considerando a criação das personagens e algumas posições como meramente eufêmicas ou simbólicas, representando uma posição assumida para além dos aspectos reais de que se revestem. Desta forma, o enredo episódico é formado por uma série de episódios justapostos e interligados pela situação ambiente e pelo espaço, havendo em quase todos os capítulos a prevalência do ideológico sobre o fabulístico.

A técnica narrativa de *Vidas secas,* segundo Leonidas Câmara (1977: 280), flui da materialidade psicológica e é o primeiro traço que distingue o autor de outros romancistas nacionais, inclinados à captação do interior das vivências oníricas. Isto significa que, na obra de Graciliano Ramos, não existe um propósito de narrar, de recriar a vida segundo uma ideologia que sirva de plano à obra. Ao criar personagens e demarcar paisagens, o seu poder de fabulação não está sob o domínio de uma tese, nem se subordina a nenhum método, revelando, isto sim, um trabalho consciente cuja finalidade maior é aderir à verdade. Para ele, a grandeza dramática de Graciliano Ramos não está só na inutilidade trágica do homem, na sua inquietude, nem na materialidade psicológica com que as personagens foram revestidas; o drama maior estaria situado no fato de o homem ser consciente de sua inconsciência. Câmara faz um estudo analítico da articulação narrativa de Graciliano Ramos que toma por base o ensaio "Narrar ou descrever?", de Lukács (1968). Em seu texto Câmara afirma que

> Só a práxis humana pode exprimir concretamente a essência do homem. O que é força? O que é bom? Perguntas como estas obtêm respostas unicamente na práxis. É através da práxis, apenas, que os homens adquirem interesse uns para os outros e se tornam dignos de ser tomados como objeto da representação literária. A prova que confirma traços importantes do caráter do homem ou evidencia o seu fracasso não pode encontrar outra expressão senão a dos atos e das ações, e da práxis (Câmara, 1977: 57-58).

Assim, Câmara conclui que o autor de *Vidas secas* posiciona-se pela escolha da narrativa em seu romance, revelando uma posição de princípio diante da vida, sem colocar a descrição em segundo plano, mas subordinada, funcionalmente, à narrativa, além de evidenciar a vinculação do escritor com a realidade, recriada pelo romance, por meio de uma concepção filosófica de mundo. Ou, com base em Lukács, "o contraste entre o observar e o participar não é casual, pois deriva da posição assumida pelo escritor em face da vida, em face dos grandes problemas da sociedade, e não do mero emprego de um método diversificado de representar determinado conteúdo ou parte do conteúdo" (Lukács, 1968: 50).

O escritor português Fernando Cristóvão (1986: 179) diz que a linguagem de Graciliano Ramos é marcada por uma natureza metonímica, de uma perspectiva de contigüidade. Estas relações de contigüidade ou proximidade na organização das imagens e idéias em Graciliano Ramos são importantes porque o mantêm sempre próximo do real, diferindo aí da maioria dos romancistas, que separam a consciência da intelecção do fato compreendido, utilizando-a depois livremente na criação de novos fatos. De acordo com o crítico português, o distanciamento entre a consciência genérica da experiência e o fato experimentado é pequeno em Graciliano Ramos, de modo que o espaço, o tempo e a vida encontram-se, em seus romances, circunscritos às dimensões da sua experiência. A linguagem metonímica do autor de *Vidas secas*, observada por Fernando Cristóvão, é explicada de acordo com os estudos lingüísticos de Jakobson, que mostra como o trabalho de seleção, organização e combinação da linguagem se evidencia na atividade lingüística. Aplicando essa teoria à obra de Graciliano Ramos, verifica-se que o funcionamento das duas operações fundamentais da linguagem (selecionar as palavras e combinar em frases segundo o sistema sintático da língua que usa) revela o predomínio das operações situadas no eixo da combinação-contexto sobre as do eixo seleção-substituição. Fernando Cristovão conclui que, em Graciliano Ramos, prevalecem as associações lingüísticas e literárias baseadas na contigüidade, em detrimento dos jogos metafóricos que assentam as associações de similaridade:

> Entre o quadro da vida dos protagonistas ou a experiência quotidiana do autor e as metáforas que empregam há uma relação estreita de contigüidade. O distanciamento é mínimo porque os animais fazem parte integrante do observado e não do imaginado (...) no mundo real, a que pertencem essas personagens rudes, humanamente mal-acabadas e primitivas, a assimilação das pessoas e animais é uma forma corrente de expressividade, porque coloca a linguagem na contigüidade da experiência (Cristóvão, 1986: 185).

Na tessitura da obra evidencia-se uma articulação narrativa que dá mostras da riqueza no processo de construção das personagens e dos sentidos evocados. O narrador de *Vidas secas* modula as personagens, privilegiando a focalização interna por meio de descrições que se organizam pelo processo de gradação de conteúdos semânticos. Os moduladores adjetivos, verbos ou advérbios são selecionados pelo narrador, observando graus variáveis de significações, a fim de atingir um grau maior de densidade na configuração de um estado de espírito da personagem, para evidenciar sua fraqueza, mas também sua consciência. Similar a essa gradação intencional construída pelo autor, o narrador lança mão de outro processo na modulação da personagem: a construção e desconstrução da imagem que dará um sentimento, uma atmosfera, por meio de significados antitéticos reveladores da contradição e da fragmentação da personagem. Nessa articulação narrativa percebe-se um deslocamento da análise que parte do exterior para o interior, da particularização para a generalização subjetiva.

Trata-se de uma narrativa que vai sendo construída pela consciência da personagem por meio do discurso indireto livre. Porém, essa auto-análise é feita pelo narrador, que se encontra num plano social e cultural privilegiado. Ele pertence a um espaço letrado, que julga o indivíduo rude e analfabeto incapaz para essa atividade. Deslocado de lugar, sem fazer sentido socialmente, as personagens da seca são vistas como incompetentes para formular sentido. Como objetos, pertencem à terra e entre grunhidos têm a fala entrecortada de silêncios e sussurros, identificam-se com os bichos, quase seus iguais.

A modulação das personagens se faz por meio de recursos como o símile, a comparação metonímica, o emprego de formas adjetivas e adverbiais e também de formas verbais reveladoras de movimento, estado e transformação, bem como as intrusões do narrador, muito freqüentes nessa obra. Essas atitudes moduladoras serão apresentadas agrupadas, descritas de acordo com a intenção percebida no posicionamento do narrador em relação à personagem.

O narrador de *Vidas secas* lança mão de palavras e expressões conotativas diversas para caracterizar suas criaturas. Na maioria das vezes está presente a conotação sócio-ideológica; como pode ser observada na expressão "vagabundo", empregada para caracterizar a personagem enfraquecida. Esse predicativo associado à escolha da forma verbal "empurrado" conota um possível significado da falta de opção do indivíduo diante do fenômeno da seca, que nestas circunstâncias encontra-se destituído de força física e moral: "Um vagabundo empurrado pela seca". Os sentidos para a caracterização da personagem alternam-se em graus diferentes, com predomínio do tom pejorativo, que torna evidente o constrangimento da personagem. O narrador descreve afetivamente a personagem, mas insinua se tratar de pessoa indesejada. Essa conotação dá mostras do estado de espírito de Fabiano e, mais interessante ainda, revela por meio do discurso indireto livre a consciência da personagem sobre seu estado: "era hóspede que demorava demais". O apego do sertanejo à terra natal é demonstrado pelo recurso da personificação, quase numa fusão do elemento humano com o elemento vegetal. A idéia da fitomorfização da personagem parece trazer uma imagem mais positiva para sua caracterização: "plantado criara raízes", mas num movimento de ida e volta, o narrador retoma o tom pejorativo, de certa forma, associado à postura física do vaqueiro, pelo processo de zoomorfização: "parecia um macaco".

Observa-se que a personagem tem consciência de sua condição sociocultural, ratificada por ela em discurso indireto livre: "Agora tinha obrigação de comportar-se como gente da laia deles." A forma verbal "espojar", própria para significar o ato dos animais de revolver-se no espojadouro, é empregada para os meninos com valor depreciativo, lembrando o processo de despersonalização, pelo zoomorfismo: "Os meninos se espojariam na terra fofa do chiqueiro das cabras."

Todas as personagens são submetidas a um reducionismo psicológico, seja pela focalização do narrador ou pela ratificação da personagem por meio do discurso indireto livre. A metáfora conceitual empregada na focalização da personagem ilustra essa idéia e revela sua inquietação diante da situação social do retirante: "Não seria homem: seria aquilo mesmo a vida inteira, cabra, governado pelos brancos, quase uma rês na fazenda alheia." O narrador parece bastante hostil em relação às suas criaturas. A comparação da personagem protagonista à ave sinistra em tempos de seca, associada com as demais comparações, além de insinuar a reação do narrador perante a personagem, revela o estado de espírito desta: "Fabiano andava, pesado, *direitinho um urubu.*"

O símile é largamente utilizado pelo narrador de *Vidas secas*, construindo uma imagem da degradação da personagem, ora por meio de comparáveis do meio animal, ora do meio vegetal, ou ainda de natureza material como, por exemplo, um objeto integrado à realidade social do protagonista, avaliando sua (des)importância por meio da coisificação: "era como a bolandeira". Às vezes, o símile aparece como elemento revelador de uma imagem reversiva do homem, para o elemento zoomórfico, ou ainda fitomórfico. Este processo se concretiza em imagem pejorativa, na medida em que o narrador emprega a comparação zoomórfica: "Duro, lerdo *como tatu*", redimindo-se numa imagem mais amena, por assim dizer mais positiva da personagem, quando retoma a comparação fitomórfica: "Era *como as catingueiras e as baraúnas*".

O mesmo processo ocorre com as demais personagens: "Trôpega, mexia-se *como papagaio*, era ridícula". A figura do símile assume importância na caracterização da personagem em *Vidas secas*. Sem dúvida o narrador de Graciliano Ramos a emprega de forma muito arquitetada, isto é, há uma associação das imagens do meio físico com os estados de espírito da personagem e a situação diegética: "pezunhavam nos *seixos como bois doentes* dos cascos". A personagem, num momento em que detém a focalização, ratifica a imagem que o narrador manteve para ela durante a narrativa. A relação de similaridade associada a um elemento vegetal ameniza o tom pejorativo ao lembrar por analogia as plantas resistentes à seca, ilustra a ânsia de romper a solidão em que a rejeição do meio coloca a personagem, descrevendo sua necessidade de entrar em comunicação com o outro: "se ficasse calada, seria *como um pé de mandacaru*, secando, morrendo".

A gradação adjetiva é percebida à medida que a descrição se desloca para a narrativa, atingindo um grau maior de densidade na modulação das personagens: "Os *infelizes* tinham caminhado o dia inteiro, estavam cansados e famintos. Ordinariamente andavam pouco." A forma adjetiva "infelizes" descreve um estado de espírito, ao passo que a forma "viventes", empregada após a morte de um dos elementos do grupo, narra a condição de fatalidade da vida reservada a eles: "ainda na véspera eram seis *viventes*". A observação culmina, marcando um estado de "ser" das personagens "retirantes", marcação final que atribui o sentido de "aqueles que emigram fugindo da seca": "A fome apertara demais os *retirantes*". Ao empregar esse processo gradativo no uso das formas adjetivas para qualificar a personagem (infelizes, viventes, retirantes), o narrador busca identificar o estado de ser daquela. Estes procedimentos de linguagem – da descrição para a narração – permitem ao narrador total aproximação das personagens, como uma espécie de câmera cinematográfica.

Outro processo desenvolvido por meio das formas adjetivas e adverbiais é a construção antitética da imagem da personagem, como se observa nos trechos em que Fabiano é caracterizado como indivíduo incapaz de sentimentos calorosos: "Fabiano sombrio, cambaio, tinha o coração grosso". Em seguida há a reversão dessa imagem: "Aí a cólera desapareceu e Fabiano teve pena". A idéia da contradição é reforçada pela própria personagem, que se desvenda por meio da fala: "Anda condenado do diabo", "excomungado". O narrador deixa clara a intenção dessa construção no emprego de expressões como "obstáculo miúdo" e "anjinho", que denotam grande força subjetiva: "Certamente esse obstáculo miúdo não era culpado", "Impossível abandonar o anjinho aos bichos do mato". Em seguida, o narrador retoma a gradação na caracterização da personagem: "vaqueiro precisava chegar", "Pelo espírito atribulado do sertanejo". As formas "vaqueiro" e "sertanejo" criam idéias que se ampliam de acordo com o espaço e a função da personagem. As imagens e as idéias mudam de lugar e foco, constantemente num movimento de vai e vem, tal como os retirantes. As formas adjetivas empregadas gradativamente retratam a imagem do medo e da pequenez da personagem: "Miudinhos, perdidos no deserto queimado, os fugitivos agarraram-se, somaram as suas desgraças e os seus pavores." O narrador não deixa espaço para que se possa avaliar a personagem sob outro enfoque que não seja este do reducionismo, fechando todas as possibilidades de um novo argumento por parte do leitor: "Andava irresoluto, uma longa desconfiança dava-lhe gestos oblíquos", "Tinha muque e substância, mas pensava pouco, desejava pouco e obedecia"; "Atrapalhava-se: tinha imaginação fraca e não sabia mentir". A pintura decisiva sobre a personagem marca uma visão pessimista e autoritária, com economia de palavras: "Fabiano, era aquilo mesmo, um bruto".

Percebe-se, porém, um olhar diferente do narrador para a cadela Baleia, como se ela fosse mais merecedora de afeto do que as personagens humanas: "Uma angústia apertou-lhe o pequeno coração", "Uma noite de inverno gelada e nevoenta cercava a criaturinha". O narrador volta ao protagonista perseguindo a modulação desejada, forçando a personagem a ratificar essa idéia por meio do discurso indireto livre: "Era um infeliz, era a criatura mais infeliz do mundo". O narrador retoma a construção antitética, deixando um vago na caracterização das personagens demarcadas de forma negativa até o momento, sugerindo implicitamente a condição do continuísmo da situação do retirante por meio da seqüência gradativa: "O sertão mandaria para a cidade homens fortes, brutos, como Fabiano, Sinhá Vitória e os dois meninos".

O narrador interpreta a personagem ou suas atitudes com uma posição de superioridade: "O dinheiro fugira do gibão, na venda de seu Inácio. Natural", "Não conseguiriam tomar resolução. Paciência". As interpretações do narrador, ao final da descrição, "natural" e "paciência", encerram a idéia daquele que sabe de antemão, ou seja, conhece o destino da personagem e atesta autoritariamente a sua única forma possível de comportar-se. Tal como a força divina que age sobre o destino do herói trágico. Esta interpretação é confirmada pela própria personagem por meio do discurso indireto livre: "Tinha para onde levar a mulher e os meninos? Tinha nada!", "Que remédio? Fabiano, um desgraçado, um cabra. Podia reagir? Não podia".

A avaliação da personagem revela uma atitude pejorativa e irônica por parte do narrador consciente da situação moderna do mundo e do homem, na sua fragmentação ideológica, na multiplicidade de crenças, interesses e frustrações: "Como tinha religião, entrava na igreja uma vez por ano", "Trabalhar como negro e nunca arranjar carta de alforria". Mais uma vez, numa fusão entre a focalização da personagem e a intrusão do narrador, ocorre a afirmação do processo de redução e anulação, perseguidos durante toda a narrativa: "O mundo é grande. Realmente para eles era bem pequeno, mas afirmava que era grande".

A maestria de Graciliano Ramos conduz a linguagem e a estrutura do romance como uma imagem refratária do universo social dos flagelados da seca, nenhuma palavra é gratuita na escritura do romance, nada está fora de lugar. Os recursos, no plano da linguagem, empregados e desenvolvidos pelo autor, servem, pois, de signos marcadores de avaliações e julgamentos realizados pelo narrador em relação às personagens da obra. A personagem de *Vidas secas,* pela modulação do narrador, é o homem convertido em paisagem, em coisa, em planta, em animal, silencioso, com idéias fragmentadas sobre a realidade que o conforma, oprimido e inútil diante de situações que requerem resolução, embora seja consciente delas e, especialmente, da sua condição de fraqueza, da falta de preparo para lidar com a realidade dos homens de poder, enfim de sua impotência. Por outro lado, é bastante forte para resistir às desgraças da seca, e luta por um novo espaço, partindo sempre para lugar nenhum.

A narrativa ficcional regionalista parece evoluir da simples observação da catástrofe para a observação dos efeitos sociais, políticos e psicológicos desenvolvidos na personagem, ou seja, há um deslocamento da descrição da paisagem para o drama existencial na personagem da seca. A narrativa descritivista inicial dá lugar a um estilo de representação artística que evidencia um propósito, uma proposta social para este romance que "se purifica" ao longo da caminhada e acrescenta ao moderno romance regionalista uma concepção de forma vinculada ao conteúdo. Este estudo sobre o tecido lingüístico e semântico do texto, que procura não recair em reducionismos, pretende apenas ampliar o universo de compreensão sobre os conteúdos e dar mostra do nível de elaboração do romance para Graciliano Ramos.

Bibliografia

ATAÍDE, V. Vidas secas: articulação narrativa. In: Sonia Brayner (Org.). *Fortuna crítica – Graciliano Ramos.* Rio de Janeiro: Civilização Brasileira, 1977.

BARTHES, R. *Introdução à análise estrutural da narrativa.* Rio de Janeiro: Vozes, 1976.

BOSI, A. *História concisa da literatura.* São Paulo: Cultrix, 1993.

CÂMERA, L. A técnica narrativa na ficção de Graciliano Ramos. In: Sonia Brayner (Org.). *Fortuna crítica – Graciliano Ramos.* Rio de Janeiro: Civilização Brasileira. 1977.

CANDIDO, A. *Literatura e sociedade*. São Paulo: Nacional, 1965.
CORRÊA, A. A. "Modelo descritivo da inter-relação entre espaço e personagem". *Anais do IX Seminário do CELLIP*. Londrina: EDUEL, 1996. 71-76.
FERNANDO, C. *Graciliano Ramos: estruturas e valores de um modo de narrar*. Rio de Janeiro: José Olympio, 1986.
LUKÁCS, G. *Ensaios sobre literatura*. Rio de Janeiro: Civilização Brasileira, 1968.
MARTINS, W. Graciliano Ramos, o Cristo e o grande inquisidor. In: Sonia Brayner (Org.). *Fortuna Crítica – Graciliano Ramos*. Rio de Janeiro: Civilização Brasileira, 1978.
RAMOS, G. *Vidas secas*. São Paulo: Record, 1995.
SANT'ANA, A. R. de. *Análise estrutural de romances brasileiros*. Petrópolis: Vozes, 1977.

GILBERTO FREYRE, POETA DO BRASIL

José Carlos Reis

Gilberto de Mello Freyre, pernambucano, nascido em 1900 e falecido em 1987, autor de *Casa grande & senzala* (1933) e de uma obra vasta, na qual se destacam ainda *Sobrados e mocambos* (1936) e *Ordem e progresso* (1959), foi um dos intelectuais brasileiros mais reconhecidos no exterior e, paradoxalmente, mais contestados internamente. *Casa grande & senzala* talvez seja o livro de um autor brasileiro e sobre o Brasil mais lido fora daqui e o mais polêmico aqui. Freyre obteve reconhecimento universal e possui todos os títulos, os prêmios e as honras acadêmicas de quase todas as grandes universidades do mundo. Ele, aliás, não se cansava de lembrar e recitar cada homenagem. Pelo que, diga-se, era hostilizado por alguns intelectuais – sobretudo paulistas – que o consideravam vaidoso, juvenil, provinciano.

No entanto, ele tem toda razão de se orgulhar, pois as grandes universidades do mundo não distribuem as suas bênçãos sem rigorosos critérios. E censurá-lo por ser tão bem-sucedido e se orgulhar de sê-lo, como é comum, não é simpático nem elegante. Como brasileiros, deveríamos até nos sentir orgulhosos por vê-lo levar tão longe o talento nacional. Sua obra é reconhecida como uma referência superior da ciência social pelos mais importantes historiadores e cientistas sociais, embora ele jamais aceitasse ser classificado como "especialista" das ciências sociais, antropólogo, sociólogo ou historiador. Ele sempre se apresentou como "escritor ou ensaísta". O que não limitou a repercussão da sua obra no interior das ciências sociais, que é enorme, pelas inovações metodológicas, pela flexibilidade e beleza de seu texto.

Sua análise do Brasil é ao mesmo tempo racionalmente conduzida e possui forte carga de afetividade e subjetividade. É um texto de ciência social qualitativo, que incomoda a ciência social preocupada com a quantificação. *Casa grande &*

senzala é como um "livro-onírico", atravessado por associações, deslocamentos, condensações e tropos diversos, fruto de uma profunda intuição-imaginação do Brasil. Como romancista, ele não se colocou fora do seu objeto de estudo, já que este objeto fazia parte da sua própria vida. Sua escrita é encarnada, comprometida; ela traz à expressão uma grande margem da História até então muda, não refletida e explicitada. O seu estilo é "oral", coloquial, como uma conversa informal entre o presente e o passado. Ele utiliza as múltiplas linguagens brasileiras, desde as mais eruditas às mais populares e até chulas. Seu texto é um raro prazer.

Ele fala do Brasil de dentro e não como um objeto natural. O pertencimento ao seu objeto dá a seu texto uma impressão de verdade imediata e interior. Ele parece ter uma "visão do passado". Freyre parece experimentar o vivido que descreve. Seus analistas comparam o seu estilo ao de Proust: uma introspecção meticulosa e emocionada do passado, uma "visita realista" ao vivido. Ele próprio declarou inspirar-se em Proust. Ele procura revelar e expressar o íntimo e o familiar, geralmente misteriosos e inefáveis. O Brasil colonial aparece "vivo" em toda a sua contraditoriedade. Freyre é um autor criativo, sensível, e o passado colonial brasileiro é percebido com os seus cheiros, ruídos e prazer de viver. Ele expressou o inconsciente da vida coletiva, a sua cotidianidade afetiva; produziu uma "revivência", uma "recriação", em seu espírito, e no espírito do leitor, do nosso passado. Freyre é um poeta do Brasil. A sua obra representou um avanço colossal em nosso conhecimento de nós mesmos, brasileiros.

A sua formação é basicamente norte-americana: no Colégio Americano Batista do Recife, onde se tornou protestante; na Universidade de Baylor, no Texas (1918/20); e na Universidade de Colúmbia, Nova York, orientado por Franz Boas. Alguns analistas consideram que sua obra levou a pesquisa histórica brasileira a uma problemática nova e alemã: a do historicismo de Dilthey, Simmel e Weber, apesar de Freyre pouco citar fontes alemãs. Freyre teria encontrado afinidades com a sociologia compreensiva de Weber, com a "abordagem empática". Entretanto, a sua formação americana é só indiretamente alemã, pela presença de Franz Boas. Este dava ênfase ao conceito de "cultura", combatendo o evolucionismo biológico, racial. Boas não acreditava que a pobreza estaria reservada aos mestiços ditos "biologicamente inferiores". A raça não seria determinante sobre o meio cultural. Os grupos diversos de uma mesma raça respondem diferentemente aos desafios geográficos, econômicos, sociais e políticos, criando culturas distintas. Como os meios antropológicos estavam marcados pelo determinismo geográfico e racial, esta ênfase na "cultura" traria uma mudança significativa na pesquisa social. Os fenômenos culturais são complexos e não se submetem a leis. Boas negava o determinismo, o evolucionismo, o cientificismo e se aproximava do historicismo alemão com sua ênfase na cultura e na relatividade dos valores.

Dominado pelas influências americana e alemã, Freyre descobriu, ao mesmo tempo que os franceses dos *Annales*, a história do cotidiano, a história das mentalidades coletivas, a renovação das fontes da pesquisa histórica: receitas culinárias, livros de etiquetas, fotografias, festas, expressões religiosas, brinquedos e brincadeiras de criança, cantigas de roda, histórias infantis, relatos de viajantes estrangeiros, autobiografias, confissões individuais, diários íntimos, lendas, folclore, periódicos... E não negligenciou a documentação institucional, oficial, estatal. Nas novas fontes e no novo olhar lançado por Freyre sobre o Brasil colonial, o imaginário se mistura à "realidade"; e a realidade social ganha toda a sua densidade. Diferentemente dos *Annales*, ele jamais procurou um controle quantificado das fontes. Em plenos anos 1930, ele seria até mais próximo da terceira geração dos *Annales* dos anos 1970!

Freyre vê a História pelos seus inúmeros lados e o conhecimento do Brasil torna-se quase mediúnico. Ele parece ser capaz de ver os dois lados da lua ao mesmo tempo, o aparente e o oculto: percebe o todo em sua complexidade, unifica e harmoniza a divergência e a tensão. Febvre afirma, prefaciando a tradução francesa, que *Casa grande* não é um livro simples: é um enorme painel do passado, nascido de uma meditação sobre o futuro. Ele não oferece respostas fortes, mas nos convida a refletir sobre a questão maior do século XX: é possível uma única civilização em que todos possam encontrar nela a sua pátria cultural? Prefaciando a tradução italiana, Braudel – que provavelmente podia lê-lo em português – afirma que o estilo de Freyre é o de uma "sereia": ele nos dá um prazer concreto, físico, levando-nos a viajar, com a sua linguagem musical irresistível, em luxuriantes paisagens tropicais.

Entretanto, apesar de genial, Freyre se apresentava politicamente muito conservador, e por isso foi muito contestado internamente. Ele renova e revigora a interpretação do Brasil das elites imperiais que teve enorme influência, e ainda tem, sobre a vida brasileira. Varnhagen, historiador brasileiro do século XIX, sustentou a tese de que o Brasil só pode ser compreendido como uma mescla de raças, sob a hegemonia da raça branca, defendeu o mito do "branqueamento" e apoiou o Estado monárquico em todas as suas iniciativas. Esta interpretação do Brasil ainda hoje é ensinada na escola fundamental: heróis luso-brasileiros, guerras contra índios e negros, e "invasores estrangeiros", o elogio da conquista, da escravidão, do Brasil grande, potência, um "outro Portugal". Até hoje esta representação do Brasil é viva e forte.

Freyre representou, de certo modo, um abrandamento dessa interpretação, ao aceitar a presença negra, ao recusar o branqueamento e ao admitir a morenice brasileira. Por outro lado, Freyre renova e revigora Varnhagen. Tornou-se cartilha das elites pós-45; foi distribuído em quadrinhos e santinhos na escola fundamental brasileira depois de 64. As elites ganham um perfil simpático, democrático, brando, afável... e continuam dominando. A sua visão da miscigenação e da morenização do Brasil, por um lado, é até "revolucionária", pois rompe com o racismo branqueador dominante. Freyre foi o primeiro intérprete do Brasil a fazer o elogio da presença negra e dedicou a ela dois volumosos e excelentes capítulos. Ele considerava a presença negra em termos culturais e não raciais; a cultura brasileira é rica e original porque incorporou muito dos costumes, dos saberes e da afetividade dos negros. Entretanto, o movimento negro o combate ferozmente, pois ele desfaz as tensões e contradições raciais, nega o preconceito racial ao sustentar que há no Brasil uma democracia racial, a integração plena de negros e indígenas, pois ambos teriam sido "colaboradores" do branco na construção do mundo cultural brasileiro.

Freyre olha o Brasil do alpendre da casa grande, seu olhar é senhorial e dominador. Ele considera que o brasileiro é dominado por um tempo lento e lúdico, preguiçoso. O ritmo brasileiro de atividade é uma combinação de trabalho e lazer. Neoibéricos, os brasileiros não gostam do trabalho intelectual ou manual e não têm preconceito contra o lazer, que não é visto como vício, pecado. Ele gosta mesmo é de tocar violão e cantar, comer seu peixe temperado, fumar o seu cachimbo, beber seu café a pequenos goles. Gosta de "mandar fazer" e de viver no ócio. Ele aprecia também o luxo, roupas rendadas e bordadas. O seu sucesso, ele o obteve com essa tolerância, transigência, vontade de não transformar e impor-se racionalmente ao mundo e ao outro. Daí a sua relativa tolerância étnica, a ampla oportunidade dada a todos os homens, independentemente de raça ou cor.

Os brasileiros se amam como irmãos, mesmo sendo tão diferentes! Há preconceitos raciais, ele não nega, mas não há *apartheid*. Reina entre os brasileiros um forte espírito de fraternidade! As relações entre negros e brancos sempre foram cordiais e a solução brasileira para as relações raciais foi a mais inteligente, promissora e humana. E esta seria a contribuição brasileira à humanidade, desde sempre dilacerada pelo ódio racial. Ele acredita que exista uma certa "felicidade brasileira". Nossa situação de confraternização racial é a que mais se aproxima de um "paraíso terrestre". Há uma certa "utopia" em Freyre. Há miséria, doença, tristeza, opressão, mas o céu (democracia racial) é aqui! Todas essas teses sobre a vida brasileira colonial deixaram marxistas e outros ativistas de esquerda justa e profundamente incomodados, e Freyre foi severamente combatido.

A sua interpretação se apóia sobre uma "concepção conciliadora" do tempo histórico brasileiro. Ele propõe uma articulação do velho e do novo, a união da tradição com a modernidade. A história brasileira não é compreendida como ruptura, conflitos, mudanças bruscas. Ela é vista como história pacífica, integradora das diferenças. A sua narrativa, assim que percebe conflitos, produz a sua dissipação. Freyre representa um momento importantíssimo para a reflexão histórica brasileira; um momento de retorno, de introspecção, de viagem pelo interior. O Brasil ganha um passado, se densifica para trás. Ele não fala quase de futuro; ele fala mais de passado, de identidade brasileira consolidada. Ele pára o tempo da história brasileira deliciando-se em sua contemplação.

O tempo de Freyre é ibérico: sem pressa, sem relógio, sem preço, sem dinheiro a ganhar. Da sua ampulheta desce um fio viscoso e lento, marcando a duração doce e gozosa do mundo nordestino. Seu tempo é senhorial: ocioso, deitado na rede. Dono de escravos, o trabalho não é problema seu. Seu tempo, ele o tem todo à sua disposição para comer, beber, conversar e copular com negras e índias. A "vida-boa" dos aristocratas do açúcar foi lânguida, morosa. Na casa grande, os dias se sucediam iguais, a mesma modorra, a mesma vida de rede, sensual. Sua visão do Brasil e do mundo é desacelerada: a da lenta mudança dos séculos, sem saltos revolucionários. Seu olhar sobre o passado é otimista; sobre o futuro, pessimista: nos anos 30, a mudança se acelerava, assustando-o, pois comprometia a continuidade do passado patriarcal.

Com sua reflexão, ele quer fazer a defesa desse passado e impedir ou desacelerar a mudança. Ele espera que as mudanças não se acelerem, pois não há motivo. O passado brasileiro foi bom, as elites brasileiras são competentes e democráticas. Quanto ao futuro, ele é no máximo reformista e gradualista – propõe o fim da monocultura, que melhoraria a dieta brasileira, fazendo aparecer uma população sadia e uma inteligência mais vigorosa, menos imitativa. A população mestiça brasileira é eugênica, pois os brancos escolheram as melhores negras e índias para amantes. O mulato é eugênico, um feliz meio termo. O Brasil tem o seu futuro aberto, não há nada que o torne inviável, que o ameace no horizonte – desde que ele seja mais passado do que futuro, mais continuidade do que mudança.

Gilberto Freyre é um interlocutor eterno, incontornável, seja para ser admirado, seja para ser detestado. É um autor-esfinge: indecifrável, impossível de ser posto em termos transparentes. É admirável e tão contestável; é genial e tão impreciso; é revolucionário e tão conservador! *Casa grande & senzala* é um *seminal work* da história cultural. Os pesquisadores atuais transformam parágrafos seus em pesquisas essenciais sobre o Brasil. Toda discussão atual sobre o escravismo nas Américas; todo estudo sobre a vida familiar no Brasil colonial, sobre a vida afetiva e sexual, sobre a infância, sobre as culturas indígena e negra, sobre a religiosidade colonial precisam levar em consideração suas teses. *Casa grande & senzala* é uma catedral do pensamento histórico brasileiro.

A OBRA DE FRANCISCO IGLÉSIAS: PONTO DE ENCONTRO ENTRE OS INTELECTUAIS E O POVO

João Antonio de Paula

A maturidade de um campo do conhecimento talvez se reflita na emergência – no interior do mesmo campo – de um objeto estranhamente singular, qual seja o de tomar a própria disciplina em questão, seus procedimentos e objetos, como matéria de reflexão. Trata-se de considerar, analiticamente, os métodos, os procedimentos, os objetos, as obras de uma disciplina como temas de pesquisa e reflexão sistemática. Assim, se a História é a mais antiga das ciências, tão antiga quanto a Filosofia e a Arte, a reflexão crítica sobre o fazer do historiador, as especificidades da História como discurso sobre o real, o nascimento da *storiografia*, enfim, é fenômeno do século XIX.

São os italianos que criam a palavra – *storiografia* – e são italianos seus primeiros grandes cultores: Francesco de Sanctis e Benedetto Croce vão inaugurar uma forma específica de investigação histórica em que o que o importa é menos "o que aconteceu", e mais o "como isto que aconteceu foi descrito", qual a sua real "dimensão científica", o "conteúdo artístico" da narrativa histórica. Simultânea à origem italiana é a emergência, na Alemanha, de preocupações semelhantes. Diferenciam as duas matrizes da historiografia as referências filosóficas: nos italianos é grande a presença de Hegel, por sua vez a historiografia alemã é um desdobramento do "positivismo historista" de Ranke.

Contudo, serão os franceses que sistematizarão, em definitivo, a reflexão historiográfica, dando a ela os contornos e métodos que a caracterizam até hoje. O texto exemplar desta tradição é *Introdução aos estudos históricos*, de Charles Langlois e Charles Seignobos, escrito em 1896-97, que explicita o essencial do programa historiográfico – "examinar as condições e os processos do conhecimento histórico, bem como lhe indicar o caráter e os limites". (Langlois, Charles e Seignobos, Charles – *Introdução aos estudos históricos*. Trad. port., São Paulo, Renascença, 1946, p. 6).

A obra de Langlois e Seignobos será o ponto de partida de um importante debate metodológico, no qual vão intervir Henri Berr e sua tentativa de síntese histórica, e, sobretudo, Marc Bloch e Lucien Febvre, que no esforço de crítica à historiografia de Langlois–Seignobos, vão criar a historiografia dos *Annales*, cuja característica é a interdisciplinaridade, a compreensão da História como totalidade, e a explicitação de um princípio metodológico essencial, que é a postulação de uma pergunta como princípio organizador da pesquisa e do discurso historiográfico: qual o sentido da longa permanência do mito da cura de certas doenças pela imposição das mãos do rei?; ou ainda, poderia Rabelais ser ateu?

Trata-se, aqui, de reconhecer na chamada *École des Annales*, tanto o mérito pela renovação dos objetos e métodos historiográficos, quanto pela constituição de um ponto de vista privilegiado para a reflexão historiográfica. Este ponto de vista manifestou-se em obras-chave para a historiografia contemporânea como *Introdução à História*, de Marc Bloch, e *Combates pela História*, de Lucien Febvre. São estas obras, sobretudo o belo testamento intelectual de Marc Bloch – *Apologie pour l'histoire ou métier d'historien* – que vão marcar a obra historiográfica de Francisco Iglésias.

Francisco Iglésias, historiador da política e da economia, das idéias e da cultura, sempre se dedicou à historiografia. Desde seus primeiros trabalhos, na década de 1940, acompanhou sistematicamente a produção historiográfica brasileira e internacional. De tal modo que em sua obra, que conta com quase dois mil itens, é permanente o cuidado com a historiografia. Seu segundo livro publicado, de 1959, *Introdução à historiografia econômica* e seu livro póstumo, de 2000, *Historiadores do Brasil*, são exemplos de uma particular atenção aos temas historiográficos.

Durante muito tempo a historiografia, entre nós, foi o objeto privilegiado de um único historiador – José Honório Rodrigues. Deve-se a ele trabalhos fundadores da disciplina no Brasil. O fato de que ele tenha sido, por tanto tempo, quase nosso único historiógrafo reflete a relativa incipiência dos estudos históricos entre nós. Esse quadro mudou e já há uma ampla reflexão sobre a nossa historiografia, sobretudo a partir dos anos 1970, com a consolidação da pós-graduação em História no Brasil.

Historiadores do Brasil, de Francisco Iglésias, é, nesse sentido, a explicitação da maturidade de nossa vida intelectual, que já agora consegue fazer balanço do conjunto do que se disse, do como se viu, de como o Brasil foi pensado. Ressalte-se, em primeiro lugar, uma qualidade única da obra de Iglésias: ele leu, rigorosamente, tudo o que se escreveu sobre o Brasil do ponto de vista historiográfico. Nada lhe escapou, das obras clássicas às menores, das grandes interpretações aos que fixaram detalhes. A tudo leu e a tudo interpretou com espírito crítico, recusando-se a sancionar estereótipos.

Também digno de nota é a divisão da matéria. Parece adequado o corte em 1838, com a criação do Instituto Histórico, e 1931, com a Reforma do Ensino, que vai criar as Faculdades de Filosofia e a explícita definição dos estudos superiores em História. Lembre-se também do estilo de Francisco Iglésias: a elegância e a clareza da expressão, que ele aprendeu com os melhores mestres. Montaigne, o Padre Vieira, Machado de Assis, Antônio Sérgio, Sérgio Buarque de Holanda são referências importantes do seu estilo e de seu método, que, recusando o pesado e às vezes asfixiante tratado, move-se ao ritmo do ensaio, da livre investigação, da liberdade, da inteligência.

É esta liberdade do olhar, é esta disponibilidade da reflexão que permite a Iglésias reconhecer a grandeza problemática de um Varnhagen, de um Gilberto Freyre, que lhe permite acolher mesmo o tão distante dele, ideológica e politicamente. Livro crítico e erudito, *Historiadores do Brasil* tem ainda uma qualidade estilística, que é preciso considerar: lendo-o parece fácil traçar o panorama da história da história do Brasil. É sem esforço, coloquialmente quase, que Iglésias nos conduz dos primeiros cronistas, das grandes histórias gerais do século XIX, de Southey e Varnhagen, às obras armadas pelo melhor avanço das ciências sociais de hoje em dia.

Livro póstumo e não inteiramente acabado, *Historiadores do Brasil* tem uma explícita quebra expositiva em sua terceira parte. Iglésias diz, textualmente, que a produção historiográfica contemporânea, por ser mais conhecida e analisada, será menos considerada. O ponto alto dessa parte são as análises dos grandes intérpretes do Brasil dos anos 1930 – Caio Prado Jr., Gilberto Freyre e Sérgio Buarque de Holanda. A produção universitária é mencionada, sua importância reconhecida, mas não é, em definitivo, tema privilegiado no livro. Este não quer ser catálogo, não quer ser exaustivo, não quer listagem de obras e autores. Seu propósito é bem outro: mostrar que também as várias maneiras como o Brasil foi descrito, analisado, pensado são, elas mesmas, resultados históricos, produtos de certas mentalidades, de certos interesses hegemônicos ou contra-hegemônicos: da elegia lusitana descabelada de Rocha Pita, ao antilusitanismo furibundo de Manoel Bomfim.

Historiadores do Brasil é um livro panorâmico, quer os amplos contornos, quer o conjunto; o detalhe, quando é realçado, só o é porque ilumina e permite a compreensão do todo – é o caso da digressão sobre a importante *História do Brasil* (1860), de Handelmann, ou do elogio da *História do Brasil* (1627), de Frei Vicente do Salvador. Um historiador rigoroso poderá argüir o livro de Iglésias em pelo menos dois pontos importantes: 1) o primeiro diz respeito à periodização e coloca em pauta a questão do anacronismo – afinal, quando começaria a história do Brasil?; tudo o que se escreveu sobre a história do Brasil, desde a carta de Caminha, pertence à nossa historiografia?; 2) o segundo ponto é de ordem conceitual e incide sobre a seguinte questão – o que é específico do discurso do historiador?; o que, afinal, é um livro de História?

São temas importantes, decisivos mesmo para fazer avançar nossa reflexão historiográfica. São pontos para uma agenda que já tem maturidade para se desenvolver entre nós. Contudo, era outro o propósito de Iglésias. Quando ele começou a escrever seu livro, na década de 1980, sua motivação era de um convite e de uma reparação: um convite para a visitação de tudo quanto havia sido dito sobre o Brasil, do ponto de vista histórico; a reparação ficava por conta do ânimo crítico, que motivava a visitação, ânimo de quem, no contexto do fim do regime militar, buscava entender as vicissitudes da recorrência no Brasil da exclusão social, da concentração da renda, da riqueza e do poder.

No essencial da motivação do livro, há um propósito de fazer do inventário historiográfico um índice dos nossos déficits sócio-econômico-político-culturais. Retrato de nós mesmos, as diversas escrituras do Brasil, os diversos textos que buscaram fixar o que somos são, de uma maneira ou de outra, os registros dos diversos desencontros de que somos feitos: o desencontro do Estado com a sociedade; o desencontro da economia com a sociedade; o desencontro da sociedade com a cidadania. É o que se revela com a interdição sistemática da reforma agrária, com a permanência do caráter não-democrático do Estado, com a continuidade da concentração da renda e da riqueza.

Há um sentido vingador no livro de Iglésias. Se não a vingança que fez Euclides da Cunha nos *Sertões*, ao menos a reparação por séculos de opressão e desrespeito. Trata-se, nesse sentido, de dizer que o livro é a descrição da trajetória da luta do povo para ser reconhecido como sujeito em sua própria história. Livro para a cidadania, para o esclarecimento, para o conhecimento, *Historiadores do Brasil* tanto tem lugar na universidade quanto tem vocação pública, é um belo e necessário momento de encontro entre os intelectuais e o povo, entre o povo e a sua História, uma realização, ainda que fugaz, daquele sentido de emancipação que tem a cultura quando fundada no nacional-popular.

Historiografia brasileira: a influência intelectual de Norbert Elias

Jurandir Malerba

Este ensaio exprime algumas observações heterodoxas. Na primeira parte do texto, vou insistir na necessidade de apreender o pensamento de Elias em sua integridade sistemática (ou dinâmica, sendo fiel à sua teoria do processo civilizador), para evitar o perigo da deletéria apropriação fragmentária. Na segunda, aproveito as andanças do ofício para pensar em voz alta alguns indicadores da presença de Elias dentro do círculo muito bem delimitado da historiografia brasileira dos anos 1990. Entretanto, a avaliação de sua recepção por nossas ciências humanas, considerada em sua ampla difusão editorial (em virtude da quase tradução de sua obra completa) e acadêmica (no interior de nossas pós-graduações), aguarda um investigador mais obstinado[1].

Percorrer a obra de Elias permite descortinar um pensamento original, ancorado em instrumentos conceituais e pressupostos teóricos próprios, que ajusta contas com toda uma tradição gnosiológica, ao mesmo tempo que lança ao debate uma interpretação particular da história humana. Digamos, sem rodeios, que a espinha dorsal do modelo interpretativo dinâmico das sociedades humanas, de Elias, constitui a percepção dessas configurações sociais complexas a que chamamos "sociedades" e das personalidades dos "indivíduos" como duas dimensões de um mesmo e único processo, o que implica a idéia de evolução, de desenvolvimento social – não bastasse o próprio título de sua teoria e principal obra explicitá-lo. Na construção de sua teoria da sociedade ocidental Elias percebeu o movimento de transformação das forças produtivas, porém nunca as tomou como o substrato das formas de consciência ou algo que o valha. Ele percebeu grupos humanos em conflito, como no processo que culminou na concentração da força e do poder de aplicação da violência legítima em agências estatais centralizadas, porém nunca compreendeu tal percurso como obra de sujeitos racionais predeterminando seus destinos. Norbert Elias pensou o papel do inconsciente na atitude formadora da personalidade dos indivíduos, mas sempre um inconsciente vinculado a um estágio civilizacional – leia-se histórico – específico. Portanto, admitamos que Elias pensou estruturas sociais e conflitos de classe, mas nem por isso foi marxista. Ele pensou a ação racional, nem por isso foi weberiano. Se ele pensou na formação da personalidade como construção do *habitus*, tampouco foi freudiano. Elias dialogou com todas essas matrizes, mas foi alguém que pensou com sua própria cabeça e, para sermos coerentes com seus pressupostos, com base em todo o conhecimento humano acumulado em centenas de gerações.

Por isso causa certa estranheza o conteúdo dos textos exordiais dos dois volumes das edições brasileiras de *O processo civilizador*, de autoria do filósofo Renato Janine Ribeiro[2]. Em ambos destila uma dissimulada comiseração por uma suposta ingenuidade de Elias devido a seu apego à categoria de evolução, enfatizando como sua grande contribuição o pioneirismo no resgate ao "pormenor, à minúcia, o irrelevante"[3], tão em voga com a difusão da história das mentalidades. Poderíamos até considerar as maneiras à mesa, os cuidados com o corpo, por exemplo, "pormenores", se não fosse pelo fato de que são peças centrais – a matéria mesma – da análise da evolução da personalidade no Ocidente nos últimos dez séculos. O fato de Elias construir sua teoria com base em pesquisa documental, empírica, talvez seja uma das razões pelas quais tem atraído tanto a atenção dos historiadores. Além disso, atribuir valor a essa obra *a despeito* do conceito de evolução soa como afirmar a contribuição inestimável de Marx à teoria do modo de produção capitalista, *não obstante* seus conceitos de mais-valia ou de luta de classes; ou reconhecer o vigor do pensamento sociológico de Weber, *apesar* de seu conceito de racionalidade; ou ainda a teoria psicanalítica, *apesar* do inconsciente.

Elias apresenta-nos uma teoria própria da civilização cuja idéia de processo, de evolução, é central, agrade-nos ou não. E não parece apropriado condená-la como se de motivação "ideológica" ou meramente "ética" se tratasse. Há inúmeras passagens em que Elias demonstra controle absoluto sobre a questão axiológica. O processo civilizador que experimenta a humanidade há séculos não significa uma crença na idéia de progresso[4], na perfectibilidade humana e no avanço da humanidade rumo à felicidade final, como proposto pelos filósofos dos séculos XVIII e XIX. Essa crença, bem como a arbitrária separação entre indivíduo e sociedade, expressam uma carga extremamente pesada de motivações afetivas, de "desejos e receios" do que os homens gostariam que fosse, e não o que realmente é[5]. O acerto de contas com o ranço ideológico que perpassa o pensamento evolucionista desde o Iluminismo é feito, além da mencionada "Introdução" de 1968, no ensaio "Transformações do equilíbrio nós-eu", em que Elias historia o porquê do grande descrédito do conceito de evolução que grassa atualmente, nascido de sucessivas gerações que experimentaram o fracasso da promessa de um progresso constante, que rumaria em ascensão linear em direção a um destino feliz de uma humanidade emancipada[6].

É sintomática, portanto, a leitura obtusa que se verifica na "Apresentação a Norbert Elias". Primeiro porque força uma aproximação entre civilização dos costumes e "busca da felicidade"[7]. A ligação entre civilização e felicidade não faz parte da análise de Elias – ele mesmo o afirma textualmente alhures[8]. Faz parte, isto sim, da visão de evolução do crítico, mais do que da concepção do criticado.

Mais pejorativa é a afirmação de que, em Elias, há um "sentido" na História. Faz-se a ressalva de que Elias não apresenta a evolução como a única possível, "... menos ainda como necessária para o homem. Mas não é menos verdade que a seu ver ela é definitiva, e desde que tomou conta do Ocidente foi assumindo um caráter irreversível"[9]. Na apresentação ao volume 2 de *O processo civilizador*, intitulada "Uma ética do sentido", o que seriam reparos generosos à teoria de Elias ganham conotações bastante agressivas – uma atitude surpreendente por parte de quem já se mostrou tão sensível a outro "discurso diferente"[10]. Abandona-se a discussão da lógica interna dos conceitos, para relacionar, de maneira muito estranha, vida e obra do autor[11]. Como, indaga-se, poderia um judeu fugitivo do nazismo acreditar em dias melhores? A resposta seria que, no plano filosófico, Elias possuiria uma crença no progresso, crença repleta de dimensão ética – "a convicção de que o homem se civiliza, e de que isso constitui um valor positivo"[12]. Tudo isso se explicaria pelo fato de Elias incorporar uma ética humanista, de ter feito "uma opção pelo homem".

Semelhante leitura soa como "o que diria Nietzsche a respeito do *Processo civilizador*?" Os "desejos e receios" do filósofo inspiram-lhe mesmo uma aproximação entre "o que se pode salvar" de Elias e o pensador francês Michel Foucault. Ambos entenderiam que todo e qualquer gesto, de qualquer pessoa, pensador ou "não-pensador" (sic), merece atenção de quem os estuda. Só que o olhar de Elias se voltaria para um eixo diacrônico, e o de Foucault, para um sincrônico[13].

Claro que qualquer tentativa de interlocução é possível, mesmo entre teóricos das concepções mais discrepantes. Mas não é esse o objetivo do texto citado. Pretendeu-se apontar para o que, em Elias, possa ser identificado ou aproximado ao pensamento foucaultiano, na lógica do discurso elevado à condição de paradigma de verdade. Bastaria, contudo, para desvanecer qualquer tentativa forçada nesse sentido, recordar as passagens em que Elias critica os modelos eleáticos de pensamento – como o de Foucault –, segundo os quais

> apenas conseguimos conceber pontos isolados, mudanças abruptas e separadas, ou absolutamente nenhuma mudança. E evidentemente ainda temos muita dificuldade em nos imaginar como parte de um processo gradual de mudança, contínuo, dotado de estrutura e regularidade específicas (...), e como parte de um movimento que, tanto quanto possível, deve ser visto como um todo, tal como o vôo de uma flecha ou o fluir de um rio, e não como a repetição da mesma coisa em pontos diferentes, ou como algo que salta de um ponto para outro[14].

A idéia de desenvolvimento social não renega totalmente a possibilidade de que houve *progressos* em algumas esferas da atividade humana, cujo exemplo mais eloqüente é o conhecimento humano, elemento central de identidade do "eu", e estreitamente entrelaçado com outro fator dessa identidade: a memória[15]. Não se detecta esse significado "positivo" que se afirma em "uma ética do sentido". Há, isso é claro, uma ordem na transformação das cadeias de funções e instituições que ligam os seres humanos, uma regularidade subjacente e verificável na história da civilização ocidental, diferente do que cada indivíduo planejou para si próprio[16] – e estranha a qualquer formulação conceitual apriorística.

Tal regularidade liga-se à tendência dos seres humanos a um aumento progressivo de sua auto-regulação orgânica "impulsional" – controlada externamente por terceiros – para a "psíquica" – um controle introjetado –, resultado da crescente diferenciação de funções e da interdependência dos indivíduos. As interrelações humanas não são organicamente prescritas; suas interpenetrações abrangem cadeias de gerações em transformação e que não têm origem nem no aparelho genético do homem, nem foram desejadas ou planejadas por indivíduos singulares, mas que nem por isso são caóticas[17].

A afirmação de que essa ordem fatualmente verificável é "definitiva" e que possui um "caráter irreversível" não é passível de verificação na lógica conceitual de Elias. Ao contrário, a possibilidade de "retrocesso" na escala civilizatória é totalmente cabível, uma vez que a evolução da sociedade não está ancorada na "natureza" humana[18].

Aqui entramos na segunda e derradeira parte do ensaio, quando procuraremos observar a presença de Elias na historiografia brasileira. O impacto da obra de Norbert Elias na produção das ciências sociais no Brasil é muito recente e ainda de difícil avaliação, tanto quantitativa quanto qualitativa. Pode-se dizer que se trata de um fenômeno dos anos 1990, embora já se encontrem referências à sua obra desde 1983, pelo menos. Lembre-se que as traduções para a língua portuguesa começaram apenas em 1980, com *What is sociology?*, e 1987, com *The court society*, em Portugal. No Brasil, as traduções se iniciam em 1990 e 1993, com a versão em dois volumes de *The civilizing process*, seguida de *A sociedade dos indivíduos* (1994), *Mozart, sociologia de um gênio* (1995), *Os alemães* (1997), *Sobre o tempo* (1998) e *Norbert Elias por ele mesmo* (2000) – todas significativamente resenhadas em periódicos acadêmicos ou suplementos culturais de jornais de grande circulação. Foram também recentemente traduzidas no Brasil *The court society* e *The established and the outsiders*, que aqui ganhou o título mais pomposo de *Lógicas da exclusão*.

Além das traduções propriamente ditas, a enorme repercussão de seu lançamento na grande imprensa indica a verve midiática que envolveu a recepção de Elias no Brasil. Datam do final da década de 1990 os sinais da chegada de um número tímido porém crescente de trabalhos acadêmicos consagrados a Elias, tanto em revistas especializadas como em coletâneas dedicadas à sua obra[19].

Essa seqüência de traduções indica por si só o interesse que suscita a obra do sociólogo. Mas, apesar do enorme eco em torno delas com o grande público, seu impacto na produção acadêmica brasileira deve ser nuançado. Se Elias é um *best-seller* das ciências humanas, sua efetiva recepção acadêmica, embora muito propalada, longe está de consolidar-se. Comparada à de outros autores, sua presença pode ser considerada ínfima. Embora isso não passe de especulação, acredito que as demais ciências humanas (particularmente a Antropologia e a Sociologia) receberam muito antes e com muito maior expressividade os trabalhos de Elias do que o campo da História. Aqui, particularmente, o campeão absoluto de citações nos ambíguos resumos ou nas palavras-chave dos artigos publicados nos últimos vinte anos é, de longe, Edward P. Thompson. Em segundo lugar, Roger Chartier angaria um número vultoso de referências, seguido por Walter Benjamim (cujas menções são anteriores). Depois de Foucault – em franco declínio, quando tratado especificamente, embora com presença muito forte em incontáveis trabalhos sobre disciplina, sexualidade, loucura etc –, Robert Darnton. Só então aparecem Elias e Ricoeur, ambos em galopante escalada em número de trabalhos publicados, seja dos próprios, seja sobre eles ou de terceiros que os empregam em pesquisas concretas. Segundo dados do extinto Centro Nacional de Referência Historiográfica, o maior indexador brasileiro na área de História na década de 1990, dentre os 2.300 artigos de autores nacionais publicados nos 450 volumes de periódicos entre 1994-1998, apenas cinco se referem especificamente a Elias[20]. No que respeita à sua presença em teses acadêmicas, a avaliação é ainda mais delicada. É possível encontrar citações desde a década de 1980, o que não significa apreensão sólida de sua sociologia figuracional[21].

Além da tradução tardia, os maiores impedimentos à entrada de Elias na produção acadêmica brasileira talvez se situem no fato de seu interesse deslocar-se, em grande medida, para a época moderna e a formação dos Estados nacionais, sendo irrisório no Brasil o número de historiadores que se dedicam a esse período. Mas há outras razões. Particularmente no campo historiográfico, o próprio fato de sua obra focar o período moderno minimiza as possibilidades de recepção, pois hoje são relativamente poucos os historiadores que se dedicam ao período colonial, comparativamente aos séculos XIX e XX. Efetivamente, na historiografia profissional brasileira, as abordagens sobre a corte no Brasil que "usam" Elias (Schwarcz, 1998; Malerba, 2000) são as primeiras a pensar a Monarquia brasileira à luz das concepções eliasianas. Mas ainda assim é possível encontrar teses sobre o período colonial que se pautam por um ou outro aspecto da sociologia figuracional (Polito, 1990; Alcides, 1996; Silveira, 1997; Souza, 1998), embora a expressividade da presença de Elias nelas seja bastante diferenciada.

A marca de Elias começa a ser efetivamente um pouco mais representativa nas teses históricas brasileiras somente a partir de 1997. Lembre-se, para referendar esta conjetura, que na mais importante obra de referência teórica e metodológica dos anos 1990, *Domínios da História*, organizada por Ciro Cardoso e Ronaldo Vainfas, Elias é citado em um único texto (de Mary Del Priori, "História do cotidiano e da vida privada"), e somente um livro seu (*La civilisation des moeurs*), numa só nota de rodapé.

Maria Helena Capelato e Eliana Dutra aferiram, nos aproximadamente cem trabalhos acadêmicos da área de História voltados ao estudo das representações políticas no Brasil na década de 1990, que Elias se encontra no rol dos autores que receberam entre cinco e dez referências, junto com autores como Francastel, Geertz, Certeau, Vovelle, Baktin e outros. E atrás daqueles que receberam entre dez e vinte referências, como Benjamin, Foucault, Bourdieu, Arendt, Le Goff, Chartier e Burke (Capelato e Dutra, 2000, p. 243-244).

Foi na década de 1990 que alguns autores perceberam a novidade e a fecundidade do pensamento de Elias. Além de uns raros artigos exegéticos (Rainho,

1995; Nascimento, 1996; Malerba, 1996 e 2000; Silva, 1997, Gebara 1998), é digno de nota o número dois da revista *Diálogos*, do Departamento de História da Universidade Estadual de Maringá, que veio à luz no final de 1998. Seguindo a praxe desse periódico, há uma seção, "Mesa Redonda", na qual um artigo inédito é comentado por três pesquisadores. Publicam-se na íntegra o artigo e os comentários a ele. No número aludido, o historiador mexicano Carlos Antonio Aguirre Rojas procurou situar Elias entre outras matrizes intelectuais do século XX que, como Weber, Braudel e Foucault, procuraram pensar o tema da modernidade da perspectiva de longa duração. Nos comentários feitos por José Carlos Reis, Luís Geraldo Silva e Ademir Gebara, percebe-se que as reflexões estão longe de um consenso e o debate promete frutificar (*Diálogos*, 2:1-46).

Dissipadas as interpretações equivocadas da Sociologia figuracional, como vimos nos prefácios das edições brasileiras de *O processo civilizador* – nas quais o autor condena a suposta ingenuidade de Elias, por operar com as noções de processo e evolução, e o identifica como precursor da história das mentalidades –, é muito sensível a tendência de que o modelo sociológico de Elias venha a ser incorporado às ciências humanas no Brasil nos próximos anos, em pesquisas que versem sobre temas como modernidade, civilização, violência, poder e adjacências. Portanto, a sociologia figuracional de Elias aguarda maiores reflexões e amadurecimento por parte dos historiadores para impactar, de fato, as pesquisas históricas voltadas sobre temas ancorados na modernidade, em que a presença de autores como Benjamin, Foucault e Habermas como referenciais teóricos ainda é muito mais sentida.

Como se mencionou acima, Elias acaba de desembarcar no Brasil. Sua influência em nosso meio intelectual, contudo, pedirá um balanço mais detido para daqui a cinco ou mais anos.

BIBLIOGRAFIA

ALCIDES, S. *Estes penhascos; Claudio Manuel da Costa e a paisagem das Minas (1753-1773).* Dissertação de Mestrado em História, PUC-RJ, 1996.

CARDOSO, C.; VAINFAS, R. *Domínios da História.* Rio de Janeiro: Campus, 1997.

CARDOSO, C.; MALERBA, J. *Representações: contribuição a um debate transdisciplinar.* Campinas: Papirus, 2000.

CAPELATO, M. H. & DUTRA, E. Representação política: o reconhecimento de um conceito na historiografia. In: CARDOSO C.; MALERBA, J. *Representações: contribuição a um debate transdisciplinar.* Campinas: Papirus, 2000.

GEBARA, A. Anotações para a teoria do processo civilizador: proposições para a história da Educação. *Comunicações.* Piracicaba, ano 5, n. 2, p. 140-150, 1998.

MALERBA, J. *A corte no exílio: interpretação do Brasil joanino.* São Paulo: Companhia das Letras, 2000.

_________. Sobre Norbert Elias. In: _________. (Org.). *A velha história: teoria, método e historiografia.* Campinas: Papirus, 1996.

_________. Entre la sociología y la historia. Pensar la sociología figurativa en el contexto de la América portuguesa. *Revista Mexicana de Sociología*. 61(2): 77-105, abr.-jun.1999.

_________. Por uma teoria simbólica: conexões entre Elias e Bourdieu. In: CARDOSO, C.; MALERBA, J. *Representações: contribuição a um debate transdisciplinar*. Campinas: Papirus, 2000.

_________. Norbert Elias na historiografia brasileira. *Temas & Matizes*. Cascavel: 2:20-23, 2001.

NASCIMENTO, J. C. Contribuição à leitura de Norbert Elias. *Cadernos UFS*. São Cristóvão, v. 2, n. 3, p. 19-31, 1996.

POLITO, R. *A persistência das idéias e das formas; um estudo sobre a obra de Tomás Antonio Gonzaga*. Dissertação de Mestrado. Rio de Janeiro: 1990.

RAINHO, M. C. T. A distinção e as normas; leituras e leitores dos manuais de etiqueta e civilidade – Rio de Janeiro, século XIX. *Acervo*. Rio de Janeiro: v. 8, n. 1/2, p. 139-152, 1995.

RIBEIRO, R. J. Um discurso diferente. In: *A última razão dos reis: ensaios sobre filosofia e política*. São Paulo: Companhia das Letras, 1993.

SCHWARCZ, L. M. *As barbas do imperador*. São Paulo: Companhia das Letras, 1998.

SILVA, L. G. S. A noção de sociabilidade nas obras de Kant e Norbert Elias. In: *História: questões e debates*, Curitiba: n. 26/27, p. 244-256, 1997.

SILVEIRA, M. A. *O universo do indistinto: Estado e sociedade nas Minas setecentistas*. São Paulo: Hucitec, 1997.

SOUZA, E. F. *Entre o fogo e o vento: as práticas de batuques e o controle das emoções*. Tese de Doutorado. Campinas: Unicamp, 1998.

NOTAS

1 Aproveito-me muito de coisas ditas alhures: Malerba 1996 e 2001.

2 Cf. Apresentação a Norbert Elias. In: *Uma história dos costumes,* p. 9-12; Uma ética do sentido. In: *Formação do Estado e civilização*, p. 9-12.

3 Cf. Apresentação a Norbert Elias, p. 12. Essa prática de apropriação parcial de uma obra não é, de resto, novidade alguma. Isaiah Berlin acusou o mesmo procedimento em Michelet no que respeita à obra de Vico. O historiador francês derivou do filósofo italiano "aquilo que encaixava na sua própria e já forjada concepção de história". Apropriara-se da idéia voluntarista dos homens como forjadores de seu destino, mas "... meio que traduz em termos seculares, e meio ignora, de igual maneira que ignora os momentos platônicos de Vico, sua teoria dos ciclos históricos, suas tendências antidemocráticas, e sua admiração pelas sociedades primitivas, devotas e autoritárias, tudo o que constitui a verdadeira antítese da fé apaixonada de Michelet na liberdade popular". Cf. Berlin. *Vico e Herder*. Brasília: UnB, 1976. p. 10-11.

4 Na famosa "Introdução à edição de 1968", (p. 221), por exemplo, é diáfana a passagem em que se afirma que os homens não são, mas *tornaram-se* civilizados, "sem necessariamente implicar que é melhor ou pior, ou tem valor positivo ou negativo tornar-se civilizado". Seu *Ensaio sobre lo tiempo*, ao desvincular a idéia de evolução da de progresso, própria do Iluminismo, mostra que, na última, um momento posterior superaria o anterior em moral e felicidade. Mas essa distorção ideológica não deve obstaculizar a observação de desenvolvimentos em que se verificam progressos comprováveis – como o maior controle e/ou prevenção de intempéries naturais ou o próprio conhecimento humano –, ou, de acordo com o caso, também *retrocessos*. Ilustrativo é o exemplo da evolução biológica proposta por Darwin: "Para Darwin não se tratava de se os anfíbios eram melhores, moralmente falando, que os peixes, e os mamíferos que os répteis, nem que os homens foram mais felizes que os macacos; apenas, clara e objetivamente, da questão de como e por que distintas espécies chegaram a ser o que são agora, e de explicar a superioridade funcional de umas espécies que

surgiram depois, em relação a outras anteriores. A questão do desenvolvimento de sociedades em geral e do 'tempo' em particular requer um levantamento similar."

5 Cf. N. Elias. Desejos e receios: auto-imagens dos seres humanos enquanto indivíduos e sociedade, cit. p. 89-112. In: *A sociedade dos indivíduos*. Ver também nota 130 de *Formação do Estado e civilização*, p. 289, que aborda o problema do processo social: "Esse nosso estudo do processo civilizador difere desses esforços pragmáticos no sentido em que, suspendendo todos os desejos e exigências a respeito do que moralmente deve ser, tenta estabelecer o que foi e o que é, e explicar de que maneira, e por que, tornou-se o que foi e o que é. Pareceu-nos mais apropriado fazer o tratamento depender do diagnóstico do que o diagnóstico do tratamento." Não é outra a questão central de *Engagement et distanciation*, particularmente de seu primeiro ensaio, homônimo.

6 Cf. *A sociedade dos indivíduos*, p. 197.

7 Como se anuncia na referência à crítica inscrita em *Eros e civilização*, de Marcuse, onde se afirma que o custo da *Kultur* está na infelicidade, "no crescente recalcamento das pulsões cuja satisfação nos pode fazer felizes". *Uma história dos costumes*, p. 10.

8 Cf. *A sociedade dos indivíduos*, p. 197: "É difícil, por exemplo, negar que o saber humano acerca das leis da natureza fez progressos ao longo de milênios e também no século atual. Mas, freqüentemente, assim que se pronuncia esta afirmação, pode observar-se uma reacção automática de defesa. É possível, é a resposta, mas será que os homens se tornaram mais felizes com estes progressos? Os factos perdem importância perante a desilusão que provoca o conceito de progresso. (...) A questão de saber se os homens se tornam mais felizes ou não ao longo desta transformação [da evolução social] já não se discute aqui. Trata-se do entendimento desta transformação em si, da sua tendência e, talvez mais tarde, também das suas razões."

9 *Uma história dos costumes*, p. 10.

10 Cf. Ribeiro, 1993, p. 71-81, em relação à obra de Foucault.

11 Esse procedimento verifica-se também em R. Chartier. *op. cit.*, onde se chega à constatação trivial de que Elias era "um homem de seu tempo". Mas a aproximação entre Luís XIV e Hitler parece ser fruto mais dos "desejos e receios" do comentarista que do próprio autor de *A sociedade de corte*.

12. *Formação do Estado e civilização*, p. 12.

13 Essas apropriações indébitas sempre acabam mutilando o pensamento original. O próprio Elias dá testemunho, com tristeza, de como seu pensamento, centrado sobre o processo de longa duração, foi posto à margem mesmo pelos alunos que ele formou na cadeira de Sociologia que criou em Leicester. Diz até entendê-los, pois se não o fizessem, poderiam ter comprometido a própria carreira: "Le fait de penser en termes de processus à long terme n'était pas du tout à la mode, en sociologie." *Norbert Elias par lui-même*, cit., p. 85.

14 Idem, p. 231. Veja também *Uma história dos costumes*, p. 225. A distância entre os dois pensadores pode ser verificada em outros planos, como as diferentes abordagens sobre a violência física e o controle social. Uma análise comparativa bastante apurada encontra-se em H. Kuzmics. *op. cit.*, p. 165-9.

15 Cf. *A sociedade dos indivíduos*, p. 209: "A continuidade de uma memória que consegue armazenar o saber adquirido, e como tal também as experiências pessoais de fases anteriores, enquanto forças do comando activo de sensações e comportamentos de fases posteriores, e isto numa dimensão, largura e profundidade para as quais não existe correspondência nos seres não-humanos." Sobre a indiferenciação, em Elias, entre linguagem, razão e conhecimento, no passo da construção de sua teoria simbólica, ver nosso "Para uma teoria simbólica: conexões entre Elias e Bourdieu", em Cardoso & Malerba 2000, p. 199-226.

16 Cf. *Formação do Estado e civilização*, p. 194 e 239.

17 Cf. *A sociedade dos indivíduos*, p. 57: "... com a interpenetração irrevogável de acções, necessidades, pensamentos e impulsos de muitos seres humanos se produzem estruturas e mudanças estruturais numa determinada ordem e direção, numa *ordem* social, que não é pura e simplesmente de índole 'animalesco-natural' nem 'espiritual', que nem é 'racional' nem 'irracional'."

18 Idem, p. 158. O conceito de evolução é absolutamente central no pensamento de Elias, que o explorou além do nível de integração complexo entre indivíduos a que chamamos "sociedade", no terreno da epistemologia em geral. O autor demonstrou como as ciências evoluíram em seus campos particulares de investigação, não havendo, contudo, uma renovação epistemológica correspondente. Assim, ainda hoje muitos cientistas se apóiam num modelo da física cuja representação da natureza – seja no plano astronômico ou molecular – é estática, com regularidades que podem ser enunciadas em "leis" eternas. A formulação de processos de síntese, de integração e desintegração, por exemplo, da busca da compreensão da gênese e evolução dos corpos celestes oriundas de um *Big-Bang* – que pressupõe a concepção de um universo em expansão – fez a física astronômica, desde Hubble, lançar-se à explicação da evolução por meio da síntese, onde antes, na mecânica newtoniana, só era permitido um conhecimento descritivo. Cf. suas "Pensées sur la Grande Évolution" In: *Engagement et distanciation*, cit., p. 177 a 254.

19 Como exemplificam o pequeno livro cujo título é bem pretensioso organizado por Leopoldo Waizbort (*Dossiê Norbert Elias*, 1999) e a recente tradução das atas do Colóquio *Norbert Elias La politique et l'histoire*, de 1994, organizadas por Alain Garrigou e Bernard Lacroix (aqui *Norbert Elias – A Política e a História*, publicado em 2001).

20 Agradecemos ao professor Ronald Polito pelo exaustivo levantamento.

21 Não é raro encontrar menções, e mesmo citações, de Elias e de outros autores da "moda" em teses e dissertações acadêmicas. Tal prática reflete mais propriamente um ritual e um formato gerados em nossas instituições universitárias do que, propriamente, uma sólida assimilação e enfrentamento crítico das propostas de Elias. Cf. Malerba 1999.

Mario Vargas Llosa: um peruano no sertão

Andreas L. Doeswijk

> *Aquí hay que decir que leí a da Cunha, y descubrí esa historia, en un momento de mi vida en el que había llegado a una desilusión ideológica – y algo más: a una enorme desconfianza hacia cualquier clase de explicación puramente ideológica de los problemas sociales, políticos o individuales.*
>
> Mario Vargas Llosa

Poucos acontecimentos históricos brasileiros mereceram tantos escritos, tantas reflexões e análises quanto Canudos. Por indagar acerca de temas como a identidade nacional e racial brasileira e a questão agrária, *Os sertões*, escrito por Euclides da Cunha em 1902, acabou se convertendo para o Brasil em reflexão sobre a construção de sua identidade nacional, segundo os determinismos ecológicos, raciais e históricos próprios da época. *O facundo*, de Domingo Faustino Sarmiento, escrito em 1845, ou seja, mais de meio século antes, tem o mesmo sentido para os argentinos.

Muito diferente foi a intenção da "ficção histórica" de Mario Vargas Llosa, expressa em *La guerra del fin del mundo*, publicada em 1981. Nessa obra, o escritor peruano se apodera de Canudos para expressar sua teoria dos dois demônios, relativa aos binômios guerrilha/terror e socialismo/ditadura próprios das décadas de 1960 e 1970. Apesar de o autor captar magistralmente bem a alma do sertão, o ficcional acaba devorando o histórico e o resultado é um romance total de escritores que pretendem ser testemunhas do passado, para ilustração do presente. É sobre este romance, sobre seu autor e sobre a complicada relação entre História e Literatura que desejo expressar o meu ponto de vista.

Nos anos 90 do século recém-terminado, assistimos na América espanhola a uma verdadeira eclosão de romances históricos que, competindo com o gênero esotérico, conquistou um importante universo de leitores. Em geral, olhamos essa produção com certa inveja profissional e, também, com receio do retorno, agora em forma de literatura, do narrativismo historicista, que renuncia à interpretação ancorada em fontes e se alimenta da pretensão de fazer História, além de seu legítimo propósito estético.

Os autores de romances históricos, desde *Salambó*, de Gustave Flaubert, até *La guerra del fin del mundo*, de Mario Vargas Llosa, com freqüência realizam ampla investigação historiográfica e acreditam que os elementos não ficcionais de seus romances são, em verdade, História. Dessa forma, Vargas Llosa, quando escrevia seu romance, em julho de 1979, declarou a José Miguel Oviedo que não fazia apenas um "romance sobre um romance" mas uma "história sobre uma história". Nessa entrevista ele disse desejar que sua obra sobre Canudos fosse a primeira "visão dos vencidos". Com referência à finalidade última de seu livro, afirmou: "Eu acredito que sempre tive a ambição de escrever um grande romance de ação. Digo 'grande' no sentido físico de 'grande': um romance que descrevesse uma ação épica transcorrida não direi no mundo exterior (porque não ocorre assim neste romance), mas que tivesse características claramente históricas."[1]

Vargas Llosa, com *La casa verde*, 1966, e *Conversación en la catedral*, 1969, já adentrara no gênero do "romance total", em que o autor se sente uma espécie de Deus que tem por obrigação entender e explicar tudo. Em *Conversación en la catedral*, Vargas Llosa oferece sua interpretação da sociedade limenha e peruana durante o governo do ditador Manuel Odría, 1948-1956. "É uma novela política", escreve Armas Marcelo, "que trata da frustração, mediocridade e sordidez que o poder gera em todo seu entorno"[2]. Muitos dos elementos que aparecem em *La guerra del fin del mundo* estão em *Conversación en la catedral*, pois este romance versa sobre o fracasso individual e histórico de uma sociedade latino-americana.

Depois de escrever *Pantaleón y las visitadoras*, 1973, e *La tía Julia y el escribidor*, 1977, obras menos ambiciosas que as da década anterior, Vargas Llosa começa a sentir novamente, como ele mesmo afirmou, a necessidade de escrever um romance maior, um "romance de romances", uma "história de histórias", uma epopéia bélica ao estilo de *Salambó*. Para isso retomou, a partir de meados da década de 1970, um roteiro cinematográfico que havia escrito, alguns anos antes, com o cineasta brasileiro Rui Guerra. Esse roteiro sobre Canudos, feito para um filme que se chamaria *A guerra particular*, primeiro, e *Os papéis do inferno*, depois, nunca chegou a ser filmado. Até essa época Vargas Llosa desconhecia a história de Canudos e entre o material que havia usado para esse roteiro estava o livro *Os sertões*, de Euclides da Cunha, obra que o deslumbrou por completo.

Com *La guerra del fin del mundo*, Vargas Llosa aborda pela primeira vez um processo histórico do final do século XIX, e em âmbito não peruano. Assim, não pode apelar para a sua peruanidade nem para sua memória ou experiência pessoal, como havia feito nas novelas anteriores, todas com forte e obsessivo caráter autobiográfico. Dessa forma, para reunir a matéria-prima, investigou a vasta bibliografia tradicional sobre Canudos. O desejo de documentar-se residia em seu convencimento, em sintonia com muitos dos que escrevem romances históricos, de que, além de fazer literatura, estava escrevendo um livro de História.

Ora, qual seria, de fato, o objeto de *La guerra del fin del mundo*? Em aparência, é a confrontação levada a cabo no sertão baiano de Canudos no período de 1896 a 1897, entre os seguidores do beato Antonio Conselheiro e quatro expedições militares enviadas pela República. O romance inclui a ação de protagonistas reais como o próprio Conselheiro, João Abade, Pajeú, o Beatinho, Maria Quadrado, o Leão de Natuba, o Coronel Moreira César, o Barão de Canabrava e o jornalista Lélio Piedade, para ficar só com as figuras "reais" principais. A esses se acrescenta uma série de figuras de ficção. Em primeiro lugar, o frenólogo anarquista escocês Galileu Gall, que procura no sertão a revolução social. Em segundo lugar, o "jornalista míope", que, sem lugar a dúvidas, representa a Euclides da Cunha, mas no interior de um roteiro ficcional, já que fica durante meses dentro do recinto da cidade sagrada. Também são ficcionais os sertanejos Jurema e Rufino. A primeira, com o nome de uma planta afrodisíaca, enlaça os destinos (fatais) de Galileu Gall e de Rufino – isto é, o anarquista e o jagunço, que se eliminam mutuamente, na sua total incapacidade de engatar um diálogo.

A trama do romance vai se tecendo como um diálogo de surdos. As figuras emblemáticas desse diálogo, ou melhor, da falta dele, são, claro está, Antonio Conselheiro e o comandante da Terceira Expedição, o Coronel Antonio Moreira César, o "corta-pescoços", o "treme-terra". Esses dois demônios representavam círculos isolados e a solução para Vargas Llosa era a que Euclides já tinha colocado 80 anos antes: a república ou o litoral devia aceitar os jagunços interioranos, assim como estes a República.

Não cabem dúvidas de que Vargas Llosa conseguiu captar com fidelidade o ambiente geográfico e social do sertão e dos sertanejos, recriando o clima político-cultural da época e fazendo verossímeis os "bastardos" que criou. Parece-nos que consegue apaixonar seus leitores com as suas histórias ancoradas no passado do sertão baiano.

Em verdade, não é razoável exigir mais de um escritor. Apesar disso, e só neste caso particular de Vargas Llosa e seu romance *La guerra del fin del mundo* (e não, por exemplo, no seu novo romance *A festa do bode*), existem dois reparos legítimos que o historiador pode formular ao romancista. O primeiro é em relação à explícita pretensão de fazer História e não somente criação literária, o que já foi comentado. O segundo questionamento é mais grave. Na entrevista a seu amigo José Miguel Oviedo, Vargas Llosa declara que quer apresentar em seu romance a "visão dos vencidos". Essa intenção de ser o porta-voz dos pobres, neste caso dos conselheiristas, não somente não foi realizada pelo escritor peruano, como, bem ao contrário, me parece que acaba condenando a ação dos canudenses, da mesma forma como condenava (e condena) as ações dos senderistas no Peru dos últimos vinte anos[3].

Na ramificação de suas histórias, Vargas Llosa consegue falar pela pele de Antonio Conselheiro, de Pajeú, de João Abade e do Beatinho e, até, dos "jagunços", "messiânicos" ou "sebastianistas" como uma coletividade[4]. Porém, este processo fica prejudicado pela caracterização de todos eles como fanáticos que atuam em uma relação bipolar e excludente contra outros fanáticos, ou seja, os militares que representam a República. É uma história de inimigos cegos e exacerbados que operam em círculos que não se tocam e, ante a impossibilidade total de negociação, o único caminho é a completa destruição do adversário. Algo, portanto, bastante diferente de uma "visão dos vencidos".

O final dos anos 1970 na América Latina caracterizou-se pela crescente eliminação das guerrilhas rurais e urbanas. Enquanto isso, o Peru estava às vésperas de nova sublevação, que seria conhecida, a partir de 1980, como *Sendero Luminoso*. Nesse período, Vargas Llosa começava a se distanciar dos movimentos socialistas, para adotar com entusiasmo a "teoria dos dois demônios", segundo a qual guerrilheiros e forças armadas eram igualmente responsáveis pela militarização da sociedade latino-americana. Entre a necessidade e a liberdade, ou entre Sartre e Camus, ele opta pela segunda parte desses binômios apresentados como excludentes. Isto redundará em clara conversão ao neoliberalismo, que terá sua expressão literária em *Historia de Mayta*, de 1984, e em *Lituma en los Andes*, de 1993[5].

Pela redução de sua história a um fanatismo messiânico, Vargas Llosa não consegue representar a visão dos conselheiristas e por isso, acredito, os seus "bastardos" parecem mais reais que as suas figuras históricas. Galileu Gall, Rufino, Jurema, o jornalista míope e os personagens surrealistas do circo ambulante do zíngaro surgem como mais críveis do que o Conselheiro, Pajeú, João Abade, Pedrão e o Beatinho. Causa estranheza que em *La guerra del fin del mundo,* romance paradigmático que ilustra a teoria dos dois demônios, o líder dos messiânicos, o Conselheiro, apareça muito mais ridicularizado que o demônio militar, o coronel Antonio Moreira César. Antonio Vicente Mendes Maciel aparece tão caricato e insignificante quanto o ator José Wilker na película de Sérgio Resende.

A história de Canudos extrapola amplamente os limites de espaço e de tempo dentro dos quais transcorreu o acontecimento histórico. Não se trata de um episódio excêntrico ocorrido em um rincão longínquo do sertão baiano, em fins do século XIX; tem a virtude de gerar questões relevantes como é o caso da reflexão acerca das causas que levaram muitos sertanejos a optar por uma vida radicalmente diferente e, notadamente, revelar a natureza da República recém-instaurada, que em nome da modernidade e do progresso massacrou homens, mulheres e crianças sem saber ao certo quem eram e que objetivos perseguiam e, graciosamente, atribuiu a eles a identidade de jagunços, fanáticos messiânicos e sebastianistas.

Chegamos, então, a uma primeira conclusão: o romance histórico de Vargas Llosa não tem por objeto a guerra de Canudos de finais do século XIX, mas o enfrentamento das guerrilhas de esquerda contra as forças armadas no Brasil, na Argentina, na Bolívia, no Uruguai, em Colômbia e, especialmente, no Peru do Sendero Luminoso. Antonio Conselheiro representa o Camarada Gonzalo e o outro Antonio, o treme-terra, algum Pinochet.

A interpretação messiânica formulada por Euclides da Cunha em 1902 encontrou entre seus seguidores mais firmes não apenas Vargas Llosa, mas também os numerosos críticos da obra do escritor peruano. Assim, eles debatem muitos aspectos do livro sem, contudo, avaliar se se tratava em realidade de um movimento messiânico, sebastianista ou milenarista. Blas Matamoro, por exemplo, situa Canudos na ampla tradição americana:

> Euclides da Cunha, em *Os sertões* e, muito mais tarde, Vargas Llosa em *La guerra del fin del mundo*, tratam da sublevação milenarista, afogada em sangue e fogo pelo exército federal brasileiro, que destruiu a cidade rebelde até seus alicerces. Não obstante, o mito de uma América messiânica, capaz de iniciar a história do zero, terra de utopia onde se regenera a humanidade e se redimem os pecados históricos das velhas civilizações, perdura. O americano é uma espécie de bom selvagem que retorna eternamente em ciclos milenares e que nenhuma influência externa pode reduzir definitivamente.[6]

Por sua vez, em uma linha interpretativa próxima da de Oviedo e de Vargas Llosa, o espanhol Armas Marcelo comenta:

> Como se vê, falamos de uma variante latino-americana da corrente religioso-política em moda em nossos tempos modernos: o fundamentalismo, o integralismo e o fanatismo ancorado em tradições obsoletas. Na mentira ideológica, religiosa, que gerou e gera em todas as partes ruína, morte e destruição, desde as instituições inquisitoriais da Espanha medieval até os movimentos terroristas islâmicos, em pleno final do século XX. Entre os americanos o mais conhecido é, sem dúvida, o Sendero Luminoso, não por acaso nascido no Peru.[7]

Também o próprio Vargas Llosa, na qualidade de intérprete de si mesmo, raciocina assim:

> O que tem Canudos de exemplar para um latino-americano é a cegueira recíproca a partir da visão fanática da realidade, da qual participam tanto republicanos quanto jagunços, é a mesma cegueira para admitir a crítica que a realidade faz à visão teórica. Essa é a história da América Latina. A tragédia da América Latina é que, em distintos momentos de nossa história, percebemo-nos divididos, confrontados em guerras civis, em repressões e, às vezes, em matanças piores que a de Canudos, por semelhantes cegueiras recíprocas. Talvez uma das razões que me impressionaram tanto seja a de que em Canudos isso se pode ver como em um laboratório. Porém é geral: é o fenômeno do fanatismo e, particularmente, da intolerância que pesa sobre nossa história. Em alguns casos, eram rebeldes messiânicos; em outros, rebeldes utópicos e socialistas; em outros, eram lutas entre conservadores e liberais. E se não era a mão da Inglaterra, era a do imperialismo dos Estados Unidos ou da maçonaria ou a mão do diabo. Nossa história está marcada por essa intolerância, essa incapacidade de aceitar divergências.[8]

A segunda conclusão a que chegamos consiste na seguinte reflexão: assim como o objeto do romance não é a guerra de Canudos, também seu autor (apesar das suas próprias palavras textuais) não consegue se apresentar como o porta-voz dos conselheiristas, dos vencidos. Já Euclides lutou com essa situação paradoxal e só conseguiu contornar o problema por meio de um atalho literário, ou seja, mediante o uso da figura literária de oximórons tais como: "A Jerusalém dos jagunços" ou "A Tróia de barro", para se referir a Canudos, ou o "Gnóstico bronco", para falar do Conselheiro.

Vargas Llosa situa-se num lugar intermediário entre o fanatismo da guerrilha e o terrorismo de Estado militarizado. Tudo se torna um problema de diálogo entre os que mandam e os que gostariam de mudar, sejam as relações de poder, seja a distribuição da riqueza social.

A última parte deste ensaio refere-se à relação entre o romance e a História, no gênero denominado romance histórico. Para evitar mal-entendidos, meus comentários não consistem em criticar Vargas Llosa por dar caráter ficcional a um processo histórico. Queremos, isto sim, destacar que ele aceita, de forma acrítica, não apenas a versão euclidiana do fanatismo visceral dos jagunços, mas também a consideração de que o conflito do sertão baiano tenha sido tão-somente um capítulo do eterno drama latino-americano – que já dura cinco séculos – em que os atores lutam pela única razão de que não aprenderam a dialogar.

Uma razão para não satanizar o autor está em que muitos historiadores que tentaram explicar o fenômeno de Canudos também compartilharam essas interpretações trans-históricas. Aqui estamos falando tanto daqueles que enfatizam a linha messiânica iniciada por Euclides, como também daqueles agraristas de esquerda que vêem o processo de Canudos como um capítulo inicial do grande livro da luta pela propriedade da terra e da reforma agrária no Brasil. "Falar pela pele" de personagens históricos e ficcionais é uma prática literária comum, porém Vargas Llosa o faz de maneira que permite ao leitor uma boa representação do ambiente geográfico e do clima social do lugar e da época.

Ele se aprofunda em uma problemática que considero importante para a compreensão de Canudos. O autor explica que existem pessoas que aderem e aceitam o mundo do Conselheiro porque ele deu para essa gente – bandidos, comerciantes ou peões; homens, mulheres e crianças – uma possibilidade de interpretar sua própria condição, a possibilidade de auto-representar-se mediante uma inversão de valores. Em seu diálogo com Ricardo Setti, diz: "Ver essa condição desamparada, trágica que eles tinham, como algo que podia engrandecê-los e dignificá-los. Isto é, o ser extremamente pobre, graças à prédica do Conselheiro, converteu-se em um ser eleito, um sinal de escolha."[9]

Neste ponto, acredito ser oportuno enfatizar dois traços antagônicos presentes nesta obra de Vargas Llosa. De um lado, trata-se de uma criação ao sabor dos grandes romances históricos do século XIX, ao estilo de Walter Scott, Honoré de Balzac ou Gustave Flaubert. O centro de gravidade está no conteúdo "histórico", em recriar a guerra de Canudos, como a de Cartago, em recriar o clima social do Brasil, como o francês de *Madame Bovary*. De outro, aqui está a sedutora contradição: *La guerra del fin del mundo* ocorre em pleno século XX ao ser um "escrito sobre a escrita", melhor dito, ao definir-se como um "romance de escritores". Sobre o primeiro ponto, dispensam-se comentários já que em muitos aspectos este romance parece pertencer ao século XIX, ao priorizar a escrita de uma trama social com fins didáticos. Quanto ao segundo, vemos na obra três escritores e um narrador: o anarquista escocês Galileu Gall, redator de *L' Étincelle* de Lyon, o "jornalista míope", personificação de Euclides da Cunha; o Leão de

Natuba – aliás um personagem real –, o escriba do Conselheiro e o contador de fábulas sertanejas de raízes medievais, o Anão do circo ambulante do cigano. Essa multiplicidade de escritores e narradores tenta tanto preservar a memória coletiva daquilo que aconteceu em Canudos quanto colocar – como o fizeram Proust, Joyce, Musil e Borges – a própria escrita no centro do cenário.

O livro que Vargas Llosa publicou em 1981 converteu-se em um dos exemplos mais claros de intertextualidade com *Os sertões*, de Euclides da Cunha, de 1902. Alfred Mac Adam chega a afirmar que, em realidade, o herói de *La guerra del fin del mundo* não é Antonio Conselheiro, mas Euclides da Cunha. O "jornalista míope" que, em Canudos, quebra seus óculos para poder enxergar a realidade do sertão é Euclides.

Segundo Mac Adam, Euclides nos *Sertões* utiliza a estratégia literária de Thomas Carlyle, em seu livro de 1837 sobre a Revolução Francesa. Não pretende criar personagens fictícios, fica no marco da história documental, porém trabalha seu material de forma tal que o leitor se crê espectador das ações narradas[10]. No romance histórico, os personagens de ficção devoram os protagonistas históricos. A máquina literária tudo devora e tudo ficcionaliza.

Encontramo-nos então diante da problemática relação entre literatura e História. *La guerra del fin del mundo*, de Vargas Llosa, define-se, claramente, como romance histórico, e portanto como literatura. Já *Os sertões*, de Euclides da Cunha, torna-se mais difícil de ser classificado, pois apresenta tanto aspectos de ensaio científico e social como de obra literária. De certo modo, é também um romance, pois sua intencionalidade e seu contexto, com freqüência, fazem a estética se sobrepor à investigação histórica. As múltiplas intencionalidades e os variados códigos utilizados por Euclides fazem da sua obra de gênio uma árvore de livros, suscetíveis de serem lidos de formas muito diferentes.

O romance e o cinema, que utilizam a História como pano de fundo, procuram recriar um ambiente do passado para tornar visível ao grande público o clima social da época. Nessa situação, seu principal compromisso não é com a veracidade ou com as fontes, mas com a verossimilhança e a criação artística. Em geral, apoiar-se-á no excepcional, no pitoresco, no transcendental e, em algumas ocasiões, no épico. Sua tendência é fazer recortes intencionais e direcionar-se para certo exagero, já que o sombrio e o repetitivo pertencem mais ao território do historiador.

O romancista que entra neste gênero – como procurei mostrar com Vargas Llosa – pode adotar dupla identidade, considerando-se romancista e historiador ao mesmo tempo. Mesmo que para alguns historiadores cause desconforto que os escritores deste gênero vendam mais livros do que eles, esta prática pode despertar o interesse pelos temas do passado em um público maior e, eventualmente, funcionar para os leitores como ponte para partir para a leitura de trabalhos historiográficos mais refinados. Neste sentido, acreditamos que Vargas Llosa despertou no mundo hispano-americano o interesse pela história de Canudos, como antes Euclides da Cunha o fizera no Brasil.

O mais problemático é que os literatos se apoderaram de histórias do passado para provar suas teses sobre a sociedade atual e, neste ponto, acredito que Vargas Llosa – não como literato, mas como pensador social que pretende ser – presta um serviço menor aos seus leitores ao sugerir que o acontecido em Canudos pode esclarecer os cinco séculos de enfrentamentos sociais na América Latina e, em especial, o enfrentamento entre o fanatismo militar e os movimentos de liberação das últimas quatro décadas.

Canudos pode parecer um excelente "pretexto" para um escritor à procura de um romance total ou de uma epopéia grandiosa, mas, em realidade, não possui a virtude para interpretar ou ilustrar o enfrentamento que se deu entre as guerrilhas contestatórias e as ditaduras militares na última metade do século XX. A razão é simples: História e literatura têm os seus próprios códigos literários. A História deve ser interpretada em seus próprios termos, diria o grande E. P. Thompson, e não em termos de anacronismos e trans-historicidade.

Bibliografia

ARMAS MARCELO, J. J. *Vargas Llosa. El vicio de escribir.* Madri: Edições de Hoy, 1991.

CUNHA, E. da *Os sertões.* (1902). Várias edições.

LEVINE, R. *O sertão prometido. O massacre de Canudos.* São Paulo: Edusp, 1995.

MAC ADAM, A. Euclides da Cunha e Mario Vargas Llosa: meditaciones intertextuales. In: *Revista Iberoamericana* n° 126, Enero/Marzo de 1984.

MATAMORO, B. América Latina: um largo siglo XX. In: *Cuadernos Hispanoamericanos* n° 574. abril de 1998.

OVIEDO, J. M. Vargas Llosa habla de su nueva novela. In: Idem: *Mario Vargas Llosa.* Madri: Taurus, 1981.

SETTI, R. *Diálogo con Vargas Llosa.* Madri: Intermundos, 1989.

TORRES FIERRO, D. *Memoria plural. Entrevistas a escritores latinoamericanos.* Buenos Aires: Sudamericana, 1986.

VARGAS LLOSA, M. *La Guerra del fin del mundo.* Madri: Seix Barral, 1981.

———. *Contra viento y marea, 1962-1982.* Barcelona: Seix Barral, 1983.

———. *La fiesta del chivo.* Buenos Aires: Alfaguara, 2000 .

VILLA, M. A. *Canudos. O povo da terra.* São Paulo: Ática, 1995.

Notas

1 Ver, José Miguel Oviedo. Vargas Llosa habla de su nueva novela. In: Idem: *Mario Vargas Llosa.* Madrid: Taurus, 1981.

2 J. J. Armas Marcelo. *Vargas Llosa. El vicio de escribir.* Madrid: Edições de Hoy, 1991, p. 292.

3 A expressão "silêncio dos vencidos" faz referência à intenção de assumir a defesa deles e, claro está, não foi uma idéia original de Vargas Llosa. Antes dele, latinoamericanistas como

Miguel León Portilla, Nathan Wachtel, Darcy Ribeiro e Edgar de Decca utilizaram essa expressão com bastante mais propriedade que o próprio escritor peruano.

4 Coloquei os vocábulos jagunços, messiânicos e sebastianistas entre aspas porque não acredito que os conselheiristas tenham sido nada disso. Do meu ponto de vista, perseguiam uma utopia agrarista, amalgamada, ou dinamizada, pela única ideologia que lhes era familiar: a tradição do catolicismo sertanejo.

5 Em *Lituma en los Andes,* chama a atenção que Vargas Llosa parece escrever "desde a pele" de todos os militares, índios, brancos e até das montanhas sagradas, que fazem parte da trama; porém, os senderistas aparecem como sujeitos exteriores à sua história, uma ameaça exterior, encarnação do mal e da irracionalidade, colocados à margem da história.

6 B. Matamoro. América Latina: um largo siglo XX. In: *Cuadernos Hispanoamericanos* n° 574. Abril de 1998.

7 J. J. Armas Marcelo. *op. cit.*, p. 346.

8 Vargas Llosa. In: Ricardo Setti. *Diálogo con Vargas Llosa.* Madrid: Intermundos, 1989, p. 48.

9 Ib idem, p. 50.

10 Alfred Mac Adam. Euclides da Cunha y Mario Vargas Llosa: Meditaciones Intertextuales. In: *Revista Iberoamericana*, n° 126, Enero/Marzo de 1984, p. 139.

Os autores

Marcos Antônio Lopes (org.) é professor do Departamento de Ciências Sociais da Universidade Estadual de Londrina. Doutor em História pela USP

Ana Teresa Marques Gonçalves é professora do Departamento de História da Universidade Federal de Goiás. Doutora em História pela USP

Andréas Doeswijk é doutor em História pela Unicamp

Antonio Penalves Rocha é professor do Departamento de História da USP. Doutor em História pela mesma instituição

Astor Antônio Diehl é professor do Departamento de História da Universidade de Passo Fundo. Doutor em História pela Ruhr – Universität Bochum/Alemanha

Carlos Antonio Aguirre Rojas é professor da Universidad Nacional Autónoma do México. Doutor em Economia pela mesma instituição

Edgar Salvadori de Decca é professor do Departamento de História da Unicamp. Doutor em História pela USP

Edmar Checon de Freitas é mestre em História pela UFF

Elias Thomé Saliba é livre-docente do Departamento de História da USP. Doutor em História pela mesma instituição

Fábio Adriano Hering é mestre em História pela Unicamp

Fábio Duarte Joly é doutorando em História na USP

Fábio Faversani é professor do Departamento de História da Universidade Federal de Ouro Preto. Doutor em História pela USP

Helenice Rodrigues da Silva é professora do Departamento de História da UFPR. Doutora pela Universidade de Paris X – Nanterre/França

Horacio Lujan Martinez é professor do Departamento de Filosofia da Universdade Estadual do Oeste do Paraná. Doutor em Filosofia pela Unicamp

João Antônio de Paula é professor titular da Faculdade de Ciências Econômicas da UFMG. Doutor em História pela USP

José Carlos Barreiro é livre-docente da Unesp/Assis. Doutor em História pela USP

José Carlos Reis é professor do Departamento de História da UFMG. Doutor em Filosofia pela Universidade Católica de Louvain/Bélgica

José Henrique Rollo Gonçalves é professor do Departamento de História da Universidade Estadual de Maringá. Mestre em História pela UFPR

José Luiz Ames é professor do Departamento de Filosofia da Universidade Estadual do Oeste do Paraná. Doutor em Filosofia pela Unicamp

Jurandir Malerba é pesquisador visitante na Universidade de Oxford/Inglaterra. Doutor em História pela USP

Lourdes Kaminski Alves é professora do Departamento de Letras da Universidade Estadual do Oeste do Paraná. Doutora em Literatura Comparada pela Unesp

Lúcio Menezes Ferreira é mestre em História pela Unicamp

Marcos Lobato Martins é professor do Departamento de História da Universidade do Estado de Minas Gerais. Doutorando em História na USP

Maria Aparecida de Oliveira Silva é mestre em História pela USP

Maria Izabel de Moraes Oliveira é mestre em História pela UFF

Maria Tarcisa Silva Bega é professora do Departamento de Ciências Sociais da UFPR. Doutora em Sociologia pela USP

Marilena Vizentin é mestre em História pela USP

Miriam Cabral Coser é doutoranda em História na UFF

Nelson Levy é doutor em História pela UFF

Newton Bignotto é professor do Departamento de Filosofia da UFMG. Doutor em Filosofia pela École des Hautes Études en Sciences Sociales – Paris/França

Plínio Junqueira Smith é professor na Universidade São Judas Tadeu. Doutor em Filosofia pela USP

Renato Moscateli é mestre em História pelo programa associado de pós-graduação Universidade Estadual de Maringá/Universidade Estadual de Londrina

Rita Felix Fortes é professora do Departamento de Letras da Universidade Estadual do Oeste do Paraná. Doutora em Letras pela UFRGS

Roberto Fabri Ferreira é professor do Departamento de História da UFF. Doutor em História pela mesma instituição

Rodrigo Falcão é doutorando em História na UnB

Silvio Antonio Colognese é professor do Departamento de Ciências Sociais da Universidade Estadual do Oeste do Paraná. Doutor em Sociologia pela UFRGS

Sinval Carlos Mello Gonçalves é professor do Departamento de História da Universidade Federal do Amazonas. Doutorando em História Medieval na UFF

Sonia Lacerda é professora do Departamento de História da UnB. Doutora em História pela mesma instituição

Tereza Cristina Kirschner é professora do Departamento de História da UnB. Doutora em História pela Universidade de Paris III – Sorbonne Nouvelle/França